The Haberdashers' Aske's
Boys' School

Military History Library

0134

THE HABERDASHERS' ASKE'S BOYS' SCHOOL

HISTORY DEPARTMENT

UN PUENTE LEJANO

HISTORIA INÉDITA

UN PUENTE LEJANO

Cornelius Ryan

INÉDITAEDITORES

MAPAS: RAFAEL PALACIOS

Las fotografías que ilustran este libro proceden de la colección del autor, que agradece la ayuda prestada por el Departamento de Defensa de Estados Unidos, el Imperial War Museum de Londres, los Archivos Históricos Militares holandeses, los Archivos Históricos Municipales holandeses y las numerosas personas que proporcionaron fotografías de los acontecimientos y de ellas mismas.

1.ª edición: octubre 2005

Traducción: Aurora Ortiz de Zárate Aguirresarobe

Diseño de la portada: © Mauricio Restrepo

Fotografía de la portada: © Imperial War Museum

Fotografía de la contra: © Corbis/Cover

Derechos exclusivos de edición en español reservados
para todo el mundo y propiedad de la traducción:
© 2005: Inèdita Editores, S. L.
Madrazo, 125 – 08021 Barcelona

ISBN: 84-96364-24-0

Composición y edición técnica:
Lozano-Faisano, S. L. (L'Hospitalet)

Depósito legal: C. 2.274-2005

Impreso en España

Ninguna parte de esta publicación, incluido el diseño de la cubierta, puede ser reproducida, almacenada o transmitida en manera alguna ni por ningún medio, ya sea electrónico, químico, mecánico, óptico, de grabación o de fotocopia, sin autorización escrita del editor.

A todos ellos

ÍNDICE

PRÓLOGO
Operación *Market-Garden*. 17-24 de septiembre de 1944 . . 13

PRIMERA PARTE
LA RETIRADA 15

SEGUNDA PARTE
EL PLAN 101

TERCERA PARTE
EL ATAQUE 167

CUARTA PARTE
EL ASEDIO 281

QUINTA PARTE
«DER HEXENKESSEL» (El Caldero de las Brujas) . . . 453

NOTA SOBRE LAS BAJAS 559
AGRADECIMIENTOS 561
BIBLIOGRAFÍA 567
ÍNDICE ONOMÁSTICO 581

En el estrecho corredor por el que avanzaría el ataque de los blindados, había cinco puentes importantes que conquistar. Debían ser tomados intactos mediante un asalto aerotransportado. Era el quinto, el crucial puente sobre el Bajo Rin, en un lugar llamado Arnhem, 96 kilómetros por detrás de las líneas alemanas, el que preocupaba al teniente general Frederick Browning, vicecomandante del Primer Ejército Aerotransportado aliado. Señalando en el mapa el puente de Arnhem, preguntó: «¿Cuánto tardarán los blindados en llegar hasta nosotros?». El mariscal de campo Montgomery contestó rápidamente: «Dos días». Sin dejar de mirar el mapa, Browning respondió: «Podemos sostenerlo durante cuatro». Luego añadió: «Pero, señor, creo que tal vez sea irnos a un puente demasiado lejano».

> Última conferencia, celebrada en el Cuartel General de Montgomery sobre la Operación *Market-Garden*, el 10 de septiembre de 1944, según se cita en las Memorias del general de división Roy E. Urquhart, *Arnhem*.

PRÓLOGO

OPERACIÓN *MARKET-GARDEN*
17-24 de septiembre de 1944

Poco después de las 10 de la mañana del domingo 17 de septiembre de 1944, despegaba de aeródromos diseminados por todo el sur de Inglaterra la mayor escuadra aérea de transporte de tropas jamás reunida para una sola operación. Tras 263 semanas de guerra, el comandante supremo aliado, general Dwight David Eisenhower, lanzaba Market-Garden, una de las más audaces e imaginativas operaciones de la guerra. Sorprendentemente, Market-Garden, una ofensiva combinada aérea y terrestre, estaba concebida por uno de los más cautelosos comandantes aliados, el mariscal de campo Bernard Law Montgomery.

Market, la fase aérea de la operación, era monumental: participaban en ella casi cinco mil cazas, bombarderos, transportes y más de 2.500 planeadores. Aquella tarde de domingo, exactamente a las 13.30 horas, en un asalto diurno sin precedentes, todo un ejército aerotransportado aliado, con sus vehículos y equipo completo, empezó a dejarse caer tras las líneas alemanas. El objetivo de esta audaz e histórica invasión desde el cielo: la Holanda ocupada por los nazis.

En tierra, situadas a lo largo de la frontera entre Bélgica y Holanda, estaban las fuerzas Garden, columnas de carros de combate del Segundo Ejército británico. A las 14.35 horas, precedidos por fuego de artillería y un enjambre de cazas arrojando cohetes, los tanques iniciaron su asalto a la columna vertebral de Holanda, a lo largo de una ruta estratégica que los paracaidistas estaban ya luchando por capturar y mantener abierta.

El ambicioso plan de Montgomery estaba diseñado para conducir las tropas y los carros a través de Holanda, cruzar el Rin y penetrar en la propia Alemania. La Operación Market-Garden, *razonaba Montgomery, era el rayo fulminante que necesitaban para derribar el Tercer Reich y forzar el fin de la guerra en 1944.*

PRIMERA PARTE
LA RETIRADA

1

En el milenario pueblo holandés de Driel, la gente escuchaba con atención. Aún no había amanecido, pero los que todavía dormían se estaban despertando y se encendían luces tras las persianas de las ventanas. Inicialmente, se trataba sólo de la sensación de que algo inexplicable estaba sucediendo en alguna parte, más allá de los alrededores. Lo que era una vaga impresión fue tomando forma gradualmente. A lo lejos, se oía un sordo y continuo murmullo.

Apenas audible, pero persistente, el ruido llegaba al pueblo en oleadas. Incapaces de identificar el tenue sonido, muchos instintivamente intentaban descubrir algún cambio en la corriente del cercano Rin. En Holanda, la mitad de cuyo territorio está por debajo del nivel del mar, el agua es el enemigo constante, los diques el arma fundamental en una interminable batalla que no ha dejado de librarse desde antes del siglo XI. Driel, situada en un gran recodo del Bajo Rin, al sudoeste de Arnhem, la capital de Gelderland, posee un constante recuerdo de la lucha. A unos centenares de metros al norte, protegiendo al pueblo y a la región del turbulento río, un sólido dique, coronado por una carretera, se eleva en algunos puntos a más de diez metros de altura. Pero aquella mañana, el río no era motivo de alarma. El Neder Rijn se deslizaba calmosamente hacia el mar del norte a su acostumbrada velocidad de tres kilómetros por hora. Los sonidos que reverberaban en la pétrea faz del dique protector procedían de otro enemigo mucho más cruel.

Conforme el cielo se iba aclarando y el sol empezaba a aparecer entre la bruma, la conmoción iba en aumento. Procedente de las carreteras situadas al este de Driel, los habitantes del pueblo podían oír claramente el sonido del tránsito rodado, un tránsito que parecía intensificarse por momentos. En ese instante, su inquietud se convirtió en alarma, pues no había duda respecto a la identidad del movimiento: en aquel quinto año de la Segunda Guerra Mundial y después de 51 meses de ocupación nazi, todo el mundo reconoció el sordo rumor de los convoyes alemanes.

Más alarmantes aún eran las dimensiones de la procesión. Algunas personas comentarían más tarde que sólo una vez habían oído un tráfico tan intenso: en mayo de 1940, cuando los alemanes invadieron los Países Bajos. En aquella ocasión, los ejércitos motorizados de Hitler habían cruzado como un enjambre las fronteras del Reich a 15 o 20 kilómetros de distancia de Driel y, tras invadir las carreteras principales, se habían extendido rápidamente por todo el país. Ahora, parecía que interminables convoyes estaban moviéndose de nuevo por esas mismas carreteras.

Extraños sonidos llegaban de la vía principal más próxima, una autopista de doble carril que comunicaba Arnhem, en la ribera septentrional del Bajo Rin, con la ciudad ochocentista de Nimega, a orillas del caudaloso Waal, 18 kilómetros más al sur. Sobre el ahogado rugido de motores, la gente podía identificar claramente ruidos concretos que parecían curiosamente fuera de lugar en un convoy militar: el roce de ruedas de carros, el zumbido de innumerables bicicletas y el lento y desacompasado arrastrar de pies.

¿Qué clase de convoy podía ser aquél? Y, lo más importante, ¿dónde se dirigía? En aquel momento de la guerra, el futuro de Holanda podía muy bien depender de la respuesta a esta pregunta. La mayoría de la gente creía que los convoyes transportaban refuerzos que, o bien penetraban en el país para acudir en ayuda de la guarnición alemana, o bien se precipitaban hacia el sur para detener el avance aliado. Las tropas aliadas habían liberado el norte de Francia con espectacular rapidez. Ahora estaban combatiendo en Bélgica, y se decía que se encontraban a menos de 150 kilómetros de la capital, Bruselas. Circulaban persistentes rumores de que poderosas unidades blindadas aliadas estaban avanzando hacia la frontera holandesa. Pero nadie en Driel podía decir con exactitud la dirección que seguían los convoyes. La distancia y la difusión del sonido lo hacían imposible. Y el toque de queda nocturno impedía a los habitantes del pueblo salir de sus casas para investigar.

Atormentados por la incertidumbre, no podían hacer más que esperar. Desconocían que, poco antes del amanecer, los tres jóvenes soldados que constituían toda la guarnición alemana del pequeño Driel habían salido del pueblo en bicicletas robadas y se habían alejado pedaleando entre la niebla. Ya no había en el pueblo ninguna autoridad militar que impusiera el cumplimiento del toque de queda.

Ignorantes de ello, los habitantes permanecían en el interior de sus hogares. Pero los más curiosos estaban demasiado impacientes para esperar y decidieron arriesgarse a utilizar el teléfono. En su casa del número 12 de la Honingveldsestraat, junto a la fábrica de embutidos y conservas de su familia, la joven Cora Baltussen llamó a unos amigos de Arnhem. Apenas podía dar crédito a lo que éstos le decían que estaban viendo con sus propios ojos. Los convoyes no marchaban hacia el sur, en dirección al frente occidental. En aquella brumosa mañana del 4 de septiembre de 1944, los alemanes y sus partidarios parecían estar huyendo de Holanda, viajando en cualquier cosa que pudiera moverse.

La batalla que todos habían esperado, pensó Cora, pasaría ahora de largo ante ellos. Se equivocaba. Para el insignificante pueblo de Driel, intacto hasta entonces, la guerra no había hecho más que empezar.

2

Setenta kilómetros más al sur, en las ciudades y pueblos próximos a la frontera belga, los holandeses desbordaban de júbilo. Contemplaban incrédulos los maltrechos restos de los ejércitos de Hitler en el norte de Francia y en Bélgica pasando ante sus ventanas. El derrumbamiento parecía contagioso; junto a las unidades militares se marchaban miles de civiles alemanes y de nazis holandeses. Y para estas fuerzas fugitivas, todos los caminos parecían llevar a la frontera alemana.

Como la retirada empezó tan lentamente —un rosario de automóviles y vehículos de Estado Mayor que cruzaban la frontera belga—, pocos holandeses podían decir exactamente cuándo había comenzado. Unos creían que la retirada había empezado el 2 de septiembre; otros, el 3. Pero el día 4, el movimiento de los alemanes y sus partidarios había adquirido ya las características de una desbandada, de un éxodo frenético que alcanzó su punto culminante el 5 de septiembre, el día que sería más tarde conocido en la historia de Holanda como *Dolle Dinsdag*, «Martes Loco».

El pánico y la desorganización parecían caracterizar la huida alemana. Se utilizaban todo tipo de transportes. Abarrotando las carreteras desde la frontera norte belga hasta Arnhem, e incluso más allá, había camiones, autobuses, coches oficiales, semiorugas, vehículos blindados, carros de caballos y automóviles civiles (funcionando con carbón o madera). Por todas partes, dispersos en desordenados convoyes, se veían enjambres de fatigados y polvorientos soldados montando bicicletas requisadas a toda prisa.

Había formas de transporte aún más grotescas. En la ciudad de

Valkenswaard, situada a pocos kilómetros al norte de la frontera belga, varias personas vieron soldados alemanes pesadamente cargados que avanzaban a duras penas montados en patinetes infantiles. A noventa kilómetros de allí, en Arnhem, la multitud que se alineaba a lo largo de la Amsterdamseweg vio pasar lentamente una gran carroza fúnebre plateada y negra tirada por dos caballos de labranza de andares cansinos. Apiñados en el espacio destinado al ataúd en la parte posterior, había una veintena de alemanes desgreñados y exhaustos.

Arrastrándose en estos desventurados convoyes había soldados alemanes de muchas unidades. Había tanquistas despojados de sus carros de combate y vestidos con sus uniformes negros; hombres de la Luftwaffe, probablemente todo lo que quedaba de las unidades aéreas alemanas que habían sido destrozadas tanto en Francia como en Bélgica; soldados de la Wehrmacht de una veintena de divisiones; y tropas de las Waffen SS cuya insignia del cráneo y las tibias cruzadas constituía una macabra identificación. La joven Wilhelmina Coppens, de St. Oedenrode, al ver caminar erráticamente a estos hombres aturdidos y aparentemente sin jefes, pensó que «la mayoría de ellos no tenían ni idea de dónde estaban ni de adónde se dirigían». Para amargo regocijo de los transeúntes holandeses, algunos soldados estaban tan desorientados que preguntaban por el camino a la frontera alemana.

En la ciudad industrial de Eindhoven, sede de la gigantesca fábrica eléctrica Philips, la población llevaba varios días oyendo el sordo rumor del fuego de artillería procedente de Bélgica. Entonces, viendo los restos del derrotado ejército alemán que abarrotaban las carreteras, la gente esperaba que las tropas aliadas llegasen en cuestión de horas. Lo mismo pensaban los alemanes. A Frans Kortie, de veinticuatro años, empleado en el Departamento de Finanzas municipal, le pareció que estas tropas no tenían intención de detenerse. Desde el aeropuerto cercano llegaba el estruendo de las explosiones conforme los ingenieros volaban pistas, depósitos de municiones, tanques de gasolina y hangares; y, a través de la humareda que el viento empujaba por entre la ciudad, Kortie vio pelotones de soldados trabajando a toda prisa para desmantelar las piezas de artillería pesada instaladas en los tejados de los edificios Philips.

Por toda la zona, desde el norte de Eindhoven hasta la ciudad de Nimega, los ingenieros alemanes trabajaban intensamente. En el *Zuid Willemsvaart Canal*, que discurre en la ciudad de Veghel, Cornelis de

Visser, maestro de escuela, vio saltar por los aires una barcaza pesadamente cargada, esparciendo pedazos de motor de avión como una mortal lluvia de metralla. No lejos de allí, en el pueblo de Uden, Johannes de Groot, de cuarenta y cinco años, carrocero, se encontraba contemplando la retirada en compañía de su familia cuando los alemanes prendieron fuego a un antiguo cuartel holandés apenas a trescientos metros de su casa. Minutos después, las bombas almacenadas en el edificio hicieron explosión, matando a cuatro de los hijos de De Groot, cuyas edades oscilaban entre los cinco y los dieciocho años.

En lugares como Eindhoven, en los que prendieron fuego a las escuelas, se impidió entrar a los bomberos a apagar los incendios, y manzanas enteras quedaron reducidas a cenizas. En cualquier caso, los zapadores, a diferencia de las veloces columnas de las carreteras, daban muestras de seguir algún plan definido.

Los más frenéticos y confusos de los fugitivos eran los civiles, nazis alemanes, holandeses, belgas y franceses. No gozaban de las simpatías de los holandeses. Según el granjero Johannes Hulsen, de St. Oedenrode, parecían «mortalmente asustados»; y tenían razón para estarlo, pensó con satisfacción, pues, con los Aliados «pisándoles los talones, estos traidores sabían que había llegado el *Bijltjesdag* ("Día del Hacha")».

La frenética huida de los nazis holandeses y los civiles alemanes había sido puesta en marcha por el *Reinchskommissar* en Holanda, el famoso doctor Arthur Seyss-Inquart, de cincuenta y dos años, y por el ambicioso y brutal dirigente del Partido Nazi holandés, Anton Mussert. Velando apresuradamente por la suerte de los alemanes en Francia y en Bélgica, Seyss-Inquart ordenó el 1 de septiembre la evacuación de los civiles alemanes al este de Holanda, en las proximidades de la frontera del Reich. Mussert, de cincuenta años, siguió su ejemplo alertando a los miembros del Partido Nazi holandés. Seyss-Inquart y Mussert fueron ellos mismos de los primeros en marcharse: se dirigieron desde La Haya hacia el este, hasta Apeldoorn, a veinticinco kilómetros al norte de Arnhem.* Mussert envió a su familia

---

* Seyss-Inquart estaba aterrorizado. En Apeldoorn, se refugió en su Cuartel General subterráneo —un enorme búnker de ladrillo y cemento cuya construcción costó más de 250.000 dólares—, dotado de salas de conferencias, comunicaciones y suites personales. Todavía existe. Garrapateadas en el muro de cemento, cerca de la puerta de entrada, pueden verse los números «6 1/4», el apodo del odiado comisario. En holandés, Seyss-Inquart y «6 1/4» suenan casi igual, *zes en een kwart*.

más cerca aún del Reich, trasladándola a la región fronteriza de Twente, en la provincia de Overijssel. Al principio, la mayoría de los civiles alemanes y holandeses se movían con calma. Luego, una sucesión de acontecimientos desató el pánico. El 3 de septiembre, los ingleses capturaron Bruselas. Al día siguiente, cayó Amberes. Los blindados y los soldados británicos estaban ahora sólo a unos kilómetros de la frontera holandesa.

Habida cuenta de estas asombrosas victorias, la anciana reina de Holanda, Guillermina, dijo a su pueblo en un mensaje radiofónico transmitido desde Londres que la liberación estaba próxima. Anunció que su yerno, Su Alteza Real el príncipe Bernardo, había sido nombrado comandante en jefe de las fuerzas holandesas y asumiría también el mando de todos los grupos de resistencia clandestina. Estas facciones, que comprendían tres organizaciones distintas alineadas políticamente desde la izquierda hasta la extrema derecha, quedarían ahora unificadas y conocidas oficialmente por el nombre de *Binnenlandse Strijdkrachten* (Fuerzas del Interior). El príncipe Bernardo, de treinta y tres años, esposo de la princesa Juliana, heredera al trono, pronunció después del mensaje de la Reina el suyo propio. Pidió a las fuerzas clandestinas que tuvieran preparados brazaletes «en los que figurara con letras claras la palabra *Orange*», pero que no los usaran «sin orden mía». Les exhortaba a «refrenar el entusiasmo momentáneo por acciones prematuras e independientes, porque ello podría comprometeros a vosotros mismos y a las operaciones militares en marcha».

Seguidamente se transmitió un mensaje especial del general Dwight D. Eisenhower, comandante supremo de las fuerzas Aliadas, confirmando que la liberación era inminente. «La hora de la liberación que los Países Bajos han estado esperando durante tanto tiempo, ya está muy próxima», prometió. Y, a las pocas horas, a estas emisiones les siguió la declaración más optimista de todas, la del primer ministro del Gobierno holandés en el exilio, Pieter S. Gerbrandy. Dijo a sus oyentes: «Ahora que los ejércitos Aliados, en su irresistible avance, han cruzado la frontera holandesa... quiero que todos vosotros brindéis a nuestros aliados una calurosa bienvenida a nuestra tierra natal...».

La alegría de los holandeses rayaba en la histeria, y los nazis holandeses huían para salvar su vida. Anton Mussert había alardeado durante mucho tiempo de que en su partido se agrupaban más de cincuenta mil nazis. Debía ser así, y les parecía a los holandeses que todos ellos se habían lanzado a las carreteras al mismo tiempo. En decenas de ciudades y pueblos de toda Holanda, alcaldes y funcionarios nombrados por los nazis huyeron súbitamente a menudo, no sin antes pedir el pago de sus atrasos. El alcalde de Eindhoven y algunos de sus funcionarios insistían en reclamar sus salarios. El secretario del Ayuntamiento, Gerardus Legius, consideraba ridícula su postura, pero no le parecía tan mal que se les indemnizara. Viéndoles escapar precipitadamente de la ciudad «sobre todo lo que tuviera ruedas», se preguntó: «¿Hasta dónde podrán llegar? ¿Dónde irán?». Las oficinas bancarias también se veían asediadas. Cuando Nicolaas van de Weerd, empleado bancario de veinticuatro años, acudió a su trabajo en la ciudad de Wageningen el lunes, 4 de septiembre, vio una cola de nazis holandeses esperando ante el banco. Cuando se abrieron las puertas, se apresuraron a cancelar cuentas y vaciar cajas fuertes.

Las estaciones ferroviarias fueron invadidas por civiles aterrorizados. Los trenes que se dirigían a Alemania circulaban al límite de su capacidad. Al descender de su tren a su llegada a Arnhem, el joven Frans Wiessing fue engullido por una marea de gente que pugnaba por subir. Era tanta la desbandada que, cuando el tren partió, Wiessing vio una montaña de equipajes que habían quedado abandonados en el andén. En el pueblo de Zetten, al oeste de Nimega, el estudiante Paul van Wely vio muchos nazis holandeses que abarrotaban la estación de ferrocarril, esperando todo el día un tren con destino a Alemania, que nunca llegó. Las mujeres y los niños lloraban y, en opinión de Van Wely, «la sala de espera tenía el aspecto de una chatarrería llena de vagabundos». En todas las ciudades se producían incidentes similares. Los colaboracionistas holandeses huían en cualquier cosa que se pudiera mover. El arquitecto municipal Willem Tiemans vio desde la ventana de su despacho, cercano al gran puente de Arnhem, un grupo de nazis holandeses «forcejeando como locos» para subir a bordo de una barcaza que seguía el curso del Rin hasta el Reich.

Hora tras hora, el tráfico aumentaba, e incluso lo siguió haciendo en la oscuridad de la noche. Tan desesperados estaban los alemanes por ponerse a salvo que las noches del 3 y 4 de septiembre, despreciando absolutamente los ataques aéreos Aliados, los soldados instalaron reflectores en algunos cruces de carretera, y numerosos vehículos sobrecargados se arrastraban por ellas con los faros encendidos. Los oficiales alemanes parecían haber perdido el control. El doctor Anton Laterveer, médico de Arnhem, vio soldados arrojando sus fusiles... algunos, incluso, intentaron vender sus armas a los holandeses. Joop Muselaars, un adolescente en esa época, vio a un teniente intentar detener un vehículo militar que no iba completamente lleno, pero el conductor, ignorando la orden, continuó su marcha. Furioso, el oficial disparó irracionalmente su pistola contra los adoquines.

En todas partes, los soldados intentaban desertar. En el pueblo de Eerde, Adrianus Marinus, un oficinista de dieciocho años, vio un soldado que saltaba de un camión, corría hacia una granja y desaparecía. Más tarde, Marinus se enteró de que el soldado era un prisionero de guerra ruso que había sido alistado en la Wehrmacht. A tres kilómetros de Nimega, en el pueblo de Lent, situado en la orilla septentrional del Waal, cuando el doctor Frans Huygen se encontraba realizando sus visitas, vio varios soldados mendigando ropas civiles, que les eran negadas por los aldeanos. En Nimega los desertores no se humillaban de este modo. En muchos casos, reclamaban la ropa a punta de pistola. El reverendo Wilhelmus Peterse, carmelita de cuarenta años, vio soldados que se despojaban apresuradamente de sus uniformes, los cambiaban por trajes civiles y emprendían a pie la marcha hacia la frontera alemana. «Los alemanes estaban completamente hartos de la guerra —recordaría Garrit Memelink, inspector forestal jefe de Arnhem—. Estaban haciendo cuanto podían por burlar a la Policía Militar.»

Cuando los oficiales perdieron el control, la disciplina desapareció. Grupos descontrolados de soldados robaban caballos, carros, automóviles y bicicletas. Amenazaban a los granjeros con sus armas, para obligarles a que les llevaran hacia Alemania en sus carromatos. A todo lo largo de los convoyes, los holandeses podían ver camiones, carretas, carretillas de mano —incluso cochecitos de niño empujados por soldados fugitivos— en los que amontonaba el botín obtenido en Francia, Bélgica y Luxemburgo. Se llevaban desde estatuas y muebles hasta ropa blanca. En Nimega, los soldados intentaron vender máquinas de coser, rollos de tela, cuadros, máquinas de escribir y un soldado ofreció incluso un loro metido en una gran jaula.

Entre los alemanes que se retiraban no escaseaba el alcohol. En la ciudad de Groesbeek, apenas a ocho kilómetros de la frontera alemana, el padre Herman Hoek presenció el paso de carros de caballos cargados hasta arriba con grandes cantidades de vinos y licores. En Arnhem, el reverendo Reinhold Dijker vio varios bulliciosos soldados de la Wehrmacht montados en un camión y bebiendo de una enorme barrica de vino que, al parecer, habían acarreado todo el camino desde Francia. Agatha Schulte, de dieciséis años, hija del farmacéutico jefe del hospital municipal de Arnhem, estaba convencida de que la mayoría de los soldados que veía se hallaban borrachos. Iban arrojando puñados de monedas francesas y belgas a los chiquillos y trataban de vender botellas de vino, champaña y coñac a los adultos. Su madre, Hendrina Schulte, recordaría vívidamente haber visto un camión alemán que transportaba otra clase de botín. Se trataba de una amplia cama de matrimonio, y en la cama había una mujer.*

Además de las columnas procedentes del sur, llegaba desde la zona occidental de Holanda y desde la costa una intensa riada de alemanes y civiles. Atravesaba Arnhem y se dirigía hacia el este, hacia Alemania. En el próspero suburbio de Oosterbeek, en Arnhem, Jan Voskuil, ingeniero químico de treinta y ocho años, se hallaba escondido en la casa de su suegro. Al saber que figuraba en una lista de rehenes holandeses que iban a ser detenidos por los alemanes, había huido de su casa en la ciudad de Geldermalsen, a treinta kilómetros de distancia, llevándose consigo a su mujer, Bertha, y su hijo de nueve años. Había llegado a Oosterbeek a tiempo de ver la evacuación. El suegro de Jan le dijo que no «se preocupara más por los alemanes; desde ahora ya no tendrás que esconderte». Al contemplar la calle principal de Oosterbeek, Voskuil vio una «absoluta confusión». Había docenas de camiones atestados de alemanes, «todos peligrosamente sobrecargados». Vio soldados «montados en bicicletas, pedaleando enérgicamente, con maletas y maletines colgando de los manillares». Voskuil tuvo la seguridad de que la guerra terminaría en cuestión de días.

En el propio Arnhem, Jan Mijnhart, sacristán de la Grote Kerk —la imponente iglesia de San Eusebio, del siglo XV, con su famosa torre de cien metros de altura—, vio a los *Moffen* (apodo holandés de los alemanes, equivalente al *Jerry* inglés) cruzando la ciudad «en fila

---

* «Pudieron verse escenas que nadie hubiera pensado que fueran posibles en el Ejército alemán —escribe Walter Goerlitz, el historiador alemán, en su *History of the German General Staff*—. Infantes de Marina marchaban hacia el norte sin armas, vendiendo sus uniformes sobrantes... Decían a la gente que la guerra había terminado y que se iban a casa. Camiones cargados de oficiales, sus amantes y grandes cantidades de champaña y coñac lograron llegar incluso hasta Renania, y fue necesario crear tribunales de guerra especiales para juzgar estos casos.»

de a cuatro en dirección a Alemania». Algunos parecían viejos y enfermos. En el cercano pueblo de Ede, un alemán de avanzada edad rogó al joven Rudolph van der Aa que comunicara a su familia en Alemania que le había visto. «Sufro del corazón —añadió—, y probablemente no viviré mucho más.» Lucianus Vroemen, un adolescente de Arnhem, advirtió que los alemanes estaban exhaustos y que no «exhibían nada de su orgullo y su espíritu de lucha». Vio oficiales intentando, con poco o ningún éxito, restablecer el orden entre los desorganizados soldados. Ni siquiera reaccionaban ante los gritos que les dirigían los holandeses: «¡Marchaos! Los ingleses y los americanos estarán aquí dentro de unas horas».

Viendo a los alemanes trasladándose hacia el este desde Arnhem, el doctor Pieter de Graaff, cirujano de cuarenta y cuatro años, estaba seguro de estar presenciando «el fin, el evidente derrumbamiento del Ejército alemán». Y Suze van Zweden, profesora de matemáticas en un instituto, tendría una razón especial para recordar aquel día. Su marido Johan, respetado y conocido escultor, había sido confinado en el campo de concentración de Dachau en 1942 por ocultar a judíos holandeses. Puede que estuviera próxima su liberación dado que, evidentemente, la guerra estaba casi terminada. Suze estaba decidida a ser testigo de este histórico momento: la partida de los alemanes y la llegada de los liberadores aliados. Su hijo Robert era demasiado pequeño para comprender lo que estaba sucediendo, pero decidió llevar a su hija Sonja, de nueve años, a la ciudad. Mientras vestía a Sonja, Suze dijo: «Esto es algo que tienes que ver. Quiero que procures recordarlo toda tu vida».

Por todas partes, se ponía de manifiesto la alegría de los holandeses. Las banderas holandesas hicieron su aparición. Comerciantes emprendedores vendían chapas color naranja y grandes cantidades de cintas a las muchedumbres ávidas. En el pueblo de Renkum, la gente hizo cola ante la mercería local, donde el dueño, Johannes Snoek, vendió cinta anaranjada a toda la velocidad con que podía cortarla. Para su asombro, los habitantes del pueblo confeccionaron lazos con las cintas y se los prendieron orgullosamente. Johannes, que era miembro de la resistencia, pensó que «esto era ir demasiado lejos». Para proteger a sus paisanos de sus propios excesos, dejó de vender la cinta. Su hermana Maria, contagiada de la excitación, anotó alegremente en su Diario que «el ambiente que había en las calles recordaba al del *Koninginnedag*, el cumpleaños de la reina». Vitoreantes multitudes se apiñaban en las aceras gritando: «¡Viva la

Reina!». La gente cantaba el *Wilhelmus* (el himno nacional holandés) y *Oranje Boven!* («¡Orange sobre todo!»). Con sus capas revoloteando al viento, la Hermana Antonia Stranzky y la Hermana Christine van Dijk, del Hospital de Santa Isabel de Arnhem, pedalearon hasta la plaza mayor, la Velperplein, donde se unieron a la multitud congregada en las terrazas de las cafeterías tomando café y comiendo pastel de patata, mientras pasaban los alemanes y los nazis holandeses.

En el Hospital de San Canisius, en Nimega, la Hermana M. Dosithèe Symons vio a varias enfermeras bailar de alegría en los pasillos del convento. La gente sacaba aparatos de radio escondidos desde hacía mucho tiempo y, contemplando la retirada desde sus ventanas, escuchaba abiertamente por primera vez en largos meses el servicio especial para Holanda de la BBC de Londres, Radio Orange. Estaba tan excitado por las emisiones el cultivador de frutas Joannes Hurkx, de St. Oedenrode, que no vio a un grupo de alemanes robar las bicicletas de la familia en la parte trasera de su casa.

En decenas de lugares cerraron las escuelas y se declaró fiesta laboral. Los empleados de las fábricas de cigarrillos de Valkenswaard no tardaron en abandonar sus máquinas y lanzarse a las calles. En La Haya, sede del Gobierno, dejaron de circular los tranvías. En la capital, Amsterdam, la atmósfera era tensa e irreal. Cerraron las oficinas y se suspendieron las transacciones en la Bolsa. Las unidades militares desaparecieron súbitamente de las principales vías públicas, y la estación central se vio atestada de nazis alemanes y holandeses. En las afueras de Amsterdam, Rotterdam y La Haya, multitudes portadoras de banderas y flores flanqueaban las carreteras que conducían a las ciudades para ser los primeros en ver los tanques ingleses llegando desde el sur.

Los rumores aumentaban cada hora que pasaba. En Amsterdam muchos creían que las tropas británicas habían liberado ya La Haya, cerca de la costa, a unos 45 kilómetros al sudoeste. En La Haya, la gente pensaba que había sido liberado el gran puerto de Rotterdam, a 25 kilómetros de distancia. Los que viajaban en los trenes oían un relato diferente en cada estación en la que paraban. Uno de ellos, Henri Peijnenburg, dirigente de la Resistencia, de veinticinco años de edad, que se dirigía desde La Haya a su casa de Nimega, una distancia inferior a 120 kilómetros, oyó decir al comienzo de su viaje que los ingleses habían entrado en la antigua ciudad fronteriza de Maastricht. En Utrecht, le dijeron que habían llegado a Roermond. Luego, en Arnhem, le aseguraron que los ingleses habían tomado Venlo, a pocos kilómetros de la frontera alemana. «Cuando finalmente llegué a casa —explicaría más tarde—, esperaba ver a los Aliados por las calles, paro todo lo que vi fue a los alemanes que se batían en retirada.» Peijnenburg se sentía confuso e inquieto.

Otras personas compartían también su preocupación, especialmente los miembros del alto mando de la Resistencia, reunidos secretamente en La Haya. Para ellos, que observaban nerviosamente la situación, Holanda parecía encontrarse en el umbral de la libertad. Los tanques aliados podían atravesar fácilmente el país desde la frontera belga hasta el Zuider Zee. La Resistencia tenía la seguridad de que la «puerta» —a través de Holanda, sobre el Rin y a Alemania— estaba abierta de par en par.

Los líderes de la Resistencia sabían que los alemanes carecían prácticamente de fuerzas capaces de detener un decidido ataque aliado. Casi sentían desprecio hacia la única, débil y escasamente dotada división compuesta de hombres ancianos que protegía las defensas costeras (habían permanecido en búnkers de cemento desde 1940 sin disparar un solo tiro), y hacia unos cuantos soldados de baja graduación, cuya capacidad de combate era sumamente dudosa, entre los que se encontraban los SS holandeses, heterogéneas tropas de guarnición, convalecientes y los declarados no aptos por razones médicas, agrupados estos últimos en unidades acertadamente conocidas con el nombre de batallones «estómago» y «oído», porque la mayoría de los hombres padecían úlceras o eran duros de oído.

A los holandeses les parecía obvio que el próximo movimiento de los Aliados era la inminente invasión. Pero su éxito dependía de la velocidad de las fuerzas británicas que avanzaban desde el sur y era precisamente esto lo que desconcertaba al alto mando de la Resistencia porque le era imposible determinar la extensión exacta del avance aliado.

Comprobar la validez de la afirmación del primer ministro Gerbrandy de que las tropas Aliadas habían cruzado ya la frontera no era asunto sencillo. Holanda era pequeña —aproximadamente, sólo las dos terceras partes del territorio de Irlanda—, pero tenía una densa población de más de nueve millones de habitantes, y, a consecuencia de ello, los alemanes tenían grandes dificultades para controlar la actividad subversiva. En todas las ciudades y pueblos había células clandestinas. Sin embargo, era arriesgado transmitir información. El método principal, y más peligroso, era el teléfono. En un caso de emergencia, utilizando complicados circuitos, líneas secretas e información cifrada, los líderes de la Resistencia podían establecer comunicación con todo el país. De ahí que, en esta ocasión, los mandos clandestinos supieran a los pocos minutos que el anuncio de Gerbrandy era prematuro: las tropas británicas no habían cruzado la frontera.

Otras emisiones de Radio Orange alimentaron la confusión. Por dos veces en poco más de doce horas (a las 23.45 horas del 4 de septiembre y, de nuevo, en la mañana del 5 de septiembre), el Servicio Holandés de la BBC anunció la liberación de la ciudad fuerte de Breda, a diez kilómetros de la frontera belga. La noticia se difundió rápidamente. Periódicos ilegales, que se editaban en secreto, prepararon rápidamente ediciones anunciando con grandes titulares: «La caída de Breda». Pero el jefe de la Resistencia regional de Arnhem, Pieter Kruyff, de treinta y ocho años, cuyo grupo era uno de los más hábiles y disciplinados de la nación, albergaba serias dudas respecto a la veracidad del boletín de Radio Orange. Hizo que su experto de comunicaciones, Johannes Steinfort, joven técnico de la Compañía Telefónica, comprobara la información. Conectando rápidamente con un circuito secreto que le ponía en contacto directo con la Resistencia de Breda, Steinfort fue uno de los primeros en saber la amarga verdad: la ciudad continuaba en manos de los alemanes. Nadie había visto tropas aliadas, ni americanas ni británicas.

Debido al torrente de rumores, numerosos grupos de la Resistencia se reunieron apresuradamente para discutir lo que debía hacerse. Aunque el príncipe Bernardo y el SHAEF (Cuartel General Supremo de las Fuerzas Expedicionarias Aliadas) habían prevenido contra una sublevación general, algunos miembros de la Resistencia habían perdido la paciencia. Había llegado el momento, creían, de enfrentarse directamente al enemigo y colaborar en el avance aliado. Era evidente que los alemanes temían una revuelta general. La Resistencia ya había notado que en los vehículos de las columnas que se retiraban había ahora centinelas sentados en los guardabarros con fusiles y subfusiles listos para disparar. Sin dejarse intimidar por ello, muchos resistentes estaban ansiosos por luchar.

En el pueblo de Ede, pocos kilómetros al noroeste de Oosterbeek, Menno *Tony* de Nooy, de veinticinco años, trató de convencer al jefe de su grupo, Bill Wildeboer, de lanzarse al ataque. Estaba planeado desde hacía mucho tiempo, alegaba Tony, que el grupo se apoderara de Ede en el caso de una invasión aliada. Los cuarteles de Ede, que se habían utilizado para la instrucción de los infantes de Marina alemanes, se encontraban ahora prácticamente vacíos. Nooy quería ocupar los edificios. El veterano Wildeboer, antiguo sargento mayor del Ejército holandés, no estaba de acuerdo. «No me inspira confianza esta situación —les dijo—. Aún no ha llegado el momento adecuado. Debemos esperar.»

No todos los movimientos de Resistencia conseguían reprimirse. En Rotterdam, miembros de las fuerzas clandestinas ocuparon las oficinas de la compañía suministradora de agua. En el pueblo de Axel, en la frontera entre Bélgica y Holanda, fue tomado el Ayuntamiento con sus antiguas murallas, y centenares de soldados alemanes se rindieron a los combatientes civiles. En muchas ciudades funcionarios nazis holandeses fueron capturados cuando trataban de huir. Al oeste de Arnhem, en el pueblo de Wolfheze, famoso sobre todo por su hospital para enfermos mentales, el comisario de policía del distrito fue apresado en su automóvil y encerrado temporalmente en el lugar disponible más próximo, el asilo, para entregarlo a los ingleses «cuando llegaran».

Éstas eran las excepciones. En general, las unidades de resistencia permanecieron tranquilas. Eso sí, se aprovecharon en todas partes de la confusión para preparar la llegada de las fuerzas Aliadas. En Arnhem, Charles Labouchère, de cuarenta y dos años, descendiente de una antigua familia francesa y destinado a una unidad de información, se hallaba demasiado ocupado para preocuparse de los rumores. Permanecía sentado, hora tras hora, tras las ventanas de una oficina situada en las proximidades del puente de Arnhem y, con varios ayudantes, observaba las unidades alemanas que se dirigían hacia el este y el nordeste a lo largo de las carreteras de Zevenaar y Zutphen que llevaban hacia Alemania. El trabajo de Labouchère consistía en calcular el número de las tropas y, en la medida de lo posible, identificar las unidades. La vital información que anotó fue enviada a Amsterdam por correo y desde allí, a través de una red secreta, a Londres.

En el barrio residencial de Oosterbeek, el joven Jan Eijkelhoff, abriéndose paso discretamente por entre la multitud, recorrió en bicicleta toda la zona entregando tarjetas de racionamiento falsas a los holandeses que se ocultaban de los alemanes. Y el jefe de un grupo de Arnhem, Johannes Penseel, de cincuenta y siete años, llamado el *Viejo*, reaccionó con la astucia que le había hecho legendario entre sus hombres. Decidió que había llegado el momento de trasladar su arsenal de armas. Abiertamente, rodeados de tropas alemanas por todas partes, él y unos cuantos ayudantes apresuradamente elegidos se dirigieron tranquilamente en la camioneta de una panadería al Hospital Municipal, donde estaban escondidas las armas. Envolviendo rápidamente las armas en papel de estraza, transportaron todo el material a casa de Penseel, cuyas ventanas de la planta baja dominaban convenientemente la plaza principal. Penseel y su colega, Toon van Daalen, consideraban que era una posición perfecta desde la que abrir fuego sobre los alemanes cuando llegara el momento. Estaban decididos a hacer honor al nombre de su subdivisión, *Landelyke Knokploegen* («Los muchachos de brazos fuertes»).

En todas partes, hombres y mujeres del vasto ejército clandestino se preparaban para la batalla; y en ciudades y pueblos del sur, gentes que creían que otras partes de Holanda se hallaban ya liberadas salían de sus casas para dar la bienvenida a los liberadores. Había en el aire una especie de locura, pensó el padre carmelita Tiburtius Noordermeer, mientras observaba a las jubilosas multitudes del pueblo de Oss, al sudeste de Nimega. Vio a las gentes felicitarse mutuamente dándose palmadas en la espalda. Comparando los desmoralizados alemanes de las carreteras con los alegres espectadores holandeses, sintió el «miedo terrible por una parte y la loca e ilimitada alegría por la otra». «Nadie actuaba con normalidad», recordaría el imperturbable sacerdote holandés.

Eran muchos los que sentían crecer su inquietud a medida que pasaba el tiempo. En la farmacia de la calle mayor de Oosterbeek, Karel de Wit estaba preocupado. Le dijo a su mujer y titular de la farmacia, Johanna, que no podía comprender por qué los aviones aliados no habían atacado al tráfico alemán. Frans Schulte, comandante holandés retirado, pensaba que el entusiasmo general era prematuro. Aunque su hermano y su cuñada desbordaban de alegría ante lo que parecía ser el hundimiento alemán, Schulte no estaba convencido. «Las cosas pueden empeorar», advertía. «Los alemanes distan mucho de estar derrotados. Si los Aliados intentan cruzar el Rin, creedme, seguramente veremos una gran batalla.»

3

Hitler ya había puesto en marcha las medidas para afrontar a crisis. El 4 de septiembre, en el Cuartel General del Führer, situado en las profundidades de la selva de Görlitz, Rastenburg, Prusia Oriental, el mariscal de campo Gerd von Rundstedt, de sesenta y nueve años, se disponía a marchar en dirección al Frente Occidental. No había esperado que se le diera un nuevo puesto de mando.

Sacado bruscamente de un retiro impuesto, Von Rundstedt había recibido la orden de ir a Rastenburg cuatro días antes. El 2 de julio, dos meses antes, Hitler le había destituido de su cargo de comandante en jefe del Frente Occidental (o, como se le conocía en términos militares alemanes, OB West, *Oberbefehdshaber* oeste) mientras Von Rundstedt, que jamás había perdido una batalla, trataba de hacer frente a las consecuencias de la mayor crisis alemana de la guerra, la invasión aliada de Normandía.

El Führer y el más distinguido soldado de Alemania nunca se habían puesto de acuerdo sobre la mejor forma de hacer frente a esa amenaza. Antes de la invasión, pidiendo refuerzos, Von Rundstedt había informado claramente al Cuartel General de Hitler (OKW, *Oberkommando der Wehrmacht*)* que los occidentales, superiores en hombres, material y aviones, podían «desembarcar en el lugar que quisieran». No era cierto, declaró Hitler. La Muralla del Atlántico, las fortificaciones costeras parcialmente completadas que, alardeaba Hitler, discurrirían a lo largo de casi cinco mil kilómetros desde Kirkenes (en la frontera noruego-finesa) hasta los Pirineos (en la fron-

---

* Alto Mando de las Fuerzas Armadas.

tera franco-española) harían «este frente inexpugnable contra cualquier enemigo». Von Rundstedt sabía muy bien que las fortificaciones eran más propaganda que realidad. Resumía la Muralla del Atlántico en una sola palabra: «Camelo».

El legendario mariscal de campo Erwin Rommel, famoso por sus victorias en los desiertos norteafricanos durante los primeros años de la guerra y enviado por Hitler para mandar el Grupo de Ejércitos B, a las órdenes de Von Rundstedt, se sentía igualmente aterrado por la tranquilidad del Führer. Para Rommel, las defensas costeras eran una «de las ficciones de la *Wolkenkuckkucksheim* (la Nefelococugia, o región ideal, de Aristófanes) de Hitler. El aristócrata y tradicionalista Von Rundstedt y el más joven y ambicioso Rommel se encontraban de acuerdo, probablemente por primera vez. Chocaron, sin embargo, en otro punto. Teniendo siempre presente la aplastante derrota de su *Afrika Korps* frente a Montgomery en El Alamein, en 1942, y conocedor de cómo sería la invasión Aliada, Rommel creía que los invasores debían ser detenidos en las mismas playas. Von Rundstedt disintió tajantemente de su colega, a quien se refería sarcásticamente como el «mariscal Bubi» («mariscal Chiquillo»); sostenía que las tropas Aliadas debían ser destruidas *después* de que hubieran desembarcado. Hitler apoyó a Rommel. El Día D, pese a las brillantes improvisaciones de Rommel, las tropas Aliadas abrieron brecha en el «inexpugnable» muro en cuestión de horas.

En los terribles días que siguieron, las distendidas líneas de Von Rundstedt se resquebrajaban por todas partes, desbordadas por los Aliados, que ostentaban una supremacía aérea casi total sobre el campo de batalla de Normandía, e inmovilizadas por las órdenes de «no retirarse» de Hitler («Cada hombre debe luchar y caer en el lugar en que se encuentre»). Von Rundstedt taponaba desesperadamente las brechas, pero, por firmemente que lucharan y contraatacaran sus hombres, el resultado siempre estuvo claro. No podía ni «arrojar a los invasores al mar», ni «aniquilarlos» (las palabras eran de Hitler).

La noche del 1 de julio, en los momentos culminantes de la batalla de Normandía, el jefe de Estado Mayor de Hitler, mariscal de campo Wilhelm Keitel, llamó a Von Rundstedt y le preguntó tristemente: «¿Qué debemos hacer?». Con su característica brusquedad, Von Rundstedt replicó: «Poner fin a la guerra, imbéciles. ¿Qué otra cosa podéis hacer?». El comentario de Hitler al conocer su respuesta fue indulgente: «*El Viejo* ha perdido los nervios y ya no puede dominar la situación. Tendrá que irse». Veinticuatro horas después, en una cortés nota manuscrita, Hitler informaba a Von Rundstedt que «en atención a su salud y a los crecientes esfuerzos que son de esperar en un próximo futuro», quedaba relevado del mando.

Von Rundstedt, el más veterano y fiable mariscal de campo de la Wehrmacht, no podía creerlo. Durante los cinco años de guerra su genio militar había servido a la perfección al Tercer Reich. En 1939, cuando Hitler atacó a sangre fría Polonia, encendiendo con ello el conflicto que más tarde involucraría al mundo, Von Rundstedt había demostrado la validez de la fórmula alemana de conquista —*Blitzkrieg* («guerra relámpago»)— cuando la punta de lanza de su tanque llegó en menos de una semana a las afueras de Varsovia. Un año después, cuando Hitler se volvió hacia el oeste y con devastadora rapidez invadió la mayor parte de la Europa occidental, Von Rundstedt ostentaba el mando de todo un ejército panzer. Y en 1941 estaba de nuevo en primera línea cuando Hitler invadió Rusia. Ahora, irritado por el peligro que corrían su carrera y su reputación, Von Rundstedt dijo al jefe de su Estado Mayor, el general de división Gunther Blumentritt, que había sido «ignominiosamente destituido por un estratega aficionado». Aquel «cabo bohemio», exclamó encolerizado, había utilizado «mi edad y mi mal estado de salud como excusa para relevarme, a fin de tener una cabeza de turco». Si hubiera dispuesto de cierta capacidad de actuación, Von Rundstedt hubiera planeado una lenta retirada hasta la frontera alemana, durante la cual, de acuerdo con los planes que esbozó a Blumentritt, se habría «cobrado un precio terrible por cada palmo de terreno cedido». Pero, como había dicho numerosas veces a su Estado Mayor, dada la constante «tutela desde arriba», prácticamente la única facultad que tenía como OB West era «cambiar la guardia ante la puerta».*

Desde el momento en que le hicieron regresar y llegó a la *Wolfsschanze* («Guarida del Lobo»), tal y como la bautizó Hitler, en Rastenburg, a finales de agosto, Von Rundstedt asistía, a invitación del

---

* «Von Rundstedt estaba dolido por la sugerencia contenida en la carta de Hitler de que él había "pedido" el relevo», me dijo en una entrevista el difunto general Blumentritt. «En el Cuartel General algunos creíamos que realmente lo había solicitado, pero no era cierto. Von Rundstedt negó haber pedido jamás el relevo e, incluso, haber pensado siquiera en pedirlo. Estaba muy encolerizado, tanto que juró no volver a asumir ningún puesto de mando bajo Hitler. Yo sabía que no hablaba en serio, pues, para Von Rundstedt, la obediencia militar era incondicional y absoluta.»

Führer, a la conferencia diaria sobre el curso de la guerra. Según el adjunto al jefe de operaciones, general Walter Warlimont, Hitler dispensó un cordial recibimiento a su veterano mariscal de campo, tratándole con «suavidad y respeto inusitados». Warlimont observó también que durante las largas sesiones, Von Rundstedt se limitaba a permanecer quieto en su asiento «sin discutir y pronunciando sólo monosílabos».* El conciso y práctico mariscal de campo no tenía nada que decir. Estaba sobrecogido por la situación.

Las sesiones informativas pusieron claramente de manifiesto que en el este el Ejército Rojo ocupaba un frente de más de dos mil kilómetros de longitud que se extendía desde Finlandia, al norte, hasta el Vístula, en Polonia, y desde allí hasta los montes Cárpatos en Rumania y Yugoslavia. De hecho, los blindados rusos habían llegado hasta las fronteras de Prusia Oriental, apenas a 150 kilómetros del Cuartel General del Führer.

En el oeste, Von Rundstedt veía que sus peores temores se hacían realidad. Una división tras otra estaban siendo destruidas y toda la línea alemana había sido obligada a retroceder. Unidades de retaguardia, a pesar de estar cercadas e incomunicadas, se aferraban todavía a puertos vitales tales como Dunkerque, Calais, Boulogne, El Havre, Lorient y St. Nazaire, obligando a los Aliados a continuar llevando suministros desde las lejanas playas de invasión. Pero ahora, con la súbita y sorprendente captura de Amberes, uno de los mayores puertos marítimos de gran calado de Europa, seguramente los Aliados habían resuelto su problema de aprovisionamiento. Von Rundstedt observaba también que la táctica de *Blitzkrieg*, perfeccionada por él mismo y por otros, estaba siendo utilizada con devastadores efectos por los ejércitos de Eisenhower. Y el mariscal de campo Walter Model, de cincuenta y cuatro años, nuevo comandante en jefe del Frente Oeste (asumió su puesto el 17 de agosto), era claramente incapaz de poner orden en el caos. Su frente se había desmoronado, roto en el norte por los tanques del Segundo Ejército británico y el Primer Ejército estadounidense, que avanzaban a través de Bélgica en dirección a Holanda; y, al sur de las Árdenas, columnas blindadas del Tercer Ejército de Estados Unidos, al mando del general George S. Patton, se dirigían hacia Metz y el Sarre. Para Von Rundstedt la situación no era ya simplemente lamentable. Era catastrófica.

Tuvo tiempo para meditar en el carácter inevitable del fin. Trans-

---

* Warlimont, *Inside Hitler's Headquarters*, 1939-45, p. 477.

currieron casi cuatro días antes de que Hitler concediera a Von Rundstedt una audiencia privada. Durante su espera, el mariscal de campo se hospedó en el antiguo hotel de campo reservado para oficiales de alta graduación en el centro del inmenso Cuartel General, un enclave rodeado de alambre de espino en el que se alzaban cabañas de madera y búnkers de cemento construidos sobre una red de instalaciones subterráneas. Von Rundstedt manifestó a Keitel, el jefe del Estado Mayor, su impaciencia por la demora. «¿Por qué me han mandado llamar? —preguntó—. ¿A qué clase de juego estamos jugando?» Keitel no pudo contestarle. Hitler no había dado a Keitel ninguna razón especial, aparte de una inocua mención a la salud del mariscal de campo. Parecía haberse convencido a sí mismo de su propia versión de la destitución de Von Rundstedt por «motivos de salud» en julio y se había limitado a decirle a Keitel: «Quiero ver si la salud del *Viejo* ha mejorado».

Keitel tuvo que recordarle dos veces al Führer que el mariscal de campo estaba esperando. Finalmente, en la tarde del 4 de septiembre, Von Rundstedt fue llamado a presencia de Hitler, y, en contra de su costumbre, el Führer fue inmediatamente al grano. «Quisiera confiarle de nuevo a usted el Frente Occidental.»

Con la espalda bien erguida y ambas manos en su bastón de oro, Von Rundstedt se limitó a hacer un gesto de asentimiento. Pese a sus conocimientos y su experiencia, su aversión hacia Hitler y los nazis, Von Rundstedt, en quien había arraigado la tradición militar prusiana de entrega al servicio, no declinó el nombramiento. Como diría más tarde, «de todas formas, habría sido inútil protestar».*

Hitler explicó sólo a grandes rasgos la tarea de Von Rundstedt. Una vez más, Hitler estaba improvisando. Antes del Día D, habría insistido en que la Muralla del Atlántico era invulnerable. Ahora, para consternación de Von Rundstedt, el Führer hizo hincapié en la inexpugnabilidad de la muralla occidental, que aunque había estado largo tiempo olvidada y desguarnecida, seguía siendo una formidable serie de fortificaciones fronterizas, más conocida por los Aliados como

---

* Según Walter Goerlitz, editor de *The Memoirs of Field Marshall Keitel*, capítulo X, página 347, Von Rundstedt le dijo a Hitler: «Mi Führer, cualesquiera que sean sus órdenes, yo cumpliré con mi deber hasta mi último aliento». Mi versión de la reacción de Von Rundstedt se basa en los recuerdos del que fue jefe de su Estado Mayor, general de división Blumentritt. «No dije nada —le comentó Von Rundstedt—. Si hubiera abierto la boca, Hitler me habría estado hablando durante tres horas.»

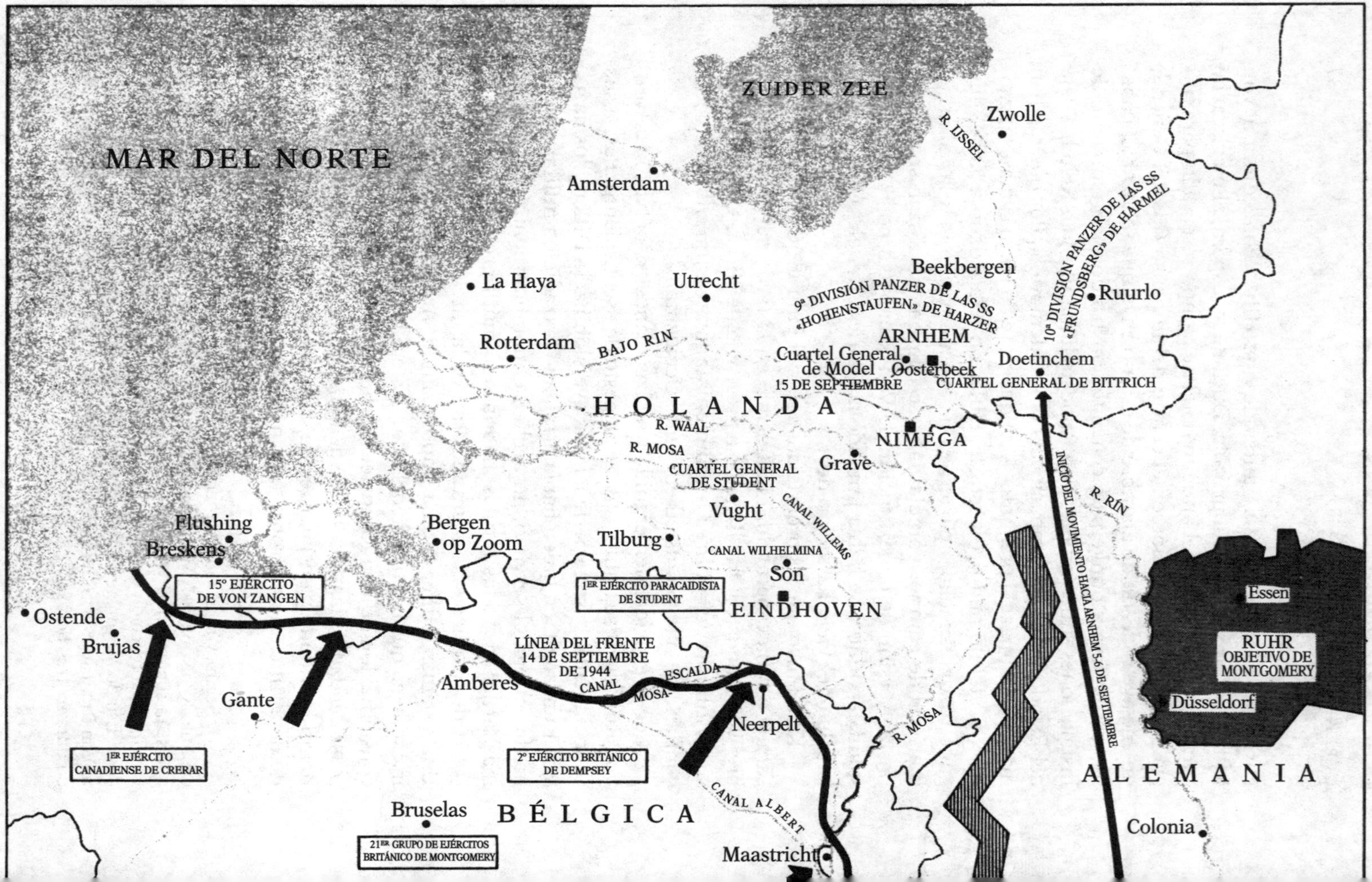
MAR DEL NORTE
ZUIDER ZEE
Zwolle
R. IJSSEL
Amsterdam
10ª DIVISIÓN PANZER DE LAS SS «FRUNDSBERG» DE HARMEL
Beekbergen
Ruurlo
La Haya
Utrecht
9ª DIVISIÓN PANZER DE LAS SS «HOHENSTAUFEN» DE HARZER
ARNHEM
Rotterdam
BAJO RIN
Cuartel General de Model 15 DE SEPTIEMBRE
Oosterbeek
Doetinchem
CUARTEL GENERAL DE BITTRICH
H O L A N D A
R. WAAL
NIMEGA
R. MOSA
Grave
CUARTEL GENERAL DE STUDENT
Vught
CANAL WILLEMS
R. RÍN
Flushing
Breskens
Bergen op Zoom
Tilburg
CANAL WILHELMINA
Son
15º EJÉRCITO DE VON ZANGEN
1ER EJÉRCITO PARACAIDISTA DE STUDENT
EINDHOVEN
Essen
Ostende
Brujas
INICIO DEL MOVIMIENTO HACIA ARNHEM 5-6 DE SEPTIEMBRE
RUHR OBJETIVO DE MONTGOMERY
LÍNEA DEL FRENTE 14 DE SEPTIEMBRE DE 1944
Amberes
CANAL MOSA-ESCALDA
Gante
Neerpelt
Düsseldorf
R. MOSA
1ER EJÉRCITO CANADIENSE DE CRERAR
2º EJÉRCITO BRITÁNICO DE DEMPSEY
A L E M A N I A
CANAL ALBERT
Bruselas
B É L G I C A
Colonia
21ER GRUPO DE EJÉRCITOS BRITÁNICO DE MONTGOMERY
Maastricht

EL FRENTE, 14 DE SEPTIEMBRE DE 1944

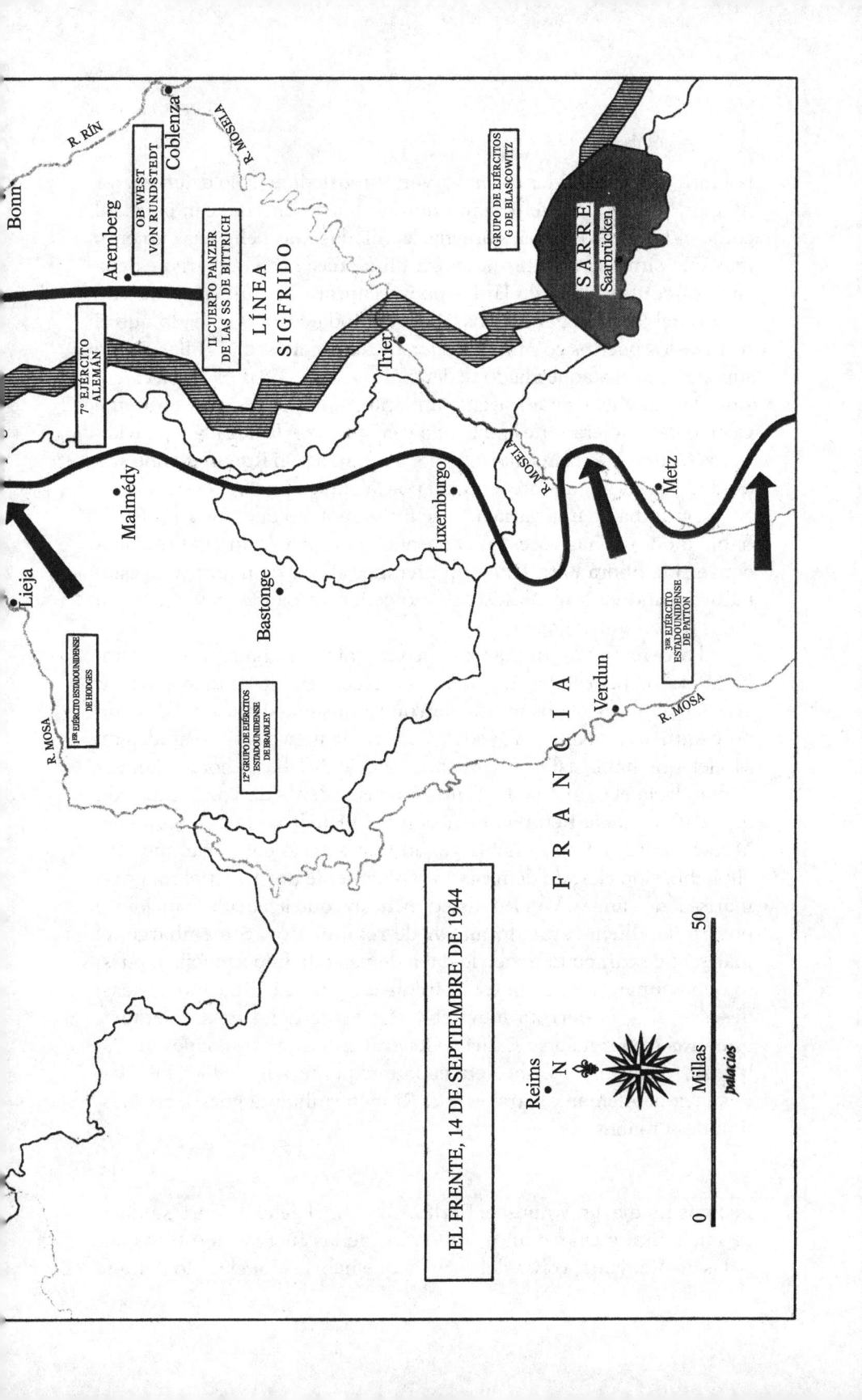

la Línea Sigfrido. Hitler ordenó a Von Rundstedt no sólo detener a los Aliados lo más al oeste posible, sino también contraatacar, pues, tal como el Führer lo veía, las amenazas Aliadas más peligrosas no eran más que simples «puntas de lanza blindadas». Sin embargo estaba clara la contrariedad de Hitler por la captura de Amberes. Su vital puerto debía arrebatarse a los Aliados a toda costa. Así, dado que el resto de los puertos continuaba en manos alemanas, dijo Hitler, era de suponer que el ataque aliado se detendría a causa de la excesiva extensión de sus líneas de aprovisionamiento. Confiaba en que el Frente Occidental pudiera ser estabilizado y en que, con la llegada del invierno, se recuperaría la iniciativa. Hitler aseguró a Von Rundstedt que «no estaba excesivamente preocupado por la situación en el oeste».

Se trataba de una variación de un monólogo que Von Rundstedt había oído muchas veces en el pasado. El muro occidental se había convertido ahora para Hitler en una idea fija, y de nuevo se le estaba ordenando a Von Rundstedt «no ceder un palmo» y «resistir en todas las circunstancias».

Al ordenar a Von Rundstedt que reemplazara al mariscal de campo Model, Hitler estaba efectuando su tercer cambio de mando de OB West en el plazo de dos meses: de Von Rundstedt al mariscal de campo Gunther von Kluge, a Model, y ahora de nuevo a Von Rundstedt. Model, que había estado en el cargo dieciocho días, ahora solamente mandaría el Grupo de Ejércitos B a las órdenes de Von Rundstedt, dijo Hitler. Hacía tiempo que a Von Rundstedt no le entusiasmaba Model. Creía que no se había ganado el ascenso por el camino difícil; había sido elevado demasiado rápidamente por Hitler al rango de mariscal de campo. Von Rundstedt pensaba que le quedaría mejor un puesto de «buen sargento mayor de regimiento». Sin embargo, el mariscal de campo tampoco le daba demasiada importancia al puesto que ocupara Model en esas circunstancias. La situación era casi desesperada, la derrota inevitable. La tarde del 4 de septiembre, mientras se dirigía a su Cuartel General en las proximidades de Coblenza, Von Rundstedt no veía nada que pudiera impedir a los Aliados invadir Alemania, atravesar el Rin y terminar la guerra en cuestión de semanas.

Ese mismo día, en Wannsee, Berlín, el coronel general Kurt Student, de cincuenta y cuatro años, fundador de las fuerzas aerotransportadas de Alemania, volvía del vacío al que había sido relegado durante tres largos años. Para él, la guerra había empezado con buen pie. Student consideraba que sus paracaidistas habían sido los principales responsables de la captura de Holanda en 1940, cuando unos cuatro mil de ellos se arrojaron sobre los vitales puentes de Rotterdam, Dordrecht y Moerdijk, manteniéndolos abiertos para el paso de las fuerzas de invasión alemanas. Las bajas de Student habían sido increíblemente pequeñas —sólo había perdido 180 hombres—. Pero la situación fue diferente en el ataque aerotransportado de 1941 sobre Creta. Allí, las pérdidas fueron tan elevadas —más de la tercera parte de los 22.000 hombres de los alemanes— que Hitler prohibió que se volvieran a llevar a cabo operaciones aerotransportadas. «Ha terminado el tiempo de los paracaidistas», dijo el Führer y el futuro de Student se oscureció. Desde entonces, el ambicioso oficial se había visto confinado a un trabajo burocrático al mando de un centro de adiestramiento, mientras sus preparadísimos paracaidistas eran utilizados exclusivamente como infantería. Con desconcertante brusquedad, exactamente a las 15.00 horas de aquel crítico 4 de septiembre, Student salió de nuevo a la superficie. En una breve llamada telefónica, el coronel general Alfred Jodl, jefe de operaciones de Hitler, le ordenó que organizara inmediatamente un ejército, que el Führer había designado con el nombre de «Primer Ejército Paracaidista». Mientras el estupefacto Student escuchaba, no pudo evitar pensar que «era un título un tanto altisonante para una fuerza que no existía».

Los paracaidistas de Student se encontraban dispersos por toda Alemania, y, aparte de unas cuantas unidades expertas y bien equipadas, eran reclutas bisoños provistos solamente de armas de entrenamiento. Su fuerza, compuesta por unos diez mil hombres, carecía casi por completo de medios de transporte, blindados y artillería. Student ni siquiera tenía un jefe de estado mayor.

Sin embargo, le explicó Jodl, en el oeste necesitaban con urgencia a los hombres de Student. Debían «cerrar un gigantesco agujero» entre Amberes y la zona de Lieja-Maastricht, «manteniendo una línea a lo largo del Canal Albert». Se ordenó a Student que, con la mayor rapidez posible, llevara sus fuerzas a Holanda y Bélgica. Se expedirían armas y equipo a los puntos de destino. Además de sus paracaidistas, se habían designado dos divisiones para su nuevo «ejército». Student no tardó en saber que una de ellas, la 719.ª estaba «compuesta de hombres de avanzada edad inmovilizados a lo largo de la costa holandesa que no habían disparado aún un solo tiro». Su otra división, la 176.ª, era todavía peor. Se componía de «semiinválidos y convalecientes que, por razones de conveniencia, habían sido agrupados en batallones distintos según sus diversas dolencias». Tenían incluso cocinas especiales «de régimen» para los que sufrían del estómago. Además de estas unidades, recibiría parte de otras fuerzas esparcidas por Holanda y Bélgica —soldados de la Luftwaffe, marineros y dotaciones antiaéreas— y 25 carros de combate. Para Student, el experto en paracaidistas y perfectamente adiestradas tropas de choque aerotransportadas, su heterogéneo ejército era una «grotesca improvisación a gran escala». Pero al menos, volvía a estar en la guerra.

Durante toda la tarde, por teléfono y teletipo, Student reunió e hizo marchar a sus hombres. Calculaba que tardaría por lo menos cuatro días en trasladar todas sus fuerzas hasta la frontera. Pero sus mejores y más endurecidas tropas, enviadas en trenes especiales a Holanda en lo que Student denominó una «acción relámpago» como parte del Grupo de Ejércitos B de Model, se encontrarían a orillas del Canal Albert en el plazo de veinticuatro horas.

La llamada de Jodl y la información que él mismo había reunido desde ese momento alarmaron a Student. Parecía evidente que su grupo más preparado —el 6.º Regimiento de Paracaidistas y otro batallón— unos tres mil hombres, constituía probablemente la única reserva lista para el combate de toda Alemania. Encontraba la situación lamentable.

El mariscal de campo Walter Model, comandante en jefe del Oeste, trataba frenéticamente de taponar la amplia brecha abierta al este de Amberes y detener la desordenada retirada de Bélgica a Holanda. Todavía no le había llegado la noticia del nombramiento de Von Rundstedt como sucesor suyo. Sus fuerzas estaban tan desordenadas, tan desorganizadas, que Model había perdido casi por completo el control. Ya no tenía contacto con la segunda mitad de sus tropas, el Grupo de Ejércitos G en el sur. ¿Había logrado retirarse de Francia el general Johannes Blaskowitz, su comandante? Model no estaba seguro. Para el hostilizado mariscal de campo, la situación del Grupo de Ejércitos G era secundaria. La crisis estaba, evidentemente, en el norte.

Con rapidez y ferocidad, columnas blindadas británicas y americanas habían partido en dos el Grupo de Ejércitos B. De los dos ejércitos que componían el Grupo de Ejércitos B, el 15.º estaba acorralado contra el Mar del Norte, aproximadamente entre Calais y un punto situado al noroeste de Amberes. El 7.º Ejército había sido casi totalmente destruido y obligado a retroceder hacia Maastricht y Aquisgrán. Entre los dos ejércitos se abría una brecha de cien kilómetros, y los británicos habían penetrado por ella directamente hasta Amberes. A lo largo de la misma ruta, se precipitaban las desmoralizadas fuerzas de Model, batiéndose en retirada.

En un desesperado esfuerzo por detener su huida, Model hizo pública una emotiva apelación a sus tropas.

> ... Con el avance del enemigo y la retirada de nuestro frente, están retrocediendo varios centenares de miles de soldados —de tierra, aire y unidades blindadas—, tropas que deben reorganizarse conforme a los planes y resistir en nuevas líneas.
>
> En este torrente circulan los restos de unidades desbaratadas que, por el momento, carecen de objetivos fijos y ni siquiera se hallan en situación de recibir órdenes claras. En el momento en que algunas columnas ordenadas se apartan de la carretera para reorganizarse, ocupan su puesto oleadas de elementos desorganizados. Hacen circular rumores y habladurías y provocan precipitación, desorden continuo y ruin egoísmo. Esta es la atmósfera que llevan a las zonas de retaguardia, contagiando unidades todavía intactas, y, en este momento de extrema tensión, debe ser atajada por los medios más enérgicos.
>
> Apelo a vuestro honor de soldados. Hemos perdido una batalla, pero os aseguro una cosa: ¡Ganaremos esta guerra! No puedo deciros más por el momento, aunque sé que hay preguntas que os queman los labios. Con independencia de lo que haya sucedido, jamás perdáis vuestra fe en el futuro de Alemania. Al mismo tiempo, debéis tener conciencia de la gravedad de la situación. Este momento separará a los hombres fuertes de los débiles. Cada soldado tiene ahora la misma responsabilidad. Cuando su comandante caiga, debe estar dispuesto a ocupar su puesto y continuar...

Seguía una larga serie de instrucciones en las que Model exigía «categóricamente» que las tropas en retirada «se presentaran sin demora en el punto de mando más próximo», infundieran a otras «confianza, seguridad en sí mismas, autocontrol y optimismo», y rechazaran «habladurías estúpidas, rumores e informaciones irresponsables». El enemigo, decía, no estaba «en todas partes a la vez», y, de hecho, «si se contaran todos los tanques de los que han hablado los fabricantes de rumores, debería haber más de cien mil». Rogaba a sus hombres que no cedieran posiciones importantes ni destruyeran equipo, armas o instalaciones «antes de que sea necesario». El sorprendente documento terminaba haciendo hincapié en que todo dependía de «ganar el tiempo que el Führer necesita para poner en marcha nuevas armas y nuevas tropas».

Prácticamente sin comunicaciones, dependiendo en forma casi exclusiva de la radio, Model no podía tener la seguridad de que su Orden del Día llegara a todas sus tropas. La confusión le impedía siquiera estar seguro de la última posición de sus desorganizadas y dispersas unidades y no sabía tampoco con exactitud hasta dónde habían avanzado las tropas y los tanques aliados. ¿Y dónde estaba el *Schwerpunkt* (punto principal) del avance aliado, si los británicos y los estadounidenses se dirigían por el norte hacia la Línea Sigfrido y, desde allí, podían llegar a través del Rin hasta el Ruhr? ¿El impresionante Tercer Ejército estadounidense de Patton se estaría dirigiendo hacia el Sarre, la Línea Sigfrido y, a través del Rin, hacia Frankfurt?

El dilema de Model era consecuencia de la situación que se había producido casi dos meses antes, en el momento en el que Hitler destituyó a Von Rundstedt y nombró precipitadamente a Von Kluge como sucesor del viejo mariscal de campo. Dio la casualidad de que Von Kluge, que llevaba varios meses de permiso por enfermedad tras haber ostentado un puesto de mando en el frente ruso, se encontraba efectuando una visita de cortesía al Führer en el preciso momento en que Hitler decidió destituir a Von Rundstedt. Sin preámbulos, y posiblemente porque Kluge era el único oficial de alta graduación presente, Hitler había nombrado al asombrado Von Kluge comandante en jefe del Oeste.

Von Kluge, veterano comandante con experiencia en el frente, asumió el mando el 4 de julio. Duraría 44 días en el cargo. La irrupción Aliada se produjo exactamente como había predicho Von Rundstedt. «Ha quedado roto todo el frente occidental», informó Von Kluge a Hitler. Desbordado por la incontenible marea Aliada que iba ocupando toda Francia, Von Kluge, igual que le ocurriera antes a Von Rundstedt, se encontró con las manos atadas por la insistente orden de Hitler de «no retirarse». Los ejércitos alemanes en Francia fueron rodeados y destruidos casi por completo. Precisamente durante este período se produjo otro hecho trascendental que conmocionó al Tercer Reich: un frustrado intento de asesinato de Hitler.

Durante una de las interminables conferencias que se celebraban en el Cuartel General del Führer, hizo explosión una bomba de relojería colocada en una maleta que el coronel Claus Graf von Stauffenberg había dejado bajo una mesa próxima a Hitler, matando e hiriendo a muchos de los que se encontraban en la habitación. El Führer solamente sufrió lesiones leves. Aunque únicamente un pequeño grupo de oficiales se hallaban implicados en la conjura, la venganza de Hitler fue terrible. Se procedió a la detención de todo el que tuviera relación con los conjurados o con sus familias; y muchas personas, inocentes o no, fueron sumariamente ejecutadas.* Perdieron la vida unas cinco mil personas. Von Kluge había estado implicado indirectamente, y Hitler sospechaba también que estaba intentando negociar una rendición con el enemigo. Von Kluge fue sustituido por Model y recibió la orden de presentarse inmediatamente ante el Führer. Antes de ponerse en marcha hacia su Cuartel General, el desesperado Von Kluge escribió una carta a Hitler, y, camino de Alemania, se envenenó.

> Cuando reciba usted estas líneas, yo ya no existiré [escribió al Führer]... He hecho todo lo que estaba a mi alcance para hacer frente a la situación... Tanto Rommel como yo, y probablemente todos los demás comandantes del Frente Oeste que tienen experiencia de combate contra los angloamericanos, sabíamos de su superioridad en medios materiales y habíamos previsto los acontecimientos actuales. No se nos escuchó. Nuestras apreciaciones no estaban dictadas por el pesimismo, sino por un sereno conocimiento de los hechos. Ignoro si el mariscal de campo Model, que ha sido puesto a prueba en todas las esferas, dominará la situación. Así lo deseo con todo mi corazón. Si, no obstante, no ocurriera así, y sus nuevas armas... no tuvieran éxito, entonces, mi Führer, decídase y ponga fin a la guerra. Ha llegado el momento de terminar este

---

* Hitler se sirvió una vez más de su oficial más veterano, Von Rundstedt, nombrándole presidente del Tribunal de Honor que juzgó a los oficiales sospechosos. Von Rundstedt accedió en silencio a la petición del Führer. «Si no lo hubiera hecho —explicó más tarde—, yo también podía haber sido considerado un traidor.» La explicación de Von Rundstedt no satisfizo nunca a muchos de sus colegas generales, que privadamente le criticaron por ceder a la petición de Hitler.

horror... Siempre he admirado su grandeza... Y su voluntad de hierro... Muéstrese ahora lo bastante grande como para poner fin a esta lucha sin esperanza...

Hitler no tenía intención de conceder la victoria a los Aliados, aun cuando el Tercer Reich que él había proclamado que duraría mil años se hallaba ya socavado y tambaleante. Estaba intentando conjurar la derrota en todos los frentes, pero cada acción del Führer parecía más desesperada que la anterior.

El nombramiento de Model como OB West no había ayudado mucho. A diferencia de Von Rundstedt o de Von Kluge, Model no contaba con el apoyo del genio combativo de Rommel. Rommel había resultado gravemente herido por las balas de un avión aliado el 17 de julio y no se había enviado nadie para sustituirle.* En la confianza de poder enderezar la situación, asumió también el mando de Rommel, convirtiéndose no sólo en OB West, sino también en comandante del Grupo de Ejércitos B. No obstante la destreza de Model, la situación era demasiado grave para cualquier comandante.

Por entonces, el Grupo de Ejércitos B luchaba por su supervivencia a lo largo de una línea que se extendía aproximadamente entre la costa belga y la frontera franco-luxemburguesa. Desde allí hasta Suiza, al sur, el resto de las tropas de Model —el Grupo de Ejércitos G, bajo las órdenes del general Blaskowitz— ya había sido aniquilado. Tras la segunda invasión Aliada realizada el 15 de agosto por fuerzas francesas y estadounidenses en la zona de Marsella, los hombres de Blaskowitz habían abandonado apresuradamente el sur de Francia. En ese momento, retrocedían desordenadamente hacia la frontera alemana bajo una continua presión.

El frente septentrional de Model se estaba derrumbando y los blindados de los Aliados habían perforado una brecha de cien kilómetros de anchura, con lo que quedaba abierto e indefenso el camino que iba desde Bélgica a Holanda y desde allí, a Alemania, a través de la vulnerable frontera noroccidental. Las fuerzas Aliadas que presionaban sobre Holanda podían superar por la retaguardia la

* Rommel, de quien Hitler sospechaba que también se hallaba implicado en el intento de asesinato, murió tres meses después. Mientras convalecía en su casa, Hitler le dio a elegir: ser juzgado por traición o suicidarse. El 14 de octubre, Rommel ingirió cianuro, y Hitler anunció que el más popular mariscal de campo del Reich había «muerto a consecuencia de las heridas recibidas en el campo de batalla».

Línea Sigfrido, el impresionante cinturón de fortificaciones que se extendía desde Suiza a lo largo de las fronteras de Alemania y que terminaba en Cléveris, en la frontera germano-holandesa. Contorneando este extremo septentrional del Muralla Occidental de Hitler y cruzando el Rin, los Aliados podían penetrar en el Ruhr, el corazón industrial del Reich. Esa maniobra podía provocar el derrumbamiento total de Alemania.

Por segunda vez en 72 horas, Model pidió desesperadamente refuerzos a Hitler. La situación de sus fuerzas en la brecha desprovista de defensa era caótica. Había que restablecer el orden y cerrar la brecha. El último informe de Model, enviado a Hitler en las primeras horas de la mañana del 4 de septiembre, advertía que se estaba acercando la crisis y que, a menos que recibiese un mínimo de «veinticinco divisiones de refresco y de cinco a seis divisiones Panzer, podía derrumbarse el frente entero, abriéndose entonces «la puerta de entrada al noroeste de Alemania».

Lo que más preocupaba a Model era la entrada de los británicos en Amberes. No sabía si el gran puerto, el segundo de Europa por sus dimensiones, había sido capturado intacto o había sido destruido por la guarnición alemana. La ciudad de Amberes propiamente dicha, situada tierra adentro, no era un enclave crucial. Para utilizar el puerto, los Aliados necesitaban controlar su acceso por mar, un canal de 75 kilómetros de largo y cinco de ancho en su boca, que penetraba en Holanda desde el Mar del Norte pasando ante la isla de Walcheren y bordeando la península de Beveland del Sur. Mientras los cañones alemanes dominasen el estuario del Escalda, el puerto de Amberes no caería en manos de los Aliados.

Desgraciadamente para Model, aparte de las baterías antiaéreas y de los poderosos cañones costeros instalados en la isla de Walcheren, carecía casi por completo de fuerzas a lo largo de la orilla septentrional. Pero al otro lado del Escalda, prácticamente aislado en el Paso de Calais, estaba el 15.º Ejército del general Gustav von Zangen, una fuerza de más de ochenta mil hombres. Aunque acorralados —el mar se extendía tras ellos al norte y al oeste, y británicos y canadienses presionaban desde el sur y el este—, seguían controlando la mayor parte de la orilla meridional del estuario.

Model creía que, para entonces, los blindados británicos, aprovechando la situación, estarían avanzando a lo largo de la orilla septentrional y despejando el paso. Antes de que pasara mucho tiempo, toda la península de Beveland del Sur podía quedar en sus manos e incomunicada con el resto de Holanda en su estrecha base al norte de la frontera belga, apenas a 25 kilómetros de Amberes. Luego, para abrir el puerto, los británicos se volverían contra el copado 15.º Ejército y despejarían la orilla meridional. Era preciso liberar a las fuerzas de Von Zangen.

A la caída de la tarde del 4 de septiembre, en el Cuartel General del Grupo de Ejércitos B, en el pueblo de La Chaude Fontaine, al sudeste de Lieja, Model dictó una serie de órdenes. Instruyó por radio a Von Zangen para que defendiera la orilla meridional del Escalda y reforzara los puertos de Dunkerque, Boulogne y Calais, los que Hitler había ordenado defender «con fanática determinación como fortalezas». Con el resto de sus tropas, el desamparado Von Zangen debía atacar al nordeste enfrentándose a la avalancha de blindados británicos. Era una acción desesperada, pero Model no veía otra solución. Si el ataque de Von Zangen tenía éxito, podría aislar a los británicos en Amberes e impedir el avance de las vanguardias blindadas de Montgomery que se dirigían hacia el norte. Aun cuando el ataque fracasase, el esfuerzo de Von Zangen podría ganar tiempo, frenando el avance aliado durante el tiempo suficiente para que llegaran reservas y se estableciese un nuevo frente a lo largo del Canal Albert.

Model no sabía con exactitud qué refuerzos estaban en camino. Al anochecer, recibió finalmente la respuesta de Hitler a su petición de nuevas divisiones para estabilizar el frente. Era la sucinta noticia de su sustitución como comandante en jefe del oeste por el mariscal de campo Von Rundstedt. Von Kluge había durado 44 días como OB West, Model, apenas 18. Normalmente Model se mostraba temperamental y ambicioso, pero en esta ocasión reaccionó con calma. Era más consciente de sus deficiencias como administrador de lo que creían sus críticos.* Ahora, podía dedicarse a la labor que mejor

---

* Model informó dos veces a Hitler de su incapacidad para mandar simultáneamente el OB West y el Grupo de Ejércitos B. «Le veíamos muy raras veces —recordó el jefe del Estado Mayor del OB West, Blumentritt—. Model detestaba el trabajo burocrático y se pasaba casi todo el tiempo en el frente.» El teniente general Bodo Zimmermann, jefe de operaciones del OB West, escribió después de la guerra (*OCMH MS 308*, pp. 153-154) que, aunque Model «era un soldado perfectamente capaz» a menudo «exigía demasiado y demasiado rápidamente», con lo que «perdía de vista lo que era prácticamente posible». Tenía cierta tendencia a «disipar sus fuerzas —añadió Zimmermann—, y el trabajo de estado mayor se resentía a consecuencia de sus ausencias demasiado frecuentes y de sus erráticas e inconsistentes demandas».

conocía: estar al mando en primera línea del frente, encargándose exclusivamente del Grupo de Ejércitos B. Pero, entre el torrente de frenéticas órdenes que Model dictó aquel último día como OB West, una resultaría trascendental. Se refería al emplazamiento de su II Cuerpo Panzer de las SS.

El comandante del Cuerpo, *Obergruppenführer* (teniente general) Wilhelm Bittrich, de cincuenta años, no había tenido ningún contacto con Model durante más de setenta y dos horas. Sus fuerzas, luchando casi continuamente desde Normandía, se hallaban gravemente maltrechas. Bittrich había perdido muchísimos tanques y sus hombres se estaban quedando sin municiones ni combustible. Además, debido a la interrupción de las comunicaciones, las pocas órdenes que había recibido por radio estaban ya anticuadas cuando llegaron a conocimiento de Bittrich. Desconocedor de los movimientos del enemigo y necesitado de orientación, Bittrich se puso en marcha a pie para encontrar a Model. Finalmente, localizó al mariscal de campo en el Cuartel General del Grupo de Ejércitos B, cerca de Lieja. «No le había visto desde el Frente Ruso en 1941 —comentó más tarde Bittrich—. Con su monóculo en un ojo, vestido con su habitual cazadora de cuero, Model se hallaba mirando un mapa y lanzando una orden tras otra. Había poco tiempo para conversar. En espera de las órdenes oficiales, que llegarían después, se me dijo que trasladara el cuartel general de mi Cuerpo hacia el norte, a Holanda.» Con la mayor rapidez posible, Bittrich debía «supervisar la recuperación y rehabilitación de las 9.ª y 10.ª Divisiones Panzer de las SS». Las maltrechas unidades, le dijo Model, debían «apartarse lentamente de la batalla y dirigirse sin demora hacia el norte».*

* Comprensiblemente, los documentos alemanes de este período son vagos y, a menudo, inexplicables. Se dictaban órdenes que jamás eran recibidas, se volvían a enviar, eran revocadas o modificadas. Existe una gran confusión con respecto a la orden de Model. Según el Diario de guerra del Grupo de Ejércitos B, las órdenes de marcha para las 9.ª y 10.ª Divisiones Panzer de las SS fueron enviadas la noche del 3 de septiembre. Si es así, jamás fueron recibidas. Se tiene constancia, además, de que Bittrich recibió 48 horas más tarde sus instrucciones de supervisar el reagrupamiento y rehabilitación, no sólo de la 9.ª Panzer, sino también de la 2.ª y 116.ª. Curiosamente, no se menciona la 10.ª. No puedo encontrar pruebas de que ni la 2.ª ni la 116.ª llegaran jamás a la zona de Arnhem. (Parece ser que continuaron luchando en el frente.) Según los propios papeles y Diarios de Bittrich, recibió las órdenes de Model verbalmente el 4 de septiembre y, en cumplimiento de las mismas, ordenó que se dirigieran al norte solamente la 9.ª y la 10.ª. Según sus comandantes, ambas unidades empezaron a retirarse lentamente en la noche del 5 al 6 de septiembre.

El casi desconocido Bittrich difícilmente podía prever el crítico papel que sus 9.ª y 10.ª Divisiones Panzer de las SS habrían de desempeñar al cabo de dos semanas. La posición que Model eligió para Bittrich se encontraba en una zona tranquila, que distaba en aquel momento unos cien kilómetros del frente. Por pura casualidad, la zona incluía la ciudad de Arnhem.

4

La precipitada retirada de Holanda de los alemanes estaba cediendo en intensidad, aunque eran pocos los jubilosos holandeses que se daban cuenta de ello todavía. Desde la frontera belga hasta Arnhem, al norte, las carreteras continuaban abarrotadas, pero había una diferencia en el movimiento. Desde su puesto en el Edificio Provincial sobre el puente Arnhem, Charles Labouchère no veía ninguna interrupción en el flujo de vehículos, tropas y simpatizantes nazis que atravesaban el puente. Pero, unas cuantas manzanas al norte del emplazamiento de Labouchère, Gerhardus Gysbers, vendedor de libros antiguos, vio que se estaba produciendo un cambio. Las tropas alemanas que entraban en Arnhem procedentes del oeste no continuaban su marcha. Los terrenos de los cuarteles Willems, cerca de la casa de Gysbers, y las calles próximas estaban llenas de vehículos tirados por caballos y de desaliñados soldados. Gysbers advirtió la presencia de batallones de la Luftwaffe, personal de baterías antiaéreas, SS holandeses y hombres veteranos de la 719.ª División Costera. Para el jefe de la Resistencia de Arnhem, Pieter Kruyff, estaba claro que aquélla no era una parada transitoria. Aquellas tropas no estaban regresando a Alemania. Se estaban reagrupando lentamente; algunas unidades de caballería de la 719.ª comenzaban a marchar hacia el sur. El jefe del servicio de información de Kruyff para la región de Arnhem, Henri Knap, de treinta y tres años, advirtió también el sutil cambio mientras circulaba discretamente en bicicleta por la zona. Estaba desconcertado. Se preguntó si las optimistas noticias transmitidas por radio desde Londres serían falsas. De ser así, eran crueles engaños. Por todas partes, veía la alegría de los holandeses. Todo el mundo sabía que las tropas de Montgomery habían tomado Amberes. Sin duda, Holanda sería liberada en cuestión de horas. Pero Knap se daba cuenta de que los alemanes se estaban reorganizando. Aunque su fuerza era todavía pequeña, sabía que si los ingleses no llegaban pronto, esa fuerza aumentaría.

En Nimega, a quince kilómetros al sur, la Policía Militar alemana estaba cerrando las carreteras que conducían a la frontera germana. Elias Broekkamp, importador de vinos, vio algunas tropas que se dirigían al norte, hacia Arnhem, pero la mayoría estaban siendo obligadas a retroceder, y el tráfico era detenido, clasificado y distribuido en distintas direcciones. Como en Arnhem, el espectador casual parecía no advertir la diferencia. Broekkamp observó que los civiles holandeses se reían y se burlaban de lo que creían era una apurada situación de los alemanes.

De hecho, pasaban menos apuros. Nimega se estaba convirtiendo en una zona de concentración de tropas, de nuevo bajo el firme control de los militares alemanes.

Más al sur, en Eindhoven, apenas a quince kilómetros de la frontera belga, la retirada había cesado casi por completo. En los desperdigados convoyes que se dirigían hacia el norte, había ahora más civiles nazis que soldados. Frans Kortie, que había visto a los alemanes desmantelar los cañones antiaéreos en los tejados de las fábricas Philips, advirtió una novedad. En un apartadero ferroviario próximo a la estación, vio cómo un tren situaba vagones de plataforma. Sobre los vagones, había cañones antiaéreos de grueso calibre. Kortie experimentó una sensación de miedo.

Mucho más descorazonador para el holandés observador fue el descubrimiento de que estaban llegando refuerzos desde Alemania. En Tilburg, Eindhoven, Helmond y Weert, la gente vio llegar por tren contingentes de tropas de refresco. Descargadas rápidamente y puestas en formación, emprendieron la marcha hacia la frontera entre Holanda y Bélgica. No eran soldados regulares de la Wehrmacht. Eran hombres veteranos, bien equipados y disciplinados, y sus característicos cascos y uniformes de camuflaje los identificaban al instante como veteranos paracaidistas alemanes.

5

Para el anochecer del 5 de septiembre, las primeras formaciones de tropas aerotransportadas del coronel general Kurt Student ya se estaban atrincherando en diferentes puntos del lado norte del Canal Albert de Bélgica. Su ritmo era casi frenético. A su llegada, al mediodía, Student había descubierto que la «nueva línea alemana» de Model no era más que la propia barrera de agua de 25 metros de anchura. No se habían preparado posiciones defensivas. No había puntos fuertes, trincheras ni fortificaciones. Y, para empeorar las cosas para los defensores, Student observó que «la orilla meridional dominaba casi en todos los puntos a la septentrional». Incluso los puentes sobre el canal permanecían aún en pie. Ahora empezaban los ingenieros a colocar las cargas de demolición. Al parecer, en medio de la confusión a nadie se le había ocurrido ordenar destruir los pasos.

En cualquier caso, los movimientos de Student estaban bien sincronizados. La «acción relámpago» de sus fuerzas aerotransportadas constituyó un éxito espectacular. «Habida cuenta de que estas tropas fueron traídas apresuradamente de toda Alemania, desde Güstrow, en Mecklenburg, hasta Bitsch, en Lothringen —recordó más tarde—, y las armas y equipo, llegados desde otros puntos de Alemania, les estaban esperando en las cabeceras de línea, fue extraordinaria la rapidez de la acción.» Student no podía dejar de admirar «la asombrosa precisión del Estado Mayor General y toda la organización alemana». La 719.ª División Costera del teniente general Karl Sievers también había actuado rápidamente. Student sintió que se levanta su ánimo al ver sus columnas dirigiéndose a tomar posiciones al norte de Amberes, «avanzando con estruendo por las carreteras en dirección al frente, sus transportes y piezas de artillería movidos por robustos caballos de tiro».* De hora en hora, iba llegando su apresuradamente formado Primer Ejército Paracaidista. Y también, por un extraordinario golpe de suerte, había llegado ayuda de una fuente por completo inesperada.

La precipitada retirada de Bélgica a Holanda había sido frenada, y luego prácticamente detenida, por la obstinación y el ingenio de un hombre: el teniente general Kurt Chill. Como su 85.ª División de Infantería estaba casi totalmente destruida, a Chill se le había ordenado que salvase lo que quedara de ella y retrocediese a Alemania. Pero el obstinado general, viendo el estado de ánimo rayano en el pánico que imperaba en las carreteras y acuciado por la Orden del Día de Model, decidió hacer caso omiso de las órdenes. Chill llegó a la conclusión de que la única forma de evitar la catástrofe era organizar una línea a lo largo del Canal Albert. Juntó lo que quedaba de su división con los restos de otras dos y rápidamente distribuyó a estos hombres en puntos estratégicos de la orilla septentrional del Canal. Seguidamente, dirigió su atención hacia los puentes e instaló «centros de recepción» en sus salidas septentrionales. En 24 horas, Chill logró reunir millares de soldados de casi todas las ramas de las fuerzas armadas alemanas. Era una «mescolanza de gente»** que incluía mecánicos de la Luftwaffe, personal de administración militar, unidades costeras navales y soldados de una docena de divisiones diferentes, pero estos desperdigados hombres, armados con fusiles en el mejor de los casos, se encontraban ya a orillas del Canal cuando llegó Student.

Student calificó de «milagrosa» la hábil actuación de Chill al

---

* Pese a la confusión, Student, amante de los caballos, anotó en su Diario que «aquellos grandes animales eran de los tipos Clydesdale, percherón, danés y frisón». Contrariamente a la creencia general, los ejércitos de Hitler, a diferencia de los Aliados, nunca estuvieron completamente motorizados. Incluso en la cúspide del poderío alemán, más del cincuenta por ciento de su transporte era de tracción animal.

** Charles B. MacDonald, *The Siegfried Line Campaign*, p. 124. Publicados en la serie oficial de Historia del Ejército de Estados Unidos, el libro de MacDonald y *Breakout and Pursuit*, de Martin Blumenson, presentan la imagen militar más exacta del derrumbamiento alemán en el oeste y de los acontecimientos que siguieron. Otra valiosa obra sobre el período, más vívida quizás porque fue escrita poco después de la guerra, es *Defeat in the West*, de Milton Shulman.

detener la desbandada. Con extraordinaria rapidez había establecido una especie de línea defensiva, ayudando a ganar el tiempo necesario para que llegasen todas las fuerzas de Student. Esto requeriría aún varios días. Incluso con el refuerzo de Chill, el improvisado Primer Ejército Paracaidista de Student podría totalizar como máximo entre 18.000 y 20.000 hombres, además de varias piezas de artillería, cañones anticarro y 25 tanques, apenas el equivalente a una división estadounidense. Y, precipitándose hacia estas débiles fuerzas —tan escasas que Student no podía siquiera guarnecer la brecha de cien kilómetros entre Amberes y Maastricht, y mucho menos taponarla— avanzaban las impresionantes fuerzas blindadas del Segundo Ejército británico y parte del Primer Ejército estadounidense. Student se encontraba en inferioridad de hombres y de armas; prácticamente lo único que se interponía entre él y el desastre era el propio Canal Albert.

¿Por qué punto atacaría el enemigo? La línea de Student era vulnerable en todas partes, pero algunas zonas eran más críticas que otras. Le preocupaba especialmente el sector norte de Amberes, donde la débil 719.ª División Costera sólo estaba empezando a tomar posiciones. ¿Quedaba tiempo para aprovechar la barrera de 25 metros de agua y convertirla en una importante línea defensiva que contuviera a los Aliados el tiempo suficiente para que llegasen al canal nuevos refuerzos? Ésa era la mayor esperanza de Student.

Esperaba ser atacado en cualquier momento, pero no había aún noticias de los blindados aliados. Student se sentía particularmente sorprendido por el hecho de que no existieran casi contactos con el enemigo al norte de Amberes. Esperaba que, tras capturar la ciudad, los carros de combate británicos avanzaran hacia el norte, cortaran el paso a la península de Beveland y penetraran en Holanda. Student tenía la impresión de que los británicos habían frenado su marcha. Pero ¿por qué?

El gran complejo del Cuartel General Supremo alemán en el Oeste se había visto obligado a trasladarse cuatro veces en 18 días. Bombardeado, cañoneado, casi rebasado por los tanques aliados, el OB West había ido a parar finalmente al otro lado de las fronteras del Reich. Poco después de las 14.00 horas del 5 de septiembre, el nuevo comandante en jefe encontró su Cuartel General en la pequeña ciudad de Aremberg, cerca de Coblenza.

Fatigado e irritado después de su largo viaje, el mariscal de campo Gerd von Rundstedt prescindió de las habituales cortesías y charangas militares que solían acompañar un cambio de mando alemán. Inmediatamente, dio comienzo una serie de conferencias de Estado Mayor que durarían hasta la noche. Los oficiales que no conocían personalmente al mariscal de campo quedaron sorprendidos por la rapidez de su toma de posesión. Para los veteranos, era como si nunca se hubiera ausentado. Para todos, la sola presencia de Von Rundstedt provocaba sentimientos de alivio y renovada confianza.

La tarea de Von Rundstedt era formidable, los problemas a los que se enfrentaba, enormes. Debía presentar lo más rápidamente posible un plan estratégico para el Frente Occidental, que se extendía a lo largo de seiscientos kilómetros, desde el Mar del Norte hasta la frontera suiza, un plan que el mariscal de campo Model había encontrado sinceramente superior a su capacidad. Con las maltrechas fuerzas a disposición de Von Rundstedt —el Grupo de Ejércitos B en el norte y el G en el sur—, se esperaba que resistiera en todas partes e incluso que contraatacara, como había ordenado Hitler. Simultáneamente, para conjurar la invasión del Reich, debía convertir en realidad la «inexpugnable» Línea Sigfrido, las anticuadas e inacabadas fortificaciones de cemento que habían permanecido abandonadas, desguarnecidas y privadas de cañones desde 1940. Había más, pero aquella tarde Von Rundstedt concedió prioridad a los problemas inmediatos. Eran mucho peores de lo que había previsto.

El cuadro era desolador. Antes de que Hitler le destituyera en julio, Von Rundstedt ostentaba el mando de 62 divisiones. Ahora, su jefe de operaciones, teniente general Bodo Zimmerman, presentó un balance preocupante. Entre los dos grupos de ejércitos, dijo el mariscal de campo, reunían «48 divisiones "de papel", 15 divisiones de panzer y 4 brigadas casi sin blindados». Estas cuarenta y ocho divisiones eran tan débiles en hombres, equipo y artillería, dijo Zimmermann, que en su opinión constituían una fuerza de combate equivalente solamente a 27 divisiones. Esta fuerza era menor que «la mitad del poderío de los Aliados». Von Rundstedt se enteró de que su Estado Mayor creía que Eisenhower tenía por lo menos 60 divisiones, completamente motorizadas y en la plenitud de su eficacia. (Esta estimación era errónea. Eisenhower tenía, en aquel momento, 49 divisiones en el continente.)

En cuanto a las fuerzas de panzer alemanas, eran prácticamente inexistentes. A todo lo largo del frente sólo quedaban un centenar de tanques, frente a la fuerza estimada de los Aliados de más de dos mil carros de combate. La Luftwaffe había sido virtualmente destruida; los Aliados poseían una absoluta supremacía aérea sobre el campo de batalla. La sombría conclusión de Von Rundstedt fue que en hombres, la mayoría de ellos exhaustos y desmoralizados, se hallaba superado en una proporción de más de dos a uno; en artillería, por 2 cañones y medio a 1; en carros de combate, de 20 a 1; y en aviones, de 25 a 1.* Había además una grave escasez de gasolina, medios de transporte y municiones. El nuevo jefe del Estado Mayor de Von Rundstedt, general Siegfried Westphal, recordaría más tarde: «La situación era desesperada. Una derrota importante en cualquier punto a lo largo del frente —que estaba tan lleno de brechas que no merecía el nombre de tal— conduciría a la catástrofe si el enemigo aprovechaba plenamente las oportunidades».

El teniente general Blumentritt, plenamente de acuerdo con la opinión de Westphal, fue incluso más específico.** En su opinión, si los Aliados desencadenaban «un gran ataque que les abriera el paso en alguna parte», se produciría el derrumbamiento. Las únicas tropas capaces que tenía Von Rundstedt eran las que hacían frente al Tercer Ejército estadounidense del general George S. Patton que avanzaba hacia Metz, en su camino a la región industrial del Sarre. Estas fuerzas podrían retrasar a Patton, pero no eran lo bastante fuertes como para detenerle. Le parecía a Blumentritt que, en vez de perder un tiempo precioso, los Aliados atacarían donde los alemanes eran más débiles, intentando un poderoso avance en el norte para cruzar el Rin y penetrar en el Ruhr. Creía que los estadounidenses y

* Las pérdidas alemanas en hombres y material habían sido terribles. En los 92 días transcurridos desde la invasión de Normandía, 300.000 soldados alemanes habían resultado muertos, heridos o desaparecidos; otros 200.000 estaban cercados, defendiendo «fortalezas desesperadas» tales como puertos, o en las islas del Canal. Unas 53 divisiones alemanas habían sido destruidas, y a lo largo de Francia y Bélgica se hallaban diseminadas grandes cantidades de material, incluyendo por lo menos 1.700 tanques, 3.500 cañones, miles de vehículos blindados y transportes de tracción animal o motorizados y montañas de equipo y suministros que iban desde pequeñas armas hasta grandes depósitos de municiones. Las bajas incluían dos mariscales de campo y más de veinte generales.

** Para disgusto de Von Rundstedt, el general Blumentritt, que durante mucho tiempo había sido su jefe de Estado Mayor y más íntimo confidente, fue sustituido por el general Westphal el 5 de septiembre, ordenándosele regresar a Alemania. Von Rundstedt protestó en vano. Sin embargo, Blumentritt asistió a las primeras conferencias de Aremberg y no abandonó el Cuartel General hasta el 8 de septiembre.

británicos darían prioridad a esa acción porque, como dijo más tarde, «el que domina el norte de Alemania, domina Alemania».

Von Rundstedt había llegado ya a la misma conclusión. Apoderarse del Ruhr era, indudablemente, el fundamental objetivo aliado. Los británicos y americanos establecidos en el norte estaban avanzando en esa dirección, hacia la frontera en Aquisgrán. No había gran cosa que les impidiera atravesar la desguarnecida y anticuada Línea Sigfrido, cruzar la última barrera natural de Alemania, el vital Rin, y golpear en el corazón industrial del Reich.

La mente analítica de Von Rundstedt había captado un hecho más. Las capaces y expertas fuerzas aerotransportadas de Eisenhower, tan eficazmente utilizadas en la invasión de Normandía, habían desaparecido de los mapas alemanes de situación. No estaban siendo utilizadas como infantería. Evidentemente, estas fuerzas habían sido retiradas en preparación de otra operación aerotransportada. Pero, ¿dónde y cuándo? Era lógico que un lanzamiento de paracaidistas coincidiera con un ataque sobre el Ruhr. En opinión de Von Rundstedt, dicho ataque podía producirse en cualquiera de dos zonas clave: detrás de las fortificaciones de la Muralla Occidental, o al este del Rin, para tomar las cabezas de puente. De hecho, el mariscal de campo Model había expresado, varios días antes, el mismo temor en un mensaje dirigido a Hitler, calificando la posibilidad como una «viva amenaza». Igualmente, Von Rundstedt no podía descartar la posibilidad de que todo el Frente Aliado avanzara simultáneamente hacia el Ruhr y el Sarre, empleando, al mismo tiempo, tropas aerotransportadas. El mariscal de campo no veía solución a ninguna de estas inminentes amenazas. Las oportunidades aliadas eran demasiadas y demasiado variadas. Su única opción era tratar de poner orden en el caos y ganar tiempo anticipándose a las intenciones aliadas, si podía.

Von Rundstedt no subestimaba el conocimiento de Eisenhower de la situación alemana. Pero, reflexionaba, ¿estaba realmente el mando aliado al tanto de lo desesperada que era la situación? La verdad era que él estaba luchando, como le dijo a Blumentritt, con «viejos agotados», y los blocaos de la Muralla Occidental serían «absolutamente inútiles contra un violento ataque aliado». «Era una locura —dijo— defender esas ratoneras por razones de prestigio.» Sin embargo, era preciso revitalizar la fantasmal Línea Sigfrido, acondicionar y guarnecer sus fortificaciones. Concisamente, Von Rundstedt dijo a su Estado Mayor: «Debemos resistir durante al menos seis semanas».

Estudiando cada uno de los aspectos de la situación con la que se enfrentaba, previendo los posibles movimientos aliados y sopesando cada alternativa, advirtió que los ataques más vigorosos continuaban siendo los hechos por Patton, que avanzaba hacia el Sarre. En el norte, la presión británica y estadounidense era considerablemente menor. Von Rundstedt creyó detectar en esa zona una ausencia de movimientos, casi una pausa. Volviendo su atención al frente de Montgomery, como más tarde recordaría Blumentritt, Von Rundstedt se concentró en la situación imperante en Amberes. Le intrigaban los informes de que, desde hacía ya más de treinta y seis horas, los británicos no habían lanzado ningún ataque al norte de la ciudad, ni habían bloqueado la península de Beveland del Sur. Evidentemente, las instalaciones del gran puerto de Amberes resolverían los problemas de suministro aliados. Pero no podían utilizar el puerto si ambos lados del estuario de setenta kilómetros de largo que conducían a él permanecían en manos alemanas. El mariscal de campo no dudaba que la inactividad que había advertido era real; se había producido una evidente ralentización aliada, particularmente en la zona de Montgomery.

Durante su carrera, Von Rundstedt había estudiado atentamente las tácticas militares británicas; para su propia desgracia, también había podido observar de cerca la forma estadounidense de hacer la guerra. Había encontrado a los americanos más imaginativos y audaces en el uso de los blindados, a los británicos insuperables con la infantería. En ambos casos, sin embargo, los comandantes marcaban la diferencia. Así, Von Rundstedt consideraba a Patton un adversario mucho más peligroso que Montgomery. Según Blumentritt, Von Rundstedt creía que el mariscal de campo Montgomery era «excesivamente cauteloso, rutinario y sistemático». Ahora, el alemán ponderó el significado de la lentitud de Montgomery. Con los demás puertos del Canal todavía en manos alemanas, Von Rundstedt consideraba que Amberes era esencial para el avance de Eisenhower; ¿por qué, entonces, no se había movido Montgomery desde hacía 36 horas y, al parecer, había dejado de afianzar la posesión del segundo puerto en importancia de Europa? Solamente podía haber una razón: Montgomery no se hallaba preparado para continuar el ataque. Von Rundstedt estaba seguro de que no se apartaría de la rutina. Los británicos no atacarían hasta que el meticuloso y detallista Montgomery estuviera plenamente preparado y aprovisionado. La respuesta era, por lo tanto, razonaba Von Rundstedt, que las líneas

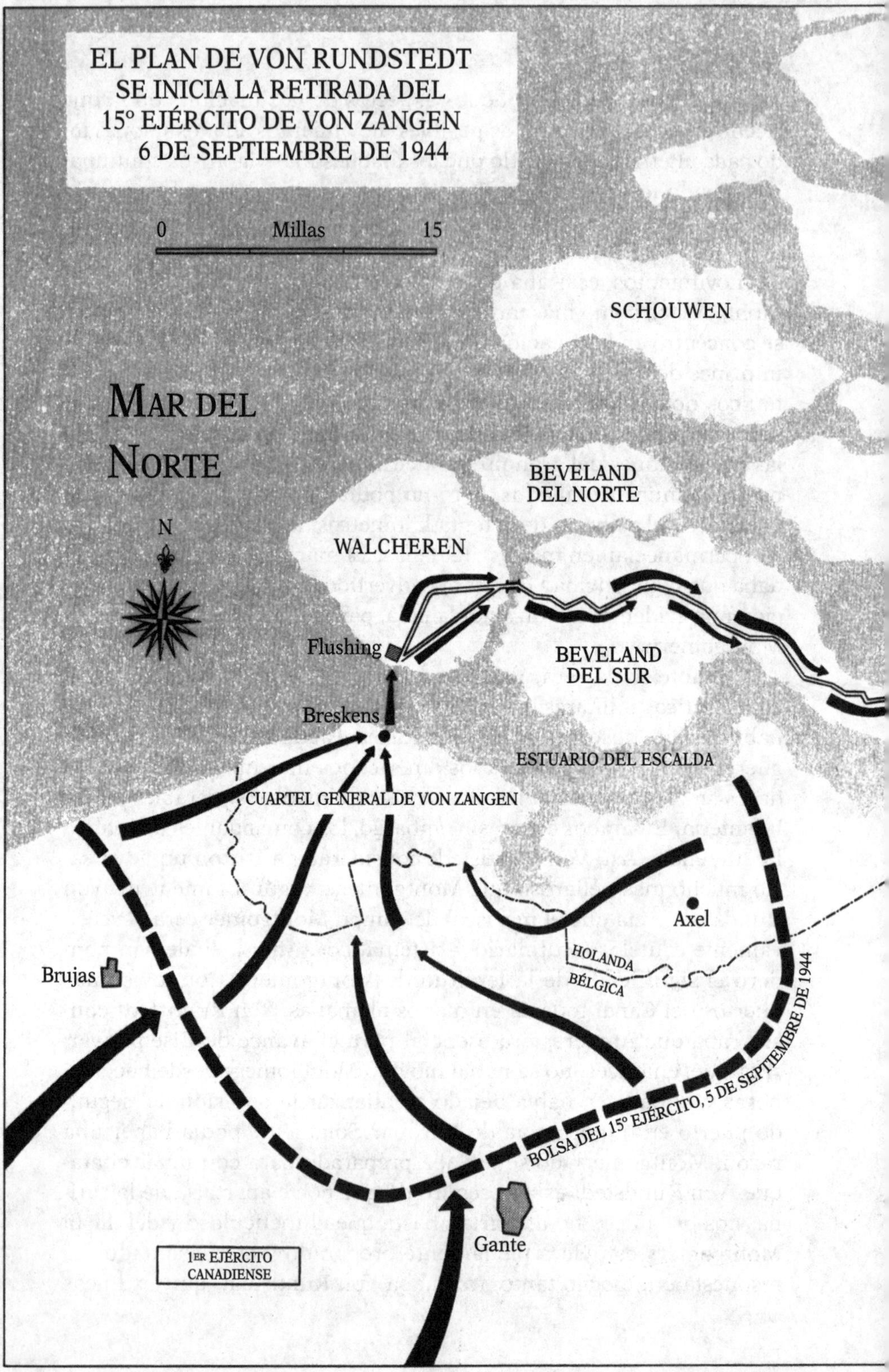
EL PLAN DE VON RUNDSTEDT
SE INICIA LA RETIRADA DEL
15º EJÉRCITO DE VON ZANGEN
6 DE SEPTIEMBRE DE 1944
0 Millas 15
SCHOUWEN
MAR DEL NORTE
N
BEVELAND DEL NORTE
WALCHEREN
Flushing
BEVELAND DEL SUR
Breskens
ESTUARIO DEL ESCALDA
CUARTEL GENERAL DE VON ZANGEN
Axel
HOLANDA
BÉLGICA
Brujas
BOLSA DEL 15º EJÉRCITO, 5 DE SEPTIEMBRE DE 1944
Gante
1ER EJÉRCITO CANADIENSE

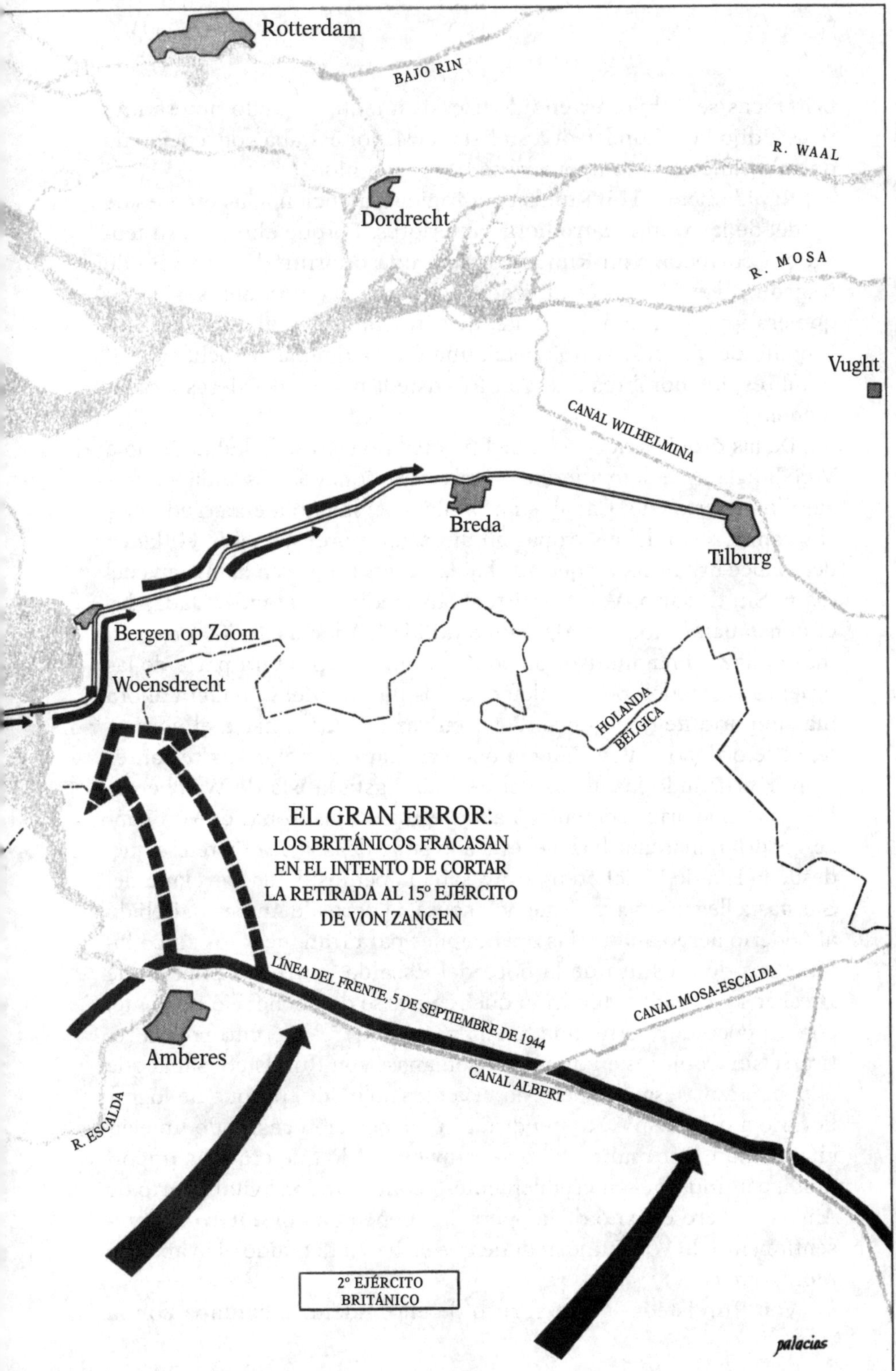
Rotterdam
BAJO RIN
R. WAAL
Dordrecht
R. MOSA
Vught
CANAL WILHELMINA
Breda
Tilburg
Bergen op Zoom
Woensdrecht
HOLANDA
BÉLGICA
EL GRAN ERROR:
LOS BRITÁNICOS FRACASAN
EN EL INTENTO DE CORTAR
LA RETIRADA AL 15º EJÉRCITO
DE VON ZANGEN
LÍNEA DEL FRENTE, 5 DE SEPTIEMBRE DE 1944
CANAL MOSA-ESCALDA
Amberes
CANAL ALBERT
R. ESCALDA
2º EJÉRCITO
BRITÁNICO
palacios

británicas se habían extendido excesivamente. Aquello no era una pausa, dijo Von Rundstedt a su Estado Mayor. Estaba convencido de que el avance de Montgomery se había detenido.

Rápidamente, Von Rundstedt dirigió su atención a las órdenes de Model de las veinticuatro horas anteriores. Porque ahora, si su teoría era correcta, Von Rundstedt veía una oportunidad no sólo de impedir a los Aliados la utilización del puerto de Amberes, sino, lo que era igualmente importante, de salvar también al atrapado 15.º Ejército del general Von Zangen, una fuerza de más de ochenta mil hombres, los hombres que Von Rundstedt necesitaba desesperadamente.

De las órdenes de Model dedujo que, no sólo se le había dicho a Von Zangen que defendiera la ribera meridional del Escalda y reforzara los puertos del Canal, sino también se le había encargado atacar con el resto de sus tropas en dirección nordeste sobre el flanco del avance británico, ataque que había de tener lugar en la mañana del día 6. Sin dudarlo, Von Rundstedt suspendió ese ataque. Dadas las circunstancias, no le veía ninguna utilidad. Además, tenía otro plan más audaz e imaginativo. Se podía cumplir la primera parte de las órdenes de Model, porque defender los puertos del Canal era ahora más importante que nunca. Pero, en vez de atacar hacia el nordeste, se le ordenó a Von Zangen que evacuara por mar sus restantes tropas, cruzando las aguas del Escalda hasta la isla de Walcheren. Una vez en la orilla septentrional del estuario, las tropas de Von Zangen podrían marchar hacia el este a lo largo de la única carretera que, desde la isla de Walcheren, atravesaba la península de Beveland del Sur hasta llegar a tierra firme holandesa, al norte de Amberes. Debido al poderío aéreo aliado, las operaciones para franquear los cinco kilómetros de anchura de la boca del Escalda, entre los puertos de Breskens y Flesinga, tendrían que realizarse de noche. No obstante, con un poco de suerte, una buena parte del 15.º Ejército podría retirarse sin tropiezos en un par de semanas. Von Rundstedt sabía que el plan era arriesgado, pero no veía otra solución, porque de lograr llevarlo a cabo con éxito, tendría a su disposición casi todo un ejército alemán, por maltrecho que estuviera. Y, lo que era más importante, continuaría —increíblemente— controlando el vital puerto de Amberes. Pero el éxito de la operación dependía por entero del presentimiento de Von Rundstedt de que se había detenido el avance de Montgomery.

Von Rundstedt estaba seguro de ello. Además, contaba con la

posibilidad de que la inactividad de Montgomery tuviera un significado más profundo. Albergaba la convicción de que, debido a la excesiva extensión alcanzada por las líneas de comunicaciones y aprovisionamiento, el impetuoso avance aliado había llegado a su límite. Al final de la conferencia, como más tarde recordaría Blumentritt, «Von Rundstedt nos miró y sugirió la increíble posibilidad de que, por una vez, Hitler pudiera tener razón».

Las estimaciones de la situación por parte de Hitler y Von Rundstedt, aunque sólo parcialmente correctas, eran mucho más exactas de lo que ninguno de los dos advertía. El precioso tiempo que Von Rundstedt necesitaba para estabilizar su frente se lo estaban proporcionando los propios Aliados. La verdad era que los alemanes estaban perdiendo más deprisa de lo que los Aliados podían ganar.

6

Mientras Von Rundstedt actuaba a la desesperada para salvar al atrapado 15.º Ejército, a 225 kilómetros de distancia, en Amberes, el general de división George Philips Roberts, comandante de la 11.ª División Blindada británica, informaba jubiloso a sus superiores de un sorprendente acontecimiento. Sus hombres habían capturado no solamente la ciudad, sino también el enorme puerto.

Juntamente con la División Blindada de Guardias, los tanques de Roberts habían realizado un extraordinario avance de más de 350 kilómetros en sólo cinco días. La vanguardia del gran Segundo Ejército británico del teniente general Miles C. Dempsey había recibido del teniente general Brian Horrocks, comandante del XXX Cuerpo, la orden de «continuar avanzando como locos». Dejando que los Guardias tomaran Bruselas, la división de Roberts rebasó la ciudad y, en las primeras horas del 4 de septiembre, con la valerosa ayuda de la Resistencia belga, entró en Amberes. En ese momento, unas 36 horas después, tras limpiar las instalaciones de aturdidos enemigos dominados por el pánico, Roberts informó que sus hombres habían capturado intacta la inmensa zona portuaria de Amberes, de dos mil hectáreas. Se habían apoderado de almacenes, grúas, puentes, cinco kilómetros de muelles, esclusas, diques secos, material móvil, e, increíblemente, incluso las importantes compuertas accionadas eléctricamente, en perfecto estado de funcionamiento.

Los planes alemanes para destruir el puerto habían fracasado. Se habían colocado explosivos en los puentes principales y otras instalaciones clave, pero, desbordada por la espectacular rapidez de los británicos y de los grupos de Resistencia (entre los que se hallaban ingenieros belgas que conocían con exactitud los puntos en que se habían colocado las cargas de demolición), la desorganizada guarnición alemana no llegó a tener oportunidad de destruir las vastas instalaciones portuarias.

Roberts, de treinta y siete años, había ejecutado brillantemente sus órdenes. Por desgracia, en uno de los mayores errores de la guerra europea, nadie le había instruido para que sacara partido de la situación, esto es, que avanzara hacia el norte, ocupara cabezas de puente sobre el Canal Albert en los suburbios septentrionales y luego se dirigiera rápidamente a la base de la península de Beveland del Sur, a sólo 25 kilómetros de distancia. Ocupando su istmo de tres kilómetros de anchura, Roberts podía haber copado a las fuerzas alemanas, como acción previa a la limpieza de la vital orilla norte. Fue una omisión trascendental.* El puerto de Amberes, una de los más importantes botines de guerra, estaba asegurado; pero no lo estaban sus accesos, que continuaban en poder de los alemanes. Esta gran instalación, que hubiera podido acortar y nutrir las líneas de aprovisionamiento aliadas a todo lo largo del frente, no se utilizaba. Pero, en la turbulenta atmósfera del momento, nadie consideró esto como algo más que una situación temporal. A pesar de todo, parecía que no hubiera ninguna prisa. Con el desmoronamiento de los alemanes, la limpieza de enemigos podría tener lugar en cualquier momento. La 11.ª Blindada, cumplida su misión, mantuvo sus posiciones esperando nuevas órdenes.

El magnífico avance de las fuerzas blindadas de Dempsey en el norte, equiparable al de las de Patton al sur de las Árdenas, había com-

---

* El difunto B. H. Liddell Hart, el famoso historiador británico, escribió en su *History of the Second World War*: «Fue un error múltiple por parte de cuatro comandantes, desde Montgomery hacia abajo...». En *The Mighty Endeavor*, el historiador estadounidense Charles B. MacDonald se muestra de acuerdo con Liddell Hart. Calificó a esta omisión de «uno de los errores tácticos más graves de la guerra». El mejor y más detallado relato sobre el coste de Amberes es, indudablemente, *The 85 Days*, de R. W. Thompson, y estoy de acuerdo con él en que una de las principales razones de la pérdida de la oportunidad fue «el cansancio». Los hombres de la 11.ª Blindada, escribió, «se quedaban dormidos de pie, sentados o echados, insensibles y completamente exhaustos». Si aceptamos su teoría, resulta dudoso que la 11.ª de Roberts hubiera podido continuar su avance con el mismo ímpetu. Sin embargo, aduce Thompson, Amberes y sus vitales accesos podían haber sido tomados con facilidad «si hubiera habido allí un comandante que siguiera la batalla hora a hora, día a día y dotado de la flexibilidad de mando necesaria para ver las perspectivas de la situación».

pletado ya su recorrido, aunque pocos se daban cuenta de ello. Los hombres de Roberts estaban exhaustos, escasos de gasolina y provisiones. Otro tanto le ocurría a lo que quedaba del XXX Cuerpo del general Brian Horrocks. Así, pues, aquella misma tarde, la implacable presión que había hecho retroceder hacia el norte a los alemanes, quebrantados y desmoralizados, se relajó súbitamente. El error cometido en Amberes se agravó cuando los británicos se detuvieron para «efectuar reparaciones, repostar y descansar».

El general Brian Horrocks, el eficiente y dinámico comandante del XXX Cuerpo, ni siquiera había pensado en Amberes.* Al igual que el mariscal de campo Montgomery, comandante del 21.º Grupo de Ejércitos británico, su atención estaba concentrada en otro objetivo: el cruce del Rin y un rápido final de la guerra. Hacía sólo unas horas, enardecido por la energía y el empuje de sus ejércitos, Montgomery había cablegrafiado al comandante supremo, general Dwight Eisenhower: «Hemos llegado ahora a un punto en el que es posible que un potente y vigoroso avance hacia Berlín nos lleve allí y ponga así fin a la guerra».

En Londres, Su Alteza Real el príncipe de Holanda, conferenció con la reina Guillermina y luego, telefoneó a Canadá, a su esposa la princesa Juliana. Le pidió que volara inmediatamente a Inglaterra y estuviera lista para regresar a Holanda en cuanto fuera liberado el país. Su prolongado exilio estaba a punto de terminar. La liberación, cuando se produjera, sería rápida. Debían estar preparados. Sin embargo, Bernardo estaba intranquilo.

Durante las últimas 72 horas, los mensajes que le llegaban de la Resistencia habían subrayado una y otra vez la desbandada alemana de Holanda y habían repetido la noticia de que continuaba todavía la retirada iniciada el 2 de septiembre. En aquel momento, a 5 de

---

* En sus Memorias, Horrocks ofrece una sincera explicación. «Mi excusa es que tenía mi atención centrada completamente en el Rin, y todo lo demás me parecía de importancia secundaria. Jamás se me ocurrió que el Escalda estuviera minado y que no pudiéramos utilizar Amberes hasta que hubiera sido dragado el Canal y los alemanes expulsados de ambas orillas... Sin duda, Napoleón se habría dado cuenta de estas cosas, pero Horrocks no.» Admite también que había poca oposición frente a él y que «teníamos todavía a nuestra disposición cien millas de gasolina por vehículo y la provisión de un día más». Habría habido «considerable riesgo». Pero «creo que, si lo hubiéramos arrostrado y continuado directamente nuestro avance en vez de detenernos en Bruselas, el curso de la guerra en Europa tal vez hubiera sido distinto».

septiembre, los dirigentes de la Resistencia informaban que, aunque los alemanes seguían desorganizados, el éxodo parecía estar frenándose. Bernardo había tenido también noticias del primer ministro holandés en el exilio. El primer ministro Gerbrandy estaba un tanto turbado. Evidentemente, su mensaje radiodifundido del 3 de septiembre era prematuro; estaba claro que las tropas aliadas no habían cruzado aún la frontera holandesa. El príncipe y el primer ministro consideraron las razones de ello. ¿Por qué no habían avanzado los británicos? De los mensajes que recibían de la Resistencia, se deducía que la situación en Holanda estaba clara.

Aunque Bernardo carecía de conocimientos militares y dependía de sus consejeros, estaba desconcertado.* Si los alemanes continuaban desorganizados y, como creían sus líderes de la Resistencia, un «ataque llevado a cabo por unos cuantos tanques» podía liberar al país «en cuestión de horas», ¿por qué, entonces, no avanzaban los británicos? Tal vez Montgomery no concedía crédito a los informes de la Resistencia holandesa porque los consideraba superficiales o poco fidedignos. Bernardo no podía encontrar otra explicación. ¿Por qué, si no, vacilaban los británicos, en lugar de cruzar la frontera enseguida? Aunque se hallaba en constante contacto con sus ministros, con el embajador de Estados Unidos, Anthony Biddle, y con el jefe del Estado Mayor de Eisenhower, Bedell Smith, por lo que sabía perfectamente que en aquellos momentos el avance era tan fluido que la situación cambiaba casi de hora en hora, Bernardo pensó que preferiría tener información de primera mano. Tomó una decisión: solicitaría al SHAEF permiso para volar a Bélgica y entrevistarse lo antes posible con el mariscal de campo Montgomery. Tenía fe absoluta

---

* El joven príncipe, aunque nombrado por la reina comandante en jefe de las Fuerzas Holandesas, fue bastante sincero en sus entrevistas con el autor de este libro con respecto a su educación militar. «Yo no tenía ninguna experiencia táctica —me dijo—, excepción hecha de un curso seguido en la Academia Militar antes de la guerra. Realicé después unos cursos en Inglaterra, pero la mayor parte de mis conocimientos militares fueron adquiridos de forma práctica a través de lecturas y de conversaciones con mis oficiales. Sin embargo, nunca me consideré lo suficientemente experimentado como para tomar una decisión táctica. Dependía de mi Estado Mayor, que era muy competente.» Sin embargo, Bernardo se tomó muy en serio su puesto. En su meticuloso Diario personal de 1944, que puso amablemente a mi disposición, anotó con minúscula caligrafía cada movimiento, casi minuto a minuto, desde llamadas telefónicas y conferencias militares hasta funciones oficiales. Durante este período, basándome en sus propias anotaciones, yo calcularía que trabajó un promedio de unas dieciséis horas diarias.

en el alto mando aliado y, en particular, en Montgomery. Sin embargo, si algo marchaba mal, Bernardo tenía que saberlo.

En su espartano cuartel general instalado en tiendas de campaña en los jardines del Palacio Real de Laeken, a pocos kilómetros del centro de Bruselas, el mariscal de campo Bernard Law Montgomery esperaba con impaciencia una respuesta a su mensaje cifrado «personal y reservado a Eisenhower». Su urgente petición de un potente y vigoroso avance sobre Berlín fue enviada en las últimas horas del 4 de septiembre. En ese momento, al mediodía del 5 de septiembre, el rudo y fornido héroe de El Alamein, de cincuenta años de edad, esperaba una respuesta y se inquietaba con impaciencia por el curso futuro de la guerra. Dos meses antes de la invasión de Normandía, había dicho: «Si hacemos debidamente nuestro trabajo y no se cometen errores, creo que Alemania estará fuera de combate este año». La inmutable opinión de Montgomery era que se había cometido un trascendental error estratégico poco antes de que los Aliados conquistaran París y cruzaran el Sena. La «táctica de frente amplio» de Eisenhower —llevar directamente sus ejércitos hasta las fronteras del Reich y subir luego hacia el Rin— tal vez fuera válida cuando se planeó la invasión, pero el británico creía que, tras el súbito y desordenado derrumbamiento de los alemanes, se había quedado ya obsoleta. Según la expresión de Montgomery, esa estrategia había quedado «desfasada». Y su experiencia militar le decía que «no podremos lograr nuestros objetivos y... nos veremos enfrentados a una larga campaña de invierno, con todo lo que eso supondría para el pueblo británico».

El 17 de agosto había propuesto al general Omar N. Bradley, comandante del 12.º Grupo de Ejércitos estadounidenses un plan de ataque único. Su grupo de ejércitos y el de Bradley permanecerían «juntos como una sólida masa de cuarenta divisiones, cuyo poderío le debería permitir no temer nada. Esta fuerza debería avanzar hacia el nordeste». El 21.º Grupo de Ejércitos de Montgomery despejaría la costa del Canal y tomaría Amberes y el sur de Holanda. El 12.º Grupo de Ejércitos estadounidenses de Bradley, apoyado su flanco derecho en las Árdenas, avanzaría hacia Aquisgrán y Colonia. El objetivo básico de la acción propuesta por Montgomery era «establecer cabezas de puente sobre el Rin antes de que empiece el invierno y apoderarse rápidamente del Ruhr». Tenía la teoría de que, con toda probabilidad, ello pondría fin a la guerra. El plan de Montgomery preveía la participación de tres de los cuatro ejércitos de Eisenhower: el Segundo británico, el Primero estadounidense y el Primero canadiense. Montgomery prescindía del cuarto, el Tercer Ejército americano de Patton, que en aquellos momentos ocupaba los titulares periodísticos en todo el mundo por sus espectaculares avances. Sugirió tranquilamente que debía hacer un alto.

Unas 48 horas después supo que Bradley, del que había creído que apoyaría su idea, era en realidad favorable a un ataque estadounidense, un avance de Patton hacia el Rin y Frankfurt. Eisenhower rechazó ambos planes; no estaba dispuesto a modificar su estrategia. El comandante supremo quería mantenerse lo suficientemente flexible como para avanzar hacia el Ruhr y también hacia el Sarre en cuanto lo permitiesen las circunstancias. Para Montgomery, esto no era ya la «táctica de frente amplio», sino un plan de ataque doble. Pensaba que todo el mundo estaba haciendo las cosas a su manera, especialmente Patton, que parecía gozar de una enorme libertad de acción. En opinión de Montgomery, el empeño de Eisenhower en persistir en su primitiva idea revelaba con claridad que el comandante supremo «había perdido por completo el contacto con la batalla terrestre».

La opinión de Montgomery se basaba en un reciente acontecimiento que había provocado su enfado y que, a su entender, había rebajado el papel que le tocaba desempeñar. Ya no era el coordinador general de la batalla terrestre. El 1 de septiembre, Eisenhower había asumido personalmente el mando. Como el comandante supremo consideraba a Montgomery experto táctico en el campo de batalla, había concedido al general británico el control operacional del asalto que se iba a realizar el Día D y del período inicial de lucha que seguiría. Así pues, el 12.º Grupo de Ejércitos del general Omar N. Bradley había quedado bajo el mando de Montgomery. A finales de agosto, aparecieron en Estados Unidos artículos periodísticos revelando que el cuerpo de ejército de Bradley continuaba operando bajo el mando de Montgomery, lo cual suscitó un furor popular tal que el general George C. Marshall, jefe del Estado Mayor estadounidense, no tardó en ordenar a Eisenhower que «asumiera inmediatamente el mando directo» de todas las fuerzas terrestres. Los ejércitos americanos volvieron a quedar bajo mando americano. La medida cogió desprevenido a Montgomery. Como más tarde dijo su jefe de Estado Mayor, general Francis de Guingand: «Yo creo que Montgomery nunca pensó que ese día llegaría tan pronto. Posiblemente, esperaba que el mando inicial establecido durara mucho tiempo. A mi parecer, tendía a no conceder la debida importancia a los dictados de la fama y de los sentimientos nacionales, ni a la creciente contribución de Estados Unidos, tanto en hombres como en armas..., sin embargo, para la mayoría de nosotros resultaba evidente que habría sido una situación insostenible para un general y un cuartel general británicos conservar indefinidamente el mando de estas formaciones americanas más numerosas».* Tal vez resultara evidente para sus hombres, pero no para Montgomery. Se sintió públicamente humillado.**

No era ningún secreto que Monty y su superior, sir Alan Brooke, jefe del Alto Estado Mayor Imperial, eran críticos acérrimos de Eisenhower. Ambos le consideraban ambivalente e indeciso. En una carta dirigida a Montgomery el 28 de julio, Brooke comentaba que Eisenhower sólo tenía «una muy vaga concepción de la guerra». En otra ocasión, definió al comandante supremo como «una personalidad muy atractiva», pero con «una inteligencia muy, muy limitada desde un punto de vista estratégico». Montgomery, hombre que jamás recurría a eufemismos, vio «desde el principio que, simplemente, *Ike* no tenía experiencia para el cargo», y, en su opinión, si bien la Historia recordaría a Eisenhower «como un excelente comandante supremo, como comandante de campaña era muy malo, muy malo».*** Furioso, Montgomery, empezó a fomentar la idea de un «comandante de fuerzas terrestres» general, un puesto a medio camino entre los grupos de ejércitos y Eisenhower. Sabía quién era el hombre indicado para el puesto: él mismo. Eisenhower estaba al tanto de la campaña velada, pero no perdió la calma. El comandante supremo era, a su manera, tan obstinado como Montgomery. Las órdenes recibidas del general Marshall estaban claras, y no tenía la menor intención de tomar en consideración la idea de ningún comandante terrestre general que no fuera él mismo.

Montgomery no tuvo oportunidad de discutir directamente con Eisenhower su plan de ataque único ni sus ideas sobre un comandante de fuerzas terrestres hasta el 23 de agosto, cuando el comandante supremo fue a almorzar al Cuartel General del 21.º Grupo de Ejércitos. Entonces, el desabrido Montgomery, con extraordinaria falta de tacto, insistió en mantener una conversación privada con el coman-

* General de división Francis de Guingand, *Generals at War*, pp. 100-101.
  ** Por irritados que se sintieran, Montgomery y la opinión pública británica se aplacaron un tanto cuando, el 1 de septiembre, Jorge VI nombró a Montgomery mariscal de campo a instancias de Churchill.
  *** Entrevista del autor con el mariscal de campo Montgomery.

dante supremo. Pidió que fuera excluido de la conferencia el jefe del Estado Mayor de Eisenhower, general Bedell Smith. Smith salió de la tienda y durante una hora, Eisenhower, manteniendo ceñudamente la calma, escuchó las argumentaciones de su subordinado sobre la necesidad de «un plan firme y sólido». Montgomery pidió que Eisenhower «decidiera dónde debía estar el esfuerzo principal» para que «pudiéramos estar seguros de obtener rápidamente resultados decisivos». Una y otra vez, presionó en favor del «ataque único», advirtiendo que, si el comandante supremo continuaba la «estrategia de frente amplio, con la línea entera avanzando y luchando todos a la vez, el avance se frustraría inevitablemente». Si ocurría eso, advirtió Montgomery, «los alemanes ganarán el tiempo necesario para recuperarse, y la guerra continuará durante todo el invierno y bien entrado el año 1945. Si dividimos los canales de abastecimiento», dijo Montgomery, «y avanzamos en un frente amplio, seremos tan débiles en todas partes que no tendremos ninguna posibilidad de éxito». En su opinión, solamente había una táctica: «detener la derecha y golpear con la izquierda, o detener la izquierda y golpear con la derecha». Solamente podía haber un ataque, y todo debía apoyarlo.

Eisenhower veía la propuesta de Montgomery como una gigantesca apuesta. Podía producir una victoria rápida y decisiva. Podía, por el contrario, terminar en un desastre. No estaba dispuesto a aceptar los riesgos que implicaba. Además, se encontraba atrapado entre Montgomery por una parte, y Bradley y Patton por la otra, cada uno de ellos propugnando «el ataque principal», deseando cada uno que les fuera encomendada su realización.

Hasta ese momento, Montgomery, famoso por sus tácticas lentas aunque fructíferas, no había demostrado que supiera explotar una situación con la rapidez de Patton; y en aquellos instantes, el ejército de Patton, mucho más adelantado que todos los demás, había atravesado el Sena y avanzaba a toda velocidad hacia Alemania. Diplomáticamente, Eisenhower explicó a Montgomery que, cualesquiera que fueran las ventajas de un ataque único, difícilmente podía hacer retroceder a Patton y obligar a detenerse al Tercer Ejército estadounidense. «El pueblo americano —dijo el comandante supremo— nunca lo toleraría y la opinión pública gana las guerras.» Montgomery discrepó acaloradamente. «Las guerras se ganan con victorias —anunció—. Déle una victoria al pueblo y no le importará quién la ganó.»

Eisenhower no quedó convencido. Aunque no lo dijo en aquel

momento, pensó que el punto de vista de Montgomery era «demasiado estrecho», y que el mariscal de campo no «comprendía la situación general». Eisenhower explicó a Montgomery que quería que Patton continuara hacia el este a fin de que pudiera establecerse un enlace con las fuerzas americanas y francesas que avanzaban desde el sur. En resumen, dejó perfectamente claro que continuaría su «táctica de frente amplio».

Montgomery pasó entonces a tratar la cuestión de un comandante terrestre. «Alguien debe dirigir en su lugar la batalla terrestre.» Eisenhower, señaló Montgomery, debía «situarse en un punto muy elevado a fin de poder contemplar con perspectiva suficiente todo el complicado problema, que afecta a la tierra, el mar, el aire, etcétera». Pasó de la arrogancia a la humildad. Si la cuestión «de la opinión pública de América es decisiva», declaró Montgomery, gustosamente «dejaría a Bradley controlar la batalla, y actuaría a sus órdenes».

Eisenhower rechazó rápidamente la sugerencia. Situar a Bradley por encima de Montgomery sería tan inaceptable para el pueblo británico como lo contrario lo sería para los americanos. Le explicó que en cuanto a su propio papel, no podía desviarse del plan para asumir el control personal de la batalla. Pero, tratando de encontrar una solución a algunos de los problemas inmediatos, estaba dispuesto a hacerle ciertas concesiones a Montgomery. Necesitaba los puertos del Canal y Amberes. Eran vitales para el problema aliado de aprovisionamiento. Así pues, por el momento, dijo Eisenhower, se concedería prioridad al avance hacia el norte del 21.º Grupo de Ejércitos. Montgomery podía utilizar el Primer Ejército Aerotransportado aliado en Inglaterra, en aquel momento la única reserva del SHAEF. Además, podía tener el apoyo del Primer Ejército estadounidense, que maniobraba a su derecha.

Montgomery, en palabras del general Bradley, «había ganado la escaramuza inicial», pero el británico distaba mucho de estar satisfecho. Tenía la firme convicción de que Eisenhower había desperdiciado la «gran oportunidad». Patton compartió esa opinión —por razones diferentes— cuando le llegó la noticia. No sólo había concedido Eisenhower prioridad a Montgomery a expensas del Tercer Ejército estadounidense, sino que también había rechazado la propuesta de Patton de un avance hacia el Sarre. Para Patton, era «el más trascendental error de la guerra».

En las dos semanas transcurridas desde que tuviera lugar este choque de personalidades y de filosofías militares opuestas, habían sucedido muchas cosas. El 21.º Grupo de Ejércitos de Montgomery rivalizaba ahora en velocidad con el de Patton. Para el 5 de septiembre, con sus unidades de vanguardia ya en Amberes, Montgomery estaba más convencido que nunca de que era correcta su idea de ataque único. Estaba decidido a conseguir que se revocara la decisión del comandante supremo. Se había llegado a un crucial punto de inflexión en el conflicto. Montgomery tenía la convicción de que los alemanes se tambaleaban al borde del colapso.

No era el único en creerlo. En casi todos los niveles de mando, los oficiales de los servicios de información estaban profetizando el inminente fin de la guerra. La estimación más optimista procedía del Comité Combinado de Información Aliada, en Londres. La situación alemana se había deteriorado de tal manera que el grupo consideraba al enemigo incapaz de recuperarse. Existían toda clase de indicios, decía su estimación, de que «es improbable que una resistencia organizada bajo el control del Alto Mando alemán continúe más allá del 1 de diciembre de 1944 y... puede, incluso, terminar antes». El Cuartel General Supremo compartía este optimismo. A finales de agosto, el informe de los servicios de inteligencia del SHAEF declaraba que «las batallas de agosto han tenido un efecto fulminante y el enemigo ha recibido un duro castigo en el oeste. Dos meses y medio de encarnizados combates han puesto ante nuestros ojos, casi al alcance de la mano, el fin de la guerra en Europa». Ahora, una semana después, consideraba que el ejército alemán «no es ya una fuerza coherente, sino una multitud de grupos fugitivos, desorganizados e, incluso, desmoralizados, faltos de armas y equipo». Incluso el conservador general de división John Kennedy, director de operaciones militares del británico Ministerio de la Guerra, anotó el 6 de septiembre que «si seguimos a la misma marcha, estaremos en Berlín para el día 28...».

En este coro de optimistas predicciones parecía haber una sola voz discrepante. El jefe del servicio de información del Tercer Ejército de Estados Unidos, coronel Oscar W. Koch, creía que el enemigo era todavía capaz de sostener una lucha desesperada y advertía que «salvo que se produzca un levantamiento interno en la metrópoli o, lo que constituye una remota posibilidad, estalle una insurrección en el seno de la Wehrmacht..., los ejércitos alemanes continuarán luchando hasta ser destruidos o capturados».* Pero la cautelosa va-

* Para una versión más detallada de las estimaciones de los Servicios de Información aliados, véase doctor Forrest C. Pogue, *The Supreme Command*, pp. 244-245.

loración de su propio oficial de inteligencia significaba poco para el efervescente comandante del Tercer Ejército, teniente general George S. Patton. Como Montgomery en el norte, Patton en el sur estaba ahora a sólo 150 kilómetros del Rin. También él creía que, como había dicho Montgomery, había llegado el momento de «lanzarnos de cabeza en el territorio enemigo con un solo y profundo ataque» y poner fin a la guerra. La única diferencia estribaba en sus ideas respecto a quién debía lanzarse de cabeza. Ambos comandantes, estimulados por la victoria y deseosos de gloria, rivalizaban ahora por disponer de esa oportunidad. En su celo, Montgomery había limitado su rivalidad exclusivamente a Patton: un mariscal de campo británico al mando de todo un grupo de ejércitos estaba tratando de superar en rapidez a un teniente general americano que mandaba un solo ejército.

Pero, a todo lo largo del frente, la fiebre del triunfo atacaba a los jefes de tropas. Tras la espectacular carrera a través de Francia y Bélgica y comprobando a su alrededor la evidencia de la derrota alemana, los hombres creían que nada podía impedir la continuación del victorioso avance a través de la Línea Sigfrido y su penetración hasta el corazón de Alemania. Sin embargo, era necesaria una presión aliada firme y constante para mantener en jaque y desorganizado al enemigo. El mantenimiento de esa presión había originado una crisis que pocos parecían advertir. El desatado optimismo rozaba el autoengaño, pues en aquellos momentos los grandes ejércitos de Eisenhower, tras un impetuoso avance de más de trescientos kilómetros desde las orillas del Sena, habían caído en un gigantesco problema de mantenimiento y aprovisionamiento. Después de seis semanas de avance casi ininterrumpido sin encontrar apenas oposición, pocos advirtieron la súbita disminución de impulso. Pero, a medida que los primeros tanques se acercaban al umbral de Alemania y comenzaban a explorar en algunos puntos la solidez de la Muralla Occidental, empezó a decrecer el ímpetu. El avance aliado había terminado, estrangulado por su propio éxito.

El principal problema que dificultaba el avance era la falta de puertos. No había escasez de provisiones, pero éstas se amontonaban en Normandía, donde continuaban siendo llevadas a través de las playas o por el único puerto utilizable, Cherburgo, a unos 700 kilómetros por detrás de los elementos de vanguardia. Aprovisionar desde tanta distancia a cuatro grandes ejércitos en pleno avance constituía una labor de pesadilla. La falta de medios de transporte contribuía a la creciente parálisis. Las redes ferroviarias, bombardeadas en los días anteriores a la invasión o destruidas por los resistentes franceses, no podían ser reparadas con la suficiente rapidez. Sólo ahora comenzaban a tenderse oleoductos para la conducción de gasolina. A consecuencia de ello, era necesario transportarlo todo por carretera, desde las raciones alimenticias hasta la gasolina, y había una frustrante escasez de camiones.

Al objeto de no ceder el ritmo del avance, que, día tras día, continuaba más hacia el este, se estaba recurriendo a toda clase de vehículos. Piezas de artillería, cañones antitanques y tanques de reserva habían sido despojados de sus sistemas de tracción para poder utilizar éstos para el transporte de suministros. Se había privado a las divisiones de sus compañías de transporte. Los británicos habían abandonado al oeste del Sena un cuerpo de ejército entero, con el fin de que sus transportes pudieran servir al resto de las fuerzas que continuaban el rápido avance. Las dificultades de Montgomery aumentaron con el descubrimiento de que 1.400 camiones británicos de tres toneladas eran inservibles a causa de unos pistones defectuosos.

En aquel momento, en un hercúleo esfuerzo por lograr mantener en marcha el avance, una cinta sin fin de camiones —el *Red Ball Express*— se movía sin descanso hacia el este, entregaba sus provisiones y regresaba al oeste en busca de más, de manera que a menudo algunos convoyes realizaban un agotador viaje de ida y vuelta de entre 1.000 y 1.500 kilómetros. A pesar de utilizar día y noche todos los medios de transporte disponibles y de aplicar las más rigurosas economías por los comandantes de tropas, era imposible hacer frente a las demandas de provisiones de los ejércitos. Sobrecargada por encima de su capacidad, la improvisada estructura de aprovisionamiento casi había llegado al límite de su resistencia.

Además del agudo problema del transporte, tras el fulminante avance desde Normandía los hombres estaban fatigados y el material, gastado. Tanques, camionetas y vehículos de todo tipo habían sido utilizados durante tanto tiempo sin los debidos cuidados de mantenimiento que se estaban averiando uno tras otro. Y, sobre todo, se acusaba una crítica escasez de gasolina. Los ejércitos de Eisenhower, que necesitaban cuatro millones de litros diarios, estaban recibiendo sólo una fracción de esa cantidad.

Las consecuencias eran gravísimas. En Bélgica, mientras el enemigo huía ante él, todo un cuerpo del Primer Ejército estadounidense tuvo que permanecer detenido durante cuatro días al habérsele agotado la gasolina. El Tercer Ejército de Patton, que avanzaba sin encontrar apenas oposición a más de 150 kilómetros por delante de todos los demás, se vio obligado a parar durante cinco días a orillas del Mosa porque las columnas blindadas se habían quedado sin combustible. Patton montó en cólera cuando descubrió que, del millón y medio de litros que había pedido, solamente había recibido 120.000 por razones de prioridad. Ordenó al instante al comandante de su cuerpo de vanguardia: «¡Mueva el culo a toda velocidad, avance hasta secar los motores y, luego, bájense y continúen a pie, maldita sea!». Ante el Alto Mando de su Cuartel General, Patton rugió que estaba «luchando contra dos enemigos, los alemanes y nuestro propio alto mando. Yo puedo habérmelas con los alemanes, pero no estoy seguro de que pueda vencer contra Montgomery y Eisenhower». Lo intentó. Convencido de que podía abrirse paso hasta Alemania en cuestión de días, Patton interpeló furiosamente a Bradley y Eisenhower. «Mis hombres pueden comerse los cinturones —bramó—, pero mis tanques necesitan gasolina.»

La aplastante derrota de los alemanes en Normandía y la rápida y sistemática aniquilación de sus fuerzas tras el derrumbamiento del frente habían sido la causa de la crisis logística. Basándose en la suposición de que el enemigo presentaría resistencia y lucharía en las diversas líneas fluviales históricas, los planeadores de la invasión habían previsto un avance más comedido. Se presumió que tendría lugar una pausa para la reagrupación de fuerzas y acumulación de suministros una vez que se hubiera afianzado la cabeza de playa de Normandía y capturados los puertos del Canal. Se esperaba que la estabilización de posiciones se situara al oeste del Sena, adonde, según el calendario previsto, no se llegaría hasta el 4 de septiembre (90 días después del Día D). La súbita desintegración de las fuerzas enemigas y su precipitada huida hacia el este había echado por tierra el calendario aliado. ¿Quién hubiera podido prever que para el 4 de septiembre los blindados aliados se encontrarían a trescientos kilómetros al este del Sena y habrían entrado en Amberes? El Estado Mayor de Eisenhower había calculado que se necesitarían unos once meses para llegar a la frontera alemana en Aquisgrán. Ahora, mientras las columnas de tanques se aproximaban al Reich, los Aliados se habían adelantado casi siete meses respecto al programa de avance previsto. Resultaba poco menos que milagroso el hecho de que el sistema de aprovisionamiento y transporte, concebido para un ritmo de marcha mucho menor, hubiera resistido la tensión del impetuoso avance.

Sin embargo, a pesar de la crítica situación logística, nadie estaba dispuesto a admitir que los ejércitos debían detenerse tan pronto o que había terminado el avance. «Todos los comandantes, de división para arriba —escribió más tarde Eisenhower—, estaban obsesionados con la idea de que sólo con unas cuantas toneladas más de suministros, podían dar el empujón definitivo y ganar la guerra... En consecuencia, cada comandante pedía y exigía prioridad sobre todos los demás, y era por completo innegable que todos tenían ante sí oportunidades que había que aprovechar rápidamente y que, por lo tanto, hacían perfectamente lógicas sus demandas.» Sin embargo, el optimismo había contagiado incluso al comandante supremo. Evidentemente, creía que podía mantenerse el ímpetu del avance durante el tiempo suficiente para que los ejércitos aliados desbordaran la Línea Sigfrido antes de que los alemanes tuvieran una oportunidad de defenderla, pues veía indicios de «derrumbamiento» en «todo el frente». El 4 de septiembre, ordenó que «el 12.º Grupo de Ejércitos (de Bradley) capturara el Sarre y la zona de Frankfurt». «El 21.º Grupo de Ejércitos (de Montgomery) capturará el Ruhr y Amberes.»

Incluso Patton pareció apaciguarse por el anuncio. Ahora estaba seguro de que, con suministros adecuados, su poderoso Tercer Ejército podría, por sí solo, llegar al industrial Sarre y desde allí, avanzar hasta el Rin.* Y, en la atmósfera de victoria sin precedentes que reinaba, Montgomery volvió a insistir obstinadamente en su postura en su mensaje cifrado del 4 de septiembre. Esta vez fue mucho más allá que en su propuesta del 17 de agosto y su conversación con Eisenhower del 23 de agosto. Convencido de que los alemanes estaban destrozados, el comandante del 21.º Grupo de Ejércitos británico creía que no solamente podía alcanzar el Ruhr, sino llegar hasta el propio Berlín.

En su mensaje de nueve párrafos a Eisenhower, Montgomery

---

* Las conferencias de prensa semanales de Patton eran siempre interesantes, pero especialmente memorables por los comentarios «off-the-record» del general, que, por su colorista vocabulario, nunca se habrían podido publicar de todas formas. Aquella primera semana de septiembre, en mi calidad de corresponsal de guerra del *Daily Telegraph* de Londres, yo me encontraba presente cuando, con su característico estilo, expuso sus planes para los alemanes. Con su aguda voz y golpeando el mapa, Patton declaró que «quizás haya cinco mil, tal vez diez mil bastardos nazis en sus blocaos de cemento delante del Tercer Ejército. Pues bien, si *Ike* deja de favorecer a Monty y me entrega a mí los suministros, yo pasaré por la Línea Sigfrido como la mierda por el retrete».

manifestaba una vez más las razones en las que basaba su convicción de que había llegado el momento de un «potente y vigoroso ataque». Los Aliados tenían dos posibilidades estratégicas, «una por el Ruhr y la otra por Metz y el Sarre». Pero, alegaba, como «no tenemos recursos suficientes, no se podrían mantener dos avances de este tipo». Solamente había posibilidad de éxito para uno de ellos, el suyo. En opinión de Montgomery, ese avance, el septentrional «por el Ruhr», era el que «más posibilidades tiene de producir los mejores y más rápidos resultados». Para garantizar su éxito, el ataque único de Monty necesitaría «todos los recursos de mantenimiento…, sin restricciones». Continuaba manifestando lo seguro que estaba tanto de la excelencia de su propio plan como de su pericia y certeza de ser el hombre más indicado para llevarlo a cabo. Simultáneamente, deberían realizarse otras operaciones con todo el apoyo logístico que quedaba. No podía haber término medio, advertía al comandante supremo. Desechaba la posibilidad de dos avances, porque «dividiría nuestros recursos logísticos de tal modo que ninguno de los ataques tendría la potencia necesaria» y, como resultado, «prolongaría la guerra». Tal y como Montgomery lo veía, el problema era «muy sencillo y definido». Pero el momento era de «tal importancia… que se requiere una decisión inmediata».

Áspero y autocrático, el comandante británico más popular desde Wellington estaba obsesionado por sus propias creencias. Considerando la crítica situación logística, creía que su teoría del ataque único era ahora más válida de lo que había sido dos semanas antes. Con su aire huraño —e indiferente a la acogida que pudiera dispensarse al tono de su mensaje—, Montgomery no estaba sugiriendo simplemente una línea de acción al comandante supremo; el mariscal de campo estaba ordenándola. Eisenhower debía detener al resto de ejércitos en el lugar en el que se encontraban —en particular el de Patton— para que todos los recursos pudieran ser puestos a disposición de su ataque único. Y su mensaje número M-160 finalizaba con una típica muestra de la arrogancia de Montgomery. «Si viene usted por aquí, tal vez quiera considerarlo y discutirlo —proponía—. En tal caso, me complacerá mucho que almorcemos juntos mañana. No piense que puedo abandonar esta batalla precisamente ahora.» En su ansiedad por que no se desperdiciara esta última oportunidad de acabar con los alemanes, no se le ocurrió a Montgomery que sus palabras rozaban la insolencia. Se aferraba como una lapa a su plan de ataque único. Pues ahora estaba seguro de que hasta

LA RETIRADA

Eisenhower debía comprender que había llegado el momento de asestar el golpe final.

En el dormitorio de su villa en Granville, en la costa occidental de la península de Cherburgo, el comandante supremo leyó con irritada incredulidad el mensaje número M-160 de Montgomery. Eisenhower, de cincuenta y cinco años, consideraba «ilusoria» y «fantástica» la propuesta de Montgomery. Ya eran tres las veces que Montgomery le había importunado hasta la exasperación con proyectos de ataque único. Eisenhower creía haber resuelto de manera definitiva el conflicto sobre estrategia el 23 de agosto. No obstante, Montgomery no sólo estaba defendiendo una vez más su teoría, sino que proponía avanzar hasta el propio Berlín. Tranquilo y sosegado de ordinario, Eisenhower perdió ahora los estribos. «No hay una sola persona que crea que pueda hacerse esto, a excepción de Montgomery», estalló ante los miembros de su Estado Mayor. En aquel momento, la cuestión más urgente para Eisenhower era la apertura de los puertos del Canal, especialmente Amberes. ¿Por qué no podía comprenderlo Montgomery? El comandante supremo se daba perfecta cuenta de las deslumbrantes oportunidades que existían. Pero, como dijo al comandante supremo adjunto, el mariscal de la Royal Air Force, sir Arthur Tedder, y al asistente del jefe del Estado Mayor del SHAEF, el teniente general Frederick Morgan, para Montgomery «hablar de marchar sobre Berlín con un ejército que todavía está desembarcando en las playas el grueso de sus provisiones es fantástico».

El mensaje del mariscal de campo no podía haber llegado en peor momento. El comandante supremo estaba en cama, con la rodilla derecha escayolada a consecuencia de una lesión cuya existencia Montgomery todavía ignoraba. Pero Eisenhower tenía, en cualquier caso, más motivos que éste para estar irritable. Cuatro días antes, el 1 de septiembre, había salido de la sede central del SHAEF en Londres y se había desplazado al continente para asumir el control personal de la situación. Su pequeño cuartel general avanzado de Jullouville, cerca de Granville, era totalmente inadecuado. Debido al fenomenal movimiento de sus ejércitos, Eisenhower se hallaba a más de 600 kilómetros de distancia del frente, y no disponía todavía de teléfono ni de teletipo. A excepción de la radio y de un rudimentario sistema de correos, carecía de medios para comunicarse inmediatamente con sus oficiales en campaña. La lesión física que venía a sumarse a estas dificultades tácticas se había producido después de una de sus visitas aéreas de rutina a sus principales comandantes. El 2 de septiembre, a su regreso de una conferencia celebrada en Chartres con altos mandos del ejército estadounidense, el avión de Eisenhower no había podido tomar tierra en el aeródromo del Cuartel General a causa de los fuertes vientos y la mala visibilidad. En lugar de ello había aterrizado —indemne— en la playa próxima a su villa. Pero luego, cuando intentaba ayudar al piloto a apartar el avión de la orilla del agua, Eisenhower se había dislocado la rodilla derecha. Así pues, en aquella vital encrucijada de la guerra, cuando el comandante supremo trataba de asumir el control de la batalla terrestre y se producían los acontecimientos con tal rapidez que se hacía necesaria la adopción de decisiones inmediatas, Eisenhower se encontraba físicamente inmovilizado.

Aunque Montgomery —o, para el caso, Bradley y Patton— pensaran que Eisenhower «había perdido el contacto con la batalla terrestre», sólo la distancia hacía válido ese argumento. Su excelente y compenetrado Estado Mayor angloamericano estaba mucho mejor informado de la situación en el campo de batalla de lo que sus generales suponían. Y, si bien esperaba que los jefes de tropas dieran muestras de iniciativa y audacia, solamente el comandante supremo y su Estado Mayor podían contemplar la situación general y tomar decisiones al respecto. Pero era cierto que, en este período de transición, mientras Eisenhower asumía personalmente el control, parecía existir una ausencia de dirección definida, debido en parte a la complejidad del papel del comandante supremo. El mando de la coalición distaba mucho de ser fácil. No obstante, Eisenhower, manteniendo un delicado equilibrio, y siguiendo al pie de la letra los planes de los jefes del Estado Mayor combinado, hacía funcionar el sistema. En interés de la amistad aliada, podía llegar a modificar la estrategia, pero Eisenhower no tenía intención de abandonar su cautela y dejar que, como más tarde dijo el mismo comandante supremo, Montgomery desencadenara «un único avance en flecha hacia Berlín».*

Había sido más que tolerante con Montgomery, haciéndole con-

---

* En justicia, debe decirse que Montgomery jamás empleó esta frase. Su idea era reunir cuarenta divisiones y avanzar hacia Berlín —lo que, ciertamente, no era un avance en flecha—, pero se le atribuyó la autoría de la expresión, y, a mi juicio, eso perjudicó su causa en el SHAEF durante las numerosas reuniones estratégicas que tuvieron lugar.

cesión tras concesión e incurriendo a menudo en las iras de sus propios generales americanos. Parecía, sin embargo, que Monty «siempre lo quería todo, y en toda su vida nunca había hecho nada rápidamente».* Eisenhower dijo que comprendía las peculiaridades de Montgomery mejor de lo que el británico imaginaba. «Mire, me han informado sobre su juventud —comentó Eisenhower—, y, dada la rivalidad existente entre Eton y Harrow por una parte y el resto de las escuelas por la otra, cuando estos jóvenes ingresan en el Ejército se sienten inferiores. El hombre ha estado toda su vida tratando de demostrar que era alguien.» Estaba claro, no obstante, que las opiniones del mariscal de campo reflejaban las de sus superiores sobre cómo debían avanzar los Aliados.

Por comprensible que esto pudiera ser, la arrogancia de Montgomery al exponer tales opiniones sacaba de quicio invariablemente a los comandantes americanos. En su calidad de Comandante Supremo, dotado de amplios poderes por los oficiales del Estado Mayor Conjunto, Eisenhower tenía una preocupación fundamental: mantener unidos a los Aliados y ganar rápidamente la guerra. Aunque varios de los componentes del SHAEF, incluyendo muchos británicos, consideraban insoportable a Montgomery y lo decían, Eisenhower nunca hizo el menor comentario sobre él, excepto en privado al jefe de su Estado

* Dicho al autor. En una entrevista grabada, el presidente Eisenhower casi revivió para mí sus emociones en la época de esta enconada discusión con Montgomery. Cuando le dije que había entrevistado al mariscal de campo, Eisenhower me interrumpió y dijo: «No necesita usted contarme lo que le ha dicho; le ha dicho que yo no sabía nada sobre guerra, ¿verdad? Mire, a mí sólo me interesa presentar el asunto de un modo veraz y lógico, porque todo historiador tiene que llegar a hacer sus propias deducciones... Personalmente, yo no concedería mucho valor a lo que recuerdan los generales, incluyéndome yo mismo. Porque la memoria es algo muy falible... Maldita sea, no sé qué es lo que oían ustedes en Inglaterra, pero los británicos jamás han comprendido el sistema americano de mando... Cuando la maldición (la Segunda Guerra Mundial) acabó, nunca oí de los británicos ningún canto de alabanza. Y no lo va a oír ahora, especialmente de gente como Montgomery. ... Sus asociados han dicho de él cosas que yo jamás soñaría repetir. ... Me importa un bledo si pasa a la Historia como el mejor soldado del mundo. No lo es, pero si pasa por tal, a mí me trae sin cuidado. ... Se tomó tan a pecho la tarea de desacreditarnos a los americanos, y a mí en particular, de dejarnos al margen en todo, que, finalmente, dejé de comunicarme con él... No me interesaba mantener la comunicación con un hombre que, simplemente, no puede decir la verdad». Debe recordar el lector que, durante la guerra, el comandante supremo jamás habló en público sobre el mariscal de campo, y las opiniones aquí expresadas ven la luz por primera vez.

Mayor, Bedell Smith. Pero, de hecho, la exasperación del comandante supremo con Montgomery era mucho más profunda de lo que nadie sospechaba. Eisenhower pensaba que el mariscal de campo «era un psicópata..., tan egocéntrico» que todo lo que había hecho «había sido siempre perfecto..., jamás cometía ningún error». Eisenhower no iba a dejar que cometiera uno ahora. «Desnudar al santo americano que está recibiendo sus suministros desde Cherburgo —dijo a Tender— no hará que llegue a Berlín el santo británico.»

No obstante, Eisenhower se sentía preocupado por la brecha que se iba ensanchando entre él y el general predilecto de Gran Bretaña. Al cabo de pocos días, el comandante supremo decidió reunirse con Montgomery en un esfuerzo para aclarar lo que consideraba un malentendido. Una vez más, trataría de explicarle su estrategia con la esperanza de obtener su conformidad, por muy a regañadientes que ésta se prestara. Entretanto, antes de la entrevista, dejó bien clara una cosa. Rechazó firmemente el plan de ataque único de Montgomery y su intento de llegar a Berlín. La tarde del 5 de septiembre, en un mensaje cifrado dirigido al mariscal de campo, dijo: «Si bien estoy de acuerdo con su idea de un potente y vigoroso avance hacia Berlín, no estoy de acuerdo en que deba iniciarse en este momento, con exclusión de todas las demás maniobras». Tal como lo veía el comandante supremo, «el grueso del Ejército alemán en el oeste ha sido destruido», y se debía aprovechar ese éxito «abriendo brecha inmediatamente en la Línea Sigfrido, cruzando el Rin en un frente amplio y apoderándose del Sarre y el Ruhr. Esto es lo que me propongo hacer con la mayor rapidez posible». Eisenhower creía que estas acciones «estrangularían las principales zonas industriales alemanas y destruirían totalmente su capacidad para continuar la guerra...». Era esencial, continuaba Eisenhower, abrir los puertos de El Havre y Amberes antes de que pudiera lanzarse la estocada definitiva sobre el territorio alemán. Pero, por el momento, recalcaba Eisenhower, «no sería adecuada una redistribución de nuestros actuales recursos para mantener un avance sobre Berlín...».

La decisión de Eisenhower tardó 36 horas en llegar a Montgomery, y aun entonces, solamente llegó la segunda mitad del mensaje. Montgomery recibió los dos últimos párrafos a las 09.00 horas del 7 de septiembre. La primera parte no llegó hasta el 9 de septiembre, otras 48 horas más tarde. Montgomery vio en la comunicación de

Eisenhower una confirmación más de que el comandante supremo estaba «demasiado alejado de la batalla».

Por el primer fragmento del mensaje que recibió Montgomery, estaba sobradamente claro que Eisenhower había rechazado su plan, pues contenía la frase «no sería adecuada una redistribución de nuestros actuales recursos para mantener un avance sobre Berlín». Montgomery envió al punto un mensaje discrepando acaloradamente.

Conforme iba cediendo el ímpetu del avance comenzaban a realizarse los peores temores de Montgomery. La resistencia alemana se estaba consolidando. En su mensaje, centrando especialmente en la escasez de provisiones, Montgomery declaraba que estaba recibiendo sólo la mitad de lo que necesitaba y decía «no puedo seguir así mucho tiempo». Se resistía a renunciar a su plan de avance sobre Berlín. Ni siquiera mencionaba en su mensaje la evidente necesidad de abrir inmediatamente el vital puerto de Amberes, pero hacía hincapié en que «en cuanto disponga de un puerto en el Paso de Calais, necesitaría unos 2.500 camiones adicionales de tres toneladas, así como un puente aéreo que transporte un promedio de mil toneladas diarias a fin de poder llegar al Ruhr y, finalmente, a Berlín». Como todo era «muy difícil de explicar», el mariscal de campo se «preguntaba si sería posible» que Eisenhower fuera a verle. Firme en su convicción de que la decisión del comandante supremo constituía un grave error, y seguro de que daría resultado su propio plan, Montgomery se negaba a aceptar como definitiva la negativa de Eisenhower. Pero no tenía la menor intención de acudir a Jullouville para intentar hacer cambiar de opinión a Eisenhower. Esa diplomacia no se avenía con su forma de ser, aunque se daba perfecta cuenta de que la única esperanza de que su propuesta prosperase radicaba en una entrevista cara a cara con el comandante supremo. Indignado y nervioso, Montgomery aguardó una respuesta de Eisenhower. El mariscal de campo británico se encontraba recluido en sus aposentos, impaciente e irritable, cuando el príncipe Bernardo llegó al Cuartel General para presentarle sus respetos.

Bernardo había llegado a Francia al anochecer del día 6. Con un pequeño Estado Mayor, tres jeeps, su terrier Sealyham, Martin, y una abultada cartera de mano que contenía informes de la Resistencia holandesa, él y su séquito volaron al continente a bordo de tres Dakotas, uno de los cuales pilotado por el propio Bernardo, escoltados por dos cazas. Desde el aeródromo de Amiens, se dirigieron por carretera a Douai, a setenta y cinco kilómetros al norte y, en las primeras horas del día 7, emprendieron la marcha hacia Bélgica y Bruselas. En el Cuartel General de Laeken, el príncipe fue recibido por el general Horrocks, presentado al Estado Mayor de Montgomery y llevado a presencia del mariscal de campo. «Estaba de mal humor y, evidentemente, no le alegraba nada verme —recordaría Bernardo—. Tenía muchas cosas en la cabeza y, comprensiblemente, la presencia de la realeza constituía una responsabilidad de la que podía prescindir fácilmente.»

La reputación del mariscal de campo como el más grande soldado británico de la guerra había hecho de él, en palabras de Bernardo, «el ídolo de millones de británicos». Y el príncipe, de treinta y tres años, se sentía intimidado ante Montgomery. A diferencia de los modales sencillos, casi desenfadados, de Eisenhower, el aspecto de Montgomery hacía que a Bernardo le resultara difícil conversar con él. Brusco y seco desde el principio, Montgomery dejó perfectamente claro que la presencia de Bernardo en su terreno le «preocupaba». Con justificación no suavizada por el tacto ni por la explicación, Montgomery dijo al príncipe que sería una imprudencia que Bernardo visitara el Cuartel General de la unidad holandesa —la Brigada *Princesa Irene*— agregada al Segundo Ejército británico, acuartelada en la zona próxima a Diest, apenas a quince kilómetros del frente. Bernardo, que, como comandante en jefe de las fuerzas holandesas, había tenido intención de visitar Diest, no respondió por el momento. En lugar de ello, empezó a comentar los informes de la Resistencia holandesa. Montgomery le interrumpió. Volviendo al tema, dijo al príncipe: «No debe usted vivir en Diest. No puedo permitirlo». Irritado, Bernardo se sintió obligado a señalar que él estaba «sirviendo directamente a las órdenes de Eisenhower y no a las del mariscal de campo». Así fue como, según recordaría Bernardo la entrevista, «con razón o sin ella, empezamos con mal pie». (De hecho, Eisenhower apoyó más tarde a Montgomery en lo que se refería a Diest, pero dijo que Bernardo podía permanecer en Bruselas «cerca del cuartel general del 21.º Grupo de Ejércitos, donde su presencia puede ser necesaria».)

Bernardo continuó pasando revista a la situación en Holanda tal y como se reflejaba en los informes de la Resistencia. Dio cuenta a Montgomery de la retirada y desorganización de los alemanes, que no habían cesado desde el 2 de septiembre, y de la composición de los grupos de Resistencia. Hasta donde él sabía, dijo Bernardo, los informes eran exactos. Según el príncipe, Montgomery replicó: «No me parece que sus resistentes puedan sernos de mucha utilidad. Por consiguiente, creo que todo esto es completamente innecesario». Sorprendido por la brusquedad del mariscal de campo, Bernardo cayó en la cuenta que «al parecer, Montgomery no creía *ninguno* de los mensajes procedentes de mis agentes en Holanda. En cierto modo, no podía censurarle por ello. Deduje que estaba un poco harto de la desorientadora información que había recibido de las Resistencias francesa y belga durante su avance. Pero, en este caso, yo conocía a los grupos holandeses de los que hablaba, a las personas que los dirigían, y sabía que la información era realmente correcta». Insistió. Mostrando al mariscal de campo la carpeta de mensajes y citando un informe tras otro, Bernardo formuló una pregunta: «En vista de esto, ¿por qué no ataca inmediatamente?».

«No podemos depender de esos informes —le dijo Montgomery—. El hecho de que la Resistencia holandesa asegure que los alemanes se han estado retirando desde el 2 de septiembre no significa necesariamente que continúan retirándose todavía.» Bernardo tuvo que admitir que la retirada se «estaba frenando», y que había «indicios de reorganización». Sin embargo, en su opinión, existían razones válidas para un ataque inmediato.

Montgomery permaneció inflexible. «De todos modos —dijo—, aunque me agradaría en extremo atacar y liberar Holanda, no puedo hacerlo a causa de los suministros. Estamos escasos de municiones. Estamos escasos de petróleo para los tanques y, si atacáramos, lo más probable es que se quedaran empantanados.» Bernardo estaba asombrado. La información que había recibido en Inglaterra, tanto del SHAEF como de sus propios consejeros, le había convencido de que la liberación de Holanda se realizaría en cuestión de días. «Naturalmente, di automáticamente por supuesto que Montgomery, que era quien mandaba las fuerzas sobre el terreno, conocía la situación mejor que nadie —dijo más tarde Bernardo—. Sin embargo, conocíamos absolutamente todos los detalles sobre la potencia de las tropas alemanas, el número de carros de combate y vehículos blindados, el emplazamiento de los cañones antiaéreos, y yo sabía que, aparte de la oposición en primera línea del frente, había muy pocas fuerzas más allá. Me sentí angustiado, porque sabía que la potencia alemana aumentaría cada día que pasara. Fui incapaz de convencer a Montgomery. En realidad, nada de lo que yo decía parecía importar.»

Entonces, Montgomery hizo una extraordinaria revelación. «Estoy tan ansioso de liberar Holanda como usted —dijo—, pero nos proponemos hacerlo de otra forma aún mejor.» Se detuvo, reflexionó unos instantes y luego, casi de mala gana, dijo: «Estoy planeando una operación aerotransportada más allá de donde se encuentran mis tropas». Bernardo quedó sorprendido. Al instante acudieron a su pensamiento gran número de preguntas. ¿En qué zona estaba planeando efectuar los lanzamientos? ¿Cuándo tendría lugar la operación? ¿Cómo se estaba desarrollando? Sin embargo, se abstuvo de preguntar nada. El aspecto de Montgomery indicaba que no diría una palabra más. Evidentemente, la operación se encontraba todavía en la fase de planeamiento y la impresión del príncipe fue que sólo el mariscal de campo y unos cuantos oficiales de su Estado Mayor tenían conocimiento del plan. Aunque no le dieron más detalles, Bernardo tenía de nuevo la esperanza de que, a pesar de lo que antes había dicho Montgomery sobre la falta de suministros, la liberación de Holanda era inminente. Debía tener paciencia y esperar. La reputación del mariscal de campo era impresionante. Bernardo creía en ella y en el hombre mismo. El príncipe sintió que sus esperanzas renacían, pues «cualquier cosa que Montgomery hiciese, la haría bien».

Accediendo a la petición de Montgomery, Eisenhower fijó el domingo, 10 de septiembre, como fecha para una entrevista. No sentía especiales deseos de entrevistarse con Montgomery y escuchar los habituales argumentos temperamentales que esperaba del mariscal de campo. Le interesaba, no obstante, averiguar qué progresos se habían realizado en un aspecto de la operación de Montgomery. Aunque el comandante supremo debía aprobar todos los planes aerotransportados, había concedido a Montgomery el uso táctico del Primer Ejército Aerotransportado aliado y permiso para elaborar un posible plan basado en la utilización de esa fuerza. Sabía que, por lo menos desde el día 4, Montgomery había estado explorando discretamente la posibilidad de una operación aerotransportada para establecer una cabeza de puente sobre el Rin.

Desde la formación seis semanas antes del Primer Ejército Aerotransportado aliado bajo las órdenes de su comandante estadounidense, el teniente general Lewis Hyde Brereton, Eisenhower había estado buscando un objetivo y una oportunidad adecuados para emplear esta fuerza. Con ese fin, había estado presionando a Brereton y los diversos comandantes de ejército para que desarrollaran audaces e imaginativos planes de operaciones aerotransportadas que exigieran ataques masivos a gran escala en profundidad detrás de las líneas enemigas. Se habían propuesto y aceptado varias misiones, pero todas habían sido anuladas. En casi todos los casos, los veloces ejércitos terrestres habían llegado ya a los objetivos previstos para los paracaidistas.

La propuesta original de Montgomery había establecido que unidades de la fuerza aerotransportada de Brereton se apoderasen de una encrucijada situada al oeste de la ciudad de Wesel, al otro lado de la frontera germano-holandesa. Sin embargo, las poderosas defensas antiaéreas en esa zona habían obligado al mariscal de campo a introducir un cambio. El punto que eligió entonces se hallaba más al oeste, en Holanda: el puente del Bajo Rin, en Arnhem, que en aquel momento se hallaba situado a más de 125 kilómetros por detrás de las líneas alemanas.

El 7 de septiembre ya estaba lista la Operación *Comet*, como se denominó el plan; el mal tiempo, juntamente con la preocupación de Montgomery por la creciente oposición alemana que sus tropas estaban encontrando, obligó a un aplazamiento. Lo que hubiera podido salir bien el día 6 o el 7 parecía arriesgado el 10. También Eisenhower estaba preocupado; en primer lugar, consideraba que el lanzamiento de un ataque aerotransportado en aquellos momentos provocaría un retraso en la apertura del puerto de Amberes. No obstante, el comandante supremo estaba fascinado por las posibilidades de un ataque aerotransportado.

Las operaciones abortadas, algunas de ellas canceladas casi en el último minuto, habían supuesto un grave problema para Eisenhower. Cada vez que una misión llegaba a la fase operativa, se hacía preciso interrumpir los vuelos de los aviones de transporte de tropas que llevaban gasolina al frente, a fin de prepararlos. Esta pérdida de preciosas toneladas de combustible provocó protestas por parte de Bradley y Patton. En aquel momento de continuado avance, el aprovisionamiento de gasolina, declararon, era mucho más importante que las misiones aerotransportadas. Eisenhower, ansioso por utilizar los paracaidistas e instado por Washington a hacerlo —tanto el general Marshall como el general Henry H. Arnold, comandante de las Fuerzas Aéreas de Estados Unidos, querían ver lo que podía realizar el nuevo Ejército Aerotransportado aliado de Brereton—, no estaba dispuesto a mantener inmovilizadas sus eficientes divisiones aerotransportadas. Por el contrario, insistía en que se utilizaran a la primera oportunidad.* De hecho, podía ser una forma de catapultar sus tropas al otro lado del Rin en el preciso instante en que el avance estaba perdiendo intensidad. Pero, mientras volaba hacia Bruselas en aquella mañana del 10 de septiembre, la apertura del vital puerto de Amberes se anteponía en su mente a cualquier otra consideración.

No le ocurría lo mismo a Montgomery. Impaciente y resuelto, estaba esperando en el aeropuerto de Bruselas cuando tomó tierra el avión de Eisenhower. Con característica escrupulosidad, había pulido y refinado sus argumentos antes de la entrevista. Había hablado con el general Miles C. Dempsey, del Segundo Ejército británico y con el teniente general Frederick Browning, comandante del I Cuerpo Aerotransportado británico, que era también segundo en el mando del Primer Ejército Aerotransportado aliado. Browning aguardaba entre bastidores el resultado de la conferencia. Dempsey, preocupado por la cada vez más firme resistencia enemiga con la que tropezaba y enterado por los servicios de información de que estaban llegando nuevas unidades, pidió a Montgomery que abandonara el plan de un ataque aerotransportado sobre el puente de Arnhem. Sugirió que, en lugar de ello, se centraran todos los esfuerzos en apoderarse del paso del Rin en Wesel. Dempsey sostenía que, incluso en combinación con una misión aerotransportada, el Segundo Ejército británico no era, probablemente, lo bastante fuerte como para avanzar por sí solo en dirección norte, hasta Arnhem. Consideraba que sería mejor avanzar en dirección Nordeste, hacia Wesel, en conjunción con el Primer Ejército de Estados Unidos.

En cualquier caso, era ya imperativa una penetración en Holanda. El Ministerio británico de la Guerra había informado a Montgomery que el 8 de septiembre habían caído sobre Londres V-2, los primeros cohetes alemanes. Se creía que sus rampas de lanzamiento se encontraban en algún punto del oeste de Holanda. Ya fuera antes o después de recibir esta información, Montgomery alteró sus planes. La Operación *Comet*, como se había denominado en un principio, preveía solamente la utilización de una división y media: la 1.ª Aerotransportada británica y la 1.ª Brigada Paracaidista polaca; consideró que esas fuerzas eran demasiado débiles para resultar eficaces. Como consecuencia, canceló la Operación *Comet*. En su lugar, Montgomery presentó una propuesta más ambiciosa aún. Hasta entonces, sólo tenían conocimiento de ella unos pocos altos

---

* Pogue, *The Supreme Command*, p. 280.

oficiales del mariscal de campo, que, temerosos de la influencia de Bradley sobre Eisenhower, habían puesto sumo cuidado en procurar que los oficiales de enlace estadounidenses destacados en el Cuartel General británico no tuviesen la menor noticia del plan. Al igual que Eisenhower, el teniente general Browning y el Cuartel General del Primer Ejército Aerotransportado aliado en Inglaterra no tenían la menor idea del nuevo proyecto de operación aerotransportada de Montgomery.

Debido a la lesión de su rodilla, Eisenhower no podía bajar del avión y la conferencia tuvo lugar a bordo del aparato. Al igual que había hecho el 23 de agosto, Montgomery decidió quién debía hallarse presente en la entrevista. El comandante supremo se había llevado consigo a su lugarteniente, el mariscal del aire sir Arthur Tedder, y a un jefe adjunto del Estado Mayor, el teniente general sir Humphrey Gale, encargado de la administración. Secamente, Montgomery pidió que Eisenhower excluyera a Gale de la conferencia, mientras insistía en que se quedara su propio jefe administrativo y de suministros, el teniente general Miles Graham. Otro superior menos condescendiente podría muy bien haberse opuesto a la actitud de Montgomery. Eisenhower accedió pacientemente a la petición del mariscal de campo. El general Gale salió.

Casi inmediatamente, Montgomery criticó la táctica de frente amplio del comandante supremo. Refiriéndose sin cesar a una serie de comunicaciones de Eisenhower que habían llegado durante la semana anterior, llamó la atención sobre las inconsecuencias del comandante supremo al no definir con claridad qué se entendía por «prioridad». Arguyó que su 21.º Grupo de Ejércitos no estaba teniendo la «prioridad» en suministros prometida por Eisenhower; que se estaba permitiendo que el avance de Patton sobre el Sarre se realizara a expensas de las fuerzas de Montgomery. Sin alterarse, Eisenhower replicó que nunca había tenido intención de conceder a Montgomery «prioridad absoluta» con exclusión de todos los demás. La estrategia de Eisenhower, reiteró Montgomery, era equivocada y tendría «horribles consecuencias». Mientras «continuaran estos dos espasmódicos y descoyuntados avances», con los suministros repartidos entre él y Patton, «ninguno de los dos podría tener éxito». Era esencial, dijo Montgomery, que Eisenhower decidiera entre él y Patton. Tan violento y osado era el lenguaje de Montgomery que, de pronto, Eisenhower extendió la mano, le dio unas palmaditas en la rodilla y dijo: «¡Calma, Monty! No puedes hablarme así. Soy tu jefe».

El furor de Montgomery se desvaneció. «Lo siento, *Ike*», dijo en voz baja.*

Esta disculpa, impropia de Montgomery pero aparentemente sincera, no puso fin al asunto. Obstinadamente, aunque con menos acritud, Montgomery continuó argumentando en favor de su «ataque único». Eisenhower escuchó los argumentos con atención y simpatía, pero no cambió de idea. Su avance de frente amplio continuaría. Y explicó claramente a Montgomery por qué. Como más tarde recordaría Eisenhower,** dijo: «¿Lo que me aseguras es que, si te doy todos los suministros que quieres, podrás llegar directamente hasta Berlín? Estás loco, Monty. No puedes hacerlo. ¡Qué demonios! Si intentaras una larga columna como ésa en un ataque único, tendrías que lanzar división tras división para proteger tus flancos de un ataque. Supongamos que consiguieras un puente sobre el Rin. No podrías depender por mucho tiempo de ese único puente para aprovisionar tu avance. No puedes hacerlo, Monty».

Según Eisenhower, Montgomery contestó: «Los aprovisionaré perfectamente. Sólo dame lo que necesito y llegaré a Berlín y pondré fin a la guerra».

La negativa de Eisenhower fue firme. Insistió en que debía abrirse el puerto de Amberes antes de que pudiera pensarse siquiera en una penetración en Alemania. Montgomery jugó entonces su carta decisiva. El acontecimiento más reciente —el ataque con cohetes sobre Londres desde rampas de lanzamiento situadas en Holanda— exigía un avance inmediato sobre este país. Sabía exactamente cómo debía comenzar tal avance. Para penetrar en Alemania, Montgomery proponía utilizar casi todo el Primer Ejército Aerotransportado aliado en un masivo ataque por sorpresa.

Su plan era una versión ampliada y grandiosa de la Operación *Comet*. Montgomery quería utilizar ahora tres divisiones y media: las 82.ª y 101.ª estadounidenses, la 1.ª Aerotransportada británica y la 1.ª Brigada Paracaidista polaca. Las fuerzas aerotransportadas debían

---

* En sus memorias, Montgomery explica al tratar de la entrevista que «tuvimos una buena charla». Pero manifiesta que, durante aquellos días de discusiones sobre estrategia, «posiblemente fui un poco lejos al intentar imponerle mi propio plan y no concedí suficiente importancia a la pesada carga política que soportaba... Volviendo ahora la vista hacia atrás, a menudo me pregunto si presté suficiente atención a las ideas de Eisenhower antes de refutarlas. Creo que sí. De todos modos..., nunca ha dejado de maravillarme su paciencia...».

** Al autor.

apoderarse al frente de sus tropas de una serie de pasos sobre el río en Holanda, siendo el objetivo más importante el puente de Arnhem sobre el Bajo Rin. Previendo que los alemanes esperarían que tomara el camino más corto y avanzara en dirección Nordeste, hacia el Rin y el Ruhr, Montgomery había elegido deliberadamente una ruta septentrional hacia el Reich por la «puerta trasera». El ataque aerotransportado por sorpresa abriría un corredor para los blindados de su Segundo Ejército británico, que avanzaría a través de los puentes capturados hasta Arnhem, al otro lado del Rin y más allá. Una vez conseguido todo esto, Montgomery podía avanzar hacia el este, flanquear la Línea Sigfrido y lanzarse sobre el Ruhr.

Eisenhower estaba intrigado e impresionado. Era un plan audaz y brillantemente imaginativo, exactamente la clase de ataque masivo que había estado buscando para sus largo tiempo ociosas divisiones aerotransportadas. Pero ahora el comandante supremo se hallaba cogido entre la espada y la pared: si daba su consentimiento al ataque, sería preciso demorar temporalmente la apertura del puerto de Amberes y retirarle a Patton sus suministros. Sin embargo, la proposición de Montgomery podría revitalizar el agonizante ataque y, quizás, impulsarlo al otro lado del Rin y hacia el interior del Ruhr. Eisenhower, fascinado por la audacia del plan, no sólo dio su aprobación,* sino que insistió en que la operación se realizase cuanto antes.

Pero el comandante supremo hizo hincapié en que el ataque era «limitado». Y le hizo notar a Montgomery que él consideraba la operación combinada de fuerzas de tierra y aire «simplemente una extensión del avance septentrional hacia el Rin y el Ruhr». Según su recuerdo de la conversación, Eisenhower dijo a Montgomery: «Te diré lo que voy a hacer, Monty. Voy a darte todo lo que pidas para lograr que cruces el Rin, porque quiero una cabeza de puente..., pero crucemos primero el Rin antes de discutir ninguna otra cosa». Montgomery continuó argumentando, pero Eisenhower no cedió. Frustrado, el mariscal de campo tuvo que aceptar lo que él consideraba «una acción a medias», y así terminó la conferencia.

Tras la marcha de Eisenhower, Montgomery le hizo al teniente

---

* Según su libro *The Supreme Commander*, p. 518, nota, Eisenhower le dijo a Stephen E. Ambrose: «No sólo lo aprobé..., insistí en que se llevara a cabo. Lo que necesitábamos era una cabeza de puente sobre el Rin. Si podíamos conseguirla, estaba completamente dispuesto a demorar todas las demás operaciones...».

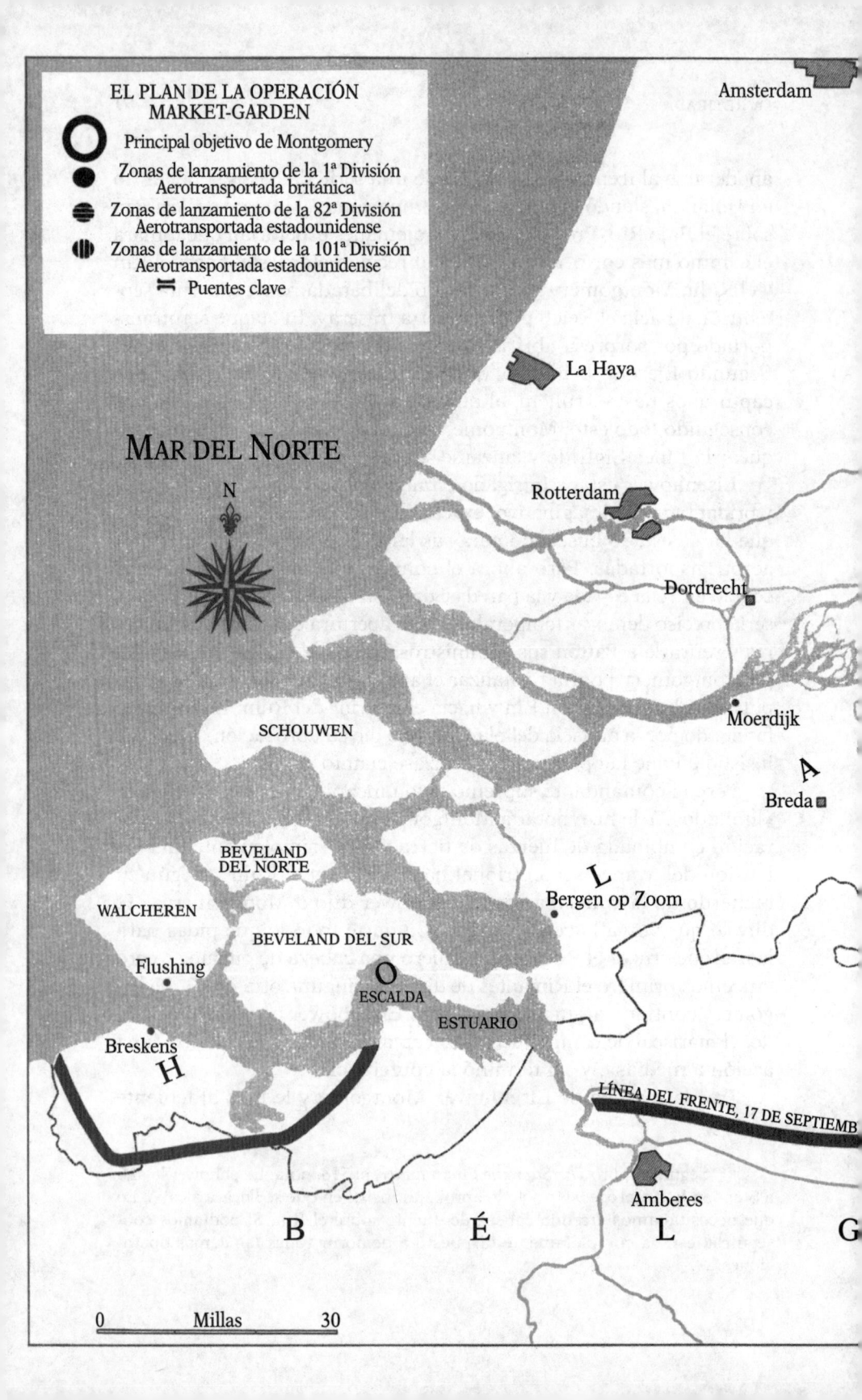

EL PLAN DE LA OPERACIÓN MARKET-GARDEN

- ○ Principal objetivo de Montgomery
- Zonas de lanzamiento de la 1ª División Aerotransportada británica
- Zonas de lanzamiento de la 82ª División Aerotransportada estadounidense
- Zonas de lanzamiento de la 101ª División Aerotransportada estadounidense
- ⇌ Puentes clave

MAR DEL NORTE

Amsterdam

La Haya

Rotterdam

Dordrecht

Moerdijk

SCHOUWEN

Breda

BEVELAND DEL NORTE

WALCHEREN

Bergen op Zoom

BEVELAND DEL SUR

Flushing

ESCALDA

ESTUARIO

Breskens

LÍNEA DEL FRENTE, 17 DE SEPTIEMB

Amberes

0 — Millas — 30

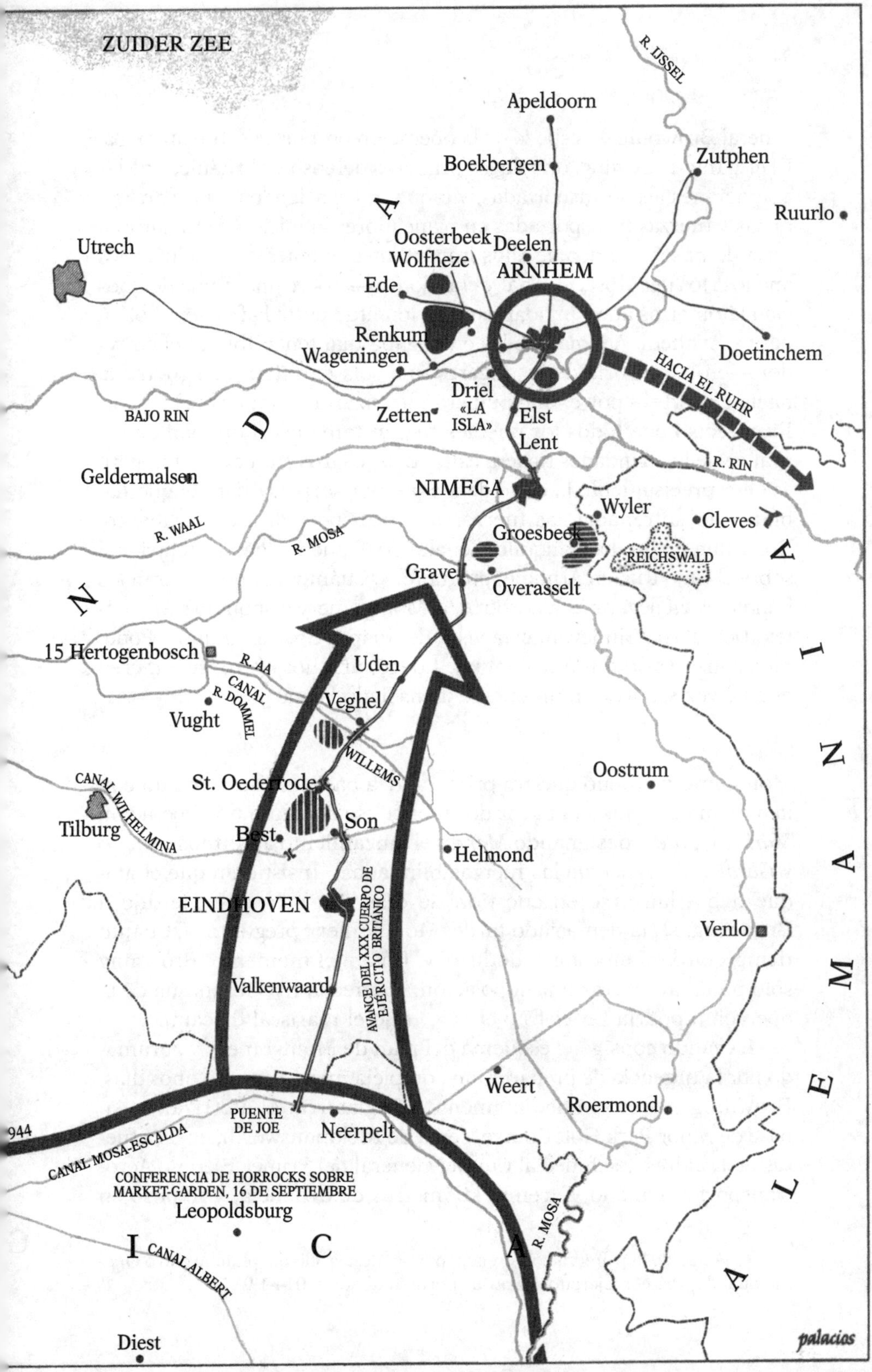

ZUIDER ZEE
R. IJSSEL
Apeldoorn
Boekbergen
Zutphen
Ruurlo
Utrech
Oosterbeek
Deelen
Wolfheze
ARNHEM
Ede
Renkum
Wageningen
Doetinchem
HACIA EL RUHR
Driel
«LA ISLA»
Zetten
Elst
Lent
BAJO RIN
R. RIN
Geldermalsen
NIMEGA
Wyler
Cleves
R. WAAL
R. MOSA
Groesbeek
REICHSWALD
Grave
Overasselt
15 Hertogenbosch
R. AA
CANAL
R. DOMMEL
Uden
Veghel
Vught
WILLEMS
St. Oederrode
CANAL WILHELMINA
Tilburg
Best
Son
Helmond
Oostrum
EINDHOVEN
AVANCE DEL XXX CUERPO DE EJÉRCITO BRITÁNICO
Venlo
Valkenwaard
Weert
Roermond
PUENTE DE JOE
Neerpelt
CANAL MOSA-ESCALDA
CONFERENCIA DE HORROCKS SOBRE MARKET-GARDEN, 16 DE SEPTIEMBRE
Leopoldsburg
R. MOSA
CANAL ALBERT
Diest
H O L A N D A
B É L G I C A
A L E M A N I A
palacios

general Browning un esbozo de la operación propuesta sobre un mapa. El elegante Browning, uno de los primeros defensores británicos de las operaciones aerotransportadas, vio que se les asignaba a los paracaidistas y fuerzas transportadas en planeadores la misión de tomar una serie de pasos —cinco de ellos importantes puentes que incluían los anchos ríos del Mosa, el Waal y el Bajo Rin— sobre una franja de unos cien kilómetros aproximadamente de longitud entre la frontera holandesa y Arnhem. Además, se les encargaba mantener abierto el corredor —en la mayoría de los lugares una sola carretera que conducía hacia el norte— por el que pudieran avanzar los tanques británicos. Era preciso que todos los puentes fueran tomados si querían que el avance de los blindados tuviera éxito. Los peligros eran evidentes, pero ésa era precisamente la clase de ataque por sorpresa para el que habían sido entrenadas las fuerzas aerotransportadas. Sin embargo, Browning no estaba tranquilo. Señalando el puente más septentrional sobre el Bajo Rin, en Arnhem, preguntó: «¿Cuánto tiempo tardarán los blindados en llegar hasta nosotros?». Montgomery respondió secamente: «Dos días». Sin levantar la vista del mapa, Browning dijo: «Podemos conservarlo durante cuatro». Luego, añadió: «Pero, señor, creo que tal vez sea irnos a un puente demasiado lejano».

Montgomery ordenó que era primera idea básica se desarrollara con la máxima celeridad (a partir de entonces se denominaría Operación *Market-Garden*, designando *Market* el lanzamiento aerotransportado y *Garden* el avance de las fuerzas blindadas). Insistió en que el ataque debía lanzarse en cuestión de días. En otro caso, le dijo a Browning, sería demasiado tarde. Montgomery preguntó: «¿Cuánto tiempo tardará en estar todo listo?». En aquel momento, Browning sólo podía aventurar una suposición. «La fecha más temprana de la operación podría ser el 15 o el 16»,* dijo el mariscal de campo.

Llevando consigo el esquema del plan de Montgomery y abrumado por la urgencia de preparar tan compleja misión en sólo unos días, Browning regresó inmediatamente a Inglaterra. Al aterrizar en su base de Moor Park Golf Course, cerca de Rickmansworth, en las afueras de Londres, telefoneó al Cuartel General del Primer Ejército Aerotransportado aliado, a treinta kilómetros de distancia, y se puso en

---

* Actas de la primera conferencia para el desarrollo del plan, Archivo Operacional del Primer Ejército Aerotransportado aliado 1.014-1.017.

comunicación con su comandante, el teniente general Brereton y su jefe de Estado Mayor, general de brigada Floyd L. Parks. Eran las 14.30 horas y Parks observó que el mensaje de Browning contenía «la primera mención a *Market* en este Cuartel General».

Los comandantes de las fuerzas aerotransportadas no fueron los únicos oficiales sorprendidos. El audaz plan de Montgomery impresionó y sorprendió tanto al mayor crítico del mariscal de campo, general Omar N. Bradley, que más tarde recordó: «Si el piadoso y abstemio Montgomery hubiera entrado tambaleándose en el SHAEF por los efectos de una borrachera, no me habría sentido más asombrado... Aunque nunca estuve personalmente convencido de la idea de la arriesgada operación, admito, no obstante, que fue una de las más imaginativas de la guerra».*

Lo era, pero Montgomery no estaba satisfecho. Importunó más que nunca al comandante supremo, volviendo a la cautelosa y perfeccionista forma de pensar característica de su carrera militar. A menos que el 21.º Grupo de Ejércitos recibiese suministros y medios de transporte adicionales para el «ataque elegido», advertía Montgomery a Eisenhower, *Market-Garden* no podría ser desencadenado antes del 23 de septiembre, como mínimo, y podría incluso ser retrasado hasta el 26 de septiembre. Browning había calculado que *Market* podría estar listo para el día 15 o el 16, pero Montgomery estaba preocupado por *Garden*, la operación terrestre. Una vez más, pedía lo que siempre había deseado: prioridad absoluta, lo que, en su opinión, garantizaría el éxito. Eisenhower anotó en su Diario el 12 de septiembre: «La sugerencia de Monty es sencilla: "darle todo"». Temiendo que cualquier retraso pudiera poner en peligro la *Market-Garden*, Eisenhower accedió. Se apresuró a enviar a su jefe de Estado Mayor, general Bedell Smith, a ver a Montgomery; Smith aseguró al mariscal de campo mil toneladas diarias de suministros, así como medios de transporte. Además, Montgomery recibió la promesa de que se contendría el avance de Patton hacia el Sarre. Exultante por la «eléctrica» respuesta —como la calificó el mariscal de campo—, Montgomery creyó que finalmente había convencido al Comandante Supremo de su propio punto de vista.

---

* General Omar N. Bradley, *A Soldier's Story*, p. 416. Bradley añadió también: «No se me participó el plan. De hecho, Montgomery lo ideó y comunicó a *Ike* varios días antes de que yo me enterara de su existencia a través de nuestro oficial de enlace en el 21.º Grupo de Ejércitos».

Aunque las tropas de Montgomery debían enfrentarse a una oposición creciente, éste seguía creyendo que los alemanes tenían poca fuerza en Holanda, una vez superada la dura corteza de sus primeras líneas. Los servicios de información aliada confirmaron su estimación. El Cuartel General de Eisenhower informó que había «pocas reservas de infantería» en Holanda, y que además, éstas podían calificarse como «tropas de baja categoría». Se pensaba que el enemigo continuaba «desorganizado después de su larga y apresurada retirada... y, aunque tal vez hubiera muchas pequeñas unidades de alemanes en la zona», difícilmente eran capaces de una gran resistencia organizada. Montgomery creía que en ese momento podía resquebrajar rápidamente las defensas alemanas. Y, una vez que hubieran cruzado el Rin y se dirigieran hacia el Ruhr, no veía cómo podría Eisenhower detener su avance. El comandante supremo no tendría más remedio, razonaba, que dejarle continuar hacia Berlín, acabando de ese modo la guerra «con razonable rapidez», según palabras del propio Montgomery. Confiadamente, Montgomery fijó la fecha del domingo, 17 de septiembre, como Día D de la Operación *Market-Garden*. El brillante proyecto que había ideado se convertiría en la mayor operación aerotransportada de toda la guerra.

No todo el mundo compartía la confianza de Montgomery en *Market-Garden*. Por lo menos uno de sus oficiales tenía motivos para sentirse preocupado. El general Miles Dempsey, comandante del Segundo Ejército británico, no ponía en tela de juicio, a diferencia del mariscal de campo, la autenticidad de los informes de la Resistencia holandesa. A partir de ellos, los servicios de información de Dempsey habían descrito un panorama caracterizado por el rápido crecimiento del poderío alemán entre Eindhoven y Arnhem, precisamente en la zona del planeado lanzamiento de paracaidistas. Había incluso un informe holandés según el cual «maltrechas formaciones de panzer habían sido enviadas a Holanda para reorganizarse», y se decía que éstas se hallaban también en la zona de *Market-Garden*. Dempsey envió esta noticia al I Cuerpo Aerotransportado británico de Browning, pero la información no incorporaba ninguna confirmación por parte de Montgomery ni de su Estado Mayor. La preocupante nota no fue siquiera incluida en los resúmenes de los servicios de información. De hecho, en el ambiente de optimismo imperante en el Cuartel General del 21.º Grupo de Ejércitos, el informe pasó totalmente desapercibido.

LOS PUENTES

Los hombres de Urquhart también tenían que capturar el puente del ferrocarril y el de pontones. Los alemanes volaron el primero e hicieron desaparecer la sección central del segundo. Esta fotografía del puente de pontones realizada por la RAF once días antes del ataque obliga a plantearse una cuestión: ¿Los alemanes reemplazaban o quitaban esa sección central del puente? Nunca se ha llegado a saber, pero se ordenó igualmente el ataque a ese puente.

La 82.ª División Aerotransportada del general de división Gavin capturó rápidamente el puente Grave, de 500 metros de longitud, sobre el río Mosa *(página siguiente arriba)* y, entre otros, el puente sobre el Canal Heumen *(página siguiente centro)*. Sin embargo, debido a la confusión en las órdenes y a la rápida reacción alemana, fracasó en el intento de tomar, el primer día, el puente de Nimega, sobre el Waal *(arriba)*, a 17 kilómetros de Arnhem. El día 19 fue tomado mediante un ataque combinado angloamericano. El asalto a través del río realizado por fuerzas de la 82.ª División Aerotransportada fue denominado «el segundo desembarco de la playa de Omaha».

EL PREMIO
El más septentrional de todos los pasos que debían ser tomados por las fuerzas aerotransportadas angloamericanas y polacas era el puente de Arnhem sobre el Bajo Rin. Asignado a la 1.ª División Aerotransportada del general de división Urquhart y a la 1.ª Brigada Paracaidista polaca del general de división Sosabowski, era clave en el plan de Montgomery para acabar la guerra en 1944. La fotografía muestra el puente con los amplios bulevares que conducen al Musis Sacrum, el salón de conciertos de la localidad *(en primer plano a la izquierda)*.

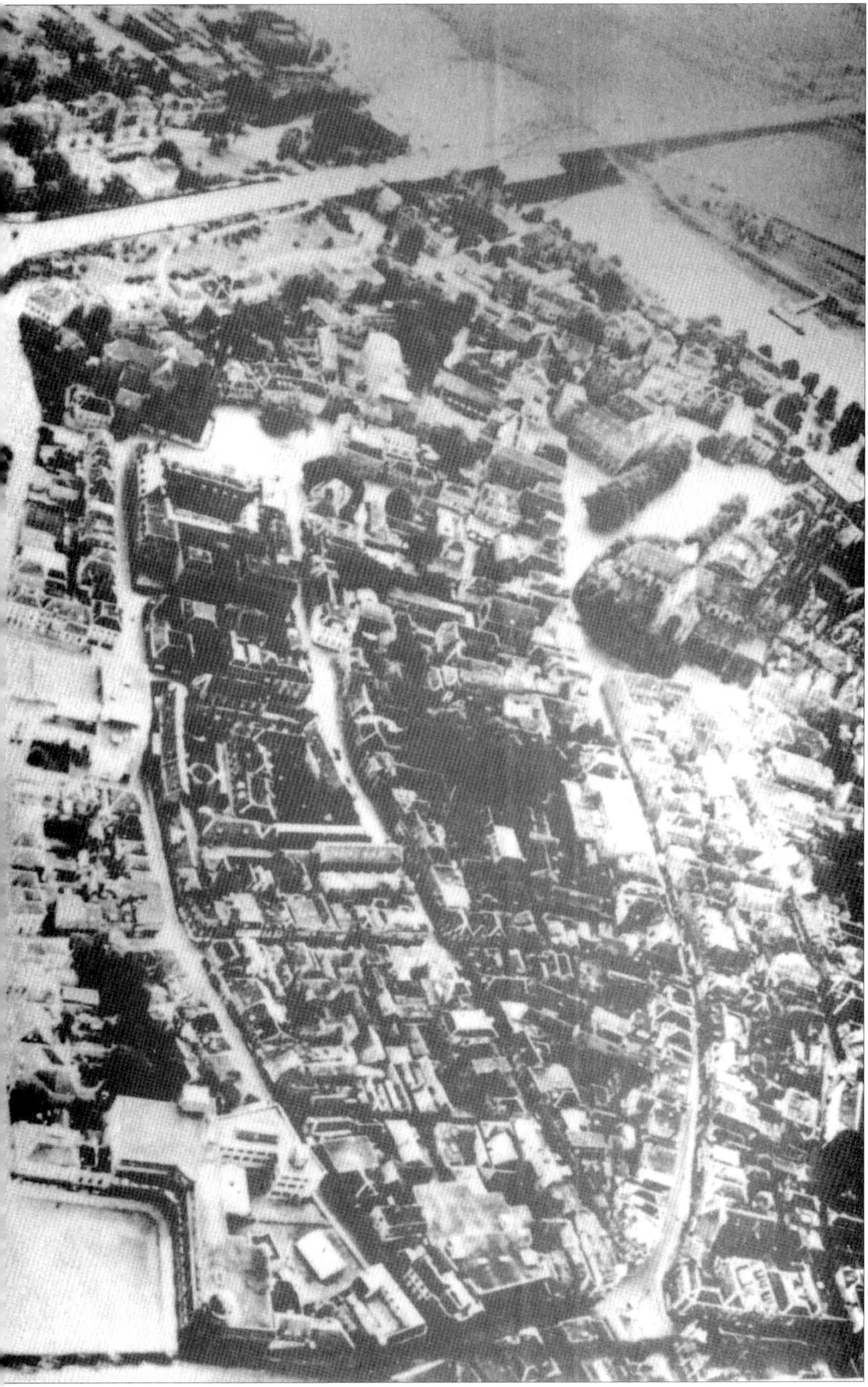

Al sur de las posiciones de la 82.ª Aerotransportada, la 101.ª Aerotransportada del general de división Taylor capturó todos los puentes, salvo uno, el de Son *(abajo)*, que fue destruido, retrasando el horario previsto por el plan *Market-Garden* en 36 horas.

Eisenhower y Montgomery mantenían opiniones enfrentadas en lo relativo a la estrategia de guerra a aplicar. Montgomery consideraba que el comandante supremo era demasiado indeciso y que «carecía de la experiencia necesaria para el cargo que desempeñaba»; Eisenhower opinaba que el mariscal de campo más popular con el que contaban los británicos era «un egocéntrico que pretendía no haber cometido un error en su vida».

El teniente general Brereton, el nuevo jefe del 1.ᵉʳ Ejército Aerotransportado Aliado, nunca había mandado hasta la fecha fuerzas paracaidistas. Estaba en desacuerdo con su adjunto británico, el teniente general Browning. Horas antes de que se iniciase la planificación del ataque, Brereton recibió una carta de renuncia de Browning.

Browning, la máxima autoridad británica en operaciones aerotransportadas, retiró su dimisión cuando fue nombrado para dirigir *Market-Garden*. Hasta entonces, nunca había ostentado el mando operacional de un cuerpo aerotransportado.

De izquierda a derecha. General de división Adair, comandante de la División Blindada de Guardias; mariscal de campo Montgomery; teniente general Horrocks, jefe del XXX Cuerpo de Ejército, y el general de división Roberts, cuya 11.ª División Blindada capturó Amberes y luego se detuvo para «repostar, reorganizarse y descansar», permitiendo que el 15.º Ejército alemán pudiese alcanzar Holanda y participar luego en los combates de *Market-Garden*.

Arriba a la izquierda. El general de división Taylor, comandante de la 101.ª División Aerotransportada de Estados Unidos, dialoga con el teniente general Ritchie, del XII Cuerpo británico y *(derecha)* el general Dempsey, jefe del 2.º Ejército británico, conferencia con el general de división Gavin, comandante de la 82.ª División Aerotransportada británica.

Henri Knap, de la inteligencia holandesa *(arriba a la izquierda)*, y el jefe de la resistencia en Arnhem, Pieter Kruyff *(derecha)*, advirtieron a Londres de la presencia de divisiones Panzer en la zona el 14 de septiembre.

El comandante Brian Urquhart, jefe de inteligencia de Browning, *(centro)* también identificó tanques alemanes en las fotografías procedentes de los aparatos de reconocimiento de la RAF. Sus advertencias no fueron escuchadas.

(Abajo a la izquierda) El general de división *Roy* Urquhart, jefe de la 1.ª División Aerotransportada británica, era un veterano comandante de tropas de combate, pero estaba al frente de una división paracaidista por primera vez en su vida. No sólo no era consciente de que se iba a enfrentar a fuerzas blindadas alemanas, sino que además se vio forzado a aterrizar a más de 10 kilómetros de su objetivo principal, el puente de Arnhem. Apenas había empezado el ataque cuando las comunicaciones fallaron, y el general Urquhart quedó atrapado tras las líneas alemanas durante 39 horas vitales, perdiendo todo contacto con su cuartel general.

Con Urquhart «desaparecido», el general de brigada Hicks *(arriba a la izquierda)* se vio obligado a asumir el mando de la división.
Cuando el 18 de septiembre llegó la 4.ª Brigada Paracaidista, el general de brigada Hackett *(arriba a la derecha)* se hizo con el mando aduciendo su antigüedad.
El jefe del Estado Mayor de Urquhart, el coronel Mackenzie *(centro a la izquierda)*, puso paz en la disputa entre los dos generales de brigada.
Mientras tanto, el general Sosabowski *(centro a la derecha)*, que no había sido informado de la situación en Arnhem, vio como el lanzamiento de su 1.ª Brigada Paracaidista polaca se demoraba dos días debido a causas meteorológicas.
El general de brigada Lathbury *(abajo)*, comandante de la 1.ª Brigada Paracaidista, debería haber asumido el mando de la división, pero fue herido, y como sucedió con el general Urquhart, fue considerado «desaparecido».

Controlando los accesos septentrionales al puente de Arnhem y superado en número en una proporción de 10 a 1, el coronel Frost *(izquierda)* y sus hombres se enfrentaron a elementos de dos divisiones Panzer alemanas en una de las más gloriosas gestas de armas de la historia.

Otro de los héroes del puente de Arnhem fue el capitán Eric Mackay *(centro, en fotografía de la década de 1970)*, que continuó combatiendo hasta acabar las municiones. Herido y capturado, Mackay *(abajo, al timón)*, se negó a abandonar la lucha, escapó y descendió por el río hasta Nimega con varios compañeros.

El grupo de tanques de los Guardias irlandeses lideró la columna blindada desde la frontera entre Bélgica y Holanda. En esta imagen podemos ver a su comandante, el coronel J. O. E. Vandeleur *(arriba a la izquierda)*, y a su primo Giles Vandeleur, que era comandante de batallón *(arriba a la derecha)*.
(Derecha) En esta fotografía del año 1944 podemos observar a ambos oficiales. Los alemanes consiguieron detener a los tanques de Vandeleur a menos de 10 kilómetros de los hombres de Frost en el puente de Arnhem.

El teniente de vuelo Love, de la RAF *(arriba)*, oficial de comunicaciones tierra-aire durante la ofensiva blindada, se preguntaba por qué se había presentado voluntario para esa misión.

Lord Wrottesley *(centro a la izquierda)* fue el primero en contactar con las aisladas tropas de Urquhart.

El teniente Hay *(centro a la derecha)*, cuya unidad de radio «Phantom» estableció el primer contacto con las fuerzas terrestres que avanzaban.

El coronel Chatterton *(derecha)*, comandante del Regimiento de Pilotos de Planeador, presionó para llevar a cabo un audaz golpe de mano en el puente de Arnhem. Si su plan se hubiese llevado a cabo el puente podría haber sido tomado en poco tiempo. Sin embargo, Chatterton acabaría siendo calificado de «sangriento asesino» por haber planteado dicha idea.

Durante el combate final de la división en Oosterbeek, el comandante Cain *(arriba a la izquierda)* continuó luchando contra los tanques enemigos a pesar de sus múltiples heridas.
La señorita Clair Millar *(arriba a la derecha)*, de Hobson & Sons Ltd. de Londres, cosió la bandera con el Pegaso para Browning. En su momento, se llegó a decir que dicha bandera era obra de la mujer de éste, la novelista Daphne du Maurier. La señorita Millar también cosió cerca de quinientas pequeñas brújulas en uniformes de soldados, que luego resultarían de suma utilidad en el momento de la retirada.
El comandante Lonsdale *(abajo a la izquierda)*, cuya «Lonsdale Force» resistió hasta el último momento.

Durante el ataque angloamericano contra el puente de Nimega, el comandante Cook, de la 82.ª División Aerotransportada *(arriba a la derecha)*, encabezó el cruce del río Waal, en una operación sin precedentes, para hacerse con el control del extremo norte del puente.
Mientras tanto, el teniente coronel Vandervoort *(arriba a la izquierda)*, atacaba los accesos meridionales junto a fuerzas británicas.

El teniente Gorman *(arriba a la izquierda)*, que poco antes había recibido la Cruz Militar, tenía sus «dudas» sobre toda la operación. Estaba convencido de que nadie podría avanzar los suficientemente rápido para rescatar a los hombres de Frost en el puente de Arnhem.
El teniente Wierzbowski *(arriba a la derecha)* fue enviado con una compañía a capturar el puente de Best, que le habían dicho que estaba «escasamente defendido». En ese momento, en la zona se encontraban más de 1.000 soldados alemanes del olvidado 15.º Ejército y, al final, acabaría implicado en los combates un regimiento completo de la 101.ª Aerotransportada.

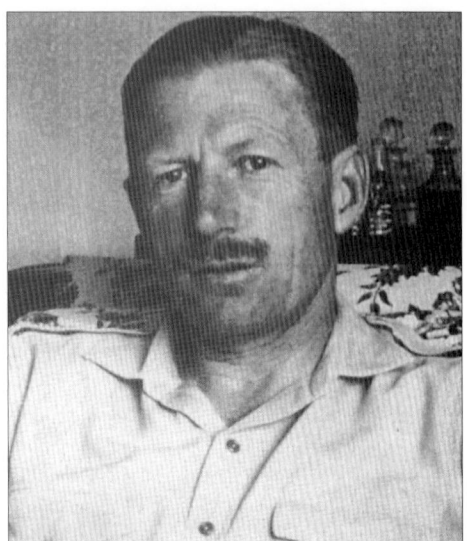

El teniente Glover *(arriba a la derecha)* llevó consigo su mascota, una gallina llamada *Myrtle*, durante el salto sobre Arnhem. «*Myrtle*, la gallina paracaidista» cayó en combate y recibió sepultura con toda la formalidad.

El comandante Deane-Drummond *(arriba a la derecha)*, segundo en el mando de la sección de Transmisiones de la 1.ª División Aerotransportada, dudaba de la fiabilidad de las comunicaciones, pero se sumó como todos los demás a la idea predominante: «¡Por el amor de Dios, no quería complicar las cosas!».

El coronel Tucker *(derecha)*, comandante del 504.º Regimiento, cuyas unidades cruzaron el Waal, quedó horrorizado ante la lentitud de los tanques británicos. Quería organizar una fuerza de ataque especial que cubriese los 17 kilómetros que los separaban de Arnhem para socorrer a los defensores del puente. Sin embargo, tal como dijo Tucker, los británicos «pararon para tomar el té».

Destituido por Hitler tras la debacle de Normandía, Von Rundstedt *(izquierda)*, el mariscal de campo más competente del Reich, volvió a ser llamado en septiembre. La situación en el frente occidental era tan catastrófica que Von Rundstedt creía que los Aliados invadirían el Reich y terminarían la guerra en dos meses. Su maniobra salvando al 15.º Ejército fue clave en el fracaso de la Operación *Market-Garden* de Montgomery.

El mariscal de campo Model *(abajo)*, del que Von Rundstedt decía que sería «un buen sargento mayor regimental», había sido incapaz de frenar el avance Aliado en el frente occidental, pero la fortuna le acompañó cuando trasladó el II Cuerpo Panzer de las SS hacia la zona de Arnhem pocos días antes del ataque aerotransportado. Tuvo en sus manos los planes de la Operación *Market-Garden* 48 horas después de iniciarse el ataque pero, increíblemente, se negó a darlos por buenos.

El comandante del II Cuerpo Panzer de las SS, teniente general Bittrich (*fotografiado en 1966 y 1944*), desconocía que se hubiesen capturado los planes de *Market-Garden*, pero dedujo correctamente que el objetivo principal era el puente de Arnhem.

El mayor experto en operaciones aerotransportadas del Reich, el coronel general Student (*en fotografías de 1966 y 1944*) quedó aturdido ante las dimensiones del asalto aerotransportado y «pensé en lo que habría podido hacer si hubiera dispuesto de semejante despliegue de fuerzas».

7

La arriesgada acción del mariscal de campo Gerd von Rundstedt para liberar lo que quedaba del cercado 15.º Ejército de Von Zangen en el Paso de Calais estaba dando resultado. Desde el 6 de septiembre, una flota apresuradamente reunida que se componía de dos viejos cargueros holandeses, varias barcazas del Rin y unos cuantos botes y balsas había estado recorriendo, al amparo de la oscuridad, los cinco kilómetros de anchura de la boca del estuario del Escalda, transportando hombres, artillería, vehículos e incluso caballos.

Aunque las poderosas baterías costeras de la isla de Walcheren los protegían de un ataque desde el mar, los alemanes se sintieron sorprendidos por el hecho de que las fuerzas navales aliadas no hicieran ningún esfuerzo por intervenir. El general de división Walter Poppe esperaba que en cualquier momento el convoy que transportaba a su destrozada 59.ª División de Infantería desapareciera en las aguas. Para él, el viaje de una hora entre Breskens y Flushing «en barcos desprovistos por completo de luces, expuestos e indefensos, fue una experiencia sumamente ingrata». Los alemanes sospechaban que los Aliados subestimaban la envergadura de la operación. Era indudable que tenían conocimiento de ella. A causa de su desesperada necesidad de refuerzos tanto Von Rundstedt como el comandante del Grupo de Ejércitos B, el mariscal de campo Walter Model, estaban pidiendo una mayor rapidez y se habían tenido que realizar varios viajes durante el día. Escuadrillas de cazas se abalanzaron inmediatamente sobre los pequeños convoyes. La oscuridad, por desagradable que resultara, era mucho más segura.

La parte más peligrosa del recorrido se hallaba en la orilla septentrional del Escalda. Allí, las fuerzas de Von Zangen tenían que seguir una carretera que discurría hacia el este desde la isla de Walcheren, atravesaba la península de Beveland y penetraba en Holanda, bajo la constante amenaza de un ataque aéreo aliado. Parte de la ruta, en el estrecho istmo que conectaba con el continente, se hallaba a sólo unos kilómetros de Amberes y de las líneas británicas sobre el Canal Albert. Inexplicablemente, los británicos no hicieron siquiera un esfuerzo serio por atacar al norte, accionar la trampa y cortar la base del istmo. La ruta de huida permaneció abierta. Aunque golpeado por incesantes ataques aéreos aliados, el Decimoquinto Ejército de Von Zangen conseguiría finalmente llegar a Holanda en un momento sumamente crucial para la Operación *Market-Garden* de Montgomery.

Si bien el plan bien tazado y no la buena suerte había permitido al Decimoquinto Ejército zafarse de la comprometida situación en la que se encontraba, en ese momento se produjo el fenómeno contrario: intervino el destino, lo inesperado e impredecible. A unos 120 kilómetros de distancia, las maltrechas unidades de élite del teniente general Wilhelm Bittrich, el veterano II Cuerpo Panzer de las SS, llegaron a los campamentos de las proximidades de Arnhem. Tal como había ordenado el mariscal de campo Model el 4 de septiembre, Bittrich había retirado lentamente la 9.ª y la 10.ª Divisiones Panzer para «reacondicionamiento y reorganización». Model había elegido la zona de Arnhem. Las dos reducidas, pero todavía fuertes, divisiones fueron desplegadas al norte, el este y el sur de la ciudad. Bittrich adscribió la 9.ª de las SS a un amplio sector rectangular situado al norte y nordeste de Arnhem, donde la mayor parte de los hombres y vehículos de la división se encontraban en terreno elevado y convenientemente ocultos en un Parque Nacional de espeso arbolado. La 10.ª acampó en semicírculo al nordeste, este y sudeste. Así, camufladas y ocultas en bosques, ciudades y pueblos cercanos —Beekbergen, Apeldoorn, Zutphen, Ruurlo y Doetinchem—, ambas divisiones se hallaban a muy poca distancia de Arnhem; algunas unidades estaban a dos o tres kilómetros de los barrios residenciales. Como más tarde recordaría Bittrich, «no había ninguna razón especial para que Model eligiera las proximidades de Arnhem, salvo que se trataba de un sector tranquilo en el que no ocurría nada».

Evidentemente, se desechó la posibilidad de que este remoto remanso pudiera tener ningún valor estratégico para los Aliados. En la mañana del 11 de septiembre, un pequeño grupo de oficiales del

Estado Mayor de Model fue enviado en busca de un nuevo emplazamiento para el Cuartel General del Grupo de Ejércitos B... en Arnhem.

Uno de los ayudantes de Model, su oficial de administración y transporte del Cuartel General, el teniente Gustav Sedelhauser, de treinta y cinco años, recordaría tiempo después que «visitamos el Cuartel General de la 9.ª y 10.ª Divisiones de las SS en Beekbergen y Ruurlo y el puesto de mando del general Bittrich, en Doetinchem. Luego, inspeccionamos la propia Arnhem. Tenía todo lo que necesitábamos: una magnífica red de carreteras y alojamientos excelentes. Pero, hasta llegar al distrito periférico de Oosterbeek, no encontramos lo que estábamos buscando». En el acomodado barrio residencial situado a cuatro kilómetros del centro de Arnhem había un grupo de hoteles, entre ellos el elegante y blanco Hartenstein, con una amplia extensión de césped en forma de media luna y amplios parques por los que se paseaban los ciervos, y el más pequeño, Tafelberg, de dos pisos, rodeado de árboles que le proporcionaban sombra, con su acristalada veranda y sus habitaciones revestidas de madera. Impresionado por las instalaciones y, como recordó Sedelhauser, «especialmente por los alojamientos», el grupo recomendó sin vacilar Oosterbeek al jefe del Estado Mayor, el teniente general Hans Krebs, como «perfecto para Cuartel General del Grupo de Ejércitos B». Model aprobó la decisión. Parte del Estado Mayor, decidió, viviría en el Hartenstein, mientras que él ocuparía el más apartado y menos ostentoso Tafelberg. El teniente Sedelhauser quedó encantado. Desde su adscripción al Cuartel General, nunca había estado en un mismo sitio más que unos pocos días seguidos, y ahora Sedelhauser «estaba deseando encontrar un poco de paz y una oportunidad para tener hecha la colada». Model ordenó que el Cuartel General del Grupo de Ejércitos B se hallara el 15 de septiembre completamente instalado y en funcionamiento en Oosterbeek, aproximadamente a cinco kilómetros de la vasta extensión de brezos y pastizales donde la 1.ª División Aerotransportada británica debía tomar tierra el 17 de septiembre.

SEGUNDA PARTE

EL PLAN

1

Al atardecer del 10 de septiembre, pocas horas después de la entrevista del general Browning con el mariscal de campo Montgomery, el teniente general Lewis H. Brereton celebró la primera conferencia de planificación sobre la Operación *Market*. En su Cuartel General de Sunninkhill Park, cerca del elegante hipódromo de Ascot, a 45 kilómetros de Londres, 27 altos oficiales se apiñaban en el amplio despacho de Brereton, cuyas paredes se hallaban cubiertas de mapas. Después de que el general Browning informara al grupo del plan de Montgomery, Brereton les dijo que, dada la premura de tiempo, «deben mantenerse las principales decisiones que se tomen, y es preciso tomarlas inmediatamente».

La tarea era monumental y había pocas líneas básicas. Nunca se había realizado un intento de enviar tras las líneas enemigas una fuerza aerotransportada gigantesca dotada de vehículos, artillería y equipo, capaz de combatir por sí sola. En comparación con *Market*, los anteriores ataques aerotransportados habían sido insignificantes; sin embargo, habían invertido meses enteros en su preparación. Ahora, para poner en marcha la mayor operación de paracaidistas e infantería transportada en planeadores jamás concebida, Brereton y sus oficiales disponían apenas de siete días.

Lo que más preocupaba a Brereton no era el escaso tiempo de que disponía, sino la posibilidad de que esta operación, al igual que las anteriores, pudiera ser cancelada. Sus tropas largo tiempo ociosas estaban impacientes por entrar en acción, y, a consecuencia de ello, había surgido un grave problema de moral. Durante semanas, sus excelentes divisiones de élite habían permanecido inmóviles mientras las fuerzas terrestres avanzaban victoriosamente por el continente a través de Francia y Bélgica. Existía la extendida impresión de que la victoria se hallaba tan próxima que la guerra podría terminar antes de que hubiera entrado en combate el Primer Ejército Aerotransportado aliado.

El general no albergaba ninguna duda sobre la capacidad de su Estado Mayor para resolver en una semana los problemas que planteaba la Operación *Market*. Se habían producido tantos «ensayos» de operaciones aerotransportadas que su cuartel general y sus estados mayores de división habían alcanzado un alto grado de rápida eficiencia. Además, podían adaptarse fácilmente a *Market* gran parte de los preparativos que se habían realizado para *Comet* y otras operaciones canceladas. Al preparar la abortada misión *Comet*, por ejemplo, la 1.ª División Aerotransportada británica y la Brigada polaca, encargadas de esa operación, habían realizado un concienzudo estudio de la zona de Arnhem. Sin embargo, la idea de *Market* exigía una amplia planificación que requería mucho tiempo.

El general Brereton se mostraba exteriormente confiado y tranquilo, pero los miembros de su Estado Mayor advirtieron que fumaba un cigarrillo tras otro. Sobre su mesa aparecía enmarcada una cita que el general mostraba con frecuencia a su Estado Mayor. Decía: «¿Dónde está el príncipe que puede permitirse cubrir el país con tropas para su defensa, de tal modo que diez mil hombres descendiendo de los cielos no pudieran, en muchos lugares, causar infinitos daños antes de que se lograra reunir una fuerza para rechazarlos?». Había sido escrita en 1784 por Benjamin Franklin.

Brereton se sentía fascinado por la perspicacia del estadista y científico del siglo XVIII. «Incluso después de 160 años —había dicho a su Estado Mayor—, la idea conserva todo su valor.» Pero Franklin se habría quedado aturdido ante las complejidades y la envergadura de la Operación *Market*. Para invadir Holanda desde el aire, Brereton se proponía lanzar casi 35.000 hombres, aproximadamente el doble del número de paracaidistas e infantería aerotransportada utilizados en la invasión de Normandía.

Para «apoderarse de los puentes con fulgurante sorpresa», como dijo Brereton, y mantener abierto el angosto corredor por el que habrían de avanzar las fuerzas terrestres británicas de *Garden* —desde su línea de ataque junto a la frontera entre Bélgica y Holanda hasta Arnhem, a cien kilómetros al norte—, era preciso utilizar tres divisiones aerotransportadas y media. Dos serían estadounidenses.

Casi directamente frente a los blindados del XXX Cuerpo del general Horrocks, la 101.ª División Aerotransportada del general de división Maxwell D. Taylor debía capturar los pasos de ríos y canales a lo largo de una franja de veinte kilómetros que se extendía entre Eindhoven y Veghel. Al norte de ellos, la veterana 82.ª División del general de brigada James M. Gavin tenía a su cargo la zona comprendida entre Grave y la ciudad de Nimega, aproximadamente una franja de quince kilómetros. Debían apoderarse de los pasos sobre los grandes ríos Mosa y Waal, en particular el enorme puente de Nimega, que con sus accesos, tenía casi setecientos metros de longitud. El objetivo más importante de la Operación *Market-Garden* era Arnhem y su vital puente sobre los cuatrocientos metros de anchura del Bajo Rin. Con sus tres ojos, el gran puente de acero y hormigón tenía casi setecientos metros de longitud si se consideraban sus rampas de cemento. Se encomendaba su captura a los británicos y los polacos, la 1.ª División Aerotransportada del general de división Robert *Roy* E. Urquhart y, bajo su mando, la 1.ª Brigada Paracaidista polaca del general de división Stanislaw Sosabowski. Arnhem, situada a mucha distancia de las fuerzas de *Garden*, era el premio. Sin el paso sobre el Rin, la audaz acción de Montgomery para liberar Holanda, desbordar la Línea Sigfrido y saltar sobre la zona industrial del Ruhr, en Alemania, fracasaría.

Para transportar la enorme fuerza hasta estos objetivos situados a quinientos kilómetros de distancia, era preciso elaborar un complicado plan aéreo. Se necesitaban tres operaciones distintas: transporte, protección y reaprovisionamiento. Se utilizarían no menos de veinticuatro aeródromos diferentes para el despegue. Brereton se proponía utilizar todos los planeadores operables de los que disponía, una inmensa escuadrilla de más de 2.500 aparatos. Además de cargar material pesado tal como jeeps y artillería, los planeadores debían transportar más de la tercera parte de los 35.000 hombres que componían las fuerzas; el resto serían lanzados en paracaídas. Era preciso revisar todos los aparatos, distribuir los espacios de carga, estibar el material pesado y preparar los equipos accesorios de las tropas.

Los planeadores constituían sólo uno de los problemas de la preparación aérea. Los transportes para el traslado de los paracaidistas y los aviones destinados a remolcar a los planeadores debían ser apartados de su tarea normal de aprovisionar a los ejércitos que avanzaban y quedar inmovilizados en tierra para su utilización en *Mar-*

ket. Había que alertar e instruir a las tripulaciones de los escuadrones de bombarderos para la realización de misiones en la zona *Market-Garden* antes del ataque y durante él. Se necesitarían enjambres de escuadrillas de cazas procedentes de toda Inglaterra —más de 1.500 aparatos— para escoltar la fuerza aerotransportada. Era de fundamental importancia elaborar complicados esquemas de tráfico aéreo. Había que trazar rutas entre Inglaterra y Holanda con el fin de evitar el intenso fuego de la artillería enemiga y la igualmente peligrosa posibilidad de una colisión aérea. Se planearon también operaciones de rescate aire-mar, misiones de reabastecimiento, incluso un fingido lanzamiento de paracaidistas en otra zona de Holanda para engañar al enemigo. En total, se estimaba que participarían en *Market* casi cinco mil aviones de todos los tipos. Desarrollar los planes y poner a punto esta enorme flota aérea requeriría un mínimo de 72 horas.

En opinión de Brereton, la cuestión más urgente a decidir por la conferencia era si se debía emprender la operación de día o de noche. Las anteriores operaciones aerotransportadas se habían efectuado a la luz de la luna. Pero la semioscuridad había creado confusión para encontrar las zonas de aterrizaje, falta de concentración de tropas y un número innecesariamente elevado de bajas. El general decretó que el gran ataque aerotransportado se realizaría a plena luz del día. Era una decisión sin precedentes. En toda la historia de las operaciones aerotransportadas, jamás se había efectuado un lanzamiento diurno de tales proporciones.

Brereton tenía otras razones además del deseo de evitar la confusión. La semana fijada para la Operación *Market* era un período sin luna y eran imposibles, por lo tanto, los aterrizajes nocturnos a gran escala. Aparte de eso, Brereton eligió un ataque diurno porque, por primera vez en la guerra, era factible. Los cazas aliados gozaban de tan abrumadora superioridad sobre los campos de batalla que la capacidad de interferencia de la Luftwaffe era prácticamente inexistente. Pero los alemanes tenían cazas nocturnos. En un lanzamiento nocturno podrían resultar devastadoramente eficaces contra columnas de lentos aviones y planeadores de transporte de tropas. La potencia antiaérea alemana era factor a considerar: en los mapas de los accesos a las zonas de lanzamiento de *Market* se señalaban las posiciones de defensa antiaérea. Los mapas, basados en los vuelos de reconocimiento fotográfico y en la experiencia de las tripulaciones de los bombarderos que sobrevolaban Holanda en ruta hacia Alemania, parecían formidables, especialmente porque los planeadores carecían de blindaje protector, excepto en las carlingas, y los transportes C-47 y los remolcadores no tenían depósitos de gasolina provistos de cierre automático. A pesar de todo, Brereton creía que las posiciones antiaéreas enemigas podrían ser neutralizadas mediante ataques concentrados de cazas y bombarderos antes de la operación y durante ella. Dado que la mayoría de las baterías antiaéreas se hallaban provistas de radar eran tan efectivas después de anochecer como durante el día. De cualquier manera, era de esperar que se produjeran pérdidas. Sin embargo, a menos que intervinieran el mal tiempo y vientos fuertes, la fuerza aerotransportada, al atacar de día, podía ser lanzada con exactitud casi matemática sobre las zonas de aterrizaje, garantizando con ello una rápida concentración de tropas en el corredor. «Las ventajas —dijo Brereton a sus comandantes— superan con mucho a los riesgos.»

Brereton hizo su anuncio final. Para el mando de la gigantesca operación nombró a su lugarteniente, el quisquilloso teniente general Frederick *Boy* Browning, de cuarenta y siete años, jefe del I Cuerpo Aerotransportado británico. Era una elección excelente, aunque decepcionante para el teniente general Matthew B. Ridgway, comandante del otro cuerpo del ejército aerotransportado, el XVIII. Lo cierto es que Browning ya había sido designado para el mando de la abortada Operación *Comet* que, aunque de menos envergadura y utilizando sólo tropas aerotransportadas británicas y polacas, era de concepción similar a *Market-Garden*. Ahora, de acuerdo con el ampliado e innovador plan que Montgomery había ideado, los paracaidistas estadounidenses actuarían por primera vez a las órdenes de un comandante británico.

Browning presentó un optimista resumen ante los comandantes congregados. Terminó sus palabras con el tipo de confidencia que le había proporcionado una aureola heroica frente a sus hombres. Como recordaría su jefe de Estado Mayor, el general de brigada Gordon Walch, «el general Browning estaba de buen humor, complacido por el hecho de que, al fin, fuéramos a entrar en acción. "La idea —nos dijo— es tender una alfombra de tropas aerotransportadas sobre la que puedan pasar nuestras fuerzas terrestres." Creía que esta operación poseía la clave de la duración de la guerra».

El entusiasmo de Browning era contagioso. Cuando finalizó la larga reunión, siendo reemplazada por varias conferencias de Estado Mayor más reducidas que se sucederían durante toda la noche, pocos oficiales se dieron cuenta de la subyacente fricción que existía entre Brereton y Browning. Originariamente, cuando se formó el Primer Cuerpo Aerotransportado aliado, los ingleses habían albergado grandes esperanzas de que Browning, autoridad británica en materia de operaciones aerotransportadas y uno de los pioneros en la utilización de paracaidistas, fuera nombrado comandante. Debido a la preponderancia de tropas y equipos estadounidenses en el seno del recién organizado ejército, el ambicionado puesto fue encomendado a un estadounidense, el general Brereton.

Browning ostentaba el rango seis meses antes que Brereton y, aunque el estadounidense era un distinguido oficial táctico de fuerzas aéreas, nunca había mandado fuerzas aerotransportadas. Además, había grandes diferencias de personalidad entre los dos hombres. Brereton había sido aviador en la Primera Guerra Mundial y había prestado brillantes servicios en la Segunda, primero en Extremo y Medio Oriente, y más tarde como general de la Novena Fuerza Aérea de Estados Unidos en Inglaterra. Era tenaz e independiente, pero su celo por triunfar quedaba encubierto por un aire estólido e impasible. Ahora, Brereton se dedicó a la impresionante misión que le había sido asignada con la determinación y las arrasadoras tácticas que caracterizaban a muchos de sus colegas estadounidenses.

Browning, oficial de los Guardias Granaderos, era también un perfeccionista, igualmente resuelto a demostrar la valía de los paracaidistas. Pero nunca había mandado un cuerpo aerotransportado. En contraste con Brereton, *Boy* Browning era una atractiva figura, elegante e impecablemente acicalado, con un aire de desenvuelta seguridad que a menudo tomaban por arrogancia no sólo los americanos, sino también sus propios jefes. Aunque temperamental y, en ocasiones, excesivamente impaciente, su reputación como teórico de las acciones aerotransportadas era legendaria entre sus admiradores. Sin embargo, carecía de la experiencia en combate de algunos otros oficiales, como el general Richard Gale, de la 6.ª División Aerotransportada británica, y los veteranos comandantes estadounidenses, generales Gavin y Taylor. Y Browning tenía aún que demostrar que poseía el genio administrativo del más experimentado de todos los comandantes de fuerzas aerotransportadas, el general Ridgway.

Sólo unos días antes se había producido un incidente que había puesto de manifiesto las diferencias entre Brereton y Browning. El 3 de septiembre, Browning había protestado ante Brereton de los peligros de intentar desencadenar un ataque aerotransportado en el corto plazo de 36 horas. Desde el Día D, el 6 de junio, se habían preparado y cancelado 17 operaciones aerotransportadas. En los 33 días de mando de Brereton, en su ansiedad por entrar en acción, se habían elaborado planes al ritmo de casi uno a la semana. Ninguno llegó a la fase final. Browning, contemplando la producción en masa de proyectos aerotransportados, se hallaba profundamente preocupado por la premura y los riesgos que se estaban corriendo. Cuando el 2 de septiembre fue cancelada la Operación *Linnet I* —un lanzamiento en Bélgica abriendo camino al Ejército británico—, Brereton encontró enseguida nuevos objetivos situados más allá de los ejércitos que avanzaban y propuso la Operación *Linnet II*, en sustitución del ataque anterior, para la mañana del 4 de septiembre.

Según recordó más tarde Brereton el incidente, «Browning se mostró muy agitado por la Operación *Linnet II*, habida cuenta de que existía una grave escasez de información, fotografías y, en particular, mapas. Como consecuencia, *Boy* declaró que sus tropas no podían ser instruidas adecuadamente». Las operaciones aerotransportadas, sostenía Browning, «no deben intentarse en un plazo tan breve». Brereton se había mostrado de acuerdo en principio, pero había dicho a su lugarteniente que «la desorganización del enemigo exige que se corran riesgos». El desacuerdo entre los dos hombres había finalizado con la seca declaración por parte de Browning de su intención de presentar su protesta por escrito. Pocas horas después, llegó su carta. Debido «a nuestras claras diferencias de opinión», escribía Browning, ya no podía «continuar como comandante adjunto del Primer Ejército Aerotransportado aliado». Sin inmutarse, Brereton empezó inmediatamente a considerar el problema de la sustitución de Browning. Había alertado al general Ridgway para que estuviera «preparado para asumir el mando». El delicado problema quedó resuelto cuando fue cancelada la Operación *Linnet II*; al día siguiente, Brereton había persuadido a Browning para que retirara su dimisión.

Ahora, dejadas a un lado sus diferencias, ambos hombres se enfrentaban a la enorme y compleja tarea de preparar la Operación *Market*. Cualesquiera que fuesen las reservas que Browning albergaba, tenían un carácter secundario ante la misión que les aguardaba.

Había una decisión que Brereton no podía tomar en la reunión inicial: la forma exacta en que las tropas aerotransportadas que componían la alfombra habían de ser llevadas hasta los objetivos. Los comandantes no podían trazar planes detallados hasta que se hallara resuelto este problema, el mayor de todos. El hecho era que el ejército aerotransportado era tan móvil como lo eran los aviones que lo habían de transportar. Aparte de planeadores, Brereton carecía de aviones propios de transporte. Para conseguir una sorpresa completa, el plan ideal exigía que las tres divisiones y media de *Market* fueran depositadas en las zonas de aterrizaje a la misma hora y en el mismo día. Pero la enorme envergadura de la operación excluía esta posibilidad. Había una aguda escasez de aviones y planeadores; los aviones tendrían que realizar más de un viaje. Otros factores obligaban también a una aproximación diferente. Cada división tenía distintas exigencias de combate. Por ejemplo, era esencial que el transporte de la 101.ª Aerotransportada del general Taylor llevara más hombres que material al comienzo del ataque, a fin de que la división pudiera realizar la tarea asignada de enlazar en las primeras horas con las fuerzas de *Garden*. Además, los hombres de Taylor debían reunirse rápidamente con la 82.ª Aerotransportada en el corredor situado al norte de ellos. Allí, las tropas del general Gavin no sólo debían tomar los formidables puentes sobre el Mosa y el Waal, sino apoderarse también de la cordillera de Groesbeek, al sudeste, terreno que era preciso arrebatar a los alemanes porque dominaba toda la comarca. La especial misión encomendada a Gavin imponía también exigencias especiales. Como la 82.ª Aerotransportada tendría que combatir durante más tiempo que la 101.ª mientras no se produjera el enlace, Gavin necesitaba no sólo tropas, sino también artillería.

Más al norte, los problemas de la 1.ª Aerotransportada británica, mandada por el general Urquhart, eran también diferentes. La 1.ª británica tenía que conservar el puente de Arnhem hasta que fuera relevada. Con un poco de suerte, la reacción alemana sería lo bastante débil como para que las fuerzas terrestres pudieran llegar hasta los escasamente armados soldados británicos antes de que se desarrollara una verdadera oposición enemiga. Pero hasta que llegaran los blindados de Horrocks, los hombres de Urquhart tendrían que aguantar. Urquhart no podía dispersar sus fuerzas enviando unidades hacia el sur para enlazar con Gavin. En el extremo más distante de la alfombra, la 1.ª Aerotransportada tendría que resistir más tiempo que ninguna otra. Por esta razón, las fuerzas de Urquhart eran las más numerosas, reforzándose su división con los paracaidistas polacos, más la 52.ª División *Lowland*, que sería enviada tan pronto como se pudieran localizar y acondicionar pistas de aterrizaje en la zona de Arnhem.

En la mañana del día 11, tras una febril noche dedicada a calibrar y analizar la capacidad aérea para el ataque, el general de división Paul L. Williams, comandante del IX Cuerpo de Transporte de Tropas de Estados Unidos y encargado de todas las operaciones aéreas de *Market*, presentó su estimación a Brereton. Había tal escasez de planeadores y aviones, informó, que incluso haciendo un tremendo esfuerzo, sólo la mitad de las tropas de Browning podrían, en el mejor de los casos, ser transportadas el Día D. Artículos esenciales, tales como piezas de artillería, jeeps y otras cargas pesadas destinadas a los planeadores solamente podían incluirse sobre una estricta base de prioridad. Brereton instó a su comandante aéreo a que explorara la posibilidad de realizar dos vuelos el Día D, pero se consideró poco práctica la sugerencia. «Debido a las pocas horas de luz solar y a las grandes distancias, no sería posible considerar más de un vuelo diario», dijo el general Williams. Era demasiado arriesgado. No habría tiempo para trabajos de mantenimiento ni para reparar los daños causados en combate, señaló, y casi con toda seguridad, «se producirían bajas a consecuencia de la fatiga de pilotos y tripulaciones».

Coartado por la escasez de aviones y la limitación de tiempo, Brereton realizó una valoración general. Se necesitaría todo un día para tomar fotografías aéreas de los puentes holandeses y del terreno; había que calcular dos días para la preparación y distribución de mapas de las zonas; era preciso recoger y analizar material de información; se debían preparar planes de batalla detallados. La decisión más crucial de todas: Brereton se vio obligado a modificar el plan *Market* para adecuarlo a la capacidad de transporte aéreo. Debía transportar sus fuerzas en varias remesas, enviando las tres divisiones y media a sus objetivos a lo largo de un período de tres días. Los riesgos eran grandes; cabía la posibilidad de que llegaran refuerzos alemanes a la zona de *Market-Garden* con más rapidez de lo que nadie pensaba; podría intensificarse el fuego de la artillería; y siempre existía la posibilidad de que empeorara el tiempo. Niebla, fuertes vientos, una tormenta repentina —todo ello posible en esta época del año— podrían originar un desastre.

Y, lo que era peor, una vez en tierra, los paracaidistas e infantes transportados en planeadores serían altamente vulnerables al carecer de tanques y artillería pesada. Las columnas de blindados del XXX Cuerpo del general Horrocks, utilizando una sola y estrecha carretera, no podrían recorrer los cien kilómetros que las separaban de Arnhem y continuar más allá a menos que los hombres de Brereton tomaran los puentes y mantuvieran abierta la ruta de avance. Recíprocamente, el ejército aerotransportado tenía que ser relevado con la máxima rapidez. Aisladas a gran distancia tras las líneas enemigas y dependiendo de los suministros enviados por aire, las fuerzas aerotransportadas podían esperar que los refuerzos alemanes aumentaran de día en día. En el mejor de los casos, las sitiadas tropas sólo podrían resistir unos días en sus posiciones. Si el avance de los blindados británicos era contenido o no se efectuaba con la suficiente rapidez, las tropas aerotransportadas serían inevitablemente desbordadas y destruidas.

Había más cosas que podían ir mal. Si las *Águilas Aullantes* del general Taylor no tomaban los puentes justo antes de las avanzadas de carros de combate del Segundo Ejército británico, poco importaba que los hombres mandados por el general Gavin o el general Urquhart cubrieran o no sus objetivos en Nimega y Arnhem. Sus fuerzas quedarían aisladas.

Había que aceptar ciertos riesgos propios de las operaciones aerotransportadas: cabía que las divisiones fueran depositadas en zonas equivocadas; era posible que los puentes fueran destruidos por el enemigo al comenzar el ataque; el mal tiempo podía hacer imposible el aprovisionamiento por aire; y, aunque fueran tomados todos los puentes, existía la posibilidad de que el corredor quedase cortado en algún punto. Éstos eran sólo algunos de los imponderables. Los encargados de trazar los planes jugaban con la rapidez, la audacia, la precisión y la sorpresa, todo ello derivado de un plan terrestre y aéreo perfectamente sincronizado que, a su vez, jugaba con la desorganización e insuficiencia de fuerzas de los alemanes. Cada eslabón de *Market-Garden* estaba entrelazado con el siguiente. Si uno se rompía, la consecuencia podía ser el desastre para todos.

En opinión de Brereton, era preciso asumir tales riesgos. Tal vez no volviera a presentarse jamás la oportunidad. Además, sobre la base de la última información sobre la potencia del enemigo, recibida del 21.º Grupo de Ejércitos de Montgomery, el Cuartel General de las unidades aerotransportadas aliadas consideraba todavía que las fuerzas de Brereton se encontrarían con «un enemigo mal organizado de calidad muy variable». No se esperaba que «pudiera concentrarse contra las tropas aerotransportadas antes de que llegaran las fuerzas terrestres ninguna unidad móvil mayor que un grupo de brigada (unos tres mil hombres) con muy pocos blindados y cañones». Se esperaba «que el vuelo y los aterrizajes serían peligrosos, que la captura de los puentes intactos era más cuestión de sorpresa y confusión que de encarnizado combate». Ya no quedaba nada que los elaboradores del plan no hubieran tomado en consideración. Las últimas palabras del resumen de los servicios de inteligencia parecían casi superfluas, «el avance de las fuerzas terrestres sería muy rápido si las operaciones aerotransportadas se desarrollaran con éxito».

El comandante Brian Urquhart estaba profundamente contrariado por el contagioso optimismo del Cuartel General del I Cuerpo Aerotransportado británico del general Browning. El jefe de los servicios de información, de veinticinco años, pensaba que era probablemente el único del Estado Mayor que albergaba alguna duda sobre *Market-Garden*. Urquhart (que no tenía ningún parentesco con el comandante de la 1.ª División Aerotransportada británica, el general de división Robert Urquhart), no creía las optimistas estimaciones sobre la potencia del enemigo que llegaban casi diariamente desde el mando del 21.º Ejército de Montgomery. La mañana del martes 12 de septiembre, a sólo cinco jornadas del Día D, sus dudas sobre *Market-Garden* crecieron hasta un límite rayano en el pánico.

Sus recelos habían nacido a consecuencia de un cauteloso mensaje procedente del Cuartel General del Segundo Ejército británico del general Dempsey. Citando un informe holandés, los servicios de información de Dempsey advertían de un incremento de las fuerzas alemanas en la zona de *Market-Garden* y hablaban de la presencia de «maltrechas formaciones de panzer que se creía estaban en Holanda para reorganizarse». Desde luego, la información era vaga. Al carecer de confirmación, el informe de Dempsey no fue incluido en los últimos resúmenes de los Cuarteles Generales de Montgomery ni de Eisenhower. Urquhart no podía comprender por qué. Había estado recibiendo inquietantes noticias similares de los oficiales de enlace holandeses destacados en el propio Cuartel General del Cuerpo. Y, al igual que el Estado Mayor del general Dempsey, los creía. Añadiendo su propia información a la recibida del puesto del mando de Dempsey, el comandante Urquhart consideraba razonablemente seguro que elementos de por lo menos dos divisiones de panzer se encontraban en algún punto de la zona de Arnhem. Había pocas pruebas de ello. Las unidades no habían sido identificadas, su fuerza permanecía desconocida, y él no podía decir si se estaban reorganizando verdaderamente o se limitaban a cruzar Arnhem. Sin embargo, Urquhart, como más tarde recordó, «estaba realmente muy inquieto».

Los temores del comandante Urquhart no habían dejado de crecer desde el comienzo de la Operación *Comet* y su evolución en *Market-Garden*. Había manifestado repetidamente sus objeciones a la operación a «todo el que quiso escucharme en el Estado Mayor». Le «horrorizaba sinceramente *Market-Garden*, porque su punto débil parecía ser la presunción de que los alemanes no opondrían ninguna resistencia efectiva». Urquhart, por su parte, tenía la convicción de que los alemanes se estaban recuperando rápidamente y era muy posible que poseyeran en Holanda más hombres y material de lo que todo el mundo creía. Pero la esencia del proyecto, tal como él lo veía, «dependía de la increíble idea de que, una vez capturados los puentes, los blindados del XXX Cuerpo podrían avanzar por aquel corredor abominablemente estrecho —poco más que un sendero que no permitía la menor maniobrabilidad— y luego penetrar en Alemania como una novia en la iglesia. Simplemente, yo no creía que los alemanes fueran a darse media vuelta y a rendirse».

En las conferencias de preparación, el comandante Urquhart se fue sintiendo cada vez más alarmado ante lo que consideraba como «el desesperado deseo de todo el mundo por hacer que las fuerzas aerotransportadas entraran en acción». Había constantes comparaciones entre la situación del momento y el derrumbamiento de los alemanes en 1918. Urquhart recuerda que el general Browning, reflejando quizá los puntos de vista de Montgomery y los de «algunos otros comandantes británicos, estaba pensando en otro gran hundimiento». Al preocupado oficial le parecía que todo el mundo a su alrededor pensaba que la guerra terminaría para el invierno y que «el ataque de Arnhem podría ser la última oportunidad de la aerotransportada de entrar en acción». Urquhart se sentía aterrado por la alegre metáfora —«se la describía como un *party*»— utilizada para referirse a *Market-Garden*. Y, en particular, le inquietaba la declaración formulada por el general Browning de que el objeto del ataque aerotransportado era «tender una alfombra de tropas aerotransportadas por la que puedan pasar nuestras fuerzas terrestres». Creía que «ese simple cliché producía el efecto psicológico de inducir en muchos comandantes un estado de ánimo pasivo y carente por completo de imaginación, en el que no se preveía ninguna reacción de la resistencia alemana aparte de un obstinado valor». Consideraba tan carente de realismo la atmósfera del Cuartel General que, en una de las conferencias preparatorias, preguntó «si la "alfombra" iba a consistir en tropas aerotransportadas vivas o muertas».

«Era completamente imposible —dijo más tarde— conseguir que se enfrentaran a la realidad de la situación. Su deseo personal de entrar en campaña antes de que ésta terminara los cegaba por completo.» Pero el joven Urquhart estaba convencido de que la advertencia del general Dempsey era exacta. Creía que había blindados alemanes en las proximidades de Arnhem, pero necesitaba verificar el informe obteniendo más pruebas. Urquhart sabía que en la cercana Benson, en Oxfordshire, se hallaba estacionada una escuadrilla de cazas Spitfire equipados con cámaras especiales para tomar fotografías oblicuas. La escuadrilla se dedicaba en aquellos momentos a tratar de descubrir rampas de lanzamiento de cohetes a lo largo de la costa holandesa.

En la tarde del 12 de septiembre, el comandante Urquhart pidió que aparatos de la RAF realizaran vuelos de reconocimiento a baja altura sobre la zona de Arnhem. Para evitar ser descubiertos, los carros de combate enemigos estarían ocultos en los bosques o bajo redes de camuflaje y podrían pasar inadvertidos a los vuelos de reconocimiento a gran altura. Se accedió a la petición de Urquhart; se enviarían aparatos de reconocimiento sobre la zona de Arnhem, y tendría los resultados lo más rápidamente posible. Las fotografías de los blindados, si estaban allí, demostrarían a todos los afectados que se hallaban justificados los temores del comandante Urquhart.

Era demasiado poco el tiempo de que disponían los comandantes de las divisiones aerotransportadas para proceder a una comprobación directa de los informes de los servicios de información. Para las últimas estimaciones, dependían de los cuarteles generales del Cuerpo o del Primer Ejército Aerotransportado aliado. Todo comandante sabía por experiencia propia que incluso esta información habría acumulado ya varios días de retraso para cuando se recibiese. La opinión general, sin embargo, era que había pocas razones para esperar una poderosa resistencia enemiga. Como consecuencia de ello, se consideraban aceptables los riesgos implicados en la Operación *Market-Garden*.

Una vez que los generales Brereton y Browning hubieran esbozado el plan, determinado los objetivos y decidido sobre la capacidad de transporte, cada comandante desarrolló sus propios planes de combate. Gozaba de prioridad la elección de las zonas de lanzamiento y lugares de aterrizaje. Por anteriores operaciones, los veteranos comandantes sabían que las mayores posibilidades de éxito radicaban en que las tropas atacantes pudieran ser lanzadas cerca de sus objetivos. Lo ideal era que fueran colocadas sobre los objetivos mismos o a una distancia que se pudiera recorrer rápidamente a pie, especialmente si tenían que apoderarse de un puente. Dada la exigüidad de los medios de transporte terrestre disponibles, era esencial la precisión en los lanzamientos.

El general de división Maxwell D. Taylor se daba perfecta cuenta de que debía elegir cuidadosamente los puntos de aterrizaje para conseguir el máximo efecto. Aunque Taylor tendría la mayoría de sus paracaidistas el Día D, sus unidades de ingenieros, su artillería y la mayor parte de los transportes de la 101.ª no llegarían hasta uno o dos días después. Estudiando la parte meridional del corredor donde la 101.ª División Aerotransportada debía mantenerse entre Eindhoven y Veghel, Taylor advirtió rápidamente que a lo largo de los 22 kilómetros de carretera, sus tropas debían capturar dos importantes pasos de canales y no menos de nueve puentes de ferrocarril y de carretera. En Veghel, sobre el río Aa y el Canal Willems, había cuatro puentes, uno de ellos sobre el canal. A ocho kilómetros al sur, en St. Oedenrode, había que tomar un puente sobre el Bajo Dommel; a seis kilómetros de allí, estaba el segundo paso importante sobre el Canal Wilhelmina, cerca del pueblo de Son, y al oeste, un puente próximo a la aldea de Best. Ocho kilómetros más al sur, en Eindhoven, había que tomar cuatro puentes sobre el Alto Dommel.

Después de estudiar el llano que se extendía entre Eindhoven y Veghel, con sus acequias, diques, zanjas y carreteras flanqueadas de árboles, Taylor decidió situar su punto principal de aterrizaje casi en el centro de su zona de asalto, junto a la linde de un bosque situado apenas a dos kilómetros de Son y aproximadamente equidistante de Eindhoven y Veghel. Situaría en esta zona dos de sus regimientos, el 502.º y el 506.º El 502.º tendría a su cargo los objetivos de St. Oedenrode y Best; el 506.º, los de Son y Eindhoven. El tercer regimiento, el 501.º, debía aterrizar en dos zonas situadas al norte y oeste de Veghel, a unos centenares de metros de los cuatro vitales puentes. Era una tarea formidable para que sus hombres la realizaran el Día D sin el apoyo de unidades auxiliares, pero Taylor creía que «con un poco de suerte podemos hacerlo».

La tarea de la 82.ª Aerotransportada era más complicada. Su sector de quince kilómetros era más extenso que el de la 101.ª. En este segmento central del corredor, había que tomar el gran puente de nueve ojos y setecientos metros de longitud sobre el río Mosa en Grave y, por lo menos, uno de los cuatro puentes, más pequeños, de ferrocarril y carretera sobre el Canal Mosa-Waal. El gran puente sobre el río Waal, en Nimega, casi en el centro de esta ciudad de noventa mil habitantes, era también un objetivo fundamental. Ninguno de ellos podría considerarse «asegurado» a menos que se ocuparan los altos de Groesbeek, que dominaban la región a tres kilómetros al sudoeste de Nimega. Al este estaba también el gran cinturón de bosques a lo largo de la frontera alemana —el Reichswald—, donde los alemanes podrían agruparse para el ataque. Cuando el general Gavin explicó a los oficiales de su cuartel general qué se esperaba de ellos, su jefe de Estado Mayor, coronel Robert H. Wienecke, protestó: «Necesitaremos dos divisiones para todo eso». Secamente, Gavin respondió: «Cierto, y vamos a hacerlo con una».

Recordando los ataques de la 82.ª División Aerotransportada en Sicilia e Italia, cuando sus tropas quedaban a veces dispersas hasta una distancia de cincuenta kilómetros de su zona de lanzamiento (el chiste clásico en la división era que «siempre utilizamos pilotos ciegos»), Gavin estaba decidido a depositar esta vez a sus hombres casi sobre sus objetivos. Por orden de prioridad, decidió que sus objetivos eran: primero, los altos de Groesbeek; segundo, el puente de Grave; tercero, los pasos sobre el Canal Mosa-Waal; y, cuarto, el puente sobre el Waal, en Nimega. «Debido a la que sería probablemente una rápida reacción enemiga —recordó más tarde Gavin—, decidí lanzar la mayor parte de mis tropas entre los altos de Groesbeek y el Reichswald.» Eligió dos zonas de aterrizaje en las proximidades de Groesbeek, a menos de dos kilómetros de los montes y a cinco o seis kilómetros al sudoeste de Nimega. Allí aterrizarían sus Regimientos 508.º y 505.º, así como el Estado Mayor del Cuartel General. El tercer regimiento, el 504.º, se situaría en el lado occidental de los altos de Groesbeek, en el triángulo comprendido entre el río Mosa y el Canal Mosa-Waal, a poco más de un kilómetro del extremo oriental del puente de Grave y a tres kilómetros al oeste de los puentes sobre el Canal Mosa-Waal. Para asegurar la captura del vital puente de Grave, que podría ser preparado para su demolición, desarrolló una fase adicional de su plan, en la que una compañía del 504.º debía ser lanzada a un kilómetro del extremo occidental del puente. Antes de que el enemigo pudiera contraatacar, el 504.º se precipitaría hacia el puente desde ambos extremos.

Evidentemente, el gran puente de Nimega era el más importante de todos sus objetivos y crucial para toda la Operación *Market-Garden*. Sin embargo, Gavin se daba perfecta cuenta de que, si no se tomaban los otros objetivos, el paso del Waal sería por sí solo inútil. El general Browning estaba de acuerdo con él. Si no se tomaban los primeros puentes, o si el enemigo conservaba los altos de Groesbeek, nunca se abriría el corredor para las fuerzas de *Garden*. Por consiguiente, ordenó específicamente Browning, Gavin no debía intentar un ataque sobre el puente de Nimega hasta que estuvieran asegurados los objetivos primarios.

Aunque le preocupaba la amplia dispersión de sus tropas, Gavin estaba satisfecho con el plan. Un aspecto le intranquilizaba, tal y como intranquilizaba a Taylor. Su división no estaría completa orgánicamente hasta que llegaran unidades de apoyo uno o dos días después del Día D, y se preguntaba cómo reaccionarían sus hombres, que todavía no sabían nada sobre *Market-Garden*. Sin embargo, en la experimentada 82.ª la moral era elevada como siempre; muchos de sus hombres habían realizado ya tres saltos en combate. *Saltador Jim* Gavin, con sus treinta y siete años, el general de brigada más joven del Ejército de Estados Unidos, no tenía ninguna duda de que sus «fugitivos de la ley de los promedios», como se llamaban a sí mismos, realizarían su trabajo a la perfección.

La misión más difícil y peligrosa había sido encomendada a un modesto y reticente oficial de carrera, el general de división Robert *Roy* Urquhart, de cuarenta y dos años, comandante de la 1.ª División Aerotransportada británica y de la Brigada polaca agregada.

A diferencia del general Browning y sus colegas estadounidenses, Urquhart, eficiente militar profesional que se había distinguido en África del norte, Sicilia e Italia, carecía de experiencia en este tipo de operaciones. Iba a ser la primera vez que mandara en combate una división aerotransportada. Browning lo había elegido porque «conservaba el ardor de la batalla», pero a Urquhart le había causado sorpresa su nombramiento. Siempre había considerado las unidades aerotransportadas «organizaciones estrechamente unidas, familias completamente exclusivas». Pero Urquhart confiaba en su capacidad para dirigir la unidad de élite. Una vez que las fuerzas tocaran tierra, las reglas fundamentales de combate continuaban siendo las mismas, y consideraba su división aerotransportada como «tropas de infantería dotadas de un alto grado de adiestramiento».

A pesar de su larga experiencia en combate, una cosa le preocupaba a Urquhart: nunca se había lanzado en paracaídas ni había montado en un planeador. «Incluso era propenso al mareo», observaría más tarde. Al asumir el mando de la división en enero de 1944, hacía nueve meses, Urquhart había sugerido al general Browning que, como comandante de la nueva división, quizá debiera tomar algunas lecciones de paracaidismo. Browning, que le pareció a Urquhart un «hombre flexible e impecable que daba la impresión de un inquieto halcón», replicó que la misión de Urquhart consistía en preparar a su división para una invasión del continente. Mirando al corpulento escocés de 1,85 metros de estatura y noventa kilos de peso, Browning añadió: «Deje los paracaídas para los jóvenes. No sólo es usted demasiado grande, sino que, además, está engordando».*

Durante los largos meses de adiestramiento, Urquhart se «sentía a menudo como un advenedizo, una especie de soldado novato». Tenía conciencia de «ser atentamente vigilado, sin hostilidad aunque varios oficiales tenían sus reservas y algunos no se molestaban en disimularlas. Estaba siendo sometido a juicio; mis actos estaban siendo juzgados. Era una situación muy poco envidiable, pero la aceptaba». Poco a poco, la seguridad y aplomo con que Urquhart dirigía la división le fue ganando la confianza de sus oficiales. Y entre los soldados, Urquhart era mucho más popular de lo que creía. El soldado James W. Sims, de la 1.ª Brigada Paracaidista de la 1.ª División Aerotransportada, recuerda «la suprema serenidad del general y su seguridad». El sargento John Rate, del cuartel general de la División, tenía la impresión de que «el general Urquhart hacía todo lo que hubiera que hacer. No se limitaba a pedir que lo hiciera otro. El general no se andaba con ceremonias». El soldado de transmisiones Kenneth John Pearce le llamó «un tipo estupendo. Nos llamaba "hijo" o empleaba nuestros nombres de pila si los conocía». Y del sargento Roy Ernest Hatch, del Regimiento de Pilotos de Planeadores, obtuvo Urquhart el cumplido supremo. «Era —aseguró Hatch— un maldito general al que no le importaba hacer el trabajo de un sargento.»

Para frustración de Urquhart, su División no había sido elegida

* En su primera entrevista, Urquhart llevaba todavía sus emblemas de general de brigada y los ajustados pantalones de tartán y las polainas de la División *Highland*. Al finalizar la entrevista, Browning, señalando los pantalones de Urquhart, dijo: «También podría usted vestirse adecuadamente y prescindir de esos calzones».

para la invasión de Normandía, y «transcurrió el interminable verano, planeando una operación tras otra, sólo para ver cómo iban siendo canceladas todas». Ahora, sus *Diablos Rojos* estaban «hambrientos de lucha». Casi habían renunciado. «Nos llamábamos a nosotros mismos «La División Abortada» —recuerda el comandante Geoffrey S. Powell, de la 4.ª Brigada Paracaidista—. Suponíamos que se nos reservaba para el desfile de la victoria.» En opinión de Urquhart, «se iba introduciendo lentamente en nuestras vidas una peligrosa mezcla de aburrimiento y cinismo. Sabíamos que, si no entrábamos pronto en combate, perderíamos la puesta a punto adquirida con nuestro entrenamiento. Estábamos dispuestos a aceptar gustosamente cualquier cosa, sin importarnos los riesgos».

El objetivo principal de Urquhart —el objetivo de la Operación *Market-Garden*— era el puente de acero y cemento que unía ambas orillas del Bajo Rin, en Arnhem. Además, los hombres de Urquhart tenían dos objetivos secundarios: un cercano puente de barcas y un puente ferroviario de dos direcciones a cuatro kilómetros río arriba, al oeste de la ciudad.

La misión de Urquhart presentaba una serie de problemas. Dos de ellos eran particularmente inquietantes. Informaciones sobre las defensas de artillería antiaérea pesada en la zona indicaban que se estaban agrupando varias unidades enemigas en las proximidades del puente de Arnhem. Y Urquhart se sentía preocupado por los tres días que serían precisos para que la totalidad de sus paracaidistas y soldados británicos y polacos llegara hasta sus objetivos. Ambos problemas ejercieron una influencia directa sobre la elección de los lugares de aterrizaje por parte de Urquhart. A diferencia de las Divisiones Aerotransportadas 82.ª y 101.ª, no podía elegir zonas situadas en el propio objetivo principal ni en sus alrededores. Lo ideal sería que sus fuerzas tomaran tierra cerca del puente de Arnhem, a ambos lados del río; pero el terreno de Urquhart no era en absoluto ideal. La salida norte del puente daba al centro, densamente poblado, de la ciudad misma de Arnhem. Junto a la salida sur, la tierra, un pólder, era, según todos los informes, demasiado pantanosa para los hombres o los planeadores. «Muchos de mis propios comandantes —recuerda Urquhart— estaban dispuestos a tomar tierra en la ribera meridional, aunque fuera pantanosa. De hecho, algunos estaban dispuestos a correr el riesgo de resultar heridos lanzándose sobre la ribera septentrional, en la ciudad misma.»

Durante la semana anterior, las tripulaciones de los bombarderos que regresaban de otras misiones habían informado que había aumentado en un 30 por ciento el fuego antiaéreo en las proximidades del puente de Arnhem y desde el aeródromo de Deelen, a diez kilómetros al norte. A consecuencia de ello, los comandantes de la RAF cuyos pilotos debían remolcar los planeadores que transportaban a las tropas de Urquhart presentaron fuertes objeciones a las zonas de aterrizaje próximas al puente de Arhem. Si estas zonas se hallaban cerca de la salida meridional, los aviones de remolque encontrarían, al virar al norte tras soltar los planeadores, un intenso fuego de artillería sobre el aeródromo. Virar hacia el sur era casi igual de malo; los aviones corrían el riesgo de entrar en colisión con los aparatos encargados de transportar a la 82.ª División hasta Nimega, a 17 kilómetros de distancia. Urquhart se veía ante un dilema: podía insistir en que la RAF depositara sus tropas en las proximidades del puente, o podía elegir zonas de aterrizaje mucho más alejadas, fuera de Arnhem, con todos los peligros que tal elección entrañaba: retrasos, pérdida del efecto de sorpresa, posible oposición alemana. Los riesgos se multiplicaban porque el Día D Urquhart tendría sólo una parte de su División. «Mi problema consistía en transportar suficientes hombres en el primer vuelo —recordó Urquhart—, no sólo para tomar el puente principal en la ciudad misma, sino también para proteger y defender las zonas de lanzamiento y aterrizaje que deberían utilizar los vuelos posteriores. Para tomar el puente principal el primer día, mi fuerza se veía reducida a sólo una brigada de paracaidistas.»

Ante estas restricciones, Urquhart se dirigió a Browning en solicitud de más aviones. Le parecía, dijo al comandante del Cuerpo, «que los americanos están recibiendo todo lo que necesitan». Browning discrepó. La asignación de aviones, aseguró a Urquhart, obedecía «exclusivamente a razones de prioridad y no a ninguna presión americana a alto nivel». La operación, explicó, debía ser planeada desde el sur hasta el norte, «de abajo arriba»; los objetivos de los sectores meridional y central del corredor debían «ser los primeros en tomarse para que pudieran pasar las fuerzas terrestres. En otro caso, quedaría aniquilada la 1.ª Aerotransportada».

En su caravana de mando instalada en el campo de golf de Moor Park, cerca del club que el general Browning utilizaba como Cuartel General, Urquhart examinó sus mapas y ponderó la situación. Existían varios sectores despejados al norte de Arnhem, en un Parque Nacional, pero eran demasiado pequeños, y el terreno poco adecuado. En el mejor de los casos, estos lugares podrían dar cabida a una pequeña fuerza de paracaidistas, pero no a los planeadores. La única alternativa era aterrizar en unas extensiones de brezales y tierras de pastos bordeadas de pinares, a ochenta metros sobre el nivel del mar, situadas al oeste y noroeste de Arnhem. Los brezales eran firmes y lisos, perfectos para los planeadores y paracaidistas. Eran ideales en todos los aspectos, excepto en uno: se hallaban a una distancia del puente de Arnhem que oscilaba entre los nueve y los 27 kilómetros. Ante la continuada oposición de la RAF a un lanzamiento en la inmediata proximidad del puente, Urquhart decidió de mala gana elegir los lugares lejanos. «No había más remedio que aceptar los riesgos y trazar planes en consecuencia. No me quedaba otra opción.»*

El 12 de septiembre, Urquhart tenía listo su plan. En el mapa se hallaban marcadas las cinco zonas de aterrizaje y lanzamiento que flanqueaban la vía férrea Arnhem-Amsterdam, en las cercanías de Wolfheze, aproximadamente a seis kilómetros al noroeste de Arnhem. Tres de las zonas se hallaban situadas al norte de Wolfheze y dos al sur, formando estas últimas una región irregular de más de dos kilómetros cuadrados y medio. Todas estaban, por lo menos, a nueve kilómetros del puente de Arnhem; la más lejana, al noroeste de Wolfheze, estaba a doce.

El Día D penetrarían dos brigadas: la 1.ª Brigada de desembarco aéreo del general de brigada Philip *Pip* Hick, destinada a defender las zonas de lanzamiento, y la 1.ª Brigada Paracaidista del general de brigada Gerald Lathbury, que avanzaría hacia Arnhem y sus puentes ferroviarios y de carretera. Abriría el paso un escuadrón de reconocimiento compuesto por jeeps y motocicletas. Urquhart contaba que las especializadas tropas del comandante C. F. H. *Freddie* Gough, compuestas por unos 275 hombres en cuatro escuadrones —la única unidad de su clase en el Ejército británico— alcanzaran el puente de carretera y lo retuviesen hasta que llegara el grueso de la brigada.

Al día siguiente al Día D, debía llegar la 4.ª Brigada Paracaidista del general de brigada John *Shan* Hackett, juntamente con el resto de la Brigada aérea; y, el tercer día, aterrizaría la 1.ª Brigada Paracaidista polaca del general de división Stanislaw Sosabowski. Urquhart había

* El coronel George S. Chatterton, que mandaba el Regimiento de Pilotos de Planeadores, recuerda que quería que se efectuara un golpe de mano, «que una fuerza de cinco o seis planeadores aterrizara cerca del puente y lo tomara. Yo no veía su necesidad, y recuerdo perfectamente que, por sugerirlo, me llamaron maldito asesino y carnicero».

EL PLAN

señalado una sexta zona de lanzamiento para los polacos. Como se esperaba que, para dos días después del Día D, el puente estaría capturado y habrían quedado silenciadas las baterías antiaéreas, los polacos debían lanzarse sobre la orilla meridional del Bajo Rin, cerca del pueblo de Elden, a un kilómetro y medio al sur del puente de Arnhem.

Pese a los riesgos que debía asumir, Urquhart se sentía confiado. Creía que tenía «una operación razonable y un buen plan». Las bajas, pensaba, puede que «oscilen alrededor del treinta por ciento»; considerando la complicada naturaleza del ataque, no le parecía que el precio fuese demasiado alto. Al atardecer del 12 de septiembre, instruyó a sus comandantes sobre la operación, y, recuerda Urquhart, «todo el mundo pareció muy contento con el plan».

Un comandante, sin embargo, albergaba fuertes recelos. El general de división Stanislaw Sosabowski, el acicalado jefe de la 1.ª Brigada Paracaidista polaca, tenía la seguridad de que «nos esperaba una lucha encarnizada». El ex profesor de la Academia Militar polaca había expresado ya su postura a los generales Urquhart y Browning cuando tuvo conocimiento de la Operación *Comet*. Había pedido entonces que Urquhart le diera sus órdenes por escrito para que «no se me haga responsable del desastre». Con Urquhart, había visitado a Browning y le había dicho que «no es posible que tenga éxito esta misión». Browning preguntó el motivo. Según recuerda Sosabowski, «le dije que sería un suicidio intentarla con las fuerzas que teníamos», y Browning respondió: «¡Pero, mi querido Sosabowski, los *Diablos Rojos* y los valerosos polacos pueden hacerlo todo!».

Ahora, una semana después, mientras escuchaba a Urquhart, Sosabowski pensó que «los británicos no sólo están subestimando la potencia alemana en la zona de Arnhem, sino que parecen ignorar también el significado que Arnhem tiene para la patria». Sosabowski creía que Arnhem representaba para los alemanes «la puerta de entrada a Alemania, y yo no esperaba que los alemanes la dejasen abierta». No creía que «las tropas estacionadas en la zona fuesen de muy poca importancia, con sólo unos cuantos maltrechos blindados». Se sintió aterrado cuando Urquhart dijo a los comandantes de brigada presentes que la 1.ª Aerotransportada iba a ser lanzada «por lo menos a nueve kilómetros de distancia del objetivo». Para llegar hasta el puente, el grueso de las tropas necesitaría «realizar una marcha de cinco horas; ¿cómo podía lograrse así un efecto de sorpresa? Hasta el alemán más imbécil comprendería inmediatamente nuestros planes».

Había otra parte del plan que no le gustaba a Sosabowski. El material pesado y las municiones para su brigada iban a ser transportados en planeador en un vuelo anterior. Así, pues, sus depósitos se hallarían en una zona septentrional, cuando sus tropas aterrizaban en la orilla meridional. ¿Qué sucedería si el puente no había sido ocupado para cuando aterrizaran los polacos? Mientras Urquhart exponía el plan, Sosabowski se enteró con estupefacción que, si el puente continuaba todavía en manos alemanas, debían tomarlo sus tropas polacas.

Pese a sus inquietudes, Sosabowski permaneció silencioso en la reunión del 12 de septiembre. «Recuerdo que Urquhart inquirió si había alguna pregunta que hacer, y nadie formuló ninguna. Todo el mundo permaneció negligentemente sentado, con las piernas cruzadas y aire aburrido. Yo quería decir algo sobre este increíble plan, pero me fue imposible. Ya era bastante impopular, y, de todos modos, ¿quién me habría escuchado?»

Más tarde, cuando en el Cuartel General de Browning se expuso ante todos los comandantes el plan completo de la operación aerotransportada, hubo otros que también sintieron graves dudas sobre la parte británica del plan, pero guardaron silencio. El general de brigada James M. Gavin, comandante de la 82.ª Aerotransportada estadounidense, quedó tan asombrado al conocer la elección realizada por Urquhart de los lugares de aterrizaje que le dijo a su jefe de operaciones, el teniente coronel John Norton: «Dios mío, no lo puede estar diciendo en serio». Norton quedó igualmente aterrado. «Así es —dijo sombríamente—, pero no quiero demostrarlo.» En opinión de Gavin, era mucho mejor aceptar «un diez por ciento de bajas iniciales efectuando el lanzamiento sobre el mismo puente o en sus proximidades que correr el riesgo de aterrizar en zonas lejanas». Le sorprendía «que el general Browning no presentara objeciones al plan de Urquhart». Pero Gavin no dijo nada, «pues supuse que los británicos, con su gran experiencia en combate, sabían exactamente lo que estaban haciendo».

2

El *Sturmbanführer* (comandante) de las SS, Sepp Krafft, no tenía intención de moverse de nuevo, si podía evitarlo. Durante las últimas semanas, su diezmado Batallón de Instrucción y Reserva de *panzergrenadiere* de las SS había estado recibiendo órdenes de desplazarse de un lado a otro por toda Holanda. Ahora, después de sólo cinco días, se ordenaba a la unidad que saliera del pueblo de Oosterbeek, y no lo hacía un superior de Krafft, sino un comandante de la Wehrmacht.

Krafft protestó vehementemente. El grueso de sus tres compañías de hombres estaba acantonado en el pueblo, el resto permanecía en Arnhem, y estaba esperando la llegada de otros mil reclutas de las SS para recibir instrucción. El comandante de la Wehrmacht se mostró inflexible. «Eso no me importa —le dijo secamente a Krafft—, tiene usted que marcharse.» Krafft se resistió. El ambicioso oficial de treinta y siete años solamente recibía órdenes de sus superiores de las SS. «Me niego», dijo. No consiguió intimidar al oficial de la Wehrmacht. «Déjeme que se lo aclare —dijo—. Usted se tiene que marchar de Oosterbeek porque va a instalarse aquí el Cuartel General de Model».

Krafft se calmó inmediatamente. No tenía el menor deseo de enfrentarse al mariscal de campo Walter Model. No obstante, la orden le irritaba. Krafft se marcharía, pero no muy lejos. Decidió que sus tropas acampasen en los bosques y granjas situados al noroeste de Oosterbeek, no lejos del pueblo de Wolfheze. Eligió un lugar junto a la carretera de Wolfheze, casi entre las zonas señaladas en los mapas ingleses para el aterrizaje de los hombres de la Primera División Aerotransportada británica y bloqueando la carretera de acceso a Arnhem.

3

Henri Knap, jefe de los servicios de información de la Resistencia de Arnhem, se sentía seguro en su nuevo papel. Para evitar a su mujer y a sus dos hijas cualquier complicidad con sus actividades, había abandonado su casa hacía cuatro meses y se había trasladado a unas cuantas manzanas de distancia. Su Cuartel General se hallaba ahora en la consulta de un médico, el doctor Leo C. Breebaart. Knap, vestido con bata blanca, era ahora el «ayudante» del doctor, y algunos «pacientes» eran mensajeros y correos pertenecientes a su red de información: cuarenta hombres y mujeres y unos cuantos adolescentes.

El laborioso trabajo de Knap era frustrante. Tenía que evaluar la información que recibía y, luego, transmitirla por teléfono. El jefe de la Resistencia de Arnhem, Pieter Kruyff, había dado a Knap tres números de teléfono, compuestos cada uno de ellos por doce o quince dígitos, y le había dicho que se los aprendiera de memoria. Knap nunca sabía a dónde ni a quién estaba llamando. Sus instrucciones eran marcar cada número por turno hasta que se estableciera la comunicación.*

---

* Knap nunca supo quiénes eran sus contactos, únicamente que sus informes eran transmitidos a una unidad secreta conocida con el nombre de «Grupo Albrecht». Sabía que las llamadas que hacía eran interurbanas. Por entonces, los números telefónicos holandeses constaban de cuatro cifras. Un brillante técnico telefónico llamado Nicolaas Tjalling de Bode ideó un método para los miembros de la Resistencia conforme al cual, utilizando ciertos números telefónicos, podían prescindir de las centrales locales y establecer automáticamente comunicación con toda Holanda.

Reunir información era todavía más complicado. A Knap le llegaba a través de una complicada red de colaboradores y él nunca sabía qué agente facilitaba la información. Si un informe parecía dudoso, Knap lo investigaba por sí mismo. En aquel momento, se hallaba intrigado y desconcertado por varios informes que le habían llegado sobre actividad enemiga en Oosterbeek.

Un oficial alemán, el comandante Horst Smöckel, había visitado cierto número de tiendas en Renkum, Oosterbeek y Arnhem y ordenado que se entregara una amplia variedad de provisiones en el Hotel Tafelberg, de Oosterbeek. De sus insignias se deducía que era un oficial de estado mayor. Lo que Knap encontraba curioso eran los pedidos; entre ellos había alimentos difíciles de encontrar y otros artículos especiales que raramente veía ya la población holandesa, como ginebra Genever.

Además, los soldados de transmisiones alemanes habían estado instalando un batiburrillo de cables telefónicos en gran número de hoteles de los suburbios, entre ellos el Tafelberg. La conclusión, pensaba Knap, era evidente: en Oosterbeek se iba a establecer un cuartel general muy importante. Pero, ¿cuál? ¿Quién era el general? ¿Había llegado ya?

Era más importante aún para Knap estar al tanto de la potencia del enemigo en la región de Arnhem y en sus alrededores. Sabía que en todas las ciudades había otros agentes enviando información y que él era «sólo una pequeña pieza de un enorme engranaje». A consecuencia de ello, se producía probablemente «una gran duplicidad de esfuerzos». Sin embargo, todo era importante, pues «lo que tal vez se le pase por alto a una célula, puede que lo captemos nosotros».

Como recordó más tarde, dos semanas antes «casi no había fuerzas alemanas en la región de Arnhem». Desde entonces, el panorama militar había cambiado dramáticamente. Knap estaba alarmado por el aumento de tropas alemanas. De acuerdo con las noticias proporcionadas por su red, en los informes elaborados por Knap durante los últimos siete días se señalaba que «los restos de varias divisiones, entre ellas unidades de panzer, podían estar reorganizándose en Arnhem y sus alrededores o bien dirigiéndose a Alemania». Pero ahora habían llegado noticias más concretas. Sus fuentes daban cuenta de la presencia de carros de combate al norte y nordeste de Arnhem. Knap creía que «varias unidades de una o puede que dos divisiones de panzer», se hallaba en la zona pero se desconocía hasta el momento su identidad y emplazamiento exacto.

Knap necesitaba detalles con urgencia. Rápidamente, transmitió el aviso a su red. Pedía información más exacta sobre la actividad de los panzer y deseaba conocer inmediatamente la identidad del «nuevo ocupante» del Hotel Tafelberg.

Wouter van de Kraats, de veinticinco años, no había oído hablar nunca de Henri Knap. Su contacto en la Resistencia era un hombre a quien conocía solamente como «Jansen», que vivía en algún lugar de Arnhem. Jansen tenía una nueva misión para él, el Hotel Tafelberg. Le dijo que había llegado un oficial alemán de alta graduación y que debía ver si alguno de los automóviles estacionados a su puerta «llevaba un banderín de identificación». En tal caso, debía comunicar los colores y símbolos del mismo.

Van de Kraats había notado una acumulación de actividad alemana en torno al hotel. Habían colocado en la zona centinelas y Policía Militar alemana. El problema de Van de Kraats radicaba en sortear los centinelas situados a lo largo de la carretera —la Pietersbergweg— que pasaba ante el Tafelberg. Decidió recurrir a una treta.

En cuanto se acercó al hotel, fue inmediatamente detenido por un centinela. «Pero es que tengo que pasar por aquí —dijo Van de Kraats al alemán—. Trabajo en aquel surtidor de gasolina.» El alemán le dejó pasar. Otros tres centinelas no hicieron más que mirarle distraídamente. Luego, al pasar ante el Tafelberg, echó una rápida mirada hacia la entrada y el aparcamiento del hotel. Ninguno de los automóviles allí estacionados tenía ninguna señal de identificación, pero junto a la puerta principal del hotel se alzaba un estandarte metálico ajedrezado en negro, rojo y blanco: la insignia del comandante de un grupo de ejércitos alemán.

En la tarde del jueves 14 de septiembre, Henri Knap recibió noticias de su red. Varias fuentes informaban de la presencia de grandes formaciones acorazadas, carros de combate y vehículos blindados acampados en semicírculo al norte de Arnhem. Había unidades en Beekbergen, Epse y a lo largo del río Ijssel. Incluso había un sorprendente informe sobre «unos 20 o 30 carros *Tigre*». Era imposible concretar de qué unidades se trataba. Solamente era capaz de identificar con claridad una de ellas, y eso por casualidad. Uno de sus agentes advirtió en algunos carros «extrañas señales, «efes» invertidas con un círculo en su base». Consultando un manual alemán especial, Knap logró identificar la unidad. Llamó inmediatamente a su contacto telefónico e informó de la presencia de la 9.ª División Panzer de las SS *Hohenstaufen*. Por el informe del agente, Knap localizó su posición aproximadamente al norte, entre Arnhem y Apeldoorn, y, desde allí, en dirección este hasta Zutphen.

Poco después, recibió un mensaje sobre el Hotel Tafelberg. Transmitió también esta información. El significativo estandarte ajedrezado en negro, rojo y blanco hablaba por sí solo. Únicamente había un comandante de grupo de ejércitos alemán en aquella parte del frente occidental. Aunque Knap comunicó la noticia en calidad de rumor, le parecía que el oficial tenía que ser el mariscal de campo Walter Model.

4

A 38 kilómetros al este de Oosterbeek, en el Cuartel General de su II Cuerpo Panzer de las SS, instalado en un pequeño castillo en las afueras de Doetinchem, el general Wilhelm Bittrich celebraba una reunión con los comandantes de las dos divisiones que le quedaban. Bittrich estaba de mal humor y apenas podía mantener la calma. Las perspectivas para su maltrecho cuerpo panzer eran ahora peores de lo que habían sido una semana antes. Bittrich había estado esperando con impaciencia que le enviaran refuerzos de hombres, blindados y material. No había llegado ninguno. Por el contrario, sus efectivos se habían visto todavía más reducidos. Se le había ordenado que enviara dos grupos de combate al frente. Uno de ellos estaba con el Séptimo Ejército alemán tratando de contener a los norteamericanos en las proximidades de Aquisgrán; el otro había sido enviado en refuerzo del Primer Ejército Paracaidista del general Kurt Student después de que los blindados británicos lograran romper la línea del Canal Albert, cruzar el Canal Mosa-Escalda y tomar una cabeza de puente en Neerpelt, casi en la frontera con Holanda. Ahora, en un momento en que los británicos se estaban agrupando para renovar su ofensiva —ataque que el jefe del servicio de información del Grupo de Ejércitos B había calificado de «inminente»—, Bittrich había recibido a través del mariscal de campo Model una «disparatada orden de los imbéciles de Berlín». Una de sus destrozadas divisiones debía ser desmantelada y retirarse a Alemania para poder aprovechar lo que quedaba de ella.

El que fuera ferviente nazi en otro tiempo protestó abruptamente contra la orden. Estaba «harto de las órdenes de Berlín y de los impostores que rodeaban a Hitler y se entregaban a toda clase de farsas». Valeroso y competente, Bittrich se había pasado la mayor parte de su vida adulta vestido de uniforme. En la Primera Guerra Mundial, había servido como teniente en las fuerzas aéreas alemanas y había sido herido dos veces. Después, trabajó varios años en la oficina de un corredor de Bolsa. Acabó alistándose nuevamente en las fuerzas armadas, donde entró a formar parte de un grupo secreto de las fuerzas aéreas alemanas, y se pasó ocho años enseñando a los rusos a tripular aviones. Cuando Adolf Hitler subió al poder, Bittrich se alistó en la recién creada Luftwaffe, pero hacia mediados de los años treinta, se pasó a las Waffen SS, donde se podía ascender rápidamente.*

En Normandía, la fe de Bittrich en el liderazgo de Hitler comenzó a vacilar. Apoyaba al mariscal de campo Rommel contra la «demente filosofía de lucha hasta el último hombre». En cierta ocasión, confió a Rommel que «estamos siendo tan mal dirigidos desde arriba que ya no puedo llevar a cabo órdenes descabelladas. Nunca he sido un robot, y no tengo intención de convertirme en uno». Tras la conspiración del 20 de julio, al enterarse de que su antiguo comandante, el coronel general Eric Hoepner, había sido condenado a morir ahorcado acusado de conspiración, Bittrich, dijo enfurecido a los miembros de su Estado Mayor que «éste es el día más negro para el Ejército alemán». No tardaron en llegar a Berlín las explícitas críticas de Bittrich a la jefatura militar de Hitler. Como más tarde recordó Bittrich, «mis observaciones fueron comunicadas al jefe de las SS, el *Reichsführer* Heinrich Himmler, y el nombre de Bittrich no volvió a ser mencionado en el Cuartel General de Hitler». Sólo la inminencia del derrumbamiento del frente alemán en el oeste, situación que requería de la pericia de Bittrich, y la actitud de comandantes que simpatizaban con él, le habían salvado de la destitución. Aun así, Himmler continuaba «deseoso de que yo volviera a Alemania para una pequeña charla». Bittrich no se hacía ilusiones sobre la invitación de Himmler.

* Bittrich, acusado de crímenes de guerra, pasó ocho años en la cárcel tras el final de la Segunda Guerra Mundial; el 22 de junio de 1953 fue declarado inocente y puesto en libertad. Los comandantes de las Waffen SS eran muy difíciles de localizar y entrevistar, pero Bittrich y sus oficiales me brindaron una gran ayuda, aclarándome muchos episodios desconocidos de la Batalla de Arnhem. Bittrich me manifestó sus deseos de que aclarase un pequeño detalle relativo a su vida privada. En varios relatos británicos, «se me ha descrito como músico que quería ser director de orquesta. Pero los autores me han confundido con mi hermano, el doctor Gerhard Bittrich, pianista y director de gran talento».

Y tampoco Model; estaba decidido a mantener a Bittrich en el oeste y se negó tajantemente a tomar en consideración las repetidas peticiones de Himmler para que enviara a Bittrich a casa.

En este momento, el encolerizado Bittrich expuso el último plan de Berlín a los comandantes de sus divisiones, el *Brigadeführer* (general de brigada) de las SS, Heinz Harmel, de la 10.ª División *Frundsberg* y el *Obersturmbannführer* (teniente coronel) de las SS, Walter Harzer, de la 9.ª División *Hohenstaufen*. Bittrich dijo a Harzer que ya había sabido alguna cosa del plan por el jefe del Estado Mayor de Model, teniente general Hans Krebs, cuya 9.ª División *Hohenstaufen* debía ponerse inmediatamente en marcha hacia Alemania, donde quedaría emplazada cerca de Siegen, al norte de Coblenza. La 10.ª División de Harmel permanecería en Holanda. Sería reacondicionada y fortalecida en su actual emplazamiento, al este y sudeste de Arnhem, lista para entrar de nuevo en combate.

Harmel, de treinta y ocho años y con una desenfadada espontaneidad que le había valido de sus hombres el afectuoso apodo de *der alte Frundsberg*, no se sintió complacido por la decisión. Le parecía que «Bittrich estaba, como de costumbre, mostrando preferencia por la División *Hohenstaufen*, quizás porque había sido la suya antes de ser nombrado comandante de cuerpo y quizás también porque Harzer había sido su jefe de Estado Mayor». Aunque no creía que «Bittrich fuera conscientemente injusto, siempre parecía que la *Hohenstaufen* recibía las misiones más cómodas».

Su colega, Walter Harzer, de treinta y dos años, estaba encantado con la noticia, a pesar de pensar que «la posibilidad de irse a Berlín de permiso era por lo menos dudosa». Mentalmente, esperaba tener «una nueva División *Hohenstaufen*» después del reacondicionamiento. Secretamente, el duro Harzer, cuyo rostro cruzaba la cicatriz de un sablazo, albergaba grandes esperanzas de conseguir ahora su ambición: ser ascendido al grado que convenía a un comandante de división de las SS, general de brigada. Sin embargo, cuando Bittrich expuso el plan completo, una parte de éste no agradó a Harzer.

Aunque estaba gravemente mermada, su división era todavía más fuerte que la de Harmel. En lugar de los habituales nueve mil hombres, la *Hohenstaufen* tenía apenas seis mil, la *Frundsberg* unos 3.500. Harzer poseía cerca de veinte carros de combate *Mark V Panther*, pero no todos estaban en condiciones. Tenía, sin embargo, un considerable número de vehículos blindados: cañones autopropulsados, automóviles blindados y cuarenta transportes blindados de tropas, todos ellos provistos de ametralladoras pesadas y algunos equipados con piezas de artillería. La División *Frundsberg* de Harmel casi no tenía carros de combate y padecía una grave escasez de toda clase de vehículos blindados. Ambas divisiones poseían todavía formidables unidades de morteros y artillería antiaérea. Para reforzar la División *Frundsberg*, que permanecería en Holanda, dijo Bittrich, Harzer debía transferir a Harmel la mayor cantidad de medios de transporte y material que le fuese posible. Harzer no pudo evitar sentir ciertos recelos. «En mi fuero interno —recordó más tarde Harper— sabía perfectamente que si le daba a Harmel mis pocos carros o los transportes blindados de tropas, jamás me serían restituidos.» Harzer no protestó la decisión, pero no tenía intención de entregar todos sus vehículos.

Harzer había aprendido hacía tiempo a economizar los recursos de su división. Tenía más vehículos de los que Bittrich creía, incluyendo jeeps americanos que había capturado durante la larga retirada de Francia. Decidió hacer caso omiso de la orden valiéndose de ciertos manejos. Quitándoles a los vehículos sus cadenas, ruedas o cañones, podía hacerlos temporalmente inservibles hasta que llegara a Alemania. Mientras tanto, podían figurar como averiados en sus listas de blindados.

Aun con los hombres y vehículos adicionales procedentes de la división de Harzer, continuó Bittrich, la *Frundsberg* carecería de la potencia necesaria. Solamente había una manera de hacer ver a Berlín la urgencia de la situación: presentar directamente los hechos al cuartel general operacional de las SS. Quizás entonces llegaran refuerzos y sustituciones. Pero Bittrich no tenía intención de visitar Berlín; nombró emisario a Harmel, para sorpresa de éste. «Ignoro por qué me eligió a mí en vez de a Harzer —comentó Harmel—. Pero necesitábamos con urgencia hombres y blindados, y puede que Bittrich pensara que un general tendría más influencia. Había que procurar que el mariscal de campo Model no se enterara del asunto. Así pues, como no se esperaban novedades en la zona de Arnhem, se decidió que yo saliera para Berlín al anochecer del 16 de septiembre.»

Bittrich ordenó que tanto el intercambio de material entre Harzer y Harmel como el traslado a Alemania de la reducida División *Hohenstaufen* dieran comienzo inmediatamente. Mientras se realizaba la operación, añadió, el mariscal de campo Model quería que estuviesen preparados pequeños grupos móviles de ataque como *alar-*

meinheiten (unidades de alarma) que podían ser utilizadas en caso de urgencia. Como consecuencia de ello, Harzer decidió por su cuenta que «sus mejores unidades salieran las últimas». Bittrich esperaba que la transferencia de material y el traslado estuvieran terminados para el 22 de septiembre. Como salían para Alemania seis trenes diarios, Harzer pensaba que se podría completar la tarea mucho antes. Creía que sus últimas y mejores unidades podrían emprender la marcha a la patria al cabo de tres días más, probablemente en la tarde del 17 de septiembre.

Estaba circulando un rumor desmoralizante. Varios altos oficiales alemanes en Holanda iban diciendo que el lanzamiento de fuerzas aerotransportadas tendría lugar hacia el 14 de septiembre.

El rumor se había originado en una conversación entre el jefe de operaciones de Hitler, el coronel general Alfred Jodl, y el comandante en jefe del Oeste, mariscal de campo Von Rundstedt. A Jodl le preocupaba la posibilidad de que los Aliados invadieran Holanda desde el mar. Si Eisenhower seguía sus tácticas habituales, dijo Jodl, lanzaría tropas aerotransportadas como preludio a un ataque naval. Von Rundstedt, aunque escéptico ante la idea (estaba convencido de que se lanzarían paracaidistas en combinación con un ataque sobre el Ruhr), transmitió la información al comandante del Grupo de Ejércitos B, mariscal de campo Model. La opinión de Model era la misma que la de Von Rundstedt. Sin embargo, no podía ignorar la advertencia de Jodl. Ordenó al comandante de las fuerzas armadas alemanas en Holanda, el alterado general de la Luftwaffe, Friedrich Christiansen, que enviara a la costa unidades de su heterogéneo personal mezcla del Ejército, de la Marina, de la Luftwaffe y de las Waffen SS holandesas.

Desde la llamada de Jodl el 11 de septiembre, el rumor había ido recorriendo los diversos escalones del mando, en particular a través de los canales de la Luftwaffe. Aunque la invasión no había llegado a materializarse, continuaba creciendo el temor a un lanzamiento aerotransportado. Todo el mundo especulaba sobre los posibles puntos de aterrizaje. Consultando sus mapas, algunos comandantes de la Luftwaffe consideraban las amplias extensiones existentes entre la costa norte y Arnhem como posibles zonas de aterrizaje. Otros, esperando nerviosamente la renovación de la ofensiva británica sobre Holanda desde la cabeza de puente establecida en el Canal Mosa-

Escalda, en Neerpelt, se preguntaban si, en combinación con ese ataque, se utilizarían paracaidistas para ser lanzados en la zona de Nimega.

El 13 de septiembre, el coronel general de la Luftwaffe, Otto Dessloch, comandante de la 3.ª Flota Aérea, se enteró de los recelos de Berlín en el Cuartel General de Von Rundstedt, en Coblenza. Dessloch quedó tan preocupado que telefoneó al día siguiente al mariscal de campo Model. Model pensaba que el temor de Berlín a una invasión era «absurdo». El mariscal de campo estaba tan tranquilo «que me invitó a cenar en su nuevo Cuartel General establecido en el Hotel Tafelberg, en Oosterbeek». Dessloch rechazó la invitación: «No tengo intención de ser hecho prisionero», le dijo a Model. Un instante antes de colgar, Dessloch añadió: «Si yo estuviera en su lugar, me largaría de esa zona». Model, recordaba Dessloch, se limitó a reírse.

En el aeródromo de Deelen, al norte de Arnhem, el rumor de un posible ataque aerotransportado llegó a oídos del comandante de cazas de la Luftwaffe, general de división Walter Grabmann. Se dirigió a Oosterbeek para celebrar una conferencia con el jefe de Estado Mayor de Model, teniente general Hans Krebs. Cuando Grabmann manifestó las sospechas de la Luftwaffe, Krebs dijo: «Por el amor de Dios, no me hable de esas cosas. Además, ¿dónde iban a aterrizar?». Grabmann se dirigió a un mapa y, señalando las zonas existentes al oeste de Arnhem, contestó: «En cualquiera de estos sitios. El brezo es perfecto para los paracaidistas». Krebs, recordó más tarde Grabmann, «se echó a reír y me advirtió que si continuaba hablando de esa manera, no haría más que ponerme en ridículo».

El famoso jefe de la Policía de Holanda, el teniente general de las SS Hanns Albin Rauter, oyó también el rumor, posiblemente de labios de su superior, el general Christiansen. Rauter estaba convencido de que todo era posible, incluido un ataque aerotransportado. Rauter, artífice principal del terror nazi en los Países Bajos, esperaba que la Resistencia holandesa atacara y se produjera en cualquier momento un levantamiento popular. Estaba resuelto a aplastar todo tipo de insurrección mediante el sencillo método de ejecutar a tres holandeses por cada nazi muerto. Rauter había declarado una «emergencia» inmediatamente después de la retirada alemana y la estampida de nazis holandeses a Alemania, dos semanas antes. Su Policía se había tomado cruel venganza contra todo el que, aun remotamente, se hallara relacionado con la Resistencia holandesa. Hombres y mujeres eran detenidos, fusilados o enviados a campos de concentración. No era mejor la suerte de los ciudadanos corrientes. Todos los viajes entre provincias estaban prohibidos. Se impusieron reglas más restrictivas. Todo el que fuera encontrado en las calles durante el toque de queda, corría el riesgo de que le dispararan sin previo aviso. Por todo el sur de Holanda, en previsión de la ofensiva británica, los holandeses fueron obligados a trabajar cavando trincheras para la Wehrmacht. En Nimega, Rauter cumplió con la cuota que le correspondía de mano de obra forzada, amenazando con llevar familias enteras a los campos de concentración. Estaban prohibidas las reuniones de cualquier tipo. «Allá donde se encuentren juntas más de cinco personas —advertía uno de los carteles de Rauter— harán fuego sobre ellas tropas de la Wehrmacht, de las SS o de la Policía.»

Ahora, con la inminencia del ataque británico desde el sur y la advertencia de Berlín de un posible ataque por tierra y mar en el norte, el mundo de Rauter estaba empezando a desmoronarse. Estaba aterrorizado.* Al saber que Model estaba en Holanda, Rauter decidió procurarse su protección y se dirigió al Hotel Tafelberg. Al anochecer del 14 de septiembre, Rauter se reunió con Model y su jefe de Estado Mayor, el general Krebs. Estaba «convencido —les dijo Rauter—, de que los Aliados iban a utilizar fuerzas aerotransportadas en el sur de Holanda». Consideraba que era el momento psicológico adecuado. Model y Krebs no estaban de acuerdo. Las formaciones aerotransportadas de élite, dijo Model, eran demasiado «preciosas, y su entrenamiento demasiado costoso» para utilizarlas de un modo indiscriminado. De hecho, el mariscal de campo esperaba que Montgomery atacara Holanda desde Neerpelt, pero la situación no era todavía lo bastante crítica como para justificar la utilización de tropas aerotransportadas. Además, teniendo en cuenta que las fuerzas asaltantes se hallarían separadas por tres anchos ríos al sur, no creía que fuera posible un ataque británico hacia Arnhem.

* En la seguridad de su celda después de la guerra, Rauter reconoció ante los interrogadores holandeses que «por entonces estaba ya muy nervioso... Tenía que paralizar a la Resistencia». El 12 de enero de 1949 Rauter fue declarado culpable por un tribunal francés de una amplia gama de delitos, entre los que se incluía «persecución a los judíos, deportación de habitantes a trabajos forzados, pillaje, confiscación de propiedades, detenciones ilegales... y la muerte de civiles inocentes como represalia por ofensas... contra las autoridades ocupantes». Fue ejecutado el 25 de marzo de 1949.

Tanto Nimega como Arnhem estaban demasiado alejadas de las fuerzas británicas. Por otra parte, continuó Model, Montgomery era «tácticamente un hombre muy cauteloso. Jamás utilizaría fuerzas aerotransportadas en una aventura insensata».

Para cuando el prisionero llegó al Cuartel General del comandante Friedrich Kieswetter, en el pueblo de Driebergen, al oeste de Oosterbeek, el 15 de septiembre, el jefe adjunto del servicio de contraespionaje de la Wehrmacht en Holanda sabía mucho acerca de él. Había un amplio *dossier* sobre el estúpido Christiaan Antonius Lindemans, de veintiocho años, más conocido como *King Kong* por su corpulencia (1,90 metros, 120 kilos). Lindemans había sido capturado por una patrulla cerca de la frontera entre Bélgica y Holanda, en la tierra de nadie que se extendía entre las líneas británicas y alemana. Al principio, a causa del uniforme británico que llevaba, Lindemans había sido tomado por un soldado, pero, en el puesto de mando del batallón, cerca de Valkenswaard, para asombro de sus interrogadores, pidió ver al teniente coronel Hermann Giskes, jefe del espionaje alemán en Holanda y superior de Kieswetter. Tras una serie de llamadas telefónicas, los capturadores de Lindemans se quedaron más asombrados aún al recibir la orden de conducir inmediatamente al prisionero a Driebergen. Lindemans fue el único que no manifestó ninguna sorpresa. Algunos de sus compatriotas pensaban que era un fiel miembro de la Resistencia holandesa; pero los alemanes conocían de él su otra faceta, la de espía. *King Kong* era un agente doble.

Lindemans se había convertido en traidor en 1943. En aquel tiempo, ofreció su colaboración a Giskes a cambio de la liberación de la que entonces era su amante y de su hermano Henk, detenido por la Gestapo acusado de ser miembro de la Resistencia y del que se decía iba a ser ejecutado. Giskes había accedido rápidamente y, desde entonces, Lindemans había prestado un buen servicio a los alemanes. Su doble juego había llevado al descubrimiento de muchas células clandestinas y al arresto y ejecución de numerosos patriotas belgas y holandeses. Aunque era rudo y jactancioso, dado a la bebida y poseído de un insaciable deseo de mujeres, hasta el momento Lindemans se había librado milagrosamente de ser descubierto. Sin embargo, muchos de los dirigentes de la Resistencia le consideraban un peligroso riesgo, a diferencia de ciertos oficiales aliados en Bruselas que se sentían tan impresionados por *King Kong* que Lindemans trabajaba en ese momento para una unidad británica de información bajo el mando de un capitán canadiense.

En ausencia de Giskes, Kieswetter trataba por primera vez con Lindemans. Encontró repugnante al jactancioso gigantón que se presentó a sí mismo a todos los que se encontraban en el despacho como el «gran *King Kong*». Lindemans explicó al mayor su última misión. El oficial de inteligencia canadiense le había enviado para avisar a los dirigentes de la Resistencia en Eindhoven de que los pilotos aliados derribados ya no debían ser enviados a través de la «línea de huida» a Bélgica. Como los británicos iban a avanzar desde la cabeza de puente de Neerpelt hacia Eindhoven, había que mantener escondidos a los pilotos. Lindemans, que había pasado cinco días cruzando las líneas, pudo dar a Kieswetter algunos detalles de la concentración de tropas británica. El ataque, dijo, tendría lugar el 17 de septiembre.

La inminencia de la acción británica ya no era noticia. Kieswetter, como todos los demás, lo había estado esperando de un momento a otro. Lindemans también proporcionó a Kieswetter otro dato: coincidiendo con el ataque británico, informó, estaba planeado un lanzamiento de paracaidistas más allá de Eindhoven para ayudar a capturar la ciudad.* La revelación no tenía sentido para Kieswetter. ¿Por

---

* Después de la guerra, algunos periódicos británicos atribuyeron a la circunstancia de que Lindemans señalara Arnhem como el objetivo principal de la operación el hecho de que estuvieran esperando las divisiones de panzer. Evidentemente, no es cierto. El Cuerpo de Bittrich llegó a sus posiciones antes de que Eisenhower y Montgomery se entrevistaran el 10 de septiembre y decidieran la Operación *Market-Garden*. Tampoco podía Lindemans haber sabido nada sobre el ataque de Arnhem ni las dimensiones colosales de la operación. Además, las decisiones aliadas sobre fechas, situación de las zonas de lanzamiento, etcétera, fueron tomadas mucho después de que Lindemans abandonara Bruselas para atravesar las líneas alemanas. Una segunda versión, frecuentemente repetida, es que Lindemans fue llevado al Cuartel General del coronel general Kurt Student, en Vught, para ser sometido a interrogatorio, y se ha sugerido que el experto en operaciones aerotransportadas evaluó correctamente la información y dio la alerta. Student negaría rotundamente esta alegación. «Es una completa mentira —me dijo—. Jamás vi a Lindemans. Es más, me enteré de todo el asunto en un campo de prisioneros después de la guerra.» Student añadió: «La verdad es que nadie en el mando alemán sabía nada del ataque hasta que se produjo». Poco después de *Market-Garden*, empezó a sospecharse de Lindemans y fue detenido por los holandeses. *King Kong*, el gran Lotario, hizo honor a su reputación hasta el final. En julio de 1946, 48 horas antes de su juicio, Lindemans fue encontrado inconsciente en el hospital de la prisión, al lado de una enfermera. Los dos, en un extraño «pacto de amor», habían tomado una dosis excesiva de somníferos. Lindemans murió, y la muchacha sobrevivió.

qué utilizar paracaidistas cuando el Ejército británico podía llegar fácilmente a Eindhoven sin su ayuda? Puede que la información de Lindemans le pareciera poco realista, o, más probablemente, por su antipatía hacia *King Kong*, el hecho es que Kieswetter le dijo a Lindemans que continuara con su misión y regresara luego a las líneas británicas. Kieswetter no adoptó ninguna medida inmediata. Concedió tan poca importancia a la información de Lindemans que no la comunicó directamente al Cuartel General de la Wehrmacht. En lugar de ello, la envió a través del *Sicherheitsdients* (Servicio de Información y Seguridad de las SS). Dictó también un breve memorando de su conversación con Lindemans con destino a Giskes, que se encontraba ausente en aquellos momentos. Giskes, que siempre había considerado a *King Kong* digno de confianza, no lo recibiría hasta la tarde del 17 de septiembre.

5

Faltaban ya menos de cuarenta y ocho horas para el comienzo de la Operación *Market-Garden*. En su despacho, el teniente general Walter Bedell Smith, jefe del Estado Mayor de Eisenhower, escuchaba al jefe de los servicios de información del SHAEF, el general de división británico Kenneth W. Strong, revelar con creciente alarma sus últimas noticias. Estaba fuera de toda duda, dijo Strong, que había blindados alemanes en la zona de *Market-Garden*.

Durante días, Strong y sus hombres habían estado desmenuzando y calibrando todos los informes de inteligencia en un esfuerzo por determinar el paradero de las 9.ª y 10.ª Divisiones Panzer de las SS. Desde la primera semana de septiembre, no había habido ningún contacto con esas unidades. Ambas habían sido gravemente dañadas, pero se consideraba improbable que hubieran sido completamente destruidas. Según una de las teorías propuestas, cabía la posibilidad de que se les hubiera ordenado a esas divisiones regresar a Alemania. Ahora, los mensajes de la Resistencia holandesa proporcionaban una explicación distinta. Las divisiones perdidas se habían localizado.

La 9.ª, y presumiblemente también la 10.ª, División Panzer de las SS estaba en Holanda, informó Strong a Smith, «probablemente para ser reforzadas con carros de combate». Nadie podía decir exactamente lo que quedaba de las unidades ni cuál era su capacidad de combate, pero no había ya ninguna duda sobre su emplazamiento, informó Strong. Estaba comprobado que se hallaban en las proximidades de Arnhem.

Hondamente preocupado por *Market-Garden* y, según sus propias palabras, «alarmado ante la posibilidad de un fracaso», Smith conferenció inmediatamente con el comandante supremo. La 1.ª División Aerotransportada británica, que debía tomar tierra en Arnhem, «no podía resistir frente a dos divisiones blindadas», le dijo Smith a Eisenhower. Desde luego, la potencia de las unidades era todavía una incógnita —una gran incógnita— pero, por precaución, Smith pensaba que *Market-Garden* debía reforzarse. Creía que serían necesarias dos divisiones aerotransportadas en la zona de Arnhem. (Posiblemente, Smith pensaba como unidad adicional en la veterana 6.ª División Aerotransportada británica, mandada por el general de división Richard Gale, que había sido empleada con éxito durante la invasión de Normandía, pero que no figuraba incluida en *Market-Garden*.) En otro caso, le dijo Smith a Eisenhower, no había más remedio que revisar el plan. «Mi impresión —dijo más tarde— era que, si no podíamos dejar caer sobre la zona el equivalente a otra división, debíamos desplazar una de las divisiones aerotransportadas americanas, para que formara la "alfombra" más al norte reforzando a la británica.»

Eisenhower consideró el problema y sus riesgos. Sobre la base de este informe de inteligencia y casi en vísperas del ataque, se le estaba urgiendo a que anulara el plan de Montgomery, un plan que había aprobado el propio Eisenhower. Ello significaba desafiar el generalato de Montgomery y trastornar una ya delicada situación de mando. En su calidad de comandante supremo, tenía otra opción: *Market-Garden* podía ser cancelada; pero el único fundamento de tal decisión sería el informe recibido. Evidentemente, Eisenhower tenía que dar por supuesto que Montgomery era el más indicado para juzgar sobre la potencia del enemigo y que trazaría sus planes en consecuencia. Como le explicó Eisenhower a Smith, «no le puedo decir a Monty cómo debe servirse de sus tropas», ni tampoco podía «cancelar la operación, puesto que ya le he dado luz verde a Monty». Si había que hacer cambios, tendría que hacerlo Montgomery. No obstante, Eisenhower estaba dispuesto a dejar que Smith «volara al Cuartel General del 21.º Grupo de Ejércitos y discutiera el asunto con Montgomery».

Bedell Smith emprendió inmediatamente viaje a Bruselas. Encontró a Montgomery entusiasmado y lleno de confianza. Smith explicó sus temores sobre las unidades de panzer en la zona de Arnhem y sugirió con énfasis que tal vez fuera necesario revisar el plan. Montgomery «se burló de la idea. Monty pensaba que el mayor problema venía dado por las dificultades del terreno, no por los alemanes. Todo marcharía bien, repetía, si los del SHAEF le ayudábamos a superar sus dificultades logísticas. No le preocupaban los blindados alemanes. Pensaba que *Market-Garden* se desarrollaría a la perfección tal y como estaba». La reunión no dio sus frutos. «Al menos, traté de detenerle —dijo Smith—, pero no conseguí nada. Montgomery desechó alegremente mis objeciones.»*

Mientras Montgomery y Smith conferenciaban, al otro lado del Canal llegaba una prueba sorprendente al Cuartel General del I Cuerpo Aerotransportado británico. En las primeras horas del día, cazas de la escuadrilla de reconocimiento fotográfico de la RAF que regresaban de La Haya habían dado una pasada a baja altura sobre la zona de Arnhem. Ahora, en su despacho, el comandante Brian Urquhart, oficial de información, cogió una lente de aumento y examinó cinco fotografías tomadas en ángulo oblicuo (el final de la película de uno de los cazas). Durante las 72 horas anteriores se habían tomado centenares de fotografías aéreas de la zona de *Market-Garden*, pero sólo estas cinco demostraban lo que durante mucho tiempo había temido Urquhart, la inequívoca presencia de blindados alemanes. «Fue la gota que colmó el vaso —recordó más tarde Urquhart—. Allí, en las fotos, podía ver claramente carros de combate..., si no en las mismas zonas de aterrizaje y lanzamiento de Arnhem, ciertamente muy cerca de ellas.»

El mayor Urquhart se precipitó al despacho del general Browning con la confirmación fotográfica. Browning le recibió inmediatamente. Colocando las fotografías sobre la mesa, delante de Browning, Urquhart dijo: «Eche un vistazo a esto». El general las examinó una por una. Aunque Urquhart olvidaría las palabras exactas, aseguró que Browning dijo, más o menos: «Yo, en su lugar, no me preocuparía por esto». Luego, refiriéndose a los blindados que aparecían en las fotos, continuó: «Probablemente, ya están fuera de servicio». Urquhart quedó estupefacto. Con un gesto de impotencia, indicó que los blindados «estuvieran o no inutilizados, seguían siendo carros de combate y tenían cañones». Al rememorar la escena, Urquhart comentó

* He basado esta sección en la información suministrada por el general S. L. A. Marshall, historiador jefe del teatro europeo de operaciones durante la Segunda Guerra Mundial, que me permitió amablemente consultar sus diversas monografías sobre *Market-Garden* y también su entrevista con el general Bedell Smith sobre la reunión con Eisenhower y, más tarde, con Montgomery.

que «quizás a causa de una información de la que yo no sabía nada, el general Browning no estaba dispuesto a aceptar mi evaluación de las fotos. Mi impresión seguía siendo la misma, que todo el mundo estaba tan *ansioso* por ir allí que nada podía detenerlos».

Urquhart no sabía que varios miembros del Estado Mayor de Browning consideraban al joven oficial casi demasiado suspicaz. La función estaba a punto de empezar, y la mayoría de los oficiales ardían en deseos de participar. Las pesimistas advertencias de Urquhart les irritaban. Como dijo un oficial del Estado Mayor: «sus opiniones estaban teñidas de agotamiento nervioso. Era propenso a mostrarse un poco histérico, a causa, sin duda, del exceso de trabajo».

Poco después de sus entrevistas con Browning, Urquhart fue visitado por el oficial médico. «Me dijo —recuerda Urquhart— que estaba agotado ¿y quién no?, y que tal vez debiera tomarme un permiso para descansar. Había llegado a resultar tan incómodo en el Cuartel General, que en vísperas del ataque me quitaban de en medio. Me dijeron que me fuera a casa. Yo no podía replicar nada. No estaba de acuerdo con el plan y temía lo peor, pero sin embargo, la gran función iba a empezar y, curiosamente, yo no quería quedarme atrás.»

6

A mediodía del sábado, 16 de septiembre, el bando alemán fue pegado en los tablones de anuncios de todo Arnhem.

>Por orden de la Policía de Seguridad, se hace público lo siguiente:
>Durante la noche, se ha llevado un ataque con explosivos contra el viaducto del ferrocarril, en Schaapsdrift.
>Se exhorta a la población a que coopere en la búsqueda de los culpables de este ataque.
>Si no han sido encontrados antes de las doce del mediodía del domingo, 17 de septiembre de 1944, se procederá a la ejecución de cierto número de rehenes.
>Apelo a la cooperación de todos vosotros, a fin de evitar víctimas innecesarias.
>El burgomaestre en funciones,
>
>>LIERA

En un sótano, destacados miembros de la Resistencia de Arnhem celebraban una reunión de urgencia. El sabotaje del viaducto ferroviario había resultado una chapuza. Henri Knap, el jefe de los servicios de información de Arnhem, se había opuesto a esa misión desde el principio. Consideraba que «como máximo, no pasamos de simples aficionados en cuestiones de sabotaje». En su opinión, «es mucho mejor dedicarnos a suministrar información a los Aliados y dejar los trabajos de demolición a hombres que saben su oficio». El jefe de la Resistencia de Arnhem, Pieter Kruyff, de treinta y ocho años, preguntó a los demás su opinión. Nicolaas Tjalling de Bode votó por que se entregaran todos. Knap recordaría haber pensado que «era un precio muy alto, las vidas de rehenes, personas inocentes, por un pequeño agujero en un puente». Gijsbert Jan Numan se sentía enfrentado a un problema de conciencia. Había participado, juntamente con Harry Montfroy, Albert Deuss, Toon van Daalen y otros, en el suministro de materiales para los explosivos y en la planificación del sabotaje, y nadie quería que sufrieran hombres inocentes. Pero, ¿qué debían hacer? Kruyff escuchó las opiniones de todos y luego, tomó su decisión. «La organización debe permanecer intacta, aunque puedan ser ejecutados hombres inocentes», decretó. Según recordaba Nicolaas Tjalling de Bode, Kruyff, paseando la vista por los presentes, les dijo: «Nadie se entregará a los alemanes. Ésa es mi orden». Henri Knap experimentó una sensación de miedo. Sabía que si los alemanes seguían su procedimiento habitual, diez o doce prominentes ciudadanos —médicos, abogados y maestros entre ellos— serían ejecutados públicamente en una plaza de Arnhem a mediodía del domingo.

7

A todo lo largo de la línea aliada de mando, la evaluación del servicio de información sobre los panzer instalados en la zona de Arnhem fue apreciada con extraordinaria torpeza. Se hizo caso omiso del resumen número 26 de los Servicios de Información del SHAEF, que contenía la funesta advertencia causante de la alarma del general Bedell Smith. Decía: «Se ha informado que la 9.ª y, presumiblemente, la 10.ª Divisiones Panzer de las SS se están retirando a la zona de Arnhem, en Holanda; allí, probablemente recogerán nuevos carros de un depósito que se dice existe en la zona de Cléveris».

La información, ya rechazada por Montgomery en su entrevista con Smith, fue ahora desechada por el Cuartel General del Segundo Ejército británico del general Dempsey, el mismo Cuartel General que había advertido inicialmente la presencia en Holanda de «maltrechas formaciones de panzer» el 10 de septiembre. En el error más grave de todos, los servicios de información de Dempsey describieron el 14 de septiembre a los alemanes de la zona de *Market-Garden* como «débiles, desmoralizados y a punto de desmoronarse por completo si se enfrentan a un poderoso ataque aerotransportado». Ahora, en completa oposición a su postura anterior, descartaban la presencia de los panzer porque los oficiales del Estado Mayor de Dempsey no podían distinguir blindados enemigos en ninguna de las fotos de reconocimiento.

En el Cuartel General del Primer Ejército Aerotransportado aliado, el jefe de los servicios de información del general Brereton, el británico teniente coronel Anthony Tasker, tampoco estaba dispuesto a aceptar el informe del SHAEF. Repasando toda la información disponible, decidió que no existían pruebas directas de que la zona de Arnhem contuviese «mucho más que las considerables defensas antiaéreas ya conocidas».

Al parecer, todo el mundo aceptaba el optimista punto de vista del Cuartel General de Montgomery. Como recordaba el jefe de Estado Mayor del I Cuerpo Aerotransportado británico, general de brigada Gordon Walh, «el Cuartel General del 21.º Grupo de Ejércitos era la fuente principal de nuestras informaciones, y tomábamos como verdadero lo que nos daban». El general Urquhart, comandante de la 1.ª División Aerotransportada británica, lo presentó de otra manera. «Nada —dijo— podía enturbiar el optimismo que imperaba al otro lado del Canal.»

Además del informe del SHAEF sobre los panzer «desaparecidos», había otra prueba del aumento de fuerzas alemanas en la que también se reparó sólo superficialmente. Estaba claro que frente a las fuerzas *Garden* del XXX Cuerpo del general Horrocks, se estaba concentrando un creciente número de unidades alemanas. El error estratégico cometido en Amberes diez días antes estaba empezando ahora a arruinar el gran proyecto que era la Operación *Market-Garden*. Las tropas alemanas que llenaban el frente del general Student no eran sino unidades de las fraccionadas divisiones que habían huido a través de la boca del Escalda, los hombres del 1.er Ejército de Von Zangen, el ejército que los Aliados habían dado prácticamente por desaparecido. Los oficiales del servicio de información apuntaron que, aunque había aumentado el número de alemanes, las nuevas unidades «seguramente no estaban en condiciones de resistir un avance decidido». Cualquier soldado británico situado a lo largo de la frontera entre Bélgica y Holanda podría haberles dicho otra cosa.*

* En su excelente libro *The Battle for Germany* (p. 13), el general de división británico Hubert Essame (retirado) escribe: «En su errónea apreciación de la verdadera situación existente a finales de agosto y durante la primera mitad de septiembre, los servicios de información aliados descendieron hasta un nivel sólo alcanzado por el general de división John Charteris, oficial jefe de los servicios de información de Haig en la época de las batallas de Passchendaele, en 1917». En aquella época, el primer ministro David Lloyd George afirmó que Charteris «seleccionaba solamente las cifras y datos que se ajustaban a sus fantasías y, luego, emitía los consiguientes informes esperanzadores». Durante la campaña de Flandes, de 1917, Charteris informó en varias ocasiones que el enemigo estaba «quebrantado», «destrozado», «con pocas reservas» e, incluso, «en desbandada». En las terribles batallas que siguieron en torno a Passchendaele entre el 31 de julio y el 12 de noviembre, las bajas, según la historia oficial británica, ascendieron a la enorme cifra de 244.897.

Las adoquinadas calles de la sucia ciudad de Leopoldsburg, en el norte de Bélgica, apenas a quince kilómetros del frente, estaban abarrotadas de jeeps y coches de reconocimiento. Todas las carreteras parecían conducir a un cine situado frente a la estación del ferrocarril (y nunca antes el anodino local había disfrutado de una concurrencia semejante). Oficiales del XXX Cuerpo del teniente general Horrocks —las fuerzas *Garden* que avanzarían en dirección norte a través de Holanda para enlazar con los paracaidistas— atestaban la calle y paseaban ante la puerta de entrada mientras sus credenciales eran examinadas por policías militares de gorra roja. Era un grupo exuberante y lleno de color, y al general de brigada Hubert Essame, oficial al mando de la 214.ª Brigada, de la 43.ª División de Infantería *Wessex*, le recordó «una reunión militar en una carrera de caballos llena de banderines o una manifestación en Salisbury Plain en tiempo de paz». Le fascinaban los coloridos uniformes de los comandantes. Había una sorprendente variedad de tocados. Nadie llevaba casco de acero, sino boinas de diversos colores que lucían los orgullosos emblemas de famosos regimientos, entre ellos la Guardia Irlandesa, de Granaderos, *Coldstream*, Escocesa, Galesa, regimientos de la Real Guardia Montada, del Real Cuerpo de Servicios del Ejército y de la Artillería Real. Existía una majestuosa despreocupación general por el atuendo. Essame observó que la mayoría de los comandantes vestían «blusones de francotirador, chaquetones de paracaidistas y chaquetas de conductor sobre pantalones de lo más variado y alegres colores, pantalones anchos, pantalones de pana, bombachos e, incluso, pantalones de montar». En vez de corbata, muchos llevaban pajaritas o «pañuelos de varios colores».*

El famoso teniente coronel J.O.E. (*Joe*) Vandeleur, el corpulento y rubicundo comandante de 1,85 metros de estatura del Grupo Blindado de los Guardias irlandeses, personificaba la típica elegancia descuidada de los oficiales de la Guardia. Vandeleur, de cuarenta y un años, vestía su habitual atuendo de combate: boina negra, chaquetón de paracaidista de camuflaje y pantalones de pana sobre botas de

---

* En su historia de *The 43rd Wessex Division at War* (p. 115), Essame escribe: «Los amantes de la disciplina en los uniformes —recordarían— que, cuando la moral del Ejército británico fue tan alta como en ningún otro momento de su historia, los oficiales llevaban la ropa que les parecía más adecuada a las condiciones en que tenían que vivir y luchar».

agua. Además, Vandeleur llevaba, como siempre, un *Colt* automático del calibre 45 sujeto a la cadera y, bajo el chaquetón, lo que se había convertido en un símbolo para sus tanquistas, un llamativo pañuelo color verde esmeralda. El quisquilloso general *Boy* Browning, de vuelta en Inglaterra, se habría estremecido. Incluso Horrocks había amonestado secamente a Vandeleur en cierta ocasión. «Si te cogen los alemanes, Joe —le dijo—, creerán que han capturado a un campesino.» Pero, el 16 de septiembre, hasta el propio Horrocks carecía de la habitual elegancia del impecablemente vestido oficial británico de Estado Mayor. En lugar de camisa, llevaba un polo a rayas y, sobre su uniforme de combate, un chaleco de cuero que recordaba al de un granjero británico.

Mientras avanzaba por el pasillo central del abarrotado teatro, el popular Horrocks era aplaudido y vitoreado desde todas partes. La reunión que había convocado había despertado un enorme interés. Los hombres ardían en deseos por entrar de nuevo en acción. Desde el Sena hasta Amberes, los blindados de Horrocks habían superado a menudo los 75 kilómetros de promedio en un solo día, pero, desde la desastrosa detención de tres días el 4 de septiembre para «efectuar reparaciones, repostar y descansar», el avance se había hecho dificultoso. Desaparecido el ímpetu británico, el enemigo se había recuperado rápidamente. En las dos vitales semanas transcurridas desde entonces, el avance británico se había reducido a un mero arrastrarse penosamente. La División Blindada de Guardias —encabezada por el Grupo Blindado de Guardias irlandeses de *Joe* Vandeleur— había necesitado cuatro días para avanzar quince kilómetros y capturar el vital puente sobre el Canal Mosa-Escalda próximo a Neerpelt, desde el que comenzaría al día siguiente el ataque sobre Holanda. Horrocks no se hacía ilusiones sobre la resistencia alemana, pero confiaba en que sus fuerzas rompieran la coraza del enemigo.

A las once en punto de la mañana, Horrocks subió al estrado. Todos los presentes sabían que estaba a punto de reanudarse la ofensiva británica, pero eran tales las medidas de seguridad que rodeaban al plan de Montgomery que sólo unos pocos de los oficiales conocían los detalles. Cuando apenas faltaban 24 horas para el Día D de la Operación *Market-Garden*, los comandantes del mariscal de campo tuvieron ahora la primera noticia del ataque proyectado.

Sujeto a la pantalla del cine, había un enorme mapa de Holanda. Una cinta de color serpenteaba hacia el norte a lo largo de una carretera, salvando los grandes obstáculos fluviales y atravesando las ciudades de Valkenswaard, Eindhoven, Veghel, Uden, Nimega y, desde allí, hasta Arnhem, una distancia de unos cien kilómetros. A partir de allí, la cinta continuaba durante otros cuarenta y pico kilómetros hasta el Isselmeer. Horrocks tomó un largo puntero y comenzó a hablar. «Esto es algo que contaréis a vuestros nietos», dijo a su auditorio. Hizo una pausa y, luego, con gran regocijo de los oficiales congregados, añadió: «Y bien que les aburrirán con ello».

Entre los asistentes, el teniente coronel Curtis D. Renfro, oficial de enlace de la 101.ª División Aerotransportada y uno de los pocos americanos presentes, se sintió impresionado por el entusiasmo y la confianza del comandante de Cuerpo. Estuvo hablando durante una hora, anotó Curtis, «consultando sus notas sólo ocasionalmente».

Paso a paso, Horrocks fue explicando las complejidades de *Market-Garden*. El ejército aerotransportado saldría primero, dijo. Sus objetivos: capturar los puentes situados ante el XXX Cuerpo. Horrocks daría la señal para el comienzo del ataque. Según se presentara el tiempo, se esperaba que la hora cero para las fuerzas terrestres fuera las 14.00 horas. En ese momento, 350 cañones abrirían fuego y tenderían una maciza barrera artillera que duraría 35 minutos. Luego, a las 14.35 horas, precedidos por oleadas de *Typhoon* disparando cohetes, los carros de combate del XXX Cuerpo saldrían de su cabeza de puente e «irrumpirían por la carretera». La División Blindada de Guardias tendría el honor de encabezar el ataque. Le seguirían las Divisiones 43.ª *Wessex* y 50.ª *Northumberland* y, luego, la 8.ª Brigada Blindada y la Brigada holandesa *Princesa Irene*.

No habría «pausa ni respiro», recalcó Horrocks. La Blindada de Guardias «debía continuar avanzando a toda leche» hasta Arnhem. Horrocks creía que el salto desde la cabeza de puente sería «casi inmediato». Esperaba que los primeros blindados de los Guardias estuvieran en Eindhoven a las dos o tres horas. Si el enemigo reaccionaba con la suficiente rapidez como para volar todos los puentes antes de que las tropas aerotransportadas pudieran tomarlos, entonces, los ingenieros de la 43.ª División de Infantería *Wessex* que marchaba detrás se adelantarían con hombres y material de pontonería. Esta masiva operación de ingeniería, si fuera necesaria, explicó Horrocks, podría implicar la participación de 9.000 ingenieros y unos 2.277 vehículos que se encontraban ya en la zona de Leopoldsburg. Toda la columna blindada del XXX Cuerpo debía avanzar por la carretera principal con los vehículos de dos en fondo, 25 vehículos por kilómetro. El tráfico discurriría en una sola dirección, y Horrocks esperaba que pasasen «20.000 vehículos por la carretera de Arnhem en sesenta horas».

Escuchando a Horrocks, el general Allan Adair, de cuarenta y seis años, comandante de la afamada División Blindada de Guardias, pensó que *Market-Garden* era un plan audaz, pero también creía que «podría resultar peligroso». Esperaba que el peor momento fuese la irrupción desde la cabeza de puente sobre el Canal Mosa-Escalda. Una vez superado, aunque suponía que los alemanes presentarían feroz resistencia, pensaba que el avance «no sería difícil». Además, tenía plena fe en la unidad que encabezaría el ataque, el Grupo de Guardias irlandeses del teniente coronel *Joe* Vandeleur.

Joe Vandeleur recordaría que, al saber que sus blindados abrirían la marcha, pensó: «¡Oh, Cristo! Otra vez nosotros, no». Vandeleur se sentía orgulloso de que hubiera sido elegida su veterana unidad, pero sabía que sus hombres estaban fatigados y sus unidades debilitadas. A partir del avance desde Normandía había recibido muy pocos relevos, tanto en hombres como en blindados; para colmo, «no estaban dejando mucho tiempo para elaborar planes». Pero más tarde pensó, ¿cuánto tiempo necesita en realidad uno para lanzarse de cabeza a través de las líneas alemanas? A su lado, su primo, el teniente coronel Giles Vandeleur, de treinta y tres años, que mandaba el 2.º Batallón a las órdenes de *Joe*, se sintió «lleno de horror ante el plan de perforar la resistencia alemana en un frente de una sola fila de carros». Para él, aquello no era propiamente una guerra de blindados. Pero, según comentó, «me tragué todas las dudas que sentía y sucumbí a una extraña y tensa excitación, algo así como estar en la línea de salida de una carrera de caballos».

El anuncio despertó profundos sentimientos personales a tres hombres que se hallaban presentes en el local. Los oficiales superiores de la brigada holandesa *Princesa Irene* habían estado al frente de sus hombres en el combate durante todo el camino desde Normandía. Primero, habían peleado al lado de los canadienses; luego, tras la caída de Bruselas, habían sido transferidos al Segundo Ejército británico. Ahora deberían estar regresando a su patria. Aunque deseaban ardientemente la liberación de Holanda, el comandante, coronel Albert *Steve* de Ruyter van Stevenick, su segundo, teniente coronel Charles Pahud de Mortanges, y el jefe de Estado Mayor, comandante Jonkheer san Beelaerts van Blokland, albergaban serias dudas sobre la forma en que iba a realizarse. Stevenick consideraba arriesgado todo el plan. La impresión de Mortanges era que los británicos se mostraban más despreocupados de lo que permitían los hechos frente a lo que se extendía ante ellos. Como él dijo: «Se hacía que pareciese completamente elemental. Primero, tomaremos este puente; luego, aquel otro y pasaremos este río... El terreno que se extendía ante nosotros, con sus ríos, marismas, diques y tierras bajas, era sumamente difícil, como sabían muy bien los británicos por nuestros numerosos informes». El jefe del Estado Mayor Beelaerts van Blokland, de treinta y tres años, no pudo evitar pensar en la historia militar. «Parecíamos estar violando la máxima de Napoleón de no luchar a menos que se esté seguro del éxito en un setenta y cinco por ciento. Entonces, se puede dejar al azar el otro veinticinco por ciento. Los británicos estaban invirtiendo el proceso; estábamos dejando al azar el setenta y cinco por ciento. Teníamos sólo cuarenta y ocho horas para llegar a Arnhem, y, si se torcía la menor cosa —un puente volado, resistencia alemana más firme de lo previsto—, nuestro retraso sería fatal.» Blokland tenía también una preocupación particular. Sus padres vivían en el pueblo de Oosterbeek, a cuatro kilómetros del puente de Arnhem.

Uno de los pocos oficiales de graduación inferior a la de comandante de brigada que oyeron la exposición del plan era el teniente John Gorman, de veintiún años, de los Guardias irlandeses. Se sentía estimulado por todo el asunto, y pensó que Horrocks había estado «magnífico». El comandante, recordó más tarde Gorman, «ponía en juego todo su ingenio y humor, salpimentando los detalles más dramáticos o técnicos con humorísticas acotaciones. Realmente era todo un *showman*». Gorman estaba particularmente entusiasmado con la Operación *Garden* porque «los Guardias debían abrir la marcha, y, evidentemente, su papel sería especialmente dramático».

Cuando terminó la reunión y salieron los comandantes para dar instrucciones a sus hombres, el joven Gorman sintió sus primeras «dudas particulares sobre las probabilidades de éxito». Detenido frente a un mapa, recordaría haber pensado que *Market-Garden* era «una operación factible, pero sólo eso, factible». Simplemente, había «demasiados puentes». Y tampoco se sentía entusiasmado por las condiciones del terreno. Pensaba que era una región muy mala para los blindados, y el avance en «un frente de un carro detrás de otro resultaría muy vulnerable». Pero la promesa de apoyo por parte de los aviones lanzacohetes *Typhoon* era tranquilizadora. Y había también otra promesa de este tipo. Gorman recordó el día, meses atrás, en que había recibido la Cruz Militar al valor de manos del propio Montgomery.* En el acto de su imposición, Monty había dicho: «Si yo fuera un apostador, diría que sería una apuesta a la par el que la guerra terminará para Navidades». Y Horrocks, explicaba Gorman, «nos había dicho que este ataque podía poner fin a la guerra». La única alternativa que Gorman podía encontrar a «avanzar hacia el norte parecía ser un largo y terrible invierno acampados en las orillas del Canal del Escalda o sus proximidades». En su opinión, el plan de Monty «tenía la cantidad exacta de audacia y empuje necesaria para dar resultado. Si había una posibilidad de ganar la guerra para Navidad, yo estaba de su parte».

Ahora, en el llano y gris campo belga, con sus yacimientos de carbón y sus montones de escoria que a muchos les recordaba Gales, los hombres que abrirían paso al Segundo Ejército británico del general Dempsey fueron informados del plan y de la promesa de Arnhem. A lo largo de las carreteras, en los campamentos, los soldados se congregaban en torno a sus oficiales para conocer el papel que debían desempeñar en la Operación *Market-Garden*. El comandante Edward G. Tyler, de veintinueve años, recordó después que, cuando el teniente coronel Giles Vandeleur dijo a sus oficiales que los irlandeses abrirían la marcha, los oficiales reunidos dejaron escapar un «gemido». «Pensábamos que merecíamos un poco de descanso después de haber tomado el puente sobre el Canal del Escalda, al que bautizamos con el nombre de "el puente de *Joe*" en honor a *Joe* Vandeleur. Pero nuestro comandante nos dijo que constituía una gran honra para nosotros el hecho de haber sido elegidos.» A pesar de desear un respiro, Tyler pensaba lo mismo. «Estábamos acostumbrados a avances de un carro detrás de otro y en este caso confiábamos en la rapidez y el apoyo. Nadie parecía preocupado.»

Pero el teniente Barry Quinan, que acababa de cumplir los veintiún años, se sintió «presa de una gran agitación». Iba a entrar en acción por primera vez con el escuadrón de carros de combate de la Blindada de Guardias, que iría en vanguardia bajo el mando del capitán Mick O'Cock. La infantería de Quinan marcharía detrás de los blindados, al estilo ruso. Según él, «el número de ríos existentes ante

---

* Gorman ganó su Cruz Militar durante los combates en Caen, Normandía. Al frente de tres carros de combate *Sherman*, se vio súbitamente enfrentado a cuatro blindados alemanes, uno de ellos un *Tiger* de sesenta toneladas. Sus hombres dieron buena cuenta de los blindados alemanes, y Gorman embistió al enorme *Tiger*, destruyó su cañón y dio muerte a su tripulación cuando trataba de huir.

nosotros parecía ominoso. No éramos anfibios». Pero Quinan se sentía orgulloso de que sus hombres «marcharan al frente de todo el Segundo Ejército británico».

El teniente Rupert Mahaffey, también de veintiún años, recordaría vívidamente que se le dijo que «si la operación tenía éxito, las esposas y niños de Inglaterra se verían libres de la amenaza de los cohetes V-2 alemanes». La madre de Mahaffey vivía en Londres, que, por aquel tiempo, se hallaba sometido a intensos bombardeos. Aunque se sentía excitado ante la perspectiva del ataque, la carretera que conducía hasta Arnhem sería, pensó, «un camino terriblemente largo que recorrer».

El capitán Roland S. Langton, de veintitrés años, que acababa de regresar de un hospital de campaña en el que había pasado cinco días curándose de las heridas de metralla recibidas, se enteró de que ya no era ayudante del 2.º Batallón de Guardias Irlandeses. En lugar de ello, se le había nombrado segundo en el mando del escuadrón del capitán Mick O'Cock. Se sentía feliz por su nombramiento. El ataque le parecía a Langton algo claro y directo. *Garden* no podía ser más que un éxito. Era «evidente para todos que los alemanes estaban desorganizados y debilitados, carentes de cohesión y capaces sólo de luchar en pequeñas bolsas».

No todos sentían la misma confianza. Mientras escuchaba el plan, el teniente A. G. C. *Tony* Jones, de veintiún años, del Cuerpo de Ingenieros, pensó que «estaba claro que iba a ser muy difícil». Los puentes eran la clave de toda la operación, y, como hizo notar un oficial, «el avance del XXX Cuerpo era como enhebrar siete agujas con un solo hilo, y bastará con que fallemos una de ellas para encontrarnos en apuros». Para el veterano Tim Smith, de veinticuatro años, el ataque era «otra batalla más». Aquel día, su mayor preocupación era la famosa carrera de St. Leger, en Newmarket. Le habían dado el soplo de que un caballo llamado *Tehran*, que sería montado por el famoso jockey Gordon Richards, era «cosa segura». Apostó por *Tehran* hasta el último penique que tenía con un soldado de primera en el cuartel general del batallón. Si *Market-Garden* era la Operación que ganaría la guerra, éste era el día indicado para ganar la St. Leger. Para su asombro, *Tehran* ganó. Ahora tenía la certeza de que *Market-Garden* triunfaría.

Un hombre se sentía «decididamente incómodo». El teniente Donald Love, de veinticinco años, piloto de caza y reconocimiento de la RAF, se sentía completamente fuera de lugar entre los oficiales de la Blindada de Guardias. Formaba parte del equipo de enlace aéreo que establecería contacto desde tierra con los cazas lanzacohetes *Typhoon* cuando comenzara el ataque. Su vehículo ligeramente blindado (con el nombre cifrado de *Winecup*), con su techo de lona y su laberinto de material de comunicaciones, iría adelante junto al coche de mando del teniente coronel *Joe* Vandeleur. Love se sentía desnudo e indefenso: las únicas armas del equipo de la RAF eran revólveres. Mientras escuchaba las palabras de Vandeleur sobre «una barrera rodante que avanzaría a una velocidad de doscientos metros por minuto» y oía al corpulento irlandés describir el pequeño vehículo de Love como un «automóvil blindado de transmisiones para una comunicación directa con los pilotos en el cielo», la preocupación de Love aumentó. «Tuve la clara impresión de que yo sería el responsable de los contactos con los *Typhoon* en lo alto desde aquel "taxi inmundo".» La idea no era nada tranquilizadora. Love sabía muy poco sobre radio y nunca había actuado como oficial táctico tierra-aire. Más tarde se enteró, con gran alivio por su parte, de que al día siguiente se le uniría un experto, el jefe de escuadrón Max Sutherland, para encargarse de las comunicaciones en la fase inicial. Después, Love se encargaría de todo. Love empezó a preguntarse si había hecho bien en presentarse voluntario. Únicamente había asumido el puesto «porque pensé que podría suponer un cambio agradable».

Un cambio muy distinto preocupaba al comandante de los Guardias irlandeses. Durante la captura de la cabeza de puente sobre el Canal del Escalda, *Joe* Vandeleur había perdido «un íntimo y fundamental amigo». Su furgoneta de transmisiones, con su enorme altavoz en el techo, había sido destruida por un proyectil alemán. Durante todo el período de instrucción en Inglaterra y en el gran avance desde Normandía, *Joe* había utilizado la furgoneta para dirigirse a sus tropas y, después de cada sesión, como era un amante de la música clásica, siempre había puesto uno o dos discos (selecciones que no siempre agradaban a sus hombres). La furgoneta había volado en pedazos, y trozos de los discos clásicos —juntamente con la melodía popular favorita de Vandeleur— habían llovido por la comarca. Joe se sentía entristecido por la pérdida; no así sus guardias irlandeses. Éstos pensaban que el avance hasta Arnhem ya iba a ser bastante dificultoso sin tener que escuchar el altavoz de *Joe* aullando su canción *Alabad al Señor y pasad las municiones*.

Mientras tanto, en Inglaterra, los paracaidistas y la infantería transportada en planeadores del Primer Ejército Aerotransportado aliado se hallaban ya en las zonas de concentración, listos para el momento del despegue. Durante las 48 horas anteriores los oficiales habían instruido una y otra vez a sus hombres por medio de mapas, fotografías y planos a escala. Los preparativos eran inmensos y meticulosos. En 24 bases aéreas (ocho británicas y dieciséis americanas), grandes flotas de aviones de transporte de tropas, remolcadores y planeadores eran revisadas, aprovisionadas de combustible y cargadas con material que iba desde piezas de artillería hasta jeeps. A unos 140 kilómetros al norte de Londres, la 82.ª División Aerotransportada del general de brigada James M. Gavin, se hallaba ya aislada del mundo exterior en un puñado de aeródromos situados en torno a Grantham en Lincolnshire. Otro tanto les ocurría a los *Red Devils (Diablos Rojos)* del general *Roy* Urquhart, la 1.ª División Aerotransportada británica, y a la 1.ª Brigada polaca de paracaidistas del general de división Stanislaw Sosabowski. Al sur, en las proximidades de Newbury, a unos 120 kilómetros al oeste de Londres, estaban también concentrados los *Screaming Eagles (Águilas Aullantes)* del general de división Maxwel D. Taylor, la 101.ª División Aerotransportada. En la misma zona, y extendiéndose hasta Dorsetshire, estaba el resto de la división de Urquhart. La mayoría de sus unidades no se dirigirían a los aeródromos hasta la mañana del 17, pero ya estaban también listas para partir en aldeas, pueblos y campamentos próximos a los puntos de partida. En todas partes, las fuerzas aerotransportadas de *Market-Garden* aguardaban el momento del despegue y de la histórica invasión de Holanda desde el aire.

Algunos hombres se sentían más preocupados por el hecho de hallarse incomunicados que por la misión misma. En un aeródromo próximo al pueblo de Ramsbury, las precauciones de seguridad inquietaban al cabo Hansford Vest, del 502.º Regimiento de la 101.ª División. Aviones y planeadores «se hallaban estacionados a lo largo de varios kilómetros por todo el campo, y se veían centinelas por todas partes». Observó que el aeródromo estaba rodeado por una alambrada con «centinelas británicos en el exterior y nuestros propios centinelas en el interior». Vest tuvo la «impresión de que habíamos perdido nuestra libertad». En su abarrotada ciudad de lona, el soldado James Allardyce, del 508.º Regimiento, trataba de ignorar la alambrada y los centinelas. Revisó una y otra vez su equipo «hasta casi desgastarlo». Allardyce no podía alejar la sensación de que «éramos como hombres condenados a muerte esperando el momento de la ejecución».

Otros hombres se preocupaban sobre todo de las probabilidades de que la misión se pusiera en marcha. Se habían cancelado tantas operaciones anteriormente que un nuevo recluta, el soldado Melvin Isenekev, de diecinueve años, perteneciente al 506.º Regimiento (había llegado de Estados Unidos el 6 de junio, el día en que la 101.ª había saltado sobre Normandía), seguía sin creer que se iniciaría la acción cuando llegaron a la zona de concentración. Isenekev pensaba que había sido instruido «durante mucho tiempo y con dureza para esto, y no quería que me obligaran a quedarme atrás». Pero fue lo que estuvo a punto de ocurrir. Tratando de encender un improvisado hornillo de petróleo utilizado para calentar agua, tiró una cerilla encendida en un tambor lleno de petróleo. Como no sucediera nada, «asomé la cabeza para mirar, y explotó». Temporalmente cegado, pensó al instante: «Ahora sí que la he hecho buena. No me dejarán ir». Sin embargo, a los pocos minutos, los ojos dejaron de arderle, y pudo ver de nuevo. Eso sí, cree que fue el único miembro de la 101.ª que saltó sobre Holanda sin cejas.

El sargento primero Daniel Zapalski, de veinticuatro años y encuadrado en el 502.º, «sudaba al pensar en el salto, deseando que cayeran todos a poca distancia unos de otros, deseando que el campo fuese blando, y deseando no aterrizar sobre un árbol». Ardía en deseos de partir. Aunque no se había recobrado por completo de una herida en la pierna recibida en Normandía, creía que su lesión «no era lo bastante grave como para impedirme cumplir mi servicio normal». Su comandante de batallón, el popular teniente coronel Robert G. Cole, no estaba de acuerdo. Había rechazado las súplicas de Zapalski. Sin desalentarse, Zapalski había pasado por encima de Cole y obtenido del médico del regimiento un certificado acreditativo de su aptitud para el combate. Aunque Zapalski y Cole habían luchado juntos en Normandía, el sargento recibió «uno de los rapapolvos típicos de Cole. Me llamó "cabezón polaco, inexperto, buscalíos e irrazonable"». Pero dejó ir a Zapalski.

El capitán Raymond S. Hall, capellán del 502.º Regimiento, tenía un problema parecido. Estaba «ansioso por volver a entrar en acción y estar con mis hombres». Pero también él había sido herido en Normandía. Ahora, los médicos no querían dejarle saltar. Se le dijo finalmente que podría ir en un planeador. El capellán quedó horrorizado. Veterano paracaidista, consideraba especialmente peligrosos a los planeadores.

El temor a la muerte o al fracaso inquietaba a otros. El capitán

LeGrand Johnson, comandante de compañía de veintidós años, recordando «los horrores y las apuradas situaciones» durante el ataque nocturno de la 101.ª que precedió a la invasión de Normandía, estaba «resignado». Tenía la convicción de que no volvería de esta misión. Sin embargo, el joven oficial estaba «decidido a dar toda la guerra que pudiese». Johnson no estaba seguro de que le agradase la idea de un salto a plena luz del día. Seguramente se producirían más bajas. Aunque, por otra parte, esta vez «podríamos ver al enemigo». Para ocultar su nerviosismo, Johnson entabló apuestas con sus compañeros sobre quién se tomaría la primera cerveza holandesa. Uno de los brigadas de Johnson, Charles Dohun, estaba «casi paralizado» por la preocupación. «No sabía cómo comparar con Normandía este salto diurno, ni qué podía esperar.» Al cabo de 48 horas, olvidado el entumecimiento que le paralizaba, el brigada Dohun salvaría heroicamente la vida del fatalista capitán Johnson.

El sargento especialista Marshall Copas, de veintidós años, tenía quizás más motivos que la mayoría para sentirse inquieto. Era uno de los «exploradores» que saltarían los primeros para señalar las zonas de lanzamiento de la 101.ª. En la acción de Normandía, recordó Copas, «tuvimos 45 minutos antes de que empezara a saltar el grueso de los paracaidistas..., ahora teníamos sólo 12 minutos». Copas y su amigo, el sargento John Rudolph Brandt, de veintinueve años, compartían una preocupación: ambos se habrían sentido mejor «si, en tierra, debajo de nosotros, hubiera estado el Tercer Ejército del general Patton, en vez de los británicos. Nunca habíamos combatido al lado de los *Tommies*».

En la zona de Grantham, el soldado John Garzia, veterano con tres saltos en combate con la 82.ª División Aerotransportada, estaba estupefacto. Para él, *Market-Garden* era «una locura absoluta». Pensaba que «*Ike* se había pasado al bando alemán».

Ahora que la Operación *Market-Garden* estaba realmente en marcha, el teniente coronel Louis Mendez, comandante de batallón del 508.º Regimiento de la 82.ª, no vaciló en hablar con claridad sobre una cuestión. Con las experiencias nocturnas de su regimiento en Normandía todavía dolorosamente frescas en su memoria, el coronel Mendez dirigió una seca advertencia a los pilotos que transportarían a sus hombres al día siguiente. «Caballeros —dijo fríamente Mendez—, mis oficiales conocen de memoria este mapa de Holanda y las zonas de lanzamiento, y estamos listos para partir. Cuando, antes de Normandía, impartí las instrucciones a mi batallón, yo tenía la mejor fuerza combativa de sus dimensiones que jamás se ha conocido. Para cuando logré reunirlos en Normandía, la mitad habían desaparecido. Una cosa les digo: Déjennos en Holanda o déjennos en el infierno, pero déjennos a todos en un solo lugar.»

El soldado de primera John Allen, de veinticuatro años, veterano de tres saltos y que se estaba recuperando todavía de las heridas recibidas en Normandía, se tomaba la operación con filosofía: «No me pillaron nunca en un salto nocturno —dijo solemnemente a sus camaradas—, así que ahora podrán verme y largarme un buen tiro». El sargento de estado mayor Russell O'Neal, con tres saltos en combate en su historial, estaba convencido de que «su buena suerte irlandesa estaba a punto de acabarse». Cuando supo que la 82.ª iba a saltar a la luz del día, redactó una carta que nunca llegó a enviar: «Puedes colgar una estrella de oro en tu ventana esta noche, madre. Los alemanes tienen una magnífica oportunidad de acribillarnos antes de que lleguemos a tierra». Para aligerar la atmósfera —aunque con ello tal vez empeorara las cosas—, el soldado Philip H. Nadler, del 504.º Regimiento, esparció algunos rumores. El que más le gustaba era que había un gran campamento alemán de hombres de las SS en una de las zonas de lanzamiento de la 82.ª.

Nadler no se había sentido excesivamente impresionado por las instrucciones dadas al pelotón. Uno de los objetivos del 504.º era el puente de Grave. Reuniendo a sus hombres a su alrededor, el teniente descubrió una maqueta y dijo: «Muchachos, éste es vuestro destino». Apoyó un puntero sobre el puente que llevaba la palabra *Grave*. Nadler fue el primero en hablar. «Sí, eso ya lo sabemos, teniente —dijo—, pero ¿en qué país nos vamos a lanzar?»

El comandante Edward Wellems, del 2.º Batallón del 504.º Regimiento, pensó que el nombre del puente era un tanto siniestro,* pese a que los oficiales que impartían las instrucciones a su grupo empezaron de pronto a cambiar su pronunciación.

Las instrucciones originaron encontradas reacciones. El cabo Jack Bommer, de diecinueve años, pensó que «dentro de seis u ocho semanas estaremos en casa, y, luego, nos mandarán al Pacífico». El soldado Leo Hart, de veintiún años, no creía que llegara a iniciarse la Operación. Había oído —probablemente, como consecuencia del rumor difundido por el soldado Nadler— que había cuatro mil soldados de las SS en la zona general de lanzamiento.

---

* *Grave* significa tumba, sepultura, en inglés. *(N. del T.)*

El comandante Edwin Bedell, de treinta y ocho años, recuerda que la única preocupación de uno de los soldados era la seguridad de una liebre viva que había ganado en una rifa de pueblo. El soldado temía que el animal, que era tan manso que le seguía a todas partes, no sobreviviera al salto y que, de hacerlo, terminara en un puchero.

Cerca del aeródromo de Spanhoe, en la zona de Grantham, el teniente *Pat* Glover, de la 4.ª Brigada Paracaidista de la 1.ª División Aerotransportada británica, estaba preocupado por *Myrtle*, una gallina pardorrojiza que le acompañaba desde principios de verano. Con las alas de paracaidista sujetas a una banda elástica que le rodeaba el cuello, *Myrtle*, la «gallina paracaidista» había hecho seis saltos de entrenamiento. Al principio, iba en una bolsa de lona con cierre de cremallera que Glover llevaba atada al hombro izquierdo. Más adelante, la soltaba a veinte metros del suelo. *Myrtle* ya era una experta, y Glover podía soltarla a cien metros. Con un frenético batir de alas y roncos graznidos, *Myrtle* descendía torpemente a tierra. Allí, recordaría Glover, «el animalito esperaba pacientemente a que yo llegara y la recogiese». La paracaidista *Myrtle* iba a ir a Arnhem. Sería su primer salto de combate. Pero Glover no pensaba tentar al destino. Se proponía llevar a *Myrtle* en su bolsa hasta pisar el suelo de Holanda.

El cabo Sydney Nunn, de veintitrés años, perteneciente a la 1.ª Brigada de Desembarco Aéreo con base en el sur, cerca de Keevil, se sentía encantado de deshacerse de su «mascota». Consideraba que el campamento era una «pesadilla». Nunn estaba deseando irse a Arnhem o a cualquier parte, con tal de que se hallara lo bastante lejos del obstinado topo que seguía utilizando su colchón como madriguera.

Entre los hombres de la 1.ª División Aerotransportada británica, repartidos en bases que se extendían desde las Midlands hasta Dorsetshire, al sur, predominaba una sensación de alivio por el hecho de que, al fin, iban a entrar en acción. Además, al dar sus instrucciones, los oficiales hacían hincapié en el hecho de que *Market-Garden* podía acortar la guerra. Para los británicos, que estaban combatiendo desde 1939, era una buena noticia. El sargento Ron Kent, de la 21.ª Compañía Independiente de Paracaidistas, oyó decir que «el éxito de la Operación podía incluso hacer que Berlín cayera en nuestro poder» y que la resistencia terrestre en Arnhem «consistiría principalmente en juventudes hitlerianas y viejos en bicicleta». El sargento Walter Inglis, de la 1.ª Brigada Paracaidista, se sentía igualmente confiado. El ataque, pensaba, sería «una perita en dulce». Todo lo que los *Diablos Rojos* tenían que hacer era «mantenerse en el puente de Arnhem durante cuarenta y ocho horas, hasta que llegaran los carros de combate del XXX Cuerpo; entonces, la guerra estaría prácticamente terminada». Inglis esperaba regresar a Inglaterra en el plazo de una semana. El cabo Gordon Spicer, de la 1.ª Brigada Paracaidista, consideraba despreocupadamente la operación «una cosa bastante sencilla, con unos cuantos alemanes retrocediendo horrorizados ante nuestro avance»; mientras que el cabo artillero Percy Parkes, de la 1.ª Brigada de Desembarco Aéreo, pensaba después de oír los planes, que «todo lo que íbamos a encontrar en Arnhem no sería más una mezcla de cocineros y oficinistas alemanes». La presencia de blindados, según Parkes, fue «mencionada solamente de pasada, y se nos dijo que nuestra protección aérea sería tan poderosa que oscurecería el cielo por encima de nosotros». La confianza era tal que el médico Geoffrey Stanners esperaba sólo «un par de batallones herniados», y el soldado de transmisiones Victor Read estaba «deseando ver las fuerzas femeninas auxiliares alemanas que —pensaba— debían ser los únicos alemanes que defenderían Arnhem».

Algunos hombres que podían legítimamente quedarse en la retaguardia estaban ansiosos por partir. Uno de ellos era el sargento Alfred Roullier, de treinta y un años, de la artillería de la 1.ª Brigada de Desembarco Aéreo. Descubrió que no había sido incluido en la operación Arnhem. Aunque Roullier había recibido instrucciones como artillero, se encontraba en ese momento desempeñando las funciones de sargento de cocina en el cuartel de su batallón. Debido a su habilidad culinaria, parecía que podía pasar el resto de la guerra en ese puesto. Alf Roullier solicitó dos veces al brigada John Siely que se le incluyera en el ataque, pero en ambos casos vio rechazada su petición. Alf insistió una tercera vez. «Sé que esta Operación puede acortar la guerra —dijo a Siely—. Tengo mujer y dos hijos, pero si este ataque va a hacerme regresar antes a casa y garantizarles a ellos un futuro mejor, entonces quiero ir.» Siely pulsó unas cuantas teclas. El nombre de Alf Roullier fue añadido a la lista de los que irían a Arnhem, donde, a la semana siguiente, el sargento de cocina se convertiría en toda una leyenda.

En medio del elevado optimismo que prevalecía antes del comienzo de *Market-Garden*, había, no obstante, secretas dudas entre algunos oficiales y hombres alistados. Se sentían preocupados por una gran diversidad de razones, aunque la mayoría de ellos ponía buen cuidado en ocultar sus sentimientos. El cabo Daniel Morgans, de la 1.ª Brigada Paracaidista, consideraba que «*Market* era una operación fácilmente realizable». Sin embargo, «lanzarse a nueve o diez kilómetros del objetivo y, luego, abrirse paso luchando a través de una ciudad para llegar allí, era realmente buscarse complicaciones». El sargento mayor J. C. Lord, que llevaba toda la vida en el ejército, también lo consideraba así. Pensaba que «el plan era un poco arriesgado». Tampoco daba Lord mucho crédito a lo que se decía sobre la debilidad y desgaste del enemigo. Sabía que «el alemán no es ningún estúpido, sino un poderoso guerrero». Sin embargo, Lord, cuyo aspecto podía intimidar incluso a los veteranos bajo sus órdenes (casi respetuosamente, algunos le llamaban *Jesucristo* a sus espaldas), no reveló sus inquietudes, porque «habría sido catastrófico para la moral».

El capitán Eric Mackay, cuyos ingenieros debían, entre otras tareas, precipitarse al puente de Arnhem y retirar las supuestas cargas alemanas, se sentía receloso respecto a toda la Operación. Pensaba que «tanto daba que la división fuese lanzada a 150 kilómetros del objetivo como a ocho». No había duda de que se perdería la ventaja de la sorpresa y de «un ataque relámpago». Mackay ordenó sosegadamente a sus hombres que duplicaran la cantidad de municiones y granadas que iba a llevar cada uno e instruyó personalmente a todos sobre las técnicas de huida.*

El comandante Anthony Deane-Drummond, de veintisiete años, segundo en el mando de la sección de transmisiones de la 1.ª División Aerotransportada, se sentía particularmente preocupado por sus comunicaciones. Aparte de las principales unidades de mando, le inquietaban los pequeños aparatos «22» que se utilizarían entre Urquhart y las diversas brigadas durante el ataque desde Arnhem. Las condiciones óptimas de funcionamiento de los transmisores-receptores se circunscribían a un diámetro de entre cinco y siete kilómetros. Con zonas de lanzamiento situadas a diez y doce kilómetros del objetivo, era de esperar que se produjesen fallos. Peor aún, los aparatos debían establecer también contacto con el Cuartel General del Cuerpo Aerotransportado del general Browning, que estaría según lo planeado en Nimega, desde las zonas de lanzamiento situadas aproximadamente a 23 kilómetros al sur. Complicaban el problema las condiciones del terreno. Entre el puente de Arnhem y los puntos de aterrizaje estaban la ciudad misma, así como sectores densamente arbolados y barrios

---

* Puede encontrarse uno de los más completos relatos de las actividades del Primer Ejército Aerotransportado británico en el puente de Arnhem en *The Battle of Arnhem Bridge*, de Eric Mackay, *Blackwood's Magazine*, octubre de 1945.

suburbanos. Por el contrario, una unidad independiente de enlace, llamada *Phantom* —organizada para recoger y transmitir estimaciones de los servicios de inteligencia e informes inmediatos a cada comandante en campaña, en este caso el general Browning del Cuerpo Aerotransportado— no se sentía preocupada por el radio de acción de sus propios «22». El teniente Neville Hay, encargado de los capacitados especialistas del equipo *Phantom*, sentía incluso «un cierto desprecio hacia el Real Cuerpo de Transmisiones», a quien su grupo tenía tendencia a tratar «como parientes pobres». Utilizando un tipo especial de antena, Hay y sus operadores habían podido transmitir con un «22» a distancias superiores a 150 kilómetros.

Aun teniendo en cuenta el éxito de Hay y que, en caso de urgencia, se utilizarían diversas formas de comunicación,* Deane-Drummond no se sentía tranquilo. Mencionó a su superior, el teniente coronel Tom Stephenson, que «es muy dudosa la probabilidad de que los aparatos funcionen satisfactoriamente en las fases iniciales de la Operación». Stephenson se mostró de acuerdo. Sin embargo, no importaba mucho. Se esperaba que, en el asalto por sorpresa, las tropas se acercaran muy rápidamente al puente de Arnhem. Se creía, por consiguiente, que las unidades no estarían incomunicadas con el Cuartel General durante más de una o dos horas, momento para el cual, oyó decir Deane-Drummond, «las cosas se habrían resuelto solas, y el puesto de mando de Urquhart estaría con la 1.ª Brigada Paracaidista en el mismo puente». Deane-Drummond explicó más tarde que, a pesar de no quedarse completamente tranquilo, «como casi todo el mundo, me dejé llevar por la actitud predominante: "No seas negativo y, por amor de Dios, no balancees el bote; vayamos con el ataque"».

La última palabra no dependía ahora de los hombres, sino del tiempo. Desde el Cuartel General del Mando Supremo hacia abajo, los oficiales esperaban ansiosamente las informaciones meteorológicas. Faltando menos de siete días para el límite máximo fijado por Montgomery, *Market-Garden* estaba todo lo preparada que podía llegar a estarlo, pero se necesitaba una predicción mínima de tres días

---

* En el sistema de comunicaciones se incluían 82 palomas suministradas por la RAF. Sus palomares se hallaban situados en la zona de Londres, lo que significaba que las aves, si sobrevivían al aterrizaje y a los alemanes, tendrían que volar aproximadamente 360 kilómetros para entregar un mensaje.

completos de buen tiempo. Al atardecer del 16 de septiembre, los meteorólogos hicieron públicas sus conclusiones: aparte de algunas nieblas matinales, el tiempo sería bueno durante los tres días siguientes, con pocas nubes y sin vientos destacados. En el Cuartel General del Primer Ejército Aerotransportado aliado, el teniente general Brereton tomó rápidamente su decisión. El mensaje cifrado que dirigió por teletipo a sus comandantes a las 19.45 horas decía: CONFIRMADO MARKET DOMINGO 17. ACUSE RECIBO. En su Diario, Brereton anotó: «Al fin vamos a entrar en acción». Pensó que dormiría bien esa noche pues, como dijo a su Estado Mayor, «ahora que he tomado la decisión, he dejado de preocuparme».

Ya fuera en abarrotados hangares, campamentos de tiendas o barracones de chapa ondulada, los hombres que aguardaban conocieron la noticia. En un gran espejo colgado sobre la chimenea del comedor de sargentos de la sección de transmisiones de la 1.ª División Aerotransportada británica, cerca de Grantham, alguien escribió con tiza «faltan 14 horas... no hay cancelación». El sargento Horace *Hocker* Spivey advirtió que, a cada hora que pasaba, el número era rectificado. Para Spivey, cansado de recibir instrucciones sobre operaciones que nunca llegaban a materializarse, la progresiva disminución de la cifra escrita en el espejo constituía la mejor prueba de que esta vez «la cosa iba en serio».

En todas sus bases, los hombres del Primer Ejército Aerotransportado aliado realizaban los preparativos de última hora. Habían recibido sus instrucciones completas, sus armas habían sido revisadas y su dinero cambiado por florines holandeses, y no podían hacer otra cosa más que esperar. Algunos pasaban el tiempo escribiendo cartas, «celebrando» su partida a la mañana siguiente, recogiendo sus efectos personales, durmiendo o participando en maratonianas partidas de naipes que iban desde el *blackjack* y el póquer hasta el bridge. El sargento Francis Moncur, de veinte años, perteneciente al 2.º Batallón de la 1.ª Brigada Paracaidista, estuvo jugando al *blackjack* hora tras hora. Para su sorpresa, no dejaba de ganar. Mirando el montón de florines que iba creciendo ante él, Moncur se sentía como un millonario. Esperaba tener «un montón de tiempo en Arnhem después de la batalla», que, en su opinión, «no duraría más de 48 horas». Eso sería suficiente para que el sargento saldara una cuenta con los alemanes. Setenta y dos horas antes, el hermano de Moncur, sargento de la RAF, de diecisiete años, se había matado al saltar desde su averiado bombardero a una altura de setenta metros. Su paracaídas no había legado a abrirse completamente.

Al sur de Grantham, en una base de Cottesmore, el sargento *Joe* Sunley, de la 4.ª Brigada Paracaidista, había salido de patrulla para cerciorarse de que «ninguno de los hombres había hecho una escapada al pueblo». Al regresar al aeródromo, Sunley vio al sargento *Ginger* Green, instructor de educación física y «todo un gigante» lanzando al aire un balón desinflado. Green cogió diestramente el balón y se lo tiró a Sunley. «¿Qué diablos estás haciendo con esto?», preguntó Sunley. *Ginger* explicó que iba a llevar el desinflado balón a Arnhem «para que podamos jugar un poco en la zona de lanzamiento cuando hayamos terminado».

En Manston, Kent, el sargento jefe George Baylis, del Regimiento de Pilotos de Planeadores, también estaba pensando en divertirse un poco. Había oído que a las holandesas les gustaba bailar, así que George empaquetó cuidadosamente sus zapatos de baile. El soldado Stanley G. Copley, de la sección de transmisiones de la 1.ª Brigada Paracaidista, compró película extra para su cámara fotográfica. Como se esperaba encontrar poca resistencia, pensó que era «una excelente oportunidad para tomar algunas fotografías de los campos y ciudades de Holanda».

Un hombre empaquetaba los regalos que había comprado en Londres cuatro días antes. Cuando el país fue invadido por los alemanes, el capitán de corbeta de la Marina holandesa Arnoldus Wolters, de treinta y dos años, había huido en su dragaminas y puesto rumbo a Inglaterra. Desde entonces, había estado agregado al Gobierno holandés en el exilio, desempeñando una gran variedad de puestos burocráticos relacionados con la información y los servicios de espionaje. Pocos días antes, se le había pedido a Wolters que fuera a Holanda formando parte del Gobierno Militar y del equipo de asuntos civiles agregados al Cuartel General del general Urquhart. Se proponía que Wolters pasara a ser comisario militar de los territorios holandeses que liberarían las fuerzas aerotransportadas. «Era una sugerencia sorprendente, pasar de una silla de oficina a un planeador», recordó. Fue agregado a una unidad mandada por el coronel Hilary Barlow, comandante adjunto de la 1.ª Brigada de Desembarco Aéreo, al que se le había asignado el mando de la ciudad de Arnhem, en cuanto ésta fuese capturada. Wolters sería su ayudante. En ese momento, excitado por la perspectiva de regresar a Holanda, Wolters se sentía «lleno de optimismo, y creía todo lo que me decían. Realmente, no esperaba que la operación fuese muy difícil. Parecía que la guerra estaba virtualmente terminada y que el ataque era cosa sencilla. Esperaba aterrizar el domingo y estar en casa el martes con mi mujer y mi hija en Hilversum». Wolters había comprado un reloj para su mujer, Maria, y para su hija, a la que había visto por última vez hacía cuatro años, siendo todavía bebé, tenía un oso de peluche de más de medio metro. Confiaba en que a nadie le importaría si lo llevaba en el planeador.

El teniente coronel John Frost, de treinta y un años, que estaba al frente del batallón que debía capturar el puente de Arnhem, recogió su cuerno de cobre para cacerías de zorros juntamente con el resto de su equipo de combate. Se lo habían regalado los miembros de la *Royal Exodus Hunt*, que había presidido en 1939-1940. Durante la instrucción, Frost había utilizado el cuerno para reunir a sus hombres. Lo haría también en esta Operación. A Frost no le importaba tener que efectuar un salto a plena luz del día. De acuerdo con la información recibida, «se nos había hecho pensar que los alemanes eran débiles y estaban desmoralizados y que las tropas alemanas existentes en la zona eran de poca categoría y estaban mal equipadas». Frost tenía sus recelos sobre las zonas de lanzamiento. Se le había dicho que «el pólder del lado meridional del puente era inadecuado para los paracaidistas y planeadores». Y él se preguntaba: ¿por qué iban a lanzarse los polacos sobre el lado meridional del puente «si era tan inadecuado»?

Aunque deseaba entrar en acción, Frost «detestaba salir hacia Holanda». Esperaba secretamente una cancelación en el último minuto. Había disfrutado en la zona de Stoke Rochford, en Lincolnshire, y quería pasar «quizás uno o dos días más haciendo todas las cosas agradables que había hecho en el pasado». Pero, junto a estos pensamientos, había otros «diciéndome que ya habíamos estado aquí bastante tiempo y que había llegado el momento de marcharse». Frost durmió profundamente el 16 de septiembre. Aunque no era tan ingenuo como para creer que la batalla de Arnhem resultaría «una cosa divertida», dijo a su asistente, Wicks, que metiera en el coche oficial que le seguiría su pistola, cartuchos, palos de golf y el esmoquin.

En el espejo situado sobre la chimenea del comedor de sargentos, ahora desierto, había una última anotación, garrapateada antes de que los hombres se vieran demasiado atareados para ocuparse del asunto. Decía: «Faltan 2 horas... no hay cancelación».

TERCERA PARTE

EL ATAQUE

1

El estruendo de las enormes formaciones era ensordecedor. En las proximidades de las bases de planeadores en Oxfordshire y Gloucestershire, los caballos y el ganado fueron presa del pánico y huyeron por los campos. En el sur y en el este de Inglaterra, millares de personas contemplaban estupefactas la escena. En algunos pueblos y ciudades, el tráfico rodado sufrió embotellamientos y quedó interrumpido. Los pasajeros de los trenes se apiñaban junto a las ventanillas para mirar. En todas partes, las gentes contemplaban atónitas y boquiabiertas un espectáculo que jamás habían visto. La fuerza aerotransportada más poderosa de la Historia había despegado y se dirigía hacia sus objetivos.

Por una coincidencia, aquella radiante mañana del domingo 17 de septiembre de 1944, se estaban celebrando en toda Inglaterra servicios religiosos especiales en conmemoración de «los pocos valientes», el puñado de pilotos de la RAF que había desafiado valerosamente a la Luftwaffe de Adolf Hitler cuatro años antes y la había neutralizado. Mientras los fieles rezaban arrodillados, el infatigable y poderoso zumbido de las hélices ahogó completamente algunos servicios. En la gran catedral de Westminster, en Londres, no se pudieron oír las triunfantes notas del solemne *Magnificat* que lanzaba el órgano. En grupos de dos y de tres, los fieles abandonaron sus bancos para reunirse con las multitudes ya congregadas en las calles. Allí, los londinenses levantaban la vista, anonadados por el estruendo, mientras formación tras formación de aviones pasaban sobre sus cabezas a baja altura. En la parte norte de Londres, una banda del Ejército de Salvación se vio obligada a callar, vencida por el ruido, pero el tambor, con los ojos en el firmamento, marcó un simbólico redoble: tres puntos y una raya..., la V de *victoria* en alfabeto Morse.

La gran cantidad de aviones que pasaban remolcando planeadores revelaban claramente a los espectadores la naturaleza del ataque. Pero transcurrieron seis horas más antes de que el pueblo británico supiera que había presenciado la fase inicial de la ofensiva aerotransportada más importante jamás concebida. Tal vez fuera una empleada de la Cruz Roja, Angela Hawkings, quien mejor resumió las reacciones de quienes presenciaron el paso de la inmensa flota. Desde la ventanilla de un tren, contempló atónita cómo oleada tras oleada de aviones volaban como «bandadas de estorninos». Estaba convencida de que «este ataque, dondequiera que vaya, no puede por menos de lograr el fin de la guerra».

Los hombres del Primer Ejército Aerotransportado aliado estaban tan poco preparados como los civiles que estaban en tierra para el impresionante espectáculo de su propia partida. Los paracaidistas, la infantería transportada en planeadores y los pilotos que emprendían la marcha hacia Holanda quedaron aturdidos ante las dimensiones y majestuosidad de las flotas aéreas. El capitán Arie D. Bestebreurtje, oficial holandés destinado a la 82.ª Aerotransportada, pensó que el espectáculo era «increíble. Los Aliados debían haber incorporado a esa operación concreta todos sus aviones disponibles». De hecho, participaban unos 4.700 aparatos, el mayor número jamás utilizado en una sola misión aerotransportada.

La operación había comenzado poco antes del amanecer y continuó durante toda la mañana. Primero, habían despegado de los aeródromos británicos más de 1.400 bombarderos aliados, que habían aplastado posiciones antiaéreas alemanas y concentraciones de tropas en la zona de *Market-Garden*. Luego, a las 9.45 horas, empezaron a despegar de 24 bases americanas y británicas 2.023 aviones de transporte de tropas, planeadores y sus remolcadores, lo que se prolongó durante dos horas y cuarto.* Aparatos C-47 transportando paracaidistas volaban en largas formaciones de 45 aviones. Otros

---

* Muchas versiones oficiales señalan las 10.25 horas como el momento en que despegó el primer avión de *Market*. Quizá pensaban en la salida de los exploradores, que llegaron primero. Del examen de los diarios de navegación y los horarios de los controladores aéreos, se deduce claramente que el despegue comenzó a las 9.45 horas.

C-47 y bombarderos británicos —*Halifax*, *Stirling* y *Albemarle*— remolcaban 478 planeadores. En hileras aparentemente interminables, estos enormes planeadores que transportaban tropas y equipo daban saltos detrás de sus remolcadores al extremo de cuerdas de 100 metros de longitud. Oscilando entre los pequeños planeadores *Horsa* y *Waco*, había grandes y esbeltos *Hamilcar*, cada uno de ellos con una capacidad de carga de ocho toneladas; podían transportar un carro de combate pequeño o dos camiones de tres toneladas con artillería o munición. Por encima, debajo y a los flancos, protegiendo estas enormes formaciones, había casi 1.500 cazas y cazabombarderos aliados, *Spitfire*, *Typhoon* armados con cohetes, *Temst* y *Mosquitoes* británicos; *Thunderbolt*, *Linghtning*, *Mustang* y bombarderos en picado estadounidenses. Había tantos aviones en el aire que el capitán Neil Sweeney, de la 101.ª División Aerotransportada, recordaba que «parecía como si pudiéramos ponernos sobre las alas e irnos andando hasta Holanda».

Las fuerzas de los planeadores británicos fueron las primeras en despegar. Debiendo ir más al norte que los americanos en el corredor *Market-Garden* y teniendo que llevar a cabo diferentes empresas, el general Urquhart necesitaba el máximo de hombres, equipo y artillería —especialmente cañones anticarros— en el primer vuelo, para capturar y mantener sus objetivos hasta que pudieran enlazar con él las fuerzas terrestres. Por ello, el grueso de su división era transportada en planeador: 320 planeadores llevaban a los hombres, transportes y artillería de la 1.ª Brigada de Desembarco Aéreo del general de brigada Philip *Pips* Hicks. Llegarían a las zonas de aterrizaje situadas al oeste de Arnhem poco después de las 13 horas. Treinta minutos después, empezaría a saltar la 1.ª Brigada Paracaidista del general de brigada Gerald Lathbury desde sus 145 aviones de transporte de tropas. Como los pesados planeadores y remolcadores eran más lentos —180 kilómetros por hora frente a 210 de los aviones portadores de paracaidistas—, era preciso enviar primero estos inmensos «trenes aéreos», o seriales, como los llamaban los soldados. En ocho bases de Gloucestershire y Oxfordshire, remolcadores y planeadores rodaban por las pistas y se elevaban en el aire a un ritmo jamás intentado hasta entonces: una combinación por minuto. Situarse en formación constituía una tarea especialmente complicada y peligrosa. Ganando altura lentamente, los aviones pusieron rumbo al oeste sobre el Canal de Bristol. Luego, sincronizadas sus velocidades, los remolcadores y planeadores se escalonaron a la derecha por parejas, describieron un círculo, volaron sobre las bases de despegue y se dirigieron hacia un punto de concentración situado sobre la ciudad de Hatfield, al norte de Londres.

Mientras las primeras hileras de planeadores británicos se formaban sobre el Canal de Bristol, 12 bombarderos británicos *Stirling* y seis C-47 americanos empezaron a despegar a las 10.25 horas rumbo a Holanda. Iban en ellos los exploradores americanos y británicos, los hombres que serían los primeros en tomar tierra para señalar las zonas de aterrizaje y lanzamiento a las fuerzas de *Market*.

Simultáneamente, los hombres de la 82.ª División Aerotransportada estadounidense y las tropas paracaidistas de la 1.ª División británica despegaban de sus bases situadas en las proximidades de Grantham, Lincolnshire, en 625 aviones de transporte de tropas y 50 C-47 remolcando planeadores. Con asombrosa precisión, los aparatos del IX Mando de Transporte de Tropas despegaban a intervalos de cinco a veinte segundos. Oleada tras oleada, se reunieron sobre la ciudad de March, Cambridgeshire, para desde allí avanzar en tres grupos paralelos para cruzar la costa a la altura de Aldeburgh.

Al mismo tiempo, desde los aeródromos meridionales situados en torno a Greenham Common, despegó la 101.ª Aerotransportada en 424 C-47, además de setenta remolcadores y planeadores. Tras situarse en formación, también ellos sobrevolaron el punto de control del tráfico en Hatfield y se dirigieron hacia el este para cruzar la costa por la bahía de Bradwell.

En inmensas columnas triples que ocupaban por lo menos una franja de quince kilómetros de ancho y, aproximadamente, 150 kilómetros de largo, la enorme flota sobrevolaba la campiña inglesa. La 82.ª Aerotransportada y la 1.ª División británica, en ruta hacia Nimega y Arnhem, volaban por la parte norte. Les acompañaba una hilera especial de 38 planeadores, que transportaba a Nimega el Cuartel General del Cuerpo del general Browning. Por la ruta meridional, pasando sobre la bahía de Bradwell, la 101.ª Aerotransportada se dirigía rumbo a sus zonas de lanzamiento, situadas ligeramente al norte de Eindhoven. A las 11.55 horas había despegado toda la fuerza, constituida por más de 20.000 hombres, 511 vehículos, 330 piezas de artillería y 590 toneladas de material. Mirando la campiña inglesa desde una altura de sólo quinientos metros, el primer teniente James J. Coyle, de la 82.ª Aerotransportada, vio unas monjas que agitaban la mano desde el patio de un convento. Pensó que «el hermoso día y las monjas componían una imagen que poseía la calidad de un cuadro al óleo». Al corresponder al saludo, se preguntó si sabrían «quiénes éramos y dónde íbamos».

Para la mayoría de las tropas aerotransportadas, la parte inicial del viaje, a través de Inglaterra, tenía un aire festivo. Para el soldado Roy Edwards, de la 1.ª Brigada Paracaidista, «todo era tan sereno que era como ir en autobús a la playa». El soldado A. G. Warrender diría que «aquél era un domingo perfecto; una mañana para darse un paseo por el campo y tomarse una pinta de cerveza en la taberna».

El oficial al mando del Regimiento de Pilotos de Planeadores, coronel George S. Chatterton, que pilotaba el aparato que llevaba al general Browning, describió el domingo como «un día precioso. No parecía posible que estuviéramos despegando hacia una de las mayores batallas de la Historia». Chatterton se hallaba sorprendido por el séquito y el equipo de Browning. Con el general iban su asistente, el médico y el cocinero de su Cuartel General, así como su tienda de campaña y su jeep personal. Browning iba sentado en una caja vacía de cerveza Worthington entre el piloto y el copiloto, y Chatterton observó que iba «impecablemente vestido con un uniforme de combate *Barathea*, brillante correaje, pantalones con la raya bien marcada, pistolera de cuero reluciente como un espejo, bastoncillo de oficial e inmaculados guantes grises de cabritilla». El general, dijo Chatterton, «estaba en perfecta forma, porque se daba cuenta de que había llegado a uno de los puntos culminantes de su carrera. Había un ambiente de inmensa alegría».

En otra hilera de planeadores, el impasible escocés que tenía la misión más difícil de *Market-Garden*, el general *Roy* Urquhart de la 1.ª División Aerotransportada, pensaba que era «difícil no sentirse excitado por el hecho de que al fin estuviéramos en marcha». Pero los pensamientos del popular oficial se hallaban centrados, como siempre, en sus hombres y en el trabajo que les esperaba. Al igual que Browning, tenía un séquito. Ahora, paseando la vista a todo lo largo del planeador *Horsa* —que transportaba a su ayudante Roberts, asistente Hancock, el reverendo G. A. Pare, capellán del Regimiento de Pilotos de Planeadores, un soldado de Transmisiones, dos policías militares, sus motocicletas y el jeep del general—, Urquhart sintió un remordimiento de conciencia. Pensó en sus paracaidistas, cargados de fardos, armas y equipo, apiñados en pesados aviones de transporte. Urquhart llevaba sólo una pequeña bolsa de bandolera, dos granadas de mano, una caja de mapas y un cuaderno de notas. Se sintió turbado por su propia comodidad.

Urquhart se había visto obligado a tomar difíciles decisiones prácticamente hasta el mismo momento del despegue. Pocas horas antes de partir, su jefe de Estado Mayor, coronel Charles Mackenzie, había recibido una llamada telefónica de un alto oficial de las Fuerzas Aéreas estadounidenses. ¿Se iba a bombardear el manicomio de Wolfheze? El americano, había informado Mackenzie, «quería que Urquhart le diera seguridades personales de que había alemanes en él, y no dementes; en otro caso, los americanos no podrían aceptar la responsabilidad». El manicomio se hallaba peligrosamente próximo al punto de reunión de la división, y el Estado Mayor de Urquhart creía que estaba ocupado por los alemanes. Mackenzie había aceptado la responsabilidad. «Es toda suya», había replicado el estadounidense. Urquhart había aprobado la acción de su jefe de Estado Mayor. «Había hecho todo para estar lo mejor preparado posible, y no había nada más que hablar», recordó.

Cuando Mackenzie se disponía a dirigirse a su planeador, Urquhart le llamó aparte. «Mira, Charles —dijo a Mackenzie—, si algo me ocurre, la sucesión en el mando debe ser la siguiente: primero, Lathbury, luego Hicks y Hackett, por ese orden.» La elección de Urquhart estaba basada en la experiencia. «Todo el mundo sabía que Lathbury era mi lugarteniente —recordó más tarde—, Hackett era superior en grado a Hicks, pero era mucho más joven, y yo tenía la convicción de que Hicks poseía más experiencia en el mando de infantería. Mi decisión no constituía ninguna censura a la capacidad de mando de Hackett.» Quizá, reflexionó Urquhart, hubiera debido informar antes de su decisión a cada uno de sus generales de brigada, pero había «considerado con toda franqueza que la cuestión era puramente formal». Había muy escasas posibilidades de que la división perdiera a Urquhart y Lathbury.

Ahora, tomadas ya todas las decisiones, Urquhart contemplaba distraídamente cómo «escuadrones de cazas adelantaban a las hileras de planeadores». Aquella era su primera misión en un planeador y antes de salir se había tomado dos píldoras contra el mareo. Tenía la garganta seca, y le costaba tragar saliva. Se daba cuenta, además, de que «Hancock, mi asistente, me estaba mirando con aire de preocupación. Como todos los demás, esperaba que yo me marease». Urquhart le defraudó. «Nos encontrábamos en una inmensa corriente de aviones, y me concentré en mis pensamientos. No había marcha atrás. Habíamos trazado un buen plan. Yo todavía deseaba que hubiéramos podido acercarnos más al puente, pero no me intranquilizaba.»

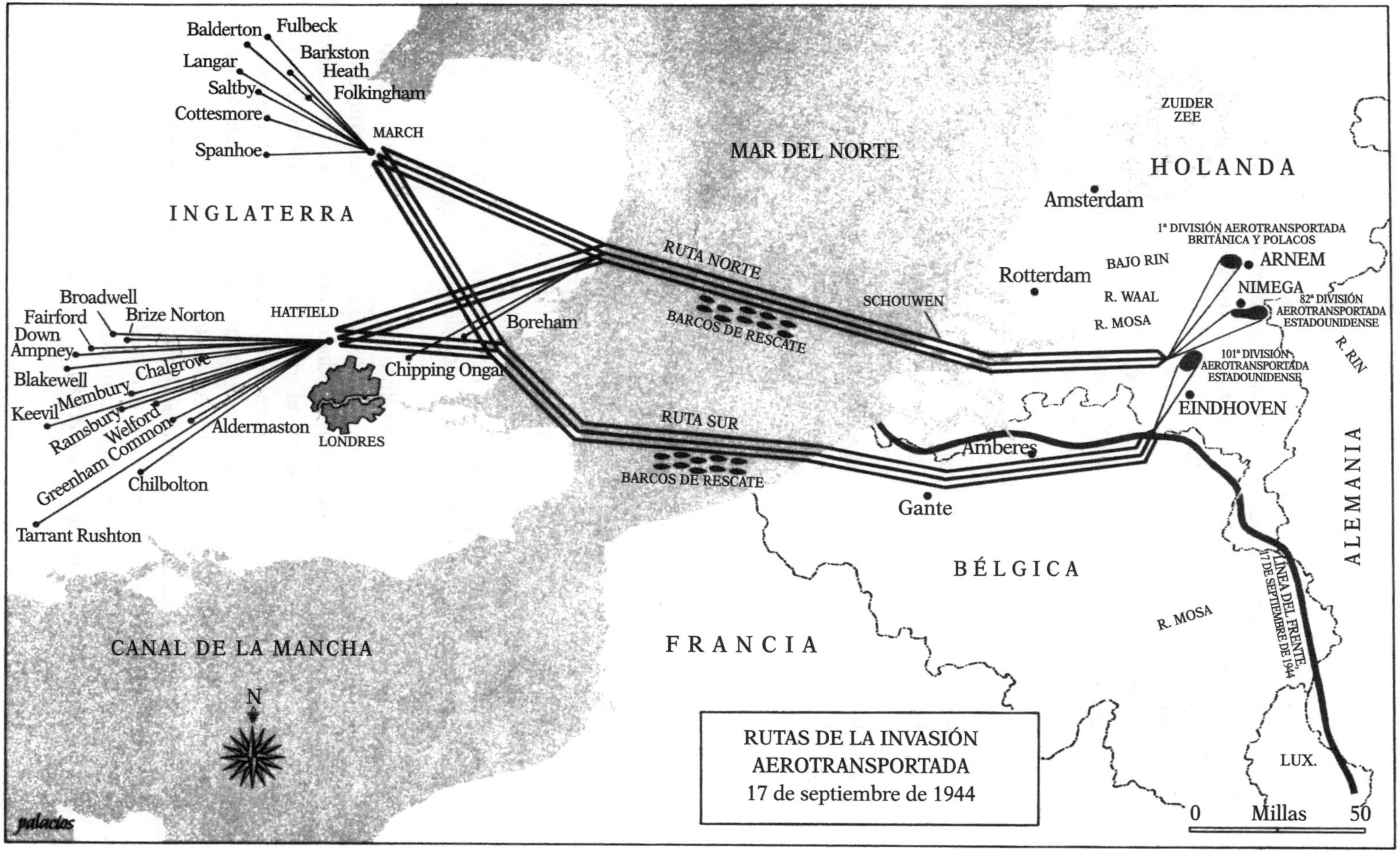
RUTAS DE LA INVASIÓN
AEROTRANSPORTADA
17 de septiembre de 1944
Balderton
Fulbeck
Barkston Heath
Langar
Saltby
Folkingham
Cottesmore
Spanhoe
MARCH
INGLATERRA
MAR DEL NORTE
ZUIDER ZEE
HOLANDA
Amsterdam
1ª DIVISIÓN AEROTRANSPORTADA BRITÁNICA Y POLACOS
ARNEM
BAJO RIN
Rotterdam
RUTA NORTE
R. WAAL
NIMEGA
82ª DIVISIÓN AEROTRANSPORTADA ESTADOUNIDENSE
R. MOSA
SCHOUWEN
BARCOS DE RESCATE
R. RIN
101ª DIVISIÓN AEROTRANSPORTADA ESTADOUNIDENSE
EINDHOVEN
Broadwell
Brize Norton
HATFIELD
Fairford
Down Ampney
Boreham
Blakewell
Chalgrove
Chipping Ongar
Keevil
Membury
Ramsbury
Welford
Greenham Common
Aldermaston
LONDRES
Chilbolton
Tarrant Rushton
RUTA SUR
BARCOS DE RESCATE
Amberes
Gante
ALEMANIA
BÉLGICA
LÍNEA DEL FRENTE, 17 DE SEPTIEMBRE DE 1944
R. MOSA
CANAL DE LA MANCHA
FRANCIA
N
LUX.
0 Millas 50
palacios

Pese a la eficiencia desplegada en el lanzamiento de la gran flota, se produjeron accidentes casi inmediatamente. Poco antes del despegue, el ala de babor de un planeador fue destrozada por la hélice de un bombardero *Stirling*. No hubo heridos. Cuando el planeador que transportaba al teniente Alan Harvey Cox de la Brigada de Desembarco Aéreo se elevaba en el aire, tropezó con dificultades. Una masa de nubes bajas obstaculizó la visión del piloto del planeador, y le impidió situarse en línea con la cola de su remolcador. El planeador iba en una dirección, y el avión en otra, con lo que la cuerda amenazaba con enrollarse en torno al ala del planeador y volcarlo. No pudiendo alinearse con su remolcador, el piloto del planeador accionó una palanca roja, y el aparato se vio libre. El planeador de Cox aterrizó sin sufrir ningún daño en un campo de heno de Sandford-on-Thames. Un incidente más extraño tuvo lugar en un C-47 en el que viajaban unos hombres de la 82.ª Aerotransportada, los cuales se hallaban sentados unos frente a otros a lo largo de ambos costados del aparato. Cinco minutos después del despegue, el cabo Jack Bommer vio «abrirse bruscamente la portezuela de carga situada detrás de los hombres que yo tenía delante». La fuerza del aire estuvo a punto de succionar a los hombres. Mientras trataban desesperadamente de sujetarse, explicaría Bommer, «el piloto hizo dar una sacudida al avión, y la portezuela se cerró de golpe».

El cabo Sydney Nunn, que tantas ganas tenía de abandonar su base de las proximidades de Keevil y verse libre de las actividades del topo en su colchón, tuvo enseguida oportunidad de sentirse un hombre afortunado por seguir vivo. Después de más de una hora de vuelo sin el menor incidente, su planeador penetró en una nube. Al salir de ella, el piloto del planeador vio que el cable que le remolcaba se había enredado en torno al ala de babor. Por el sistema de comunicación interior, Nunn oyó decir al piloto: «¡Tengo problemas! ¡Tengo problemas!». Un instante después, se desasió del avión de remolque. «Pareció como si nos hubiéramos quedado parados en seco en el aire —recordaba Nunn—. Entonces, el aparato se inclinó de morro y empezamos a caer hacia tierra, con el cable agitándose a lo largo del avión como la cuerda rota de una cometa.» Nunn permaneció «petrificado», oyendo el aullido del viento a lo largo del fuselaje, «esperando que las cadenas que sujetaban un jeep que transportaba el planeador resistieran». Después, oyó al piloto avisarles: «Agarraos bien, muchachos. Ya llegamos». El planeador golpeó contra el suelo, rebotó, volvió a pegar en tierra y se detuvo lentamente. En el inesperado silencio que siguió, Nunn oyó al piloto preguntar: «¿Estáis todos bien?». Lo estaban, y los hombres fueron enviados de nuevo a Keevil para salir en el segundo vuelo, el 18 de septiembre.

Otros no tuvieron tanta suerte. La tragedia descargó su golpe sobre un planeador en el momento en que sobrevolaba Wiltshire. El sargento de la RAF Walter Simpson, sentado en la torreta de plexiglás de un bombardero *Stirling*, estaba mirando al planeador *Horsa* al que remolcaban. De pronto, «el planeador pareció partirse por la mitad; fue como si la parte trasera se desprendiera, simplemente, de la delantera». Horrorizado, Simpson gritó al capitán: «¡Dios mío, se está partiendo el planeador!». El cable se rompió y la parte delantera del planeador cayó a tierra «como una piedra». El *Stirling* abandonó la formación, fue perdiendo altura gradualmente y dio media vuelta para localizar los restos. La mitad delantera fue avistada en un prado. No se veía por ninguna parte la cola. Anotando el lugar, la tripulación regresó a Keevil y se dirigió en jeep al punto del siniestro. Allí, Simpson vio lo que parecía «una caja de cerillas aplastada de un pisotón». Los cuerpos de los hombres habían quedado dentro. Simpson no podía calcular cuántos muertos había allí: «No se veía más que una masa de brazos, piernas y cuerpos».

Para cuando los últimos convoyes llegaron a la costa inglesa —las columnas del norte pasando por el punto de control de Aldeburgh, y las del sur sobrevolando la bahía de Bradwell—, se habían estrellado treinta planeadores con sus tropas y equipos. Los accidentes habían sido causados por fallos en los motores de los remolcadores, rotura de cables y, en algunos casos, las espesas nubes. Aunque, desde un punto de vista militar, la operación había comenzado con gran éxito —las bajas eran escasas y muchos de los hombres y la mayoría de la carga serían transportados en posteriores vuelos—, las pérdidas iban a hacerse sentir. Aquel vital día en que cada hombre, vehículo y pieza de equipo era importante para el general Urquhart, 23 de sus cargamentos transportados en planeador se habían perdido ya. Hasta que la fuerza de Arnhem llegara a sus zonas de lanzamiento y aterrizaje, no descubrirían sus comandantes lo cruciales que serían estas pérdidas.

Ahora, mientras los enjambres de largos convoyes aéreos sobrevolaban el Canal de la Mancha y quedaba atrás la tierra, una nueva clase de expectación empezó a invadir la flota. Estaba desapareciendo rápidamente el talante de «paseo dominical». Cuando los aparatos americanos pasaban sobre la zona de Margate, el soldado Melvin

Isenekev, de la 101.ª Aerotransportada, vio a la derecha las rocas blancas de Dover. Desde aquella distancia, parecían las invernales laderas de los Adirondacks, cerca de su casa en el Estado de Nueva York. El cabo D. Thomas, de la 1.ª Aerotransportada británica, que estuvo mirando a través de una portezuela abierta del avión hasta que desapareció el litoral de su país, sintió que se le llenaban los ojos de lágrimas.

Desde los puntos de concentración en March y Hatfield, las columnas aerotransportadas habían sido guiadas por diversos ingenios de navegación, faros de radar, luces especiales y señales orientadoras de radio que en ese momento fueron sustituidas por las señales de los buques que navegaban por el Mar del Norte. Además, había largas hileras de lanchas, 17 por la ruta septentrional y 10 bajo la ruta de vuelo meridional, extendiéndose sobre las aguas. Al sargento de vuelo William Thompson, sentado ante los mandos de un avión que remolcaba un planeador *Horsa* de cuatro toneladas, le pareció que «no había ningún problema de navegación. Debajo de nosotros, las lanchas estaban dispuestas como estriberones a través del Canal». Pero estas rápidas embarcaciones eran mucho más que medios para orientar a los aviones. Formaban parte de una vasta operación de rescate aire-mar, y ya estaban muy ocupadas.

En los treinta minutos que tardaron en cruzar el Mar del Norte, los hombres llegaron a ver varios planeadores agitándose sobre las grises aguas, mientras aviones anfibios describían círculos a baja altura para señalar sus posiciones hasta que las lanchas de salvamento pudieran llegar hasta ellos. El teniente Neville Hay, de la unidad de enlace *Phantom*, vio «sin inmutarse lo más mínimo dos planeadores derribados y otro que estaba realizando un amerizaje forzoso». Dio unos golpecitos en el hombro a su cabo. «Eche una mirada ahí abajo, Hobkirk», gritó Hay. El cabo bajó la vista y, como recuerda Hay, «la cara se le puso casi verde». Hay se apresuró a tranquilizar al hombre. «No hay por qué preocuparse. Mire todas las lanchas que ya les están recogiendo.»

Al sargento jefe Joseph Kitchener, que pilotaba un planeador, le impresionó del mismo modo la velocidad de la lancha de rescate aire-mar que se aproximó a un planeador que había divisado flotando sobre el agua. «Recogieron tan rápidamente a los hombres, que no creo que se mojaran siquiera los pies», recordaba. Los hombres transportados en un planeador pilotado por el sargento jefe Cyril Line fueron menos afortunados, pero lo suficiente como para salir vivos del lance. En un convoy aéreo de oscilantes *Horsa* negros, Line observó que una combinación se salía lentamente de su posición. Hipnotizado, vio cómo el *Horsa* se separaba y descendía casi pausadamente hacia el mar. Al tocar el agua, apareció un círculo de blanca espuma. Pensó en «quiénes serían los pobres diablos». En aquel momento, las hélices de estribor del *Stirling* que remolcaba su planeador se detuvieron. Al reducirse la velocidad del avión, Line se encontró «en la embarazosa situación de adelantar a mi propio remolcador». Inmediatamente, soltó el cable y su copiloto exclamó: «¡Preparados para amarar!». En la parte posterior de la cabina se oían los golpes que los frenéticos pasajeros daban con las culatas de los rifles contra la madera chapeada que revestía el interior del fuselaje, en un esfuerzo por abrir una vía de salida. Perdiendo rápidamente altura, Line volvió la vista y quedó horrorizado al ver que los desesperados soldados habían «destrozado el techo del planeador y que los costados empezaban a romperse». Line gritó: «¡Quietos! ¡Sujetaos!». Luego, con una fuerte sacudida, el planeador golpeó el agua. Cuando Line salió a la superficie, vio los restos que flotaban a unos diez metros de distancia. No se venía ni rastro de la cabina, pero estaban todos los pasajeros. A los pocos minutos todos ellos habían sido recogidos.

En total, amararon sin novedad ocho planeadores durante este primer vuelo; en cuanto estaban sobre el agua, el servicio de rescate aire-mar, actuando espectacularmente, salvaba a todas las tripulaciones y pasajeros. Una vez más, sin embargo, la fuerza de Urquhart fue la más afectada. De los ocho planeadores, cinco estaban destinados a Arnhem.

Aparte del cañoneo que recibió un planeador derribado, impreciso y efectuado desde gran distancia, no hubo una seria oposición del enemigo durante el cruce del Canal. La 101.ª División Aerotransportada, siguiendo la ruta meridional que le llevaría sobre la Bélgica ocupada por los Aliados, estaba realizando un vuelo casi perfecto. Pero, al aparecer a lo lejos la costa holandesa, la 82.ª y los soldados británicos de las columnas septentrionales empezaron a ver las ominosas nubecillas de humo grises y negras de la artillería antiaérea alemana. Al continuar su vuelo, a una altura de sólo quinientos metros, se vieron con claridad cañones enemigos que disparaban desde las islas holandesas exteriores de Walcheren, Beveland del Norte y Schouwen. Había también buques y gabarras equipadas con piezas antiaéreas en torno a la boca del Escalda.

Los cazas de escolta empezaron a romper su formación, atacando las posiciones artilleras. En los aviones, los hombres podían oír el roce de la metralla contra los costados metálicos de los C-47. El veterano soldado paracaidista Leo Hart, de la 82.ª, oyó a un recluta que iba en su avión preguntar: «¿Son a prueba de balas estos asientos?». Hart le dirigió una mirada ceñuda, ya que los ligeros asientos de metal no habrían ofrecido protección ni siquiera contra una piedra bien arrojada. En otro C-47, el soldado Harold Brockley recuerda haber oído a otro recluta: «Oye, ¿qué son esas nubecillas negras y grises de ahí abajo?». Antes de que nadie pudiera responder, un trozo de metralla atravesó el fondo del aparato y rebotó inofensivamente contra una taza de hojalata.

Los veteranos ocultaban su miedo de diferentes maneras. Cuando el sargento jefe Paul Nunan vio las «familiares pelotas de golf de las rojas balas trazadoras ascendiendo hacia nosotros», simuló dormitar. Las trazadoras respetaron por muy poco el avión del soldado Kenneth Truax. «Nadie dijo nada. Hubo sólo una o dos débiles sonrisas.» El sargento Bill Tucker, que había cruzado la barrera de fuego antiaéreo en Normandía, estaba poseído por un «miedo horrible a ser herido desde abajo». Se sentía «menos desnudo» sentado sobre tres cazadoras de aviador. Y el soldado Rudolph Kos recuerda que le dieron «ganas de sentarme encima del casco, pero sabía que lo necesitaría en la cabeza».

Había un hombre que estaba más preocupado por el peligro existente en el interior que por el exterior. El sargento copiloto Bill Oakes, que forcejeaba para mantener derecho su planeador *Horsa*, se volvió para ver qué tal les iba a sus pasajeros. Horrorizado, descubrió a tres paracaidistas «sentados tranquilamente en el suelo, haciendo té en un puchero del ejército sobre un pequeño hornillo. Otros cinco estaban de pie a su alrededor, con sus tazas en la mano, esperando a ser servidos». Oakes pasó inmediatamente a la acción. Entregó los mandos al piloto y se precipitó hacia popa, temiendo que el suelo de madera del aparato se incendiara en cualquier momento. «O, lo que es peor aún, los proyectiles de mortero cargados en el remolque que llevábamos podían explotar. El calor que despedía aquella pequeña cocina de campaña era terrible.» Estaba lívido de ira. «Sólo estamos preparando un poco de té», le dijo en tono conciliador uno de los paracaidistas. Oakes volvió a la carlinga e informó de lo que ocurría al piloto, el sargento jefe Bert Watkins. El piloto sonrió. «Diles que no se olviden de nosotros cuando el té esté preparado», respondió. Oakes se dejó caer en su asiento y ocultó la cabeza entre las manos.

Aunque los cazas de escolta redujeron al silencio a la mayoría de las baterías antiaéreas costeras, algunos aviones resultaron alcanzados, y un remolcador, su planeador y un transporte C-47 fueron derribados sobre la isla de Schouwen. El remolcador se estrelló y murieron todos sus tripulantes. El planeador, un *Waco* de la 82.ª Aerotransportada, se partió en el aire, de modo que el mayor Dennis Munford, que volaba en una columna británica próxima, vio horrorizado cómo el *Waco* se desintegraba y «hombres y material salían despedidos como muñecos de una piñata». Otros vieron caer el transporte. Los fardos de equipo atados bajo el C-47 se incendiaron por efecto de las balas trazadoras. «En el negro humo, aparecieron llamaradas rojas y amarillas», comentaría más tarde el capitán Arthur Ferguson, que volaba en un avión cercano. A los pocos minutos, el C-47 estaba ardiendo. El primer teniente Virgil Carmichael, que se hallaba en pie junto a la portezuela de su avión, contempló cómo saltaban los paracaidistas del avión alcanzado. «Como nuestros hombres utilizaban paracaídas de camuflaje, pude contarlos a medida que saltaban y vi que se habían salvado todos.»

Aunque el aparato se hallaba envuelto en llamas, el piloto consiguió mantenerlo en vuelo hasta que hubieron saltado todos los paracaidistas. Luego, Carmichael vio saltar una figura más. «El Cuerpo Aéreo usaba paracaídas blancos, por lo que supuse que era el jefe de la tripulación.» Fue el último hombre que salió. Casi inmediatamente, el incendiado avión entró en barrena y, a toda velocidad, se estrelló en una zona inundada de la isla de Schouwen. Carmichael recuerda que «al impacto, un paracaídas blanco se agitó delante del avión, expulsado probablemente por la fuerza del golpe». Al teniente James Megellas, la vista del C-47 derribado le produjo un «efecto terrible». Como jefe de saltos de su avión, les había dicho antes a sus hombres que daría la orden de «ponerse en pie y pasar el gancho cinco minutos antes de llegar a la zona de lanzamiento». Ahora, dio la orden inmediatamente. En muchos otros aviones, los jefes de saltos reaccionaron igual que Megellas y dieron órdenes similares. Para ellos, había empezado ya la batalla, y, de hecho, las zonas de lanzamiento y aterrizaje de las fuerzas aerotransportadas se hallaban ahora sólo a treinta o cuarenta minutos de distancia.

2

Increíblemente, pese al intenso bombardeo nocturno y a los ataques aéreos que se estaban llevando a cabo en ese momento contra Arnhem, Nimega y Eindhoven, los alemanes no comprendieron lo que estaba sucediendo. A todo lo largo de la cadena de mando, la atención se centraba en una sola amenaza: la reanudación de la ofensiva del Segundo Ejército británico desde su cabeza de puente sobre el Canal Mosa-Escalda.

«Comandantes y soldados, yo mismo y mi Estado Mayor en particular, estábamos tan sobrecargados de trabajo y sometidos a tal tensión ante las dificultades en que nos encontrábamos, que solamente pensábamos en operaciones terrestres», recordaría el coronel general Karl Student. El ilustre experto aéreo alemán se hallaba en su Cuartel General instalado en una casa de campo cerca de Vught, aproximadamente a 33 kilómetros al noroeste de Eindhoven, trabajando sobre «una montaña de papeles que me seguían incluso hasta el campo de batalla». Student salió a un balcón, contempló unos instantes los bombarderos y, luego, indiferente, volvió a su papeleo.

El teniente coronel Walter Harzer, oficial al mando de la 9.ª División Panzer de las SS *Hohenstaufen* había transferido ya todo el material que se proponía ceder a su rival, el general Heinz Harmel, de la 10.ª División Panzer de las SS *Frundsberg*. Harmel, por orden de Bittrich y sin que Model lo supiera, se encontraba ya en Berlín. Los últimos vagones que contenían los «averiados» transportes blindados de Harzer estaban ya listos para salir a las 14.00 horas por vía férrea en dirección a Alemania. Habiendo sufrido repetidos bombardeos desde Normandía, Harzer «prestó poca atención a los aviones».

No veía nada insólito en las grandes formaciones de bombarderos que sobrevolaban Holanda. Él y sus veteranos tanquistas sabían que «era habitual ver varias veces al día bombarderos que iban a Alemania y, luego, volvían. Mi mujer y yo estábamos acostumbrados a los constantes cañonazos y bombardeos». En compañía del comandante Egon Skalka, oficial médico jefe de la 9.ª Panzer, Harzer salió de su Cuartel General en Beekbergen con dirección a los cuarteles de Hoenderloo, a unos doce kilómetros al norte de Arnhem. En una ceremonia ante el batallón de reconocimiento de la división, compuesto por seiscientos hombres, condecoraría a su comandante, capitán Paul Gräbner, con la Cruz de Caballero. Después, habría champaña y un almuerzo especial.

En el Cuartel General del II Cuerpo Panzer de las SS, en Doetinchem, el teniente general Wilhelm Bittrich permanecía igualmente indiferente a los ataques aéreos. Para él, «era cuestión de rutina». El mariscal de campo Walter Model había estado algún tiempo contemplando las formaciones de bombarderos desde su Cuartel General instalado en el Hotel Tafelberg, en Oosterbeek. La opinión era unánime en el Cuartel General: los escuadrones de Fortalezas Volantes estaban regresando de su bombardeo nocturno de Alemania, y, como ocurría habitualmente, oleadas de Fortalezas se hallaban en ruta hacia el este en busca de nuevos objetivos. En cuanto al bombardeo local, no era infrecuente que los bombarderos arrojaran bombas no usadas sobre el Ruhr y, a menudo en la misma Holanda. Model y su jefe de Estado Mayor, teniente general Hans Krebs, creían que el bombardeo y los ametrallamientos a baja altura eran «operaciones preparatorias», un preludio a la iniciación de la ofensiva terrestre británica.

Sólo un oficial se sentía levemente preocupado por la creciente actividad aérea sobre Holanda. En el Cuartel General del OB West, en Aremberg, cerca de Coblenza, aproximadamente a 180 kilómetros de distancia, el mariscal de campo Gerd von Rundstedt deseaba más información —aunque seguía creyendo que solamente se utilizarían fuerzas aerotransportadas en un ataque contra el Ruhr—. En el anexo 2.227 del informe matinal del 17 de septiembre, su jefe de operaciones dejó constancia de que Von Rundstedt había pedido a Model que investigara la posibilidad de que se hallara ya en marcha una invasión combinada aérea y marítima contra el norte de Holanda. La anotación decía: «La situación general y el notable aumento de las actividades enemigas de reconocimiento... ha hecho que el comandante en jefe del Oeste examine de nuevo las posibilidades de ataque por mar y operaciones de desembarco aéreo... Debe informarse de los resultados del estudio al OKW (Hitler)».

El mensaje llegó al Cuartel General de Model aproximadamente en el mismo momento en que los primeros aviones de la fuerza de invasión cruzaban la costa.

A las 11.30 horas grandes columnas de humo negro se elevaban hacia el cielo sobre Arnhem mientras los incendios se extendían por toda la ciudad tras un intenso bombardeo de tres horas. En Wolfheze, Oosterbeek, Nimega y Eindhoven, edificios enteros habían sido arrasados, las calles estaban llenas de cráteres y cubiertas de cascotes y cristales, y el número de bajas aumentaba por momentos. En ese momento, los cazas, volando a baja altura, seguían ametrallando las posiciones antiaéreas y los nidos de ametralladoras de toda la zona. El estado de ánimo de los holandeses, refugiados en iglesias, casas particulares, sótanos y albergues, o, con insensato valor, circulando en bicicleta por las calles o mirando desde los tejados, oscilaba entre el terror y el júbilo. Nadie sabía qué pensar ni qué iba a ocurrir después. Al sur, a 125 kilómetros de Nimega, Maastricht, la primera ciudad holandesa liberada, había sido ocupada por el Primer Ejército estadounidense el 14 de septiembre. Muchos holandeses esperaban que la infantería americana llegara en cualquier momento a sus ciudades y pueblos. Radio Orange, transmitiendo desde Londres, alimentaba esta impresión en una oleada de boletines. «Ha llegado el momento. Al fin va a suceder lo que hemos estado esperando. ... Debido al rápido avance de los ejércitos aliados..., es posible que las tropas no tengan todavía dinero holandés. Si nuestros aliados ofrecen billetes franceses o belgas..., cooperad y aceptad este dinero. ... Los granjeros deben entregar sus cosechas...» En un mensaje radiado, el príncipe Bernardo pedía a los holandeses que no demostraran «alegría ofreciendo flores o frutas cuando las tropas aliadas liberasen el territorio holandés..., en el pasado, el enemigo ha ocultado explosivos entre las ofrendas presentadas a los liberadores». La mayoría de los holandeses sentían la certeza de que estos intensos bombardeos constituían el preludio de la invasión aliada, la iniciación de la ofensiva terrestre. Al igual que sus conquistadores alemanes, los holandeses no tenían la menor sospecha del inminente ataque aerotransportado.

Jan y Bertha Voskuil, refugiados en la casa del suegro de Voskuil en Oosterbeek, pensaron que los bombarderos que descargaban en su zona apuntaban al Cuartel General de Model, en el Hotel Tafelberg. El radiante día, recuerda Voskuil, «era perfecto para un bombardeo». Sin embargo, le costaba «conciliar la guerra que se nos venía encima con el olor de las remolachas maduras y la vista de centenares de girasoles, con los tallos doblegados bajo el peso de sus grandes corolas. Parecía imposible que en aquellos momentos hubiera hombres muriendo y ardieran los edificios». Voskuil sentía una extraña calma. Desde la terraza delantera de casa de su suegro, vio pasar veloces a los cazas y tuvo la seguridad de que estaban ametrallando el hotel. De pronto, apareció en el jardín un soldado alemán, sin casco ni rifle y vestido sólo con camisa y pantalones. Cortésmente, preguntó a Voskuil: «¿Puedo refugiarme aquí?». Voskuil se le quedó mirando al hombre. «¿Por qué? —le preguntó—. Tienen ustedes sus trincheras.» El alemán sonrió. «Lo sé —respondió—, pero están llenas.» El soldado subió al porche. «Es un bombardeo muy intenso —le dijo a Voskuil—, pero no creo que el objetivo sea Oosterbeek. Parecen estar concentrándose más al este y oeste del pueblo.»

Desde el interior de la casa, Voskuil oyó voces. Una amiga de la familia acababa de llegar de la zona de Wolfheze. Habían caído allí muchas bombas, les dijo, y habían muerto muchas personas. «Me temo —dijo temblorosamente— que ésta será nuestra Última Cena.» Voskuil miró al alemán. «Quizás estén bombardeando el Tafelberg a causa de Model», dijo con suavidad. El alemán no se inmutó. «No —dijo a Voskuil—, no creo. No ha caído ninguna bomba allí.» Más tarde, cuando se hubo marchado el soldado, Voskuil salió para ver los daños producidos. Abundaban los rumores. Oyó decir que Arnhem había sido intensamente bombardeado y que Wolfheze había quedado casi por completo arrasada. Sin duda, pensó, los Aliados estaban ya en camino y llegarían en cualquier momento. Se sentía jubiloso y entristecido a la vez. Recordó que la ciudad de Caen, en Normandía, había quedado reducida a escombros durante la invasión. Estaba convencido de que Oosterbeek, donde él y su familia habían encontrado cobijo, se convertiría en un pueblo en ruinas.

En los alrededores de Wolfheze, estaban haciendo explosión los depósitos alemanes de municiones escondidos en los bosques, y el famoso asilo mental había recibido impactos directos. Cuatro pabellones que rodeaban los edificios de la administración quedaron arrasados. Murieron en un primer momento 45 pacientes (la cifra aumentaría posteriormente a más de 80) y muchos más fueron heridos. Sesenta aterrorizados internos, en su mayoría mujeres, vagaban por los bosques próximos. Se había cortado el suministro eléctrico, y el doctor Marius van der Beek, el inspector médico, no podía pedir ayuda. Esperaba con impaciencia la llegada de médicos de Oosterbeek y Arnhem, que, estaba seguro, habrían oído la noticia y no tardarían en acudir. Necesitaba instalar dos quirófanos con sus respectivos equipos quirúrgicos lo más rápidamente posible.

Uno de los «internados», Hendrik Wijburg, era en realidad un miembro de la Resistencia que se había ocultado en el asilo. «Los alemanes no se hallaban en aquel momento en el interior del sanatorio, aunque tenían posiciones cerca de él y artillería y municiones almacenadas en el bosque.» Cuando, durante los bombardeos, resultó alcanzado el depósito de municiones, Wijburg, que se encontraba en la terraza de un edificio, fue derribado al suelo. «Se produjo una enorme explosión —relataría—, y los proyectiles del depósito empezaron a penetrar silbando en el hospital, matando e hiriendo a muchas personas.» Wijburg se puso en pie apresuradamente y, en el momento culminante de los ataques, ayudó a las enfermeras a extender sobre la hierba blancas sábanas formando una gran cruz. Se habían producido tan graves daños en toda la zona que le pareció como si «la casa fuera a llenarse pronto de muertos y moribundos».

En Arnhem, las brigadas de bomberos luchaban desesperadamente para dominar las llamas que se iban extendiendo con rapidez. Dirk Hiddink, que tenía a su cargo una anticuada unidad contraincendios de quince hombres (sus hombres empujaban dos carros, uno cargado con enrolladas mangueras, el otro con escaleras), recibió la orden de dirigirse a los cuarteles Willems, ocupados por los alemanes, que habían sido alcanzados por impactos directos de los *Mosquitoes* en vuelo rasante. Aunque los cuarteles estaban ardiendo, las instrucciones recibidas por Hiddink por arte del Cuartel de Bomberos de Arnhem eran insólitas: dejarlos arder, pero proteger las casas próximas. Cuando su unidad llegó, Hiddink vio que habría sido imposible de todas formas salvar los cuarteles. El fuego había avanzado demasiado.

Desde el piso de su padre en el número 28 de Willemsplein, Gerhardus Gysbers vio envuelto en llamas todo cuanto le rodeaba. No sólo estaban ardiendo los cuarteles, sino también el cercano Instituto y el Royal Restaurant situado enfrente. El calor era tan intenso, recordaría Gysbers, que «los cristales de nuestras ventanas se retorcieron súbitamente y, luego, se fundieron por completo». La familia evacuó al instante el edificio, gateando sobre los ladrillos y maderos amontonados en la plaza. Gysbers vio a varios alemanes salir tambaleándose de los calcinados escombros de los cuarteles, sangrando de la nariz y los oídos. El conductor de tranvías Hendrik Karel llegó involuntariamente a la Willemsplein. Habiendo quedado cortada la corriente eléctrica por el bombardeo, el amarillo tranvía de Karel se deslizó por una ligera pendiente hasta detenerse en la plaza. Allí encontró otros tranvías que, al igual que el suyo, se habían deslizado hasta la plaza y no podían moverse. Entre el humo, la multitud y los escombros, Karel pudo distinguir a los camareros del Royal Restaurant escapar del edificio en llamas. Abandonando a los pocos comensales que se dirigían hacia las puertas, los camareros saltaban por las ventanas.

En la fábrica municipal de gas, situada al sudeste del gran puente de Arnhem, el técnico Nicolaas Unck, admiró la puntería de los bombarderos. Mirando al otro lado del Rin, vio que habían sido destruidas doce posiciones antiaéreas. Quedaba solamente un cañón, pero sus tubos de metal estaban retorcidos y doblados. Ahora que la ciudad se hallaba sin electricidad, Unck debía enfrentarse a sus propios problemas. Los técnicos ya no podían fabricar gas. Una vez que se hubiera terminado el combustible que quedaba en los tres grandes gasómetros, no habría más. Aparte de carbón y leña, Arnhem se hallaba ahora sin electricidad ni combustible para calentar o cocinar.

Miles de personas permanecían apiñadas en sus iglesias. Solamente en la gran Iglesia Reformada holandesa, *Grote Kerk*, había 1.200 personas según Sexton Jan Mijnhart. «Aunque oíamos claramente estallar las bombas en el exterior, el reverendo Johan Gerritsen continuó con calma su sermón. Cuando se cortó la energía eléctrica, el órgano quedó en silencio. Alguien de la congregación se adelantó y empezó a accionar manualmente los fuelles.» Luego, sobre un fondo de sirenas, explosiones y rugientes aviones, sonó el órgano y toda la congregación se puso en pie para cantar el *Wilhelmus*, el himno nacional holandés.

En la cercana iglesia calvinista, próxima a la estación ferroviaria de Arnhem, Gijsbert Numan, de la Resistencia, escuchaba el sermón que pronunciaba Dominee Both. Numan pensaba que ni siquiera el intenso bombardeo disuadiría a los alemanes de cumplir su amenaza de ejecutar rehenes civiles en algún momento del día, como represalia por el ataque de la Resistencia contra el viaducto. No sentía tranquila su conciencia mientras escuchaba el sermón de Dominee Both sobre «la responsabilidad por vuestros actos hacia Dios y hacia vuestro prójimo», y decidió entregarse a los alemanes en cuanto hubiera terminado el servicio. Al salir de la iglesia, Numan se dirigió a un teléfono, cruzando las calles cubiertas de escombros. Llamó a Pieter Kruyff y comunicó su decisión al comandante regional. Kruyff fue seco y tajante. «Rechazado —le dijo a Numan—. Sigue con tu trabajo.» Pero la de Kruyff no sería la decisión final. *Market-Garden* salvaría a los rehenes.

En Nimega, a 16 kilómetros al sur, los bombarderos habían alcanzado con tal precisión las posiciones antiaéreas alemanas que solamente una continuaba disparando. La gran central eléctrica **PGEM**, que suministraba energía a toda la provincia de Gelderland, únicamente había sufrido daños superficiales, pero los cables de alta tensión quedaron cortados, interrumpiéndose el suministro de fluido eléctrico a toda la zona. Una fábrica de seda artificial próxima a la central **PGEM** estaba en llamas. Numerosas casas de muchas partes de la ciudad habían recibido impactos directos. Habían caído bombas sobre una escuela femenina y un gran centro social católico. Al otro lado del Waal, en el pueblo de Lent, fue destruida una fábrica y explotaron depósitos de municiones.

En el puesto de mando contra ataques aéreos de la ciudad, los hombres trabajaban a la luz de las velas. Se hallaban cada vez más desconcertados por los informes que iban recibiendo. Sentado a su mesa, trabajando en la semioscuridad, Albertus Uijen registraba los informes mientras sentía crecer por momentos la confusión en su interior. Los extensos bombardeos no daban una imagen clara de lo que sucedía, excepto que habían sido atacadas todas las posiciones alemanas del perímetro de Nimega. Estaban cortados los accesos principales a la ciudad, Waalbrug, St. Ananstraat y Groesbeekseweg. Parecía como si se hubiera realizado un esfuerzo para aislar la ciudad.

Al igual que en Arnhem, la mayoría de los habitantes de Nimega trató de refugiarse de los cazas que ametrallaban continuamente las calles, pero Elias Broekkamp, cuya casa no estaba lejos del puente sobre el Waal, había subido al tejado para ver mejor lo que ocurría. Para asombro de Broekkamp, lo mismo había hecho el personal de la oficina del comandante alemán de la ciudad, a cinco casas de la de Broekkamp. Los alemanes, recordaba Broekkamp, «parecían muy inquietos. Yo estaba encantado. Incluso me fijé en que el tiempo era delicioso».

EL ATAQUE 189

La enfermera Johanna Breman fue testigo del pánico de los alemanes durante el ataque. Desde la ventana de un segundo piso en un edificio situado al sur del puente sobre el Waal, la enfermera Breman vio a los «soldados alemanes heridos ayudándose unos a otros a caminar. Algunos cojeaban y pude ver a muchos con vendas. Llevaban las guerreras abiertas, y la mayoría ni siquiera se había molestado en ponerse el casco. Tras ellos, llegaron los de infantería. Mientras se dirigían hacia el puente, disparaban contra las ventanas en las que veían algún holandés asomado». Cuando los alemanes llegaron a los accesos del puente, empezaron a cavar pozos de tirador. «Cavaban en todas partes —explicó la señorita Breman—, junto a la calle que conducía al puente, en los prados cercanos y debajo de los árboles. Estaba segura de que se estaba produciendo la invasión y recuerdo haber pensado: "Tendremos una vista magnífica de la batalla desde aquí". Me sentía expectante.» Las expectativas de la enfermera Breman no incluían su matrimonio, unos meses después, con el sargento jefe Charles Mason, de la 82.ª, que aterrizaría en el planeador 13 cerca de las alturas de Groesbeek, a tres kilómetros al sudoeste de su apartamento.

Algunas ciudades y pueblos situados en los límites de los objetivos de *Market-Garden* sufrieron daños tan graves como los objetivos principales y dispusieron de pocos, si tuvieron alguno, servicios de rescate. Cerca de la aldea de Zeelst, aproximadamente a ocho kilómetros al oeste de Eindhoven, Gerardus de Wit se había refugiado en un campo de remolachas durante los bombardeos. No hubo alarma aérea. Vio a los aviones a gran altura en el cielo, y, de pronto, empezaron a llover bombas. De Wit, que fue a visitar a su hermano al pueblo de Vildhoven, a seis kilómetros al sur, dio media vuelta y, saliéndose de la carretera, se había ocultado en una zanja contigua al sembrado. Ahora, ardía en deseos de volver junto a su esposa y sus once hijos.

Aunque el ataque aéreo estaba en su apogeo, De Wit decidió arriesgarse a hacer el viaje. Levantando la cabeza para mirar por el campo, vio que «hasta las hojas estaban calcinadas». Dejando su bicicleta, salió de la zanja y echó a correr por campo abierto. Al acercarse al pueblo, advirtió que las bombas destinadas presumiblemente al aeródromo de Welschap, en las afueras de Eindhoven, habían caído, en cambio, directamente sobre la pequeña Zeelst. De Wit no pudo ver más que ruinas. Varias casas estaban ardiendo, otras se habían derrumbado y las gentes vagaban desconcertadas y sollozantes. Una conocida de De Wit, la señora Van Helmont, viuda, le vio y le rogó que fuera con ella para tapar con una sábana a un niño muerto. Llorosamente, le explicó que ella era incapaz de hacerlo sola. El niño había sido decapitado, pero De Wit reconoció el cuerpo como el del hijo de un vecino. Rápidamente, cubrió el cuerpo. «No miré nada más —recordaba—. Sólo quería llegar a casa lo antes posible.» Al acercarse a su casa, un vecino que vivía al otro lado de la calle trató de detenerle. «Me estoy desangrando —gritó el hombre—. Me ha alcanzado un trozo de metralla.»

En aquel momento, De Wit vio a su mujer, Adriana, llorando en la calle. Ella corrió hacia él. «Creía que no ibas a llegar nunca —le dijo—. Date prisa. Nuestro Tiny ha sido herido.» De Wit se apartó de su vecino. «No pensaba en nada más que en mi hijo. Cuando llegué junto a él, vi que tenía abierto todo el costado derecho y que su pierna derecha estaba casi arrancada. Estaba todavía consciente y pedía agua. Vi que le faltaba el brazo derecho. Me preguntó por su brazo, y, para consolarle, le dije: "Estás echado encima de él".» Cuando De Wit se arrodillaba junto al muchacho, llegó un médico. «Me dijo que no concibiera esperanzas —recordaba De Wit—, porque nuestro hijo iba a morir.» Cogiendo en brazos al muchacho, De Wit se dirigió hacia la fábrica de cigarros Duc George, donde se había instalado un puesto de la Cruz Roja. Antes de llegar a la fábrica, su hijo de catorce años murió en sus brazos.

En medio del terror, la confusión y la esperanza, pocos holandeses vieron la vanguardia del Ejército Aerotransportado aliado. Aproximadamente a las 12.40 horas, doce bombarderos británicos *Stirling* sobrevolaron la zona de Arnhem. A las 12.47, aparecieron cuatro C-47 estadounidenses sobre los brezales situados al norte de Eindhoven, mientras otros dos sobrevolaban los campos que se extendían al sudoeste de Nimega, cerca de la ciudad de Overasselt. A bordo de los aviones había exploradores británicos y americanos.

Regresando a su granja limítrofe con el brezal de Renkum, a menos de dos kilómetros de Wolfheze, Jan Pennings vio varios aviones que llegaban del oeste a baja altura. Pensó que volvían de bombardear la línea férrea. Los miró cautelosamente, presto a ponerse a cubierto si caían bombas. Cuando los aviones llegaron sobre el brezal de Renkum, el asombrado Pennings vio «caer fardos y, luego, saltar paracaidistas. Yo sabía que en Normandía los Aliados habían utilizado paracaidistas, y tuve la certeza de que aquél era el comienzo de *nuestra* invasión».

Minutos después, al llegar en bicicleta a su granja, Jan le gritó a su mujer: «¡Sal! ¡Estamos libres!». Luego, entraron en la granja los primeros paracaidistas que veía en su vida. Aturdido y atemorizado, Pennings les estrechó las manos. Dentro de una hora, le dijeron, «llegarán centenares más».

El chófer Jan Peelen también vio a los pathfinders, los exploradores, tomar tierra en el brezal de Renkum. Recuerda que «descendieron casi en silencio. Estaban bien disciplinados e inmediatamente empezaron a jalonar el brezal clavando estacas en tierra». Al igual que otros exploradores al norte de la vía férrea, estaban señalando las zonas de aterrizaje y lanzamiento.

A veintitrés kilómetros al sur, cerca de la ciudad de Overasselt, Theodorus Roelofs, de diecinueve años, que se ocultaba allí de los alemanes, fue liberado de pronto por los exploradores de la 82.ª Aerotransportada que aterrizaron en las proximidades de la granja de su familia. Los estadounidenses, recordaría, eran «batidores, y mi temor más grande era que aquel pequeño grupo de valientes pudiera ser fácilmente eliminado». Los exploradores no perdieron tiempo. Al descubrir que el joven holandés hablaba inglés, alistaron rápidamente a Roelofs para que les sirviera de guía e intérprete. Confirmando posiciones en sus mapas y dirigiéndoles a los lugares de aterrizaje designados, Roelofs contempló fascinado cómo los paracaidistas señalaban la zona con «franjas de colores y nubes de humo». A los tres minutos, una «O» amarilla y el humo violeta delineaban claramente la zona.

Los cuatro C-47 que transportaban a los exploradores de la 101.ª a las zonas situadas al norte de Eindhoven tropezaron con un intenso fuego de artillería. Un avión de carga fue derribado en llamas. Solamente hubo cuatro supervivientes. Los otros tres aviones continuaron, y los exploradores se lanzaron con precisión sobre las dos zonas de la 101.ª. A las 12.54 horas, las zonas de aterrizaje y lanzamiento de toda el área de *Market-Garden* ya habían sido localizadas y señaladas. Increíblemente, los alemanes no habían dado aún la alarma.

En los cuarteles de Hoenderloo, el teniente coronel Walter Harzer, comandante de la División *Hohenstaufen*, brindaba por el recién condecorado capitán Paul Gräbner. Pocos minutos antes, Harzer había visto varios paracaídas descender al oeste de Arnhem. No le sorprendió. Pensaba que eran tripulantes de bombarderos que se habían visto obligados a lanzarse. En Oosterbeek, en el Hotel Tafelberg, el mariscal de campo Model estaba tomando el aperitivo —un vaso de Mosela frío— con su jefe de Estado Mayor, el teniente coronel Hans Krebs, el oficial de operaciones, coronel Hans George von Tempelhof y el ayudante del Cuartel General, coronel Leodegard Freyberg. Como explicaría el oficial de administración Gustav Sedelhauser, «siempre que estaba en el Cuartel General, el mariscal de campo observaba una estricta puntualidad. Siempre nos sentábamos a almorzar exactamente a las 13 horas». Ésa era la Hora H para las fuerzas de *Market*.

Los británicos aterrizaron en Arnhem prácticamente en medio de dos divisiones Panzer, para sorpresa de sus comandantes: el teniente coronel Harzer (*arriba, fotografiado en 1966 y en 1944*) de la 9.ª División Panzer de las SS *Hohenstaufen*; y el general de división Harmel *(abajo)* de la 10.ª División Panzer de las SS *Frundsberg*.

El agente *King Kong* Lindemanns *(derecha)* cruzó la línea del frente para informar a los alemanes del ataque de las fuerzas terrestres británicas previsto para el 17 de septiembre. Contrariamente a lo aparecido en varios periódicos británicos después de la guerra, Lindemanns no sabía nada del ataque aerotransportado.

El general Dessloch, de la Luftwaffe *(arriba a la izquierda)* estaba tan preocupado ante la posibilidad de un ataque aerotransportado que se negó a visitar a Model. El batallón del comandante Krafft *(arriba a la derecha)* casualmente estaba situado junto a las zonas de lanzamiento británicas.

El teniente Sedelhauser fue el primero que oyó hablar en el Cuartel General de Model en el Hotel Tafelberg de un lanzamiento aerotransportado a apenas tres kilómetros de distancia.

El príncipe Bernardo *(arriba)* a su llegada a Eindhoven tras la liberación de la ciudad. Ni Bernardo ni nadie de su Estado Mayor fueron consultados sobre los problemas que el terreno podía comportar en el desarrollo de la operación hasta que ya fue demasiado tarde. La detallada información sobre las fuerzas acorazadas alemanas en Arnhem que el príncipe recibía de la resistencia holandesa nunca fue tenida en cuenta.

Los habitantes de Oosterbeek, esperando ser liberados, se vieron inmersos en una brutal batalla. «Montgomery pronto estará aquí», oyó decir la joven Anje van Maanen, de 17 años, a los optimistas soldados británicos *(arriba a la izquierda)*. Jan Voskuil *(arriba a la derecha)* no pudo evitar que le asaltase una «profunda sensación de desesperación».

Hendrika van der Vlist escribió en su diario que Oosterbeek se había convertido en «uno de los campos de batalla más sangrientos».

Kate ter Horst *(arriba a la izquierda)* con su hijo Michael durante la guerra y *(derecha)* con su marido Jan en 1966. Valientemente ofreció su casa para cobijar a heridos británicos. En un momento de la batalla, la casa llegó a albergar más de 300 heridos. Jan, que había sido capitán del Ejército holandés, no llegó a entender por qué los británicos desestimaron el uso del transbordador de Driel *(abajo)* para cruzar el Rin. En la planificación de *Market-Garden* el transbordador fue totalmente pasado por alto.

Convencidos de que Holanda estaba a punto de ser liberada y olvidando el evidente peligro, los holandeses subieron a los tejados de sus casas para contemplar la vasta flota de aviones de transporte y planeadores que se adentraba en su país.

Paracaidistas británicos embarcando *(arriba)*.
Un jeep es cargado en un planeador *Waco* estadounidense *(abajo)*.

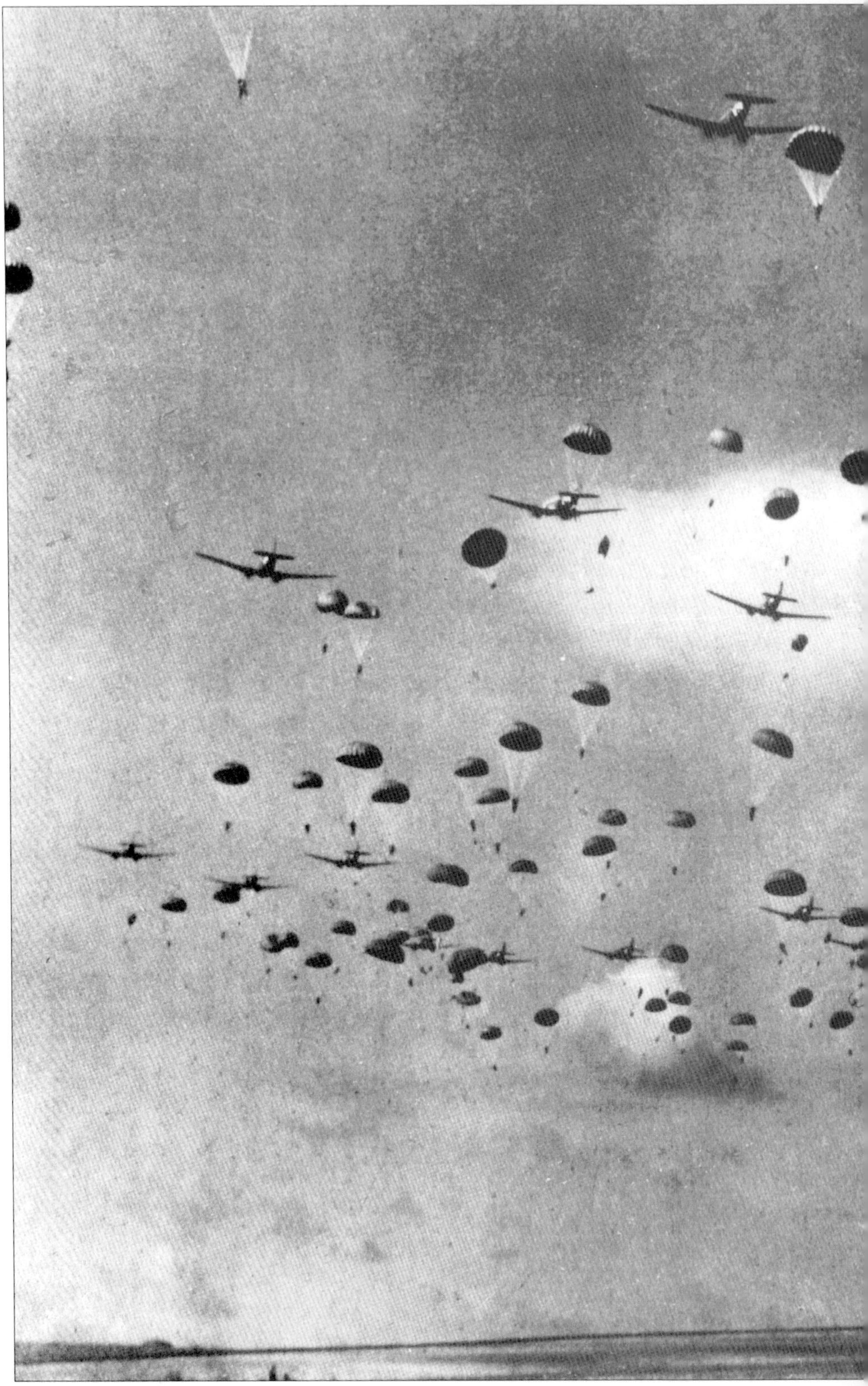

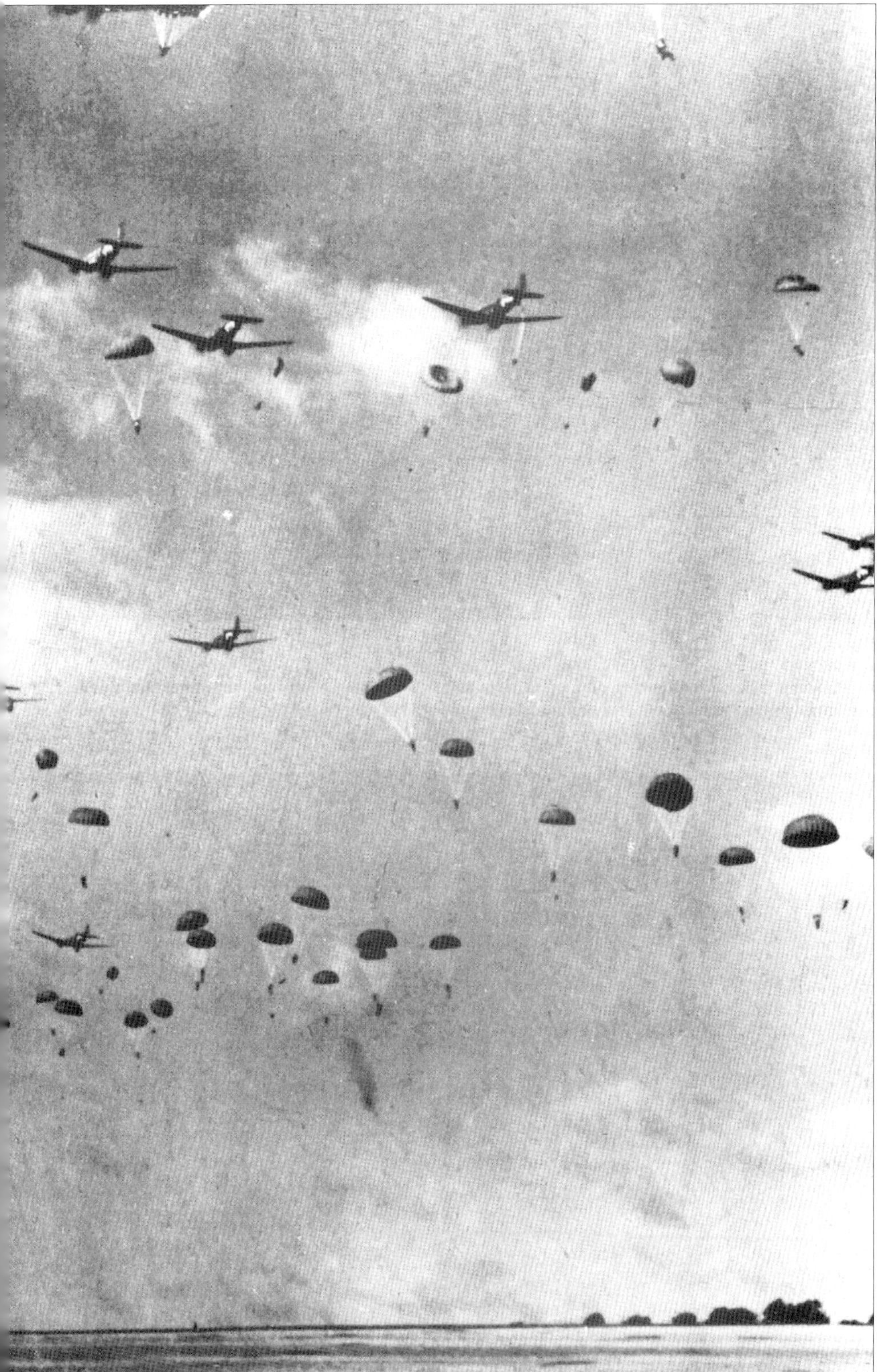

Lanzamiento masivo de paracaidistas de la 82.ª División Aerotransportada sobre Groesbeek *(página anterior)*.

Planeadores y paracaidistas británicos de la 1.ª División Aerotransportada *(arriba)* toman tierra cerca de Arnhem, y un lanzamiento de suministros *(abajo)* en el sector británico.

Un avión de arrastre se estrella y explota más allá de un planeador *Waco (arriba)*. La cola de los planeadores *Horsa* era inmediatamente separada del fuselaje para permitir la descarga *(abajo)*.

A pesar de las advertencias recibidas, el jefe de la guarnición de Arnhem, el general Kussin, se equivocó de ruta y cayó ante los disparos de las tropas británicas.

(Arriba) El teniente coronel *Sheriff* Thompson *(a la izquierda)*, jefe de la artillería de la 1.ª División Aerotransportada, descarga material de un planeador *Horsa*.

Un tanque de la Blindada de Guardias pasa junto a un carro de combate alemán destruido *(abajo)*. Las dificultades del terreno y la estrechez de las carreteras obligaban a los vehículos a marchar uno tras otro, ralentizando el avance blindado.

Un camión de suministros estalla tras recibir un impacto directo *(arriba)*.
Una patrulla alemana avanza durante las primeras horas de la batalla *(abajo)*.

El teniente de vuelo David Lord *(abajo a la derecha)* en una demostración de valor sin precedentes, que pudo ser contemplada por los paracaidistas británicos, mantuvo su *Dakota* en llamas volando en círculos sobre la zona de lanzamiento de suministros para conseguir lanzar todo su precioso cargamento. El único superviviente de la tripulación fue el oficial de vuelo Henry King *(arriba a la izquierda)*.

El sargento Victor Miller *(arriba a la derecha)* ejemplificó el característico valor de los pilotos de planeador, haciendo aterrizar sus enormes y poco manejables aparatos.

El teniente Tony Jones *(arriba a la izquierda)*, llamado por el general Horrocks «el más valiente entre los valientes», cruzó corriendo el puente de Nimega siguiendo a los tanques y cortó los cables que llegaban hasta los explosivos preparados por los alemanes para volar el puente.
Un paracaidista malherido *(arriba a la derecha)* es conducido hacia un hospital de campaña. Soldados de la 82.ª División Aerotransportada avanzan por las afueras de Nimega *(abajo)*.

3

Ahora, en apretadas formaciones, la gran procesión de C-47 que llevaba a la 101.ª Aerotransportada rugía sobre la Bélgica ocupada por los Aliados. Unos 38 kilómetros más allá de Bruselas, los convoyes viraron hacia el norte, en dirección a la frontera holandesa. Luego, los hombres que ocupaban los aviones miraron hacia abajo y, por primera vez, vieron a sus colegas de tierra, las fuerzas *Garden*, cuyo ataque terrestre debía estar sincronizado con el asalto aéreo. Era una escena espectacular, inolvidable. La inmensa armadura del XXX Cuerpo del general Horrocks se extendía por todos los campos, caminos y carreteras. Macizas columnas de carros de combate, camiones oruga, vehículos blindados y transportes, así como líneas y líneas de cañones, acechaban el momento del asalto. En las antenas de los carros, flameaban al viento las banderolas y millares de británicos que se hallaban en los vehículos y abarrotaban los campos saludaban con la mano a los hombres de las fuerzas aerotransportadas. Columnas de humo anaranjado que ondulaban en el aire señalaban la primera línea británica. Más allá, estaba el enemigo.

En vuelo rasante, los cazabombarderos encabezaban el viaje hacia las zonas de lanzamiento, intentando despejar el camino a las formaciones. Aunque el intenso bombardeo que precedió al asalto aerotransportado había destruido numerosas baterías antiaéreas, redes de camuflaje se descorrieron súbitamente para revelar posiciones enemigas ocultas. Algunos hombres recuerdan haber visto nidos de cañones de 88 y 20 milímetros emplazados en almiares cuya parte superior estaba abierta. Pese a los concienzudos ataques de los cazas, era imposible silenciar toda oposición enemiga. A sólo siete

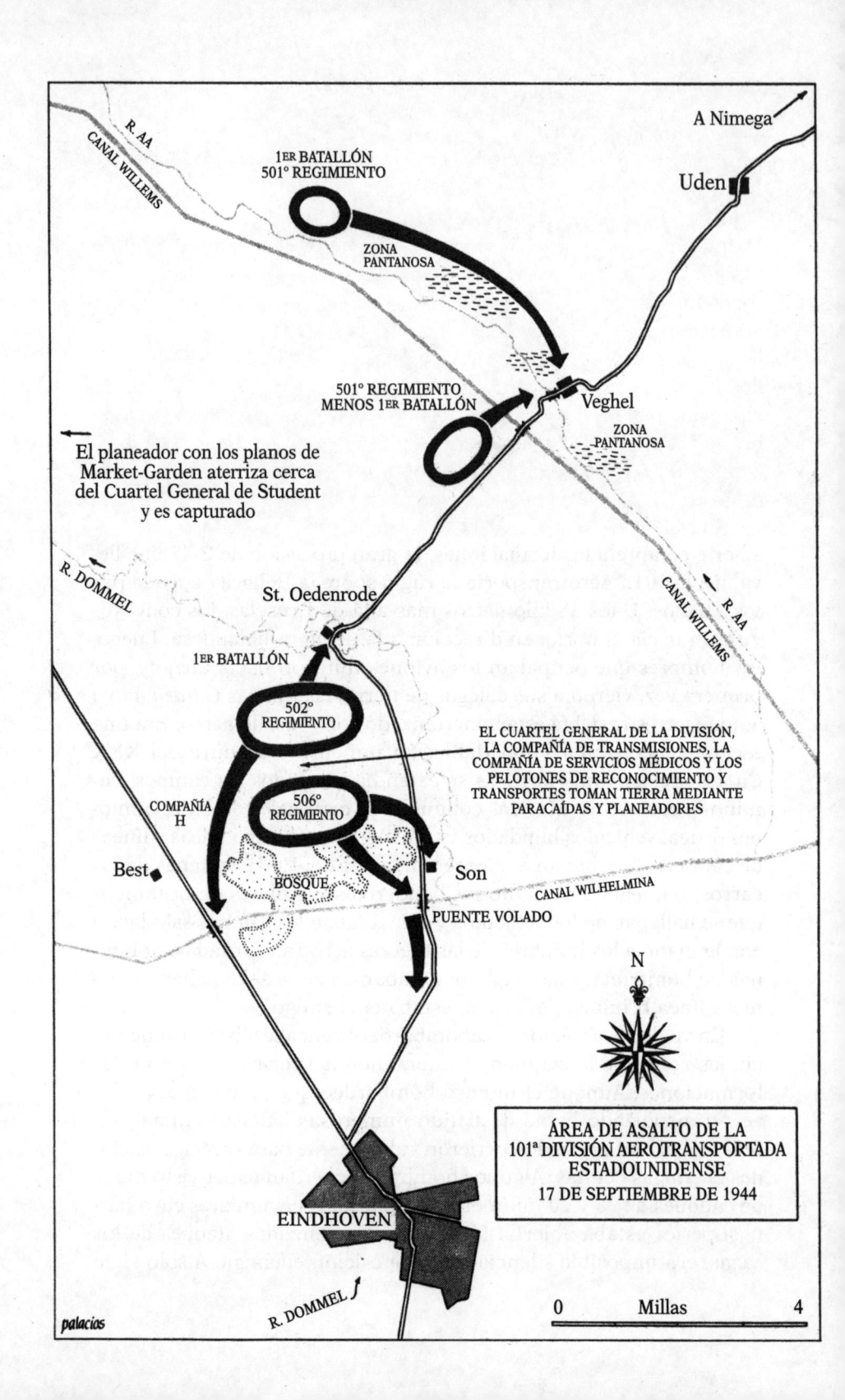

ÁREA DE ASALTO DE LA 101ª DIVISIÓN AEROTRANSPORTADA ESTADOUNIDENSE
17 DE SEPTIEMBRE DE 1944

A Nimega

R. AA
CANAL WILLEMS

1ER BATALLÓN
501º REGIMIENTO

Uden

ZONA PANTANOSA

501º REGIMIENTO MENOS 1ER BATALLÓN

Veghel

ZONA PANTANOSA

El planeador con los planos de Market-Garden aterriza cerca del Cuartel General de Student y es capturado

R. DOMMEL

CANAL WILLEMS
R. AA

St. Oedenrode

1ER BATALLÓN

502º REGIMIENTO

EL CUARTEL GENERAL DE LA DIVISIÓN, LA COMPAÑÍA DE TRANSMISIONES, LA COMPAÑÍA DE SERVICIOS MÉDICOS Y LOS PELOTONES DE RECONOCIMIENTO Y TRANSPORTES TOMAN TIERRA MEDIANTE PARACAÍDAS Y PLANEADORES

506º REGIMIENTO

COMPAÑÍA H

Best

BOSQUE

Son

CANAL WILHELMINA

PUENTE VOLADO

N

EINDHOVEN

R. DOMMEL

0   Millas   4

palacios

minutos de sus zonas de lanzamiento al norte de Eindhoven, los hombres de la 101.ª tropezaron con una intensa barrera antiaérea.

El soldado de primera clase John Cipolla estaba dormitando cuando fue súbitamente despertado por el «seco estampido de cañones antiaéreos y por la metralla que atravesaba nuestro avión». Como todos los demás, Cipolla estaba tan cargado de equipo que apenas podía moverse. Además de su rifle, mochila, impermeable y manta, llevaba cananas llenas de municiones sobre los hombros, los bolsillos llenos de granadas de mano, las raciones y su paracaídas principal, además del de reserva. Por si era poco, en su avión cada hombre llevaba una mina terrestre. Según explicó, «a nuestro flanco izquierdo se incendió un C-47, luego otro, y pensé: "¡Dios mío, ahora nos toca a nosotros! ¡Cómo voy a salir de este avión!"».

Su C-47 se estremecía, y todo el mundo parecía estar gritando al mismo tiempo: «¡Salgamos! ¡Hemos sido tocados!». El jefe de saltos dio la orden de «En pie y enganchad». Luego, comenzó serenamente una revisión del equipo. Cipolla oía a los hombres exclamar: «Uno, listo. Dos, listo. Tres, listo». Pareció que transcurrían horas enteras antes de que Cipolla, el último de la fila, pudiera gritar: «Veintiuno, listo». Entonces, se encendió la luz verde, y fueron saltando apresuradamente los hombres, sobre cuyas cabezas se desplegaban a los pocos momentos los paracaídas. Al levantar la vista para comprobar si el suyo había funcionado adecuadamente, Cipolla vio que el C-47 que acababa de abandonar estaba ardiendo. Mientras miraba, el avión cayó envuelto en llamas.

Pese a las granadas que estallaban entre los aviones, las formaciones no se disgregaron. Los pilotos del IX Mando de Transporte de Tropas mantuvieron invariables sus rumbos. El segundo teniente Robert O'Connell recordaba que su formación volaba tan cerrada que «pensé que nuestro piloto le iba a meter el ala en la oreja al piloto que volaba a nuestra izquierda». El avión de O'Connell estaba incendiado. Se hallaba encendida la luz roja de prevención para el salto, y «había tanto humo que no podía ver el final de mi fila». Los hombres tosían y gritaban por salir. O'Connell se «situó ante la portezuela para impedirles el paso». Los pilotos continuaban volando sin alterarse ni desviar el rumbo, y O'Connell vio que la formación iba perdiendo altura gradualmente como medida preparatoria para el salto. O'Connell esperaba que «si el piloto pensara que el avión iba a caer, nos daría la luz verde a tiempo para que saltasen los hombres». Tranquilamente, el piloto mantuvo el rumbo de su incendiado aparato hasta hallarse exactamente sobre la zona de lanzamiento. Se encendió entonces la luz verde, y O'Connell y sus hombres saltaron sin ningún tropiezo. O'Connell supo después que el avión acabó estrellándose, pero que sus tripulantes sobrevivieron.

Con absoluto desprecio hacia sus propias vidas, los pilotos condujeron sus aviones a través de la barrera antiaérea hasta las zonas de lanzamiento. «No se preocupe por mí —radió a su comandante de vuelo el segundo teniente Herbert E. Shulman, piloto de un C-47 incendiado—. Voy a llevar a estos paracaidistas justo sobre la zona de lanzamiento.» Lo hizo. Los paracaidistas saltaron indemnes del avión, que, momentos después, se estrellaba envuelto en llamas. El sargento jefe Charles A. Mitchell vio horrorizado que el aparato que volaba a su izquierda despedía grandes llamaradas por su motor de babor. Mientras el piloto mantenía fijo el rumbo, Mitchell vio saltar por entre las llamas a toda la fila de paracaidistas.

Las tragedias no terminaron aquí. El soldado de primera clase Paul Johnson se encontraba en la parte delantera, junto a la cabina del piloto, cuando su avión fue alcanzado de lleno y se incendiaron los dos depósitos de carburante. De los ocupantes del avión, dieciséis paracaidistas, el piloto y el copiloto, solamente lograron salir Johnson y otros dos soldados. Tuvieron que pasar por encima de los cadáveres de los demás para saltar. Los tres supervivientes sufrían graves quemaduras, y el pelo de Johnson estaba totalmente calcinado. Los tres cayeron en una zona ocupada por blindados alemanes. Combatieron durante media hora contra el enemigo desde una zanja. Luego, heridos los tres, fueron vencidos y hechos prisioneros.

En el preciso momento en que se encendía la luz verde en otro avión, el primero de los paracaidistas, situado junto a la portezuela, resultó muerto. Cayó hacia atrás sobre el cabo John Altomare. Su cadáver fue rápidamente apartado a un lado y los demás componentes del grupo pudieron saltar. Y, cuando otra serie de paracaidistas descendía suavemente a tierra, un C-47 que había perdido el control golpeó a dos de ellos, destrozándolos con las hélices.

Como es propio de ellos, los americanos hicieron bromas incluso de la terrible llegada a las zonas de lanzamiento. Instantes después de que el capitán Cecil Lee se levantara para enganchar su paracaídas, su avión resultó tocado. Un trozo de metralla abrió un agujero en el asiento que acababa de abandonar. Cerca de él, un soldado exclamó con disgusto: «¡*Ahora* nos dan una letrina!». En otro avión, el segundo teniente Anthony Borrelli estaba seguro de haberse quedado paralizado. Se encendió la luz roja, y todos se levantaron para colocar su gancho excepto Borrelli, que no podía moverse. Oficial desde hacía apenas dos semanas y en su primera misión de combate, Borrelli, que era el primero de la fila, sentía todos los ojos fijos sobre él. Para su vergüenza, descubrió que había enganchado su cinturón al asiento. El soldado Robert Boyce participaba en la expedición pese a las buenas intenciones del dentista de la división, que le había declarado no apto para el combate a causa de sus problemas dentales. Merced a la intervención del comandante de su compañía, Boyce, veterano de Normandía, obtuvo permiso para marchar. Además de una muela careada, tenía otros motivos de preocupación. Muchas de las innovaciones que se había aportado a los paracaidistas —fundas para ametralladoras, correaje con mecanismo para desprenderse rápidamente del paracaídas y botas de combate en vez de botas de salto— les ponían nerviosos a él y a muchos otros hombres. En particular, les preocupaba a los paracaidistas la posibilidad de que las cuerdas del paracaídas se enredaran en las hebillas de sus nuevas botas de combate. Mientras su avión volaba a baja altura, cerca ya de la zona de lanzamiento, Boyce vio en tierra civiles holandeses que saludaban formando con dos dedos la uve de la victoria. Era todo lo que Boyce necesitaba. «¡Eh, mirad! —les dijo a los otros—, nos están apostando dos a uno a que no lo hacemos.»

Les parecía a muchos que las probabilidades en contra de que lograran llegar a las zonas de lanzamiento estaban, por lo menos, en esa proporción. El coronel Robert F. Sink, comandante del 506.º Regimiento, vio «una enorme masa de fuego antiaéreo dirigido contra nosotros». Mientras miraba por la portezuela, el avión se estremeció violentamente, y Sink vio que una parte del ala se rompía y quedaba colgando. Se volvió hacia los hombres y dijo: «Bueno, se han cargado el ala». Para alivio de Sink, «nadie pareció darle mucha importancia al asunto. Calculaban que para entonces estábamos prácticamente encima».

En el avión número 2, el segundo comandante de Sink, teniente coronel Charles Chase, vio que su ala izquierda estaba incendiada. El capitán Thomas Mulvey recuerda que Chase se la quedó mirando unos instantes y, luego, dijo suavemente: «Me parece que nos están dando. Será mejor que nos vayamos». Al encenderse la luz verde en ambos aviones, los hombres saltaron sin novedad. El avión en que iba Chase ardió en tierra. El de Sink, con su ala rota, se cree que regresó sano y salvo a Inglaterra.

Un fuego antiaéreo igual de intenso envolvió a los convoyes del 502.º Regimiento, y aviones de dos grupos estuvieron a punto de entrar en colisión. Uno de los grupos, ligeramente desviado de su rumbo, invadió la ruta de otro, haciendo que éste se viera obligado a ganar altura y a sus paracaidistas a realizar un salto desde una altitud mayor de la planeada. En el avión guía de uno de los grupos iban el comandante de la división, general Maxwell D. Taylor, y el comandante del 1.er Batallón del 502.º, el teniente coronel Patrick Cassidy. En pie junto a la portezuela, Cassidy vio incendiarse uno de los aviones. Contó sólo siete paracaídas. Luego, se incendió otro C-47, justo a la izquierda. Saltaron de él todos los paracaidistas. Hipnotizado par el aparato en llamas, Cassidy no advirtió que se había encendido la luz verde. El general Taylor, que estaba detrás de él, dijo suavemente: «Cassidy, se ha encendido la luz». Automáticamente, Cassidy respondió: «Sí, señor. Lo sé», y saltó. Taylor le siguió.

Para el general Taylor, el salto de la 101.ª fue «inusitadamente perfecto; casi como un ejercicio». En la elaboración inicial del plan, el Estado Mayor de Taylor había previsto hasta un 30 por ciento de bajas. De los 6.695 paracaidistas que despegaron de Inglaterra, saltaron 6.669. Pese al intenso fuego de la artillería antiaérea enemiga, el coraje de los pilotos de cazas y C-47 garantizó a la 101.ª un salto casi perfecto. Aunque algunas unidades cayeron a una distancia de entre uno y cinco kilómetros de las zonas de lanzamiento, los paracaidistas tomaron tierra tan cerca unos de otros que se reunieron rápidamente. Únicamente dos aviones no llegaron a la zona de lanzamiento, y el IX Mando de Transporte de Tropas sufrió el peso de todas las bajas por su heroica determinación de llevar a los paracaidistas hasta sus objetivos. La 101.ª fue transportada por 424 C-47: uno de cada cuatro aviones resultó tocado y fueron derribados dieciséis, muriendo todos sus tripulantes.

Las pérdidas de planeadores también fueron grandes. Más tarde, cuando empezaron a regresar estos grupos, sólo 53 de los 70 originales llegaron sin contratiempos a la zona de aterrizaje, en las cercanías de Son. A pesar de los fallos, la artillería enemiga y los aterrizajes violentos, los planeadores depositaron casi el 80 por ciento de los hombres y el 75 por ciento de los jeeps y remolques que transportaban.*

* Como se consideraba a *Market-Garden* una operación exclusivamente británica, pocos corresponsales estadounidenses fueron acreditados para cubrir el ataque. No había ninguno en Arnhem. Uno de los americanos agregados a la

En ese momento, las *Águilas Aullantes* comenzaron a avanzar hacia sus objetivos, los puentes y vados sobre la vital franja de corredor de 22 kilómetros que se extendía ante las fuerzas terrestres británicas.

101.ª era un periodista de United Press, llamado Walter Cronkite, que aterrizó en planeador. Cronkite recuerda que «yo creía que las ruedas del planeador eran para aterrizar. Imagine mi sorpresa cuando nos arrastramos a lo largo de la tierra y las ruedas aparecieron a través del suelo. Tuve también otro susto. Nuestros cascos, que todos juramos que llevábamos sujetos, salieron volando a consecuencia del impacto y parecieron más peligrosos que los obuses enemigos. Después de aterrizar, cogí el primer casco que vi y mi máquina de escribir Olivetti portátil y empecé a arrastrarme hacia el Canal, que era el punto de reunión. Al volver la vista, me encontré a una docena de tipos gateando detrás de mí. Al parecer, me había equivocado de casco. El que llevaba puesto tenía en la parte posterior dos galones, indicando que yo era un teniente».

4

El coronel general Kurt Student y su jefe de Estado Mayor, coronel Reinhard, se hallaban en el balcón de la casita de campo del general, cerca de Vught y «simplemente miraban, boquiabiertos y estupefactos». A Student le quedó un claro recuerdo de que «en todas partes hacia donde mirábamos, veíamos hileras de aviones —cazas, transportes de tropas y aviones de carga— volando sobre nosotros. Subimos al tejado de la casa para hacernos una idea mejor de la dirección de aquellas unidades». Grandes formaciones de aviones parecían tomar la dirección de Grave y Nimega, y, a pocos kilómetros al sur de Eindhoven y Son, pudo ver con claridad transportes de tropas —uno tras otro— que llegaban y lanzaban paracaidistas y equipo. Algún aparato volaba tan bajo que Student y Reinhard agacharon instintivamente la cabeza. «En los terrenos del Cuartel General, nuestros oficinistas, intendentes, chóferes y soldados de transmisiones disparaban con toda clase de armas. Como de costumbre, no había ni rastro de nuestros propios cazas.» Student se hallaba completamente desconcertado. «No podía decir qué estaba ocurriendo ni adónde se dirigían aquellas unidades aerotransportadas. En aquellos momentos, ni se me ocurrió pensar en el peligro nuestra propia posición.» Pero Student, experto en paracaidismo, se sentía lleno de admiración y envidia. «Aquel poderoso espectáculo me impresionó profundamente.» Pensé reflexiva y ansiosamente en nuestras propias operaciones aerotransportadas y le dije a Reinhard: «¡Oh, si yo hubiera tenido alguna vez tantos medios a mi disposición! ¡Tener tantos aviones, aunque sólo fuera una vez!». Reinhard estaba mucho más preocupado por el presente. «*Herr* general —dijo a Student—,

¡tenemos que *hacer* algo!» Bajaron del tejado y volvieron al despacho de Student.

Sólo una noche antes, Student había advertido en su informe diario: «La presencia de grandes columnas de tráfico al sur del Canal Mosa-Escalda indica un ataque inminente». El problema era: ¿Había comenzado ya? En caso afirmativo, aquellas unidades aerotransportadas se dirigían a los puentes existentes en los alrededores de Eindhoven, Grave y Nimega. Todos los arcos estaban preparados para su demolición y protegidos por grupos especiales de ingenieros y destacamentos de seguridad. A cada uno de los pasos se le había asignado un comandante de puente, con órdenes estrictas de destruirlo en caso de ataque. «Lo más lógico era que los Aliados —pensó Student— utilizaran tropas aerotransportadas para apoderarse de los puentes antes de que nosotros pudiéramos destruirlos.» En aquel momento, Student ni siquiera pensaba en la importancia del puente de Arnhem sobre el Bajo Rin. «Póngame con Model», le dijo a Reinhard.

Reinhard descolgó el teléfono para descubrir que las líneas estaban cortadas. El Cuartel General estaba ya incomunicado.

En el Hotel Tafelberg de Oosterbeek, a unos 56 kilómetros de distancia, el teniente Gustav Sedelhauser, oficial de administración de Model, estaba furioso. «¿Le dura la borrachera de anoche?», gritó al micrófono de un teléfono de campaña. El *Unteroffizier* Youppinger, uno de los componentes de la compañía de 250 hombres que, a las órdenes de Sedelhauser, tenía la misión de proteger a Model, repitió lo que había dicho. En Wolfheze, «están aterrizando planeadores en nuestras mismas narices», insistió. Sedelhauser colgó de golpe el teléfono y se precipitó a la oficina de operaciones, donde comunicó el mensaje a un sorprendido teniente coronel. Juntos, se dirigieron apresuradamente al comedor, donde estaban almorzando Model y su jefe de Estado Mayor, el general Krebs. «Me acaban de comunicar que están aterrizando planeadores en Wolfheze», dijo el coronel. El oficial de operaciones, coronel Tempelhof, se le quedó mirando; el monóculo cayó del ojo de Krebs. «Bueno, ya han llegado», dijo Tempelhof.

Model se puso en pie de un salto y dictó un torrente de órdenes para evacuar el Cuartel General. Mientras salía del comedor para recoger sus efectos personales, gritó por encima del hombro: «¡Vienen por mí y por este Cuartel General!». Momentos después, llevando sólo un maletín, Model cruzó a toda prisa la puerta de entrada del Tafelberg. En la acera, dejó caer el maletín, que se abrió derramando su ropa interior y útiles de aseo.

Krebs salió detrás de Model con tanta prisa que, como pudo ver Sedelhauser, «incluso se le había olvidado coger la gorra, la pistola y el cinturón». Tempelhof ni siquiera tuvo tiempo de retirar los mapas de guerra de la oficina de operaciones. El coronel Freyberg, ayudante del Cuartel General, actuó con la misma premura. Al pasar junto a Sedelhauser, gritó: «No se olvide de mis cigarros». En su automóvil, Model le dijo al chófer, Frombeck: «¡Aprisa! ¡A Doetinchem! ¡Al Cuartel General de Bittrich!».

Sedelhauser esperó hasta que se hubo alejado el automóvil y, luego, regresó al hotel. En la oficina de operaciones, vio todavía sobre la mesa los mapas de guerra en los que aparecían indicadas todas las posiciones desde Holanda hasta Suiza. Los enrolló y se los llevó consigo. Luego, ordenó que fueran evacuados inmediatamente el Hotel Hartensteins y el Tafelberg; todos los medios de transporte, dijo, «todos los coches, camiones y motocicletas deben marcharse de aquí inmediatamente». El último informe que recibió antes de salir en dirección a Doetinchem fue que los británicos estaban a menos de tres kilómetros de distancia. En la confusión, se había olvidado por completo de los cigarros de Freyberg.

5

Rodeada por la bruma y por el humo de los edificios en llamas, estaba aterrizando la poderosa flota británica de planeadores. Las zonas señaladas con tiras de nylon anaranjadas y carmesíes estaban empezando a parecer grandes aparcamientos de aviones. Un humo azulado se elevaba en remolinos desde las dos zonas de aterrizaje —«Granja de Reyers» al norte y «Brezal de Renkum» al Sudoeste—, cerca de Wolfheze. Desde estas zonas, los remolcadores y planeadores se extendían a lo largo de casi treinta kilómetros hasta su punto de acceso, próximo a la ciudad Hertogenbosch, al sudoeste de Nimega. Enjambres de cazas protegían a estas enormes columnas. El tráfico era tan intenso que a los pilotos les recordaba la congestión producida en las horas punta en la transitada Picadilly Circus, en Londres.

Remolcadores y planeadores —separado cada grupo del siguiente por un intervalo de cuatro minutos— sobrevolaban lentamente la llana campiña holandesa surcada de corrientes de agua. Las señales que se les había enseñado a los pilotos a reconocer empezaban a pasar bajo su vista: los anchos ríos Mosa y Waal, y, más allá, el Bajo Rin. Luego, conforme las formaciones iban descendiendo, los hombres veían a la derecha Arnhem y sus objetivos vitales: los puentes del ferrocarril y la carretera. Increíblemente, pese a la predicción de la RAF de un intenso fuego antiaéreo, la inmensa cabalgata de planeadores no encontró prácticamente ninguna resistencia. Los bombardeos previos al asalto habían sido mucho más efectivos en torno a Arnhem que en torno a Eindhoven. Ni uno solo de los remolcadores o planeadores fue derribado al acercarse.

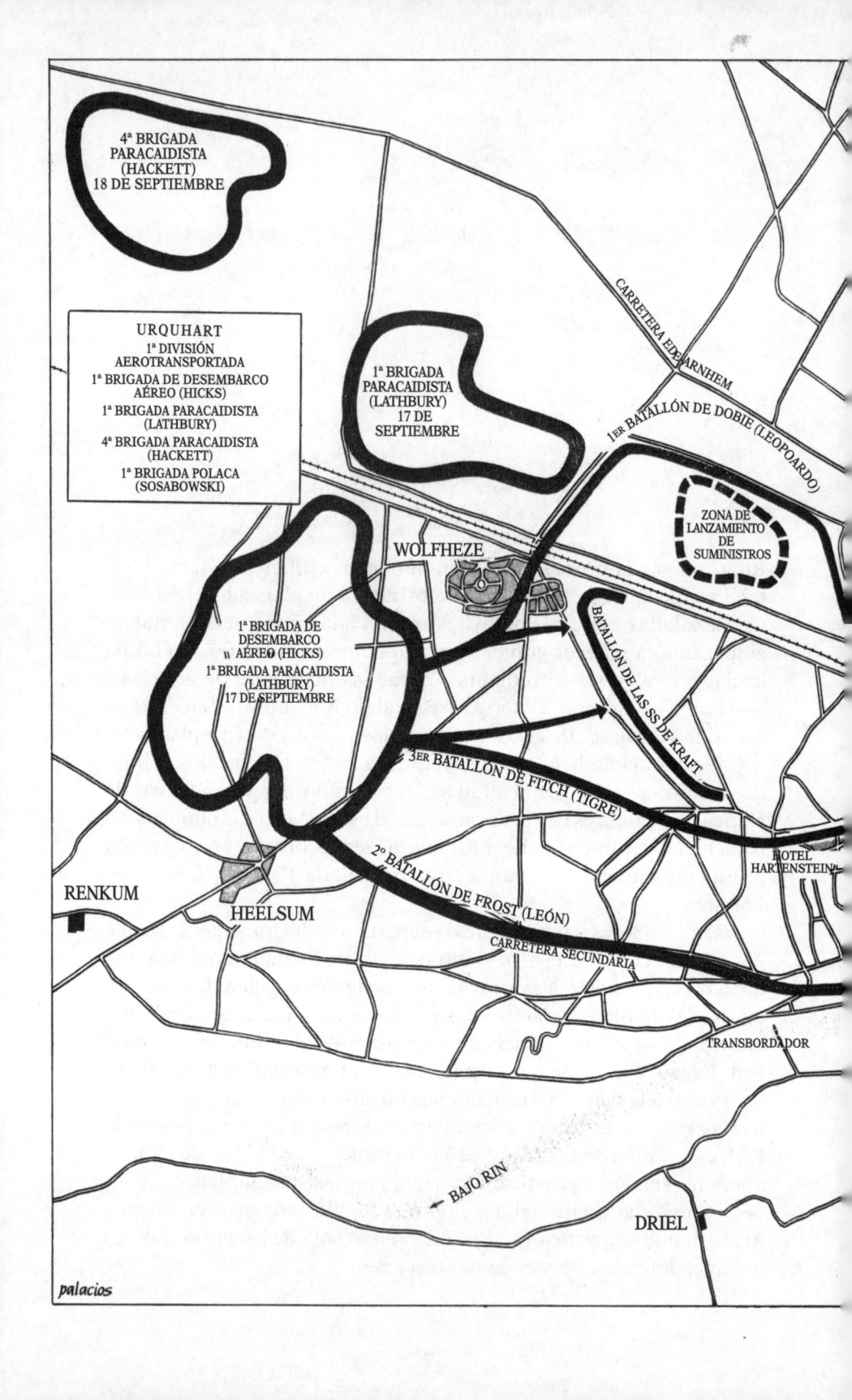

4ª BRIGADA PARACAIDISTA (HACKETT) 18 DE SEPTIEMBRE
URQUHART
1ª DIVISIÓN AEROTRANSPORTADA
1ª BRIGADA DE DESEMBARCO AÉREO (HICKS)
1ª BRIGADA PARACAIDISTA (LATHBURY)
4ª BRIGADA PARACAIDISTA (HACKETT)
1ª BRIGADA POLACA (SOSABOWSKI)
1ª BRIGADA PARACAIDISTA (LATHBURY) 17 DE SEPTIEMBRE
CARRETERA DE ARNHEM
1ER BATALLÓN DE DOBIE (LEOPOARDO)
ZONA DE LANZAMIENTO DE SUMINISTROS
WOLFHEZE
BATALLÓN DE LAS SS DE KRAFT
1ª BRIGADA DE DESEMBARCO AÉREO (HICKS)
1ª BRIGADA PARACAIDISTA (LATHBURY)
17 DE SEPTIEMBRE
3ER BATALLÓN DE FITCH (TIGRE)
2º BATALLÓN DE FROST (LEÓN)
HOTEL HARTENSTEIN
RENKUM
HEELSUM
CARRETERA SECUNDARIA
TRANSBORDADOR
BAJO RIN
DRIEL
palacios

ARNHEM
EL ATAQUE
DÍA D, 17 DE SEPTIEMBRE DE 1944

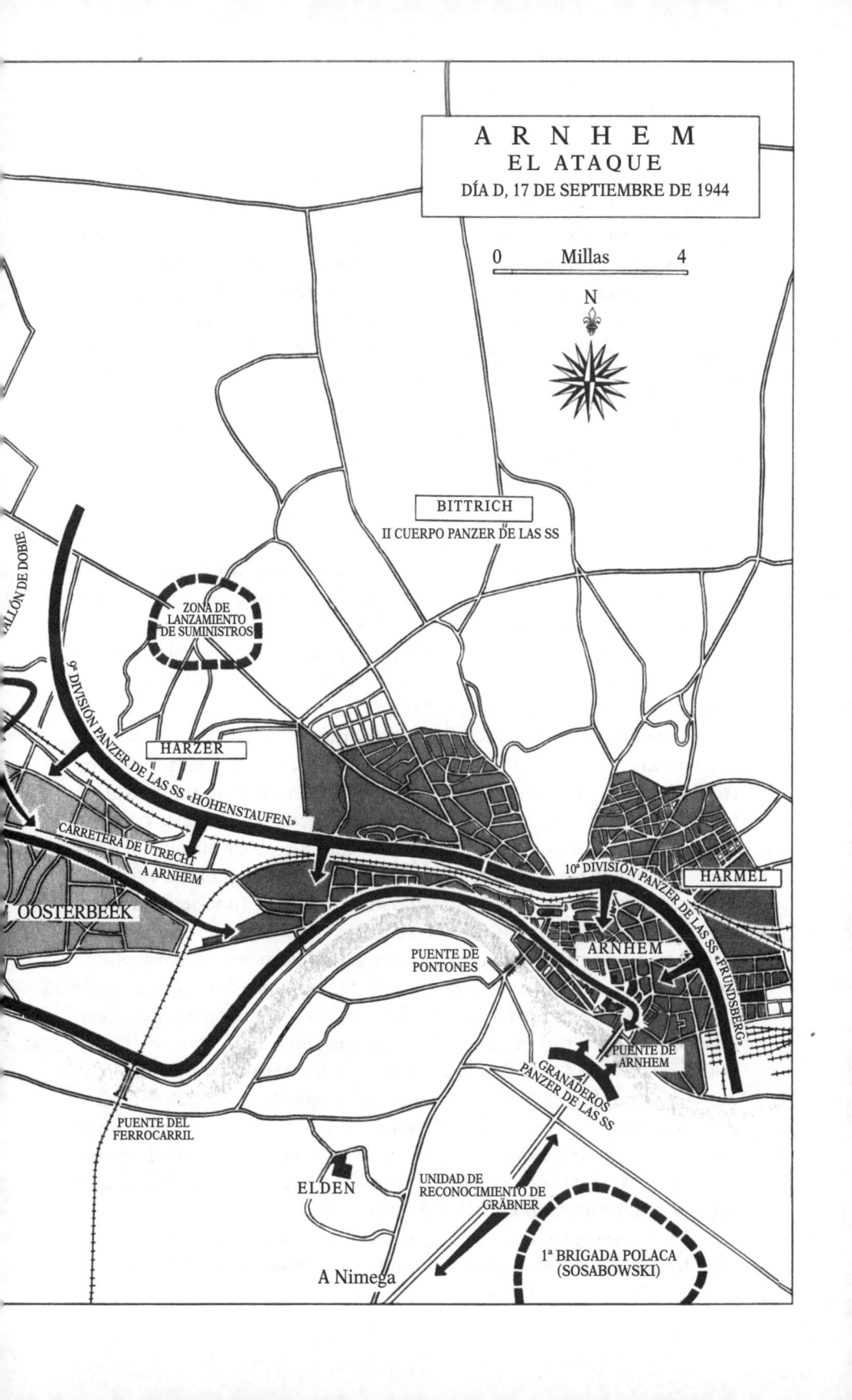

BITTRICH
II CUERPO PANZER DE LAS SS

ZONA DE LANZAMIENTO DE SUMINISTROS

9ª DIVISIÓN PANZER DE LAS SS «HOHENSTAUFEN»

HARZER

CARRETERA DE UTRECHT A ARNHEM

OOSTERBEEK

10ª DIVISIÓN PANZER DE LAS SS «FRUNDSBERG»

HARMEL

ARNHEM

PUENTE DE PONTONES

PUENTE DE ARNHEM

PUENTE DEL FERROCARRIL

ELDEN

GRANADEROS PANZER DE LAS SS

UNIDAD DE RECONOCIMIENTO DE GRÄBNER

1ª BRIGADA POLACA (SOSABOWSKI)

A Nimega

Con cronométrica precisión, los diestros pilotos de la RAF y del Regimiento de Pilotos de Planeadores llegaron a las zonas. Al separarse los planeadores, sus remolcadores comenzaban a ascender en círculos para dejar espacio a las combinaciones que llegaban detrás. Estas complicadas maniobras y el intenso tráfico estaban originando problemas. El sargento Bryan Tomblin no olvidaría la caótica congestión sobre las zonas de aterrizaje. «Había planeadores, remolcadores, cables y toda clase de cosas en el cielo. Uno tenía que estar atento todo el tiempo.»

El sargento jefe Victor Miller, que pilotaba un *Horsa*, recuerda que sobrevoló el Bajo Rin y lo encontró «increíblemente tranquilo». Más allá, divisó de pronto su zona de aterrizaje, con su «bosque de forma triangular y la pequeña granja en el ángulo más lejano». Segundos después, Miller oyó la voz del navegante de su remolcador *Stirling*: «Muy bien, número 2. Cuando quieras». Miller acusó recibo del mensaje. «Buena suerte, número 2», le dijo el navegante. Miller desprendió inmediatamente el cable. El remolcador desapareció, con el cable oscilando tras él. Miller sabía que lo dejaría caer «sobre el enemigo como regalo de despedida antes de que el *Stirling* diera media vuelta para emprender el viaje de regreso».

La velocidad del planeador se redujo, y el campo empezó a aproximarse. Miller pidió los alerones, y su copiloto, el sargento Tom Hollingsworth, accionó al instante una palanca. Por un momento, el planeador se encabritó, «al tiempo que los grandes alerones descendiendo desde la parte inferior de cada ala frenaban nuestra velocidad». Miller estimó que la zona de aterrizaje se hallaba ahora a menos de un kilómetro de distancia. «Le recordé a Tom que estuviera atento a otros planeadores por su lado. Uno pasó por encima de nosotros a menos de cincuenta metros de distancia», y, para asombro de Miller, «enfiló el mismo rumbo. Otro planeador parecía estar echándose sobre nosotros por estribor. No creo que el piloto nos viese siquiera, tan atento estaba a la tarea de aterrizar». Para evitar la colisión, Miller picó deliberadamente bajo el planeador que se acercaba. «Una gran forma blanca centelleó sobre nuestra carlinga, demasiado cerca para que me gustara. Me estaba esforzando de tal manera por llegar entero a tierra que no pensé en la posibilidad de que el enemigo estuviera disparando contra nosotros..., aunque la verdad es que tampoco habríamos podido hacer gran cosa al respecto.»

Miller continuó su descenso, con «las copas de los árboles ascendiendo hacia nosotros y pasando junto a las alas. Al acercarse el suelo, llegó otro planeador. Tiré hacia atrás de la palanca del timón, nivelé el vuelo, golpeamos contra tierra, saltamos un metro y nos detuvimos. Tom había accionado bruscamente los frenos y avanzamos de costado a través del campo arado. Luego, las ruedas su hundieron en el blando suelo y nos detuvimos a cincuenta metros escasos de una impresionante línea de árboles». En el silencio, tras el ensordecedor rugido del descenso, Miller oyó el lejano crepitar de disparos de armas cortas, «pero mi único pensamiento era salir del planeador antes de que otro se estrellara o aterrizara sobre nosotros. Fui el último en salir. Ni siquiera me detuve, sino que salté directamente por la portezuela y caí, con bastante violencia, sobre el suelo de Holanda, metro y medio más abajo».

El planeador en que iba el soldado de transmisiones Graham Marples describió un círculo y volvió sobre su zona de aterrizaje a causa de la congestión de aparatos. «Pero, para entonces, nos habíamos quedado sin viento —recuerda Marples—. Vi los árboles atravesar el suelo del planeador. Lo hicieron pedazos, y lo siguiente que noté fue que el aparato se inclinó de proa y descendió. Oí cómo se rompía todo con un chasquido como de ramitas secas. Aterrizamos de morro, pero nadie resultó herido, aparte de unos cuantos arañazos y magulladuras.» Más tarde, el piloto le dijo a Marples que había frenado para evitar chocar con otro planeador.

Muchos planeadores, habiendo superado todas las dificultades del largo vuelo, se enfrentaron con el desastre en el momento de tocar tierra. El sargento jefe George Davis se hallaba en pie junto a su vacío *Horsa* y observaba la llegada de otros planeadores. Davis, uno de los primeros en aterrizar, había transportado 32 hombres de la 1.ª Brigada de Desembarco Aéreo. Vio dos planeadores «casi pegados uno a otro rebotar sobre la zona de aterrizaje y precipitarse contra los árboles. Ambos tenían las alas partidas». Segundos después, llegó otro *Horsa*. Su velocidad era tal que Davis comprendió que no podría detenerse a tiempo. El planeador se estrelló contra los árboles. No salió nadie de él. En compañía de su copiloto, el sargento jefe Williams, Davis corrió al planeador y miró por el plexiglás de la carlinga. Dentro, todos estaban muertos. Un mortero de 75 milímetros había roto las cadenas de las amarras, aplastando a los artilleros y decapitando al piloto y el copiloto.

El teniente Michael Dauncey acababa de aterrizar su planeador —transportando un jeep, remolque y seis servidores de una batería artillera— cuando vio llegar a un enorme *Hamilcar* de ocho toneladas. «El campo estaba blando —explicó— y vi el morro del *Hamilcar* hundirse en la tierra.» El peso y la velocidad le hicieron hundirse más, hasta que la gran cola se elevó en el aire y el *Hamilcar* volcó. Dauncey comprendió que «era inútil tratar de sacarlo. El *Horsa* tiene el morro puntiagudo, pero el *Hamilcar* tiene un saliente donde se sientan los pilotos, y comprendimos que habían muerto los pilotos».

Cuando se aproximaba en otro *Hamilcar*, el sargento jefe Gordon Jenks presenció el accidente y dedujo al instante que la tierra era allí demasiado blanda. Decidió en el acto no aterrizar en aquel campo. «Calculé que, si picábamos entonces, tendríamos suficiente velocidad para poder mantener el vuelo hasta haber pasado la cerca y aterrizar sin novedad en el campo contiguo.» Jenks empujó hacia delante la barra de mando, picó y niveló luego el vuelo a unos metros del suelo. Llevando el enorme aparato por encima de la cerca, Jenks «lo posó en el otro campo con tanta suavidad como si fuera una pluma».

A todo lo largo de las zonas de aterrizaje, se estaba procediendo ahora a abrir las traseras de los planeadores y descargar piezas de artillería, equipo, provisiones, jeeps y remolques. Los hombres que iban en el planeador del cabo Henry Brook descubrieron, como muchos otros, que las maniobras de descarga estaban muy bien en teoría, pero eran más difíciles en la práctica. «Había ocho pernos con alambre protector sujetando la cola —explicó Brook—. En los ejercicios que hacíamos en Inglaterra, siempre podíamos sacar la cola, el jeep y el remolque en dos minutos justos. En acción, era diferente. Cortamos el alambre y sacamos los pernos, pero la cola no se movía.» Brook y los demás acabaron cortándola. El cabo artillero J. W. Crook se sentía igualmente frustrado, pero un jeep cercano acudió en ayuda de sus hombres y, con su cable, arrancó la cola.

En las dos zonas, los hombres empezaban a rescatar la carga de los planeadores siniestrados. El hecho de que se estrellaran dos gigantescos *Hamilcar* constituyó una grave pérdida. Contenían un par de piezas de artillería de 17 libras, así como camiones de tres toneladas y remolques de municiones. Pero los quince morteros de 75 milímetros de la artillería del 1.er Regimiento de Desembarco Aéreo llegaron sin novedad.

La mayoría de los hombres que iban en los planeadores explicaría que había un extraño y casi aterrador silencio inmediatamente después del aterrizaje. Luego, los hombres oyeron el sonido de unas gaitas tocando *Blue Bonnets* procedente del punto de reunión. Casi simultáneamente, los soldados que se encontraban en los linderos del brezal de Renkum vieron civiles holandeses que vagaban por el bosque o se ocultaban atemorizados. El teniente Neville Hay, de la unidad *Phantom*, recuerda que «era un espectáculo perturbador. Algunos llevaban batas de hospital y parecían ir conducidos por vigilantes. Hombres y mujeres daban cabriolas, saludaban con las manos, reían y parloteaban. Se trataba obviamente de locos». El piloto de planeador, Victor Miller, quedó sorprendido al oír voces en el bosque. Luego, «pasaron grupos de hombres y mujeres cubiertos con fantasmales vestiduras blancas». Sólo más tarde supieron los soldados que aquellos civiles de tan extraño comportamiento eran internos del bombardeado Instituto Psiquiátrico de Wolfheze.

El general Urquhart había aterrizado en el brezal de Renkum. También él se sintió sorprendido por el silencio. «Todo estaba increíblemente tranquilo, irreal.» Mientras su jefe de Estado Mayor, coronel Charles Mackenzie, instalaba en la linde del bosque el cuartel general táctico de la división, Urquhart se dirigió a las zonas de lanzamiento de paracaídas, a cuatrocientos metros de distancia. Faltaba poco para que llegara la 1.ª Brigada Paracaidista del general de brigada Lathbury. Se oyó a lo lejos el zumbido de aviones que se acercaban. El bullicio y la actividad cesaron unos instantes en las zonas de los planeadores cuando los hombres levantaron la vista para ver las largas filas de C-47. El fuego antiaéreo y de armas cortas fue tan limitado y espasmódico durante el salto de los paracaidistas como durante el aterrizaje de los planeadores. Desde las 13.53 horas y durante los quince minutos siguientes, el cielo se llenó de paracaídas de brillantes colores cuando la 1.ª Brigada empezó a saltar. Unos 650 fardos con paracaídas amarillos, rojos y pardos —conteniendo armas, municiones y equipo— cayeron rápidamente por entre la lluvia de paracaidistas. Otros paracaídas de aprovisionamiento, arrojados de los aviones antes de que saltaran los hombres, descendían con un cargamento de lo más diverso, que incluía pequeñas motocicletas plegables. Muchos paracaidistas ya excesivamente cargados saltaban también con grandes sacos. En teoría, éstos debían ser depositados con una cuerda en el suelo justo antes de que los hombres tocaran tierra. A decenas de paracaidistas se les cayeron los fardos, que acabaron estrellándose sobre las zonas. Algunos contenían valiosos aparatos de radio.

El soldado británico Harry Wright saltó de un C-47 estadounidense. Mientras caía por el aire, perdió su casco y su saco. Chocó violentamente contra el suelo. El sargento mayor Robertson se acercó corriendo. La frente de Wright estaba llena de sangre. «¿Te ha herido el fuego enemigo?», preguntó Robertson. Wright meneó lentamente la cabeza. «No, sargento —dijo—. Ha sido ese maldito yanqui. Íbamos a demasiada velocidad cuando saltamos.» Robertson le puso una venda y luego, para sorpresa de Wright, ofreció al herido una gorra de su mochila. «Casi me caigo de la impresión —comentó Wright—. Primero, porque Robertson era escocés, y, segundo, sargento de Intendencia, así que nunca daba nada a nadie.»

En todas las zonas de lanzamiento parecían estar sucediendo cosas extrañas. La primera persona que el sargento Norman Swift vio al tomar tierra fue el sargento mayor Les Ellis, que pasaba con una perdiz muerta en la mano. El sorprendido Swift preguntó de dónde había salido el ave. «He caído sobre ella —explicó Ellis—. ¿Quién sabe? Puede venir muy bien si llegamos a pasar hambre.»

El zapador Ronald Emery acababa de desprenderse de su paracaídas cuando una madura señora holandesa cruzó el campo, lo cogió y se alejó a toda velocidad, dejando al sorprendido Emery mirándola con incredulidad. En otra parte del campo, el cabo Geoffrey Stanners, cargado de equipo, cayó en la punta del ala de un planeador. El ala se dobló como un trampolín, impulsando de nuevo a Stanners por los aires. Cayó con los dos pies en el suelo.

Aturdido tras una violenta caída, el teniente Robin Vlasto permaneció inmóvil unos instantes, tratando de orientarse. Era consciente de que «un número increíble de cuerpos y contenedores caían a mi alrededor, y los aviones continuaban arrojando paracaidistas». Vlasto decidió alejarse rápidamente de la zona de lanzamiento. Mientras forcejeaba para soltarse las correas, oyó un fantasmal sonido. Mirando a su alrededor vio al teniente coronel John Frost, comandante del 2.º Batallón, que pasaba soplando su cuerno de caza.

Frost fue visto también por el soldado James W. Sims. Para Sims, el día se había complicado ya antes de aterrizar. Habiendo volado siempre con la RAF —según Sims, siempre con esa actitud de: «No os preocupéis, muchachos, pase lo que pase, os llevaremos allá»—, Sims quedó estupefacto al ver a su piloto americano. «Era un teniente coronel con una de esas gorras blandas. Llevaba desabrochada la cazadora de vuelo y fumaba un puro enorme. Nuestro teniente le saludó con toda corrección y le preguntó si los hombres debían situarse en la parte delantera del avión para el despegue.» El estadounidense sonrió. «Qué diablos, no, teniente —recordaba Sims que había dicho—. Despegaré con este maldito cacharro, aunque tenga que arrastrar su culo por media pista.» El oficial de Sims estaba demasiado sorprendido para hablar. Ahora, aunque apreciaba a su coronel, Sims, al ver pasar a Frost, sintió que había llegado al límite de su paciencia. Rodeado de su equipo, se sentó en el suelo y murmuró: «Ahí va el viejo Johnny Frost, con un 45 en una mano y ese maldito cuerno en la otra».

A todo lo largo de las zonas de aterrizaje y lanzamiento, a las que habían llegado sin novedad 5.191 hombres de la división, las unidades se estaban reuniendo, formando y emprendiendo la marcha. El general Urquhart «no podía haberse sentido más complacido. Todo parecía estar funcionando perfectamente». La misma idea se le ocurrió al sargento mayor John C. Lord. El veterano paracaidista lo recordaría «como uno de los mejores ejercicios en que yo había participado jamás. Todo el mundo estaba tranquilo y dedicado a su tarea». Pero las reservas que había albergado antes del despegue continuaban inquietando a Lord. Mientras miraba a su alrededor, viendo a los hombres reunirse rápidamente, sin ningún enemigo con el que luchar, pensó: «Es todo demasiado bueno para ser verdad». Otros tuvieron la misma idea. Cuando un grupo se disponía a marchar, el teniente Peter Stainforht oyó decir en voz baja al teniente Dennis Simpson: «Todo está yendo demasiado bien para mi gusto».

El hombre que tenía a su cargo la tarea más urgente en el aterrizaje era el comandante Freddie Gough, de cuarenta y tres años, de la unidad de reconocimiento de la 1.ª División Aerotransportada. Gough, al frente de un escuadrón de cuatro pelotones en jeeps fuertemente armados, debía efectuar un ataque sobre el puente antes de que llegara a él el batallón de John Frost. Gough y sus hombres se lanzaron en paracaídas y, luego, buscaron sus medios de transporte terrestre, que estaban siendo trasladados en planeador. Gough localizó enseguida en la zona de aterrizaje a su segundo, el capitán David Allsop, y recibió una mala noticia. Allsop informó que no habían llegado los transportes de uno de los cuatro pelotones, aproximadamente 22 vehículos. Además, 36 de los 320 planeadores destinados a Arnhem se habían perdido, y con ellos los jeeps del pelotón A de Gough. Sin embargo, tanto Gough como Allsop creían que quedaban vehículos suficientes para precipitarse hacia el puente de Arnhem. Gough dio la orden de emprender la marcha. Reducidas de aquel modo sus fuerzas, todo dependía ahora de la reacción de los alemanes.

6

En medio del pánico y la confusión, el primer oficial alemán que dio la alarma fue el general Wilhelm Bittrich, comandante del II Cuerpo Panzer de las SS. A las 13.30 horas, Bittrich recibió su primer informe de la red de comunicaciones de la Luftwaffe que señalaba que tropas aerotransportadas estaban tomando tierra en las proximidades de Arnhem. Un segundo informe, que llegó minutos después, citaba Arnhem y Nimega como zona del asalto. Bittrich no pudo encontrar a nadie en el Cuartel General del mariscal de campo Model, instalado en el Tafelbergg, en Oosterbeek. Tampoco pudo ponerse en contacto ni con el comandante de la ciudad de Arnhem ni con el coronel general Student, en su Cuartel General de Vught. Aunque la situación era incierta, Bittrich pensó inmediatamente en el 15.º Ejército del general Von Zangen, la mayor parte del cual había pasado a Holanda cruzando la boca del Escalda. «Mi primer pensamiento fue que aquel ataque aerotransportado estaba destinado a contener al ejército de Von Zangen e impedir que se reuniera con el resto de nuestras fuerzas. Entonces, probablemente, el objetivo sería un avance del Ejército británico a través del Rin hacia el interior de Alemania.» Si su razonamiento era correcto, la clave de tal operación según Bittrich serían los puentes de Arnhem-Nimega. Inmediatamente, alertó a las dos Divisiones Panzer de las SS, la 9.ª *Hohenstaufen* y la 10.ª *Frundsberg*.

El teniente coronel Walter Harzer, comandante de la *Hohenstaufen*, asistía al almuerzo que tenía lugar tras la condecoración del capitán Paul Gräbner y se hallaba «en medio de la sopa» cuando le llegó la llamada de Bittrich. Sucintamente, Bittrich explicó la situación y ordenó a Harzer «efectuar una acción de reconocimiento en la dirección de Arnhem y Nimega». La *Hohenstaufen* debía ponerse en marcha inmediatamente, ocupar la zona de Arnhem y destruir las tropas aerotransportadas al oeste de Arnhem, cerca de Oosterbeek. Bittrich advirtió a Harzer que «se impone actuar rápidamente». La ocupación y afianzamiento del puente de Arnhem revisten decisiva importancia». Al mismo tiempo, Bittrich ordenó a la División *Frundsberg* —cuyo comandante, general Harmel, se encontraba en Berlín— que avanzara hacia Nimega, «para tomar, sostener y defender los puentes de la ciudad».

Harzer se veía ahora enfrentado al problema de descargar las últimas unidades *Hohenstaufen*, que debían salir en tren con dirección a Alemania antes de una hora, incluyendo los carros de combate «averiados», camiones orugas y transportes blindados que había decidido no entregar a Harmel. Harzer miró a Gräbner. «¿Qué vamos a hacer ahora? —preguntó—. Los vehículos están desmontados y a bordo del tren.» De ellos, cuarenta vehículos pertenecían al batallón de reconocimiento de Gräbner. «¿Cuánto puede tardar en volver a montar los vehículos y los cañones?», preguntó Harzer. Gräbner llamó inmediatamente a sus ingenieros. «Estaremos preparados para la marcha en unas tres a cinco horas», le dijo a Harzer. «Hágalo en tres», ladró Harzer mientras se dirigía hacia su Cuartel General.

Aunque basándose en razones equivocadas, el general Bittrich había acertado plenamente y había puesto en movimiento las divisiones de panzer que los servicios de información de Montgomery habían descartado completamente.

El oficial a quien se había ordenado salir de Oosterbeek para abrir paso al Cuartel General del mariscal de campo Model se encontró que estaba situado casi en mitad de las zonas de aterrizaje británicas. El mayor de las SS Sepp Krafft, comandante del Batallón de Reserva e Instrucción de Granaderos Panzer, sintió que el miedo le «golpeaba el estómago». Su último cuartel general, en el Hotel Wolfheze, se hallaba a menos de un kilómetro del brezal de Renkum. Cerca de allí acampaban dos de sus compañías; una tercera se hallaba de reserva en Arnhem. Desde el hotel, Krafft podía ver el brezal «abarrotado de planeadores y tropas, a sólo unos centenares de metros de distancia». Siempre había creído que unas tropas aerotransportadas necesitarían horas para organizarse, pero, mientras miraba, «los ingleses se estaban reuniendo en todas partes y formando en disposición de combate». No podía comprender por qué aterrizaba en aquella zona una fuerza semejante. «El único objetivo militar de alguna importancia que se me ocurría era el puente de Arnhem.»

El aterrorizado comandante no tenía noticias de la presencia de ninguna fuerza de infantería alemana en los alrededores, aparte de su propio mermado batallón. Hasta que pudieran llegar refuerzos, Krafft decidió que «me correspondía a mí impedirles llegar al puente, si es que era allí donde se dirigían». Sus compañías se hallaban situadas formando aproximadamente un triángulo, cuya base —la carretera de Wolfheze— bordeaba casi el brezal de Renkum. Al norte del Cuartel General de Krafft se hallaba la carretera principal Ede-Arnhem y la línea férrea Amsterdam-Utretch-Arnhem; al sur, la carretera de Utretch discurría, a través de Renkum y Oosterbeek, hasta Arnhem. Como carecía de fuerzas suficientes para mantener una línea desde una carretera a la otra, Krafft decidió ocupar posiciones desde la vía férrea, al norte, hasta la carretera Utrecht-Arnhem, al sur. Rápidamente, ordenó a su compañía de reserva, que se encontraba en Arnhem, que se reuniera con el resto del batallón en Wolfherze. Fueron enviados pelotones de ametralladoras a ocupar ambos extremos de su línea, mientras el resto de sus tropas se desplegaban por los bosques.

Para compensar su escasez de hombres, Krafft tenía a su disposición una nueva arma experimental: un lanzador impulsado por cohetes y provisto de varios cañones, capaz de disparar proyectiles gigantescos.* Varias de estas unidades le habían sido adscritas para que fueran entrenadas. Ahora, se proponía utilizarlas para confundir a los británicos y dar la impresión de una fuerza superior; al mismo tiempo, ordenó que grupos de ataque de 25 hombres realizaran incursiones que mantuvieran a los paracaidistas fuera de juego.

Mientras Krafft daba sus órdenes, llegó a su Cuartel General un coche oficial, y el general de división Kussin, comandante militar de

---

* No debe confundirse este arma con el lanzamorteros alemán Nebelwerfer, más pequeño. Krafft sostiene que solamente existían cuatro de estos lanzadores experimentales. No me ha sido posible comprobar esta cuestión, pero no he encontrado constancia de ningún arma similar en el frente occidental. No hay duda de que se utilizó con devastadores efectos contra los británicos. Innumerables testigos describen el silbido y el impacto de los enormes morteros pero, inexplicablemente, no se hace mención del arma en ninguno de los informes británicos posteriores a la acción.

Arnhem, se precipitó en el interior. Kussin había salido a toda velocidad de Arnhem para ver de primera mano lo que estaba sucediendo. Por el camino, se había encontrado con el mariscal de campo Model, que se dirigía a Doetinchem, al este. Deteniéndose unos instantes en la carretera, Model había ordenado a Kussin que diera la alerta e informara a Berlín de los acontecimientos. Ahora, mirando hacia el brezal, Kussin quedó aturdido ante el espectáculo de la vasta acción británica. Casi desesperadamente, dijo a Krafft que, sea como fuere, conseguiría traer refuerzos a la zona antes de las 18.00 horas. Cuando Kussin salió de vuelta hacia Arnhem, Krafft le advirtió que no utilizara la carretera Utrecht-Arnhem. Había recibido ya un informe en el que se le indicaba que los paracaidistas británicos estaban avanzando a lo largo de ella. «Utilice las carreteras secundarias —le dijo Krafft a Kussin—. Puede que la carretera principal ya esté cortada.» Kussin le miró con expresión sombría. «Lo conseguiré», respondió. Krafft se quedó mirando mientras el coche salía disparado en dirección a la carretera.

Estaba convencido de que jamás le llegarían los refuerzos de Kussin, y de que era sólo cuestión de tiempo el que su pequeña fuerza resultara vencida. Al mismo tiempo que situaba a sus tropas a lo largo de la carretera de Wolfheze, Krafft envió a su chófer, el soldado Wilhelm Rauh, a recoger sus efectos personales. «Métalos en el coche y váyase a Alemania —le dijo Krafft a Rauh—. No espero salir vivo de ésta.»

En Bad Saarnow, cerca de Berlín, el comandante de la 10.ª División *Frundsberg*, el general Heinz Harmel, conferenció con el jefe de Operaciones de las Waffen SS, general de división Hans Juttner, y expuso la apurada situación en que se encontraba el mermado II Cuerpo Panzer, de Bittrich. Si el Cuerpo debía continuar existiendo como una efectiva unidad de combate, insistió Harmel, «es preciso atender la urgente petición de hombres, blindados y cañones formulada por Bittrich». Juttner prometió hacer cuanto pudiera, pero advirtió que «en estos momentos, la potencia de todas las unidades de combate es reducida». Todo el mundo quería prioridades, y Juttner no podía prometer ninguna ayuda inmediata. Mientras los dos hombres hablaban, entró en el despacho el ayudante de Juttner con un mensaje de radio. Juttner lo leyó y se lo pasó en silencio a Harmel. El mensaje decía: «Ataque aerotransportado sobre Arnhem. Regrese inmediatamente. Bittrich». Harmel se precipitó fuera del despacho y subió a su automóvil. Arnhem estaba a once horas y media por carretera desde Bad Saarnow. Harmel le dijo a su chófer, el cabo Sepp Hinterholzer: «¡De vuelta a Arnhem, y como alma que lleva el diablo!».

7

El comandante Anthony Deane-Drummond, segundo en el mando de la 1.ª División Aerotransportada de la unidad de Transmisiones británica, no podía comprender qué era lo que marchaba mal. Al principio, sus aparatos de radio recibían perfectamente las señales de la brigada del general de brigada Lathbury mientras marchaba hacia sus objetivos, entre los que figuraba el puente de Arnhem. Pero ahora, a medida que los batallones de Lathbury se iban acercando a Arnhem, las señales de radio se iban debilitando por momentos. Los soldados de transmisiones de Deane-Drummond le traían un continuo torrente de informes que le inquietaban y le desconcertaban. Se veían absolutamente incapaces de establecer contacto con algunos aparatos transportados en jeeps, y las señales que recibían de otros eran tan débiles que apenas resultaban audibles. Sin embargo, los diversos batallones de la brigada de Lathbury, y las unidades de reconocimiento del comandante Freddie Gough no podían encontrarse a más de unos cuatro o cinco kilómetros de distancia.

A Deane-Drummond le preocupaba especialmente los mensajes de Lathbury. Eran vitales para el general Urquhart en su dirección de la batalla. Deane-Drummond decidió enviar un jeep con radio y un operador para captar las señales de Lathbury y retransmitirlas a la división. Ordenó al grupo que se situara en un punto equidistante de la división y de los sistemas de comunicación móviles de Lathbury. Poco tiempo después, Deane-Drummond oyó señales del equipo retransmisor. El radio de acción de su transmisor parecía drásticamente reducido —los «22» hubieran debido funcionar eficazmente hasta una distancia de ocho kilómetros como mínimo—, y la señal era débil. O el transmisor no funcionaba debidamente, razonó, o el operador había elegido una mala situación para transmitir. Mientras escuchaba, la señal se desvaneció por completo. Deane-Drummond no podía establecer contacto con nadie. Y tampoco podía hacerlo un equipo especial de operadores americanos de comunicaciones que disponía de dos jeeps con radio. Apresuradamente reunidos y llevados a toda prisa al Cuartel General de la División Aerotransportada británica sólo unas horas antes de que comenzara el despegue, el día 17, los americanos debían servirse de emisores tierra-aire de «muy alta frecuencia» para pedir apoyo directo a los cazas. Estos jeeps con radio podrían haber sido vitales en las primeras horas de la batalla. En lugar de ello, se revelaron inútiles. Ninguno de los aparatos montados en los jeeps había sido ajustado a la frecuencia necesaria para comunicar con los aviones. En aquel momento, cuando la batalla no había hecho más que empezar, las comunicaciones británicas por radio habían quedado totalmente cortadas.*

---

* En *The Baffle of Arnhem*, p. 96, Christopher Hibbert, refiriéndose específicamente a los británicos en Arnhem y criticando por igual a las comunicaciones británicas, afirma que «los grupos americanos de apoyo aéreo estaban insuficientemente entrenados..., la desastrosa consecuencia fue que, hasta el último día de la operación..., no se prestó ningún apoyo aéreo eficaz a las tropas aerotransportadas». No parece existir información sobre quién se equivocó en la asignación de frecuencias, ni se conocen tampoco los nombres de los estadounidenses. No se ha localizado jamás a los dos grupos que se encontraban en medio de la batalla y que estaban en disposición de cambiar el rumbo de la Historia en aquel día crucial. Sin embargo, esas dos unidades de combate son las únicas estadounidenses de las que se sepa que participaron en la batalla de Arnhem.

8

Como a una señal, los cañones alemanes abrieron fuego contra los aviones que transportaban a la 82.ª División hasta las zonas de lanzamiento. Mirando hacia abajo, el general de brigada James M. Gavin vio brotar las llamaradas desde una línea de trincheras paralela al Canal Mosa-Waal. En las zonas boscosas, las baterías enemigas que habían permanecido silenciosas y ocultas hasta ese momento también empezaron a disparar. Al verlo, Gavin se preguntó si su plan de batalla para la 82.ª, que había basado en un riesgo calculado, podía fracasar.

A la división se le había encomendado la ocupación y defensa del sector central del corredor de *Market-Garden*, y tenía objetivos dispersos que ocupaban 15 kilómetros de sur a norte y 30 kilómetros de oeste a este. Además del lanzamiento de una compañía de paracaidistas cerca del extremo occidental del puente de Grave, que debía ser tomado en un golpe de mano por sorpresa, Gavin había elegido tres zonas de lanzamiento y una vasta zona de aterrizaje. Esta última acogería a sus cincuenta planeadores *Waco* y a los 38 *Horsa* y *Waco* del Cuartel General del I Cuerpo Aerotransportado británico del general Frederick Browning. Pero Gavin solamente había ordenado a los exploradores que señalaran una de las zonas de lanzamiento, la situada al norte de Overasselt. Las otras tres, próximas a la cordillera de Groesbeek y a la frontera alemana, quedaban deliberadamente sin señalizar. Los paracaidistas y planeadores de Gavin tocarían tierra sin balizas de identificación ni señales de humo, a fin de desorientar al enemigo respecto a las zonas de aterrizaje. Unos trece minutos después de que hubiera descendido la 82.ª, tomaría tierra el Cuartel General del Cuerpo de Browning.

Como la principal preocupación de Gavin era la posibilidad de que surgieran súbitamente blindados enemigos procedentes del Reichswald a lo largo de la frontera alemana y al este de su mayor zona de lanzamiento y aterrizaje, había dado dos órdenes insólitas. Para proteger a su división y al Cuartel General de Browning, había ordenado a los paracaidistas que saltaran cerca de toda batería antiaérea que pudieran divisar desde el aire y la inutilizaran lo más rápidamente posible. Y, por primera vez en la historia de las operaciones aerotransportadas, estaba lanzando en paracaídas todo un batallón de artillería de campaña sobre una gran zona situada directamente ante el bosque y aproximadamente a un par de kilómetros de la propia frontera alemana. Ahora, contemplando el intenso fuego antiaéreo y pensando en la posibilidad de que hubiera tanques enemigos en el Reichswald, Gavin comprendió que, si bien había previsto casi todas las eventualidades, los hombres de la 82.ª se veían enfrentados a una difícil tarea.

Los soldados de Gavin, veteranos de Normandía, no habían olvidado la matanza sufrida en Ste. Mère Église. Habiendo caído por accidente en aquel pueblo, los hombres habían sido ametrallados por los alemanes durante su descenso; muchos murieron cuando colgaban indefensos de sus paracaídas, enganchados en los cables telefónicos y los árboles que rodeaban la plaza del pueblo. Los paracaidistas muertos no fueron descolgados y enterrados hasta que el teniente coronel Ben Vandervoot conquistó finalmente Ste. Mère Église. Ahora, mientras la 82.ª se preparaba para saltar sobre Holanda, algunos hombres recordaban a los que les seguían en la fila: «Acordaos de Ste. Mère Église». Aunque era un proceder arriesgado, muchos paracaidistas saltaron disparando sus armas.

Al descender sobre su zona de lanzamiento próxima a los montes de Groesbeek, el capitán Briand Beaudin vio que estaba cayendo directamente encima de un emplazamiento artillero alemán, cuyos cañones apuntaban hacia él. Beaudin empezó a disparar con su Colt 45. «Me di cuenta de pronto —recordaría Beaudin— de lo inútil que era apuntar mi revólver mientras oscilaba en el aire sobre cañones de gran calibre.» Se posó en tierra cerca de la batería, e hizo prisioneros a todos sus servidores. Según él, los alemanes «estaban tan sorprendidos que no pudieron hacer un solo disparo».

El teniente James J. Coyle creyó que iba a caer sobre una tienda de campaña alemana que servía de hospital. De pronto, salieron de la tienda soldados enemigos, que empezaron a correr en dirección a los cañones antiaéreos de 20 milímetros que rodeaban el perímetro. También él desenfundó su Colt, pero su paracaídas empezó a oscilar, y Coyle fue impulsado lejos de la tienda. Uno de los alemanes echó a correr en la dirección de Coyle. «No conseguía pegarle un tiro al *boche* —recuerda Coyle—. Un segundo estaba apuntando con la pistola al suelo y, al siguiente, me veía con ella apuntando al cielo. Tuve el suficiente sentido común como para meter de nuevo el Colt en la funda, no fuera que se me cayera o me disparara a mí mismo al tocar tierra.» Ya en el suelo, aun antes de intentar soltarse las correas, Coyle volvió a sacar la pistola. «El *boche* estaba ahora a sólo unos metros de mí, pero se comportaba como si no supiera de mi existencia. De pronto, me di cuenta de que no estaba corriendo hacia mí; estaba, simplemente, huyendo.» Al pasar ante Coyle, el alemán arrojó su casco y su fusil, y Coyle pudo ver que «era sólo un chiquillo, de unos dieciocho años. Yo no podía disparar contra un hombre desarmado. La última vez que vi al muchacho iba corriendo hacia la frontera alemana».

Cuando las balas trazadoras empezaron a perforar la tela de su paracaídas, el soldado Edwin C. Raub se sintió tan furioso que accionó deliberadamente los tirantes para caer junto al cañón antiaéreo. Sin soltarse las correas y arrastrando tras de sí el paracaídas, Raub se precipitó sobre los alemanes empuñando su subfusil Tommy. Mató a uno, capturó a los demás y, luego, con explosivos de plástico, destruyó los cañones de la batería.

Aunque oficialmente se consideró insignificante la oposición enemiga a los Regimientos 505.º y 508.º en la zona de Groesbeek, de los bosques que rodeaban las zonas brotó una considerable cantidad de fuego antiaéreo y de otras armas. Sin esperar a reunirse, los paracaidistas de la 82.ª, tanto individualmente como en pequeños grupos, se abalanzaron sobre estas bolsas de resistencia, reduciéndolas rápidamente y tomando prisioneros. Al mismo tiempo, los cazas pasaban al ras de las copas de los árboles ametrallando los emplazamientos enemigos. Los alemanes reaccionaron enérgicamente contra estos ataques a baja altura. En cuestión de minutos, tres cazas fueron alcanzados y se estrellaron junto al bosque. El sargento jefe Michael Vuletich vio uno de ellos. Rodó vertiginosamente por la zona de lanzamiento y, cuando finalmente se detuvo, sólo el fuselaje del avión se hallaba intacto. Momentos después, el piloto emergió ileso y se detuvo junto al destrozado aparato para encender un cigarrillo. Vuletich recuerda que el derribado aviador se quedó con la compañía como soldado de infantería.

Desde tierra, el sargento jefe James Jones vio un P-47 incendiado a unos quinientos metros de altura. Esperaba que el piloto se lanzase, pero el avión descendió, patinó por la zona de lanzamiento y saltó hecho pedazos. La cola salió despedida, cayó rodando el motor y la carlinga se posó violentamente sobre el campo. Jones estaba seguro de que el piloto había muerto, pero, mientras miraba, vio descorrerse el techo y «un tipejo pelirrojo, sin gorra y con un "45" bajo el brazo echó a correr hacia nosotros». Jones recuerda que le preguntó: «Pero hombre, ¿por qué demonios no has saltado?». El piloto sonrió. «Caray, que me daba miedo» le dijo a Jones.

Poco después de aterrizar y recoger su equipo, el sargento jefe Russell O'Neal vio un caza P-51 descender en picado y ametrallar una posición alemana oculta cerca del campo en que él se encontraba. Tras realizar dos pasadas sobre el nido de ametralladoras, resultó alcanzado, pero el piloto consiguió describir un círculo y realizar un aterrizaje de emergencia. Según O'Neal, «el tipo bajó de un salto y corrió hacia mí gritando: «¡Dame una pistola, rápido! Sé dónde está ese *boche* hijo de perra y me lo voy a cargar»». Mientras O'Neal le miraba, el piloto cogió una pistola y echó a correr hacia el bosque.

Al cabo de dieciocho minutos, 4.511 hombres de los Regimientos 501.º y 508.º de la 82.ª División, además de un buen número de ingenieros y setenta toneladas de equipo, se encontraban ya en sus zonas de lanzamiento, o sus alrededores, en torno a la ciudad de Groesbeek, en la vertiente oriental de las boscosas alturas. Mientras los hombres se reunían, despejaban las zonas y emprendían la marcha hacia sus objetivos, equipos especiales de exploradores señalaban las zonas para el lanzamiento de la artillería, la fuerza de planeadores de la 82.ª y el Cuartel General del Cuerpo británico. Hasta el momento, estaba dando resultado el riesgo calculado del general Gavin. Sin embargo, aunque se estableció casi inmediatamente el contacto por radio entre los regimientos, era todavía demasiado pronto para que Gavin, que había saltado con el 505.º, supiese lo que estaba ocurriendo a 12 kilómetros al oeste, donde el Regimiento 504.º se había lanzado al norte de Overasselt. Tampoco sabía si el asalto especial contra el puente de Grave se estaba desarrollando conforme al plan.

Al igual que el resto de los aviones de la división, los 137 C-47 que transportaban al 504.º Regimiento del coronel Reuben H. Tucker tropezaron con espasmódicos disparos antiaéreos al aproximarse a la zona de lanzamiento de Overasselt. Como en las demás zonas, los pilotos mantuvieron sus rumbos, y a las 13.15 horas empezaron a saltar unos 2.016 hombres. Once aviones viraron ligeramente al oeste y se dirigieron hacia una pequeña zona de lanzamiento próxima al vital puente de nueve arcos y quinientos metros de longitud sobre el río Mosa, cerca de Grave. Estos C-47 transportaban a la Compañía E del 2.º Batallón del comandante Edward Wellems al más crucial de los objetivos inmediatos de la 82.ª. Su misión era precipitarse sobre los puentes desde la vía de acceso occidental. El resto del batallón de Wellems avanzaría desde Overasselt y se dirigiría hacia el lado oriental. Si no se tomaba rápidamente y en perfectas condiciones el puente de Grave, podría correr peligro el ajustado programa de *Market-Garden*. Perder el puente podía significar el fracaso de toda la Operación.

Mientras los aviones de la Compañía E se dirigían hacia el punto de ataque occidental, el jefe de pelotón, teniente John S. Thompson, podía ver con claridad el río Mosa, la ciudad de Grave, el salto masivo del 504.º a su derecha, cerca de Overasselt, y, luego, ascendiendo hacia él, los campos surcados de acequias sobre los que debía arrojarse la compañía. Mientras Thompson miraba, otros hombres de la compañía estaban ya fuera de sus aviones y cayendo hacia la zona del puente de Grave; pero en el C-47 del teniente no se había encendido aún la luz verde. Cuando se encendió, Thompson vio que se encontraban directamente encima de unos edificios. Esperó unos instantes, vio unos campos más allá y saltó con su pelotón. Por un error fortuito, él y sus hombres cayeron a sólo quinientos o seiscientos metros del extremo sudoccidental del puente.

Thompson oía ocasionales disparos en dirección a la propia Grave, pero alrededor del puente todo parecía tranquilo. No sabía si debía esperar hasta que llegara el resto de la compañía o atacar con los dieciséis hombres de su pelotón. «Como aquélla era nuestra misión fundamental, decidí atacar», explicó Thompson. Thompson envió al cabo Hugh H. Perry al comandante de la compañía con la orden de entregar un lacónico mensaje: *Avanzamos hacia el puente*.

Los disparos procedentes de la ciudad y los edificios próximos eran ahora más intensos, y Thompson puso el pelotón a cubierto en unas cercanas zanjas de desagüe. Avanzando dificultosamente hacia el puente, los hombres vadeaban con agua hasta el cuello. Empezaron a recibir los disparos de una batería próxima al puente, y Thompson observó que soldados enemigos con paquetes en los brazos entraban y salían corriendo de un edificio cercano al puente. Pensó que debía de ser una central eléctrica o de mantenimiento. Temiendo que los alemanes estuvieran llevando cargas de demolición al puente para destruirlo, Thompson desplegó rápidamente a sus hombres, rodeó el edificio y abrió fuego. «Barrimos la zona con ametralladoras, ocupamos la planta eléctrica y encontramos cuatro alemanes muertos y uno herido. Al parecer, habían estado llevando mantas y efectos personales.» De pronto, por la carretera de Grave llegaron dos camiones a toda velocidad en dirección al puente. Uno de los hombres de Thompson mató a un conductor, el camión volcó fuera de la carretera, y salieron de él varios soldados alemanes. El segundo vehículo se detuvo en el acto, y los soldados que lo ocupaban saltaron a tierra. Los hombres de Thompson abrieron fuego, pero los alemanes no demostraron tener ninguna intención de disparar. Sin responder al fuego, emprendieron la huida.

La batería antiaérea continuaba disparando, pero sus disparos pasaban por encima de las cabezas del pelotón. «Los artilleros no podían bajar el cañón de 20 milímetros lo suficiente para alcanzarlos», recuerda Thompson. El soldado Robert McGraw, que llevaba el bazooka del pelotón, se arrastró hacia delante y, a una distancia de unos 75 metros, disparó tres andanadas, dos de las cuales dieron en la parte superior de la torre, y el cañón dejó de disparar.

Aunque continuaba disparando una batería de dos cañones gemelos de 20 milímetros instalados en una torre al otro lado del río, cerca del extremo más lejano del puente, Thompson y sus hombres destruyeron material eléctrico y cables que sospechaban estaban conectados a las cargas de demolición. El pelotón levantó luego una barricada y colocó minas terrestres en la carretera que conducía al puente por el lado suroccidental. En la torre artillera que habían silenciado encontraron muerto al artillero, pero su cañón de 20 milímetros se hallaba intacto. Los hombres de Thompson empezaron a dispararlo inmediatamente contra la batería situada al otro lado del río. El teniente Thompson sabía que pronto llegarían los refuerzos del resto de la Compañía E que venía detrás y, poco después de ellos, el batallón del comandante Wellems, que avanzaba en aquellos momentos desde Overasselt para apoderarse del extremo nororiental del puente. En cualquier caso, por lo que a él se refería, el objetivo fundamental ya había sido alcanzado.*

---

* El informe posterior a la acción de la 82.ª y el del comandante del 504.º Regimiento, coronel Tucker, manifiestan que el puente fue «tomado» a las 14.30

Para entonces, el resto de los batallones del 504.º Regimiento de Tucker avanzaban hacia el este, como los radios de una rueda, en dirección a los tres cruces de carretera y al puente del ferrocarril sobre el Canal Mosa-Waal. Avanzaban también hacia el puente unidades de los Regimientos 505.º y 508.º, que trataban de apoderarse de los pasos desde los extremos opuestos. No todos estos objetivos eran esenciales para el avance de *Market-Garden*. Gavin esperaba apoderarse de todos ellos aprovechando la sorpresa del asalto y la confusión subsiguiente; pero uno de ellos, además del vital puente de Grave, sería suficiente.

Para mantener fuera de juego al enemigo, defender sus posiciones, proteger al Cuartel General del Cuerpo del general Browning y ayudar a sus tropas a avanzar hasta sus objetivos, Gavin dependía sobre todo de sus morteros; y ahora estaban llegando los cañones del 376.º Regimiento de Artillería de Campaña Paracaidista. En operaciones anteriores se habían lanzado pequeñas unidades artilleras, pero habían caído muy separadas y había llevado mucho tiempo reunirlas y comenzar a disparar. La unidad de 544 hombres que ahora se aproximaba había sido cuidadosamente elegida, y cada uno de sus componentes era un paracaidista veterano. La artillería iba repartida en los 48 aviones que transportaban al batallón: doce morteros de 75 milímetros, cada uno de ellos desmontado en siete piezas. Primero lanzarían los morteros, seguidos por unas 700 cargas de munición. Los C-47 llegaron en fila y, en rápida sucesión, fueron lanzados los cañones. Les siguieron las municiones y los hombres, efectuando todos un aterrizaje casi perfecto.

Se produjo un accidente que no provocó la más mínima pausa. El teniente coronel Wilbur Griffith, que mandaba el 376.º, se rompió un tobillo en el salto, pero sus hombres liberaron rápidamente una carretilla holandesa en la que transportarle. «Nunca olvidaré el espectáculo del coronel siendo desplazado de un lado a otro —comentaría el comandante Augustin Hart— y ladrando órdenes para que todo el mundo se reuniera a toda velocidad.» Cuando el trabajo estuvo

---

horas. Pero el mayor Wellems asegura que, como el puente se hallaba todavía hostigado por el fuego enemigo, los primeros hombres que realmente lo cruzaron desde el extremo nororiental, lo hicieron a las 15.35 horas. Sin embargo, el pelotón de la Compañía E mandado por el teniente Thompson ocupó el puente e impidió su demolición desde las 13.45, hasta que fue descrito como «seguro» a las 17 horas.

terminado, Griffith fue llevado en la carretilla hasta donde se encontraba el general Gavin. Allí, informó: «Los cañones están en posición, señor, y listos para hacer fuego cuando se ordene». En poco más de una hora, en el mejor lanzamiento de ese tipo jamás efectuado, se encontraba reunido todo el batallón y diez de sus morteros estaban ya disparando.

Catorce minutos después de que tomara tierra la artillería de campaña de la 82.ª, empezaron a llegar planeadores *Waco* que transportaban un batallón aerotransportado anticarro, ingenieros, parte del Cuartel General de la división, cañones, munición, remolques y jeeps. De los cincuenta planeadores que salieron de Inglaterra, todos, menos cuatro, llegaron a Holanda. Algunos planeadores fueron a parar a dos o tres kilómetros de distancia. Uno de ellos, copilotado por el capitán Anthony Jedrziewski, se separó demasiado tarde de su remolcador, y Jedrziewski vio con horror que «nos dirigíamos en línea recta hacia Alemania, en una invasión de un solo planeador». El piloto describió un arco de 180.º y empezó a buscar un lugar en el que aterrizar. Al llegar, recuerda Jedrziewski, «perdimos un ala en un almiar, la otra en una cerca y acabamos con el morro del planeador en tierra. Al verme cubierto de tierra hasta las rodillas, no estaba seguro de si mis pies seguían formando parte de mí. Luego, oímos el desagradable sonido de un 88 y, en un abrir y cerrar de ojos, habíamos sacado el jeep y regresábamos a toda velocidad a nuestra zona».

Tuvieron más suerte que el capitán John Connelly, cuyo piloto resultó muerto cuando se acercaban. Connelly, que nunca había tripulado un planeador, tomó los mandos e hizo aterrizar el *Waco* justo al otro lado de la frontera alemana, a nueve o diez kilómetros de distancia, cerca de la ciudad de Wyler. Solamente Connelly y un soldado escaparon a la captura. Tuvieron que permanecer escondidos hasta el anochecer y, finalmente, se reunieron con sus unidades a media mañana del 18 de septiembre.

Con todo, la 82.ª Aerotransportada había conseguido depositar felizmente un total de 7.467 hombres entre paracaidistas y pasajeros de planeadores. Los últimos elementos en tomar tierra en la zona fueron 35 *Horsa* y *Waco* que transportaban el Cuartel General del Cuerpo del general Frederick Browning. Tres planeadores se habían perdido en ruta hacia la zona de lanzamiento, dos de ellos antes de llegar al continente; el tercero se había estrellado en las proximidades del Cuartel General del general Student, al sur de Vught. El Cuartel General de Browning aterrizó casi en la frontera alemana. «No había apenas fuego de artillería, y la oposición enemiga era casi nula —recuerda el jefe del Estado Mayor de Browning, general de división Gordon Walch—. Aterrizamos a unos cien metros al oeste del bosque de Reichswald, y mi planeador estaba a unos cincuenta metros del de Browning.»

El coronel George S. Chatterton, comandante del Regimiento de Pilotos de Planeadores, estaba a los mandos del *Horsa* de Browning. Tras perder una de las ruedas delanteras, que quedó cercenada al chocar con un cable eléctrico, Chatterton se posó en un campo de coles. «Salimos», recuerda Chatterton, y Browning, mirando a su alrededor, dijo: «¡Vive Dios, ya estamos aquí, George!». Poco después, el general de brigada Walch vio a Browning echar a correr a través de la zona de aterrizaje en dirección al Reichswald. Cuando volvió, pocos minutos después, le explicó a Walch: «Quería ser el primer oficial británico que orinaba en Alemania».

Mientras se procedía a descargar el jeep de Browning, estallaron en las proximidades unas cuantas bombas alemanas. El coronel Chatterton se zambulló inmediatamente en la zanja más cercana. «Nunca me olvidaré de Browning, mirándome desde arriba como una especie de explorador y preguntando: "George, ¿qué se supone que estás haciendo ahí abajo?"» Chatterton fue franco. «Estoy escondiéndome condenadamente bien, señor», dijo. «Bueno, pues puedes condenadamente bien dejar de esconderte —respondió Browning—. Es hora de partir.», Browning sacó de un bolsillo de su guerrera un paquete envuelto en papel de seda. Entregándoselo a Chatterton, dijo: «Ponlo en mi jeep». Chatterton abrió el paquete y vio que contenía un banderín en el que se veía un Pegaso azul claro sobre fondo marrón, el emblema de las fuerzas aerotransportadas británicas.* Con el banderín ondeando sobre el guardabarros del jeep, el comandante de las fuerzas de *Market* emprendió la marcha.

* Hay quien dice que el banderín de Browning había sido confeccionado por su esposa, la novelista Daphne du Maurier. «Siento decepcionar a los creadores de mitos —escribió ella—, pero cualquiera que haya visto mis intentos por enhebrar una aguja sabrá que eso es algo superior a mis fuerzas. Se trata, no obstante, de una idea deliciosa, y habría divertido mucho a mi marido.» En realidad, el banderín había sido confeccionado por Hobson & Sons Ltd., de Londres, bajo la supervisión de Miss Claire Miller, que, por orden de Browning, cosió a mano también diminutas brújulas en quinientos cuellos de camisa y cinturones poco antes del comienzo de las operaciones de *Market-Garden*.

En el brezal de Renkum, al oeste de Arnhem, el teniente Neville Hay, el experto encargado de la unidad de enlace y recogida de datos *Phantom*, estaba totalmente desconcertado. Su equipo de especialistas había montado su aparato de radio con su antena especial y esperaba un inmediato contacto con el Cuartel General del Cuerpo del general Browning. Lo primero que Hay debía hacer al tomar tierra era ponerse en comunicación con el Cuerpo y dar su posición. Hacía un momento, se había enterado de que las comunicaciones de la división se habían cortado. Si bien había previsto que podían surgir dificultades entre los poco experimentados operadores del Cuerpo de Transmisiones, no estaba dispuesto a creer que los problemas con los que tropezaba derivaban de sus propios hombres. «Nos instalamos en la zona de aterrizaje, y, aunque estaba rodeada de bosques de pinos, habíamos salido airosos en regiones mucho peores que aquella. Seguimos intentándolo, sin conseguir absolutamente nada.» Mientras no pudiera descubrir dónde estaba el fallo, no había ningún modo de informar al general Browning del avance de la división del general Urquhart ni de retransmitir las órdenes de Browning a la 1.ª Aerotransportada británica. Irónicamente, el sistema telefónico holandés funcionaba perfectamente, incluyendo una red especial operada por las autoridades de la central eléctrica PGEM en Nimega y conectada con toda la provincia. De haberlo sabido, a Hay le hubiera bastado, con ayuda de la Resistencia holandesa, con descolgar un teléfono.

A 22 kilómetros de allí, en el Cuartel General del general Browning instalado en ese momento en las estribaciones de los montes de Groesbeek, reinaba ya la inquietud. Los dos grandes aparatos de comunicaciones de la 82.ª Aerotransportada se habían averiado en el momento del aterrizaje. Los de Browning habían llegado incólumes, y se asignó uno de ellos a la 82.ª, garantizando la comunicación inmediata con el general Gavin. La sección de transmisiones del Cuerpo había establecido también contacto por radio con el 2.º Ejército británico del general Dempsey y el Cuartel General del Cuerpo Aerotransportado en Inglaterra, y Browning tenía contacto por radio con la 101.ª. Pero la sección de transmisiones no podía comunicar con la división de Urquhart. En opinión del general de brigada Walch la culpa era de la sección de transmisiones del Cuerpo. «Antes de que se planeara la Operación, pedimos que se mejorara la sección de transmisiones en el Cuartel General. Sabíamos perfectamente que nuestros aparatos eran inadecuados y el personal de transmisiones de nuestro Cuartel General débil e inexperto.» Aunque Browning podía dirigir y orientar los movimientos de la 82.ª, tanto la 101.ª como el XXX Cuerpo de Horrocks se hallaban fuera de su control en aquella trascendental coyuntura, la importante batalla de Arnhem. Como dice Walch, «no teníamos absolutamente la menor idea de lo que estaba sucediendo en Arnhem».

Una especie de engañosa parálisis estaba empezando ya a afectar al plan de Montgomery. Pero en aquellos primeros momentos nadie lo sabía. Cubriendo la totalidad de la zona de *Market-Garden*, había unos veinte mil soldados Aliados en Holanda dispuestos a tomar los puentes y mantener abierto el corredor para las impresionantes unidades *Garden*, cuyos primeros carros de combate se esperaba que enlazaran al anochecer con los paracaidistas de la 101.ª.

9

Desde la terraza de una gran fábrica situada cerca del Canal Mosa-Escalda, el general Brian Horrocks, comandante del XXX Cuerpo británico, contempló el paso de las grandes formaciones aerotransportadas de planeadores sobre sus blindados. Estaba en la terraza desde las 11 horas, y, como él explicó, «tenía tiempo de sobra para pensar». El espectáculo de la enorme flota aérea era «reconfortante, pero no me hacía ilusiones sobre la facilidad de la batalla», recuerda Horrocks. Había previsto meticulosamente todas las contingencias posibles, ordenando incluso a sus hombres que hicieran acopio de tantos alimentos, gasolina y municiones como pudieran llevar, «ya que, muy probablemente, habríamos de depender de nosotros mismos». Había una preocupación que el general no podía eliminar, pero no la había comentado con nadie: no le gustaba un ataque en domingo. «Ningún asalto o ataque en que yo hubiera participado durante la guerra iniciado en domingo había finalizado jamás con completo éxito.» Llevándose los prismáticos a los ojos, estudió la blanca cinta de carretera que se alejaba hacia el norte, en dirección a Walkenswaard y Eindhoven. Contento de que hubiera comenzado ya el asalto aerotransportado, Horrocks dio la orden de ataque a las fuerzas *Garden*. Exactamente a las 14.15 horas, unos 350 cañones abrieron fuego con retumbante fragor.

El bombardeo fue devastador. Toneladas y toneladas de explosivos arrasaron las posiciones enemigas. El huracán de fuego, desplegado siete kilómetros en profundidad y concentrado sobre un frente de kilómetro y medio, hizo temblar la tierra bajo los tanques de los Guardias Irlandeses que avanzaban pesadamente hasta la línea de partida. Tras los escuadrones de vanguardia, centenares de carros de combate y vehículos blindados empezaron a abandonar sus posiciones de estacionamiento, listos para situarse en línea cuando avanzaran los primeros carros. Y por encima de ellos, una escuadrilla de cazas *Typhoon* provistos de cohetes describía círculos esperando la orden del comandante del Grupo de Guardias Irlandeses, el teniente coronel *Joe* Vandeleur, de dirigirse a sus objetivos. A las 14.35 horas, el teniente Keith Heathcote, de pie en la torreta del primer carro de combate del escuadrón número 3, gritó al micrófono: «¡Adelante!».

Lentamente, los blindados abandonaron la cabeza de puente y avanzaron por la carretera a unos doce kilómetros por hora. La cortina de fuego de artillería se elevó ahora para avanzar delante de los blindados exactamente a la misma velocidad. Los tanquistas podían ver los proyectiles estallar apenas cien metros por delante de ellos. Mientras los escuadrones avanzaban envueltos en el polvo que levantaban los proyectiles, los hombres no podían asegurar en todo caso que los carros se hallaban a salvo de su propio fuego.

Detrás de los escuadrones de vanguardia iban los coches de exploración del teniente coronel *Joe* Vandeleur y su primo Giles. De pie en su coche, Vandeleur podía ver, tanto por delante como por detrás, a los soldados de infantería montados en los tanques, y cada uno de los tanques luciendo el gallardete amarillo que servía para que los *Typhoon* pudieran identificarlo. «El fragor era inimaginable —recuerda Vandeleur—, pero todo se estaba desarrollando conforme al plan.» Para entonces, los primeros blindados habían salido de la cabeza de puente y habían cruzado la frontera holandesa. El capitán *Mick* O'Cock, que mandaba el escuadrón número 3, comunicó por radio: «El avance marcha bien. El escuadrón de vanguardia ha pasado». Fue entonces cuando, en cuestión de segundos, todo cambió. Como recuerda *Joe* Vandeleur: «Los alemanes empezaron a zurrarnos de verdad».

Situados en posiciones fortificadas y bien disimuladas a ambos lados de la carretera, los artilleros alemanes no sólo habían sobrevivido al tremendo bombardeo, sino que habían esperado a que pasara por encima de ellos. Aguantando su fuego, los alemanes dejaron pasar los primeros blindados. Entonces, en dos minutos, dejaron fuera de combate tres carros del escuadrón de vanguardia y seis del siguiente. Llameantes e inmóviles, cubrían medio kilómetro de carretera. «No habíamos hecho más que cruzar la frontera cuando caímos en una emboscada —explicó el teniente Cyril Russell—. De pronto, los blindados que iban delante se salían de la carretera o quedaban envueltos en llamas. Me di cuenta con angustia de que le había llegado el turno al mío. Saltamos a las cunetas.» Mientras Russell se adelantaba para ver cómo le iba al resto de su pelotón, una ametralladora abrió fuego; fue alcanzado en el brazo y volvió a caer al arcén. Para Russell, la guerra había terminado.

El tanque del cabo James Doggart había sido alcanzado. «No recuerdo haber visto ni oído la explosión. De pronto, me encontré tendido de espaldas en una zanja, con el carro asomando por encima de mí. Tenía un subfusil Bren sobre el pecho, y junto a mí había un muchacho con el brazo casi cortado. Cerca, yacía muerto otro de nuestros hombres. El carro ardía en llamas, y no recuerdo haber visto salir a ningún tripulante.»

El teniente Barry Quinan, que iba en el último blindado del escuadrón de vanguardia, no olvidaría que su *Sherman* torció a la izquierda y se metió en una zanja, y que pensó que el conductor estaba intentando adelantar a los carros que ardían delante de ellos. Pero el blindado había sido alcanzado por el disparo de un obús que mató al conductor y su ayudante. El *Sherman* empezó a arder, y el artillero de Quinan, «tratando de salir de la trampa, me sacó a medias de la torreta antes de que yo me diera cuenta de que nos estábamos «achicharrando»». Mientras los dos hombres salían del blindado, Quinan vio otros que se acercaban por detrás. Uno tras otro, los tanques fueron alcanzados. «Vi al comandante de uno de ellos tratando de protegerse la cara de una llamarada que envolvió completamente al vehículo.»

El avance había sido detenido antes de que hubiera comenzado realmente y nueve blindados inutilizados bloqueaban ahora la carretera. Los escuadrones que llegaban no podían avanzar. Y si hubieran podido adelantar a las incendiadas moles, los artilleros alemanes escondidos habrían hecho blanco sobre ellos. Para poner de nuevo en marcha el avance, Vandeleur llamó a los aviones lanzacohetes *Typhoon*, y, ayudados por bombas de humo de color púrpura disparadas desde los carros para indicar las posiciones alemanas, los cazas descendieron en picado. «Era la primera vez que yo veía a los *Typhoon* en acción —explicaría Vandeleur—, y quedé asombrado del coraje de aquellos pilotos. Llegaban en fila india, casi pegados unos a otros, atravesando nuestra propia barrera artillera. Uno se desintegró justamente encima de mí. Era increíble, los cañonazos, el rugir de los aviones, los gritos y las maldiciones de los hombres. En medio de todo ello, la división preguntaba cómo iba la batalla. Mi segundo se limitó a levantar el micrófono y decir: «Escuchad».»

Mientras los aviones picaban sobre sus objetivos, Vandeleur envió un *bulldozer* blindado para empujar fuera de la carretera los tanques incendiados. El fragor de la batalla se extendía ahora a lo largo de varios kilómetros de carretera, llegando hasta el propio coche de Vandeleur y el puesto de comunicaciones de la RAF, que transmitía a los *Typhoon* las peticiones de ayuda. El teniente Donald Love, piloto de cazas de reconocimiento agregado a la unidad de comunicaciones, llegó entonces a la convicción de que nunca hubiera debido presentarse voluntario para aquel puesto. Mientras el jefe del escuadrón, Max Sutherland, cursaba instrucciones a los *Typhoon*, Love salió para ver qué estaba sucediendo. Negras columnas de humo ascendían de la carretera por delante de él, y un transporte de cañón anticarro casi enfrente del furgón de comunicaciones estaba ardiendo. Love vio entonces el carro de una ametralladora Bren que regresaba por la carretera llevando varios heridos. Un hombre tenía el hombro arrancado y las ropas quemadas y chamuscadas. «Tuve la seguridad de que estábamos rodeados —dijo Love—. Me sentí horrorizado y no dejaba de preguntarme por qué no me había quedado con las fuerzas aéreas, que era lo mío.»

Los tanquistas que esperaban atrás, en las detenidas columnas, sentían, tal y como lo describe el capitán Roland Langton, «una extraña sensación de impotencia. No podíamos avanzar ni retroceder». Langton vio adelantarse la infantería para limpiar los bosques a ambos lados de la carretera, llevando dos ametralladoras ligeras autotransportadas al frente. Langton pensó que los soldados bien podían ser un grupo adelantado de la 43.ª División de Infantería. «De pronto, vi las dos ametralladoras saltar por los aires. Habían tropezado con minas terrestres enemigas.» Cuando se disipó el humo, Langton vio «cadáveres en los árboles. No sé cuántos, era imposible decirlo. Había trozos de cuerpos humanos colgando de cada rama».

Con los *Typhoon* disparando a sólo unos metros por delante de ellos, los soldados de infantería británicos empezaron a sacar de sus trincheras a los alemanes. El cabo Doggart había escapado de la zanja en la que había caído al ser alcanzado su carro. Atravesó corriendo la carretera y saltó a una trinchera enemiga. «En ese mismo instante, dos alemanes, uno de ellos un muchacho en mangas de camisa, y el otro un bastardo de rudo aspecto y unos treinta años de edad, saltaron también a ella desde la dirección opuesta», explicó Doggart. Sin vacilar, Doggart le dio una patada en la cara al alemán más viejo. El joven, inmediatamente acobardado, se rindió. Cubriendo a ambos con su rifle, Doggart los hizo caminar por la carretera «con una riada de alemanes, todos los cuales corrían con las manos detrás de la nuca. Los que no iban lo bastante aprisa, recibían un puntapié en el trasero».

Desde los bosques, en las zanjas, en torno a los almiares y a lo largo de la carretera, que estaba siendo lentamente limpiada de carros inutilizados, llegaba el tableteo de las ametralladoras a medida que avanzaba la infantería. Los Guardias no daban tregua, especialmente a los francotiradores. Los hombres recuerdan que se obligaba a los prisioneros a marchar a paso de carrera por la carretera, y cuando algunos reducían su velocidad, eran inmediatamente aguijoneados con bayonetas. Uno de los prisioneros intentó huir, pero había más de una compañía de infantería en las proximidades y según recordaban varios hombres —en palabras de uno de ellos— «fue muerto en el instante mismo en que se le ocurrió la idea».

Joe Vandeleur contemplaba cómo los prisioneros eran conducidos ante su coche de exploración. Al pasar uno de los alemanes, Vandeleur sorprendió su súbito movimiento. «El bastardo había sacado una granada que tenía escondida y la arrojó contra uno de nuestros cañones. Se produjo una tremenda explosión, y vi a uno de mis sargentos tendido en la carretera con la pierna arrancada. El alemán cayó acribillado por todas partes por fuego de ametralladora.»

En su puesto de mando, el general Horrocks fue informado de que la carretera estaba siendo gradualmente despejada y que la infantería, aun y habiendo sufrido importantes bajas, había puesto en fuga a los alemanes de los flancos. Como dijo más tarde: «Los Micks se estaban cansando de verse hostigados y, como suele ocurrirles a estos grandes luchadores, perdieron de pronto los estribos».

Tal vez nadie estaba más furioso que el capitán Eamon Fitzgerald, el oficial de información del 2.º Batallón, que interrogaba a la tripulación de un cañón anticarro que había sido capturada. Según el teniente coronel Giles Vandeleur, «Fitzgerald tenía una interesante manera de obtener información. Era un hombre de una enorme envergadura, que hablaba bien el alemán pero con un acento atroz. Su costumbre era sacar su pistola, hundírsela en el vientre al alemán y, manteniéndose lo más cerca posible, gritarle preguntas a la cara al hombre». Los resultados, pensó siempre Vandeleur, «eran extraordinariamente espléndidos.

A los pocos minutos de interrogar a estos artilleros, nuestros tanques machacaban con estimable precisión las camufladas posiciones anticarros alemanas, y la carretera quedaba lo suficientemente despejada como para permitirnos continuar el avance».

Muchos Guardias Irlandeses creen que el sargento Bartie Cowan cambió el sesgo de la batalla. Al mando de un *Sherman* de 17 libras, Cowan había localizado una posición antitanque alemana y la destruyó de un solo disparo. Durante la lucha, el comandante Edward G. Tyler, que ostentaba el mando del escuadrón, quedó atónito al ver que había un alemán sobre el carro de Cowan dirigiendo las operaciones. Vio al blindado cruzar la carretera y abrir fuego; luego, demasiado ocupado con sus propios problemas, Tyler olvidó el incidente. Más tarde, Tyler se enteró de que Cowan había destruido tres cañones alemanes. «Cuando encontré un momento, fui a felicitarle —explicó Tyler—. Cowan me dijo que el *boche* de su blindado era el jefe de la primera posición tomada por él y que se había rendido.» Había sido interrogado por el capitán Fitzgerald y luego, devuelto a Cowan, con quien se había mostrado «sumamente cooperativo».

Los Guardias Irlandeses estaban de nuevo en marcha, pero el fuego constante no cesaba. La corteza alemana era mucho más dura de lo que nadie había previsto. Entre los prisioneros había hombres de famosos batallones de paracaidistas y —para sorpresa de los británicos— veteranos infantes de la 9.ª y la 10.ª Divisiones Panzer de las SS: elementos de los grupos de combate que el general Wilhelm Bittrich había enviado para reforzar al Primer Ejército Paracaidista de Student. En el colmo de las sorpresas, se descubrió que algunos prisioneros pertenecían al Decimoquinto Ejército del general Von Zangen. Como figura en el Diario de Guerra de los Guardias Irlandeses, «nuestros servicios de información se pasaron el día en un estado de indignada sorpresa: aparecían un regimiento tras otro de los alemanes que no tenían derecho a estar allí».

El general Horrocks esperaba que sus blindados de vanguardia recorrieran los 19 kilómetros hasta Eindhoven «en dos o tres horas». Se había perdido un tiempo precioso, y los Guardias Irlandeses cubrirían solamente diez kilómetros, llegando a Valkenswaard al anochecer. *Market-Garden* iba ya fatalmente retrasada.

A fin de disponer de la máxima movilidad posible, los planeadores del general Maxwell D. Taylor habían transportado principalmente jeeps, no artillería. El hecho de que los británicos se retrasaran en llegar a Eindhoven constituía un duro golpe. Taylor esperaba el apoyo de los cañones de los carros de combate a lo largo de la franja de 22 kilómetros en el corredor que debían controlar las *Águilas Aullantes*. Los oficiales de enlace holandeses de Taylor descubrieron casi inmediatamente la verdadera situación: la 101.ª tendría que actuar con independencia durante más tiempo del planeado; con la ayuda de la Resistencia, simplemente utilizaron el teléfono para enterarse de lo que les estaba sucediendo a los británicos.

Con fulgurante rapidez, los paracaidistas de Taylor tomaron Veghel, el objetivo más septentrional a lo largo del corredor, y sus cuatro puntos clave: los puentes ferroviarios y de carretera sobre el río Aa y el Canal Willems. Se produjeron intensos combates; no obstante, estos cuatro objetivos fueron conquistados en dos horas. Más al sur, a mitad de camino entre Veghel y Son, la ciudad de St. Oedenrode y su puente de carretera sobre el río Dommel fueron capturados con relativa facilidad. Según el Diario telefónico oficial holandés, Johanna Lathouwers, leal telefonista de la central nacional, oyó «una voz inequívocamente americana por la línea Oed 1 (St. Oedenrode), a las 14.25 horas, pidiendo Valkenswaard, una comunicación que duró cuarenta minutos».*

Los americanos se enteraron rápidamente de que la vanguardia de las fuerzas *Garden* no había llegado aún a Valkenswaard. Parecía improbable que los blindados de Horrocks, ya retrasados, llegaran antes del anochecer a Eindhoven, en el extremo meridional del corredor; y entonces sería demasiado tarde para ayudar a los americanos a tomar y controlar sus dispersos objetivos. Los hombres de la 101.ª habían logrado un éxito espectacular. Ahora, tropezaban con problemas.

El más urgente de los objetivos de Taylor era el puente de carretera sobre el Canal Wilhelmina, en Son, aproximadamente a siete kilómetros al norte de Eindhoven. Como plan de emergencia para el caso de que hubiesen volado esta importante arteria, Taylor había decidido apoderarse de un puente sobre el Canal, en Best, a seis kilómetros al oeste. Dado que este puente se consideraba secundario y se pensó que no habría más que unos pocos alemanes en la zona, sólo se envió a Best una compañía del 502.º Regimiento. Los servi-

---

* Por los relojes aliados eran, en realidad, las 15.25 horas; había una hora de diferencia entre el horario alemán y el británico.

cios de información de Taylor ignoraban que el Cuartel General del coronel general Student se hallaba a sólo 15 kilómetros al noroeste de las zonas de lanzamiento de la 101.ª y que los recién llegados elementos del Decimoquinto Ejército de Von Zangen estaban acuartelados en la cercana Tilburg. Entre estas fuerzas figuraba la maltrecha 59.ª División de Infantería del general de división Walter Poppe, más una considerable cantidad de artillería.

Al aproximarse al puente, la Compañía H comunicó casi inmediatamente por radio que había encontrado barricadas enemigas y estaba tropezando con fuerte resistencia. El mensaje señalaba el comienzo de una sangrienta batalla que duraría toda la noche y la mayor parte de los dos días siguientes. Lo que había empezado como operación de una sola compañía acabó implicando a más de un regimiento completo. Pero ya los heroicos hombres de la Compañía H, aun a costa de sufrir abundantes bajas, estaban amortiguando los primeros, inesperadamente fuertes, golpes alemanes.

Mientras la Compañía H se dirigía hacia el puente de Best, el 506.º Regimiento del coronel Robert F. Sink marchaba en dirección al puente de la carretera principal, en Son. No hubo casi oposición hasta que las tropas llegaron a las afueras septentrionales del pueblo. Entonces, se vieron sometidos al fuego de una pieza de artillería alemana del 88. En menos de diez minutos, el grupo de vanguardia destruyó la batería con un lanzagranadas y mató a sus servidores. Combatiendo por las calles, los americanos se encontraban a cincuenta metros escasos del Canal cuando fue volado el puente, cayendo sus cascotes sobre las tropas. Para el coronel Sink, que debía tomar Eindhoven y sus puentes antes de las 20.00 horas, la pérdida del puente constituía un duro golpe. Reaccionando rápidamente, y todavía bajo el fuego enemigo, tres hombres —el comandante James La Prade, el teniente Millford F. Weller y el sargento John Dunning— se zambulleron en el Canal y nadaron hasta la otra orilla. Otros miembros del batallón siguieron su ejemplo o cruzaron en botes de remos. En la orilla meridional, redujeron la oposición alemana y establecieron una cabeza de puente.

La pilastra central del puente se hallaba intacta todavía, y los ingenieros de la 101.ª empezaron inmediatamente la construcción de un paso provisional. Les llegó ayuda de una fuente inesperada. Civiles holandeses informaron que un contratista tenía almacenada en un garaje próximo una considerable cantidad de maderas procedentes del mercado negro. En hora y media, los ingenieros, utilizando el pilar central del puente y la madera liberada, unieron ambas orillas del Canal. Como recordó el coronel Sink, «el puente era insatisfactorio desde cualquier punto de vista, salvo por el hecho de que me permitió pasar al otro lado al resto de mi regimiento, en fila india». Hasta que llegara el equipo de construcción de puentes, el corredor de *Market-Garden* en Son quedaba reducido a un solo pontón de madera.

10

El mariscal de campo Model estaba todavía agitado cuando llegó al Cuartel General de Bittrich, en Doetinchem. Normalmente no habría tardado más de media hora en recorrer la distancia, pero en ese momento, como había hecho numerosas paradas durante el camino para dar la alerta a los comandantes de zona sobre el ataque aerotransportado, el viaje había durado una hora larga. Aunque el mariscal de campo parecía tranquilo, el general Bittrich recordaría posteriormente que «las primeras palabras que me dijo fueron: "¡Casi me cogen! Venían por el Cuartel General. ¡Imagine! ¡Casi me cogen!"».

Inmediatamente, Bittrich puso a Model al corriente de la última información recibida por el II Cuerpo Panzer de las SS. No se distinguía aún una imagen clara de lo que se proponían los Aliados, pero Bittrich expuso a Model su propia teoría: que el asalto iba dirigido a contener al Decimoquinto Ejército, mientras el Segundo Ejército británico avanzaba hacia el Ruhr. Para ello, los Aliados necesitarían capturar los puentes de Nimega y Arnhem. Model discrepó por completo. El puente de Arnhem no era el objetivo, dijo. Aquellas tropas aerotransportadas cambiarían de rumbo y seguirían una dirección nordeste hacia el Ruhr. La situación, creía Model, era todavía demasiado oscura para extraer conclusiones definitivas. Le desconcertaba la cuestión de por qué habían desembarcado fuerzas aerotransportadas en la zona de Nimega. Sin embargo, dio su aprobación a las medidas que Bittrich ya había tomado.

Bittrich insistió sobre la cuestión de los puentes. «Herr mariscal, solicito enérgicamente que los puentes de Nimega y Arnhem sean inmediatamente destruidos», dijo. Model le miró asombrado. «No serán destruidos —le dijo a Bittrich con firmeza—. Cualquiera que sea el plan inglés, esos puentes pueden ser defendidos. No. Decididamente, no. Los puentes no serán volados.» Luego, cambiando de tema, Model dijo: «Estoy buscando un nuevo cuartel general, Bittrich». Antes de que éste pudiera responder, Model volvió a decir pensativamente: «¿Sabe? Casi me cogen».

En su Cuartel General de Vught, el coronel general Kurt Student se veía enfrentado a un dilema: su Primer Ejército Paracaidista había quedado dividido en dos partes por el asalto aerotransportado. Sin comunicaciones telefónicas y dependiendo exclusivamente de la radio, le era imposible dirigir a su dividido ejército. Por el momento, las unidades combatían por propia iniciativa sin ninguna dirección aglutinante. Entonces, por un trascendental y fantástico golpe de suerte, le entregaron una cartera de mano encontrada en un planeador *Waco* derribado cerca de su Cuartel General.

«Era increíble —dijo Student—. En la cartera estaba todo el plan de operaciones enemigo.» Student y sus oficiales de Estado Mayor examinaron los planes capturados. «Nos mostraban todo, las zonas de lanzamiento, el corredor, los objetivos, incluso los nombres de las divisiones que participaban. ¡Todo! Inmediatamente, pudimos ver las implicaciones estratégicas. Tenían que apoderarse de los puentes antes de que nosotros pudiéramos destruirlos. Todo lo que se me ocurrió fue: «Esto es justa compensación. ¡Compensación! La Historia se está repitiendo». Durante nuestra operación aerotransportada en Holanda en 1940, uno de mis oficiales, contraviniendo las rigurosas órdenes, había llevado a la batalla documentos que detallaban todo nuestro ataque, y los documentos habían caído en manos del enemigo. Ahora, la rueda había descrito un círculo completo. Yo sabía exactamente lo que tenía que hacer.»*

---

* En la leyenda de Arnhem se incluye siempre la historia de los documentos capturados, al igual que la del espía Lindemans. Algunas versiones aseguran que el plan *Market-Garden* fue encontrado sobre el cadáver de un capitán americano. Yo me entrevisté con Student y examiné todos sus documentos. En ningún momento confirma él que la cartera se hallara en poder de un capitán. Ni existe tampoco ninguna mención de este tipo en los archivos oficiales británicos y americanos. Quizás, puesto que Student dice que los planos procedían de «un planeador *Waco*», se dio por supuesto que solamente iban a bordo militares americanos. Sin embargo, parte del Cuartel General del Cuerpo del general Brow-

Model no lo sabía aún. Student nunca se había sentido tan frustrado. Debido al fallo de sus sistemas de comunicación, pasarían cerca de diez horas antes de que le fuera posible poner en poder de Model el secreto de *Market-Garden*. El secreto era que el puente de Arnhem revestía una importancia crucial. Los planes capturados ponían claramente de manifiesto que era la ruta de Montgomery hacia el Ruhr.

Ésta era la clase de batalla que más le gustaba a Model: una que exigía improvisación, audacia y, sobre todo, rapidez. Desde el Cuartel General de Bittrich, Model telefoneó al OB West, Von Rundstedt. Con su característica brusquedad describió la situación y pidió refuerzos inmediatos. «La única forma en que se puede desbaratar este asalto aerotransportado es golpear con fuerza en las primeras 24 horas», le dijo a Von Rundstedt. Model pidió unidades antiaéreas, cañones autopropulsados, carros de combate e infantería; y quería que estuviesen en marcha hacia Arnhem antes del anochecer. Von Rundstedt le dijo que esos refuerzos se pondrían en camino en cuanto estuvieran disponibles. Volviéndose hacia Bittrich, Model dijo con tono triunfante: «¡Ahora vamos a recibir refuerzos!». Model había decidido operar desde Doetinchem; pero, aunque aparentemente se había recuperado del sobresalto de su apresurada salida de Oosterbeek, esta vez no estaba dispuesto a correr el riesgo de que se le cogiera desprevenido. Rehusó instalarse en el castillo. Dirigiría la batalla desde la casita del jardinero.

La perspicacia de Bittrich estaba ya dando sus frutos. Secciones de la División *Hohenstaufen* de Harzer se dirigían rápidamente hacia la zona de la batalla. La División *Frundsberg* de Harmel —se esperaba que el propio Harmel regresara durante la noche de Alemania— se hallaba también en marcha. Bittrich había ordenado a Harzer instalar su Cuartel General en una escuela situada en los suburbios septentrionales de Arnhem, desde donde se dominaba la

---

ning voló a Holanda en *Waco*, y uno de éstos se estrelló cerca del Cuartel General de Student. En cualquier caso, fuera británico o estadounidense el personal, considero sumamente improbable que el plan operacional completo de *Market-Garden* se hallara en poder de un capitán. En primer lugar, se puso gran cuidado en la distribución del plan; en segundo, cada copia estaba numerada y limitada exclusivamente a los oficiales de estado mayor.

ciudad, y se estaba efectuando el traslado. Pero Harzer hervía de impaciencia. Los vehículos blindados que tenían que haber salido para Alemania a primera hora de la tarde estaban todavía siendo acondicionados con orugas y cañones. Harber había situado ya las unidades cerca de las zonas británicas de lanzamiento y aterrizaje, bloqueando el camino al oeste de Arnhem. Por el momento, sólo tenía unos cuantos vehículos blindados, varios cañones autopropulsados, algunos carros y unos pocos soldados de infantería. Sin embargo, Harzer esperaba que, mediante una táctica de ataques rápidos y dispersos, podría detener y desorientar a las tropas británicas hasta que el grueso de su división se hallara de nuevo en disposición de combate.

Curiosamente, Harzer ni siquiera sabía que en aquellos momentos se encontraba en la zona el Batallón de Reserva y Entrenamiento de Granaderos Panzer de las SS del comandante Sepp Krafft, la única unidad que se interponía en el avance de las fuerzas aerotransportadas británicas. Harzer concentró su propia fuerza en las dos carreteras principales que conducían a Arnhem: la carretera Ede-Arnhem y la Utrecht-Arnhem. Seguro de que las tropas aerotransportadas utilizarían estas arterias principales, situó a sus unidades en un semicírculo que bloqueaba las dos carreteras. Por descuido, o quizás porque carecía de fuerzas suficientes en ese momento, Harzer no situó ningún grupo a lo largo de una tranquila carretera secundaria que corría paralela a la orilla septentrional del Rin. Era la única ruta no protegida que los británicos podían seguir para llegar al puente de Arnhem.

11

Vestidos con sus uniformes de camuflaje y sus característicos cascos, cargados de armas y municiones, los hombres de la 1.ª Brigada Paracaidista del general de división Lathbury se hallaban en camino hacia Arnhem. Entremezclados con las columnas de soldados, había jeeps remolcando piezas de artillería y vehículos cargados con armas y provisiones. Mientras los veía pasar, el general Roy Urquhart recordó un cumplido que le había hecho unos meses antes el general Horrocks. «Sus hombres son máquinas de matar», había dicho Horrocks con admiración. En aquel momento, Urquhart había considerado exagerada la observación. Este domingo, no estaba tan seguro. Cuando hubo pasado la 1.ª Brigada, Urquhart sintió una oleada de orgullo.

El plan exigía que los tres batallones de la brigada de Lathbury convergieran en Arnhem, cada uno desde una dirección distinta. El 2.º Batallón del teniente coronel John Frost tenía adjudicado el objetivo principal: marchando a lo largo de una carretera secundaria que discurría próxima a la orilla septentrional del Rin, los hombres de Frost debían capturar el puente de la carretera principal. De paso, debían tomar los puentes de barcas y del ferrocarril situados al oeste del gran puente de la carretera. El 3.er Batallón, mandado por el teniente coronel J. A. C. Fitch, avanzaría a lo largo de la carretera Utrecht-Arnhem y se dirigiría al puente desde el norte, reforzando a Frost. Una vez lanzados con éxito estos dos batallones, el 1.er Batallón del teniente coronel D. Dobie debía avanzar a lo largo de la carretera principal Ede-Arnhem —la ruta más septentrional— y ocupar las tierras altas situadas al norte de la ciudad. Lathbury había asignado a cada ruta un nombre cifrado. La de Dobie, la más septentrional, fue designada *Leopardo*; la de Fitch, en el medio, *Tigre*; y la de Frost, la ruta más crucial, *León*. Precediendo a toda la brigada, los jeeps del escuadrón de reconocimiento del comandante Freddie Gough debían llegar hasta el puente, apoderarse de él en un golpe de mano y conservarlo hasta la llegada de Frost.

Hasta el momento, pensó Urquhart, la fase inicial se estaba desarrollando a la perfección. No le alarmaba en exceso la interrupción de las comunicaciones sufrida en el seno de la división. En las campañas del desierto norteafricano había experimentado con frecuencia averías temporales en los sistemas de comunicación. Como no podía establecer contacto con la 1.ª Brigada de Desembarco Aéreo del general de brigada Hicks, cuya misión era conservar las zonas de aterrizaje y lanzamiento para su utilización por las restantes escuadrillas en los dos días siguientes, Urquhart se dirigió en coche al Cuartel General de Hicks. Allí supo que la Brigada se hallaba en sus posiciones y que Hicks se encontraba fuera en aquel momento, ordenando la disposición de sus batallones. Sin embargo, en el Cuartel General de Hicks, Urquhart fue informado de que una parte vital del plan para tomar el puente de Arnhem había fracasado. Se le dijo —erróneamente— que la mayoría de los vehículos de reconocimiento del comandante Freddie Gough se habían perdido al estrellarse los planeadores que los transportaban; en el Cuartel General de Hicks, nadie sabía dónde había ido Gough. Sin esperar el regreso de Hicks, Urquhart volvió a su propio Cuartel General. Tenía que encontrar rápidamente a Gough e idear algún plan alternativo, aunque su mayor preocupación ahora era advertir a Lathbury y, en particular, a Frost, de que el 2.º Batallón se encontraba abandonado a sus propios recursos. Frost tendría que tomar el puente principal de Arnhem sin la ayuda del proyectado ataque por sorpresa de Gough.

Otras malas noticias esperaban a Urquhart en la División. «No sólo no había ni rastro de Gough —explicó Urquhart—, sino que, aparte de algunas señales de radio de corto alcance, habían fallado por completo las comunicaciones del Cuartel General. No se podía establecer contacto con la 1.ª Brigada Paracaidista, ni, de hecho, con el mundo exterior.» El coronel Charles Mackenzie, jefe del Estado Mayor de Urquhart, vio al general pasear de un lado a otro, «inquieto y ansioso de noticias». Urquhart ordenó a su oficial de transmisiones, comandante Anthony Deane Drummond, que investigara el «fallo de las comunicaciones, viera qué le había pasado al equipo de radio y lo arreglara». Se despacharon también mensajeros a la busca de Gough. Como transcurría el tiempo sin recibir noticia alguna, el preocupado Urquhart decidió no esperar más. Normalmente, habría dirigido la batalla desde el Cuartel General de la División; pero en ese momento, conforme pasaba el tiempo sin restablecerse las comunicaciones, estaba empezando a sentir la impresión de que aquella batalla era cualquier cosa menos normal. Volviéndose hacia Mackenzie, dijo: «Creo que voy a echar un vistazo yo mismo, Charles». Mackenzie no intentó detenerle. «En aquellas circunstancias —comentaría Mackenzie—, dado que no estábamos recibiendo prácticamente ninguna información, no parecía una idea especialmente mala.» Llevándose sólo a su chófer y a un soldado de transmisiones, Urquhart salió en su jeep en busca de Lathbury. Eran las 16.30 horas.

Avanzando a lo largo de la septentrional ruta *Leopardo* —la carretera Ede-Arnhem—, el comandante Freddie Gough, de la unidad de reconocimiento de la 1.ª Brigada de Desembarco Aéreo, estaba haciendo un tiempo excelente. Aunque los vehículos del Escuadrón A no habían logrado llegar, Gough había abandonado la zona de aterrizaje a las 15.30 horas, junto con el resto de los escuadrones. Confiaba tener suficientes jeeps para el proyectado golpe de mano contra el puente. «De hecho —recordó posteriormente—, dejé en reserva varios jeeps en la zona de aterrizaje. Teníamos más que suficientes para llegar a Arnhem.» Gough había incluso separado doce hombres de su unidad, con la misión de emprender la marcha hacia el sur y reunirse con el 2.º Batallón, que avanzaba por la ruta *León* en dirección al puente. Ignoraba que la pérdida de los jeeps del escuadrón A había levantado una oleada de rumores y de informaciones por completo equivocadas.*

Desde el principio, Gough había albergado reservas sobre el papel de su unidad de reconocimiento en el plan de Arnhem. Gough había pedido una pantalla de jeeps de reconocimiento delante de cada uno de los tres batallones. «De esa manera, habríamos descubierto rápidamente la forma mejor y más fácil de llegar hasta el puen-

---

* Algunos relatos de la batalla de Arnhem afirman que la unidad de Gough no pudo operar porque muchos de sus vehículos no habían conseguido llegar en los planeadores. «El fracaso, si se le puede llamar así —dice Gough—, no se debió a una falta de jeeps, sino al hecho de que nadie nos había advertido que se encontraban en la zona la 9.ª y la 10.ª Divisiones Panzer.»

te.» En su defecto, había pedido que fuera transportado en planeadores un escuadrón de carros ligeros para escoltar a las tropas del golpe de mano. Ambas peticiones habían sido rechazadas. Pero Gough conservó el optimismo. «No estaba en absoluto preocupado. Se suponía que no había en Arnhem más que unos cuantos alemanes viejos y canosos y un puñado de anticuados carros de combate y cañones. Yo esperaba que aquello fuese un paseo.»

Mientras avanzaban rápidamente a lo largo de *Leopardo*, los jeeps de vanguardia de la unidad cayeron súbitamente en una emboscada tendida por carros de combate alemanes y cañones de 20 milímetros. El lugarteniente de Gough, capitán David Allsop, anotó la hora. Eran exactamente las 16.00 horas. Gough decidió dirigirse al frente de la columna para investigar. «En el preciso instante en que me disponía a adelantarme, recibí un mensaje diciendo que Urquhart quería verme inmediatamente. Yo no sabía qué diablos hacer. Estaba bajo las órdenes de Lathbury, y pensé que, por lo menos, debía decirle que me marchaba, pero no tenía ni idea de dónde estaba. La unidad se hallaba sometida a intenso fuego e inmovilizada en posiciones defensivas cerca de la vía del ferrocarril, en las afueras de Wolfheze. Calculé que todo iría bien por algún tiempo, así que di media vuelta y regresé al Cuartel General de la División en la zona de aterrizaje. Eran las 16.30 horas.»

En el momento exacto en que el general Urquhart salía en busca de Lathbury, Gough se dirigía a toda prisa a la División para presentarse a Urquhart.

A todo lo largo de las tres líneas estratégicas de marcha, los hombres de la 1.ª Brigada Paracaidista estaban encontrando jubilosas e histéricas muchedumbres de holandeses. Muchos civiles de granjas y aldeas lejanas habían seguido a las tropas desde el momento en que abandonaron las zonas de aterrizaje y, a medida que aumentaba la multitud, la bienvenida parecía casi desbordar la propia marcha. El capitán Eric Mackay, que avanzaba por la ruta más meridional, la ruta *León*, con el 2.º Batallón del coronel Frost, se sentía molesto por la atmósfera de fiesta. «Los civiles holandeses nos entorpecían. Saludando, vitoreándonos y aplaudiendo, nos ofrecían manzanas, peras, algo de beber. Pero dificultaban nuestro avance y me hacían temer que revelaran nuestras posiciones.» El teniente Robin Vlasto recordaba que «la primera parte de nuestra marcha tenía todo el aspecto de un desfile victorioso, y los civiles estaban delirantes de alegría. Parecía todo tan increíble que casi esperábamos ver a los blindados del XXX Cuerpo de Horrocks salir a nuestro encuentro desde Arnhem. La gente flanqueaba la carretera y se nos ofrecían grandes bandejas de cerveza, leche y frutas. Nos costó sobremanera forzar a los hombres a tener presente la posibilidad de un ataque alemán».

La joven Anje van Maanen, cuyo padre era médico en Oosterbeek, recuerda haber recibido una jubilosa llamada de la familia Tromp, de Heelsum, situada justo al sur de la zona de aterrizaje británica en el brezal de Renkum. «¡Somos libres! ¡Libres! —le dijeron los Tromp—. Los ingleses se han lanzado en paracaídas detrás de nuestra casa y se dirigen a Oosterbeek. Son encantadores. Estamos fumando Players y comiendo chocolate.» Anje colgó el teléfono, «loca de alegría. Nos pusimos todos a saltar y bailar. ¡Ya está! ¡Una invasión! ¡Formidable!». Anje, de diecisiete años, apenas si podía esperar a que su padre volviera a casa. El doctor Van Maanen estaba asistiendo a domicilio a una parturienta, y Anje pensó que «era un fastidio, particularmente en aquel momento, porque el marido de la mujer era un nazi holandés». La señora Ida Clous, esposa de un dentista de Oosterbeek y amiga de los Maanen, oyó decir también que estaban en camino las tropas aerotransportadas. Trabajó febrilmente, registrando cajas y cosiendo todos los trozos de tela color naranja que poseía. Cuando los británicos llegaran a Oosterbeek se proponía salir a la calle con sus tres hijitos y recibir a los libertadores con pequeñas banderas anaranjadas hechas a mano.

Jan Voskuil, que se ocultaba en la casa de los padres de su esposa en Oosterbeek, se sentía desgarrado entre su propio deseo de salir a la carretera de Utrecht para recibir a las tropas y la necesidad de impedir que fuera con él su suegro. El anciano se mostraba inflexible. «Tengo setenta y ocho años y nunca he estado en una guerra, y quiero verla.» El suegro de Voskuil fue finalmente convencido para que se quedara en el jardín, y Voskuil, uniéndose a torrentes de civiles que salían a recibir a los británicos, fue obligado a regresar por un policía en las afueras de Oosterbeek. «Es demasiado peligroso —dijo el agente a la muchedumbre—. Atrás.» Voskuil regresó lentamente a su casa. Allí, se encontró con el mismo soldado alemán que le había pedido albergue por la mañana al comienzo del bombardeo. Ahora, el soldado vestía uniforme completo, con guerrera de camuflaje, casco y rifle. Ofreció a Voskuil chocolatines y cigarrillos. «Me marcho ya —dijo—. Van a venir los *tommies*.» Voskuil sonrió. «Ahora se volverán ustedes a Alemania», dijo. El soldado se quedó mirando a Voskuil durante unos instantes. Luego, meneó lentamente la cabeza. «No, señor —le dijo—. Lucharemos.» El holandés se quedó mirando al alemán mientras éste se alejaba. «Ahora empieza —pensó Voskuil—, pero ¿qué puedo hacer yo?» Lleno de impaciencia, se puso a pasear de un lado a otro por el patio. No se podía hacer más que esperar.

Indiferentes a las prohibiciones de la Policía y a las advertencias para que permanecieran en sus casas, los granjeros holandeses y sus familias se arracimaban a ambos lados de cada carretera. El sargento mayor Harry Callaghan, que avanzaba por la ruta central, la *Tigre*, recuerda que una granjera salió de entre la multitud y corrió hacia él con un jarro de leche. Le dio las gracias y la mujer sonrió y dijo: «Bueno, *Tommy*. Bueno». Pero, al igual que Eric Mackay, en la carretera meridional, Callaghan, veterano de Dunkerque, estaba preocupado por la gran cantidad de civiles que rodeaban a las tropas. «Corrían junto a nosotros llevando brazaletes, delantales y trozos de cintas, todos de color naranja —explicó—. Niños, con pedazos de tela anaranjada prendidos en sus faldas o blusas, brincaban junto a nosotros gritando de alegría. La mayoría de los soldados rebuscaba en sus mochilas para darles chocolate. Era una atmósfera tan diferente que los soldados se estaban comportando como si se encontraran en unas maniobras. Empecé a preocuparme por los francotiradores.»

Como Callaghan había temido, el victorioso desfile se vio interrumpido de pronto. «Todo sucedió rápidamente. Estábamos avanzando hacia Arnhem y, de repente, nos encontramos desparramados por las zanjas. Los francotiradores habían abierto fuego, y tres soldados yacían muertos sobre la carretera.» El veterano sargento mayor no perdió tiempo. Había visto salir una llamarada de unos árboles situados unos cincuenta metros más adelante. Mientras los holandeses se dispersaban, Callaghan avanzó con un grupo de doce hombres. Se detuvo a poca distancia de un árbol y miró hacia arriba. Algo brilló. Levantando su Sten, disparó directamente contra el árbol. Cayó al suelo una pistola automática Schmeisser, y, al levantar la vista a lo largo del tronco del árbol, Callaghan vio a un alemán oscilando levemente al extremo de una cuerda.

También en la ruta central, algunos hombres del 1.ᵉʳ Batallón del teniente coronel Fitch se vieron súbitamente envueltos en una inesperada escaramuza. El soldado Frederick Bennett acababa de repartir unas manzanas a otros paracaidistas cuando, por la carretera, llegó a toda velocidad un automóvil alemán. Bennett abrió fuego con su subfusil. El coche se detuvo con un estridente chirriar de frenos y trató de dar la vuelta. Pero era demasiado tarde. Todos los que se encontraban cerca de Bennett empezaron a disparar y el coche se detuvo bruscamente, acribillado a balazos. Al acercarse cautelosamente, los soldados vieron que el conductor estaba medio caído fuera del coche. El cuerpo de un oficial alemán había sido parcialmente arrojado por otra portezuela. A Bennett le «pareció un oficial alemán de alta graduación», como, en efecto, lo era. El general de división Kussin, comandante militar de Arnhem, había hecho caso omiso de la advertencia del comandante Sepp Krafft de las SS, de que no utilizara la carretera principal Utrecht-Arnhem.*

Muchos hombres coinciden en que la primera oposición alemana seria comenzó al cabo de la primera hora de marcha, alrededor de las 16.30 horas. En ese momento, dos de los tres batallones —el de Dobie en la ruta septentrional y el de Fitch en la central— se vieron inesperadamente sometidos a violentos y rápidos ataques enemigos. La unidad de reconocimiento del comandante Gough, mandada ahora por el capitán Allsop, estaba tratando desesperadamente de encontrar el medio de desbordar a las fuerzas alemanas y despejar el camino del 1.er Batallón de Dobie. Pero, según Allsop, «cada movimiento que hacíamos quedaba neutralizado por una fuerza enemiga ante nosotros». El paracaidista William Chandlet, de la unidad de reconocimiento, recuerda que, mientras su Escuadrón C exploraba el terreno, «las balas alemanas llegaban tan cerca y tan continuadamente que casi raspaban al pasar».

Al aproximarse a Wolfheze, el batallón quedó casi completamente detenido. «Nos paramos —explicó el soldado Walter Boldock—. Luego, nos pusimos de nuevo en marcha. Después, nos detuvimos y nos atrincheramos. Al poco rato, emprendimos de nuevo la marcha, cambiando de dirección. Nuestro avance venía dictado por el éxito de las

---

* Kussin, cumpliendo las órdenes de Model dictadas por el mariscal de campo cuando escapaba hacia el este aquella mañana, había informado al Cuartel General de Hitler de los aterrizajes y de la apurada huida de Model. El asalto aliado había provocado a Hitler una histérica preocupación. «Si hicieran lo mismo aquí —conjeturó—, me encontrarían aquí con mi Mando Supremo, Goering, Himmler, Ribbentrop. Resulta una presa sumamente apetitosa. Es evidente. Yo no vacilaría en arriesgar aquí dos divisiones de paracaidistas si, de un solo golpe, pudiera apoderarme de todo el mando alemán.»

compañías de vanguardia. Balas y proyectiles de mortero nos hostigaban continuamente.» Detrás de un seto, Boldock vio a un sargento que conocía tendido en el suelo, gravemente herido. Un poco más allá, encontró el cadáver calcinado de un teniente. Había sido alcanzado por una bomba de fósforo. A otro soldado, Roy Edwards, le «parecía que estábamos dando un rodeo por el campo y metiéndonos en batallas toda la tarde».

Los hombres estaban asombrados de la ferocidad de los imprevistos ataques enemigos. El soldado Andrew Milbourne, en la ruta septentrional, oyó disparos a lo lejos, en dirección sur, y se alegró por unos momentos de que se le hubiera encomendado al 1.er Batallón la misión de ocupar las tierras altas situadas al norte de Arnhem. Luego, al aproximarse a Wolfheze, Milbourne se dio cuenta de que la columna se había desviado de la carretera principal hacia el sur. Vio la estación del ferrocarril y, cerca de ella, un carro de combate. Su primera reacción fue de júbilo. «¡Dios mío, Monty tenía razón! —pensó—. ¡Ya está aquí el Segundo Ejército!» Luego, mientras la torreta giraba lentamente, Milbourne vio una cruz negra pintada en el blindado. De pronto, le pareció ver alemanes por todas partes. Se zambulló en una zanja y, levantando cautelosamente la cabeza, empezó a buscar un buen lugar para emplazar su ametralladora Vickers.

El sargento Reginald Isherwood vio el mismo tanque. Se acercó un jeep que remolcaba una pieza de artillería ligera y empezó a girar para situarla en posición de disparo. «Uno de sus sargentos gritó: "Será mejor que disparemos antes de que lo hagan ellos. Si no, estamos listos"», recuerda Isherwood. «Apuntaron el cañón, fue a la velocidad del rayo, pero, cuando nuestro hombre gritó "¡fuego!", oí al comandante alemán hacer lo mismo. Los *boches* debieron disparar una décima de segundo antes que nosotros.» El tanque consiguió un impacto directo. El jeep saltó por los aires, y los artilleros resultaron muertos.

En medio de la creciente confusión y del intenso fuego que se hacía sobre ellos desde todas partes, el coronel Dobie tenía claro que la oposición con la que se enfrentaba era más fuerte de lo que nadie había esperado. Y tampoco creía que continuara siendo posible ocupar las tierras altas al norte de Arnhem. No podía comunicar por radio con el general de brigada Lathbury, y sus bajas aumentaban por momentos. Dobie decidió desviar el batallón más al sur aún e intentar reunirse con Frost, que se dirigía hacia el puente principal de Arnhem.

El fallo de las comunicaciones y la consiguiente falta de dirección imposibilitaban que los comandantes de batallón supieran con claridad qué estaba sucediendo en ese momento. En terreno desconocido, con mapas que se revelaban a menudo inexactos, compañías y pelotones perdían frecuentemente contacto entre sí. En una encrucijada próxima a la franja de carretera donde los hombres del 3.er Batallón del coronel Fitch habían matado al general Kussin, los británicos se vieron sometidos al fuego de los lanzacohetes y las ametralladoras del comandante de las SS, Krafft. Las columnas se disgregaron mientras los hombres se dispersaban por los bosques. Los silbantes proyectiles, haciendo explosión en el aire, sobre sus cabezas, arrojaban mortales fragmentos en todas direcciones.

El soldado de transmisiones Stanley Heyes recordaría vívidamente el intenso hostigamiento enemigo. Corría hacia un bosque cuando se le cayó un transmisor de radio; al agacharse para recogerlo, fue herido en un tobillo. Heyes consiguió arrastrarse hasta el bosque. Al dejarse caer en la maleza, se dio cuenta de que el hombre que estaba a su lado era alemán. «Era joven y estaba tan asustado como yo, pero me hizo una cura en el tobillo con mi botiquín de campaña. Poco después, los dos volvimos a ser heridos por el fuego de mortero y nos quedamos allí tendidos, esperando que alguien nos recogiera.» Heyes y el joven alemán continuarían juntos hasta bien entrada la noche, cuando los camilleros británicos los encontraron y los evacuaron.

Al igual que el 1.er Batallón, también el 3.º estaba inmovilizado. Al cabo de dos horas, ambos batallones apenas si habían recorrido cuatro kilómetros de carretera. El coronel Fitch llegó a la misma conclusión que Dobie en la carretera norte; también él tendría que encontrar una ruta alternativa hacia el puente de Arnhem. No podía perder un tiempo precioso, y el puente estaba todavía a seis kilómetros largos de distancia.

En los bosques de las proximidades de Wolfheze, el comandante de las SS Sepp Krafft tenía la convicción de hallarse rodeado. Calculaba que los británicos superaban numéricamente a su mermado batallón en la proporción de veinte a uno. Pero, aunque consideraba «insensata» su defensa, apenas si podía creer en el éxito de su acción de obstrucción. Los proyectiles de los lanzacohetes alemanes habían sembrado la destrucción entre los británicos, y sus hombres informaron ahora que las fuerzas que avanzaban por la carretera Utrecht-Arnhem se hallaban detenidos en algunos puntos y en otros parecían estar abandonando la carretera principal. Krafft aún creía que la suya era la única unidad alemana en la zona, y no se hacía ilusiones sobre la posibilidad de detener a los británicos durante mucho tiempo. Se estaba quedando sin munición y sufriendo muchas bajas, y uno de sus tenientes había desertado. Pero Krafft se sentía exultante por «el valeroso ímpetu de mis muchachos». El ambicioso Krafft, que redactaría más tarde un informe dirigido a Himmler sobre las acciones de su Batallón de Granaderos lleno de exageradas alabanzas hacia sí mismo, no tenía ni idea de que sus «muchachos» estaban ya siendo reforzados por los carros de combate, la artillería y los vehículos blindados de la División *Hohenstaufen* del teniente coronel Walter Harzer, a sólo dos o tres kilómetros del Cuartel General del propio Krafft.

El comandante Freddie Gough estaba completamente desconcertado. El mensaje de Urquhart llamándole a la División no contenía el menor indicio respecto a las intenciones del general. Al abandonar la ruta *Leopardo* del 1.er Batallón, Gough se llevó consigo cuatro jeeps de escolta y soldados de su unidad de reconocimiento. Ahora, en el Cuartel General de la División, el jefe del Estado Mayor de Urquhart, el coronel Charles Mackenzie, tampoco podía proporcionarle ninguna luz sobre el particular. El general, dijo Mackenzie, había salido en busca del general de brigada Lathbury, cuyo Cuartel General seguía al batallón del coronel Frost a lo largo de la meridional ruta *León*. Llevándose su escolta, Gough se puso de nuevo en marcha. Sin duda, en algún lugar de la ruta encontraría a un oficial o al otro.

12

El jeep del general Urquhart bajó a toda velocidad por la carretera Utrecht-Arnhem y se desvió al sur de la artería principal por una carretera secundaria que le llevó a la ruta *León*, de Frost. A los pocos minutos había alcanzado a los elementos de retaguardia del 2.º Batallón. Avanzaban en fila india a ambos lados de la carretera. Urquhart oyó disparos a lo lejos, pero le pareció que «no había mucha prisa. Todo el mundo parecía estar moviéndose con lentitud». Conduciendo rápidamente por la adoquinada carretera, Urquhart alcanzó a la compañía del Cuartel General de Frost, sólo para descubrir que Frost se hallaba con las unidades de vanguardia que habían tropezado con oposición alemana. «Traté de infundir una sensación de urgencia que esperaba fuese transmitida a Frost —escribió Urquhart— y les conté la mala suerte del escuadrón de reconocimiento.» Al enterarse de que Lathbury se había dirigido a la ruta central para ver cómo le iba al 3.er Batallón, Urquhart volvió sobre sus pasos. Una vez más, él y Gough no llegaron a encontrarse por cuestión de minutos.

Alcanzando a los elementos de retaguardia del 3.er Batallón en la ruta *Tigre*, el general fue informado de que Lathbury se había adelantado. Le siguió. En una encrucijada de la carretera Utrecht-Arnhem, Urquhart encontró al general de brigada. La zona se hallaba sometida a un devastador fuego de mortero. «Algunas de esas granadas caían con inquietante precisión en la encrucijada y en los bosques en los que se resguardaban muchos de los hombres del 3.er Batallón —escribiría más tarde Urquhart—. Era la primera prueba verdadera que yo encontraba de la rapidez y determinación de la reacción alemana.»*

Refugiándose en una zanja, Urquhart y Lathbury discutieron la situación. Ambos oficiales estaban preocupados por el lento avance de la brigada, y la crítica falta de comunicaciones estaba paralizando ahora los esfuerzos que estaban haciendo. Lathbury había perdido por completo el contacto con el 1.er Batallón y sólo tenía una comunicación intermitente con Frost. Estaba claro que ambos solamente podían dirigir las operaciones que tuviesen lugar en la zona en que se encontraran físicamente presentes. Por el momento, la preocupación de Lathbury era sacar al 1.er Batallón de la encrucijada y los bosques circundantes y ponerlo de nuevo en marcha. Urquhart decidió tratar de establecer contacto con el Cuartel General de la División por medio de la radio de su jeep. Al acercarse al vehículo, vio que había sido alcanzado por una granada y que el soldado de transmisiones estaba gravemente herido. Aunque el aparato de radio parecía ileso, Urquhart no pudo establecer contacto con la División. «Maldije las pésimas comunicaciones —escribió más tarde Urquhart—. Lathbury me disuadió de que intentara volver a mi cuartel general. El enemigo se hallaba ya concentrado entre nosotros y las zonas de aterrizaje... Decidí que tenía razón..., y me quedé. Pero en ese momento comprendí que estaba perdiendo el control de la situación.»

Los hombres de los Batallones 1.º y 3.º estaban librando constantes y encarnizadas escaramuzas. Endurecidos y desesperados soldados de la Waffen SS, inferiores en número pero reforzados por vehículos orugas, artillería y blindados, estaban reduciendo el avance británico a un lento arrastrarse. En la confusión, los hombres se separaban de sus oficiales y unos de otros, mientras las compañías se dispersaban por los bosques o combatían a lo largo de las cunetas y en los jardines traseros de las casas. Los *Diablos Rojos* se habían recuperado de la sorpresa inicial de la potencia blindada alemana y, aunque sufriendo grandes bajas, estaban reaccionando tenazmente tanto individualmente como en pequeños grupos. Había, sin embargo, pocas probabilidades de que los Batallones 1.º y 3.º pudieran alcanzar los objetivos de Arnhem conforme a lo planeado. Todo dependía ahora del 2.º Batallón del coronel John Frost, que avanzaba con

---

* General de división R. E. Urquhart, CB, DSO (con Wilfred Greatorex), *Arnhem* (Casseli, Londres, 1958), p. 40.

firmeza a lo largo de la carretera del Bajo Rin, la ruta secundaria que los alemanes habían pasado por alto.

Aunque su batallón había sido detenido brevemente varias veces por el fuego enemigo, Frost se había negado a permitir que sus hombres se dispersaran o se desplegasen. En vanguardia, su Compañía A, mandada por el comandante Digby Tatham-Warter, avanzaba rápidamente, dejando que los rezagados se uniesen a las compañías que iban detrás. Por los prisioneros que habían hecho los grupos de vanguardia, Frost supo que se creía que una compañía de las SS cubría los accesos occidentales a Arnhem. Utilizando algunos transportes capturados al enemigo así como sus propios jeeps para explorar el frente y los flancos, el batallón avanzaba persistentemente. Poco después de las 18.00 horas apareció ante su vista el primero de los objetivos de Frost, el puente del ferrocarril sobre el Bajo Rin, ligeramente al sudoeste de Oosterbeek. De acuerdo con el plan, la Compañía C del comandante Victor Dover se adelantó y se dirigió hacia el río. El puente parecía desierto e indefenso mientras se acercaban. El teniente Peter Barry, de veintiún años, recibió la orden de cruzar con su pelotón. «Todo estaba tranquilo cuando nos pusimos en marcha —explicó Barry—. Mientras atravesábamos los campos a la carrera, advertí que había cabezas de ganado muertas por todas partes.» El pelotón de Barry se hallaba a menos de trescientos metros del puente, cuando vio a «un alemán correr hacia el puente desde el otro lado. Llegó a la mitad, se arrodilló y empezó a hacer algo. Inmediatamente, ordené a una sección abrir fuego, y a otra que se precipitara al puente. Para entonces, el alemán había desaparecido».

Según Barry, «llegamos al puente y empezamos a cruzarlo a toda velocidad. De pronto, se produjo una tremenda explosión y el puente saltó ante nosotros». El capitán Eric Mackay de los Ingenieros Reales, sintió el suelo estremecerse bajo el impacto. «Brotó una llamarada anaranjada y amarilla y, luego, se elevó sobre el puente una nube de humo negro. Creo que fue volado el segundo arco contando desde la orilla meridional.» En el puente, bajo la protección de bombas de humo, el teniente Barry ordenó a sus hombres que se alejaran de las ruinas y retrocedieran a la orilla norte. Cuando el pelotón empezaba a moverse, alemanes escondidos al otro lado del río abrieron fuego. Barry fue alcanzado en un brazo y una pierna, y otros dos hombres resultaron heridos. Viendo a los soldados regresar por entre el humo y el fuego, Mackay, que había tenido sus dudas sobre la Operación desde el principio, recuerda haber pensado:

«Bueno, ya se ha perdido el número uno». El coronel Frost fue más filosófico. «Sabía que estaba perdido uno de los tres puentes, pero se trataba del menos importante. No me daba cuenta entonces de la desventaja que supondría.» Eran las 18.30 horas y quedaban dos puentes más.

13

Los ingenieros de la División *Hohenstaufen* habían tardado cinco horas en volver a montar todos los carros de combate, orugas y transportes blindados que Walter Harzer había planeado enviar de nuevo a Alemania. El recientemente condecorado capitán Paul Gräbner, listo ya su batallón de reconocimiento de cuarenta vehículos, emprendió ahora la marcha desde los cuarteles de Hoenderloo, al norte de Arnhem, y avanzó rápidamente hacia el sur. Harzer le había ordenado que recorriera la zona situada entre Arnhem y Nimega para valorar el potencial de las tropas aerotransportadas aliadas existentes en la misma. Gräbner cruzó velozmente Arnhem y, por radio, informó al Cuartel General de la *Hohenstaufen* que la ciudad parecía casi desierta. No había ni rastro de tropas enemigas. Poco antes de las 19.00 horas, la unidad de Gräbner pasaba por el gran puente de carretera de Arnhem. Kilómetro y medio más allá de su extremo meridional, Gräbner detuvo su automóvil para informar: «No hay enemigo. No hay fuerzas aerotransportadas». Kilómetro tras kilómetro, patrullando sus vehículos blindados ligeros por ambos lados de la carretera, los mensajes de la radio de Paul Gräbner transmitían la misma información. En la propia Nimega, las noticias continuaban invariables. Siguiendo órdenes del Cuartel General de la *Hohenstaufen*, se le instruyó a Gräbner en el sentido de que patrullara por las afueras de Nimega y luego regresara al Cuartel General.

La unidad de Gräbner y los elementos avanzados del 2.º Batallón de Frost no habían llegado a coincidir por cuestión de una hora, aproximadamente. En el momento en que Gräbner salía de Arnhem, los hombres de Frost estaban ya en la ciudad misma y avanzaban con decisión hacia sus restantes objetivos. Inexplicablemente, pese a las explícitas instrucciones del general Bittrich, Harzer había omitido por completo proteger el puente de Arnhem.

14

Estaba oscureciendo cuando el coronel Frost aceleró la marcha del batallón hacia el objetivo siguiente, el puente de barcas situado a menos de kilómetro y medio al oeste del puente de Arnhem. La Compañía A del comandante Digby Tatham-Warter, todavía en vanguardia, fue de nuevo momentáneamente detenida en las tierras altas de las afueras occidentales de Arnhem. Vehículos blindados enemigos y ametralladoras habían obligado a la compañía a salirse de la carretera y penetrar en los huertos de las casas próximas. Cuando llegó, Frost encontró a diez alemanes custodiados por un solo hombre de la Compañía A y, como escribiría más tarde, supuso que «la maniobra de Digby había tenido éxito y que la compañía había reanudado su marcha». Frost regresó al batallón. En el anochecer, ráfagas de disparos barrían esporádicamente la carretera, pero, conforme avanzaban, los hombres pasaban ante vehículos inutilizados y gran número de alemanes muertos y heridos, prueba evidente, pensó Frost, de los «satisfactorios progresos de Digby».

Cruzando rápidamente las calles de Arnhem, el batallón llegó al puente de barcas y se detuvo, enfrentado a su segundo contratiempo. La sección central del puente había sido apartada, y éste había quedado inutilizado. Mientras contemplaba el desmantelado paso, el capitán Mackay decidió que «era típico de toda la puñetera operación. Mi único pensamiento era: "Ahora tenemos que ir a coger ese otro maldito puente"». Miró a lo lejos. Apenas a kilómetro y medio de distancia, el gran arco de acero y cemento se recortaba contra las últimas luces del día.

En la ruta *Tigre* del 1.er Batallón, avanzando de modo vacilante hacia Arnhem, el general Urquhart tuvo la certeza de que se encontraba en una situación apurada. En la creciente oscuridad, con incursiones enemigas hostigando constantemente la marcha, no le era posible regresar al Cuartel General de la División. Su estado de ánimo era sombrío. «A cada paso que daba, deseaba saber qué estaría sucediendo en otras partes.» Justo antes de caer la noche, Urquhart se enteró de que las compañías de vanguardia de la 3.ª habían llegado a las afueras de Oosterbeek «cerca de algún lugar llamado el Hotel Hartenstein. [...] Estábamos avanzando poco —escribiría más tarde Urquhart—, y Lathbury, tras una discusión con Fitch, comandante del batallón, ordenó el alto».

Urquhart y Lathbury se dispusieron a pasar la noche en una gran casa convenientemente apartada de la carretera. El dueño de la casa, un corpulento holandés de edad madura, desechó con un gesto las excusas del general por molestarles a él y a su esposa, y dio a los dos oficiales una habitación en la planta baja desde la que se divisaba la carretera principal. Urquhart estaba nervioso y no conseguía relajarse. «Me mantenía al tanto para ver si se había podido establecer contacto con Gough o Frost, pero no había la menor noticia ni de mi Cuartel General ni de ningún otro.»

El gran puente erguía su mole al frente. Las rampas de cemento eran inmensos complejos por sí solas, con carreteras que corrían bajo ellas y a lo largo de la orilla del río, de oeste a este. A ambos lados, los tejados de casas y fábricas llegaban a la altura de las rampas. En la media luz del crepúsculo, los impresionante accesos y los elevados arcos que salvaban el cauce del Rin tenían un aspecto impresionante e intimidatorio. Allí estaba por fin el objetivo principal —el eje del audaz plan de Montgomery—, y para alcanzarlo los hombres de Frost habían combatido durante una marcha de casi siete horas.

Ahora, al aproximarse al puente las avanzadillas del 2.º Batallón, el teniente Robin Vlasto, que mandaba uno de los pelotones de la Compañía A, quedó sorprendido por «su increíblemente enorme altura». Vlasto advirtió la presencia de «blocaos de cemento en cada extremo, que, aun en el aire general de abandono, ofrecían un aspecto amenazador». En la oscuridad, la Compañía A tomó silenciosamente posiciones bajo los grandes estribos del extremo septentrional. Por encima de ellos, se oía el lento rumor del tráfico.

Dirigiéndose hacia el puente a través de un mosaico de calles, el capitán Eric Mackay de los Ingenieros Reales, llegó a una pequeña plaza que conducía a la rampa. Recuerda que «mientras cruzábamos las calles, el silencio era opresivo, y parecía haber leves movimientos a nuestro alrededor. Los hombres estaban empezando a sentir la tensión, y yo quería tomar aquel puente tan rápidamente como pudiéramos». De pronto, disparos alemanes hechos desde una calle lateral rasgaron la oscuridad. Uno de los carros de explosivos de los ingenieros saltó envuelto en llamas, y los hombres quedaron claramente iluminados. Al instante, Mackay ordenó que sus hombres atravesaran la plaza con su equipo. Se lanzaron hacia delante, desafiando al fuego alemán. A los pocos minutos, sin haber perdido un solo hombre, se encontraban en el puente. Estudiando el terreno que se extendía bajo la rampa septentrional, Mackay vio cuatro casas en el lado este. «Una de ellas era una escuela y estaba en la esquina de un cruce. Pensé que quien dominara aquellas casas dominaría el puente.» Sin perder tiempo, Mackay envió a sus ingenieros a la escuela.

Poco después de las 20.00 horas, llegaron el coronel Frost y el Cuartel General. Frost había enviado a la Compañía B del comandante Douglas Crawley al elevado terreno próximo al terraplén del ferrocarril para que protegiera con cañones anticarros el flanco izquierdo del batallón, permitiendo así que la Compañía A avanzara hacia el puente.* La Compañía C, mandada por el comandante Dover, recibió orden de penetrar en la ciudad detrás de las avanzadillas y apoderarse del Cuartel General del comandante alemán. Una vez en el puente, Frost no podía comunicar por radio con ninguna de las dos compañías. Rápidamente, envió mensajeros con la misión de averiguar su paradero.

Decidiendo no esperar, Frost ordenó que se dirigieran al puente pelotones de la Compañía A. En cuanto los hombres empezaron a avanzar, los alemanes dieron señales de vida. Los soldados fueron barridos por los disparos desde el blocao del extremo norte y desde un solitario blindado apostado en el extremo meridional del puente. Un pelotón, ayudado por zapadores de Eric Mackay que portaban

---

* Frost explicó que «un mapa que había cogido a un prisionero alemán... mostraba las rutas de una patrulla blindada enemiga, y deduje que las fuerzas alemanas estaban a mi izquierda».

lanzallamas, empezó a avanzar por los pisos altos de las casas, cuyos tejados y terrados se hallaban al nivel de la rampa. Simultáneamente, el pelotón del teniente Vlasto se abría paso por sótanos y plantas bajas, yendo de casa en casa hasta llegar a las posiciones de Mackay. Una vez en posición, atacaron el blocao. Al entrar en acción los lanzallamas, Frost recuerda que «pareció desatarse el infierno. El cielo se iluminó y se oyó el tableteo de ametralladoras, una sucesión de explosiones, el crepitar de municiones que estallaban envueltas en llamas y el estampido de un cañón. Un edificio de madera cercano comenzó a arder por los cuatro costados, y se oyeron gritos de miedo y de dolor».* Ahora, Frost podía oír también el fragor de las granadas del Piat** de Vlasto estrellándose contra el blocao. De pronto, finalizó la salvaje y breve batalla. Callaron los cañones del blocao, y, por entre las llamas, Frost vio soldados alemanes que se dirigían tambaleándose hacia sus hombres. La Compañía A había logrado despejar el extremo norte del puente, que era ya suyo. Pero ahora, las llamas que se interponían en su camino y los depósitos de municiones que estaban haciendo explosión convertían en suicida intentar un segundo ataque para tomar el extremo sur. Hacía sólo media hora, Frost hubiera podido lograrlo.*** Pero ahora había tomado posiciones en la orilla sur un grupo de Granaderos Panzer de las SS.

Frost intentó una vez más ponerse en contacto con el comandante Crawley. Quería localizar botes o barcazas en las que la compañía de Crawley pudiera cruzar el río y atacar a los alemanes en la orilla sur. Las comunicaciones por radio estaban cortadas. Peor aún, los mensajeros ni siquiera podían encontrar a la compañía y, según informaron, no se veía ninguna embarcación. En cuanto a la Compañía C, la patrulla enviada para establecer contacto con ella se encontraba detenida y obligada a librar un encarnizado combate en las proximidades del Cuartel General del comandante alemán.

Los hombres de Frost miraban sombríamente al otro lado del

---

* Varias versiones afirman que se desvió la puntería de los lanzallamas y, en vez de caer sobre el blocao, el ardiente líquido alcanzó varios cobertizos llenos de explosivos.

** Antitanque británico de corto alcance con un peso de 17 kilogramos y capaz de lanzar un proyectil que podía atravesar un blindaje de diez centímetros.

*** Según el sargento de la Policía holandesa Johannes van Kuijk, el puente se hallaba abandonado y sin vigilancia cuando él entró de servicio a las 19.30 horas de aquella tarde. Según Van Kuijk, al comenzar a aterrizar las tropas aerotransportadas, había desertado la guarnición del puente, compuesta por 25 veteranos de la Primera Guerra Mundial.

puente de Arnhem. ¿Qué fuerza tendrían los alemanes que ocupaban el extremo meridional? Incluso entonces, la Compañía A creía que existía la posibilidad de apoderarse del extremo sur mediante un ataque por sorpresa a través del río. Bastaba con poder encontrar hombres y lanchas.

Pero esa oportunidad había pasado. En una de las grandes ironías de la batalla de Arnhem, el Bajo Rin hubiera podido ser cruzado dentro de la primera hora siguiente al aterrizaje. Exactamente diez kilómetros al oeste, en el pueblo de Heveadorp —por el que había pasado el batallón de Frost camino a sus objetivos — un gran transbordador de tracción por cable, capaz de transportar automóviles y pasajeros, había estado funcionando normalmente todo el día a través del Bajo Rin, entre Heveadorp, en la orilla septentrional, y Driel, en la meridional. Frost ignoraba por completo la existencia del transbordador. Ni siquiera figuraba como uno de los objetivos de Urquhart. En el meticuloso planeamiento de *Market-Garden* se había pasado totalmente por alto una importante clave para la toma del puente de Arnhem: el transbordador de Driel.*

El comandante Freddie Gough había alcanzado finalmente al Cuartel General de la brigada de Lathbury, que seguía al batallón de Frost por la ruta *León*. Rápidamente, buscó al comandante Tony Hibbert, segundo en el mando. «¿Dónde están el general y el general de brigada?», preguntó Gough. Hibbert no lo sabía. «Están juntos en alguna parte —le dijo a Gough—, pero se han largado los dos.» Gough estaba totalmente confuso. «No sabía qué hacer. Traté, sin éxito, de establecer

---

* En las órdenes oficiales dadas a Urquhart no parece existir ninguna referencia al transbordador de Driel como objetivo a tomar. Las fotografías de reconocimiento de la RAF, utilizadas en las conferencias de instrucciones, muestran claramente su presencia, y es de suponer que se tratara de él en alguna fase de la elaboración de los planes. Cuando le entrevisté sobre este punto, el general Urquhart me dijo: «No puedo recordar que se hablara del transbordador». Cuando finalmente Urquhart se enteró de su existencia, ya era demasiado tarde. Dice Urquhart: «Para entonces, no tenía yo hombres suficientes para cruzar el río». En órdenes verbales, sin embargo, se advirtió a los ingenieros que «la toma de todos los transbordadores, barcazas y remolcadores es de vital importancia para ayudar al posterior avance del Cuerpo». Es evidente, no obstante, que en las fases finales de la preparación se redujo la prioridad de estas órdenes, pues nunca fueron formalmente dictadas. «Nadie nos habló del transbordador de Driel —le dijo el coronel Frost al autor—, y todo hubiera podido ser muy distinto.»

contacto con la División, por lo que decidí seguir en pos de Frost.» Separándose de Hibbert, Gough emprendió de nuevo la marcha.

Había anochecido cuando Gough y sus hombres entraron en Arnhem y encontraron a Frost y sus tropas ocupando posiciones cerca del extremo septentrional del puente. Inmediatamente, Gough preguntó dónde estaba Urquhart. Al igual que Hibbert, Frost no tenía ni idea. Suponía que Urquhart estaba atrás con la División. Una vez más, Gough probó su radio. Ahora, se sumaba a su inquietud la ausencia de noticias de sus propias fuerzas de reconocimiento en las proximidades de Wolfheze. Pero seguía sin poder establecer contacto con nadie. Ordenando a sus fatigados hombres que se dirigieran a un edificio situado junto al puente, Gough subió al tejado justo a tiempo para ver todo el extremo meridional del puente «estallar en llamas» mientras los hombres de Frost realizaban su primer intento por apoderarse del otro extremo. «Oí aquella tremenda explosión y todo el extremo del puente parecía estar incendiado. Recuerdo que alguien dijo: "Hemos recorrido todo el camino hasta aquí sólo para ver cómo arde el maldito puente".» El propio Gough se sintió momentáneamente alarmado. Luego, a través del humo, vio que sólo estaban destruidos el blocao y algunos depósitos de municiones. Preocupado y cansado, Gough se echó a descansar unas horas. Había estado todo el día recorriendo un camino tras otro en busca de Urquhart. Ahora, en el puente, quedaba resuelto por lo menos un problema. Estaba donde debía estar y allí se quedaría.

Poco más podía hacer aquella noche el teniente coronel Frost, aparte de proteger el extremo septentrional del puente de ataques enemigos procedentes del extremo meridional. Seguía sin establecer contacto con sus desaparecidas compañías. Instaló el Cuartel General del Batallón en una casa situada en una esquina desde la que se dominaba el puente. El cabo Harold Back, de la sección de cifrado del 2.º Batallón, recuerda que desde la ventana delantera de la casa el personal del Cuartel General podía ver la rampa. «La ventana lateral de la habitación nos proporcionaba una vista directa sobre el puente mismo. Nuestros encargados de transmisiones sacaron sus antenas a través del techo y movían constantemente sus aparatos, pero no podían establecer contacto con nadie.»

Poco después, llegó el Cuartel General de la Brigada, que se instaló en el ático de una casa cercana a la de Frost. Tras conferenciar con sus oficiales, Frost pensó que resultaba evidente que los Batallones 1.º y 3.º, o habían sido detenidos en las rutas *Tigre* y *Leopardo*, o estaban combatiendo al norte del puente, en algún lugar de Arnhem. Sin comunicaciones, era imposible decir qué había sucedido. Pero, si los dos batallones no llegaban a Arnhem durante las horas de oscuridad, los alemanes dispondrían del precioso tiempo necesario para cerrar la zona entre los hombres de Frost y el resto de la División. Además, a Frost le preocupaba la posibilidad de que fuera volado el gran puente. En opinión de los ingenieros, el calor despedido por los incendios había destruido ya cualquier mecha existente entre el puente y la ciudad, y los zapadores habían cortado ya todos los cables visibles. Sin embargo, nadie sabía exactamente dónde podían estar ocultos otros cables. Y, como recuerda Frost, «los incendios impedían que nadie se acercara al puente para retirar las cargas que todavía pudieran estar colocadas allí».

Pero el extremo septentrional del puente de Arnhem se hallaba en manos de Frost, y él y sus valerosos hombres no tenían intención de abandonarlo. Aunque le inquietaba la suerte que hubieran podido correr sus compañías desaparecidas y el resto de la División, no demostraba su preocupación. Visitando a varias secciones, acantonadas en ese momento en varias casas cercanas a la rampa, encontró a sus hombres «muy animados, como tenían motivos de sobra para estar». Como explicó el soldado James Sims, «nos sentíamos muy satisfechos de nosotros mismos, con el coronel bromeando e interesándose por nuestra comodidad».

En el Cuartel General del Batallón, Frost se sentó a descansar por primera vez en todo el día. Tomando un sorbo de un gran tazón de té, pensó que, en conjunto, la situación no era tan mala. «Habíamos recorrido doce kilómetros por un terreno difícil, para tomar nuestro objetivo en las siete horas siguientes a nuestro aterrizaje en Holanda..., un magnífico hecho de armas, realmente.» Aunque intranquilo, Frost, como sus hombres, se sentía optimista. Disponía ahora de una fuerza que ascendía a unos quinientos hombres de varias unidades, y tenía fe en que las compañías que le faltaban le alcanzaran en el puente. En cualquier caso, sólo tendría que resistir, como máximo, durante otras 48 horas, hasta que llegaran los blindados del XXX Cuerpo del general Horrocks.

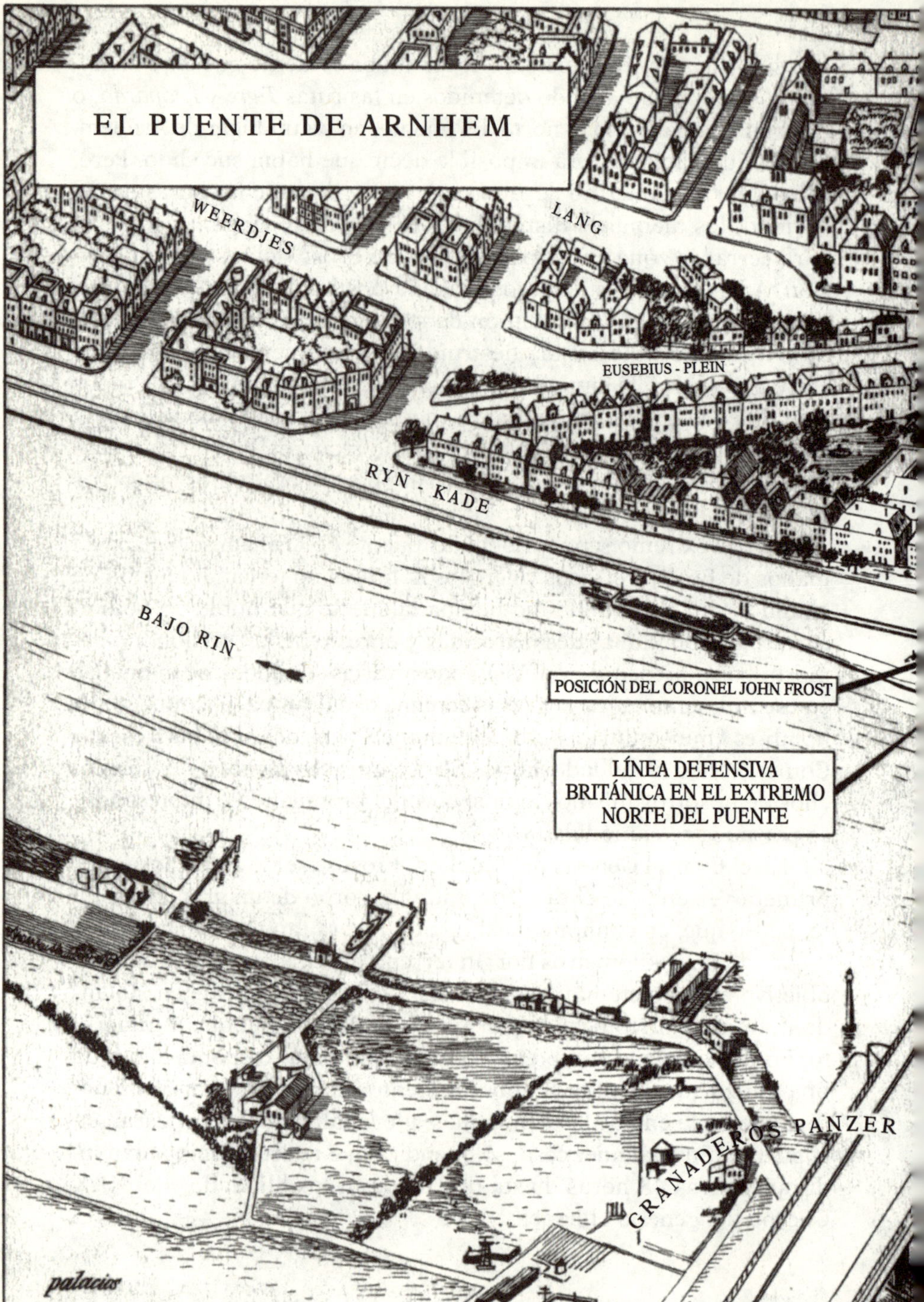

EL PUENTE DE ARNHEM
WEERDJES
LANG
EUSEBIUS - PLEIN
RYN - KADE
BAJO RIN
POSICIÓN DEL CORONEL JOHN FROST
LÍNEA DEFENSIVA BRITÁNICA EN EL EXTREMO NORTE DEL PUENTE
GRANADEROS PANZER
palacios

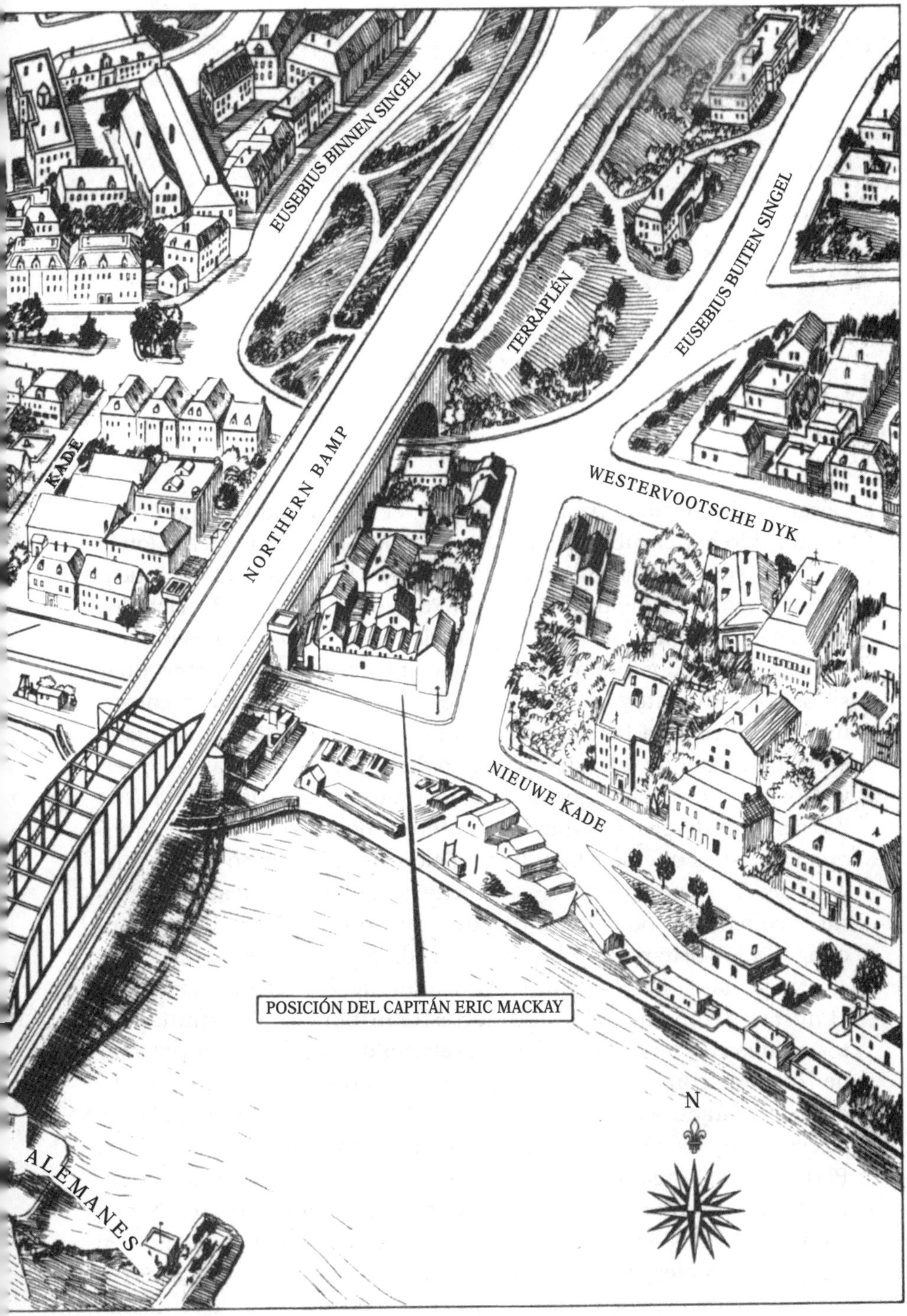

EUSEBIUS BINNEN SINGEL
TERRAPLÉN
EUSEBIUS BUITEN SINGEL
KADE
NORTHERN BAMP
WESTERVOOTSCHE DYK
NIEUWE KADE
POSICIÓN DEL CAPITÁN ERIC MACKAY
N
ALEMANES

15

Desde Berlín hasta el frente occidental, el Alto Mando alemán estaba aturdido por el súbito ataque aliado. Solamente en Arnhem, donde la 1.ª División Aerotransportada británica se había lanzado prácticamente encima de las dos divisiones Panzer del general Bittrich, los alemanes reaccionaron violenta y rápidamente. En los demás puntos, los desconcertados y confusos comandantes trataban de determinar si los sorprendentes acontecimientos del 17 de septiembre constituían, en efecto, la fase inicial de una invasión del Reich. Se había previsto un ataque terrestre británico desde Bélgica. Todas las reservas disponibles, incluyendo el Decimoquinto Ejército del general Von Zangen, tan desgastado que los hombres apenas si tenían algo más que los fusiles que llevaban, habían sido situadas en posiciones defensivas para hacer frente a esa amenaza. Se habían cavado trincheras y construido posiciones estratégicas en un gran esfuerzo para obligar a los británicos a luchar por cada palmo de terreno.

Nadie había previsto que se utilizaran fuerzas aerotransportadas al mismo tiempo que el avance terrestre británico. ¿Constituían estos ataques aerotransportados el preludio de una invasión por mar de Holanda, como temía Berlín? Durante la noche, mientras los oficiales de Estado Mayor trataban de analizar la situación, noticias de nuevos ataques aerotransportados complicaban más el panorama. Paracaidistas estadounidenses, en número desconocido y de unidades todavía sin identificar, se hallaban en la zona Eindhoven-Nimega, y la 1.ª División Aerotransportada británica había aterrizado en las proximidades de Arnhem. Además, en ese momento, nuevos mensajes hablaban de paracaidistas en las cercanías de Utrecht, y un informe por completo desconcertante aseguraba que las fuerzas aerotransportadas habían aterrizado en Varsovia, Polonia.*

En el Cuartel General del mariscal de campo Gerd von Rundstedt, en Coblenza, la reacción general fue de estupefacción.** El bronco y aristocrático Von Rundstedt no se sentía tan sorprendido por la naturaleza del ataque como por el hombre que, razonaba, debía de estarlo dirigiendo, Montgomery. Inicialmente, Von Rundstedt dudó que estas súbitas y aparentemente combinadas operaciones terrestres y aéreas constituyeran el comienzo de la ofensiva de Eisenhower para invadir el Reich. El mariscal de campo tenía desde hacía tiempo la seguridad de que el verdadero peligro lo constituían Patton y el Tercer Ejército estadounidense que avanzaba hacia el Sarre. Para combatir esa amenaza, Von Rundstedt había dedicado sus mejores tropas a rechazar los blindados de Patton. Ahora, el soldado más famoso de Alemania se veía temporalmente en una situación delicada. Nunca hubiera supuesto que la principal ofensiva de Eisenhower fuera dirigida por Montgomery, a quien siempre había considerado «excesivamente cauteloso, rutinario y sistemático».

Estaba asombrado por la audacia de la acción de Montgomery. Los mensajes que llegaban del Cuartel General de Model contenían una nota de histerismo que atestiguaba la sorpresa y la gravedad del ataque: «Debemos contar con más desembarcos aerotransportados durante la noche..., evidentemente, el enemigo considera de fundamental importancia su ataque, y los británicos han logrado un considerable éxito inicial contra Student y avanzado hasta Valkenswaard..., la posición aquí es particularmente crítica..., la carencia de reservas rápidas y fuertes hace aumentar nuestras dificultades..., la situación general del Grupo de Ejércitos B, que ha dado de sí ya hasta el límite, es crítica..., necesitamos, lo más rápidamente posible, panzer, artillería, armas pesadas, antitanques móviles, unidades antiaéreas, y es absolutamente esencial que tengamos cazas en el cielo día y noche...».

Model terminaba con estas palabras: «... la principal concentra-

---

* La RAF arrojó falsos paracaidistas sobre una amplia zona en torno a Utrecht, distrayendo durante varios días a algunas unidades alemanas. No se lanzaron tropas sobre Varsovia, y el informe pudo ser consecuencia de un error de transmisión o, simplemente, fruto de un rumor infundado.

** «Cuando informamos por primera vez del ataque aerotransportado al Cuartel General de Von Rundstedt —me dijo el jefe de Operaciones de Model, el coronel Hans von Tempelhof—, el OB West pareció no inmutarse apenas. De hecho, la reacción fue casi impasiblemente normal. Cambió rápidamente.»

ción de los Aliados se halla en el ala septentrional de nuestro frente». Fue una de las pocas veces en que Von Rundstedt respetó la opinión del oficial de quien, cáusticamente, había dicho que tenía las maneras de un buen sargento mayor. En ese fragmento de su mensaje, Model había desvanecido las últimas dudas de Von Rundstedt sobre quién era el responsable de los sorprendentes acontecimientos. El «ala septentrional» del Grupo de Ejércitos B *era* Montgomery.

Durante las horas nocturnas era imposible estimar el poderío de las fuerzas aerotransportadas Aliadas en Holanda, pero Von Rundstedt estaba convencido de que podían esperarse nuevos aterrizajes. Se hacía necesario no sólo cerrar brechas a todo lo largo del frente alemán sino, al mismo tiempo, encontrar reservas para el Grupo de Ejércitos B de Model. Una vez más, Von Rundstedt se vio obligado a realizar una arriesgada jugada. Salieron de su Cuartel General mensajes transfiriendo unidades desde las posiciones que ocupaban frente a los estadounidenses en Aquisgrán. Los movimientos eran arriesgadas, pero esenciales. Estas unidades tendrían que dirigirse inmediatamente al norte, y su llegada a las posiciones podría tardar 48 horas como mínimo. Von Rundstedt ordenó además defender las zonas existentes a lo largo de la frontera noroccidental de Alemania, para lo que todas las unidades blindadas y antiaéreas disponibles debían dirigirse a las zonas tranquilas de Holanda, donde —el mariscal de campo estaba ahora convencido de ello— se cernía un inminente peligro para el Tercer Reich. Mientras trabajaba intensamente durante toda la noche para apuntalar sus defensas, el Caballero de la Cruz de Hierro de Alemania reflexionaba sobre lo extraño de la situación. Le seguía sorprendiendo que el oficial situado al mando de aquella gran ofensiva Aliada fuese Montgomery.

Estaba ya bien entrada la noche cuando llegó a las oscuras calles de Arnhem el automóvil que transportaba al general Wilhelm Bittrich desde su Cuartel General de Doetinchem. Bittrich estaba decidido a ver por sí mismo lo que estaba sucediendo. Mientras inspeccionaba la ciudad continuaban ardiendo los incendios y las calles se hallaban cubiertas de escombros como resultado del bombardeo efectuado por la mañana. Soldados muertos y humeantes vehículos en muchas zonas daban testimonio, como diría más tarde Bittrich, de «los turbulentos combates que habían tenido lugar». Pero no tenía aún una idea clara de lo que estaba sucediendo. Al regresar a su Cuartel General, Bittrich supo, por los informes recibidos de dos telefonistas de la guarnición de Arnhem —a las que condecoraría más tarde con la Cruz de Hierro—, que el gran puente de carretera había sido tomado por las fuerzas aerotransportadas británicas. Bittrich montó en cólera. No se había dado cumplimiento a su expresa orden de mantener el puente dirigida a Harzer. Resultaba ahora vital el afianzamiento del puente de Nimega sobre el río Waal antes de que pudieran apoderarse de él los estadounidenses que avanzaban por el sur. La única probabilidad de éxito para Bittrich era aplastar el avance aliado a lo largo del corredor e inmovilizar a los británicos en la zona de Arnhem. Era preciso destruir por completo a las tropas que se encontraban en el extremo norte del puente de Arnhem y a los desperdigados batallones que se esforzaban por llegar hasta ellas.

El ultrasecreto plan *Market-Garden* que había caído en poder del coronel general Kurt Student llegó finalmente a manos del mariscal de campo Model en su nuevo Cuartel General. Había abandonado la casita del jardinero del castillo de Doetinchem para trasladarse a unos siete kilómetros al sudeste, cerca del pueblecito de Terborg. Student había tardado casi diez horas en localizar al mariscal de campo y transmitirle por radio el documento. *Market-Garden* había sido revelado, tras llegar en tres partes y ser descifrado.

Model y su Estado Mayor lo estudiaron atentamente. Tenían ante sí todo el plan de Montgomery: los nombres de las divisiones aerotransportadas empleadas, los sucesivos vuelos de transporte y reaprovisionamiento a lo largo de un período de tres días, el emplazamiento exacto de las zonas de aterrizaje y lanzamiento, los cruciales objetivos de los puentes..., incluso las rutas de vuelo de los aviones participantes. Model, como sabría más tarde Harzer de labios del propio mariscal, calificó al plan de «fantástico». Era tan fantástico que en aquellas críticas horas, Model rehusaba darle crédito.

Los planes eran demasiado precisos, demasiado detallados para gozar de credibilidad. Model sugirió a su Estado Mayor que la misma precisión del documento constituía un argumento contra su autenticidad. Manifestó de nuevo su firme convicción de que los aterrizajes realizados al oeste de Arnhem constituían la vanguardia de un ataque aerotransportado a gran escala hacia el Ruhr, vía Bocholt y Münster, a unos sesenta kilómetros al este. Eran de esperar nuevos desembarcos de tropas aerotransportadas, advirtió, las cuales, una vez reunidas, torcerían indudablemente hacia el norte y luego, hacia el este. No carecía de fundamento el razonamiento de Model. Como dijo a su Estado Mayor: «Si hemos de dar crédito a estos planes y suponer que el puente de Arnhem es el verdadero objetivo, ¿por qué no fueron lanzadas las tropas directamente sobre el puente? Por el contrario, llegan a vastas zonas abiertas, adecuadas para efectuar la concentración, y, además, a 12 kilómetros al oeste».

Model no informó al general Bittrich de la existencia del documento. «Hasta después de la guerra —dijo Bittrich—, no supe que habían caído en nuestras manos los planes de *Market-Garden*. No tengo ni idea de porqué no me lo dijo Model. De todas maneras, los planes habrían confirmado, simplemente, mi propia opinión de que lo importante era impedir el enlace entre las tropas aerotransportadas y el Segundo Ejército británico, para el que necesitaban, ciertamente, los puentes.»* Sólo un oficial a las órdenes de Bittrich tuvo conocimiento de la existencia del documento. El teniente coronel Harzer parece haber sido el único oficial ajeno al Estado Mayor del mariscal de campo con el que Model habló del plan. Harzer recuerda que «Model estaba siempre preparado para lo peor, así que no lo descartó por completo. Como me dijo él mismo, no tenía intención de dejarse coger en una situación comprometida». Sólo el tiempo diría a los alemanes si el documento era, en efecto, auténtico. Aunque el temperamental y voluble mariscal de campo no se hallaba plenamente dispuesto a aceptar la evidencia que tenía ante sí, la mayoría de los componentes de su Estado Mayor se sintieron impresionados. Con el plan *Market-Garden* en sus manos, el Cuartel General de Model dio la alerta a todas las unidades antiaéreas ya en movimiento sobre los lanzamientos que, según el plan, tendrían lugar pocas horas más tarde.

Por lo menos, se abandonó una suposición. El teniente Gustav Sedelhauser, oficial de administración del Cuartel General, recuerda que, sobre la base de los documentos capturados, Model era de la opinión de que, después de todo, él y su Cuartel General de Oosterbeek no habían constituido el objetivo del asalto aerotransportado.

* El OB West tampoco fue informado de los capturados planes de *Market-Garden*, ni se mencionan para nada los documentos en los informes de Model a Von Rundstedt. Por alguna razón, Model prestó tan poca atención a los planes que no los comunicó al Cuartel General Superior.

(Arriba) Los *Diablos Rojos* británicos avanzan entre las ruinas de Arnhem.
(Abajo) La casa de Antoon Derksen en el número 14 de Zwarteweg, donde el general Urquhart permaneció escondido cuando quedó aislado tras las líneas alemanas.

Paracaidistas de las 101.ª Aerotransportada son saludados *(arriba)* por los holandeses a su paso por Eindhoven.
Las dificultades del terreno quedaron demostradas plenamente *(abajo)* cuando la columna de tanques de la División Blindada de Guardias llegó a la «isla», una carretera sobre un dique que obligaba a los vehículos a avanzar uno tras otro ofreciendo un blanco perfecto.

En el puente de Arnhem, los hombres del coronel Frost y el capitán Mackay rechazaron un ataque de las fuerzas acorazadas alemanas, destruyendo doce vehículos. El comandante alemán Gräbner murió en el ataque.

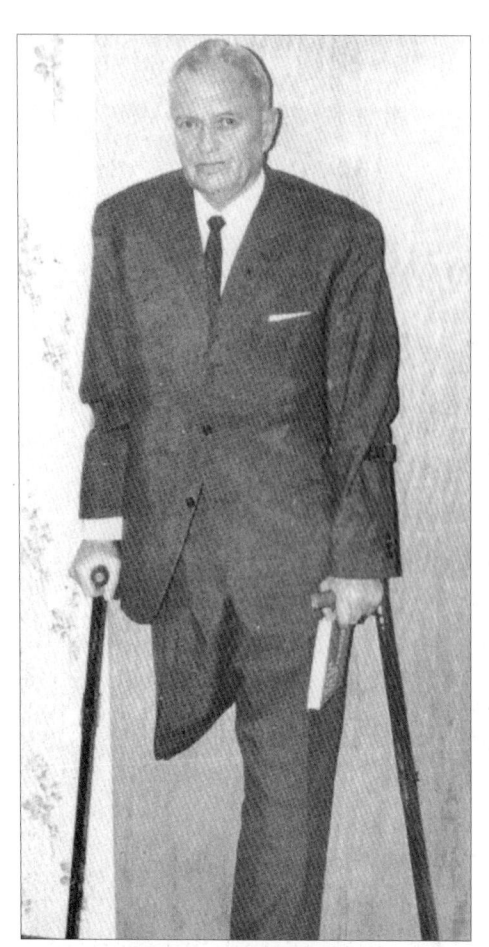

(Abajo, de izquierda a derecha) El mariscal de campo Model; el general Bittrich; el tullido comandante Knaust *(en la fotografía de la izquierda puede verse en la época en que se entrevistó con el autor)*; y el general de división Heinz Harmel, reunidos durante la batalla. Los tanques *Tiger* de Knaust frenaron el último esfuerzo británico por alcanzar el puente de Arnhem.

El comandante Egon Skalka *(arriba a la derecha)*, oficial médico de la División *Hohenstaufen*, tuvo un papel fundamental en la evacuación de los heridos durante la tregua. Este oficial de las SS, obviamente preocupado por su futuro, solicitó una carta mencionando su actuación al oficial médico británico.

(Izquierda) El Hotel Hartenstein en Oosterbeek, Cuartel General de Urquhart durante la batalla. *(Centro)* El Hotel Schoonoord y *(abajo)* el Hotel Tafelberg, antes y durante la batalla.

Quizás la mejor cobertura informativa de la guerra tuvo lugar en Arnhem. Los sargentos Lewis y Walter, cámaras del ejército *(arriba)*, comparten su comida con una muchacha holandesa.
Alan Wood, el corresponsal del *Daily Express* de Londres *(abajo)*, electrizó a los británicos con sus brillantes artículos desde el campo de batalla.

El traslado de los 35.000 hombres del ejército aerotransportado Aliado sufrió retrasos debido al mal tiempo. Lanzamiento de paracaidistas de la 101.ª División Aerotransportada *(arriba)* el segundo día de la operación.
El comandante Digby Tatham-Warter (*en fotografías de 1966 y 1944*) elevó la moral de los hombres que se encontraban en el puente de Arnhem con sus excéntricas cargas contra el enemigo con su paraguas abierto.

En el perímetro de Oosterbeek, el sanitario *Taif* Brace, aislado y sin suministros, improvisó un vendaje con hojas de papel para salvar la vida del cabo ametrallador Andrew Melbourne (*arriba, fotografiado durante la guerra y a principios de la década de 1970*), que perdió un ojo y las dos manos.
Otro héroe británico fue el sargento Alfred Rouiller (*abajo, en fotografías de 1944 y 1966*), que en medio de la batalla cocinó y sirvió estofado caliente a las hambrientas tropas.

Uno de los mayores errores británicos antes y durante la operación radicó en la prácticamente nula utilización de la resistencia holandesa. Los más frustrados ante dicha situación fueron el teniente comandante Arnoldus Wolters, oficial de enlace holandés *(izquierda)* y Douw van der Krap *(derecha)*, cuyos esfuerzos para organizar una unidad de combate resultaron infructuosos.

En Oosterbeek, el panadero Dirk van Beek *(izquierda)* se dio cuenta que «las cosas no marchaban bien», pero prometió que seguiría «haciendo pan hasta el final».
El librero Gerardus Gysbers *(derecha)*, cuya tienda estaba al lado de los cuarteles alemanes, fue uno de los primeros en comprender que el ataque británico a Arnhem estaba condenado al fracaso.

Durante el bombardeo previo al ataque, Albertus Uijen *(abajo a la izquierda)*, un miembro de la Resistencia, se dio cuenta que Nimega quedaba aislada por las bombas.

El técnico de teléfonos Nicolaas de Bode *(abajo a la derecha)* utilizó líneas secretas para hacer llegar a los Aliados información vital procedente de la Resistencia.

Johannus Penseel *(arriba a la izquierda)* aprovechó la confusión para trasladar un arsenal de armas «frente a las narices de los alemanes».

Gysbert Numan *(arriba a la derecha)* quiso rendirse junto con sus compañeros para impedir que doce inocentes fueran ejecutados en represalia por el fracasado sabotaje realizado en un viaducto el 15 de septiembre. Kruyff, el jefe de la Resistencia en Arnhem, rechazó su petición.

Los alemanes destruyeron sistemáticamente los baluartes defensivos británicos. *(Arriba)* Soldados británicos en sus posiciones alrededor del Hotel Hartenstein. Más allá se encontraba la pista de tenis, utilizada como recinto de prisioneros, y *(abajo)* un tanque alemán fuera de combate entre las ruinas.

«Me temo que estamos siendo enviados al matadero», dijo el coronel Tilly *(arriba a la derecha)* a su segundo el comandante Grafton *(arriba a la izquierda)*, cuando se enteró que su unidad de Dorset iba a tener que cruzar el Rin y organizar la defensa del último reducto mientras los restos de la división de Urquhart eran evacuados. De los 10.000 soldados británicos que participaron en el ataque a Arnhem, sólo 2.323 cruzaron el río hacia la salvación. Algunos de los supervivientes aparecen en la fotografía de abajo.

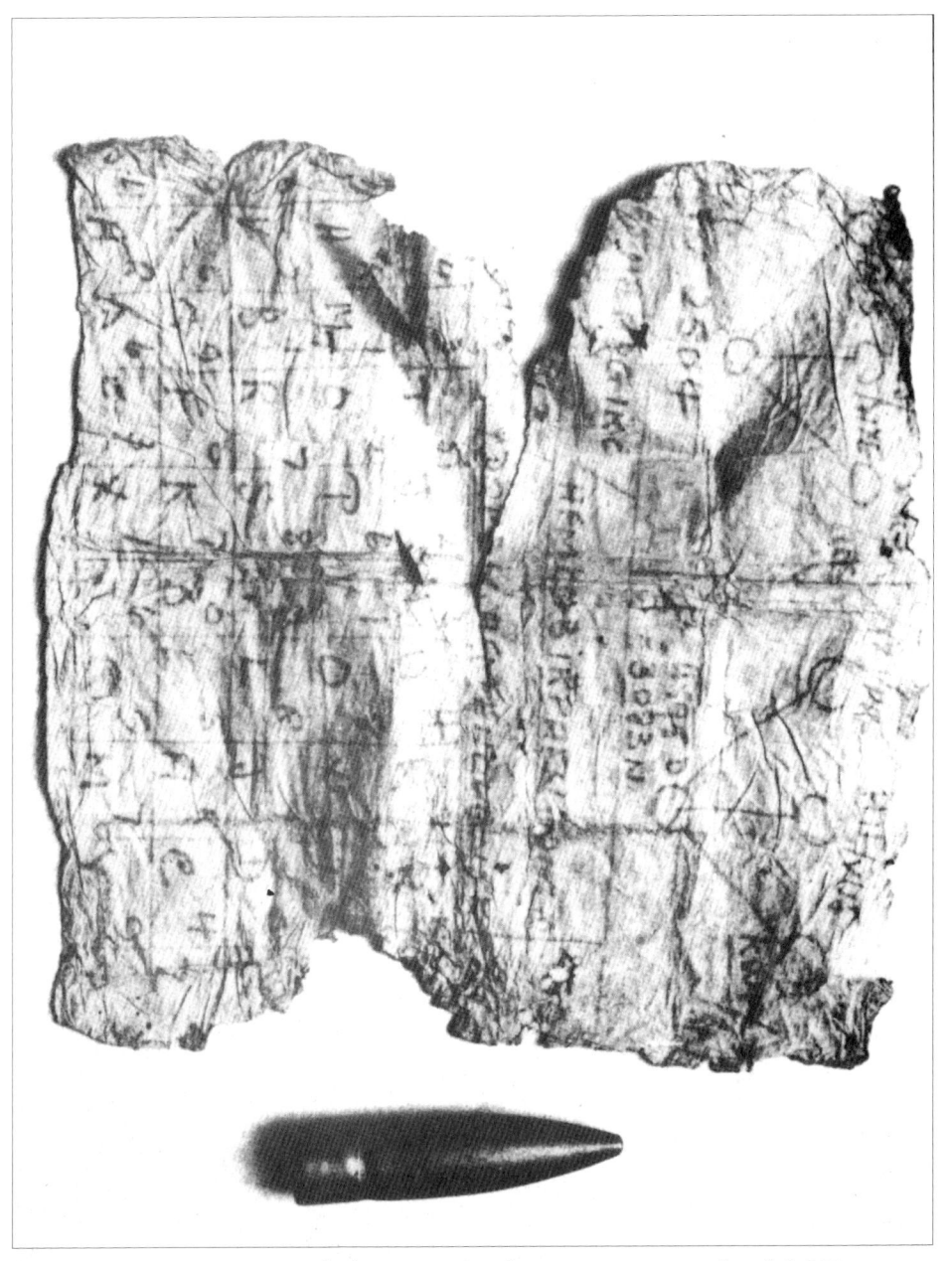

Antes de la evacuación se había previsto disparar un cartucho del 303 con un código cifrado en su interior. En la excitación de la huida, el soldado de transmisiones James Cockrill olvidó sus instrucciones y, más tarde, encontró el documento y la bala en un bolsillo de su uniforme de campaña.

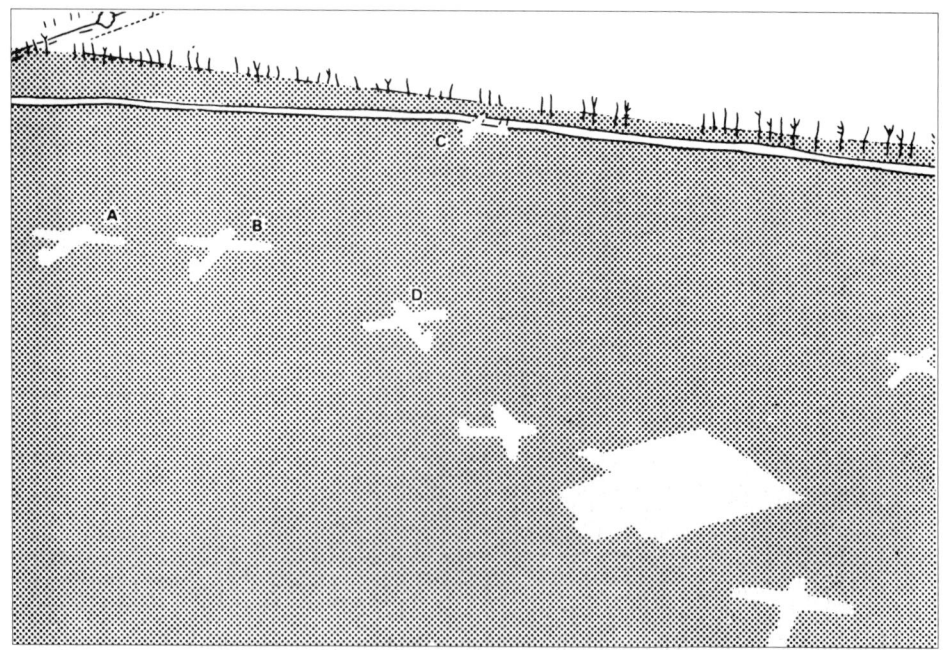

A finales de la década de 1960, durante la elaboración de un mapa fotográfico de Holanda llevado a cabo por las líneas aéreas KLM, los expertos quedaron extrañados ante lo que parecían aviones en unos eriales cerca de Arnhem. Tras un cuidadoso examen, los cartógrafos descubrieron que aquellas fantasmales imágenes correspondían a los planeadores que tomaron tierra en esos campos en 1944 y que, al arder en el suelo, dejaron marcadas sus siluetas. Robert Voskuil, hijo de Jan y Bertha, comparó las fotografías aéreas tomadas durante la guerra, con las obtenidas por KLM. Publicó sus conclusiones en la revista de la «Royal Geographic Society».

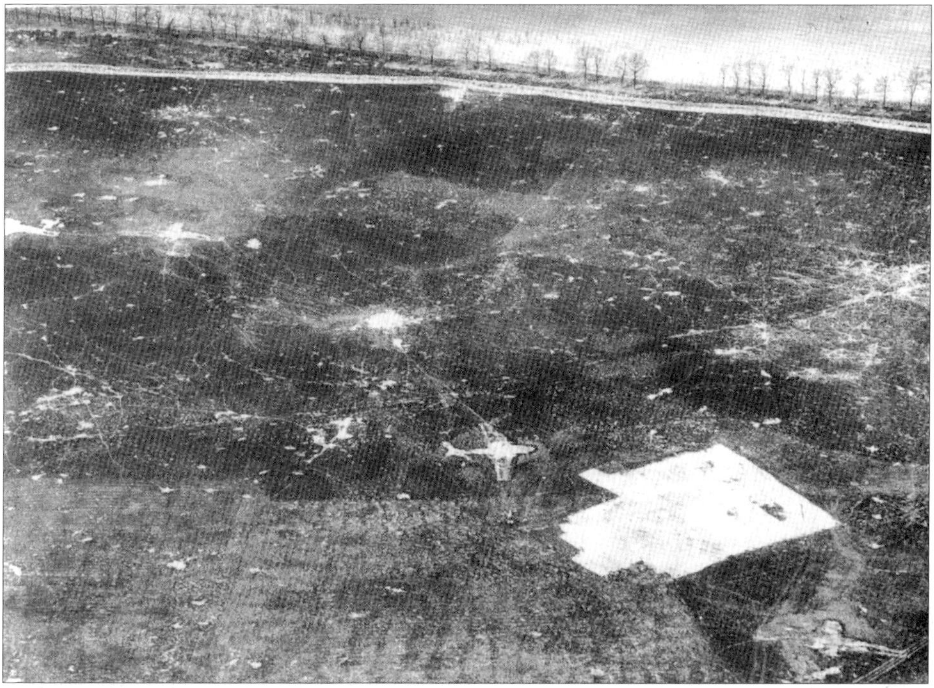

Los jefes que participaron en el ataque aerotransportado en la época que fue escrito este libro
General James M. Gavin de la 82.ª División Aerotransportada *(arriba a la izquierda)*; general Maxwell D. Taylor de la 101.ª División Aerotransportada *(arriba a la derecha)*; *(abajo, de izquierda a derecha, en 1966)* general Stanislaw Sosabowski, general John Hackett, general Roy Urquhart, coronel C. F. Gough, general John Frost y general de brigada Graeme Warrack. Al terminar la guerra el general Sosabowski no quiso volver a su país, dominado por los comunistas, quedándose a vivir en Gran Bretaña. Murió mientras este libro estaba siendo escrito.

16

En el preciso instante en que el teniente coronel John Frost tomaba el extremo norte del puente de Arnhem, estaba comenzando una cautelosa aproximación a otro importante objetivo situado a 17 kilómetros de distancia. El puente de cinco arcos sobre el río Waal, en Nimega, en el sector central del corredor asignado a la 82.ª Aerotransportada, era el último por el que podían pasar los blindados del XXX Cuerpo del general Horrocks en su avance hacia Arnhem.

Con un éxito espectacular, los paracaidistas del 504.º del general de brigada James M. Gavin se habían apoderado del crucial puente de Grave, a doce kilómetros al sudoeste de Nimega; y aproximadamente a las 19.30 horas, unidades de los Regimientos 504.º y 505.º tomaron un paso sobre el Canal Mosa-Waal en el pueblo de Heumen, a menos de siete kilómetros al este de Grave. La esperanza de Gavin de capturar los tres pasos del Canal y un puente ferroviario se vio frustrada. Los puentes fueron volados o gravemente dañados por los alemanes antes de que la 82.ª pudiera apoderarse de ellos. A pesar de todo, a las seis horas de haber aterrizado los hombres de Gavin habían abierto una ruta por la que pasarían las fuerzas terrestres británicas. Además, las patrullas del 505.º Regimiento habían encontrado sólo ligera resistencia al explorar la región existente entre las zonas de lanzamiento de la 82.ª, cerca de los altos de Groesbeek, y el Reichswald; y, para el anochecer, otros soldados del 508.º Regimiento habían asegurado una franja de bosque de cinco kilómetros a lo largo de la frontera germano-holandesa, al norte de la zona de lanzamiento y hasta las afueras sudorientales de Nimega. Ahora, alcanzados tres de los cuatro objetivos clave de la

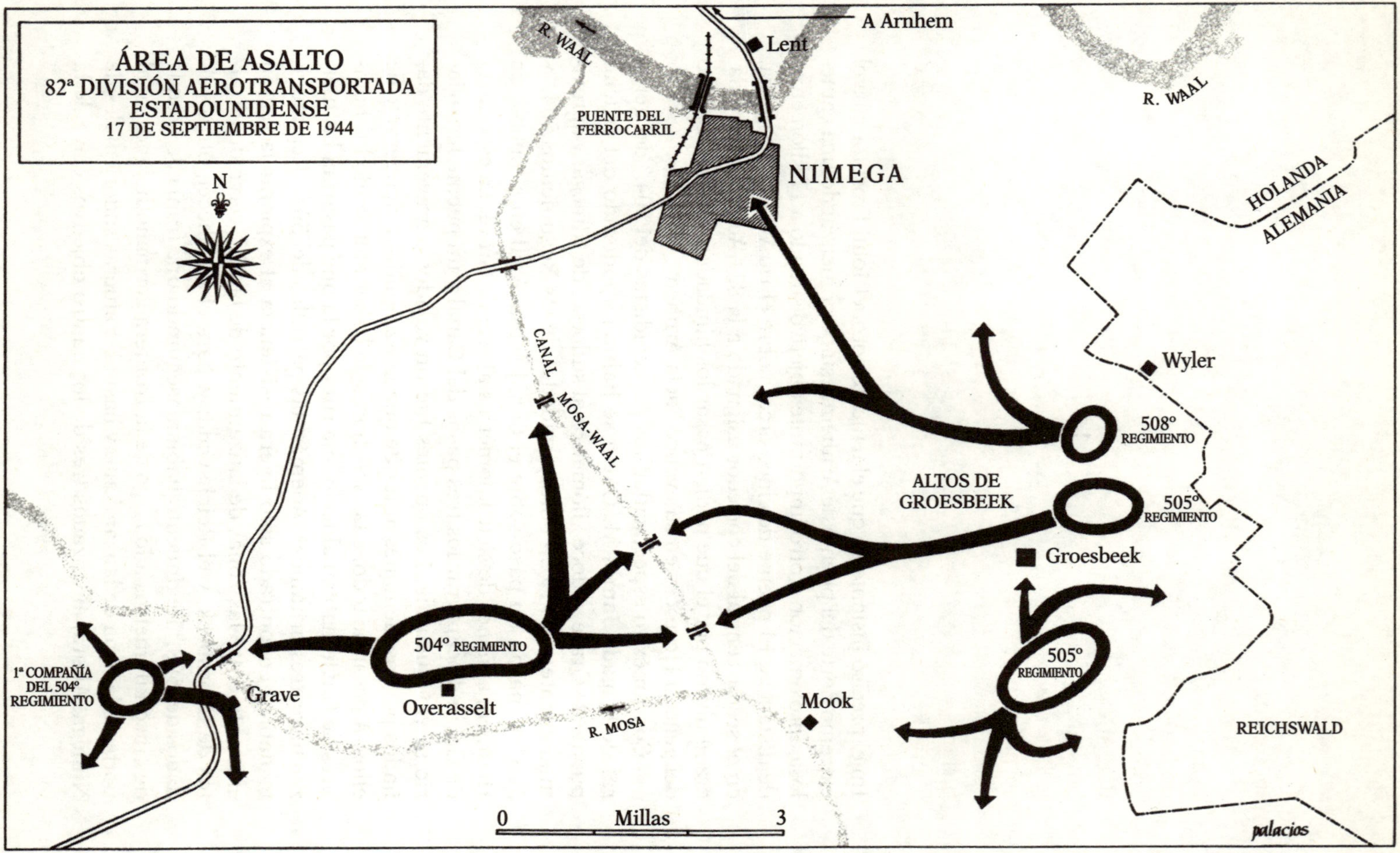
ÁREA DE ASALTO
82ª DIVISIÓN AEROTRANSPORTADA
ESTADOUNIDENSE
17 DE SEPTIEMBRE DE 1944
N
R. WAAL
A Arnhem
Lent
PUENTE DEL
FERROCARRIL
NIMEGA
R. WAAL
HOLANDA
ALEMANIA
Wyler
508º
REGIMIENTO
ALTOS DE
GROESBEEK
505º
REGIMIENTO
Groesbeek
CANAL
MOSA-WAAL
504º REGIMIENTO
1ª COMPAÑÍA
DEL 504º
REGIMIENTO
Grave
Overasselt
R. MOSA
Mook
505º
REGIMIENTO
REICHSWALD
0
Millas
3
palacios

82.ª, todo dependía de la captura del puente de Nimega, de 642 metros de longitud.

Aunque el general Browning había ordenado a Gavin que no avanzara sobre el puente de Nimega hasta que se hubieran asegurado las tierras altas de los alrededores de Groesbeek, Gavin confiaba en que todos los objetivos de la 82.ª podrían tomarse aquel primer día. Al evaluar la situación unas 24 horas antes del salto, Gavin había llamado al comandante del 508.º, el coronel Roy E. Lindquist, y le había ordenado que enviara un batallón contra el puente. En la sorpresa y confusión de los desembarcos aerotransportados, razonaba Gavin, valía la pena correr el riesgo. «Previne a Lindquist sobre los peligros de ser cogido en las calles y le indiqué que la forma de llegar al puente era acercarse desde el este de la ciudad, sin atravesar zonas edificadas.» Ya fuera por no haber entendido bien, o por el deseo de culminar sus misiones iniciales, la idea de Lindquist era que no debía lanzar a sus hombres al asalto del puente hasta que se hubieran alcanzado los demás objetivos del batallón. Al 1.er Batallón, mandado por el teniente coronel Shields Warren Jr., Lindquist le encomendó la tarea de ocupar posiciones defensivas a lo largo de la carretera Groesbeek-Nimega, a unos dos kilómetros al sudeste de la ciudad. Warren debía defender la zona y enlazar con los dos restantes batallones del Regimiento al este y al oeste. Sólo cuando se hubieran completado estas misiones, le recordó Warren, debía disponerse a entrar en Nimega. Así pues, en vez de avanzar sobre el puente desde las tierras llanas del este, el batallón de Warren se encontró justamente en el centro de las zonas edificadas que Gavin había tratado de evitar.

Anocheció antes de que Warren alcanzara sus otros objetivos. Entonces, perdido ya un tiempo precioso, las compañías de vanguardia empezaron a cruzar lentamente las silenciosas y casi desiertas calles de Nimega. El objetivo principal era llegar a la plaza que conducía a los accesos meridionales del puente. Había también un objetivo secundario. La Resistencia holandesa había informado de que el mecanismo detonador para destruir el gran puente se hallaba situado en el edificio de Correos. Esta vital información llegó a las unidades de Warren sólo después de que hubieran empezado a avanzar hacia el puente. Se envió apresuradamente un pelotón a la oficina de Correos, donde tras reducir a los centinelas alemanes, los ingenieros cortaron cables y volaron lo que creyeron eran los controles de detonación. Nadie sabría jamás con certeza si este aparato estaba realmente conectado con los explosivos del puente, pero, por lo menos, se habían destruido los circuitos eléctricos y los cuadros de distribución. Cuando el pelotón trató de retirarse para reunirse con la fuerza principal, se encontró que el enemigo se interponía en su camino. Los hombres que componían el pelotón se hallaban cercados, y durante los siguientes tres días se verían obligados a resistir en el edificio de Correos hasta la llegada de ayuda.

Entretanto, mientras el resto de los hombres de Warren se dirigía a un parque que conducía hacia el puente, cayó sobre ellos un intenso fuego de ametralladoras y vehículos blindados. El capitán Arie D. Bestebreurtje, el oficial holandés adscrito a la 82.ª, explicaría que «varios cañones abrieron fuego súbitamente sobre nosotros, y pude ver las llamaradas que salían de sus bocas. Parecían estar por todas partes a nuestro alrededor». Antes de que pudiera levantar su fusil para disparar, Bestebreurtje fue herido en la mano y el codo izquierdos y en el dedo índice derecho.* Para el cabo James R. Blue, la fantástica batalla que se libraba en las calles sumidas en tinieblas era como una pesadilla. «Al instante, nos vimos empeñados en un combate cuerpo a cuerpo», recuerda Blue. Avanzaba por las calles en compañía del soldado de primera clase Ray Johnson, ambos armados con rifles «M-1» con la bayoneta calada, cuando se encontraron frente a frente con soldados de las SS. Mientras Johnson trataba de alcanzar a un alemán con su bayoneta, Blue se lanzaba sobre un oficial con un machete. «Nuestras órdenes eran no disparar. Si llegábamos al combate cuerpo a cuerpo, debíamos utilizar machetes y bayonetas. Pero aquel machete parecía tremendamente corto, así que utilicé mi subfusil. Eso zanjó la cuestión, pero casi inmediatamente empezó a disparar en nuestra dirección un cañón autopropulsado, así que nos dirigimos al parque, donde enlazamos con otros pelotones.» El soldado James Allardyce recuerda haber oído pedir médicos, pero «silbaban las balas en la calle, y era tanta la confusión en la oscuridad que los hombres no sabían dónde estaban los demás. Levantamos un perímetro defensivo en torno a una moderna escuela de ladrillo. Frente a nosotros, oíamos voces en alemán y los gemidos y los gritos de los heridos. No podíamos avanzar hacia el puente. Comprendimos por fin que los *boches* nos habían detenido».

---

* Varios días después, los médicos dijeron a Bestebreurtje que había que amputarle el dedo. «Me negué en redondo. Era mi dedo, y no pensaba dejar que me lo cortaran. Además, no habría podido volver a tocar el piano.» Todavía tiene el dedo.

Así era, en efecto. El Batallón de Reconocimiento del capitán Gräbner, que no había coincidido con Frost en el puente de Arnhem, había llegado a Nimega mucho antes que los retrasados estadounidenses.

Para la medianoche de aquel primer día del más poderoso asalto aerotransportado de la Historia, las fuerzas británicas y estadounidenses se hallaban ya en sus objetivos principales o avanzaban luchando hacia ellos. Tras largas horas de marcha y violentos choques con un enemigo inesperadamente fuerte y tenaz, habían conquistado la mayoría de los objetivos que los formuladores del plan habían supuesto que tomarían rápidamente y con facilidad. Desde el extremo norte del puente donde se habían afianzado los valientes hombres del coronel John Frost, todo lo largo del corredor hasta el lugar en el que, al sur, las fuerzas de la 101.ª del coronel Robert Sink se esforzaban por reparar el puente de Son, reinaba un estado de ánimo de firme determinación; debían mantener abierta la carretera por la que pasarían los blindados y la infantería del Segundo Ejército británico. Aquella medianoche, las fuerzas aerotransportadas no dudaban que sus relevos se hallaban en camino o que los refuerzos y suministros que debían llegar el 18 apuntalarían sus posiciones. Pese a las fuertes bajas, la confusión y los fallos de las comunicaciones, los hombres del ejército aerotransportado se sentían completamente optimistas. En conjunto, no había sido un mal paseo dominical.

17

El cielo brillaba con rojizos fulgores sobre Arnhem mientras se acercaba velozmente a la ciudad el automóvil que traía desde Berlín al general de división Heinz Harmel. Aprensivo y fatigado después del viaje, Harmel llegó al Cuartel General de la División *Frundsberg*, en Ruurlo, sólo para encontrarse con que su puesto de mando se hallaba ahora situado en Velp, aproximadamente a cinco kilómetros al nordeste de Arnhem. Allí halló a su jefe de Estado Mayor, el teniente coronel Paetsch, que parecía exhausto. «¡Gracias a Dios que ha vuelto!», dijo Paetsch. Rápidamente, informó a Harmel de los acontecimientos del día y de las órdenes recibidas del general Bittrich. «Quedé aturdido —recuerda Harmel—. Todo parecía confuso e incierto. Estaba muy cansado, pero la gravedad de la situación era tal que llamé a Bittrich y le dije que iba a verle.»

Bittrich tampoco había dormido. Cuando llegó Harmel, empezó inmediatamente a exponerle la situación. Iracundo y frustrado, se inclinó sobre sus mapas. «Los paracaidistas ingleses han aterrizado aquí, al oeste de Arnhem —le dijo a Harmel—. No tenemos ni idea de cuál es su verdadera fuerza ni sus intenciones.» Señalando Nimega y Eindhoven, el comandante de cuerpo dijo: «Las fuerzas aerotransportadas estadounidenses han ocupado posiciones en estas dos zonas. Al mismo tiempo, las fuerzas de Montgomery han atacado al norte desde el Canal Mosa-Escalda. Yo creo que se proponen dividir nuestras fuerzas. En mi opinión, los objetivos son los puentes. Una vez tomado esto, Montgomery puede avanzar directamente hasta el centro de Holanda y, desde allí, penetrar en el Ruhr». Bittrich agitó las manos. «Model no está de acuerdo. Sigue creyendo que se lanzarán nuevas fuerzas aerotransportadas al norte del Rin, al este y oeste de Arnhem, para avanzar hacia el Ruhr.»

Se le había ordenado a la División *Hohenstaufen* de Harzer, continuó explicando Bittrich, que destruyera a los británicos al oeste y al norte de Arnhem. El comandante de las fuerzas armadas en los Países Bajos, el general Christiansen, había recibido instrucciones de situar sus fuerzas —una mezcla de batallones de defensa y de entrenamiento— bajo el mando del teniente general Hans von Tettau. Su misión era ayudar en los flancos a la División *Hohenstaufen* en un esfuerzo por tomar las zonas británicas de aterrizaje y lanzamiento.

La División *Frundsberg*, prosiguió Bittrich, tenía encomendadas todas las actividades al este de Arnhem y al sur de Nimega. Golpeando el mapa con un dedo, Bittrich dijo a Harmel: «Es preciso mantener a toda costa el puente de Nimega. Además, quedan bajo su responsabilidad el puente de Arnhem y toda la zona que se extiende al sur, hasta Nimega». Bittrich hizo una pausa y paseó de un lado a otro por la habitación. «Sus problemas —dijo a Harmel— se han complicado. Harzer no ha dejado unidades blindadas en el extremo norte del puente de Arnhem. Los británicos están ahora allí.»

Mientras escuchaba, Harmel comprendió con creciente alarma que, con el puente de Arnhem en manos británicas, le era imposible hacer que sus blindados cruzaran rápidamente el Rin y descendieran hasta Nimega. Y no había otro puente sobre el río al este del de Arnhem. Sería preciso que toda su división cruzara el Rin por el transbordador del pueblo de Pannerden, a unos doce kilómetros al sudeste de Arnhem. Bittrich, previendo el problema, había ordenado ya que comenzaran las operaciones de transporte. Sería una forma lenta, aburrida y sinuosa de llegar a Nimega, y transportar sobre el río los camiones, blindados y hombres de la división requeriría todos los recursos de Harmel.

Al salir del Cuartel General Harmel preguntó a Bittrich: «¿Por qué no destruir el puente de Nimega antes de que sea demasiado tarde?». El tono de Bittrich fue irónico. «Model se ha negado en redondo a considerar la idea. Tal vez lo necesitemos para contraatacar.» Harmel se le quedó mirando estupefacto. «¿Con qué?», preguntó.

En la oscuridad, Harmel emprendió de nuevo la marcha en dirección a Pannerden. Sus unidades se dirigían ya hacia el paso del transbordador, y las carreteras estaban atestadas de tropas y vehículos. En Pannerden, Harmel vio las razones del caos que habían presenciado en la carretera. Los vehículos congestionaban las calles en un gigantesco embotellamiento. En la orilla del río, improvisados transbordadores compuestos de balsas de goma transportaban lentamente camiones sobre las aguas. Harmel supo por su jefe de Estado Mayor que un batallón había llegado a la otra orilla y estaba ya en ruta hacia Nimega. Cruzaron también algunos camiones y vehículos menores. Pero aún no se había cargado el material blindado más pesado. En opinión de Paetsch, las unidades *Frundsberg*, de Harmel, tal vez no se hallaran en situación de combate en la zona Arnhem-Nimega hasta el 24 de septiembre si no se aceleraba el engorroso y lento transporte sobre el río.

Harmel comprendió que solamente existía una solución al problema. Tendría que recuperar el puente de Arnhem y abrir la carretera a Nimega. Al finalizar este primer día de *Market-Garden*, 17 de septiembre, todas las frustraciones alemanas se concentraban ahora en un solo y obstinado hombre, el coronel John Frost, en el puente de Arnhem.

CUARTA PARTE

EL ASEDIO

1

La niebla matinal que se elevaba del Rin se arremolinó en torno al puente de Arnhem y a las silenciosas casas que lo rodeaban. A poca distancia de la rampa norte, el Eusebius Buiten Singel —un largo y pintoresco paseo que bordeaba el histórico centro de la ciudad— se extendía hacia las zonas periféricas del norte y el este y terminaba en el Musis Sacrum, popular sala de conciertos de Arnhem. Aquel lunes 18 de septiembre, en la débil y difusa luz, la antigua capital de Gelderland parecía desierta. Nada se movía en las calles, jardines, plazas o parques.

Desde sus posiciones en torno al extremo septentrional del puente, los hombres del coronel Frost pudieron ver por primera vez toda la extensión de la ciudad con sus casas y edificios municipales: el Palacio de Justicia, Gobierno Provincial, Archivos del Estado, el Ayuntamiento, central de Correos, y la estación de ferrocarril a menos de un kilómetro y medio al noroeste. Más cerca, la iglesia de San Eusebio, con su torre de cien metros de altura, dominaba la ciudad. Pocos de los hombres de Frost, mirando cautelosamente desde destrozadas ventanas y pozos de tirador recién cavados en un perímetro compuesto de dieciocho casas, se daban cuenta de que la gran iglesia tenía ahora un siniestro significado. Tiradores alemanes se habían introducido en la torre durante la noche. Cuidadosamente escondidos, esperaban en tensión, como los británicos, a que clareara del todo.

La batalla por el puente había continuado con violencia durante toda la noche. Se había producido una breve pausa a medianoche, y, cuando la lucha se reanudó, parecía que cada hombre se hallaba empeñado en combate singular. Durante la noche, los hombres de Frost habían intentado dos veces llegar al extremo meridional del puente, sólo para ser obligados a retroceder. El teniente John Grayburn, que dirigió las dos cargas, había resultado gravemente herido en el rostro pero permaneció en el puente y supervisó la evacuación de todos sus hombres a lugar seguro.* Más tarde, camiones cargados de soldados de infantería alemanes trataron de abrirse paso por el puente, sólo para tropezar con el fuego concentrado de las fuerzas británicas. Los hombres de Frost incendiaron los vehículos con sus lanzallamas. Los Granaderos Panzer se quemaban vivos y caían gritando al Rin, treinta metros más abajo. El acre olor a goma quemada y el espeso humo negro que brotaba de los abrasados restos hacía difícil que desde ambas orillas se adentraran a buscar a sus heridos entre los cuerpos que cubrían el puente. Participando en uno de los grupos de rescate, el cabo Harold Back estaba ayudando a llevar heridos al sótano de una de las casas ocupadas por los hombres de Frost. En la oscuridad del sótano, vio lo que creyó eran unas velas que ardían. Tendieron a los soldados heridos por el suelo y Back se dio cuenta de que lo que había visto eran diminutos fragmentos que relucían en los cuerpos de algunos de los heridos. Alcanzados por esquirlas de granadas de fósforo, los hombres brillaban en la oscuridad.

Inexplicablemente, la batalla se detuvo de nuevo en aquellos primeros momentos del amanecer. Era casi como si ambos bandos estuvieran tomando aliento. Al otro lado de la carretera que partía del Cuartel General del batallón de Frost, en una calleja situada bajo la misma rampa, el capitán Eric Mackay practicó un silencioso reconocimiento de las casas que su pequeña fuerza de ingenieros y grupos aislados de hombres procedentes de otras unidades controlaban en ese momento. Durante una encarnizada batalla nocturna, Mackay había conseguido tomar dos de las cuatro casas de la zona e instalar un puesto de mando en una de ellas, una escuela de ladrillos. Los alemanes habían contraatacado deslizándose por los ajardinados terrenos para lanzar granadas contra las casas. Tras penetrar en los

* Grayburn encontró la muerte en la batalla de Arnhem. El 20 de septiembre, se mantuvo a pie a la vista de un carro de combate enemigo y dirigió la retirada de sus hombres hasta un perímetro defensivo. Por su extraordinario valor, dotes de mando y entrega al deber de que hizo gala durante toda la batalla, fue recompensado, a título póstumo, con la más alta condecoración británica, la Cruz Victoria.

edificios, los alemanes libraron un mortal y casi silencioso combate cuerpo a cuerpo con los británicos. Recorriendo los sótanos y de habitación en habitación, los hombres de Mackay rechazaron con bayoneta y machetes a enjambres de enemigos. Luego, llevando consigo un pequeño grupo de hombres, Mackay salió en persecución de los alemanes que se batían en retirada. Una vez más, con bayonetas y granadas, los británicos pusieron en fuga al enemigo. Mackay fue herido en las piernas por un trozo de metralla y una bala le atravesó el casco, arañándole el cuero cabelludo.

Pasando revista a sus hombres, Mackay descubrió heridas similares a las suyas. Además, problema añadido, no estaba en muy buena situación en cuanto al material. Había seis ametralladoras ligeras, munición, granadas y algunos explosivos. Pero Mackay no tenía armas anticarro, estaba escaso de alimentos y carecía de material médico, a excepción de morfina y vendajes de campaña. Además, los alemanes habían cortado el agua. La única disponible era la que los hombres conservaban aún en sus cantimploras.

Por terribles que hubieran sido los combates nocturnos, la determinación de Mackay no había disminuido. «Lo estábamos haciendo bien, y nuestras bajas eran relativamente escasas. Además, a la luz del día podíamos ver lo que hacíamos, y estábamos preparados.» Sin embargo, Mackay, como Frost, se hacía pocas ilusiones. En aquel mortal tipo de lucha —calle por calle, casa por casa y habitación por habitación—, sabía que era sólo cuestión de tiempo el que la guarnición británica en el puente fuera desbordada. Evidentemente, los alemanes esperaban aplastar en cuestión de horas a la pequeña fuerza de Frost con su abrumadora superioridad numérica. Lo único que podía salvar a los valerosos defensores del puente frente a tan poderosos y concentrados ataques era la llegada del XXX Cuerpo o de los otros batallones de la 1.ª Brigada Paracaidista, que todavía se abrían paso luchando hacia la ciudad.

Había sido una noche de continuo horror para los soldados de las SS que combatían junto al puente. El coronel Harzer, aparentemente satisfecho por haber detenido a los batallones de Urquhart, había subestimado tanto el número como la valía de los hombres que habían llegado hasta el extremo norte. Harzer ni siquiera se molestó en ordenar que le proporcionaran el apoyo de sus pocos cañones autopropulsados. En lugar de ello, escuadra tras escuadra de SS fueron lanzadas contra las posiciones ocupadas por los británicos en los edificios próximos a la rampa. Estas recias unidades encontraron un enemigo que la mayoría de ellas recuerda como los más feroces soldados con los que habían tropezado jamás.

El jefe de escuadra de las SS, Alfred Ringsdorf, de veintiún años, un soldado experimentado que había combatido en Rusia, se hallaba en un tren de mercancías que se dirigía a Arnhem, donde se le había dicho que su grupo iba a ser reaprovisionado. Reinaba una confusión total en la estación de Arnhem cuando llegaron Ringsdorf y sus hombres. Soldados de una gran diversidad de unidades vagaban de un lado, eran colocados en formación y enviados a sus puntos de destino. La unidad de Ringsdorf recibió orden de presentarse inmediatamente a un puesto de mando de la ciudad. Allí, un comandante les destinó a una compañía del 21.º Regimiento de Granaderos Panzer. La escuadra había llegado sin armas pero al atardecer del domingo ya había sido equipada con ametralladoras, fusiles, granadas de mano y unos cuantos *Panzerfäuste*.* Cuando preguntaron sobre la limitada cantidad de municiones, les dijeron que se hallaban en camino nuevos suministros. «En aquel momento —comentó Ringsdorf— yo no tenía ni idea de dónde íbamos a luchar, de dónde estaba la batalla, ni había estado en Arnhem anteriormente.»

En el centro de la ciudad ya era evidente que se habían librado intensos combates callejeros. Ringsdorf se enteró entonces de que habían aterrizado tropas aerotransportadas británicas, las cuales ocupaban el extremo norte del puente de Arnhem. Nadie parecía saber cuál era el potencial de esas tropas. Su escuadra fue reunida en una iglesia, y allí le fueron comunicadas sus órdenes. Debían infiltrarse por detrás de los edificios situados a ambos lados de la rampa del puente y expulsar a los británicos. Ringsdorf sabía lo mortal que era esta clase de combate. Sus experiencias en el Frente Ruso se lo habían enseñado. Pero los hombres a sus órdenes aunque jóvenes, eran curtidos veteranos. Pensaban que la batalla sería breve.

A todo lo largo de la zona que conducía al puente, la escuadra vio casas extremadamente dañadas por el bombardeo, y los hombres tuvieron que abrirse paso por entre los escombros. Al aproximarse a las posiciones del perímetro defensivo que los británicos habían instalado en torno al extremo norte del puente, se vieron sometidos a un

---

* Versión alemana del bazooka anticarro sin retroceso estadounidense, capaz de disparar con extraordinaria precisión un proyectil de nueve kilos.

intenso fuego de ametralladora. Inmovilizada, a la escuadra le resultaba imposible acercarse a menos de seiscientos metros del acceso al puente. Un teniente pidió un voluntario para cruzar la plaza y arrojar una carga de demolición contra la casa de la que parecía partir el fuego más intenso de ametralladora. Ringsdorf se ofreció. Mientras sus compañeros le cubrían con sus disparos, atravesó corriendo la plaza. «Me detuve bajo un árbol, cerca de la ventana de un sótano desde la que partían los disparos, y arrojé la carga por ella. Luego, regresé a toda velocidad junto a mis hombres.» Mientras esperaba la explosión, tendido sobre los escombros, Ringsdorf volvió la vista hacia atrás en el preciso momento en que un edificio alto de una esquina en el que se cobijaban buen número de ingenieros alemanes resultaba súbitamente alcanzado por las bombas. La parte delantera de la casa se derrumbó, sepultándolos a todos. Ringsdorf se dio cuenta de que, si hubieran estado allí sus hombres, la escuadra entera habría resultado aniquilada. En aquel momento, la carga de demolición que había arrojado al sótano hizo explosión en la calle, no lejos de donde él se encontraba tumbado. Los británicos la habían vuelto a arrojar por la ventana.

Al anochecer, varias escuadras empezaron a infiltrarse en los edificios para expulsar a los británicos. El objetivo de Ringsdorf era un gran edificio rojo, que, según le dijeron, era una escuela. Al dirigirse hacia allí su escuadra fue sorprendida por tiradores británicos que obligaron a los alemanes a refugiarse en una casa cercana. Rompiendo los cristales de las ventanas, los hombres de las SS abrieron fuego. Los británicos se pusieron inmediatamente a cubierto en la casa contigua y comenzó un tenso tiroteo. «Los disparos de los británicos eran terriblemente letales —recordaría Ringsdorf—. Apenas si podíamos asomarnos. Apuntaban a la cabeza, y los hombres empezaron a caer junto a mí, cada uno con un pequeño y limpio orificio en la frente.»

Sus bajas iban en aumento, y los alemanes dispararon un *panzerfäust* directamente contra la casa ocupada por los británicos. Al estrellarse el proyectil contra el edificio, la escuadra de Ringsdorf se lanzó a la carga. «Fue una lucha cruel. Los hicimos retroceder habitación por habitación, metro a metro, sufriendo terribles pérdidas.» En medio de la refriega, el joven jefe de escuadra recibió órdenes de presentarse al comandante de su batallón; los británicos, se le dijo, debían ser desalojados a toda costa. De nuevo junto a sus hombres, Ringsdorf ordenó que la escuadra se precipitara hacia delante, al tiempo que arrojaba una lluvia de granadas para mantener a los ingleses bajo constante ataque. «Solamente de esta manera —explicó Ringsdorf— podíamos ganar terreno y continuar nuestro avance. Pero, lo cierto es que viniendo de Alemania no esperaba encontrarme empeñado de pronto en encarnizados combates dentro de una limitada zona. Ésta era una batalla más dura que ninguna de las que yo había librado en Rusia. Era una lucha constante, a corta distancia, cuerpo a cuerpo. Los ingleses estaban en todas partes. La mayoría de las calles eran estrechas, a veces de una anchura no superior a cinco metros, y nos disparábamos a sólo unos metros de distancia. Luchábamos por cada centímetro de terreno, ocupando una habitación tras otra. ¡Era un auténtico infierno!»

Avanzando cautelosamente hacia una casa, Ringsdorf vislumbró por un instante un casco inglés con camuflaje que se recortaba en el vano de la puerta abierta de un sótano. Al levantar el brazo para arrojar una granada, oyó una voz baja y un gemido. Ringsdorf no arrojó la granada. Descendió en silencio los escalones del sótano y, luego, gritó: «¡Manos arriba!». La orden era innecesaria. En palabras de Ringsdorf, «tenía ante mí un espectáculo aterrador. El sótano era una cripta llena de soldados ingleses heridos». Ringsdorf habló con suavidad, sabiendo que los británicos no entenderían sus palabras, pero podrían captar su sentido. «No se preocupen —dijo a los heridos—. Todo va bien.» Mandó llamar a unos médicos y, reuniendo a sus prisioneros, ordenó que los británicos fuesen llevados a retaguardia para recibir los cuidados necesarios.

Mientras los soldados eran sacados del sótano, Ringsdorf empezó a registrar a uno de los heridos que podían andar. Para su asombro, el hombre exhaló un leve gemido y se derrumbó a los pies de Ringsdorf, muerto. «Era una bala destinada a mí. Los ingleses estaban protegiendo a los suyos. No podían saber que intentábamos salvar a sus heridos. Pero, por un momento, quedé paralizado. Luego, se me cubrió el cuerpo de un sudor frío y eché a correr.»

Mientras los soldados británicos permanecían con aire sombrío en torno a la escuela, Ringsdorf comprendió que ni siquiera su unidad de élite era lo suficientemente fuerte como para imponer una rendición. Al amanecer del lunes, él y la diezmada escuadra se retiraron al Eusebius Buiten Singel. Al encontrarse con un comandante de artillería Ringsdorf le dijo que «la única forma de echar a los británicos es hacer saltar aquellos edificios ladrillo por ladrillo. Créame, son hombres de verdad. No renunciarán a ese puente hasta que los saquemos con los pies por delante».

El sargento jefe Emil Petersen tenía buenas razones para llegar a la misma conclusión. Estaba agregado al *Reichsarbeitdients* (Servicio de Trabajo del Reich) y, como la escasez de efectivos humanos de Alemania se estaba tornando cada vez más grave, Petersen y su pelotón de 35 hombres habían sido transferidos a una unidad de artillería pesada y, luego, a una sección de infantería. Venían retirándose desde Francia.

El domingo por la tarde, mientras esperaba en la estación de Arnhem a ser transportado de nuevo a Alemania para volver a recibir destino, el pelotón de Petersen había sido movilizado e informado por un teniente de que iban a luchar contra tropas aerotransportadas británicas que habían aterrizado en la ciudad. «La unidad a la que nos agregamos se componía de 250 hombres —recuerda Petersen—. Nadie tenía ningún arma. Solamente otros cuatro y yo teníamos subfusiles.»

Los hombres de Petersen estaban fatigados. Llevaban veinticuatro horas sin comer, y el sargento recordaba haber pensado que, si el tren hubiera llegado puntual, el pelotón habría recibido comida, no habría intervenido en la batalla y habría regresado a casa en Alemania.

En un cuartel de las SS les repartieron armas. «La situación era ridícula. En primer lugar, a ninguno de nosotros nos agradaba luchar con las Waffen SS. Tenían fama de implacables. Las armas que nos dieron eran fusiles antiguos. Para abrir el cerrojo del mío, tuve que golpearlo contra una mesa. La moral de mis hombres no era precisamente la mejor cuando vieron aquellas viejas armas.»

Fue necesario algún tiempo para poner las armas en condiciones de funcionamiento, y la unidad seguía sin recibir ninguna orden. Nadie parecía saber qué estaba sucediendo ni dónde debían dirigirse los hombres.

Finalmente, al anochecer, el grupo fue enviado al Cuartel General del comandante de la ciudad. Al llegar, encontraron desierto el edificio. Esperaron de nuevo. «No podíamos pensar más que en comida» dice Petersen. Por último, llegó un teniente de las SS y anunció que los hombres debían atravesar el centro de la ciudad hasta el puente del Rin.

La unidad marchó en pelotones por la calle Markt hacia el Rin. No podían ver nada la oscuridad pero, recuerda Petersen, «teníamos consciencia de movimientos que tenían lugar en torno a nosotros. Ocasionalmente, oíamos a lo lejos disparos y sonidos de vehículos. Una o dos veces creí ver la borrosa silueta de un casco».

A menos de trescientos metros del puente, Petersen se dio cuenta de que estaban atravesando líneas de soldados y supuso que su grupo debía reemplazar a aquellos hombres. Entonces, uno de los soldados dijo algo que Petersen no entendió. Al instante, Petersen se dio cuenta de que el hombre había hablado en inglés. «Estábamos marchando al lado de una unidad británica que, como nosotros, se dirigía hacia el puente.» De pronto, la situación quedó clara para todos. Una voz inglesa aulló: «¡Son *boches*!». Petersen recuerda que gritó: «¡Fuego!».

Al cabo de unos segundos reverberaban en la calle disparos de ametralladora y fusiles mientras las dos fuerzas luchaban frente a frente. Una ráfaga de balas pasó sólo a unos centímetros de Petersen, destrozando su macuto. La fuerza de la descarga le tiró al suelo. Rápidamente, se refugió detrás de un camarada muerto.

«Dondequiera que uno mirase, se veían hombres disparando desde posiciones dispersas, a menudo equivocadamente contra su propio bando», recuerda Petersen. Lentamente, empezó a arrastrarse. Llegó a una verja de hierro que rodeaba a un pequeño parque, y saltó por encima de ella. Allí, refugiados entre árboles y arbustos, encontró a la mayoría de los demás supervivientes de los pelotones alemanes. Los británicos habían retrocedido hasta un grupo de casas situadas a ambos lados del parque y en la pequeña plaza, los alemanes se vieron cogidos entre dos fuegos. «Podía oír los gritos de los heridos. Los británicos lanzaron bengalas luminosas que descubrían nuestras posiciones e hicieron trizas a nuestro grupo. En menos de cinco minutos murieron quince hombres de mi pelotón.»

Al amanecer, los británicos dejaron de disparar. Los alemanes hicieron lo mismo. Con las primeras luces del alba, Petersen vio que, de los 250 hombres que habían emprendido la marcha hacia el puente, más de la mitad estaban muertos o heridos. «No conseguimos acercarnos a los accesos del puente. Permanecimos allí, sin apoyo de las cacareadas SS ni de un solo cañón autopropulsado. Ésa fue nuestra introducción a la batalla de Arnhem. Para nosotros, no fue más que una matanza.»

De hora en hora, los hombres de los dos batallones que faltaban de la 1.ª División Aerotransportada británica iban llegando al puente. En grupos de dos y de tres habían conseguido abrirse paso a través del anillo defensivo del coronel Harzer, al norte y al oeste. Muchos estaban heridos, hambrientos y ateridos. Contribuirían a agravar los problemas médicos y de suministros del grupo del coronel Frost. Pero en aquellos momentos, los rezagados se sentían orgullosos y llenos de ánimo, pese a su agotamiento y a sus heridas. Habían llegado donde sus oficiales instructores, en Inglaterra, y sus propios comandantes les habían dicho que llegasen. Había hombres de todas aquellas unidades que con tanta confianza habían emprendido la marcha hacia el puente de Arnhem la noche anterior, y, para el amanecer del día 18, Frost calculó que tenía entre seiscientos y setecientos hombres en el acceso septentrional. Pero cada hora que traía más soldados al puente traía, también, el sonido creciente de los equipos mecanizados a medida que las unidades blindadas del general Harmel entraban en la ciudad y tomaban posiciones.

Incluso los propios blindados alemanes encontraban Arnhem un lugar peligroso y aterrador. Civiles holandeses habían bloqueado las carreteras a lo largo de varias rutas que cruzaban la ciudad. Desafiando las balas alemanas y británicas, hombres y mujeres que vivían en las zonas donde se luchaba habían empezado a recoger los muertos, británicos, alemanes y compatriotas suyos. El sargento Reginald Isherwood, del 1.er Batallón, logró finalmente llegar al centro de Arnhem tras una arriesgada noche en las carreteras. Allí vio «un espectáculo que vivirá conmigo hasta el fin de mis días». Los holandeses, emergiendo de cuevas, sótanos, jardines y edificios en ruinas, estaban recogiendo cuerpos. «Llevaban a los heridos a improvisados puestos de socorro y refugios en los sótanos, pero los cuerpos de los muertos eran apilados como sacos de arena en largas filas, con las cabezas y los pies colocados alternativamente.» Los orgullosos y afligidos ciudadanos de Arnhem estaban tendiendo a través de las calles los cadáveres de amigos y enemigos por igual, formando barricadas humanas de más de medio metro de altura para impedir que los blindados alemanes llegaran hasta donde se encontraba Frost en el puente.

Para los civiles del barrio central de la ciudad, el amanecer no trajo liberación alguna del terror y la confusión. Los incendios habían escapado a todo control y se extendían rápidamente. Acurrucadas en sótanos y bodegas, pocas personas habían dormido. La noche había estado pespunteada por el estampido de los obuses, el sordo retumbar de los morteros, el zumbido de las balas de los francotiradores y el rápido tableteo de las ametralladoras. Extrañamente, fuera de la parte vieja de la ciudad, los ciudadanos de Arnhem no se habían visto afectados por lo que estaba sucediendo, y se hallaban totalmente confusos. Telefoneaban a sus amigos del barrio viejo en búsqueda de información, sólo para enterarse de que estaba teniendo lugar una encarnizada batalla en el extremo septentrional del puente, que los británicos mantenían en su poder frente a repetidos ataques alemanes. Para los que llamaban, era evidente que tropas y vehículos alemanes estaban penetrando en la ciudad desde todas las direcciones. Sin embargo, la fe de los holandeses no desmayaba. Creían que era inminente la liberación por parte de los británicos y los americanos. En estas partes periféricas de la ciudad, las gentes se disponían para el trabajo como de costumbre. Las panaderías abrieron, los lecheros hacían su recorrido habitual, telefonistas, empleados de ferrocarril y de servicios públicos, todos estaban en sus puestos. Los funcionarios se disponían a acudir a su trabajo, los bomberos intentaban todavía ocuparse del creciente número de edificios incendiados y, a pocos kilómetros al norte de Arnhem, el doctor Reinier van Hooff, director del parque zoológico de Burgers, atendía a sus nerviosos y asustadizos animales.* Quizá los únicos holandeses que conocían las dimensiones de la batalla eran los médicos y las enfermeras que atendían constantemente las llamadas que les hacían durante la noche. Las ambulancias atravesaban velozmente la ciudad, recogiendo heridos y llevándolos al Hospital de Santa Isabel, en las afueras, y a puestos de socorro situados en el interior de la ciudad. En Arnhem, nadie se daba cuenta aún de que no había ya en la ciudad tierra de nadie, y la situación no cesaba de empeorar. Arnhem, uno de los lugares más pintorescos de Holanda, no tardaría en convertirse en un Stalingrado en miniatura.

Los holandeses de la ciudad vieja, sin embargo, comprendieron casi desde el principio que la liberación no llegaría con facilidad. En medio de la noche, en el puesto de Policía de Eusebiusplein, a menos de cuatrocientos metros del puente, el sargento Joannes van Kuijk, de veintisiete años, oyó unos suaves golpes en la puerta. La abrió y vio frente a sí unos soldados británicos. Inmediatamente, Van

---

* Había en el zoo doce mil palomas mensajeras que los alemanes habían recogido de las pajarerías de todo Arnhem. Temiendo que los holandeses utilizaran las palomas para transmitir informes, las aves habían sido confiscadas y alojadas en el zoo. Diariamente, aparecían soldados alemanes para contar las aves, y se había dado orden de que incluso las palomas muertas fueran conservadas hasta que los alemanes pudieran comprobar sus números de registro.

Kuijk les invitó a entrar. «Querían respuestas a toda clase de preguntas sobre emplazamientos de los edificios y de los mojones. Luego, unos cuantos se marcharon y empezaron a atrincherarse en la carretera en dirección al puente, todo ello hecho en el mayor de los silencios posibles.» Cerca de donde él se encontraba, delante de la casa de un médico, Van Kuijk vio a los británicos instalar un mortero y, luego, emplazar un cañón anticarro en un ángulo del jardín. Al amanecer, Van Kuijk se dio cuenta de que los británicos habían formado un compacto perímetro defensivo en torno a la extremidad septentrional del puente. Para él, aquellos soldados actuaban menos como liberadores que como malcarados defensores.

Al otro lado del Eusebius Buiten Singel, el sinuoso paseo desprovisto de hierba cercano al puente, Coenraad Hulleman, un agente laboral que se alojaba en la villa de los padres de su prometida, Truid van der Sande, se había pasado toda la noche en pie oyendo los disparos y explosiones que sonaban en torno a la escuela, a una calle de distancia, donde los hombres del capitán Mackay luchaban contra los alemanes. Debido a la intensidad de la batalla, los Van der Sande y Hulleman se habían refugiado en un pequeño sótano sin ventanas situado bajo la parte central de la casa.

En ese momento, al amanecer, Hulleman y su futuro suegro subieron cautelosamente las escaleras hasta una habitación del segundo piso que dominaba el bulevar. Allí, se quedaron mirando estupefactos la escena. El cadáver de un alemán yacía tendido en medio de un macizo de caléndulas, y vieron alemanes instalados por todo el césped en pozos de tirador. Mirando a su derecha, a lo largo del paseo, Hulleman vio varios vehículos blindados alemanes estacionados junto a un alto muro de ladrillos, dispuestos en formación y esperando. Mientras los dos hombres miraban, estalló una nueva batalla. Las ametralladoras de los blindados abrieron súbitamente fuego contra las torres de la cercana iglesia de Walburg, y Hulleman vio levantarse una nubecilla de fino polvo rojo. Supuso que las tropas aerotransportadas ocupaban posiciones de observación en la iglesia. Casi inmediatamente se contestó al disparo del tanque, y los alemanes situados en los pozos de tirador empezaron a ametrallar las casas del otro lado de la calle. Una de ellas era una tienda de disfraces, y en sus escaparates había armaduras antiguas. Mientras Hulleman miraba, las balas hicieron añicos el escaparate y derribaron las armaduras. Con los ojos empañados por las lágrimas, Hulleman se apartó. Esperaba que lo que había visto no tuviera un sentido profético.

Unas cuantas manzanas al norte, en una casa próxima a la sala de conciertos, Willem Onck fue despertado poco después del amanecer por el ruido de movimientos de tropas en la calle. Alguien golpeó su puerta, y una voz alemana ordenó a Onck y su familia que permanecieran en el interior y corrieran las persianas. Onck no obedeció inmediatamente. Corriendo a la ventana delantera, vio alemanes con ametralladoras instalados en todas las esquinas de la calle. Frente al Musis Sacrum, había una batería de 88 milímetros, y, para estupefacción de Onck, los soldados alemanes estaban sentados junto a ella en las butacas del teatro que habían sacado a la calle. Viéndoles charlar entre sí con aire indiferente, Onck pensó que parecía como si sólo estuvieran esperando a que comenzara el concierto.

Los civiles más frustrados y encolerizados de la zona eran los miembros de la Resistencia holandesa. Varios de ellos habían establecido contacto casi inmediatamente con los británicos que se encontraban en el puente, pero su ayuda había sido cortésmente rechazada. Antes, el jefe de la Resistencia de Arnhem, Pieter Kruyff, había enviado a Oosterbeek a Toon van Daalen y Gijsbert Numan para establecer contacto con los británicos. Ellos también se habían encontrado con que su ayuda no era necesaria. Numan recuerda haber advertido a los soldados de la presencia de francotiradores en la zona y haberles aconsejado que evitaran las carreteras principales. «Uno de ellos me dijo que sus órdenes eran solamente avanzar hasta el puente, y que seguirían las rutas que tenían señaladas. Me dio la impresión de que temían la acción de provocadores y, simplemente, no confiaban en nosotros.»

Ahora, al amanecer, Johannes Penseel celebró en su sótano una reunión con sus compañeros de la Resistencia. Penseel planeaba apoderarse de una emisora de radio local y transmitir una proclama declarando que la ciudad había sido liberada. Una llamada telefónica de Numan le hizo cambiar de idea. «Las cosas marchan mal», informó Numan. «La situación es crítica, y creo que todo está perdido ya.» Penseel quedó estupefacto. «¿Qué quiere decir?», preguntó. Numan estaba ahora cerca del Hospital de Santa Isabel. Dijo que a los británicos les estaba resultando imposible atravesar las líneas alemanas y avanzar hasta el puente. Penseel telefoneó en el acto a Pieter Kruyff, el cual aconsejó al grupo que suspendiera todas las actividades planeadas, «una no intervención temporal», según recuerda Henri Knap, que asistía a la reunión. Pero las esperanzas a largo plazo de los resistentes quedaban destruidas. «Estábamos dispuestos a hacer cualquier cosa —recuerda Penseel—, incluso sacrificar nuestras propias vidas si era necesario. En lugar de ello, permanecíamos ociosos y rechazados. Estaba cada vez más claro que los británicos ni confiaban en nosotros ni se proponían utilizar nuestra ayuda.»

Irónicamente, en aquellas primeras horas del lunes 18 de septiembre, cuando ni el SHAEF, ni Montgomery ni ningún comandante de *Market-Garden* tenía una imagen clara de la situación, los miembros de la Resistencia holandesa transmitieron a través de las líneas telefónicas secretas un mensaje al oficial de enlace holandés de la 82.ª Aerotransportada, el capitán Arie Bestebreurtje, informando que los británicos estaban siendo desbordados en Arnhem por divisiones panzer. En el Diario de mensajes de la 82.ª figura la siguiente anotación: «Holandeses informan que alemanes vencen a británicos en Arnhem». En ausencia de toda comunicación directa desde el teatro de batalla de Arnhem, este mensaje constituyó en realidad la primera indicación que el Alto Mando Aliado recibió de que la 1.ª División Aerotransportada británica se encontraba en una situación crítica.

2

En el muelle del trasbordador del pequeño pueblo de Driel, a 13 kilómetros al sudoeste del puente de Arnhem, Pieter, el barquero, se preparaba para su primer viaje del día a través del Bajo Rin. Los madrugadores pasajeros, que trabajaban en las ciudades y pueblos de la orilla norte del río, se congregaban en pequeños grupos, ateridos por la niebla matinal. Pieter no participaba en la conversación de sus pasajeros sobre las luchas que se desarrollaban al oeste de Arnhem y en la ciudad misma. Su atención se centraba en el funcionamiento del trasbordador y en los horarios que debía mantener, tal y como lo había hecho durante años.

Primero cargaron unos pocos automóviles y carros llenos de productos para las tiendas y mercados del norte. Luego, subieron a bordo hombres y mujeres que empujaban sus bicicletas. Exactamente a las siete de la mañana, Pieter desatracó y el transbordador se deslizó suavemente a lo largo de su cable. El viaje duró sólo unos minutos. Se situó junto al muelle existente bajo el pueblo de Heveadorp, en la orilla norte, y desembarcaron los pasajeros y los vehículos. Sobre ellos, dominando la comarca, el Westerbouwing, una colina de treinta metros de altura. En la orilla norte, la mayoría de los pasajeros emprendieron la marcha hacia el este por los caminos que conducían a Oosterbeek, la torre de cuya iglesia del siglo x se elevaba por encima de bosquecillos de robles y marismas cubiertas de lupinos. Más allá estaba Arnhem.

Otros pasajeros esperaban para cruzar a Driel. Allí, Pieter recogió una vez más un grupo de pasajeros que se dirigían hacia el norte. Uno de ellos era la joven Cora Baltussen. Hacía solamente dos semanas, el 5 de septiembre, el día que los holandeses recordarían como el «Martes Loco», había presenciado la frenética retirada de los alemanes. En Driel, los conquistadores no habían regresado. Por primera vez en muchos meses, Cora se había sentido libre. Ahora, había renacido en ella el temor. La alegría producida por la noticia de los aterrizajes de tropas aerotransportadas el día anterior se había visto empañada por los rumores de intensos combates en Arnhem. Sin embargo, Cora no podía creer que los alemanes llegaran a derrotar a las poderosas fuerzas Aliadas que habían llegado para liberar a su país.

En el muelle de Heveardorp, en la orilla norte del río, Cora sacó su bicicleta del transbordador y pedaleó en dirección a la panadería de Oosterbeek. Había dado su exigua provisión de raciones de azúcar a la pastelería para una ocasión especial. Aquel lunes, 18 de septiembre, la fábrica de conservas Baltussen celebraba sus 75 años en el negocio y la madre de Cora cumplía sesenta y dos años. Por primera vez en muchos meses, estarían juntos todos los miembros de la familia. Cora había ido temprano a Oosterbeek para recoger la tarta de cumpleaños, que señalaría tanto el aniversario de la compañía como el cumpleaños de la señora Baltussen.

Sus amigos habían intentado disuadir a Cora de que hiciera el viaje. Cora no les prestó atención. «¿Qué puede ocurrir? —había preguntado a un amigo—, los británicos están en Oosterbeek y Arnhem. La guerra casi ha terminado.»

Su viaje transcurrió sin incidentes. Oosterbeek parecía tranquilo a aquella primera hora de la mañana. Había tropas británicas en las calles, las tiendas estaban abiertas y predominaba un ambiente de fiesta. Por el momento, aunque se oían cañonazos a pocos kilómetros de distancia, Oosterbeek permanecía tranquilo, sin verse afectado aún por la batalla. Aunque su pedido estaba listo, el panadero se asombró de que hubiera venido. «La guerra casi ha terminado», le dijo ella. Cargada con sus paquetes, volvió pedaleando a Heveardorp y esperó hasta que Pieter atracó de nuevo el transbordador. Regresó a la somnolienta paz del pequeño Driel, en la orilla sur, donde, como de costumbre, no sucedía absolutamente nada.

3

En las zonas británicas de lanzamiento y aterrizaje, el oficial encargado de la que quizás fuera la misión menos atractiva de todas, la estaba llevando a cabo con su habitual competencia. Durante toda la noche, los hombres de la 1.ª Brigada de Desembarco Aéreo del general de brigada Philip *Pip* Hicks habían rechazado una serie de violentos ataques enemigos, mientras los abigarrados grupos mandados por Tettau hostigaban a la Brigada. Los hombres de Hicks se habían atrincherado en torno a los perímetros señalados con el fin de conservar las zonas para el lanzamiento de la 4.ª Brigada Paracaidista del general de brigada Shan Hackett, esperado para las diez de la mañana, y las misiones de aprovisionamiento que le seguirían. Las zonas situadas bajo la protección de Hicks eran también los depósitos de provisiones para las fuerzas aerotransportadas británicas.

Ni Hicks ni sus hombres habían podido disfrutar de más de una o dos horas de sueño. Los alemanes, atacando desde los bosques, habían incendiado en algunos puntos el arbolado con la esperanza de reducir por el fuego a los defensores británicos. Los *Diablos Rojos* respondieron al instante. Deslizándose tras el enemigo, atacaron a bayoneta calada y obligaron a los alemanes a penetrar en su propio fuego. El soldado de transmisiones Graham Marples recuerda vívidamente las encarnizadas batallas nocturnas. Él y otros pocos se encontraron con un pelotón de soldados británicos muertos que habían sido desbordados y completamente aniquilados. «Nadie dijo nada. Calamos las bayonetas y penetramos en los bosques. Nosotros salimos, pero los *boches* no.» El soldado Robert Edwards, que había estado en África del norte, Sicilia e Italia, recuerda que «me las había arreglado para salir más o menos ileso de todas esas acciones, pero en un solo día en Holanda había participado en más combates que en todos los demás juntos».

Las continuas escaramuzas se habían cobrado su presa. Varias veces durante la noche, Hicks había pedido al teniente coronel W. F. K. *Sheriff* Thompson apoyo artillero para rechazar los insistentes ataques enemigos. Su verdadero miedo radicaba en que los blindados alemanes, que sabía ahora que impedían a los batallones avanzar hacia el puente, hicieran irrupción a través de sus débiles defensas y le expulsaran de las zonas de aterrizaje y lanzamiento. «Pasé algunas de las peores horas de mi vida —recuerda Hicks—. Dos cosas estaban claras: aunque entonces no lo sabíamos habíamos aterrizado prácticamente encima de dos divisiones Panzer, que no se esperaba que estuviesen allí, y los alemanes habían reaccionado con extraordinaria rapidez.» Ante el ataque de los grupos de Von Tettau desde el oeste y de los blindados de Harzer desde el este, las débilmente armadas tropas de Hicks no tenían otra opción que resistir hasta ser relevadas o hasta que les llegaran refuerzos y suministros.

El coronel Charles Mackenzie, jefe del Estado Mayor del general Urquhart, había pasado la noche en la zona de aterrizaje del brezal de Renkum, a unos cinco kilómetros del puesto de mando de Hicks. Los intensos combates habían obligado a la división a salir de los bosques y volver al campo. Allí, el personal del Cuartel General se refugió en los planeadores para pasar el resto de la noche. Mackenzie estaba preocupado por la falta de noticias de Urquhart. «Durante más de nueve horas, no habíamos sabido absolutamente nada del general. Yo suponía que estaba con la 1.ª Brigada de Lathbury, pero las comunicaciones se habían interrumpido y no habíamos recibido la menor noticia de ninguno de los dos oficiales. Yo sabía que tendría que adoptarse pronto una decisión sobre el mando de la división. Siempre existía la posibilidad de que Urquhart hubiera sido capturado o muerto.»

En las primeras horas del lunes, sin tener todavía noticias, Mackenzie decidió conferenciar con dos oficiales del Estado Mayor, el teniente coronel R. G. Loder-Symonds y el teniente coronel P. H. Preston. Mackenzie les informó de la conversación que había sostenido con Urquhart antes del despegue en Inglaterra: el orden de sucesión en el mando, en el caso de que algo le sucediera a Urquhart, debía ser Lathbury, Hicks y, luego, Hackett. Ahora, habiendo desaparecido también Lathbury, Mackenzie consideraba que era preciso ponerse en contacto con el general de brigada Hicks. Los demás oficiales se mostraron de acuerdo. Inmediatamente, se dirigieron al Cuartel General de Hicks. Allí, en una casa próxima a la carretera Heelsum-Arnhem, Mackenzie le dijo a Hicks lo que sabía. «Teníamos un esquemático informe de que Frost había tomado el puente, y de que los batallones primero y tercero se hallaban empeñados en luchas callejeras y no habían podido llegar aún para reforzarle», recuerda Mackenzie.

Mackenzie creía que lo mejor ahora era que Hicks enviara al puente uno de sus batallones. Podría ser reforzado más tarde por elementos de la 4.ª Brigada Paracaidista de Hackett, cuando ésta llegara unas horas más tarde. Al mismo tiempo, se le pidió a Hicks que asumiera inmediatamente el mando de la división.

Hicks parecía asombrado. Sus fuerzas se hallaban ya debilitadas y no tenía un batallón completo que enviar al puente. Ciertamente, el plan de batalla británico parecía estar fallando. Si Frost no recibía inmediatamente ayuda, podía perderse el puente; y, si las zonas de aterrizaje eran conquistadas por el enemigo, la 4.ª Brigada de Hackett podía resultar destruida antes incluso de agruparse.

Parecía existir, además, un tácito reconocimiento de que se le estaba pidiendo a Hicks que asumiera el mando de una división en pleno proceso ya de desintegración a causa del fallo total de las comunicaciones y a la ausencia de su comandante. De mala gana, Hicks cedió medio batallón —lo máximo de lo que podía prescindir— para la defensa del puente.* No había duda de que esa decisión era sumamente urgente. Era preciso conservar el puente. Entonces, como recuerda Mackenzie, «convencimos finalmente a Hicks de que debía asumir el mando de la división».

A pocos hombres se les pidió alguna vez que aceptaran la responsabilidad en el campo de batalla de toda una división en medio de una tal complejidad de circunstancias. Hicks no tardó en descubrir los críticos efectos que la ruptura de las comunicaciones estaba produciendo en todas las operaciones. Los escasos mensajes transmiti-

---

* Ordenó que la mitad del *South Staffords* emprendiera la marcha hacia Arnhem. La otra mitad de este batallón no llegaría hasta el segundo vuelo, cuando, complementando el avance del 11.º Batallón de Hackett, avanzaran también esas unidades.

dos desde el puente por Frost se recibían a través del teniente coronel *Sheriff* Thompson, que mandaba la artillería del Regimiento de Desembarco Aéreo. Desde un puesto de observación instalado en la torre de la iglesia de Oosterbeek Laag, a cuatro kilómetros del puente, Thompson había establecido un enlace por radio con el puesto de mando de la artillería del comandante D. S. Munford, situado en el Cuartel General de la Brigada, en un edificio de distribución de aguas próximo al puente. El enlace Thompson-Munford proporcionaba las únicas comunicaciones seguras por radio de las que disponía de Hicks.

Resultaba igualmente crítico el hecho de que la División carecía de comunicaciones con el Cuartel General del Cuerpo del general Browning, cerca de Nimega y con los aparatos especiales *Phantom Net* del Cuartel General de Montgomery. De los pocos mensajes importantes que llegaban a Inglaterra, la mayoría eran enviados por un emisor de la BBC que había sido transportado especialmente para los corresponsales de guerra británicos. Su señal era débil y distorsionada. Una emisora alemana de alta potencia y el emisor británico estaban operando en la misma frecuencia. Irónicamente, la División podía captar las señales emitidas desde el Cuartel General del Cuerpo en Inglaterra, pero le era imposible transmitir mensajes. Las escasas comunicaciones que llegaban a través del emisor de la BBC eran captadas en el Cuartel General de retaguardia de Browning, en Moor Park, y luego reenviadas al continente. La transmisión tardaba varias horas y cuando finalmente llegaban, los mensajes se hallaban ya anticuados y, a menudo, desprovistos de sentido.

Frustrado y preocupado, Hicks tenía tres problemas inmediatos: las condiciones meteorológicas sobre Inglaterra; la imposibilidad de confirmar la prevista hora de llegada del segundo vuelo; y su carencia de medios para informar a nadie de la verdadera situación en la zona de Arnhem. Además, no podía avisar a Hackett de la precaria ocupación que los británicos ejercían en las zonas de aterrizaje, donde la 4.ª Brigada seguramente esperaba lanzarse sobre extensiones despejadas y protegidas.

Menos crucial, pero no menos inquietante, era el inminente encuentro con el general de brigada Shan Hackett. El voluble Hackett, dijo Mackenzie a Hicks, sería informado de la decisión de Urquhart sobre la sucesión en el mando en el momento mismo en que aterrizase. «Yo conocía el temperamento de Hackett —recuerda Mackenzie—, y no me agradaba la idea de encontrarme con él. Pero el decírselo era mi obligación, y estaba cumpliendo órdenes del general Urquhart. No podía seguir actuando como si no les hubiera sucedido nada al general y a Lathbury.»

Hicks, al menos, se vio relevado de esa delicada confrontación. El nuevo comandante de la división tenía bastantes cosas en que pensar. «La situación era más que confusa. Era un maldito embrollo.»

4

En los suburbios occidentales de Arnhem, en los que habían sido pulcros y aseados parques y calles, y que en ese momento aparecían resquebrajados y llenos de hoyos a consecuencia de la batalla, los Batallones británicos 1.º y 3.º se esforzaban por llegar hasta el puente. Las adoquinadas calles estaban tapizadas de cristales, cascotes y ramas desgajadas de las cobrizas hayas. Macizos de rododendros y tupidos arriates de caléndulas color de bronce, anaranjadas y amarillas yacían rotos y aplastados, y los huertos de las casas holandesas se hallaban destrozados. Las bocas de cañones anticarro británicos emergían de los reventados escaparates de las tiendas, mientras vehículos orugas alemanes, deliberadamente resguardados tras las casas y ocultos por sus escombros, amenazaban las calles. Columnas de humo negro se elevaban de vehículos alemanes y británicos incendiados, y había una constante lluvia de cascotes mientras los obuses machacaban los puestos atrincherados. Yacían por todas partes los desmadejados cuerpos de muertos y heridos. Muchos soldados recuerdan haber visto hombres y mujeres holandeses, llevando cascos blancos y ropas cubiertas por cruces rojas, precipitarse temerariamente por entre los disparos que se hacían desde ambos bandos para llevar a lugar seguro a los heridos y los agonizantes.

Esta extraña y mortal batalla que devastaba las afueras de la ciudad apenas a tres kilómetros del puente de Arnhem parecía no tener plan ni estrategia. Como todos los combates callejeros, se había convertido en una violenta y feroz lucha cuerpo a cuerpo en un laberinto de calles.

Los *Diablos Rojos* estaban ateridos, sin afeitar, sucios y hambrientos. La lucha había sido demasiado constante como para permitirles a los hombres más descanso que alguna taza de té ocasional. Empezaba a escasear la munición y aumentaban las bajas; algunas compañías habían perdido hasta el 50 por ciento de sus efectivos. Había sido imposible dormir, excepto de manera discontinua y breve. Muchos hombres, fatigados y combatiendo ininterrumpidamente desde hacía horas, habían perdido todo sentido del tiempo. Pocos sabían exactamente dónde se encontraban ni a qué distancia estaba todavía el puente, pero continuaban tercamente decididos a llegar hasta él. Años más tarde, hombres como el soldado Henry Bennett, del 1.er Batallón del coronel Fitch, que avanzaba por la ruta central *Tigre*, recordaría que a todo lo largo de las constantes escaramuzas y entre el fuego de los morteros y los francotiradores, se mantenía constante una orden: «¡Adelante! ¡Adelante! ¡Adelante!».

Sin embargo, para el general Urquhart, ausente ya del Cuartel General de la División desde hacía casi 16 horas y sin contacto por radio con ella, el progreso del ataque era desesperadamente lento. Desde las 03.00 horas, cuando había sido despertado en la villa en la que había permanecido descansando agitadamente unas horas, Urquhart, juntamente con el general de brigada Lathbury, había estado continuamente en la carretera con el 1.er Batallón. «Violentos choques, breves salvas de disparos hacían detenerse continuamente a la columna entera», dijo Urquhart. La efectividad psicológica de los francotiradores alemanes inquietaba al general. Había previsto que a aquellos de sus hombres que no habían recibido aún el bautismo de fuego «les asustarían un poco las balas al principio», pero que se reharían rápidamente. En lugar de ello, en algunas calles bastaban los disparos de un francotirador para detener el avance de todo el batallón. No obstante, en vez de inmiscuirse en el mando de Fitch, Urquhart permanecía silencioso. «En mi calidad de comandante de división participando en el combate de un batallón... me encontraba en la peor situación posible para intervenir, pero tenía consciencia continuamente de cada precioso segundo que se estaba perdiendo.» Los francotiradores alemanes iban siendo neutralizados con notoria eficiencia, pero Urquhart estaba aterrado por el tiempo que se invertía en eliminarlos.

Lo mismo le ocurría al sargento mayor regimental John C. Lord. Como el general, Lord estaba irritado por el retraso. «La resistencia alemana era feroz y continua, pero buena parte de nuestro retraso se debía también a los holandeses. Salían a las calles agitando las manos, sonriendo, ofreciéndonos sucedáneos de café. Algunos de ellos habían engalanado incluso sus setos con banderas inglesas. Allí estaban, en pleno centro de la lucha, y ni siquiera parecían darse cuenta de ésta. Con todas sus buenas intenciones, nos estaban obstaculizando tanto como los alemanes.»

De pronto, el intenso fuego de francotiradores fue sustituido por algo mucho más serio: el penetrante estampido de los cañones autopropulsados y artillería de 88 milímetros del enemigo. En aquel momento, las unidades de vanguardia del batallón de Fitch se hallaban junto al imponente Hospital de Santa Isabel, a menos de tres kilómetros al noroeste del puente de Arnhem. El hospital estaba situado casi en la confluencia de las dos carreteras principales que conducían a Arnhem, por las que los Batallones 1.º y 3.º intentaban llegar hasta el puente. Elementos de la unidad de reconocimiento de la División *Hohenstaufen* habían tomado posiciones allí durante la noche. El 1.er Batallón del coronel Dobie, en la carretera Eden-Arnhem, y el 1.er Batallón de Fitch, en la carretera de Utrecht, debían pasar por ambos lados de la confluencia para llegar al puente. El batallón de Dobie fue el primero en sentir la fuerza de las fanáticas unidades de las SS del coronel Harzer.

Desde un perímetro en forma de herradura que cubría los accesos a la ciudad por el norte y el oeste, los alemanes habían obligado a los hombres de Dobie a abandonar la carretera septentrional y refugiarse en las zonas edificadas circundantes. Hombres de las SS ocultos en los tejados y francotiradores instalados en los desvanes habían dejado pasar a las unidades de vanguardia antes de abrir un fuego mortal sobre las tropas que llegaban detrás. En la confusión del ataque por sorpresa, compañías y pelotones se dispersaron en todas direcciones.

Ahora, empleando la misma táctica, los alemanes se concentraban en el 1.er Batallón de Fitch. Y, en una situación que podía tener desastrosas consecuencias, cuatro oficiales esenciales —los comandantes de los batallones 1.º y 3.º, el oficial al mando de la 1.ª Brigada Paracaidista y el comandante de la 1.ª División Aerotransportada británica— se encontraron copados en la misma zona pequeña y densamente poblada. Irónicamente, como en el caso de Model y sus comandantes de Oosterbeek, el general Urquhart y el general de brigada Lathbury se hallaban rodeados por un enemigo que ignoraba su presencia.

Atacadas por delante y por detrás, las columnas británicas se dispersaron. Algunos hombres se dirigieron hacia los edificios situados a lo largo del Rin, otros se encaminaron a los bosques cercanos y otros —entre ellos, Urquhart y Lathbury— corrieron a refugiarse en estrechas callejuelas de casas de ladrillos idénticas entre sí.

Urquhart y su grupo acababan de llegar a una casa de tres pisos situada en un bloque de edificios próximo a la carretera Utrecht-Arnhem, cuando los alemanes bombardearon el edificio. Los británicos resultaron ilesos, pero los blindados alemanes, observaría más tarde Urquhart, «atravesaban las calles con casi despreocupada inmunidad». Mientras un tanque descendía con estruendo por la calle, con su comandante de pie en la torreta abierta buscando objetivos, el comandante Peter Waddy se asomó por una ventana del último piso de una casa próxima a la de Urquhart y arrojó con acierto un explosivo de plástico a la torreta abierta, haciendo volar en pedazos al blindado.* Otros hombres, siguiendo el ejemplo de Waddy, destruyeron otros dos blindados. Pero a pesar de que los británicos combatían ardientemente, las armas ligeras de las fuerzas aerotransportadas no podían competir con los blindados alemanes.

La apurada situación de Urquhart se agravaba por momentos. Estaba desesperadamente ansioso por regresar al Cuartel General de la División y hacerse con el control de la batalla. Cogido en medio de los combates, creía que su único medio de escapar era salir a las calles y, en la confusión, tratar de atravesar las posiciones alemanas. Sus oficiales, temiendo por su seguridad, manifestaron su desacuerdo, pero Urquhart se mostró inflexible. La intensa lucha, tal como él la veía, se desarrollaba todavía solamente «a nivel de compañía», y como los edificios que ocupaban los británicos no se hallaban aún rodeados, consideraba que su grupo debía salir rápidamente antes de que aumentaran los efectivos alemanes y se cerrara el cerco.

Durante la apresurada conferencia celebrada entre el estruendo de la batalla, Urquhart y sus oficiales quedaron estupefactos al ver pasar traqueteando por la calle el transporte británico de una ametralladora Bren, indiferente al fuego alemán, y detenerse frente al edificio. Un teniente canadiense, Leo Heaps, que, en palabras de Urquhart, «parecía estar disfrutando», saltó del asiento del conductor y se precipitó al interior del edificio. Detrás de Heaps iba Charles *Frenchie* Labouchère, de la Resistencia holandesa, que actuaba

* Poco tiempo después, Waddy fue muerto por una explosión de mortero mientras inspeccionaba las posiciones británicas.

como guía de Heaps. El transporte estaba cargado de provisiones y munición que Heaps esperaba entregar en el puente al coronel Frost. Con los blindados alemanes por todas partes, el pequeño vehículo y sus dos ocupantes habían sobrevivido milagrosamente al fuego enemigo y, por el camino, habían descubierto por casualidad el paradero de Urquhart. Ahora, por primera vez en muchas horas, Urquhart supo por Heaps lo que estaba sucediendo. «Las noticias distaban mucho de ser alentadoras —recordó más tarde Urquhart—. Las comunicaciones seguían cortadas. Frost estaba en el extremo norte del puente sometido a un intenso ataque, pero resistiendo, y a mí se me daba por capturado o desaparecido.» Tras escuchar a Heaps, Urquhart le dijo a Lathbury que ahora resultaba imperativo «antes que quedar completamente copados, correr el riesgo y salir».

Volviéndose hacia Heaps, Urquhart dijo al canadiense que si llegaba al Cuartel General de la División después de completar su misión en el puente, debía urgir a Mackenzie para que «organizase toda la ayuda que pudiera para el batallón de Frost». A toda costa, incluyendo su propia seguridad, Urquhart estaba decidido a que Frost recibiera los suministros y hombres necesarios para resistir hasta que los blindados de Horrocks llegaran a Arnhem.

Cuando Heaps y Labouchère se marcharon, Urquhart y Lathbury se dispusieron a escapar. En ese momento, la calle estaba siendo barrida constantemente por el fuego enemigo, y los edificios se estremecían bajo el impacto de las bombas. Urquhart observó «un creciente montón de muertos en torno a las casas que ocupábamos» y concluyó que sería imposible salir por la calle. Los comandantes, junto con los demás, decidieron salir por la parte trasera del edificio, donde, protegidos por disparos y bombas de humo, podrían alejarse. Luego, aprovechando la vegetación de los jardines traseros de la fila de casas, Urquhart y Lathbury esperaban llegar finalmente a una zona tranquila y emprender el camino de regreso al Cuartel General.

Fue un recorrido de pesadilla. Mientras los soldados tendían una densa cortina de humo, el grupo de Urquhart salió por la puerta trasera, echó a correr a toda velocidad por la huerta y trepó una cerca que separaba la casa de la contigua. Al detenerse unos instantes junto a la cerca siguiente, la Sten de Lathbury se disparó accidentalmente y sus balas pasaron rozando el pie derecho del general. Como escribiría más tarde Urquhart, «le eché a Lathbury una reprimenda en relación con los soldados que no podían mantener sus subfusiles bajo control. Ya era bastante malo que un comandante de división estuviera corriendo para escabullirse del fuego enemigo..., y habría sido demasiado irónico, para expresarlo en palabras, resultar abatido por una bala disparada por uno de mis propios generales de brigada».

Saltando una cerca tras otra, y, en una ocasión, un muro de ladrillos de tres metros de altura, los hombres recorrieron toda la manzana de casas hasta llegar finalmente a una calle adoquinada perpendicular. Entonces, confusos y fatigados, hicieron un cálculo totalmente erróneo. En vez de girar a la izquierda, lo que les habría podido proporcionar cierto margen de seguridad, torcieron a la derecha, hacia el Hospital de Santa Isabel, directamente bajo el fuego alemán.

Corriendo delante de Urquhart y Lathbury, iban otros dos oficiales, el capitán William Taylor, del Estado Mayor del Cuartel General de la brigada, y el capitán James Cleminson, del 1.er Batallón. Uno de ellos gritó algo de pronto, pero ni Urquhart ni Lathbury entendieron sus palabras. Antes de que Taylor y Cleminson pudieran hacerles cambiar de dirección, los dos oficiales llegaron a un laberinto de calles entrecruzadas donde, le pareció a Urquhart, «una ametralladora alemana abatía a todo el que pasaba». Mientras los cuatro hombres intentaban cruzar una de estas estrechas callejas, Lathbury fue herido.

Rápidamente, los demás le arrastraron al interior de una casa. Allí, Urquhart vio que una bala le había alcanzado al general de brigada en la parte inferior de la espalda y que parecía estar temporalmente paralizado. «Todo lo que sabíamos —recuerda Urquhart— era que no podía seguir adelante.» Lathbury instó al general a que se fuera inmediatamente sin él. «Sólo conseguirá verse cercado si se queda, señor», dijo a Urquhart. Mientras hablaba, Urquhart vio aparecer en la ventana un soldado alemán. Levantó su pistola automática y disparó a bocajarro. La ensangrentada masa del rostro del alemán desapareció. Con los alemanes tan cerca, era indudable que Urquhart debía marcharse rápidamente. Antes de salir, habló con los propietarios de la casa, un matrimonio de edad madura, que sabían algo de inglés. Prometieron llevar a Lathbury al Hospital de Santa Isabel tan pronto como se produjera una pausa en los combates. Para salvar a los dueños de la represalia alemana, Urquhart y su grupo ocultaron a Lathbury en un sótano, al pie de una escalera, hasta que pudiera ser trasladado al hospital. Luego, recuerda Urquhart, «salimos por la puerta trasera a otra serie de pequeños patios cercados».

Los tres hombres no llegaron muy lejos, y puede que se salvara la vida de Urquhart por la rápida acción de Antoon Derksen, de cincuenta y cinco años, propietario de la casa número 14 de la calle Zwarteweg.

En el torbellino de disparos, Antoon, su esposa Anna, su hijo Jan y su hija Hermina se habían cobijado en la cocina, situada en la parte posterior de la casa. Mirando por una ventana, Derksen quedó sorprendido al ver tres oficiales británicos saltando la cerca de su jardín y dirigiéndose a la puerta de la cocina. Rápidamente, los hizo pasar.

Incapaz de comunicarse —no hablaba inglés, y en el grupo de Urquhart nadie sabía holandés—, Antoon trató de advertir con gestos a los británicos de que la zona estaba rodeada. «Había alemanes en la calle —recordó más tarde— y en la parte trasera, en la dirección por la que habían ido los oficiales. Al final de la fila de huertos había una posición alemana en la esquina.»

Derksen condujo apresuradamente a sus visitantes por una estrecha escalera hasta un rellano y desde allí a un dormitorio. En el techo había una trampa con unos escalones que llevaban al desván. Mirando cautelosamente por la ventana del dormitorio, los tres hombres vieron el motivo de la agitada pantomima de Derksen. A sólo unos metros por debajo de ellos, ocupando posiciones a todo lo largo de la calle, había soldados alemanes. «Estábamos tan cerca de ellos —recuerda Urquhart— que podíamos oírles hablar.»

Urquhart no podía saber si los alemanes habían visto a su grupo entrar por la parte trasera de la casa, o si irrumpirían en ella en cualquier momento. Pese a la advertencia de Derksen de que la zona estaba rodeada, sopesó los riesgos de continuar a través de la serie de huertos o realizar una audaz salida a la calle, utilizando granadas de mano para despejar el camino. Estaba dispuesto a correr cualquier riesgo para regresar a su puesto de mando. Sus oficiales, que temían por su vida, no lo estaban. Por el momento, el peligro era, simplemente, demasiado grande. Era mucho mejor, arguyeron, esperar a que las tropas británicas ocuparan el sector en vez de que el general se expusiera a ser capturado o, posiblemente, muerto.

Urquhart sabía que el consejo era acertado, y no quería obligar a sus oficiales a correr riesgos que podrían resultar suicidas. Sin embargo, «no podía pensar más que en mi larga ausencia del Cuartel General de la División, y cualquier cosa me parecía mejor que quedarme de aquella manera al margen de la batalla».

El familiar crujido de ruedas de un oruga obligó a Urquhart a quedarse. Desde la ventana, los tres oficiales vieron un cañón autopropulsado alemán bajar lentamente por la calle. Se detuvo junto a la casa de Derksen. La parte posterior del vehículo blindado se hallaba casi a la misma altura que la ventana del dormitorio, y los artilleros descendieron y permanecieron charlando y fumando justamente debajo de ellos. Estaba claro que no iban a seguir su camino, y los británicos esperaban que entrasen en cualquier momento en la casa.

Rápidamente, el capitán Taylor hizo descender los escalones que conducían al desván, y los tres oficiales subieron apresuradamente por ellos. En cuclillas y mirando a su alrededor, Urquhart, que medía 1,80 de estatura, vio que el desván apenas si tenía el espacio justo para arrastrarse. Se sintió «idiota, ridículo, tan ineficaz en la batalla como un espectador».

La casa estaba ahora en silencio. Antoon Derksen, como leal holandés, había dado cobijo a los británicos. Ahora, temiendo una posible represalia si Urquhart era encontrado, evacuó prudentemente a su familia a una casa vecina. En el desván carente casi por completo de ventilación, sin alimentos ni agua, Urquhart y sus oficiales no podían hacer más que esperar ansiosamente a que se retirasen los alemanes o que llegaran las tropas británicas. Aquel lunes 18 de septiembre, sólo un día después del comienzo de *Market-Garden*, los alemanes habían paralizado casi por completo la batalla de Arnhem, y, culminando todas las equivocaciones y errores de cálculo de la Operación, Urquhart, el único hombre que hubiera podido dar cohesión al ataque británico, se hallaba aislado en un desván, atrapado dentro de las líneas alemanas.

Había sido una misión larga y tediosa para el capitán Paul Gräbner y su Batallón de Reconocimiento de la 9.ª División Panzer de las SS. Las tropas aerotransportadas aliadas no habían aterrizado en la franja de 17 kilómetros existente entre Arnhem y Nimega. Gräbner estaba completamente seguro de eso. Pero había unidades enemigas en Nimega. Inmediatamente después de que varios de los vehículos de Gräbner hubieran cruzado el gran puente sobre el río Waal, se había producido un breve y enconado choque. En la oscuridad, el enemigo no había mostrado gran inclinación a continuar la lucha contra sus vehículos blindados, y Gräbner había informado al Cuartel General de que los Aliados parecían disponer todavía de pocos efectivos en la ciudad.

Ahora, terminada su misión de reconocimiento, Gräbner ordenó que unos cuantos cañones autopropulsados de su unidad de cuarenta vehículos custodiaran los accesos meridionales al puente de Nimega. Él emprendió de nuevo la marcha con el resto de la patrulla en dirección norte, hacia Arnhem. No había visto soldados ni ninguna actividad enemiga al cruzar el puente de Arnhem la noche anterior. Sin embargo, había sabido por mensajes radiados que algunas tropas británicas estaban en un extremo del puente. El Cuartel General de Gräbner las había denominado simplemente «avanzadillas». Gräbner se detuvo una vez más, ahora en la ciudad de Elst, aproximadamente a mitad de camino entre Arnhem y Nimega. Al hallarse equidistante entre ambos puentes, también allí dejó parte de su columna. Con los veintidós vehículos restantes, regresó a toda velocidad hacia el puente de Arnhem para despejarlo de las pequeñas unidades enemigas que pudiera haber allí. Gräbner esperaba encontrar pocas dificultades por parte de soldados armados solamente con fusiles o ametralladoras. Sus poderosas unidades blindadas aplastarían simplemente las débiles defensas británicas y las destruirían.

Exactamente a las 9.30 horas, el cabo Don Lumb gritó excitadamente desde la posición que ocupaba en un tejado, cerca del puente: «¡Blindados! ¡Es el XXX Cuerpo!». En el Cuartel General del batallón, el coronel John Frost oyó la voz de su propio vigía. Al igual que el cabo Lumb, Frost experimentó un momentáneo arrebato de júbilo. «Recuerdo haber pensado que tendríamos el honor de dar nosotros solos la bienvenida a Arnhem al XXX Cuerpo», comentó. Otros hombres se sintieron igualmente alborozados. En el lado opuesto del acceso norte, los hombres que se encontraban bajo la rampa, cerca del puesto de mando del capitán Eric Mackay, podían oír ya el retumbar de vehículos pesados por el puente, por encima de ellos. El sargento Charles Storey subió las escaleras hasta la atalaya del cabo Lumb. Mirando hacia el humo que todavía se elevaba del acceso sur, Storey vio la columna que había distinguido Lumb. Su reacción fue inmediata. Precipitándose escaleras abajo, el veterano de los tiempos anteriores a Dunkerque gritó: «¡Son alemanes! ¡Carros blindados en el puente!».

La vanguardia de la fuerza de asalto del capitán Paul Gräbner se lanzó a toda velocidad sobre el puente. Con extraordinaria habilidad, los conductores alemanes, zigzagueando de un lado a otro, no sólo sortearon los humeantes escombros que tapizaban el puente, sino que lograron atravesar un campo de minas Teller que los británicos habían tendido durante la noche. Únicamente uno de los cinco vehículos delanteros de Gräbner tropezó con una mina y, al estar sólo superficialmente dañado, continuó avanzando. En su lado de la rampa, el capitán Mackay contempló asombrado cómo el primero de los achaparrados carros camuflados, disparando constantemente con sus ametralladoras, atravesaba la rampa, aplastaba las defensas británicas y seguía recto hacia el centro de Arnhem. Casi inmediatamente, Mackay vio pasar otro. «No teníamos cañones anticarro en nuestro lado —dice Mackay—, y nos limitamos a contemplar impotentes cómo tres carros blindados más pasaban a toda velocidad ante nosotros y enfilaban la avenida.»

Estaba en marcha el audaz plan de Gräbner de abrirse paso por el puente, prevaliéndose de la fuerza y la velocidad. Fuera de la vista de los británicos, en el acceso sur al puente, había formado su columna. Ahora, comenzaron a avanzar, camiones orugas, más carros blindados, transportes de tropas e, incluso, unos cuantos camiones cargados de infantería que hacía fuego tras la protección de sacos de cereal. Encorvados tras los vehículos orugas, disparaban sin cesar otros soldados alemanes.

La súbita irrupción de los primeros vehículos de Gräbner había sorprendido a los británicos. Se recuperaron rápidamente. Desde el lado del puente que ocupaba Frost, cañones anticarro comenzaron a disparar. Proveniente de toda la zona norte, un fuego letal envolvió a la columna alemana. Desde parapetos, tejados, ventanas y trincheras, las fuerzas aerotransportadas abrieron fuego con todas las armas disponibles, desde ametralladoras hasta granadas de mano. El zapador Ronald Emery, en el lado de Mackay de la rampa, disparó contra el conductor y el acompañante del primer camión que pasó. Al aparecer el segundo, Emery mató también a sus conductores. El vehículo se detuvo justamente enfrente de la rampa, y cuando el resto de sus seis ocupantes lo iban abandonando, los iban matando de uno en uno.

La columna de Gräbner continuaba avanzando implacablemente. Dos camiones más hicieron su aparición en el puente. De pronto, el asalto alemán se hundió en el caos. El conductor del tercer camión resultó herido. Dominado por el pánico, hizo girar en redondo su vehículo, chocando con el que venía detrás. Los dos vehículos, inextricablemente enredados, patinaron por la carretera, y uno de ellos se incendió. Los alemanes que venían detrás intentaron obstinadamente abrirse paso. Acelerando sus vehículos, ansiosos por llegar al extremo norte, embestían unos contra otros y contra los montones de escombros provocados por las granadas y los obuses de mortero. Perdido el control, algunos camiones chocaron contra el pretil de la rampa con tal violencia que cayeron sobre las calles que se extendían debajo. La infantería alemana que seguía a los vehículos cayó segada implacablemente. Sin poder avanzar hacia el centro del puente, los supervivientes retrocedieron a toda velocidad hacia el extremo sur. Una lluvia de disparos rebotaba contra las vigas del puente. Ahora, las granadas de la artillería del teniente coronel *Sheriff* Thompson, situada en Oosterbeek y llamada por el comandante Dennis Munford desde el ático del Cuartel General de la brigada, cerca del propio edificio de Frost, comenzaron a caer también sobre los vehículos de Gräbner. Entre el fragor de la batalla, se podían oír los aullidos de los ahora enardecidos soldados británicos lanzando su grito de guerra: «Whoa Mohammed», que los *Diablos Rojos* habían utilizado por primera vez en las resecas colinas del Norte de África en 1942.*

La ferocidad de la batalla sorprendió a los holandeses que se encontraban en la zona. Lambert Schaap, que vivía con su familia en la Rijnkade —la calle que discurría al este y el oeste del puente—, se apresuró a poner bajo resguardo a su mujer y sus nueve hijos. Schaap permaneció en su casa hasta que una rociada de balas penetró por las ventanas, acribillando las paredes y destrozando los muebles. Schaap huyó bajo ese intenso fuego. Al sargento de la Policía, Joannes van Kuijk, la batalla se le antojó interminable. «El tiroteo era violento y un edificio tras otro parecían ser alcanzados o incendiados. Eran constantes las llamadas telefónicas de colegas y amigos pidiendo información sobre lo que estaba sucediendo. Estábamos pasándolas negras en nuestro edificio y comenzaban a arder las fincas vecinas. Las casas del Eusebius Buiten Singel estaban también en llamas.»

En ese ancho paseo cercano al acceso norte, Coenraad Hulleman,

---

* En esa campaña, los soldados observaron que los árabes al gritarse mensajes unos a otros, parecían empezar cada comunicación con esas palabras. En Arnhem, el grito de guerra adquiriría un significado especial. Permitía a los soldados de ambos lados de la rampa norte determinar quién era amigo o enemigo en las diversas posiciones y edificios, ya que los alemanes parecían incapaces de pronunciar las palabras. Según Hilary St. George Saunders, en *By Air to Battle*, el grito de guerra «parecía enardecer al máximo a los hombres».

que se encontraba en casa de su prometida, a sólo unos portales del puesto de mando del capitán Mackay, estaba ahora con el resto de la familia Van der Sonde en el refugio del sótano. «Se oía un extraño sonido que dominaba a todos los demás, y alguien dijo que estaba lloviendo —recuerda Hulleman—. Subí al primer piso, miré y vi que era fuego. Corrían soldados en todas direcciones, y la manzana entera parecía estar ardiendo. La batalla iba recorriendo el paseo y de pronto, nos había tocado el turno. Las balas impactaban contra la casa, destrozando ventanas, y arriba se oyeron unas notas musicales al resultar alcanzado el piano. Luego, de repente, un sonido como el de alguien que estuviera escribiendo a máquina en el despacho del señor Van der Sonde. Simplemente, las balas estaban machacando la máquina de escribir.» La prometida de Hulleman, Truid, que le había seguido, vio que los disparos alcanzaban la torre de la maciza iglesia de San Eusebio. Mientras miraba, las manecillas doradas del gran reloj de la iglesia empezaron a girar alocadamente, como si, recuerda Truid, «el tiempo fuera corriendo».

Para los que combatían en el puente, el tiempo había perdido todo sentido. La sorpresa, la rapidez y la ferocidad de la batalla hicieron pensar a muchos hombres que la lucha se había prolongado durante muchas horas. En realidad, el ataque de Gräbner había durado menos de dos. De los vehículos blindados que tan celosamente había protegido el coronel Harzer del general Harmel, doce yacían destrozados o incendiados en la orilla septentrional. Los restantes se habían alejado de la carnicería y regresaban a Elst sin su comandante. En la encarnizada lucha sin cuartel, el capitán Paul Gräbner había resultado muerto.

Los británicos, orgullosos y triunfantes, empezaron a pasar revista a los daños sufridos. Médicos y camilleros, desafiando los incesantes disparos de los francotiradores, se movían por entre el humo y los escombros, llevando a lugar seguro a los heridos de ambos bandos. Los *Diablos Rojos* del puente habían rechazado y sobrevivido al horror de un ataque blindado y, casi como si se les estuviera felicitando por su éxito, la sección de transmisiones del 2.º Batallón captó de pronto un claro mensaje del XXX Cuerpo. Los mugrientos y fatigados soldados imaginaron que su dura prueba estaba a punto de terminar. Ahora, sin que cupiera la menor duda, los blindados de Horrocks debían estar a unas pocas horas de distancia.

Enjambres de cazas despegaron desde los aeródromos situados al otro lado de la frontera alemana. La casi agotada Luftwaffe había hecho un sobreesfuerzo para reunir y aprovisionar de combustible a los aviones. Tras una noche frenética e insomne durante la cual se habían traído cazas desde todos los puntos de Alemania, unos 190 aviones se congregaron sobre Holanda entre las 9.00 y 10.00 horas. Su misión era destruir la segunda oleada de *Market*. A diferencia del escéptico mariscal de campo Model, los generales de la Luftwaffe creían que los capturados planes de *Market-Garden* eran auténticos. Vieron una excelente oportunidad de lograr un importante triunfo. Gracias a los planes que obraban en su poder, los comandantes alemanes del Aire conocían las rutas, zonas de aterrizaje y horas de lanzamiento de la expedición del lunes. Patrullando la costa holandesa a lo largo de las conocidas rutas de vuelo y zonas de lanzamiento Aliadas, escuadrillas de cazas alemanas esperaban para lanzarse sobre las columnas aerotransportadas que debían comenzar sus lanzamientos a las 10.00 horas. La hora cero pasó sin que se detectara el menor rastro de la flota aérea Aliada. Se ordenó a los cazas, cuya autonomía de vuelo era escasa, que aterrizasen, repostaran combustible y volvieran a despegar. Pero el cielo continuaba desierto. No se materializó ninguno de los esperados objetivos. Desconcertado y desalentado, el Alto Mando de la Luftwaffe no podía hacer sino preguntarse qué era lo que había sucedido.

Lo que había sucedido era bien sencillo. A diferencia de Holanda, donde el tiempo era despejado, Gran Bretaña estaba cubierta por la niebla. En las bases, las tropas aerotransportadas británicas y estadounidenses, listas para partir, esperaban impacientes junto a sus aviones y sus planeadores. En aquella mañana crucial, cuando cada hora revestía un extraordinario valor, el general Lewis H. Brereton, comandante del Primer Ejército Aerotransportado Aliado, se encontraba, como los hombres que integraban la segunda expedición, a merced del tiempo. Tras celebrar consultas con los meteorólogos, Brereton se vio obligado a fijar una nueva hora cero. Los hombres que se hallaban en Arnhem y sus alrededores y los americanos que avanzaban por el corredor —todos ellos resistiendo ante los efectivos alemanes en constante aumento— debían ahora esperar cuatro largas horas más. La segunda expedición no podría llegar a las zonas de lanzamiento antes de las 14.00 horas.

5

En Valkenswaard, a cien kilómetros al sur de Arnhem, la espesa niebla había retrasado la partida de los tanques del XXX Cuerpo, fijada para las 6.30 horas. Los vehículos de reconocimiento, sin embargo, habrían emprendido la marcha a la hora prevista. Patrullando hacia delante y de este a oeste desde el amanecer, exploraban la potencia de las fuerzas alemanas. Al este, la arena cubierta de brezo y los pequeños arroyos hacían la zona difícilmente transitable incluso para los vehículos de reconocimiento. Al oeste del pueblo, los puentes de madera sobre arroyos y ríos se consideraron demasiado endebles para soportar el peso de los blindados. Los vehículos de reconocimiento del centro avanzaban por la estrecha carretera que sale de Valkenswaard, cuando encontraron súbitamente un carro de combate y dos cañones autopropulsados alemanes, que pusieron rumbo a Eindhoven al acercarse la patrulla. Según todos los informes, parecía claro que la ruta más rápida a Eindhoven seguía siendo la carretera, pese a los blindados alemanes avistados y a la probabilidad de que hicieran su aparición otros más a medida que los británicos se aproximaran a la ciudad. Ahora, tres horas después, los carros del general Horrocks estaban sólo empezando a ponerse de nuevo en marcha. Mientras los hombres del coronel Frost combatían contra las unidades del capitán Gräbner en el puente de Arnhem, los Guardias Irlandeses avanzaban por fin, dirigiéndose por la carretera principal hacia Eindhoven.

La firme resistencia alemana había frustrado el plan de Horrocks de atravesar el canal Mosa-Escalda el domingo y enlazar en Eindhoven con la 101.ª División Aerotransportada del general Taylor en menos de tres horas. Al anochecer del día 17, los tanquistas del teniente coronel *Joe* Vandeleur habían llegado a sólo diez kilómetros de Valkenswaard, 9 kilómetros antes del objetivo que tenían asignado para el día. No parecía haber ninguna razón para continuar avanzando durante la noche. El general de brigada Norman Gwatkin, jefe del Estado Mayor de la División Blindada de Guardias, le había dicho a Vandeleur que estaba destruido el puente de Son, más allá de Eindhoven. Sería preciso llevar el material necesario para construir un nuevo puente para que los blindados de Vandeleur pudieran cruzar. Según recuerda Vandeleur, Gwatkin dijo: «Avanza hasta Eindhoven mañana, amigo, pero tómate tiempo. Hemos perdido un puente».

Ignorantes de aquel contratiempo, los hombres se sentían impacientes por la demora. El teniente John Gorman, que había asistido a la conferencia del general Horrocks en Leopoldsburg antes de la iniciación del ataque, había pensado entonces que eran demasiados puentes los que tenían que cruzar. Ahora, Gorman, que había recibido la Cruz Militar hacía unas semanas, estaba nervioso e irritable. Sus primitivos temores parecían justificados. Ansioso por ponerse en marcha, Gorman no podía comprender por qué la Blindada de Guardias había pasado la noche en Valkenswaard. La costumbre, observó, «parecía exigir que uno durmiera de noche y trabajase de día», pero en ese momento, Gorman consideraba que no debía seguirse semejante conducta. «Debemos continuar —recuerda que dijo—. No podemos esperar.» El teniente Rupert Mahaffey se sentía igualmente inquieto por la lentitud del avance. «Empecé a tener conciencia de la situación. Parecía que nuestro avance era más lento de lo previsto, y yo sabía que si no reanudábamos pronto la marcha no llegaríamos a tiempo a Arnhem.»

A pesar de que las patrullas de exploración de la *Household Cavalry* habían advertido la presencia de blindados e infantería alemanes, los carros de los Guardias Irlandeses encontraron poca oposición hasta llegar al pueblo de Aalst, a mitad de camino de Eindhoven. Desde los bosques de pinos que flanqueaban la carretera cayó una lluvia de fuego de infantería sobre la columna y un solitario cañón autopropulsado atacó a los carros de vanguardia. Consiguieron rápidamente dejarlo fuera de combate, y la fuerza de Vandeleur penetró en el pueblo. Tres kilómetros al norte, en un pequeño puente sobre el río Dommel, los irlandeses se vieron detenidos de nuevo, esta vez por intenso fuego de artillería. Cuatro cañones de 88 milímetros cubrían el puente. Soldados de infantería armados con ametralladoras pesadas se hallaban ocultos en las casas próximas y detrás de muros de cemento. Inmediatamente, los vehículos que abrían la marcha se detuvieron y los soldados británicos, saltando de los carros, respondieron al fuego enemigo.

A fin de avanzar lo más rápidamente posible, Vandeleur decidió llamar a los lanzacohetes *Typhoons* que tan acertadamente habían ayudado a las columnas durante el avance del día anterior. El teniente Donald Love, encargado ahora de la comunicación tierra-aire, transmitió la solicitud. Para su asombro, fue rechazada. En Bélgica, las escuadrillas se hallaban inmovilizadas por la niebla. Vandeleur, recuerda Love, «se puso lívido». Mirando de soslayo el despejado cielo de Holanda, preguntó sarcásticamente a Love «si a la RAF le asustaba el sol».

Para entonces, la columna entera, que se alargaba hasta casi la frontera belga, se hallaba inmovilizada por los bien emplazados cañones enemigos. Los blindados de vanguardia trataron de sortearlos y un cañón que disparaba directamente sobre la carretera los hizo detenerse a corta distancia. Mientras sus carros abrían fuego contra los alemanes, Vandeleur ordenó que entrara en acción la artillería pesada y rápidamente mandó a las patrullas que se dirigieran al oeste, a lo largo del río, en busca de un puente o vado por el que sus vehículos pudieran cruzar, rebasar a la batería alemana y atacar por la espalda.

Una tormenta de acero caía sobre los blindados de vanguardia mientras las baterías británicas empezaban a disparar contra el enemigo. Bien situados y con furiosa decisión, los alemanes continuaron haciendo fuego. La batalla se prolongó durante dos horas. A Vandeleur le indignaba el retraso y la sensación de impotencia. Todo lo que podía hacer era esperar.

Pero, apenas a seis kilómetros al norte, una de las unidades de reconocimiento había tenido una suerte inesperada. Tras un tortuoso viaje campo a través sobre marismas y terrenos surcados de corrientes de agua, cruzando frágiles puentes de madera, un grupo de vehículos de exploración, al sortear las posiciones alemanas se encontró de pronto con tropas aerotransportadas estadounidenses al norte de Eindhoven. Poco antes del mediodía, el teniente John Palmer, que mandaba la unidad de reconocimiento de la *Household Cavalry*, era calurosamente saludado por el general de brigada Gerald Higgins, comandante adjunto de las *Águilas Aullantes* de la 101.ª. Lleno de júbilo, Palmer informó por radio a su Cuartel General que los «Chicos de las Cuadras han establecido contacto con nuestros Amigos Alados.» Se había realizado el primero de tres vitales enlaces a lo largo del corredor, con 18 horas de retraso sobre el horario previsto en *Market-Garden*.

Establecido por fin el contacto, la atención se volvió inmediatamente hacia el puente de Son. Las unidades británicas de ingenieros que esperaban, necesitaban tener todos los datos para transportar los materiales y el equipo precisos para la reparación del dañado puente. Los zapadores, que avanzaban junto con las columnas de vanguardia de Vandeleur, se dispusieron a precipitarse hacia el puente en cuanto se reanudara de nuevo el avance. La información podía haberse transmitido por radio, pero los estadounidenses habían descubierto un método más sencillo. Se dijo por radio a los sorprendidos británicos que pidieran a sus ingenieros que telefonearan a «Son 244». La llamada pasó inmediatamente a través de la central telefónica automática controlada por los alemanes y, a los pocos minutos, los estadounidenses que se encontraban en el puente de Son habían dado a los ingenieros británicos la vital información que necesitaban para llevar el adecuado equipo.

En el pueblo de Aalst, los tanquistas de Vandeleur se quedaron sorprendidos por el brusco cese del fuego alemán que durante tanto tiempo les había mantenido inmovilizados en la carretera principal. Uno de sus propios escuadrones había abierto el camino. Avanzando lentamente por la orilla occidental del río Dommel, una unidad británica de reconocimiento había llegado a un puente situado a kilómetro y medio al norte de Aalst y detrás de las posiciones alemanas. El escuadrón cargó por la espalda contra los cañones alemanes, ocupó sus posiciones y puso fin a la batalla.

Ignorantes de lo ocurrido, los tanquistas inmovilizados en Aalst creyeron que el súbito silencio era una pausa en la lucha. El comandante Edward Tyler, que mandaba el Escuadrón Número 2 de vanguardia, dudaba si debía aprovechar la pausa y ordenar a sus carros avanzar cuando divisó a un hombre en bicicleta que se acercaba a la columna por la carretera principal. Deteniéndose en la otra orilla, el hombre saltó de la bicicleta y, agitando frenéticamente las manos, atravesó el puente. El asombrado Tyler le oyó decir: «¡General! ¡General! ¡Los *boches* se han ido!».

Jadeante, el holandés se presentó. Cornelis Los, de cuarenta y un años, era un ingeniero empleado en Eindhoven, pero que vivía en

Aalst. «La carretera —le dijo Los a Tyler— está despejada y han puesto ustedes fuera de combate al único tanque alemán en la entrada del pueblo.» Luego, según recuerda Tyler, «mostró un detallado plano de todas las posiciones alemanas entre Aalst y Eindhoven».

Inmediatamente, Tyler dio la orden de avanzar. Los carros cruzaron el puente y, siguiendo la carretera, pasaron ante las ahora destruidas y desiertas posiciones artilleras alemanas. Al cabo de una hora, Tyler vio ante sí Eindhoven y lo que parecían ser millares de holandeses abarrotando la carretera, lanzando aclamaciones y agitando banderas. «El único obstáculo que se interpone ahora ante nosotros son las muchedumbres holandesas», comunicó por radio a la columna el comandante E. Fisher-Rowe. En la jubilosa atmósfera de carnaval, los pesados carros del XXX Cuerpo tardarían más de cuatro horas en atravesar la ciudad. Las unidades de vanguardia no llegaron hasta poco después de las 19.00 horas al puente de Son, donde estaban trabajando los fatigados ingenieros del coronel Robert F. Sink como llevaban haciendo desde su destrucción, intentando reparar el vital paso.

Desde el principio, el sincronizado horario de *Market-Garden* había dejado un pequeño margen al error. En ese momento, al igual que el frustrado avance de los batallones británicos sobre Arnhem, los daños sufridos por el puente de Son constituían un grave contratiempo que ponía en peligro toda la Operación. Cuarenta y dos kilómetros del corredor —desde la frontera belga hasta Veghel al norte— se hallaban ahora controlados por los angloamericanos. Con extraordinaria rapidez, la 101.ª División había recorrido sus 22 kilómetros de carretera, capturando las ciudades principales de Eindhoven, St. Oedenrode y Veghel, y nueve de los once puentes. Sin embargo, la columna de Horrocks, compuesta por veinte mil vehículos, no podría proseguir su avance hasta que fuese reparado el puente de Son. Los ingenieros británicos y su equipo, llegados con los carros de vanguardia, debían trabajar contrarreloj para reparar el puente y dar paso al XXX Cuerpo sobre el Canal Wilhelmina, pues no existía ya una ruta alternativa que pudieran seguir los blindados de Horrocks.

Al trazar los planes, el general Maxwell Taylor, sabiendo que el puente de Son era vital para un avance por el corredor, había incluido también un objetivo secundario. Para contrarrestar un contratiempo como el sufrido en Son, Taylor había ordenado que se tomara también un puente de cemento de 33 metros de longitud en el pueblo de Best. Situado a seis kilómetros al oeste de la carretera principal, el puente podría ser utilizado en caso de emergencia. Como los servicios de información creían que había pocas tropas alemanas en la zona, se había encomendado a una sola compañía la misión de apoderarse del puente y de un cercano paso de ferrocarril.

Best (traducción en inglés de «mejor») les resultaría un nombre trágicamente inadecuado a los soldados estadounidenses enviados a tomarlo. La reforzada compañía del teniente Edward L. Wierzbowski se había visto muy reducida durante el feroz combate nocturno del día 17. Infiltrándose a lo largo de diques y orillas de canales y a través de las marismas, los obstinados soldados mandados por Wierzbowski continuaban ejerciendo presión contra fuerzas alemanas superiores en número; en una ocasión, estuvieron a cinco metros del puente antes de ser detenidos por una barrera de fuego. Durante la noche, se corrió en varias ocasiones el rumor de que el puente había sido tomado. Otros informes aseguraban que la compañía de Wierzbowski había sido aniquilada. Los refuerzos, como la compañía primitiva, quedaron rápidamente envueltos en la desesperada y desigual lucha. En el Cuartel General de la 101.ª no tardó en quedar claro que había un gran número de efectivos alemanes concentrados en Best. Lejos de hallarse débilmente defendido, en el pueblo se concentraban más de mil soldados, unidades del olvidado XV Ejército alemán. Y, como una esponja, Best estaba absorbiendo un número progresivamente mayor de fuerzas estadounidenses. Mientras rugían los combates por toda la zona, Wierzbowski y los pocos supervivientes de su compañía se hallaban casi en el centro mismo de la batalla. Tan rodeados que ni siquiera sus propios refuerzos sabían que se encontraban allí, continuaron luchando por apoderarse del puente.

Hacia mediodía, mientras las avanzadillas de británicos y estadounidenses enlazaban en Eindhoven, era volado por los alemanes el puente de Best. Wierzbowski y sus hombres estaban tan cerca que las heridas producidas por los cascotes al caer se sumaron a las que ya padecían. En otras partes de la zona, las bajas eran también elevadas. Resultó muerto uno de los más brillantes y duros de los comandantes de la 101.ª, el teniente coronel Robert Cole, que se hallaba en posesión de la Medalla de Honor del Congreso. La Medalla sería concedida también a título póstumo a otro soldado. El soldado Joe E. Mann, tan gravemente herido en el puente que llevaba los dos brazos vendados y sujetos a los costados, vio caer una granada alemana entre los hombres con los que se encontraba. Incapaz de liberar los brazos, Mann se arrojó sobre la granada salvando a los que estaban a su alrededor. Cuando Wierzbowski llegó a su lado, Mann habló una sola vez: «Tengo la espalda destrozada», dijo al teniente. Luego, murió.

Destruido el puente de Best, el éxito de *Market-Garden* dependía ahora más críticamente que nunca de la rapidez con la que los ingenieros pudieran reparar el puente de Son. En las eslabonadas fases del plan —dependiendo cada eslabón del siguiente—, la carretera que se extendía más allá de Son se hallaba vacía de los blindados que hubieran debido recorrerla horas antes. El audaz ataque de Montgomery estaba tropezando con dificultades cada vez mayores.

Cuanto más se avanzaba a lo largo del corredor, más complicados se tornaban los problemas. En el centro, aislada de las *Águilas Aullantes*, al sur, y de los *Diablos Rojos*, en Arnhem, la 82.ª Aerotransportada del general Gavin defendía firmemente el puente de Grave, de 500 metros de longitud, y el próximo a Heumen, más pequeño. Al sudoeste, pelotones del 504.º y el 508.º, atacando simultáneamente desde lados opuestos del Canal Mosa-Waal y tras un enconado combate, se apoderaron de otro puente sobre la carretera Grave-Nimega, en el pueblo de Honinghutie, abriendo así una ruta alternativa hacia Nimega para los blindados de Horrocks. Pero, del mismo modo que el destruido puente de Son estaba frenando el avance británico en el sector central del corredor, la incapacidad de la 82.ª para apoderarse rápidamente del puente de Nimega había creado sus propios problemas. Tropas de las SS se hallaban ahora atrincheradas allí, en los accesos meridionales. Bien protegidas y ocultas, rechazaban repetidamente los ataques de una compañía del 508.º. A cada hora que transcurría se fortalecían los efectivos alemanes, y Gavin no podía prescindir de más hombres en el esfuerzo para capturar el puente; a todo lo largo de la vasta zona que ocupaba la 82.ª —una extensión que comprendía 15 kilómetros de norte a sur y 18 de este a oeste— una serie de ataques enemigos, extraordinariamente violentos y carentes, al parecer, de coordinación, amenazaban con producir el desastre.

Las patrullas que recorrían la carretera Grave-Nimega estaban siendo constantemente atacadas por tropas enemigas infiltradas hasta allí. El cabo Earl Oldfather, intentando detectar la presencia de francotiradores, vio tres hombres en un campo que ocupaba el 504.º. «Uno achicaba agua de su agujero y los otros dos estaban cavando —recuerda Oldfather—. Agité la mano en su dirección y vi que uno de ellos cogía su fusil. Eran *boches* que se habían metido en nuestro campo y disparaban contra nosotros desde nuestros propios pozos de tirador.»

Más al este, las dos vitales zonas de aterrizaje situadas entre los altos de Groesbeek y la frontera alemana se convirtieron rápidamente en campos de batalla en los que oleadas de infantes alemanes se lanzaban contra las fuerzas aerotransportadas. Había entre ellos personal de la Marina y la Luftwaffe, encargados de transmisiones, soldados licenciados, mozos de hospital e incluso, convalecientes recién dados de alta. El cabo Frank Ruppe recuerda que los primeros alemanes que vio llevaban una desconcertante variedad de uniformes y emblemas. El ataque comenzó tan súbitamente, recuerda, que «caímos en una emboscada prácticamente junto a nuestros propios puestos avanzados». Aparecían unidades como salidas de la nada. En los primeros minutos, el teniente Harold Gensemer capturó a un coronel alemán muy seguro de sí mismo que alardeaba de que «mis hombres no tardarán en echaros a patadas de esta colina». Y casi lo hicieron.

Los alemanes, cruzando la frontera alemana en ingente número desde la ciudad de Wyler y el Reichswald, traspasaron el perímetro defensivo de la 82.ª y ocuparon rápidamente las zonas, capturando depósitos de municiones y suministros. Durante algún tiempo, la lucha fue caótica. Los defensores de la 82.ª se mantuvieron en sus posiciones todo el tiempo que les fue posible y, luego, empezaron a retroceder lentamente. Por toda la comarca, las tropas fueron alertadas para que acudieran al lugar de los combates. Los hombres que se encontraban en las proximidades de Nimega avanzaron a marchas forzadas hasta las zonas de lanzamiento para prestar ayuda adicional.

Algo similar al pánico pareció dominar también a los holandeses. El soldado Pat O'Hagan observó que, mientras su pelotón se retiraba de las afueras de Nimega, las abundantes banderas holandesas que había visto al avanzar hacia la ciudad estaban siendo apresuradamente arriadas. El soldado Arthur *Dutch* Schultz,* veterano de Normandía y servidor de la ametralladora Browning de su pelotón, observó que «todo el mundo estaba nervioso, y todo lo que yo podía

---

* Véase Cornelius Ryan, *El día más largo*, Inédita Editores, Barcelona, 2004.

oír era el canto *BAR frente y centro*». Por donde mirara, veía alemanes. «Nos rodeaban por todos lados y estaban decididos a echarnos de nuestras zonas.» Todos comprendieron que, hasta que llegasen los blindados alemanes y los refuerzos, las unidades enemigas, que se calculaba que sumaban cerca de dos batallones, habían sido enviadas a una misión suicida: destruir a toda costa a la 82.ª y ocupar las zonas de lanzamiento, cuya conservación era vital para que la división recibiera refuerzos y suministros. Si los alemanes lograban su objetivo, podrían aniquilar a la segunda expedición incluso antes de que hubiera aterrizado.

En aquellos momentos, el general Gavin creía que la segunda expedición había salido ya de Inglaterra. No era posible detenerla ni desviar su rumbo a tiempo. Así pues, Gavin disponía de dos horas escasas para despejar las zonas, y necesitaba todos los soldados de que pudiera echar mano. Además de los que ya estaban empeñados en el combate, las únicas reservas inmediatamente utilizables eran dos compañías de ingenieros. Sin dudarlo un solo instante, Gavin las hizo entrar en la batalla.

Apoyadas por fuego de mortero y de artillería, las fuerzas aerotransportadas, en una inferioridad numérica de cinco a uno, combatieron durante toda la mañana para despejar las zonas.* Luego, muchos hombres cargaron sobre los alemanes a bayoneta calada por las pendientes. No fue hasta el punto álgido de la batalla cuando Gavin se enteró de que la segunda expedición no llegaría hasta las 14.00 horas. Los bosques continuaban infestados por una heterogénea mezcolanza de infantería alemana, y era evidente que a aquellas incursiones enemigas les seguirían ataques más concentrados y decididos. Llevando sus tropas de una zona a otra, Gavin confiaba en conservar sus posiciones pero sabía perfectamente que la situación de la 82.ª era precaria por el momento. Y en ese momento, con la información de que el puente de Son se hallaba cortado y se estaba procediendo a repararlo, no podía esperar enlazar con los británicos hasta dos días después del Día D. Impacientemente y con creciente inquietud, Gavin esperaba la segunda expedición, que le traería los hombres, la artillería y la munición que necesitaba desesperadamente.

* En los violentos y caóticos combates que se desarrollaron durante más de cuatro horas en esas zonas, resultó muerto uno de los oficiales más apreciados de la 82.ª, el campeón de pesos pesados de la división, capitán Anthony Stefanich. «Hemos recorrido juntos un largo camino —dijo a sus hombres—. Decid a los muchachos que hagan un buen trabajo.» Luego, murió.

6

Desde las humeantes ruinas de Arnhem hasta el semidestruido puente de Son, en pozos de tirador, en bosques, a lo largo de diques, entre los escombros de edificios derruidos, a bordo de carros de combate y junto a los accesos a los vitales puentes, los hombres de *Market-Garden* y los alemanes contra quienes luchaban oyeron el sordo rumor que llegaba por el oeste. En columna tras columna, oscureciendo el cielo, se estaban acercando los aviones y planeadores de la segunda expedición. El firme y creciente zumbido de los motores hizo que se renovaran las fuerzas y las esperanzas de angloamericanos y holandeses. Para la mayoría de los alemanes, el sonido era un presagio del desastre. Combatientes y civiles miraban hacia el cielo, esperando. Faltaban unos minutos para las 14.00 horas del lunes 18 de septiembre.

La armada aérea que se acercaba era gigantesca y empequeñecía incluso el espectáculo del día anterior. El día 17 los vuelos habían seguido dos rutas distintas, una por el norte y otra por el sur. El 18, el mal tiempo y la esperanza de conseguir una mayor protección frente a la Luftwaffe habían hecho que la segunda expedición se dirigiera a Holanda únicamente por la ruta septentrional. Condensados en una inmensa columna que cubría kilómetros y kilómetros a lo largo del cielo, casi cuatro mil aparatos se escalonaban a altitudes que oscilaban entre los trescientos y los ochocientos metros.

Volando ala con ala, 1.336 C-47 americanos y 340 bombarderos *Stirling* británicos componían el grueso del convoy aéreo. Algunos de los aviones transportaban tropas. Otros remolcaban un número enorme de planeadores, 1.205 *Horsa*, *Waco* y gigantescos *Hamilcar*. A retaguardia del convoy, que se extendía a lo largo de 250 kilómetros, 252 bombarderos cuatrimotores *Liberator* transportaban material de construcción de puentes. Daban escolta a las formaciones, volando sobre ellas y a sus flancos, 867 cazas, que iban desde escuadrillas de *Spitfire* y *Typhoon* británicos hasta *Thunderbolt* y *Linghtning* estadounidenses. En total, el segundo vuelo sumaba en el momento del despegue 6.674 soldados aerotransportados, 681 vehículos con remolques cargados, sesenta piezas de artillería con munición y casi seiscientas toneladas de suministros, incluyendo dos *bulldozer*.*

Rodeada por las explosiones de granadas antiaéreas, la gran escuadra hizo escala frente a la costa holandesa en la isla de Schouwen y, luego, se dirigió tierra adentro hacia el este, hasta un punto de control de tráfico situado al sur de la ciudad de Hertogenbosch. Allí, con los cazas abriendo marcha, la columna se dividió en tres secciones. Con cronométrica precisión, ejecutando difíciles y peligrosas maniobras, los contingentes estadounidenses viraron hacia el sur y el este en dirección a las zonas de las 101.ª y 82.ª, mientras las formaciones británicas ponían rumbo al norte, hacia Arnhem.

Tal y como ocurriera el día anterior, hubo problemas, aunque esta vez de menor importancia. La confusión, los fallos y algunos fatales accidentes afectaron en particular a las flotas de planeadores. Mucho antes de que la segunda expedición llegara a las zonas de lanzamiento, cincuenta y cuatro planeadores fueron derribados por errores estructurales o humanos. Unos veintiséis aparatos cayeron sobre Inglaterra y el Canal; dos se desintegraron durante el vuelo, y veintiséis más fueron soltados prematuramente de sus remolcadores en el vuelo de 120 kilómetros sobre territorio enemigo, aterrizando lejos de sus zonas en Bélgica y Holanda y más allá de la frontera alemana. En un extraño incidente, un aturdido soldado se precipitó a la carlinga y accionó la palanca de desenganche, separando el planea-

---

* Existen ciertas discrepancias en la compilación de cifras de aviones. Las fuentes estadounidenses dan un total de 3.807 aparatos; las británicas, 4.000. Las cifras que se dan aquí proceden del informe posterior a la acción presentado por el Cuerpo del general Browning; la diferencia parece estribar en el número de cazas. Según fuentes estadounidenses, dieron escolta al segundo vuelo 674 cazas con base en Inglaterra, pero había también 193 cazas con base en Bélgica no incluidos en ese número, lo que hace un total de 867 cazas. El mejor relato, con mucho, de la acción aérea de *Market-Garden*, particularmente en lo que se refiere a los transportes de tropas, es el oficial *Estudio* n.º 97, de la División Histórica de la USAF, del doctor John C. Warren, titulado *Airborne Operations in World War II, European Theater*.

dor de su remolcador. Pero las bajas no fueron muy elevadas en total. La mayor pérdida, como el día anterior, fue la del precioso cargamento transportado. Una vez más, los hombres de Urquhart parecían perseguidos por el destino; más de la mitad de los planeadores perdidos iban destinados a Arnhem.

También la Luftwaffe había sido víctima del destino. A las 10.00 horas, al no haber rastro de la esperada flota Aliada, los comandantes aéreos alemanes habían hecho regresar a sus bases a más de la mitad de la fuerza de 190 aviones, mientras los restantes patrullaban los cielos sobre el norte y sur de Holanda. La mitad de estas escuadrillas fueron sorprendidas en el otro sector o estaban repostando cuando llegó la segunda expedición. Como consecuencia de ello, menos de cien *Messerschmitt* y *FW-190* presentaron batalla en las zonas de Arnhem y Eindhoven. Ni un solo avión enemigo fue capaz de perforar la maciza pantalla de protección que formaban los cazas aliados en torno a las columnas de transporte de tropas. Después de la misión, los pilotos aliados declararon que habían sido destruidos 29 *Messerschmitt*, frente a una pérdida de sólo cinco cazas estadounidenses.

Un intenso fuego artillero empezó a envolver a la flota aérea al acercarse a las zonas de aterrizaje. Aproximándose a las zonas de lanzamiento de la 101.ª, al norte de Son, los lentos convoyes de planeadores encontraron lluvia y niebla baja que les protegió en cierta medida de los artilleros alemanes. Pero una sostenida y mortal barrera artillera en la región de Best hizo estragos en las columnas que se acercaban. Un planeador, que llevaba probablemente municiones, recibió de lleno un cañonazo, hizo explosión y desapareció por completo. Cuatro remolcadores fueron alcanzados uno tras otro y soltaron a sus planeadores. Dos se incendiaron inmediatamente; uno se estrelló, el otro consiguió aterrizar. Tres planeadores acribillados a balazos se estrellaron en las zonas, resultando sus ocupantes milagrosamente ilesos. En total, de los 450 planeadores destinados a la 101.ª del general Taylor, 428 llegaron a las zonas con 2.656 soldados, sus vehículos y remolques.

Veintidós kilómetros al norte, la segunda expedición del general Gavin se veía amenazada por las batallas que continuaban librándose en las zonas de lanzamiento cuando empezaron a llegar los planeadores. Las pérdidas fueron mayores en la zona de la 82.ª que en la de la 101.ª. Aviones y planeadores tropezaron con una barrera de fuego antiaéreo. Aunque menos precisos que el día anterior, los artilleros alemanes lograron derribar seis remolcadores mientras viraban en cerrado semicírculo tras soltar a sus planeadores. El ala de uno de ellos fue arrancada, otros tres se estrellaron envueltos en llamas, otro aterrizó en Alemania. La desesperada lucha que tenía lugar por la posesión de las zonas obligó a muchos planeadores a aterrizar en otra parte. Algunos se posaron a cinco o seis kilómetros de sus objetivos; otros acabaron en Alemania; otros más decidieron descender rápidamente sobre las zonas que tenían asignadas. Llenas de cráteres producidos por los proyectiles de los obuses, barridas por el fuego de ametralladora, cada zona era una tierra de nadie. Al descender apresuradamente, muchos planeadores destrozaron sus trenes de aterrizaje o capotaron por completo. Sin embargo, las drásticas maniobras de los pilotos dieron resultado. Tropas y cargamento sufrieron bajas sorprendentemente escasas. No se registró ni un solo herido en accidentes de aterrizaje, y sólo 45 hombres resultaron muertos o heridos por el fuego enemigo durante el vuelo o en las zonas. De 454 planeadores, 385 llegaron a la zona de la 82.ª llevando 1.782 artilleros, 177 jeeps y 60 cañones. Inicialmente, se pensó que se habían perdido más de cien hombres, pero con posterioridad, más de la mitad de ellos se abrieron paso hasta las líneas de la 82.ª después de haber aterrizado en puntos lejanos. Los resueltos pilotos de planeadores sufrieron las bajas más elevadas; 54 fueron muertos o dados por desaparecidos.

Aunque los alemanes fracasaron en su intento de impedir la llegada de la segunda expedición, obtuvieron excelentes resultados contra las misiones de abastecimiento de bombarderos que llegaban tras los convoyes de planeadores y de transportes de tropas. Para cuando los primeros de los 252 enormes cuatrimotores *B-24 Liberator* se acercaron a las zonas de la 101.ª y la 82.ª, los artilleros antiaéreos habían graduado ya correctamente el alza. Lanzándose en picado por delante de los aviones, los cazas intentaron neutralizar los cañones antiaéreos. Pero, al igual que habían hecho las baterías alemanas cuando los blindados de Horrocks iniciaron su asalto el día 17, las fuerzas enemigas se mantuvieron inactivas hasta que hubieron pasado los cazas. Luego, de pronto, abrieron fuego. A los pocos minutos habían sido derribados unos 21 aviones de escolta.

Siguiendo a los cazas llegaron las formaciones de bombarderos a altitudes que oscilaban entre los 300 y los 20 metros. El fuego y la niebla existentes sobre las zonas ocultaban el humo de identificación y las señales marcadas de tal modo que incluso los expertos jefes de vuelo que iban a bordo de los aviones se veían en la imposibilidad de localizar los terrenos adecuados. Desde las bodegas de los B-24, cada uno de los cuales llevaba aproximadamente dos toneladas de cargamento, las provisiones empezaron a caer al azar, dispersándose por una amplia extensión. Corriendo de un lado a otro por sus zonas de lanzamiento, los soldados de la 82.ª lograron recuperar el 80 por ciento de sus suministros casi en las mismas narices de los alemanes. La 101.ª no fue tan afortunada. Muchos de los fardos destinados a ella cayeron casi directamente entre los alemanes en la zona de Best. Se recuperaron menos del 50 por ciento de sus suministros. Para los hombres del general Taylor, que se encontraban en la parte inferior del corredor, la pérdida era grave, ya que más de cien toneladas del cargamento destinado a ellos se componía de gasolina, municiones y alimentos. Fue tan devastador el asalto alemán que unos 130 bombarderos resultaron dañados por el fuego hecho desde tierra, 7 fueron derribados y otros 4 se estrellaron al aterrizar. El día, que había comenzado con tantas esperanzas para los estadounidenses situados a lo largo del corredor, se estaba convirtiendo rápidamente en una implacable lucha por la supervivencia.

El teniente Pat Glover, de la 4.ª Brigada Paracaidista del general de brigada *Shan* Hackett, había saltado del avión y estaba cayendo hacia la zona de lanzamiento situada al sur de la carretera Ede-Arnhem. Sintió la sacudida al abrirse su paracaídas e, instintivamente, acarició la bolsa de lona que llevaba atada a las correas sobre su hombro izquierdo. Dentro de la bolsa, *Myrtle*, la gallina paracaidista, cacareó, y Glover se sintió tranquilo. Tal como había planeado en Inglaterra, *Myrtle* estaba realizando su primer salto de combate.

Al mirar hacia abajo, le pareció a Glover que el brezal entero estaba ardiendo. Podía ver proyectiles de obuses que estallaban por toda la zona de aterrizaje. Nubes de humo y llamas se elevaban por el aire y algunos paracaidistas, sin poder corregir su descenso, estaban tomando tierra en aquel infierno. A lo lejos, donde los planeadores descendían entre los restos de la Brigada de Desembarco Aéreo del general de brigada *Pip* Hicks, Glover pudo ver aparatos destruidos y hombres que corrían en todas direcciones. Algo había salido terriblemente mal. Glover sabía que, de acuerdo con los planes, Arnhem debía estar débilmente defendida, y las zonas de lanzamiento tenían que estar ya despejadas y tranquilas. Antes de que la segunda expedición despegara de Inglaterra no había existido el menor indicio de que algo marchara mal. Sin embargo, le parecía a Glover que, justamente debajo de él, se estaba desarrollando una batalla a gran escala. Se preguntó si, por algún error, estaban saltando donde no debían.

Al aproximarse al suelo, el tableteo de ametralladoras y el sordo estampido de los morteros parecieron envolverle. Tocó tierra cuidando de rodar sobre su hombro derecho para proteger a *Myrtle*, y se despojó rápidamente del paracaídas. Cerca de él, acababa de aterrizar su asistente, el soldado Joe Scott. Glover le entregó la bolsa de *Myrtle*. «Cuídala bien», le dijo a Scott. Por entre la niebla que cubría el campo, Glover distinguió una columna de humo amarillo que señalaba el punto de reunión. «Vamos allá», gritó a Scott. Corriendo en zigzag y agachados, los dos hombres emprendieron la marcha. Dondequiera que Glover miraba, la confusión era total. Le dio un vuelco el corazón. Estaba claro que la situación no era nada buena.

Mientras descendía, el comandante J. L. Waddy oyó también el ominoso tableteo de ametralladoras que parecían estar barriendo la zona por todas partes. «No podía comprenderlo. Se había hecho nacer en nosotros la impresión de que los alemanes estaban en fuga, que reinaba el desorden en sus filas.» Balanceándose en su paracaídas, Waddy descubrió que la zona de lanzamiento estaba casi oscurecida por el humo de los disparos. En el extremo meridional del campo en el que aterrizó, Waddy emprendió la marcha hacia el punto de agrupamiento del batallón. «Estallaban granadas por todas partes, y al pasar vi innumerables heridos.» Al acercarse al punto de reunión, Waddy fue abordado por un iracundo capitán del Cuartel General del batallón que había saltado sobre Holanda el día anterior. «Llegáis condenadamente tarde —recuerda Waddy que gritaba el hombre—. ¿Os dais cuenta que llevamos esperando aquí cuatro horas?» Agitadamente, el oficial empezó a explicar en seguida la situación a Waddy. «Quedé paralizado por la sorpresa mientras le escuchaba —recuerda Waddy—. Era la primera noticia que teníamos de que las cosas no marchaban tan bien como se había planeado. Nos organizamos inmediatamente, y, al mirar a mi alrededor, me pareció que el cielo entero era una masa de llamas sobre nosotros.»

En las dos zonas de aterrizaje situadas al oeste de la estación ferroviaria de Wolfheze —en el brezal de Ginkel y Reyers-Camp—, paracaidistas y soldados transportados en planeadores estaban cayendo en medio de lo que parecía ser una feroz batalla. Gracias a los capturados documentos de *Market-Garden*, los alemanes se habían enterado del emplazamiento de las zonas de aterrizaje. Y, merced a las instalaciones enemigas de radar en los puertos del Canal todavía ocupados como Dunkerque, podían calcular con precisión la hora a que llegaría la segunda expedición, más de lo que podían hacer los británicos en tierra. Baterías antiaéreas y unidades de las SS, apresuradamente retiradas de Arnhem, fueron rápidamente enviadas a las zonas. Veinte cazas de la Luftwaffe ametrallaban continuamente los sectores. La lucha en tierra era igualmente intensa. Para limpiar de enemigos el brezal, los británicos, como habían hecho durante la noche y primeras horas de la mañana, cargaban con las bayonetas caladas.

Las granadas de mortero, al caer sobre los planeadores que habían aterrizado el día anterior, los convertían en llameantes masas que, a su vez, prendían en el brezo. Las unidades enemigas infiltradas utilizaban algunos planeadores como refugio para sus ataques, y los británicos incendiaban por sí mismos los aparatos antes que dejar que cayeran en manos del enemigo. En una sección del campo, casi cincuenta planeadores ardían en un gigantesco infierno. Sin embargo, la Brigada de Desembarco Aéreo del general de brigada *Pip* Hicks —menos el medio batallón que había sido enviado a Arnhem— estaba consiguiendo conservar las zonas con su obstinado valor. Los lanzamientos de paracaidistas y los aterrizajes de planeadores, que sumaban un total de 2.119 hombres, tuvieron mucho más éxito de lo que podían creer los hombres que se encontraban en el aire o en tierra. Aun en plena batalla, estaba aterrizando el 90 por ciento de la expedición, y en los lugares adecuados.

El sargento de vuelo Ronald Bedford, artillero de cola en un *Stirling* cuatrimotor, encontró la misión del lunes muy diferente a la que había realizado el domingo. En aquella, el joven Bedford, de diecinueve años, se había aburrido por lo rutinario del vuelo. En esta, los disparos eran continuos e intensos al acercarse a la zona del aterrizaje. Al descubrir una batería antiaérea montada en un camión en la linde del campo, Bedford trató desesperadamente de volver hacia ella sus ametralladoras. Pudo ver la curva que describían sus trazadoras y, luego, la batería cesó de disparar. Bedford se sintió lleno de júbilo. «¡Le he dado! —gritó—. ¡Le he dado!» Mientras el Stirling mantenía su rumbo, Bedford advirtió que a su alrededor, los planeadores parecían estar soltándose prematuramente de sus remolcadores. Supuso que el intenso fuego había inducido a muchos pilotos a soltarse y tratar de aterrizar lo antes posible. En ese momento, vio que el cable que le ataba a su propio *Horsa* se desprendía. Viendo descender al planeador, Bedford tuvo la seguridad de que chocaría con otros antes de poder aterrizar. «Toda la escena era caótica —recuerda—. Los planeadores parecían estar lanzándose en picado, nivelando el vuelo y deslizándose suavemente de tal modo que, en muchos casos, daba la impresión de que iban a chocar unos con otros. Me pregunté cómo saldrían del trance algunos de ellos.»

El sargento Roy Hatch, copiloto en un *Horsa* que transportaba un jeep, dos remolques cargados de proyectiles de mortero y tres hombres, se estaba preguntando cómo descenderían cuando vio ante sí el denso fuego de artillería. Cuando el piloto, el sargento jefe Alec Young, se lanzó en picado para acabar poniendo el planeador en vuelo horizontal, Hatch advirtió estupefacto que todo el mundo parecía estar dirigiéndose al mismo punto de aterrizaje…, incluyendo una vaca que corría frenéticamente delante de ellos. Young consiguió tomar tierra sin contratiempos. Inmediatamente, los hombres saltaron del aparato y empezaron a desmontar su sección de cola. Cerca de ellos, Hatch vio tres planeadores que aterrizaban invertidos. De pronto, con un áspero sonido, otro *Horsa* aterrizó violentamente encima de ellos. El planeador llegó en línea recta, arrancó el morro del planeador de Hatch, incluyendo la carlinga en la que hacía sólo unos momentos estaban Hatch y Young y luego patinó hacia delante, deteniéndose justamente frente a ellos.

Otros planeadores fallaron por completo las zonas, aterrizando algunos hasta a cinco kilómetros de distancia. Dos descendieron en la orilla sur del Rin, uno cerca del pueblo de Driel. Dejando a los heridos al cuidado de civiles holandeses, los hombres se reunieron con sus unidades cruzando el Rin en el olvidado, pero todavía activo, transbordador de Driel.*

Varios C-47 fueron alcanzados e incendiados al aproximarse a las zonas. Unos diez minutos antes de aterrizar, el sargento Francis Fitzpatrick observó que el fuego de la artillería se iba haciendo más intenso. Un joven soldado, Ginger MacFadden, dio un respingo y exhaló un grito, llevándose las manos a la pierna derecha. «Estoy herido»,

---

* La historia es probablemente apócrifa, pero a los holandeses les gusta contarla. Según la señora Ter Horst, de Oosterbeek, cuando los soldados británicos y su equipo, incluyendo un cañón anticarro, subieron al transbordador de Driel, Pieter se vio enfrentado a un dilema: el de si cobrarles o no el viaje. Para cuando llegaron a la orilla norte, Pieter había decidido dejárselo gratis.

murmuró MacFadden. Fitzpatrick le examinó rápidamente y le aplicó una inyección de morfina. Luego, el sargento observó que el avión parecía estar en dificultades. Cuando se inclinaba para mirar por la ventanilla, se abrió la puerta del compartimiento de los pilotos y apareció el coordinador, con el rostro tenso. «Preparados para un rápido rojo y verde», dijo. Fitzpatrick miró la línea de paracaidistas, con los ganchos colocados ya y listos para saltar. Vio que salía humo del motor de babor. Abriendo la marcha, Fitzpatrick saltó. Al abrirse su paracaídas, el avión entró en barrena. Antes de tocar tierra, Fitzpatrick vio al C-47 estrellarse contra un campo a su derecha. Estaba seguro de que Ginger MacFadden y los demás no habían escapado.

En otro C-47, el jefe de la tripulación, estadounidense, le dijo bromeando al capitán Frank D. King: «Pronto estaremos allá abajo y yo me iré a casa a tomar huevos con tocino». El estadounidense se hallaba sentado enfrente de King. Unos minutos después, se encendió la luz verde. King miró al jefe de la tripulación. Parecía haberse quedado dormido, con la barbilla caída sobre el pecho y las manos sobre las piernas. King sintió la impresión de que algo marchaba mal. Sacudió al americano por el hombro, y el hombre cayó hacia un costado. Estaba muerto. Detrás de él, King vio en el fuselaje un gran agujero que parecía hecho por una bala de ametralladora de calibre 50. De pie en la portezuela, listo para saltar, King vio llamas que brotaban del ala de babor. «Nos estamos incendiando —gritó el sargento mayor George Gatland—. Avisa al piloto.» Gatland se dirigió a la parte delantera. Al abrir la puerta de la carlinga, brotó una larga llamarada que recorrió toda la longitud del avión. Gatland cerró de golpe la puerta, y King dio a los hombres orden de saltar. Creía que el avión volaba sin piloto.

Mientras los paracaidistas saltaban, Gatland calculó que el avión se encontraba a una distancia de tierra de entre 60 y 100 metros. Aterrizó con una violenta sacudida y empezó a contar a los hombres. Faltaban cuatro. A uno de ellos le había alcanzado el fuego de ametralladora en la misma portezuela, antes de poder saltar. Otro había saltado, pero se le había incendiado el paracaídas; y Gatland y King se enteraron de que un tercero había caído a poca distancia. El cuarto hombre llegó más tarde, todavía con el paracaídas puesto. Había aterrizado con el avión. La tripulación, les dijo, había logrado posar en tierra el aparato y se habían alejado milagrosamente. Ahora, a 22 kilómetros de Oosterbeek y lejos de las líneas británicas, el grupo de

King se dispuso a emprender el camino de regreso. Iniciaban la marcha cuando hizo explosión el C-47, que ardía a 800 metros de ellos.

En algunas zonas los paracaidistas saltaron sin problemas, pero se encontraron cayendo entre oleadas de balas incendiarias. Tirando desesperadamente de las cuerdas de los paracaídas para evitar las trazadoras, muchos hombres acabaron en espesos bosques de las proximidades de las zonas. Algunos fueron alcanzados por los disparos de francotiradores mientras forcejeaban para desprenderse de los paracaídas. Otros cayeron muy lejos de sus zonas. En una de las áreas, parte de un batallón cayó tras las líneas alemanas, tras lo cual caminó al punto de agrupamiento llevando consigo ochenta prisioneros.

En las zonas, caían los disparos sobre los soldados, que se libraban como podían de sus paracaídas y corrían rápidamente a refugiarse. Pequeños grupos de hombres gravemente heridos yacían por todas partes. El soldado Reginald Bryant fue alcanzado por la onda explosiva de un proyectil de mortero y resultó con una conmoción tan intensa que quedó temporalmente paralizado. Era consciente de cuanto sucedía a su alrededor, pero no podía mover un solo músculo. Impotente, vio cómo los hombres de su avión, creyéndole muerto, cogían su fusil y sus municiones y se alejaban apresuradamente hacia el punto de reunión.

Muchos hombres, sorprendidos por el inesperado e incesante fuego de ametralladora y de francotiradores que barría las zonas, corrieron a refugiarse en los bosques. En pocos minutos, en las zonas no quedaban más que los muertos y los heridos. El sargento Ginger Green, el instructor de educación física que con tanto optimismo se había llevado un balón de fútbol para jugar un partido en la zona después de lo que se esperaba iba a ser una acción fácil, saltó y cayó en tierra con tal violencia que se rompió dos costillas. Green nunca supo cuánto tiempo permaneció allí tendido. Cuando recuperó el conocimiento se vio completamente solo entre los muertos y los heridos. Se incorporó trabajosamente, y, casi al instante, un francotirador abrió fuego sobre él. Ginger Green se puso en pie y echó a correr en zigzag hacia el bosque. Las balas rebotaban a su alrededor. Una y otra vez, el dolor de las costillas le obligó a tirarse al suelo. Tenía la seguridad de que resultaría alcanzado. En el ondulante humo que flotaba sobre el brezal, su extraño duelo con el francotirador se prolongó durante lo que le parecieron horas. «Solamente podía recorrer cinco o seis metros seguidos —recuerda Green— y pensé que tenía que habérmelas o con un bastardo sádico o con un pésimo tirador.»

Finalmente, apretándose las doloridas costillas, Green dio un último salto hacia el bosque. Al llegar, se arrojó sobre la maleza y rodó contra un árbol en el mismo instante en que una bala se estrellaba inofensivamente contra las ramas por encima de su cabeza. Había conseguido un refugio vital en las circunstancias más desesperadas de su vida. Agotado y dolorido, Green sacó lentamente el desinflado balón del interior de su camisa de camuflaje y lo tiró lejos.

Para muchos hombres resultarían inolvidables los terribles momentos que siguieron a su salto. Corriendo desesperadamente para salvarse de las balas y de la incendiada maleza del brezal de Ginkel, por lo menos media docena de soldados recuerdan a un joven teniente de veinte años que yacía gravemente herido sobre las aliagas. Había sido alcanzado en las piernas y en el pecho por balas incendiarias mientras colgaba impotente al extremo de su paracaídas. El teniente Pat Glover vio al joven oficial cuando salía de la zona. «Tenía unos dolores horribles —recuerda Glover—, y no se le podía mover. Le puse una inyección de morfina y prometí enviarle un médico tan pronto como pudiera.» El soldado Reginald Bryant encontró al oficial cuando se dirigía al lugar de reunión después de haberse recobrado de su parálisis. «Cuando llegué junto a él, le estaba saliendo humo de las heridas del pecho. Su agonía era terrible. Éramos varios los que habíamos llegado al mismo tiempo a su lado, y él nos rogaba que le matásemos.» Alguien, Bryant no recuerda quién, se agachó lentamente y dio al teniente su propia pistola, amartillada. Mientras los hombres continuaban su marcha, el fuego del brezal avanzaba lentamente hacia el lugar en que yacía el oficial herido. Más tarde, unos grupos de rescate hallaron el cadáver. Se decidió que el teniente se había suicidado.*

Con su característica precisión, el general de brigada *Shan* Hackett, comandante de la 4.ª Brigada Paracaidista, aterrizó a menos de trescientos metros del punto que había elegido para su Cuartel General. Pese al fuego enemigo, la primera preocupación del general de brigada fue encontrar su bastón, que se le había caído durante el descenso. Mientras lo buscaba, tropezó con un grupo de alemanes. «Yo

---

* Aunque numerosos testigos confirman la historia, me he abstenido de publicar el nombre del oficial. Existen todavía dudas de que se suicidase. Era popular y valiente. Puede que utilizara su pistola, o puede que fuera alcanzado por un francotirador.

estaba más asustado que ellos —comentó—, porque parecían ansiosos por rendirse.» Hackett, que hablaba con fluidez el alemán, les dijo secamente que esperasen; luego, tras recuperar su bastón, el pulcro e impecable general de brigada condujo tranquilamente a sus prisioneros.

Impaciente, arisco y temperamental en la mayoría de las ocasiones, Hackett no se sintió complacido por lo que vio. También él había supuesto que las zonas estarían ya tomadas y organizadas. Ahora, rodeado de sus oficiales, se dispuso a hacer avanzar a su brigada. En aquel momento, llegó el coronel Charles Mackenzie, jefe del Estado Mayor del general Urquhart, para cumplir su penoso deber. Llevándose a un lado a Hackett, Mackenzie —según sus propias palabras— «le dijo lo que se había decidido respecto a la delicada cuestión del mando». El general de brigada *Pip* Hicks había sido puesto al frente de la división en ausencia de Urquhart y Lathbury. Mackenzie continuó explicando que Urquhart había decidido en Inglaterra que Hicks asumiera el mando de la división en el caso de que él y Lathbury desaparecieran o resultaran muertos.

A Hackett no le hizo ninguna gracia, recuerda Mackenzie. «Mira por dónde, Charles, yo soy más antiguo que Hicks —le dijo a Mackenzie—. Por lo tanto, yo debo mandar esta División.» Mackenzie se mantuvo firme. «Comprendo perfectamente, señor, pero el general me dio el orden de sucesión y debemos cumplirlo. Además, el general de brigada Hicks lleva aquí veinticuatro horas y se halla ya mucho más familiarizado con la situación.» Hackett, dijo Mackenzie, sólo podía empeorar las cosas si «se oponía a ello y trataba de hacer algo sobre el particular».

Pero era evidente para Mackenzie que la cuestión no terminaría allí. Siempre había existido una cierta separación entre Urquhart y Hackett. Aunque el voluble general de brigada era eminentemente adecuado para el mando, en opinión de Urquhart carecía de la experiencia que tenía Hicks en Infantería. Además, Hackett era de Caballería, y era sabido que Urquhart tenía en menos estima a los generales de brigada de Caballería que a los de Infantería, con los que había estado relacionado desde hacía tiempo. En cierta ocasión, bromeaba, se había referido en público a Hackett como «ese jinete derribado», observación que Hackett no había encontrado graciosa.

Mackenzie le dijo a Hackett que su 11.º Batallón debía ser separado de la brigada. Avanzaría inmediatamente en dirección a Arnhem y el puente. Para Hackett, esto constituyó el insulto definitivo. El orgullo que sentía por la brigada derivaba, en parte, de sus cualidades como unidad integrada y perfectamente adiestrada que combatía como un grupo independiente. Le consternó el hecho de que fuera a disgregarse. «No me agrada recibir la orden de entregar un batallón sin haber sido previamente consultado —dijo acaloradamente a Mackenzie. Luego, tras reflexionar, añadió—: Desde luego, si debe ir algún batallón, es el 11.º. Ha sido lanzado en el ángulo sudoriental de la zona y es el que más cerca se encuentra de Arnhem y el puente.» Pero solicitó otro batallón a cambio, y Mackenzie respondió que creía que Hicks le daría uno. Y allí terminó la cuestión por el momento. El brillante, explosivo y dinámico Hackett se doblegó ante lo inevitable. Por el momento, Hicks podía dirigir la batalla, pero Hackett estaba decidido a dirigir su propia brigada.

Fue una tarde terrible y sangrienta para los británicos. Con un segundo vuelo cargado de problemas, desconocida todavía la suerte corrida por el general Urquhart y el general de brigada Lathbury, con la pequeña fuerza del coronel Frost precariamente aferrada al extremo norte del puente de Arnhem, y mientras se iba incubando un choque de personalidades entre dos generales de brigada, había tenido lugar un nuevo e imprevisto desastre.

Casi diezmados, agotados por los constantes combates, los soldados de la Brigada de Desembarco Aéreo de Hicks contemplaban llenos de desesperación cómo 35 aviones *Stirling* dejaban caer sus suministros en todas partes menos en las zonas. De las 87 toneladas de municiones, alimentos y suministros destinados a los hombres de Arnhem, sólo 12 toneladas llegaron a manos de las tropas. El resto, ampliamente desparramado hacia el sudoeste, cayó entre los alemanes.

En casa de Antoon Derksen, a menos de siete kilómetros de distancia, el general Urquhart continuaba rodeado de alemanes. El cañón autopropulsado y los soldados que se encontraban en la calle se hallaban tan cerca que Urquhart y los dos oficiales que le acompañaban no se habían atrevido a correr el riesgo de hablar ni moverse. Aparte de un poco de chocolate y algunos dulces, los hombres carecían de alimento. Habían cortado el agua y no había instalaciones sanitarias. Urquhart se sentía desesperado. Sin poder descansar ni dormir se preguntaba por el progreso de la batalla y por la llegada de la segunda expedición, ignorante del retraso en su salida. Se cuestionaba hasta dónde habrían avanzado los blindados de Horrocks y si Frost se mantendría aún en el puente. «De haber sabido cuál era la situación en aquel momento —comentó más tarde—, habría hecho caso omiso de la preocupación de mis oficiales y habría intentado salir, sin importarme la presencia de los alemanes.» Silencioso y abstraído, Urquhart se encontró a sí mismo mirando fijamente el bigote del capitán James Cleminson. «La enormidad de hirsutos pelos me había pasado antes inadvertida —escribió—, pero ahora había pocas otras cosas a las que mirar.» El bigote le irritaba. Parecía «condenadamente estúpido».

Eran tantas sus preocupaciones que Urquhart no había pensado en la decisión tomada respecto al orden de sucesión en el mando dentro de la División, instrucción dictada en el último minuto y que estaba conduciendo rápidamente a una compleja confrontación entre Hicks y Hackett. Para entonces, a las 16.00 horas del lunes 18 de septiembre, Urquhart llevaba casi un día completo ausente de su Cuartel General.

El general Wilhelm Bittrich, comandante del II Cuerpo Panzer de las SS, quedó sorprendido por las enormes dimensiones de la segunda expedición. Hostigado por el mariscal de campo Model para que capturase rápidamente el puente de Arnhem y urgido por el general Harzer y el general Harmel para que enviara refuerzos, Bittrich encontraba que sus problemas se iban haciendo cada vez más agudos. Mientras contemplaba sombríamente cómo en los cielos situados al oeste de Arnhem florecían centenares de policromos paracaídas y se llenaban luego de un aparentemente interminable torrente de planeadores, se sentía desesperar. A través de la red de comunicaciones de la Luftwaffe supo que habían tenido lugar otros dos lanzamientos masivos. Tratando de adivinar la potencia Aliada, Bittrich sobreestimó en gran medida el número de angloamericanos que se encontraban ahora en Holanda. Creía que quizá hubiera aterrizado otra División, lo suficiente para desequilibrar la balanza en favor de los atacantes.

Para Bittrich, la acumulación de efectivos aliados contra la llegada de refuerzos alemanes se había convertido en una carrera a muerte. Hasta el momento, sólo le había llegado un lento goteo de hombres y material. En comparación, los Aliados parecían tener recursos inagotables. Temía que pudieran montar otro lanzamiento aerotransportado al día siguiente. En los angostos confines de Holanda, con las dificultades del terreno, sus puentes y su proximidad a las indefensas fronteras de Alemania, una fuerza de esa envergadura podía significar la catástrofe.

Había poca coordinación entre las fuerzas de Bittrich y el Primer Ejército Paracaidista del coronel general Student al sur. Aunque los hombres de Student estaban siendo constantemente reforzados por el resto del Decimoquinto Ejército de Von Zangen, estas maltrechas unidades padecían una aguda escasez de medios de transporte, cañones y munición. Se necesitarían días, quizá semanas, para reequiparlas. Entretanto, recaía en Bittrich toda la responsabilidad de detener el ataque de Montgomery y sus problemas más urgentes continuaban siendo el puente de Nimega y la increíble defensa de los británicos en el acceso septentrional al puente de Arnhem.

Mientras las tropas Aliadas permanecieran allí, Bittrich se veía en la imposibilidad de mover sus propias fuerzas por la carretera de Nimega. La División *Frundsberg* de Harmel, que trataba de cruzar el Rin, dependía por completo del transbordador de Pannerden, un método lento y tedioso de atravesar el río. Irónicamente, mientras los británicos que se encontraban en Arnhem estaban experimentando sus primeras dudas respecto a su capacidad para resistir, Bittrich se hallaba gravemente preocupado por el resultado de la batalla. Veía al Reich peligrosamente expuesto a una invasión. Las veinticuatro horas siguientes podían ser decisivas.

Los superiores de Bittrich tenían problemas de mayor alcance. A todo lo largo del vasto frente del Grupo de Ejércitos B, el mariscal de campo Model estaba escamoteando fuerzas, tratando de contener los incansables ataques de los Ejércitos Primero y Tercero estadounidenses. Aunque la reinstauración del ilustre Von Rundstedt en su antiguo puesto de mando había dado un nuevo orden y cohesión a las tropas, estaban ya tocando fondo en su búsqueda de refuerzos. Encontrar gasolina para trasladar unidades de una zona a otra se estaba convirtiendo también en un problema cada vez más crítico, y se recibía poca ayuda del Cuartel General de Hitler. Berlín parecía más preocupado por la amenaza rusa en el este que por el avance aliado por el oeste.

Pese a sus otras preocupaciones, Model parecía confiar en poder vencer la amenaza a la que se enfrentaba en Holanda. Seguía convencido de que las marismas, diques y barreras acuáticas del país podrían actuar en su favor dándole el tiempo necesario para detener y derrotar el ataque de Montgomery. Bittrich no compartía tal optimismo. Instó a Model a que adoptara varias importantes medidas antes de que empeorase la situación. En opinión de Bittrich, era necesario destruir inmediatamente los puentes de Nimega y Arnhem, pero esa proposición irritaba a Model cada vez que Bittrich la sugería. «Pragmático, exigiendo siempre lo imposible, Model me visitaba todos los días —recordaría más tarde Bittrich—. Dictaba un torrente de órdenes referidas a situaciones inmediatas, pero nunca se quedaba en ninguna conferencia el tiempo suficiente para escuchar o aprobar planes de largo alcance.» Model, temía Bittrich, no se hacía cargo de las terribles consecuencias que podían derivarse para Alemania si se producía una ruptura del frente por parte de los Aliados. En lugar de ello, parecía obsesionado con los detalles; le preocupaba particularmente el fracaso alemán en su intento de reconquistar el puente de Arnhem. Espoleado por la crítica implícita, Bittrich dijo al mariscal de campo: «En todos mis años de militar, jamás he visto a mis hombres luchar tan duramente». Model permaneció impasible. «Quiero ese puente», dijo fríamente.

En la tarde del día 18, Bittrich intentó de nuevo explicar su punto de vista respecto a la situación general al impaciente Model. El puente de Nimega era la clave de toda la operación, arguyó. Si fuera destruido, la vanguardia del ataque aliado quedaría cercenada del resto. «Herr mariscal de campo, debemos demoler el puente sobre el Waal antes de que sea demasiado tarde», dijo Bittrich. Model se mantuvo inflexible. «¡No! —dijo—. ¡La respuesta es no!» No sólo insistió Model en que el puente podía ser defendido; exigió que el Ejército de Student y la División *Frundsberg* detuvieran a los anglonorteamericanos antes de que llegaran hasta él. Bittrich dijo bruscamente que dudaba mucho de que fuera posible contener a los Aliados. Todavía no había en la zona casi ninguna unidad blindada alemana y, dijo a Model, existía el grave peligro de que los tanques de Montgomery, con su abrumadora superioridad numérica, lograran romper las líneas alemanas. Luego, Bittrich expresó sus temores de que se produjeran nuevos lanzamientos de tropas aerotransportadas. «Si los Aliados culminan su avance desde el sur, y si lanzan una división aerotransportada más en la zona de Arnhem, estamos perdidos —dijo—. Quedará abierta la ruta hacia el Ruhr y Alemania.» Model no se inmutó. «Mis órdenes se mantienen —dijo—. El puente de Nimega no será destruido, y quiero que el puente de Arnhem esté capturado dentro de veinticuatro horas.»

Otras personas conocían también las dificultades que entrañaba llevar a cabo las órdenes de Model. El teniente coronel Harzer, comandante de la División *Hohenstaufen*, se había quedado casi sin hombres. Todas sus fuerzas se hallaban plenamente empeñadas en combate. No habían llegado refuerzos adicionales de ninguna clase, y la envergadura de la segunda expedición aliada planteaba graves dudas respecto a la capacidad de sus soldados para detener y contener al enemigo. Al igual que Bittrich, Harzer estaba convencido de que «los Aliados no habían lanzado más que una vanguardia aerotransportada. Estaba seguro de que llegarían más tropas y, luego, se dirigirían hacia el Reich». Disponiendo sólo de un limitado número de fuerzas blindadas, Harzer no sabía si podría detener al enemigo. Había logrado, no obstante, afianzar su dominio sobre un lugar, el terreno de su propio Cuartel General. Allí, con cínico desprecio a los derechos de los prisioneros, había ordenado que setecientos soldados británicos fueran retenidos bajo custodia en recintos alambrados. «Tenía la completa seguridad —recordaría más tarde— de que la RAF no bombardearía a sus propias tropas.»

Harzer, anglófilo confeso («sentía verdadera debilidad por los ingleses») había seguido en otro tiempo cursos en Gran Bretaña dentro de un programa de intercambio estudiantil. Le gustaba pasear entre los prisioneros tratando de entablar conversación para practicar su inglés y con la esperanza también de obtener información. Le sorprendió la moral de los británicos. «Se mostraban despreciativos y seguros de sí mismos, como solamente saben serlo unos soldados veteranos», recordó. La entereza de sus prisioneros convenció a Harzer de que la batalla distaba mucho de estar ganada. Para mantener en jaque a las fuerzas de Urquhart e impedir cualquier ataque coherente, al anochecer del día 18 ordenó que su División *Hohenstaufen* «atacara sin cesar a cualquier coste durante la noche entera».

El comandante de la División *Frundsberg*, general Harmel, estaba «demasiado atareado para preocuparme por lo que pudiera suceder después. Mi intención se hallaba absorbida por los combates en el Bajo Rin». Encargado de la captura del puente de Arnhem y de la defensa del paso sobre el Waal y de la zona intermedia, los problemas de Harmel eran mucho más graves que los de Harzer. El paso de su división en transbordador a través del río se estaba desarrollando con una lentitud desesperante. Tropas, equipo y blindados eran cargados en improvisadas balsas de goma o de troncos. Las carreteras que conducían hasta la orilla del río se habían convertido en auténticos cenagales. Carros y vehículos habían caído de las balsas, y algunos habían resultado arrastrados por las aguas. Peor aún, debido al constante ametrallamiento que realizaban los aviones de los Aliados, casi todas las operaciones de transporte tenían que efectuarse en la oscuridad. En 24 horas, los ingenieros de Harmel solamente habían conseguido trasladar dos batallones con sus vehículos y equipo a la zona de Arnhem-Nimega. Para imprimir una mayor rapidez a las operaciones, hileras de camiones iban y venían desde el embarcadero de la orilla sur hasta Nimega. Pero el movimiento era demasiado lento. A pesar de que los hombres de Harmel estaban ya en el centro de Nimega y en el lado sur del puente, dudaba que pudieran detener un decidido ataque de los angloamericanos. Aunque se le había ordenado no destruirlo, Harmel estaba preparado para la eventualidad. Sus ingenieros habían colocado ya cargas explosivas e instalado un aparato detonador junto a la carretera en un búnker próximo al pueblo de Lent, en la orilla norte. Esperaba que Bittrich aprobara la voladura de los puentes de carreteras y del ferrocarril si no podían ser defendidos. Pero, en caso contrario, la decisión de Harmel estaba ya tomada. Si los tanques británicos rompían sus líneas y empezaban a cruzar, él desafiaría a sus superiores y destruiría los puentes.

7

El próspero pueblo de Oosterbeek parecía penetrado de una extraña mezcla de alegría e inquietud. Como una isla en medio de la batalla, el pueblo se veía asaltado por el estruendo de los combates que se desarrollaban en tres lados. Desde las zonas de lanzamiento, al oeste, llegaba el constante retumbar de los cañones. Al noroeste, en las calles flanqueadas de flores, podía oírse con claridad el tableteo de las ametralladoras y el seco estampido de los morteros, y al este, a cuatro kilómetros de distancia, en Arnhem, pendía sobre el horizonte una nube de humo negro, lúgubre telón de fondo para los incesantes timbales de la artillería pesada.

Los bombardeos y ametrallamientos que habían precedido a los aterrizajes de tropas y planeadores el día anterior habían producido bajas entre los habitantes y daños a tiendas y casas, lo mismo que los francotiradores infiltrados y alguna que otra bala perdida de mortero, pero, hasta el momento, la guerra no había causado graves estragos en Oosterbeek. Los pulcros hoteles, las ajardinadas villas y las calles flanqueadas de árboles se hallaban todavía intactos en su mayor parte. No obstante, a cada hora que pasaba estaba empezando a resultar evidente que la batalla se iba aproximando. Aquí y allá, la onda expansiva de las lejanas explosiones rompía de pronto los cristales. Chamuscadas partículas de papel, tela y madera, llevadas como confetis por el viento, llovían sobre las calles, y el aire estaba impregnado del acre olor a cordita.

El domingo, la llegada de los británicos pisando prácticamente los talones a los alemanes que huían frenéticamente, había llenado Oosterbeek de tropas. Nadie había dormido durante la noche. Una nerviosa excitación, aumentada por el sordo zumbido de los jeeps, el traqueteo de los transportes de las ametralladoras Bren y el resonar de pasos, hacía imposible el descanso. El movimiento había continuado durante la mayor parte del día 18. Los habitantes del pueblo, alegres aunque recelosos, habían engalanado las calles y las casas con banderas holandesas y obsequiado a sus liberadores con alimentos, fruta y bebida, mientras los soldados británicos lo atravesaban apresuradamente. La guerra les parecía a todos casi completamente terminada. En ese momento, la atmósfera estaba cambiando de un modo sutil. Algunas unidades británicas se hallaban al parecer firmemente establecidas en el pueblo, y los observadores de la artillería del teniente coronel *Sheriff* Thompson ocupaban la torre del siglo X de la iglesia reformada holandesa cerca del Rin, en el bajo Oosterbeek, pero el movimiento de tropas había disminuido perceptiblemente. Al caer la tarde, la mayoría de las calles estaban inquietamente desiertas, y los holandeses advirtieron que las posiciones de cañones anticarros y ametralladoras ligeras Bren se hallaban ahora emplazadas en puntos estratégicos de la carretera principal. Al verlas, los habitantes del pueblo sintieron un mal presagio.

Mientras caminaba por Oosterbeek tratando de descubrir exactamente qué estaba ocurriendo, Jan Voskuil recuerda haber visto un oficial británico ordenando a los civiles que retiraran sus banderas: «Esto es una guerra —oyó que el oficial le decía a uno de ellos—, y están ustedes en medio de ella.» Durante su paseo, Voskuil observó que estaba cambiando el estado de ánimo de la gente. Por un panadero local, Jaap Koning, Voskuil supo que muchos holandeses se sentían pesimistas. Había rumores, dijo Koning, de que «las cosas no van bien». La preocupación estaba sustituyendo a la embriagadora sensación de liberación. «Los británicos —dijo Koning— están siendo obligados a retroceder en todas partes.» Voskuil se sintió profundamente preocupado. Koning siempre estaba bien informado y aunque aquélla era la primera mala noticia que Voskuil oía, no hacía más que confirmar sus propios temores. A medida que pasaban las horas, Voskuil pensó que la cortina de proyectiles de obús silbando por encima de la ciudad en dirección a Arnhem se estaba haciendo más espesa. Al recordar de nuevo la terrible destrucción de los pueblos de Normandía, Voskuil no pudo evitar una invencible sensación de desesperanza.

Otro panadero, Dirk van Beek, estaba tan deprimido como Koning y Voskuil. Las noticias que había oído al realizar sus entregas de pan habían enfriado su primera animada reacción ante el lanzamiento aliado. «¿Qué haremos si la guerra llega hasta aquí?», preguntó a su mujer, Riek. Pero ya sabía la respuesta: se quedaría en Oosterbeek y continuaría haciendo pan. «La gente tiene que comer —dijo a Riek—. De todos modos, ¿dónde iríamos si dejáramos la tienda?» Entregándose por entero a su trabajo, Van Beek trató de convencerse de que todo saldría bien. Hacía unos días había recibido su cupo mensual de trigo y levadura. Ahora, decidido a quedarse y a mantener abierto su establecimiento, recordó que un viejo panadero le había hablado en cierta ocasión de un método para hacer pan que requería menos de la mitad de levadura que lo habitual. Decidió estirar sus provisiones hasta el límite. Continuaría fabricando pan hasta que todo hubiera pasado.

En los hoteles Tafelberg, Schoonoord y Vreewijk, estaba claro que la batalla estaba adquiriendo gravedad: los alegres y confortables balnearios estaban siendo convertidos en puestos de socorro para los heridos. En el Schoonoord, médicos británicos y civiles holandeses empezaron una limpieza a gran escala para dejarlo en condiciones de acoger a los heridos. Jan Eijkelhoff, de la Resistencia holandesa, vio que los alemanes, en su apresurada marcha, habían dejado el hotel «hecho una pocilga. Había comida por todas partes. Las mesas habían sido volcadas, los platos rotos, y la ropa y los enseres tirados por todas partes. Todas las habitaciones se hallaban cubiertas de papeles y desperdicios». Desde las casas vecinas se trajeron colchones y se colocaron en la planta baja. Se instalaron filas de camas en la recepción y se camillas a lo largo de la encristalada galería. Para el anochecer, serían necesarias todas las habitaciones, incluyendo los sótanos, se les dijo a los holandeses. Eijkelhoff supo que el Hospital de Santa Isabel, en Arnhem, estaba ya lleno a rebosar. Sin embargo, los médicos británicos con los que trabajaban se mantenían optimistas. «No se preocupe —le dijo uno de ellos—, Monty llegará pronto aquí.»

En el Hotel Tafelberg, donde el doctor Gerrit van Maanen estaba instalando un hospital, Anje van Maanen, de diecisiete años, que había ido a ayudar a su padre, notó el sorprendente cambio operado en otros voluntarios. «Tenemos miedo —escribió en su Diario—, pero no sabemos por qué. Experimentamos la extraña sensación de que han transcurrido semanas enteras entre ayer y hoy.» Al igual que en el Schoonoord, en el Tafelberg corrían rumores de que estaban en camino las fuerzas de Montgomery. En espera de su rápida llegada, Anje escribió: «Miramos constantemente por las ventanas. El tiroteo es más intenso. Hay luces e incendios, pero el gran ejército no está aquí todavía».

A pocas manzanas de distancia, el suntuoso Hotel Hartenstein, de doce habitaciones, rodeado de jardines, presentaba un aspecto triste y desolado. Mesas y sillas se hallaban esparcidas por el fino césped en surrealista confusión y, entre ellas, como resultado de un violento combate sostenido el día anterior, yacían los encogidos cadáveres de varios alemanes.

Al pasar en bicicleta por delante del edificio, William Giebing, de veintisiete años, se sintió horrorizado por el aspecto que presentaba el que había sido en otro tiempo un elegante hotel. Pocos meses después de que tomara posesión del edificio tras habérselo alquilado a la ciudad de Oosterbeek en 1942, los alemanes se habían instalado en el pueblo y habían requisado el hotel. Desde entonces, Giebing y su mujer, Truns, fueron relegados a la posición de criados. Los alemanes les permitían limpiar el Hartenstein y cuidar de la cocina, pero la administración del hotel se encontraba en manos alemanas. Finalmente, el 6 de septiembre, Giebing recibió orden de marcharse, aunque se permitía a su mujer y a dos doncellas volver todos los días para mantener limpio el edificio.

El día 17, «loco de alegría por los aterrizajes», Giebing saltó a una bicicleta y emprendió la marcha hasta el Hartenstein desde Westerbouwing, donde su suegro, Johan van Kalkschoten, dirigía el restaurante situado en lo alto de la colina desde la que se divisaba el transbordador Heveadorp-Driel. Llegó justo a tiempo para ver cómo se marchaban los últimos alemanes. Penetró en el edificio y por primera vez sintió que «por fin era mío el hotel». Pero el aire de abandono era desalentador. En el comedor se veían dos largas mesas cubiertas con manteles de damasco y montadas para veinte personas. Había tazas de caldo, cubiertos de plata, servilletas y vasos de vino y en el centro de cada mesa, una gran fuente de sopa de fideos. Al tocarla, Giebing descubrió que todavía estaba caliente. En bandejas de plata colocadas sobre el aparador estaba el plato principal, lenguado frito.

Giebing fue de habitación en habitación mirando las suntuosas paredes tapizadas de damasco y oro, los ángeles y festones de escayola, la *suite* nupcial cuyo techo azul cielo tachonaban estrellas de oro. Sintió alivio al descubrir que los alemanes no habían saqueado el hotel. No faltaba ni una sola cuchara y los frigoríficos continuaban llenos de alimentos. Mientras recorría el edificio oyó voces en la galería. Se acercó y encontró a varios soldados británicos bebiéndose su jerez. Ocho botellas vacías yacían en el suelo. Inexplicablemente, después de todos los días de ocupación, Giebing perdió los estribos. Los alemanes, por lo menos, le habían dejado limpio su amado hotel. «De modo que esto es lo primero que hacéis —les gritó a los soldados—. Entrar en mi bodega y robar mi jerez.» Los británicos se excusaron, confusos, y Giebing se tranquilizó, pero una vez más, se le dijo que no podía quedarse allí. No obstante, los británicos le aseguraron que sus bienes serían respetados.

En ese momento, un día después, confiando en que los británicos hubiesen continuado su camino y abandonado su hotel, Giebing regresaba. El corazón le dio un vuelco al aproximarse al edificio. Había jeeps aparcados en la parte trasera, y, tras la cerca de alambre de la pista de tenis, vio prisioneros alemanes. Se habían excavado trincheras y posiciones artilleras por todo el perímetro de los jardines y parecía haber oficiales de Estado Mayor por todas partes. Descorazonado, Giebing regresó a Westerbouwing. Por la tarde, su mujer visitó el Hartenstein y explicó quién era. «Me trataron muy cortésmente —recuerda—, pero no se me permitió volver a instalarme allí. Los británicos, como los alemanes, habían requisado el hotel.» Quedaba un consuelo, pensó: pronto terminaría la guerra, y entonces los Giebing podrían dirigir verdaderamente lo que consideraban el mejor hotel de Oosterbeek. Los corteses oficiales ingleses con quienes habló no le informaron de que, desde las 17.00 horas del 18 de septiembre, el Hartenstein era el Cuartel General de la 1.ª División Aerotransportada británica.

En la extraña mezcla de inquietud y alegría que impregnaba Oosterbeek, un incidente aterrorizó a muchos de los habitantes más que pensar en la batalla. Durante el día se había liberado a los presos de la cárcel de Arnhem. Muchos eran combatientes de la Resistencia, pero otros eran peligrosos delincuentes. Con sus carcelarios trajes rayados, salieron en tropel de Arnhem, y más de cincuenta se detuvieron en Oosterbeek. «Proporcionaron el toque final de locura a la situación —recuerda Jan ter Horst, un antiguo capitán de artillería del Ejército holandés, abogado y destacado miembro de la Resistencia de Oosterbeek—. Capturamos a los presos y los instalamos provisionalmente en la sala de conciertos. Pero la cuestión era ¿qué hacer con ellos? Parecían bastante inofensivos por el momento, pero muchos de aquellos criminales estaban en la cárcel desde hacía años. Temimos lo peor —especialmente por nuestras mujeres— cuando finalmente comprendieron que estaban libres.»

Hablando con los delincuentes, Ter Horst descubrió que sólo querían alejarse de la zona de combates. La única ruta para cruzar el Rin era la del transbordador Heveadorp-Driel. Pieter, el encargado del transbordador, se negó en redondo a cooperar. No quería que cincuenta criminales anduvieran sueltos por la orilla meridional. Además, el transbordador estaba ahora amarrado en el lado norte y Pieter quería que permaneciera allí. Tras varias horas de delicadas negociaciones, Ter Horst logró convencer finalmente a Pieter para que transportara a los presos. «Nos alegró ver que se marchaban —recuerda—. Las mujeres tenían más miedo a los presos del que habían tenido a los alemanes.» Prudentemente, Ter Horst insistió en que el transbordador regresara a la orilla norte, donde podía ser utilizado por los británicos.

Como antiguo oficial del Ejército, Ter Horst no podía explicarse por qué los británicos no se habían apoderado inmediatamente del transbordador Heveadorp-Driel. Cuando los soldados entraron en Oosterbeek, les había preguntado por el transbordador. Descubrió asombrado que no tenían noticia de su existencia. En su calidad de antiguo artillero, le asombraba el hecho de que los británicos no hubiesen ocupado el cercano Westerbouving, la única eminencia de terrenos que dominaba el Rin. Quien poseyera artillería en aquellas alturas controlaría el transbordador. Además, la elección del Hartenstein como Cuartel General británico le desconcertaba. Indudablemente, pensó, el restaurante y sus edificios en las alturas de Westerbouwing constituían un emplazamiento mucho más indicado. «Ocupen el transbordador y Westerbouwing», urgió a varios oficiales de Estado Mayor británico. Lo escucharon con cortesía, pero sin manifestar interés. Un oficial le dijo a Ter Horst: «No queremos quedarnos aquí. Con el puente en nuestro poder y la llegada de los tanques de Horrocks, no necesitamos el transbordador». Ter Horst esperaba que el hombre tuviese razón. Si los alemanes llegaban a Westerbouwing, a menos de tres kilómetros de distancia, sus cañones no sólo podrían dominar el transbordador, sino también destruir por completo el Cuartel General británico en el Hartenstein. Los británicos conocían ahora la existencia del transbordador y habían sido informados sobre Westerbouwing. Poco más podía hacer Ter Horst. De hecho, el ex oficial holandés había señalado uno de los errores más cruciales de toda la Operación, el fallo de los británicos al no advertir la importancia estratégica del transbordador y de las alturas de Westerbouwing. Si el general Urquhart hubiera permanecido en su Cuartel General dirigiendo la batalla, podría haberse rectificado a tiempo la situación.*

El general de brigada Hicks, que, en ausencia de Urquhart, se hallaba al mando de la división, se veía enfrentado casi permanentemente al desconcertante problema de orientarse respecto a los complicados y constantemente cambiantes movimientos de la hostigada unidad aerotransportada. Con la ruptura de las comunicaciones por radio entre el Cuartel General y los batallones, no existía apenas información concreta sobre lo que estaba sucediendo, y Hicks tampoco podía calibrar el potencial de las fuerzas enemigas que se le enfrentaban. Las escasas noticias que le llegaban eran llevadas por fatigados mensajeros que arriesgaban sus vidas para suministrarle información, la cual, con frecuencia, se hallaba ya lamentablemente obsoleta para cuando llegaba al Cuartel General, o por diversos miembros de la Resistencia holandesa, cuyos informes eran a menudo desatendidos o considerados sospechosos. Hicks se encontró dependiendo casi totalmente de un único y débil canal de comunicación, el tenue enlace por radio de Thompson con la artillería de Munford existente entre Oosterbeek y las fuerzas de Frost en el puente.

Magullados y maltrechos, el 2.º Batallón y los valientes rezagados que habían llegado hasta él continuaban resistiendo, pero la situación de Frost era desesperada desde hacía horas y se iba deteriorando rápidamente. «Recibíamos constantes mensajes del puente pidiendo refuerzos y municiones —recordó Hicks—. La presión enemiga y el número de blindados alemanes aumentaban en todas partes, y no había absolutamente ningún contacto con Urquhart, Lathbury, Dobie ni Fitch. No podíamos comunicar con Browning, en el Cuartel General del Cuerpo, para explicar la gravedad de la situación, y necesitábamos ayuda desesperadamente.» A partir de los interrogatorios realizados a los prisioneros, Hicks sabía que sus hombres se enfrentaban a

* Esto mismo se afirma en varias monografías escritas por el eminente historiador militar holandés teniente coronel Theodor A. Boeree. «Si Urquhart hubiera estado allá —escribe—, muy bien hubiese podido abandonar la defensa del puente, hacer regresar al batallón de Frost, caso de ser posible, concentrar sus seis batallones originales y los tres de la 4.ª Brigada Paracaidista que acababan de tomar tierra y establecer una firme cabeza de puente en algún lugar de la orilla septentrional del Bajo Rin... con las alturas de Westerbouwing... como centro de la cabeza de puente. Allí, hubiera podido esperar la llegada del Segundo Ejército británico.»

endurecidas tropas de las SS pertenecientes a las Divisiones *Hohenstaufen* y *Frundsberg*. Nadie había sido capaz de decirle la potencia de estas unidades ni de calcular el número de tanques que estaban siendo lanzados contra él. Peor aún, Hicks no sabía si el original plan de preataque podría resistir la actual presión alemana. Si el enemigo recibía refuerzos poderosos toda la misión podía fracasar.

Sabía que estaba llegando ayuda. El día 19, en el tercer vuelo, llegaría la Brigada Polaca del general de división Stanislaw Sosabowski. Debían estar llegando también los tanques de Horrocks que, de hecho, ya iban retrasados. ¿A qué distancia estaban de Arnhem? ¿Podrían llegar a tiempo para reforzarle y nivelar la situación? «A pesar de todo —recuerda Hicks—, yo creía que Frost conservaría el extremo septentrional del puente hasta que llegaran los tanques de Monty. Después de todo, el puente seguía siendo nuestro objetivo y mis decisiones y acciones se centraban exclusivamente en la captura y posesión de ese objetivo.» Teniendo en cuenta todos los factores, Hicks pensaba que debía atenerse al plan original, y lo mismo le ocurría entonces el general de brigada Hackett.

La tarea original de la 4.ª Brigada Paracaidista de Hackett era ocupar las tierras altas situadas al norte de Arnhem para impedir que llegaran al puente refuerzos alemanes. Pero cuando se concibió el Plan se pensó que las fuerzas enemigas serían insignificantes y, en el peor de los casos, fáciles de vencer. De hecho, la reacción enemiga había sido tan rápida, concentrada y efectiva que Hicks no podía evaluar la verdadera situación. El Cuerpo de Bittrich mantenía el norte de Arnhem; sus tropas habían copado a Frost en el puente y habían impedido que los batallones de Dobie y Fitch le relevaran. El avance de estas dos unidades se hallaba ahora prácticamente detenido. En las zonas edificadas en torno al Hospital de Santa Isabel, apenas a uno o dos kilómetros del puente, los batallones se hallaban inmovilizados. No les iba mucho mejor a los *South Staffordshires*, ya en ruta para socorrerle ni al 11.º Batallón de la Brigada de Hackett. «Llegamos a la franja de carretera totalmente descubierta que corría junto al río, delante del Hospital de Santa Isabel y entonces todo se complicó de pronto —recuerda el soldado Robert C. Edwards, de los *South Staffordshires*—. Debíamos parecer blancos de una galería de tiro. Todo lo que los alemanes tenían que hacer era enfilar sus cañones y morteros sobre aquella brecha, de unos cuatrocientos metros de anchura, y disparar. No podían fallar.» Edwards vio al capitán Edward Weiss, segundo en el mando de su compañía, corriendo incansablemente de un lado a otro de la columna, «ignorando por completo los proyectiles que volaban sobre él, enronqueciendo poco a poco a medida que gritaba: "Adelante, adelante, adelante, Compañía D, adelante"».

Weiss parecía estar en todas partes. Los hombres caían por doquier. Si los soldados se detenían o vacilaban, Weiss estaba «inmediatamente a su lado, instándoles a continuar. Uno no podía, simplemente, arrastrarse por el suelo y verle a él erguido. Tenía que seguirle a través de aquel infierno de disparos». Edwards arrojó varias bombas de humo para ocultar su avance y «luego, agaché la cabeza y eché a correr como una liebre». Pasó por encima de «montones de muertos, chapoteé en charcos de sangre hasta llegar al parcial refugio que ofrecían las casas y edificios del otro extremo de la carretera». Allí descubrió que el capitán Weiss había resultado herido mientras corría. «El comandante Phillips había sido gravemente herido. Nadie parecía tener mucha idea de lo que estaba pasando y de lo que debíamos hacer.» En cuanto a la Compañía D, cuando se practicó un recuento se descubrió que «sólo quedábamos un veinte por ciento y, evidentemente, no podíamos continuar contra tan abrumadora superioridad alemana. Esperanzados, aguardamos la llegada del alba».

Era como si se hubiera levantado un sólido muro entre la división y los lastimosamente pocos soldados de Frost que combatían en el puente. A cambio de su 11.º Batallón, Hackett había recibido el 7.º Batallón de los *Kings Own Scottish Borderers* (KOSB). Habían estado protegiendo las zonas de lanzamiento desde el aterrizaje del día 17. Ahora, avanzaban con los Batallones 10.º y 156.º a través de Wolfheze, al noroeste de Oosterbeek. En esa zona, los KOSB debían proteger la granja Johannahoeve, zona de aterrizaje a la que los transportes y artillería de la Brigada Polaca debían llegar en planeador en el tercer vuelo.

Tras los primeros combates en las zonas, la Brigada de Hackett avanzó sin incidentes, y, para el anochecer, los KOSB habían tomado posiciones en torno a la granja Johannohoeve. Allí, el batallón tropezó de pronto con una firme resistencia presentada por los alemanes desde nidos de ametralladoras fuertemente defendidos. Dio comienzo una encarnizada batalla. En la creciente oscuridad, se dictaron órdenes de mantener las posiciones y posteriormente intentar derrotar al enemigo al amanecer. Era de vital importancia afianzar aquella zona. Los paracaidistas de Sosabowski tenían provisto aterrizar el día 19 en el extremo meridional del puente de Arnhem, en el terreno de pólders que Urquhart y la RAF habían considerado inadecuado —en atención a las defensas antiaéreas— para los iniciales aterrizajes a gran escala. Se había previsto que para cuando llegaran los polacos el puente estaría en manos británicas. De no ser así, a los polacos se les había ordenado tomarlo. En el Cuartel General del Cuerpo de Browning, en Inglaterra, donde nadie tenía noticia de los crecientes contratiempos que se estaban produciendo en Arnhem, el lanzamiento polaco continuaba estando programado para tener lugar de conformidad con lo previsto. Si Frost podía resistir y el lanzamiento polaco se realizaba con éxito, quedaba todavía una probabilidad de que *Market-Garden* triunfara.

Por todas partes había hombres que continuaban esforzándose todavía por llegar al puente. En la carretera inferior, por la que a Frost le parecía que había pasado muchos días antes, el soldado Andrew Milbourne y un pequeño grupo de rezagados de otros batallones se deslizaron cautelosamente junto a las ruinas del puente ferroviario que los hombres de Frost habían intentado capturar en su avance hacia el objetivo fundamental. En los campos que se extendían a su izquierda, Milbourne vio blancos montículos que relucían en la oscuridad. «Había docenas de cadáveres, y los holandeses se movían silenciosamente por la zona, cubriendo a nuestros camaradas con sábanas blancas.» Al frente, los incendios enrojecían el firmamento y un ocasional resplandor de cañonazos perfilaba el contorno del gran puente. Durante toda la tarde, el pequeño grupo había sido contenido por fuerzas alemanes superiores. Ahora, una vez más, se encontraban inmovilizados. Mientras se refugiaban en un cobertizo a la orilla del río, Milbourne empezó a perder la esperanza de conseguir llegar jamás al puente. Un soldado de transmisiones que iba en el grupo empezó a manipular su aparato de radio y mientras los hombres se congregaban a su alrededor, sintonizó de pronto la BBC de Londres. Milbourne escuchó la clara y precisa voz del locutor relatando los acontecimientos del día en el frente occidental. «Las tropas británicas en Holanda están encontrando sólo una débil resistencia.» En el oscuro cobertizo alguien rió burlonamente. «Maldito embustero», dijo Milbourne.

Ahora, mientras los valerosos hombres de la 1.ª División Aerotransportada británica luchaban por su vida, dos de los generales de brigada de Su Majestad decidieron sostener una acalorada discusión sobre cuál de ellos debía mandar la división. La disputa fue provocada por un sordamente irritado general de brigada Shan Hackett, que, para el anochecer del día 18, veía la situación no sólo inquietante, sino también «extraordinariamente confusa». El enemigo parecía dominar en todas partes. Los batallones británicos estaban dispersos y luchaban sin cohesión, ignorantes cada uno del paradero de los demás. Careciendo de comunicaciones, clavadas en zonas edificadas, muchas unidades se encontraron unas con otras por pura casualidad. Hackett tenía la impresión de que no existía un mando general ni la menor coordinación de esfuerzos. Por la noche, resentido todavía por el sorprendente anuncio de Mackenzie respecto al mando de la división, el temperamental Hackett se dirigió al Hotel Hartenstein, en Oosterbeek, para tener unas palabras con Hicks. «Llegó hacia medianoche —recuerda Hicks—. Yo me encontraba en la sala de operaciones, y desde el principio quedó perfectamente claro que, siendo superior en grado a mí, no le agradaba lo más mínimo el hecho de que me hubiera sido otorgado el mando. Era joven, con ideas firmes y un tanto discutidor.»

Inicialmente, el descontento de Hackett se centró en el hecho de que Hicks le hubiera privado del 11.º Batallón. Exigió saber qué órdenes se habían dado y quién se hallaba al mando del sector. «Él pensaba —recuerda Hicks— que la situación era demasiado fluida, y, evidentemente, estaba en desacuerdo con las decisiones que yo había tomado.» Pacientemente, Hicks explicó que, debido a la firme resistencia alemana, la situación de combate a la que se enfrentaban no se había previsto en absoluto. Por lo tanto, cada batallón estaba en ese momento luchando individualmente para llegar al puente y aunque tenían instrucciones de seguir determinadas rutas, los batallones habían sido advertidos de que, a causa de las insólitas circunstancias, podrían producirse algunas superposiciones de trayectos. Era posible que dos o más unidades se vieran forzadas a una estrecha proximidad. Hackett comentó bruscamente que «la disposición del mando era claramente insatisfactoria».

Hicks se mostró de acuerdo, pero el objetivo, dijo a Hackett, «era ayudar a Frost en el puente de cualquier forma que podamos y lo más rápidamente posible». Aunque estaba de acuerdo en que era preciso reforzar rápidamente a Frost, Hackett sugirió con sarcasmo que tal vez pudiera conseguirse de «un modo más coordinado, con más empuje y cohesión». Hackett no dejaba de tener razón: un avance coordinado podía llegar a romper el cerco alemán y establecer contacto con Frost; pero, careciendo de comunicaciones y mantenido en jaque por los constantes ataques alemanes, Hicks había tenido poco tiempo para organizar un ataque decisivo.

Los dos hombres pasaron luego a considerar el papel que debía desempeñar la brigada de Hackett al día siguiente. En opinión de Hicks, Hackett no debía intentar ocupar las tierras altas del norte de Arnhem. Consideraba que sería de más ayuda a Frost penetrando en Arnhem y contribuyendo a defender el extremo norte del puente. Hackett se opuso enérgicamente. Quería un objetivo definido y parecía saber cuál tenía que ser. Tomaría primero los altos situados al este de Johannohoeve anunció, y luego, «veré lo que puedo hacer para prestar ayuda a las operaciones en Arnhem». En la tranquila, contenida pero porfiada esgrima verbal, Hackett insistió en que se le diera un programa cronológico para poder relacionar «mis acciones con todas los demás». Quería «un plan sensato». En otro caso, dijo Hackett, se vería obligado a «plantear la cuestión del mando de la división».

El teniente coronel P. H. Preston, oficial administrativo del Cuartel General, se hallaba presente en lo que, con notorio tacto, Hicks ha llamado «nuestra discusión». Preston recuerda que Hicks, «con rostro tenso», se volvió hacia él y dijo: «El general de brigada Hackett cree que él debería estar al mando de la división». Hackett protestó por las palabras utilizadas. Preston, percibiendo que la conversación se estaba tornando excesivamente tensa, salió en el acto de la habitación y envió al oficial de guardia, Gordon Grieve, en busca del jefe de Estado Mayor, coronel Mackenzie.

Mackenzie se hallaba descansando en una habitación del piso de arriba, sin poder dormir. «Llevaría allí una media hora, cuando entró Gordon Grieve. Me dijo que debía bajar inmediatamente, que los dos generales de brigada, Hicks y Hackett, «estaban sosteniendo una acalorada disputa». Yo estaba ya vestido. Mientras bajaba, traté de pensar rápidamente. Sabía por qué era la disputa y que tal vez fuera necesario que yo llevara a cabo una acción decisiva. No tenía intención de entrar en la sala de operaciones e intercambiar bromas. Pensaba que se estaban poniendo en tela de juicio las órdenes del general Urquhart y me proponía respaldar a Hicks en todo.»

Al entrar Mackenzie en la habitación, cesó bruscamente la conversación entre los dos generales de brigada. «Ambos hombres habían empezado a calmarse —recuerda Mackenzie—, y comprendí al instante que lo peor ya había pasado.» Levantando la vista hacia Mackenzie, Hicks dijo con tono casi indolente: «Oh, hola, Charles. El general de brigada Hackett y yo hemos tenido una discusión, pero todo está arreglado». Hicks tenía la seguridad de que «las cosas habían vuelto a su cauce. Me mostré firme con Hackett, y, cuando me separé de él, sabía que cumpliría mis órdenes». Sin embargo, por mucho que pareciera aceptar el nuevo papel de Hicks, las ideas de Hackett permanecían inmutables. «Me había propuesto asumir las órdenes de *Pip* si eran sensatas. Lo que se me decía que hiciese distaba mucho de serlo. Por lo tanto, me sentía inclinado a afirmar mi posición de general de brigada de más rango de los dos y dictar órdenes necesarias para que las operaciones de mi brigada tuvieran sentido».*

En cualesquiera otras circunstancias, la confrontación entre los generales de brigada no habría pasado de ser un simple detalle histórico. Dos hombres valerosos y entregados, sometidos a una intensa presión y con objetivos idénticos, perdían los estribos por un momento. En el balance de *Market-Garden*, cuando el plan corría tan grave peligro y era necesario hasta el último hombre para el éxito de un esfuerzo coordinado dirigido a la toma del puente de Arnhem, resultaba vital la cooperación entre los comandantes y la cohesión de las tropas. Y ello especialmente desde que la suerte del Primer Ejército Aerotransportado aliado estaba tomando otro sesgo: en la zona de *Market-Garden*, los prometidos refuerzos del mariscal de campo Von Rundsted estaban llegando de todo el frente occidental en constante e ininterrumpido flujo.

Nicolaas de Bode, el hábil técnico que había realizado la primera conexión telefónica secreta para las fuerzas de la Resistencia entre el norte y el sur de Holanda, había permanecido todo el día en su casa. En cumplimiento de las instrucciones recibidas del jefe regional de la Resistencia, Pieter Kruyff, De Bode se hallaba sentado junto a una

---

* Yo creo que la disputa fue mucho más acalorada de lo que se desprende de la descripción presentada pero, comprensiblemente, Hicks y Hackett, buenos amigos, se muestran reacios a tratar el asunto con más detalle. Existen por lo menos cuatro versiones diferentes de lo que sucedió y tal vez no sea completamente exacta ninguna de ellas. Mi reconstrucción se basa en entrevistas con Hackett, Hicks y Mackenzie y en los relatos de Urquhart en *Arnhem*, pp. 77-90, y de Hibbert en *The Battle of Arnhem*, pp. 101-103.

pequeña ventana que daba sobre la Velper Weg, la amplia calle que conducía desde la parte oriental de Arnhem hasta Zutphen, al norte. Aunque no se había movido de su puesto, le habían llegado llamadas desde las zonas periféricas del oeste que le habían inquietado profundamente. En las zonas de Wolfheze y Oosterbeek, los miembros de la Resistencia informaban de problemas. Habían cesado las excitadas referencias a la liberación. Desde hacía ya unas horas, todo lo que oía era que estaba empeorando la situación. Se le pedía a De Bode que se mantuviera atento a cualquier indicio de movimientos de fuerzas pesadas alemanas desde el norte y el este. Hasta el momento, no había visto nada. Sus mensajes, telefoneados cada hora al Cuartel General de la Resistencia, contenían la misma sucinta información. «La carretera está desierta», había informado una y otra vez.

Al atardecer, unos veinte minutos antes de su siguiente llamada, oyó «el sonido de vehículos blindados rodando sobre neumáticos de goma y el rechinar de carros blindados». Se dirigió cansinamente hacia la ventana y miró por la Velper Weg. La carretera parecía desierta, como antes. Luego, a lo lejos, visibles en el ígneo fulgor que envolvía la ciudad, vio aparecer dos grandes tanques. Avanzando uno al lado del otro por la ancha calle, se dirigían a la carretera que conducía a la parte vieja de la ciudad. Al mirar con ojos dilatados, De Bode vio que además de los blindados, había camiones que «transportaban soldados pulcramente uniformados, erguidos en sus asientos y con los fusiles ante sí. Luego, más blindados y más soldados en hileras de camiones». Llamó al instante a Kruyff y dijo: «Parece como si todo un ejército alemán, con tanques y otras armas estuviera penetrando en Arnhem».

El hombre que el 14 de septiembre había prevenido a Londres de la presencia del II Cuerpo Panzer de las SS de Bittrich, Henri Knap, jefe de los servicios de información de la Resistencia de Arnhem, estaba ahora recibiendo de su red un ininterrumpido torrente de informes que notificaban la llegada de refuerzos alemanes. Knap abandonó toda cautela. Telefoneó directamente al Cuartel General británico en el Hartenstein y habló con un oficial de servicio. Knap le dijo que «una columna de carros de combate, entre ellos varios *Tigers*, está entrando en Arnhem, y algunos se dirigen a Oosterbeek». El oficial pidió cortésmente a Knap que aguardara. Unos minutos después, volvió a ponerse. Dándole las gracias a Knap, explicó que «el capitán abriga dudas respecto a su informe. Después de todo, ha oído ya muchas fábulas». Pero el escepticismo del Cuartel General británico desapareció rápidamente cuando Pieter Kruyff confirmó a través del capitán de corbeta Arnoldus Wolters, de la Marina holandesa —que actuaba como oficial de enlace de informaciones para la división— que, por lo menos, «cincuenta carros de combate están entrando en Arnhem desde el nordeste».

El hedor de la batalla impregnaba la ciudad vieja. En el puente, los escombros se elevaban sobre los pilares de cemento y cubrían las calles a lo largo del Rin. Un denso humo manchaba los edificios y los patios con una película grasienta. A todo lo largo de la orilla del río ardían edificios en incendios que nadie se cuidaba de apagar, y los hombres recuerdan que el suelo temblaba constantemente por el efecto de poderosos explosivos, mientras los alemanes, en las horas finales de aquel segundo día de batalla, machacaban los fuertes británicos a lo largo de la rampa norte en la encarnizada pugna por la posesión del primer objetivo de Montgomery.

Alrededor de la medianoche, el teniente coronel Frost salió de su Cuartel General en el lado oeste de la rampa y caminó por el perímetro defensivo, revisando a sus hombres. Aunque la batalla se había desarrollado casi sin pausa desde el ataque blindado de Gräbner por la mañana, la moral se mantenía elevada. Frost se sentía orgulloso de sus fatigados y sucios soldados. Durante todo el día habían repelido obstinadamente ataque tras ataque. Ni un solo alemán ni vehículo habían llegado al extremo norte del puente.

Durante la tarde los alemanes cambiaron de táctica. Utilizando municiones de fósforo, habían intentado desalojar a los británicos de sus puestos fortificados. Un cañón de 150 milímetros lanzó proyectiles de cien libras directamente contra el edificio del Cuartel General de Frost, obligando a los hombres a refugiarse en el sótano. Luego, los morteros británicos graduaron correctamente el alza y consiguieron un impacto directo, matando a los servidores de la batería. Mientras los soldados aplaudían y gritaban burlonamente, otros alemanes salieron corriendo bajo el fuego y se llevaron el cañón. En todo el contorno del perímetro defensivo las casas estaban envueltas en llamas, pero los británicos las sostuvieron hasta el último minuto antes de moverse a otras posiciones. Los daños materiales eran enormes. Camiones y vehículos llameantes, furgonetas destruidas y humeantes montones de escombros cubrían todas las calles. El sargento Robert H. Jones recuerda la escena como «un mar de los

Sargazos de llameantes edificios derribados, vehículos orugas, camiones y jeeps». La batalla se había convertido en una prueba de resistencia, que Frost sabía que sus hombres no podrían ganar sin ayuda.

Sótanos y bodegas estaban llenos de heridos. Uno de los capellanes de batallón, el reverendo padre Bernard Egan, y el oficial médico del batallón, capitán James Logan —que eran amigos desde la campaña del Norte de África— atendían a los heridos con un botiquín cuyo contenido se iba agotando rápidamente. Casi no quedaba morfina, e incluso las vendas se estaban terminando. Los hombres habían emprendido la marcha hacia el puente solamente con raciones para cuarenta y ocho horas. Ahora, éstas estaban casi agotadas, y los alemanes habían cortado el agua. Forzados a buscar alimentos, los soldados se mantenían a base de manzanas y unas cuantas peras almacenadas en los sótanos y bodegas de las casas que ocupaban. El soldado G. W. Jukes recuerda que su sargento dijo a los hombres: «No necesitáis agua si coméis muchas manzanas». Jukes tuvo la visión de que «cuando fueran finalmente relevados, saldrían de allí en fila, orgullosamente desafiantes y envueltos en vendas manchadas de sangre, rodeados de alemanes muertos, casquillos de balas y corazones de manzanas».

Una hora tras hora, Frost esperó en vano a que los batallones de Dobie o Fitch rompieran el cerco alemán y llegaran hasta el puente. Aunque llegaban sonidos de batalla desde el oeste de Arnhem, no se veía ni rastro de movimientos de tropas a gran escala. Frost había estado esperando todo el día algún nuevo mensaje del XXX Cuerpo de Horrocks. No había tenido la menor noticia de él desde la única señal de radio captada durante la mañana. Rezagados del 3.er Batallón que habían conseguido llegar hasta Frost llevaron la noticia de que los tanques de Horrocks estaban todavía por el corredor a mucha distancia de allí. Algunos habían oído incluso de miembros de la Resistencia holandesa que la columna no había llegado aún a Nimega. Preocupado y perplejo, Frost decidió no compartir con nadie esta información. Había empezado ya a creer que los hombres de su 2.º Batallón, que él había mandado desde su creación, permanecerían solos durante mucho más tiempo del que creía posible que resistieran.

En las últimas horas del lunes, las esperanzas de Frost se centraban en el tercer vuelo y en la llegada de la 1.ª Brigada Paracaidista Polaca del general de división Stanislaw Sosabowski. «Debían lanzarse al sur del puente —escribió más tarde Frost—, y yo temía el recibimiento que se les iba a dispensar..., pero era importante que encontraran un puñado de amigos para acogerlos.» A fin de preparar la llegada de los polacos, Frost organizó un «grupo de asalto móvil». Utilizando dos de los jeeps blindados de reconocimiento del comandante Freddie Gough y una ametralladora ligera Bren, Frost esperaba cruzar el puente y, en la sorpresa y confusión del ataque, abrir un pasillo por el que pudieran llegar los polacos. El comandante Gough, que había de mandar el grupo, «no se sentía entusiasmado por la idea». El 16 de septiembre había celebrado su cuadragésimo tercer cumpleaños. Si el plan de Frost se llevaba a cabo, Gough daba por seguro que no podría celebrar el cuadragésimo cuarto.*

No se esperaba el aterrizaje de los polacos antes de las 10.00 horas del día 19. Al pasar revista a sus hombres en las trincheras, nidos de ametralladoras, sótanos y bodegas, Frost les advirtió que ahorrasen munición. Debían disparar sólo a corta distancia, de modo que cada disparo fuera eficaz. El soldado de transmisiones James Haysom estaba apuntando su fusil contra un alemán cuando se le comunicó la orden del coronel. «Estáte quieto, imbécil —gritó Haysom—. Esas balas cuestan dinero.»

Aunque Frost sabía que reducir la intensidad de los disparos ayudaría al enemigo a mejorar sus posiciones, también creía que los alemanes se sentirían inducidos a pensar que los británicos habían perdido ánimos además de hombres. Esta actitud, Frost estaba seguro de ello, les costaría cara a los alemanes.

En el lado opuesto de la rampa, el pequeño grupo de hombres mandados por el capitán Eric Mackay estaba ya poniendo a prueba la teoría de Frost.

En la acribillada escuela situada bajo la rampa, Mackay había comprimido su pequeña fuerza en dos habitaciones y apostado un puñado de hombres en el pórtico exterior para conjurar cualquier intento enemigo de infiltración. Apenas había situado Mackay a sus hombres cuando los alemanes desencadenaron un mortífero ataque con ametralladoras y morteros. El cabo Arthur Hendy recuerda que

* Después de la guerra, Gough supo que el general Horrocks había estado pensando en una idea similar. Recordando cómo una rápida unidad de reconocimiento se había adelantado a la columna británica y enlazado con la 101.ª, pensó que una patrulla rápida parecida muy bien podría arriesgarse y llegar al puente de Arnhem. «El coronel Vincent Dunkerly fue designado para mandar el grupo —dice Gough—, y, como yo, confesó que se había pasado todo el día ensuciándose casi los pantalones sólo de pensarlo.»

el tiroteo era tan intenso que las balas «zumbaban a través de las destrozadas ventanas, golpeaban contra la tarima de los suelos y nosotros esquivábamos tantas astillas que volaban por los aires como balas verdaderas».

Mientras los hombres se ponían bajo cubierto, Mackay descubrió que los alemanes habían traído un lanzallamas, y, a los pocos minutos, un vehículo destruido que se encontraba cerca de la escuela estaba ardiendo. Luego, recuerda Mackay, «los alemanes prendieron fuego a la casa situada al norte de la nuestra, que ardió rápidamente, derramando cascadas de chispas sobre nuestro techo de madera que no tardó en incendiarse». En el caos consiguiente, los hombres echaron a correr hacia el tejado, donde durante más de tres horas utilizaron los extintores de incendios de la escuela y sus propias prendas de camuflaje en un esfuerzo frenético por apagar las llamas. Al cabo Hendy le pareció que olía a «queso quemado y carne quemada. Toda la zona estaba iluminada. El calor en el ático era intenso y los alemanes no cesaban de disparar contra nosotros. Finalmente, el fuego fue apagado».

Mientras los exhaustos soldados se reunían de nuevo en las dos habitaciones, Mackay ordenó a sus hombres que se vendaran los pies con sus camisas. «Los suelos de piedra se encontraban cubiertos de cristales y fragmentos de yeso y metal, y las escaleras estaban resbaladizas por la sangre derramada sobre ellas. Todo crujía bajo nuestros pies y hacía un ruido terrible.» Cuando Mackay se disponía a bajar al sótano para ver cómo se encontraban sus heridos, se produjo lo que recuerda como «un fogonazo cegador y una terrible explosión. Lo siguiente que supe fue que alguien me estaba golpeando en la cara». Durante el incendio, los alemanes habían llevado un *Panzerfäust* antitanque en un esfuerzo por destruir definitivamente la pequeña fuerza. Con aturdida incredulidad Mackay vio que todo el ángulo sudoeste de la escuela y parte del todavía humeante techo habían sido volados. Peor aún, las aulas semejaban ahora una carnicería, con muertos y heridos por todas partes. «Sólo unos minutos más tarde —recuerda Mackay—, llegó alguien y dijo que creía que estábamos rodeados. Me asomé a una de las ventanas. Abajo había una masa de alemanes. Curiosamente, no hacían nada, se limitaban a permanecer sobre la hierba. Nos rodeaban por todos los lados menos por el oeste. Debían pensar que el *Panzerfäust* había terminado con nosotros porque habíamos dejado de disparar.»

Abriéndose paso por entre los cuerpos tendidos en el suelo, Mackay ordenó a sus hombres que cogieran granadas. «Cuando yo grite «¡Fuego!», disparad con todo lo que tengáis», dijo. De nuevo en la ventana situada al sudeste, Mackay dio la orden. «Los muchachos lanzaron granadas sobre los que estaban debajo e, instantáneamente, abrimos fuego con todo lo que nos quedaba: seis Bren y catorce subfusiles Sten, disparando sin cesar.» En el fragoroso estruendo, los soldados se erguían silueteados en las ventanas, disparando sus subfusiles desde la cadera y lanzando su grito de guerra: «*Whoa Mohammed*». A los pocos minutos, el contraataque había terminado. Como recuerda Mackay, «cuando volví a asomarme lo único que pude ver abajo fue una alfombra gris. Debíamos haber matado entre treinta y cincuenta alemanes».

Sus hombres se dedicaron entonces a recoger a muertos y heridos. Un hombre agonizaba con quince balazos en el pecho. Otros cinco estaban gravemente heridos, y casi todos habían recibido quemaduras al tratar de salvar el incendiado tejado. Mackay había sido alcanzado también por la metralla y descubrió que tenía el pie clavado a la bota. Ni Mackay ni el zapador Pinky White, practicante en funciones, pudieron quitar el metal y Mackay se apretó más fuerte los cordones de su bota para contener la hinchazón. De cincuenta hombres, Mackay le quedaban solamente 21 en buenas condiciones, cuatro habían muerto, y más de 25 habían resultado heridos. Aunque carecía de alimentos y sólo tenía un poco de agua, había reunido una abundante provisión de morfina y podía aliviar los dolores de los heridos. «Casi todos padecían de shock y fatiga —recuerda—, pero habíamos obtenido otro respiro temporal. No me parecía a mí que las cosas presentaran un aspecto demasiado bueno, pero oímos la BBC y nos dijeron que todo marchaba de conformidad con el plan. Me puse en contacto telegráfico con el coronel, informé de nuestro estado y dije que todos estábamos contentos y resistiendo.»

Mientras trataba de dormir unos minutos, el cabo Hendy oyó a lo lejos la campana de una iglesia. Al principio, pensó que tocaba para anunciar la llegada de los blindados de Horrocks, pero el sonido no era rítmico y consistente. Hendy comprendió que lo que debía estar golpeando la campana eran balas o fragmentos de granadas. Pensó en los hombres que se hallaban alrededor del Cuartel General del coronel Frost al otro lado de la rampa y se preguntó si estarían sanos y salvos. Oyó de nuevo la campana y notó que se estremecía. No podía liberarse del terrible y fatal presentimiento.

La ayuda que con tanta urgencia necesitaba Frost se hallaba angustiosamente cercana, apenas a más de kilómetro y medio de distancia. Cuatro batallones, extendidos entre el Hospital de Santa Isabel y el Rin, estaban intentando desesperadamente llegar hasta él. El 3.er Batallón del teniente coronel J. A. C. Fitch había estado intentando abrirse paso a lo largo de la ruta *León*, la carretera junto al Rin que Frost había utilizado para llegar al puente dos días antes. En la oscuridad, sin comunicaciones, Fitch ignoraba que otros tres batallones se hallaban también en marcha: el 1.º del teniente coronel David Dobie, el 11.º del teniente coronel G. H. Lea y el 2.º *South Staffordshires* del teniente coronel W. D. H. McCardie; de los hombres de Dobie le separaban sólo unos centenares de metros.

A las 4.00 horas del martes 19 de septiembre, el 11.º Batallón y el 2.º *South Staffs* empezaron a atravesar la zona edificada existente entre el Hospital Santa Isabel y el Museo Municipal de Arnhem. Al sur de ellos, en la ruta *León*, en la que Fitch había encontrado ya una devastadora resistencia, el 1.er Batallón estaba ahora intentando abrirse paso. Inicialmente, los tres batallones, coordinando sus movimientos, ganaron terreno. Luego, con el amanecer, su protección desapareció. La oposición alemana, irregular durante la noche, se concentró de pronto ferozmente. El avance se detuvo porque los batallones se encontraron cogidos en una tupida red, atrapados por tres lados por un enemigo que parecía casi haberlos estado esperando en una posición previamente planeada. Y los alemanes estaban dispuestos a realizar una matanza.

Los elementos de vanguardia fueron alcanzados por los disparos y obligados a detenerse por tanques y vehículos alemanes que cortaban las calles ante ellos. Las ametralladoras que los esperaban en las ventanas de las casas situadas en la elevada escarpadura que iba desde las cocheras del ferrocarril hacia el norte, abrieron fuego. Y, desde los edificios de ladrillo situados al otro lado del Rin, baterías artilleras de cañones múltiples, disparando horizontalmente, machacaron el batallón de Dobie y se cebaron en los hombres de Fitch que trataban de avanzar a lo largo de la carretera del Bajo Rin. El batallón de Fitch, maltrecho ya a consecuencia de los combates sostenidos desde el momento del aterrizaje dos días antes, quedó ahora tan destrozado por el incesante fuego de artillería que ya no podía existir como unidad efectiva. Los hombres se dispersaron en desorden. No podían avanzar ni retroceder. Carentes virtualmente de protección en la desabrigada carretera, iban siendo metódicamente derribados. «Estaba terriblemente claro —explicó el capitán Ernest Seccombe— que los *boches* tenían muchas más municiones que nosotros. Intentamos avanzar a saltos, desde un lugar cubierto a otro. Acababa yo de echar a correr cuando quedé cogido en un mortífero fuego cruzado. Caí como un saco de patatas. Ni siquiera podía arrastrarme.» Seccombe, que había resultado herido en las dos piernas, contempló con impotencia cómo se le acercaban dos alemanes. El capitán británico, que hablaba con fluidez el alemán, les pidió que le miraran las piernas. Se inclinaron y examinaron sus heridas. Luego, uno de los alemanes se incorporó. «Lo siento, Herr Hauptmann —dijo a Seccombe—. Me temo que la guerra ha terminado para usted.» Los alemanes llamaron a sus propios médicos, y Seccombe fue llevado al Hospital de Santa Isabel.*

Uno de los oficiales de Fitch descubrió por casualidad la presencia de las fuerzas de Dobie en la carretera inferior y a pesar de que sus bajas eran también cuantiosas, los hombres del 1.er Batallón se precipitaron en dirección a los lastimosos restos del grupo de Fitch. Dobie estaba ahora rabiosamente decidido a llegar al puente, pero los obstáculos eran enormes. Cuando avanzaba bajo el intenso fuego dirigiéndose a saltos hacia los hombres de Fitch, Dobie resultó herido y fue capturado (más tarde consiguió escapar); se calculó que al final del día solamente quedaban cuarenta hombres de su batallón. El soldado Walter Boldock era uno de ellos. «Lo seguíamos intentando, pero fue un desastre. Estábamos sometidos a un constante fuego de mortero y los tanques alemanes apuntaban directamente hacia nosotros. Yo traté de detener a uno con mi ametralladora Bren. Parecía que retrocedíamos. Pasé por encima de una cañería rota. En el arroyo yacía el cadáver de un civil vestido con mono azul, y el agua besaba suavemente su cuerpo. Al abandonar las afueras de Arnhem, supe de algún modo que no volveríamos.»

Los hombres de Fitch, tratando de seguir al batallón de Dobie,

---

* Durante casi toda la batalla de Arnhem, el hospital fue utilizado indistintamente por médicos británicos y alemanes para atender a sus heridos. Seccombe, como prisionero de los alemanes, fue trasladado a la pequeña ciudad holandesa de Enschede, a unos ocho kilómetros de la frontera alemana. Durante su estancia allí le fueron amputadas las dos piernas. Fue liberado en abril de 1945.

estaban siendo aplastados una vez más. La marcha había perdido todo sentido; los informes posteriores a la acción dan cuenta de la absoluta confusión existente en estos momentos en el batallón. «El avance fue satisfactorio hasta que llegamos a la zona del desmantelado puente de barcas —dice el informe del 3.er Batallón—. Luego, empezaron a pasar entre nosotros los heridos del 1.er Batallón. Se inició un intenso fuego de ametralladoras pesadas, cañones de 20 milímetros y mortero..., se producían bajas a un ritmo en constante crecimiento, y había que transportar pequeños grupos de heridos a retaguardia cada minuto.»

Existiendo el peligro de que sus fuerzas fueran totalmente destruidas, Fitch ordenó a sus hombres que retrocedieran al Pabellón del Rin, un gran complejo hostelero situado en la orilla del río, donde los restos del batallón podrían reagruparse y tomar posiciones. «Cada oficial y cada soldado debe ir allí como mejor pueda —dijo Fitch a sus hombres—. La zona entera parece hallarse cubierta por el fuego enemigo y la única esperanza de llegar sin novedad es hacerlo individualmente.» El soldado Robert Edwards recuerda a un sargento «cuyas botas rezumaban la sangre que manaba de sus heridas, diciéndonos que emprendiéramos la marcha y nos uniésemos a la primera unidad organizada que encontráramos». El coronel Fitch no llegó al Pabellón del Rin. Cuando se dirigía hacia allí, resultó muerto por disparos de mortero.

Por una extraña concatenación de circunstancias, dos hombres que nunca hubieran debido estar allí se abrieron paso hasta Arnhem. El comandante Anthony Deane-Drummond, segundo en el mando de la sección de transmisiones de la División, se había sentido tan alarmado por la interrupción de las comunicaciones que, junto con su chófer-asistente, el cabo Arthur Turner, se había adelantado para ver lo que ocurría. Deane-Drummond y Turner estaban en la carretera desde las primeras horas del lunes. Primero, había localizado al batallón de Dobie, donde se habían enterado de que Frost estaba en el puente y Dobie se disponía a lanzar un ataque para llegar hasta él. Avanzando por la carretera del río, Deane-Drummond alcanzó a varios elementos del 3.er Batallón que pugnaban por avanzar en dirección a Arnhem y se unió a ellos. El grupo se vio envuelto en un intenso fuego enemigo y en el combate que se produjo a continuación, Deane-Drummond se encontró mandando los restos de una compañía cuyo oficial había resultado muerto.

Bajo un constante fuego de armas ligeras y tan cercado que Deane-Drummond recuerda que los alemanes arrojaban granadas de mano contra los hombres, condujo al grupo a lo largo de la carretera hasta unas casas próximas a una pequeña ensenada. Al frente, podía ver el puente. «En los últimos doscientos metros hasta la casa que yo había elegido, los hombres estaban cayendo literalmente como moscas —recuerda—. Éramos sólo unos veinte hombres, y me di cuenta de que el resto del batallón se encontraba ahora muy atrás y no era probable que nos alcanzase.» Dividiendo a los hombres en tres grupos, Deane-Drummond decidió esperar al anochecer, descender hasta el río, cruzarlo a nado al amparo de la oscuridad y, luego, volverlo a cruzar y reunirse con la División, en el oeste. En una casa que hacía esquina, rodeado de alemanes por todas partes, se dispuso a esperar. Sonaron unos fuertes golpes en la puerta. Deane-Drummond y los tres hombres que estaban con él se precipitaron a la parte trasera y se encerraron en un pequeño lavabo. Por el ruido que llegaba hasta ellos, estaba claro que los alemanes se dedicaban a convertir la casa en un punto fortificado. Deane-Drummond estaba atrapado. Él y los otros permanecerían en el diminuto cuarto durante casi tres días más.*

Entretanto, el 11.º Batallón y los *South Staffordshires* se habían visto obligados también a detenerse tras varias horas de encarnizados combates callejeros. Los tanques alemanes martillaron en su contraataque a los batallones, forzándoles a retroceder lentamente.

El soldado Maurice Faulkner recuerda que algunos elementos de los batallones llegaron al Museo después de sufrir grandes bajas, sólo para encontrase allí con los carros de combate. «Vi a un hombre saltar desde una ventana sobre un tanque y tratar de arrojar una granada en su interior —recuerda Faulkner—. Le alcanzó un francotirador, pero yo creo que, probablemente, estaba atrapado de todas maneras

---

* Deane-Drummond fue capturado el viernes 22 de septiembre, poco después de haber abandonado la casa próxima al puente de Arnhem. En una vieja villa cerca del Velp, utilizada como encierro de prisioneros de guerra, descubrió un armario empotrado en el que ocultarse. En aquel angosto recinto permaneció trece días, racionándose unos cuantos sorbos de agua y una pequeña cantidad de pan. El 5 de octubre huyó, estableció contacto con la Resistencia holandesa, y el 22 de octubre fue llevado al puesto de evacuación de heridos de la 1.ª Aerotransportada, en Nimega. Uno de los tres hombres que estaban con él en Arnhem, el asistente de Deane-Drummond, el cabo Arthur Turner, fue también capturado y conducido a la casa de Velp. Finalmente, fue enviado a un campo de prisioneros de Alemania y liberado en abril de 1945. La historia de Deane-Drummond se halla relatada en su propio libro, *Return Ticket*.

y tal vez pensara que era la única forma de escapar.» El soldado William O'Brien comentaría que la situación se volvió «súbitamente caótica. Nadie sabía qué hacer. Los alemanes se habían traído esos lanzacohetes Nebelwerfer, y sentíamos que la cabeza nos iba a estallar del atronador ruido. Empezaba a parecerme que los generales nos habían metido en algo que no tenían derecho a hacer. No dejaba de preguntarme dónde diablos estaba el maldito Segundo Ejército».

Cerca de la iglesia de Oosterbeek, el soldado Andrew Milbourne oyó pedir servidores de ametralladora. Milbourne dio un paso adelante, y se le dijo que llevara su arma y un grupo de hombres a un cruce de carreteras próximo al Hospital de Santa Isabel para cubrir y proteger a los dos batallones cuando se separasen. Instaló en un jeep su ametralladora Vickers y emprendió la marcha con otros tres. Milbourne emplazó su ametralladora en el jardín de una casa situada junto al cruce. Casi inmediatamente, le pareció que era arrastrado por su propia batalla particular. Aparecían granadas y proyectiles de mortero dirigidos directamente contra él. Mientras los soldados empezaban a retroceder a su alrededor, Milbourne enviaba un constante arco de balas por delante de ellos. Recuerda haber oído un sonido sibilante, como el del viento, y luego, un fogonazo. Segundos después, se dio cuenta de que algo marchaba mal con sus ojos y sus manos. Recuerda que alguien dijo: «Santo Dios, le han dado».

El soldado Thomas Pritchard oyó la voz y corrió hacia donde los hombres estaban inclinados sobre Milbourne. «Se hallaba tendido sobre los retorcidos restos de la Vickers, con las dos manos unidas a sus brazos tan sólo por una tira de piel y un ojo fuera de su cuenca. Empezamos a pedir a gritos un médico.» No lejos de allí, el mejor amigo de Milbourne, el cabo Terry *Taffy* Brace, de la 16.ª Ambulancia de Campaña, oyó gritar a alguien. Dejando a un herido de metralla al que había asistido, Brace echó a correr. «Rápido —le gritó un hombre—, la Vickers ha estallado.» Mientras corría, recuerda Brace, podía oír el fragor casi constante de los disparos de ametralladora, y los obuses y granadas parecían caer por todas partes. Acercándose a un grupo de hombres, Brace se abrió paso y vio con horror a Milbourne tendido en el suelo. Trabajando frenéticamente, Brace vendó los brazos de Milbourne y colocó un apósito bajo el pómulo del herido para almohadillar su ojo izquierdo. Brace recuerda que hablaba constantemente mientras trabajaba. «Es sólo un rasguño, Andy —decía—. Sólo un rasguño.» Cogiendo en brazos a su amigo, Brace llevó a Milbourne a un puesto de socorro cercano, donde un médico holandés se puso a trabajar inmediatamente. Luego, volvió a la batalla.*

Brace pasó junto a lo que parecían ser centenares de hombres tendidos en los campos y a lo largo de la carretera. «Me paraba junto a cada uno de ellos —recuerda—. Lo único que podía hacer por la mayoría era quitarles la guerrera y cubrirles el rostro.» Brace curó a un sargento herido lo mejor que pudo y, cuando se disponía a reemprender su camino, el hombre le alargó la mano. «No voy a salir de ésta —le dijo a Brace—. Cógeme la mano, por favor.» Brace se sentó y tomó entre las suyas la mano del sargento. Pensó en Milbourne, su mejor amigo, y en los muchos hombres que habían llegado a través de las líneas aquel día. Unos minutos después, Brace sintió un leve tirón. Al bajar la vista, advirtió que el sargento había muerto.

Para entonces, los británicos se hallaban en desorden, sin cañones antitanque ni munición y con elevadas bajas. El ataque se había convertido en una carnicería. Los dos batallones no podían avanzar más allá de las zonas edificadas en torno al hospital Santa Isabel. Pero, en el laberinto de calles, una acción resultó ser positiva y tuvo éxito. El ataque había conquistado una casa con terraza en el número 14 de la calle Zwarteweg, el edificio del que no había podido escapar el general Roy Urquhart.

«Oímos el jadeo del cañón autopropulsado en el exterior y el rechinar de su oruga —escribió más tarde Urquhart—. Se estaba yendo.» Apareció entonces Antoon Derksen y «anunció excitado que los británicos estaban al extremo de la calle. Echamos a correr calle abajo, y di gracias a Dios por haber establecido contacto de nuevo».

Al saber por un oficial del *South Staffordshires* que su Cuartel General se encontraba ahora en un hotel llamado Hartenstein, Urquhart pidió un jeep y conduciendo a toda velocidad por entre un diluvio de balas disparadas por francotiradores, llegó por fin hasta la División.

Eran las 7.25 horas. Había estado ausente y sin ejercer ningún control sobre la batalla en su período más crucial durante casi 39 horas.

En el Hartenstein, uno de los primeros hombres que vio a Urquhart fue el capellán G. A. Pare. «Las noticias no eran muy buenas —recuerda—. Se le había dado al general por prisionero, y no había

---

* Milbourne fue capturado más tarde en el sótano de la casa de Ter Horst, en Oosterbeek. Perdió el ojo izquierdo, y un cirujano alemán le amputó las dos manos en Apeldoorn. Pasó el resto de la guerra en un campo de prisioneros en Alemania.

ni rastro del Segundo Ejército.» Mientras Pare bajaba las escaleras del hotel «resulta que quién las estaba subiendo era el propio general. Lo vimos varios, pero nadie dijo una palabra. Nos lo quedamos mirando, completamente desconcertados». Sucio y con «barba de dos días, debía tener un aspecto digno de verse» dice Urquhart. En aquel momento, llegó a toda prisa el coronel Charles Mackenzie, el jefe del Estado Mayor. Mirando a Urquhart, Mackenzie le dijo: «Creíamos, señor, que se había ido usted definitivamente».

Rápidamente, Mackenzie informó al ansioso Urquhart de los acontecimientos que habían tenido lugar durante su ausencia y le expuso la situación —tal como la conocía la División— en aquellos momentos. El cuadro era aterrador. Amargamente, Urquhart vio que la división de la que se sentía tan orgullosos estaba siendo dispersada y hecha trizas. Pensó en todos los contratiempos que habían obstaculizado a sus fuerzas de *Market*: la distancia desde las zonas de lanzamiento hasta el puente; la interrupción casi total de las comunicaciones; el retraso impuesto por las condiciones meteorológicas a la 4.ª Brigada de Hackett, además de la pérdida de su precioso cargamento; y el lento avance de los tanques de Horrocks. Urquhart quedó estupefacto al enterarse de que el XXX Cuerpo ni siquiera había informado de que hubiera llegado a Nimega. La disputa por el mando entre Hackett y Hicks resultaba turbadora, especialmente teniendo en cuenta que derivaba de la imprevisible ausencia de Urquhart y Lathbury en las horas cruciales en que era necesaria una precisa dirección de la batalla. Sobre todo, Urquhart deploraba el increíble y excesivo optimismo de las fases iniciales de la elaboración de los planes, que no había concedido la debida importancia a la presencia del Cuerpo Panzer de Bittrich.

Todos estos factores, combinados unos con otros, habían llevado a la División al filo de la catástrofe. Sólo la extraordinaria disciplina y un increíble valor estaban manteniendo unidos a los maltrechos *Diablos Rojos*. Urquhart estaba decidido a infundir de alguna manera nuevas esperanzas, a coordinar los esfuerzos de sus hombres incluso hasta el nivel de compañía. Al hacerlo, sabía que debía exigir de sus fatigados y heridos hombres más de lo que ningún comandante de fuerzas aerotransportadas había exigido jamás. No tenía opción. Con la constante afluencia de refuerzos alemanes, el entusiasta escocés comprendió que, a no ser que actuara inmediatamente, «mi división sería totalmente destruida». Incluso puede que fuera demasiado tarde para salvar a su amada unidad de la aniquilación.

Una mirada al mapa le reveló el carácter desesperado de la situación. Simplemente, no existía una línea de frente. Ahora que habían llegado todos sus hombres menos la Brigada Polaca, las principales zonas de lanzamiento al oeste habían sido abandonadas y aparte de las zonas de reaprovisionamiento, las líneas que las rodeaban, ocupadas por los hombres de Hicks, habían menguado y encogido. Comprendió que Hackett se dirigía a las tierras altas situadas al nordeste de Wolfheze y la granja Johannahoeve. El 11.º Batallón y los *South Staffordshires* estaban luchando cerca del Hospital de Santa Isabel. No había noticia del avance de los Batallones 1.º y 3.º en la carretera del Rin. Pero Frost, supo Urquhart con orgullo, se mantenía todavía en el puente. En el mapa de situación, flechas rojas indicaban por todas partes nuevas concentraciones de blindados y tropas enemigas; algunas parecían hallarse situadas *detrás* de las unidades británicas. Urquhart no sabía si quedaba tiempo suficiente para reorganizar y coordinar el avance de sus diezmadas fuerzas y enviarlas hacia el puente en un último y desesperado ataque. Ignorando por el momento los graves daños infligidos a los Batallones 1.º y 3.º, Urquhart creía que tal vez existiera todavía una oportunidad.

«Lo que más me intrigaba era una cosa —recuerda—. ¿Quién dirigía la batalla en la ciudad? ¿Quién la coordinaba? Lathbury se encontraba herido y ya no estaba allí. No se había nombrado a nadie para establecer un plan.» Empezaba a reflexionar sobre la cuestión, cuando llegó el general de brigada Hicks. Se alegró extraordinariamente de ver a Urquhart y de devolverle el mando de la División. «Le dije —dice Urquhart— que tendríamos que llevar inmediatamente a alguien a la ciudad. Un oficial superior que coordinara el ataque de Lea y McCardie. Me di cuenta de que habían estado a sólo unos centenares de metros de mí, y de que habría sido mejor que yo me hubiera quedado en la ciudad para dirigir la acción. Entonces, envié al coronel Hilary Barlow, lugarteniente de Hicks. Era el hombre más adecuado. Le dije que entrara en la ciudad y atara los cabos sueltos. Le expliqué exactamente dónde estaban Lea y McCardie y le envié con un jeep y un aparato de radio, ordenándole que preparara un ataque debidamente coordinado.»

Barlow nunca llegó a encontrarse con los batallones. Cayó muerto en algún punto de la ruta. «Simplemente, se desvaneció», dijo Urquhart. Jamás se encontró su cuerpo.

La llegada de los polacos en el tercer vuelo era casi igual de urgente. Ahora iban a aterrizar directamente sobre un enemigo preparado en los accesos meridionales del puente, como Frost sabía muy bien; y para entonces, razonaba Urquhart, los alemanes debían estar ya, evidentemente, reforzados con blindados. El lanzamiento podría ser una carnicería. En un esfuerzo por detenerlos y, aunque las comunicaciones eran inseguras —nadie sabía si los mensajes se estaban recibiendo—, Urquhart envió un mensaje de aviso y solicitó una nueva zona de lanzamiento. En el Cuartel General del Cuerpo, en retaguardia, este mensaje nunca se recibió. Pero daba lo mismo. En un nuevo contratiempo, la niebla cubría muchos de los aeródromos de Inglaterra en los que se estaban preparando para partir los aviones y planeadores del tercer y vital vuelo.

El corredor por el que debían avanzar los blindados de Horrocks estaba abierto de nuevo. En Son, a 69 kilómetros al sur de Arnhem, los ingenieros contemplaban el paso de la primera unidad blindada británica por el puente provisional que habían construido. La División Blindada de Guardias estaba de nuevo en marcha, dirigido ahora su avance por los Granaderos. En aquellos momentos, a las 6.45 horas del 19 de septiembre, las fuerzas *Garden* llevaban un retraso de 36 horas.

Nadie en aquel sector del corredor podía adivinar aún lo que esa pérdida de tiempo significaría en el cómputo final, y lo peor estaba por venir. El gran puente sobre el Waal en Nimega, a 52 kilómetros al norte, continuaba en manos alemanas. Los comandantes aerotransportados temían que los alemanes lo volaran si no era tomado intacto y pronto.

Este temor concedía una mayor urgencia al avance blindado. Para el general Gavin, el general Browning, comandante del Cuerpo, y para Horrocks, el puente de Nimega era ahora la pieza más crítica del plan. Los comandantes ignoraban todavía la verdadera y apurada situación de la 1.ª División Aerotransportada británica. Las emisiones alemanas de propaganda habían pregonado que el general Urquhart estaba muerto[*] y su división destrozada, pero no había habido noticias de la división misma. En las columnas de tanques, los hombres creían que *Market-Garden* se estaba desarrollando bien. Lo mismo creían las *Águilas Aullantes* del general Taylor. «Para el soldado de la 101.ª, el ruido de los blindados, la vista de sus cañones,

---

[*] Según Bittrich, los alemanes se enteraron por los prisioneros de que se le daba a Urquhart por muerto o desaparecido, y también aseguró que «estábamos captando mensajes de radio y escuchando llamadas telefónicas».

constituían a la vez una seguridad y una promesa —escribiría más tarde el general S. L. A. Marshall—, una seguridad de que existía un plan y una promesa de que el plan podía dar resultado».

Mientras los carros avanzaban, los soldados de la 101.ª del general Taylor que los contemplaban se enorgullecían justamente de sus propios logros. Enfrentándose a una resistencia inesperadamente fuerte, habían ocupado y mantenido la franja de veintidós kilómetros de carretera desde Eindhoven hasta Veghel. A lo largo de la ruta, los hombres aplaudían y lanzaban vítores mientras los blindados de la *Household Cavalry*, los tanques de los Granaderos y la poderosa masa del XXX Cuerpo pasaban ante ellos. En pocos minutos, la columna avanzó desde Son hasta Veghel. Luego, con el tipo de empuje que Montgomery había previsto para la totalidad de la acción, la vanguardia blindada, flanqueada por vitoreantes muchedumbres holandesas que agitaban banderas, avanzó a toda velocidad, llegando a Grave, su primer punto de destino, a las 8.30 horas. Allí, los tanques enlazaron con la 82.ª de Gavin. «Supe que los habíamos alcanzado —recuerda el cabo William Chennell, que iba en uno de los primeros vehículos blindados— porque los estadounidenses, no queriendo correr riesgos, nos hicieron parar con disparos de aviso.»

Continuando rápidamente su camino, los primeros blindados llegaron a mediodía a los suburbios de Nimega. Se habían cubierto ya dos terceras partes del vital corredor de *Market-Garden*. Aquella única carretera, abarrotada de vehículos, habría podido ser cortada en cualquier momento de no haber sido por las vigilantes y tenaces fuerzas aerotransportadas que habían combatido y muerto por mantenerla abierta. Si la audaz estrategia de Montgomery había de tener éxito, el corredor era el único cordón umbilical que podía sostenerla. Los hombres sentían la ardorosa excitación del éxito. Según las declaraciones oficiales, incluyendo las del Cuartel General de Eisenhower, todo se estaba desarrollando conforme al plan. No se insinuaba siquiera la terriblemente apurada situación que estaba engullendo poco a poco a los hombres en Arnhem.

Sin embargo, el general Frederick Browning no se sentía tranquilo. Durante la tarde del día 18, se reunió con el general Gavin. El comandante de Cuerpo no había recibido ninguna noticia de Arnhem. Fuera de unas cuantas informaciones dispersas de la Resistencia holandesa, los servicios de transmisiones de Browning no habían recibido ni un solo informe de situación. Pese a los anuncios oficiales de que la Operación se estaba desarrollando satisfactoriamente, los mensajes retransmitidos a Browning desde su propio Cuartel General de retaguardia y desde el Segundo Ejército del general Dempsey habían despertado en él una inquietante preocupación. Browning no podía liberarse de la impresión de que Urquhart podía hallarse en graves apuros.

Dos informes en particular alimentaban esta inquietud. La potencia y la reacción alemanas en Arnhem habían resultado, indiscutiblemente, más poderosas y rápidas de lo que habían previsto los autores del Plan. Y la información facilitada por las fotos de reconocimiento de la RAF indicaban que solamente el extremo septentrional del puente de Arnhem estaba ocupado por los británicos. Y eso que hasta ese momento Browning ignoraba que había dos divisiones de panzer en el sector de Urquhart. Inquieto por la falta de comunicaciones y preocupado por sus sospechas, Browning advirtió a Gavin que el «puente de Nimega debe ser tomado hoy. A más tardar, mañana». Desde el momento en que tuvo la primera noticia de la Operación *Market-Garden*, el puente de Arnhem había preocupado a Browning. Montgomery había supuesto en un exceso de confianza que Horrocks llegaría hasta él en el plazo de 48 horas. Entonces, Browning opinaba que las fuerzas de Urquhart podían resistir cuatro días. Ahora, dos días después del Día D —un día menos de la estimación de Browning sobre la capacidad de la división para operar sola—, y a pesar de seguir ignorando la grave situación en la que se encontraba la 1.ª División Aerotransportada británica, Browning dijo a Gavin: «Debemos llegar a Arnhem lo más rápidamente posible».*

Inmediatamente después de enlazar en el sector de la 82.ª, Browning convocó una conferencia. Los vehículos blindados que iban a la

---

* Muchos de los relatos británicos sobre Arnhem, incluyendo el excelente *Struggle tor Europe*, de Chester Wilmot, dan a entender que Browning sabía más acerca de la situación de Urquhart en aquel momento de lo que realmente sabía. Un cuidadoso examen de la dispersa e incompleta información transmitida al Cuartel General del Cuerpo pone de manifiesto que el primer mensaje directo desde el sector de Arnhem le llegó a Browning a las 8.25 horas del día 19. Otros dos llegaron en el curso del día y se referían al puente, emplazamientos de tropas y a una petición de apoyo aéreo. Aunque se habían enviado numerosos mensajes dando la verdadera situación, no habían sido recibidos y estos tres no contenían la menor indicación de que la división de Urquhart estaba siendo metódicamente destruida. En algunos sectores se ha criticado injustamente a Montgomery y Browning por no adoptar medidas más inmediatas y positivas. En aquellos momentos, no sabían prácticamente nada de los críticos problemas de Urquhart.

vanguardia de los Guardias fueron enviados a recoger al comandante del XXX Cuerpo, general Horrocks y el comandante de la División Blindada de Guardias, general Allan Adair. En compañía de Browning, los dos oficiales se dirigieron a un punto situado al nordeste de Nimega, desde el que se dominaba el río. Desde allí, el cabo William Chennell, cuyo vehículo había recogido a uno de los oficiales, observó el puente con el pequeño grupo. «Para mi sorpresa —recuerda Chennell—, podíamos ver tropas y vehículos alemanes que se movían de un lado a otro del puente, al parecer absolutamente despreocupados. No se disparó un solo tiro, y eso que estábamos a poco más de cien metros de distancia.»

De vuelta en el Cuartel General de Browning, Horrocks y Adair se enteraron por primera vez de la violenta oposición alemana en la zona de la 82.ª. «Me sorprendió descubrir a mi llegada que no teníamos el puente de Nimega —explicó Adair—. Yo daba por supuesto que se encontraría en manos de las tropas aerotransportadas para el momento en que nosotros llegáramos y que, simplemente, nos limitaríamos a cruzarlo.» Los generales supieron en ese momento que las fuerzas de Gavin habían tenido tanto trabajo para mantener la cabeza de puente de las tropas aerotransportadas, que se había hecho venir compañías desde Nimega para proteger las zonas de aterrizaje de los masivos ataques enemigos. Elementos del 508.º Batallón habían sido incapaces de abrirse paso contra las fuertes unidades de la SS que ocupaban los accesos al puente. La única manera de tomar rápidamente el puente, creía Browning, era un ataque combinado de tanques e infantería. «Vamos a tener que desalojar a esos alemanes con algo más que tropas aerotransportadas», le dijo Browning a Adair.

El puente de Nimega era el último y crucial eslabón en el plan *Market-Garden*. Con el límite de tiempo que Browning había atribuido a la capacidad de las fuerzas británicas para resistir a punto de ser superado, era preciso acelerar el ritmo de la Operación. Faltaban por abrir dieciséis kilómetros de corredor. Era necesario, recalcó Browning, capturar el puente de Nimega en un tiempo récord.

El general de división Heinz Harmel, comandante de la División *Frundsberg*, se sentía enfurecido y frustrado. Pese a los constantes apremios del general Bittrich, no había conseguido aún expulsar a Frost y sus hombres del puente de Arnhem. «Estaba empezando a sentirme un maldito estúpido», recuerda Harmel.

Para entonces, sabía ya que se les estaban acabando a los británicos sus provisiones y municiones. Además, sus bajas, tomando las suyas propias como ejemplo, debían ser extremadamente elevadas. «Había decidido utilizar blindados y fuego de artillería para arrasar todos y cada uno de los edificios que ocupaban —recuerda Harmel—, pero, en vista del combate que estaban librando, pensé que debía pedirles primero que se rindieran.» Harmel ordenó a su Estado Mayor que concertara una tregua temporal. Se elegiría un prisionero británico para que acudiese a presencia de Frost con el ultimátum de Harmel. El designado fue un ingeniero recién capturado, el sargento Stanley Halliwell, de veinticinco años, uno de los zapadores del capitán Mackay.

Se le indicó a Halliwell que entrara en el perímetro defensivo británico bajo bandera de tregua. Una vez allí, debía decirle a Frost que llegaría un oficial alemán para conferenciar con él sobre los términos de la rendición. Si Frost accedía, Halliwell regresaría de nuevo al puente, donde permanecería desarmado hasta que se reuniese con él el oficial alemán. «En mi calidad de prisionero de guerra, yo tenía que volver con los *boches* tan pronto como entregara el mensaje y recibiera la respuesta del coronel, y no me gustaba ni pizca esa parte del asunto», dijo Halliwell. Los alemanes condujeron a Halliwell hasta un punto próximo al perímetro británico, por donde, llevando la bandera de tregua, penetró en el sector ocupado por los británicos y llegó al Cuartel General de Frost. Nerviosamente, Halliwell le explicó la situación a Frost. Los alemanes, dijo, consideraban que era inútil continuar luchando. Los británicos estaban rodeados, sin posibilidad de recibir socorro. No tenían otra opción que morir o rendirse. Interrogando a Halliwell, Frost supo que «el enemigo parecía muy desalentado por sus propias bajas». Sintió que se animaba momentáneamente ante la noticia y recuerda haber pensado que «sólo con que nos llegaran municiones, no tardaríamos en tener en el saco a nuestros adversarios de las SS». En cuanto a la petición alemana de negociaciones, la respuesta de Frost a Halliwell no pudo ser más explícita: «Dígales que se vayan al infierno», respondió.

Halliwell estaba de acuerdo. Al ser prisionero de guerra, se esperaba de él que volviera con los alemanes, pero no le agradaba la idea de repetir las palabras exactas del coronel y, señaló a Frost, podía resultar difícil atravesar de nuevo las líneas. «A usted le corresponde tomar esa decisión» dijo Frost. Halliwell ya la había tomado. «Si no le importa, mi coronel —dijo a Frost—, me quedaré. Los alemanes recibirán el mensaje tarde o temprano.»

En el otro extremo de la rampa, el capitán Eric Mackay acababa de recibir una invitación similar, pero optó por interpretarla en sentido contrario. «Me asomé y vi a un *boche* con un pañuelo no muy blanco atado a un fusil. Gritó: "¡Rendición!" Di por supuesto que querían rendirse, pero quizás se referían a nosotros.» En la ya casi destruida escuela en la que resistía su pequeña fuerza, Mackay, pensando todavía que el alemán estaba ofreciendo rendirse, consideró impracticable la idea. «Sólo teníamos dos habitaciones. Habríamos estado un poco apretados si cogíamos prisioneros.»

Agitando las manos en dirección al alemán, Mackay gritó: «¡Largo de aquí! No cogemos prisioneros». El practicante, Pinky White, se reunió con Mackay en la ventana. «*Raus!* —gritó—. ¡Fuera!» En medio de un montón de silbidos, otros soldados se sumaron al grito. «¡Lárgate! ¡Vuélvete y pelea, bastardo!» El alemán pareció entender. Según recuerda Mackay, dio media vuelta y regresó rápidamente a su propio edificio, «agitando todavía su sucio pañuelo».

El intento de Harmel por obtener la rendición de los valerosos hombres sitiados en el puente había fracasado. La batalla se reanudó en toda su ferocidad.

8

En las bases cubiertas por la niebla de las cercanías de Grantham, Inglaterra, la 1.ª Brigada Paracaidista Polaca estaba esperando el momento del despegue. La hora cero para el lanzamiento había sido fijada para las 10.00 horas, pero el mal tiempo había obligado a un aplazamiento de cinco horas. La brigada debía concentrarse a las 15.00 horas. El general de división Stanislaw Sosabowski, el polaco orgullosamente independiente, el voluble comandante, había mantenido a sus hombres junto a los aviones durante la espera. Le parecía al quincuagenario Sosabowski que en Inglaterra había niebla todas las mañanas. Si el tiempo despejaba antes de lo previsto, podrían modificarse las órdenes, y Sosabowski estaría preparado para partir en el plazo más breve posible. Sentía que cada hora tenía un gran valor. Urquhart, creía Sosabowski, se encontraba en apuros.

Además del instinto, no había ninguna razón concreta para la opinión de Sosabowski. Lo cierto es que, desde el principio, no se había sentido muy atraído por la idea de *Market-Garden*. Estaba seguro de que las zonas de lanzamiento se encontraban demasiado alejadas del puente para conseguir un efecto de sorpresa. Además, nadie en Inglaterra parecía saber qué estaba sucediendo en Arnhem, y Sosabowski se había alarmado al descubrir en el Cuartel General que habían quedado cortadas las comunicaciones con la 1.ª División Aerotransportada británica. Todo lo que se sabía era que el extremo norte del puente de Arnhem se hallaba en manos británicas. Como no se había producido ningún cambio en el plan, los hombres de Sosabowski, lanzándose al sur, cerca del pueblo de Elden, tomarían el otro extremo.

Pero el general estaba preocupado por la falta de información. No podía estar seguro de que los hombres de Urquhart continuaban en el puente. Los oficiales de enlace del Cuartel General de Browning, de los cuales dependía Sosabowski para la obtención de noticias, parecían saber poco sobre lo que realmente estaba sucediendo. Había pensado en acudir directamente al Cuartel General del Ejército Aerotransportado aliado, en Ascot, para hablar en persona con el general Lewis Brereton. El protocolo lo impedía. Sus tropas se hallaban bajo el mando del general Browning, y Sosabowski era reacio a saltarse la vía jerárquica militar. Cualquier alteración del plan debía proceder solamente de Browning, y no se había recibido ninguna. Sin embargo, Sosabowski tenía la impresión de que algo iba mal. Si los británicos ocupaban solamente el extremo norte del puente, el enemigo tenía que ser muy fuerte en el sur, y era muy posible que los polacos se vieran obligados a librar el combate más encarnizado de su vida. Los transportes y artillería de Sosabowski, que debían salir en 46 planeadores desde las bases de Down Ampney y Torrant Rushton, continuaban teniendo fijada su hora de despegue a mediodía. Como esa parte del plan se mantenía sin variación, Sosabowski trató de convencerse a sí mismo de que todo iría bien.

El teniente Albert Smaczny se sentía igualmente intranquilo. Debía atravesar con su compañía el puente de Arnhem y ocupar varios edificios de la parte este de la ciudad. Si el puente no había sido capturado, no sabía cómo iba a llevar a sus hombres al otro lado del Rin. Se le había asegurado a Smaczny que el puente estaría en manos británicas, pero desde su huida de los alemanes en 1939 (su hermano de dieciséis años había sido fusilado por la Gestapo como represalia), Smaczny se había obligado a sí mismo a «esperar lo inesperado».

Hora tras hora, los polacos aguardaban y la niebla persistía en las Midlands. El cabo Wladijslaw Korob «estaba empezando a ponerme nervioso. Quería despegar —recuerda—. Estar paseando por el aeródromo no era la idea que yo tenía sobre la mejor forma de matar alemanes». Contemplando los aviones congregados en el campo, el teniente Stefan Kaczmarek sintió «una alegría que casi dolía». Él también se estaba cansando de permanecer ocioso. La operación, dijo a sus hombres, «es la segunda mejor alternativa para liberar Varsovia. Si triunfamos, entraremos en Alemania por la cocina».

Pero los polacos se verían decepcionados. A mediodía, Sosabowski recibió nuevas órdenes. Aunque los aviones operaban desde los campos meridionales, en las Midlands las bases permanecerían cerradas por el mal tiempo. Fue cancelado el vuelo por aquel día. «Es inútil, mi general —dijo el oficial jefe de enlace, teniente coronel George Stevens, frente a las protestas de Sosabowski—, no podemos llevarle.» Se aplazó el asalto hasta la mañana siguiente, miércoles, 20 de septiembre. «Lo intentaremos a las 10.00 horas», se le dijo. No había tiempo para trasladar las tropas a las bases del sur. Para mortificación de Sosabowski, éste se enteró de que su expedición de suministros en planeador había emprendido ya el vuelo y se hallaba en rumbo hacia Holanda. El general ardía de impaciencia. Cada hora que transcurría significaba una mayor resistencia enemiga, y el día siguiente podría traer una lucha infinitamente más encarnizada..., a menos que sus temores estuvieran por completo injustificados.

No lo estaban. La expedición de planeadores con hombres, artillería y transportes para Sosabowski volaba hacia su casi total aniquilamiento. El tercer vuelo resultaría un desastre.

Una masa de nubes bajas cubría la ruta meridional a lo largo del Canal. El tercer vuelo, que se dirigía hacia las zonas de lanzamiento británicas de la 101.ª y la 82.ª, tropezó con dificultades desde el principio. Las predicciones meteorológicas habían señalado tiempo despejado para la tarde. En lugar de ello, las condiciones estaban empeorando incluso cuando iban despegando las formaciones. Las escuadrillas de cazas, envueltas en nubes y sin poder ver los objetivos terrestres, se vieron obligadas a regresar. Con una visibilidad nula, incapaces de ver a sus propios remolcadores, muchos planeadores cortaron los cables para realizar aterrizajes de emergencia en Inglaterra o en el Canal, y convoyes enteros tuvieron que renunciar y regresar a la base.

De los 655 transportes de tropas y 431 planeadores que despegaron, poco más de la mitad llegaron a las zonas de lanzamiento y aterrizaje, aunque la mayoría de las combinaciones avión-planeador que transportaban tropas lograron aterrizar sin novedad en Inglaterra o en otros lugares. Pero, sobre el continente, el intenso fuego de la artillería enemiga y los ataques de la Luftwaffe, combinados con el mal tiempo, causaron la pérdida de unos 112 planeadores y 40 transportes. Solamente llegaron 1.341 de los 2.310 hombres y sólo 40 de las 68 piezas de artillería destinadas a la 101.ª División Aerotransportada. Era tan apurada la situación de los hombres del general Taylor que los cuarenta cañones entraron en acción casi inmediatamente después de aterrizar.

La 82.ª Aerotransportada del general Gavin aún tuvo peor suerte. En aquellos momentos, cuando cada soldado era necesario para el ataque sobre los críticos puentes de Nimega, el 325.º Regimiento de Infantería en Planeadores de Gavin no llegó en absoluto. Al igual que los paracaidistas polacos, los aviones y planeadores del 325.º, con base también en la zona de Grantham, se vieron en la imposibilidad de despegar. Peor aún, de las 265 toneladas de provisiones y munición destinadas a la 82.ª, sólo se recuperaron unas 40.

En el sector británico, donde Urquhart estaba esperando no sólo a los polacos, sino también la llegada de una misión de reaprovisionamiento, se produjo la tragedia. Las zonas de lanzamiento de suministros habían sido ocupadas por el enemigo, y aunque se estaban realizando intensos esfuerzos para desviar la misión de 163 aviones a una nueva zona situada al sur del Hotel Hartenstein, el intento fracasó. Padeciendo ya una desesperada escasez de todo, especialmente de municiones, los hombres de Urquhart vieron a las formaciones aproximarse a través de una cerrada descarga de fuego de artillería. Luego, aparecieron los cazas enemigos, disparando sobre las formaciones y ametrallando las nuevas zonas de lanzamiento de suministros.

Hacia las 16.00 horas, el reverendo G. A. Pare, capellán del Regimiento de Pilotos de Planeadores, oyó el grito «¡Llega el tercer vuelo!». De pronto, recuerda el capellán, «se produjo el más terrible crescendo sonoro y el aire mismo vibró a impulsos de una tremenda barrera artillera. Todo lo que podíamos hacer era contemplar estupefactos cómo nuestros amigos se dirigían a una muerte inevitable».

Pare contempló «angustiado, aquellos bombarderos, utilizados para volar a 5.000 metros de altura durante la noche, acercarse a 500 metros a plena luz del día. Vimos más de un aparato envuelto en llamas que, no obstante, mantenía su rumbo, hasta arrojar toda su carga. Era ya evidente para nosotros que nos enfrentábamos a una terrible oposición. Se había enviado un mensaje pidiendo que los suministros fuesen lanzados cerca de nuestro Cuartel General, pero fue en vano».

Sin cazas de escolta y manteniendo obstinadamente su rumbo, las resueltas formaciones soltaron sus suministros sobre las antiguas zonas de lanzamiento. En tierra, los hombres intentaban desesperadamente atraer la atención disparando bengalas, encendiendo bombas de humo, agitando paracaídas e, incluso, prendiendo fuego a varias partes del brezal y, mientras lo hacían, eran ametrallados por *Messerschmitts* enemigos que se lanzaban sobre ellos en picado.

Muchos soldados recuerdan un *Dakota* británico, con el ala de estribor incendiada, llegando a la zona de lanzamiento ahora ocupada por los alemanes. El sargento Victor Miller, uno de los pilotos de planeadores que habían aterrizado el domingo en el primer vuelo, sintió «una punzada de angustia al ver que las llamas envolvían casi toda la mitad inferior del fuselaje». Esperando ver a la tripulación lanzarse en paracaídas, Miller se encontró murmurando: «¡Saltad! ¡Saltad!». Mientras el avión volaba a baja altura, Miller vio al despachador de pie en la portezuela, arrojando cajas. Hipnotizado, vio cómo el llameante *Dakota* describía un giro y daba otra pasada, y, a través del humo, vio caer más cajas. El sargento Douglas Atwell, otro piloto de planeadores, recuerda que los hombres salieron de sus trincheras para mirar silenciosamente al cielo. «Estábamos mortalmente cansados, y teníamos poco que comer o beber, pero, en aquel momento, yo no podía pensar en otra cosa más que en aquel avión. Era como si fuera el único en todo el cielo. Los hombres se quedaron petrificados donde estaban, y durante todo el tiempo aquel despachador seguía arrojando cajas.» El piloto mantuvo el rumbo de su incendiado avión, realizando una segunda y lenta pasada. Al comandante Geoffrey Powell le «horrorizaba que hiciera tal cosa. No podía apartar los ojos del aparato. De pronto, ya no fue un avión sino una enorme bola de fuego naranja». Mientras el incendiado avión caía en barrena, con su piloto, el teniente de aviación David Lord, de treinta y un años, todavía a los mandos, Miller vio más allá de los árboles «sólo una densa columna de humo que señalaba el lugar de eterno descanso de una brava tripulación que murió para que nosotros tuviéramos la posibilidad de vivir».

Pero el sargento Miller se equivocaba. Un miembro de la tripulación del *Dakota* siniestrado sobreviviría. El oficial de vuelo Henry Arthur King, que desempeñaba en aquel vuelo las funciones de navegante, recuerda que, pocos minutos antes de las 16.00 horas, cuando el avión se acercaba a la zona de lanzamiento, una batería antiaérea incendió el motor de estribor. Por el sistema de comunicación interior, Lord dijo: «¿Estáis todos bien? ¿Cuánto falta para la zona de lanzamiento, Harry?». King respondió: «Tres minutos de vuelo». El avión estaba escorando acusadamente hacia la derecha, y King vio que perdía altura con gran rapidez. Las llamas habían empezado a extenderse a lo largo del ala hacia el depósito principal de combustible. «Ahí abajo necesitan el material —oyó decir a Lord—. Vamos allá y luego saltamos. Que todo el mundo se coloque el paracaídas.»

King divisó la zona de lanzamiento e informó a Lord. «Muy bien,

Harry, puedo verla —dijo el piloto—. Vete atrás y échales una mano con las cajas.» King se dirigió hacia la abierta portezuela. La artillería había alcanzado los rodillos utilizados para mover las pesadas cajas, y el despachador, el cabo Philip Nixon, y tres soldados del Real Cuerpo de Servicios del Ejército estaban ya empujando ocho pesadas cajas de municiones hasta la portezuela. Los hombres se habían quitado sus paracaídas para poder arrastrar las cajas. Los cinco habían arrojado ya seis cajas cuando se encendió la luz roja indicando que el avión había salido de la zona de lanzamiento. King tomó el teléfono interior. «Dave —dijo a Lord—, nos quedan dos.» Lord inició el giro hacia la izquierda. «Vamos a volver —respondió—. Atentos.»

King vio entonces que se encontraban a unos 150 metros, y Lord «manejaba el aparato como si fuese un caza. Yo estaba tratando de ayudar a los chicos del RASC a ponerse de nuevo los paracaídas. Se encendió la luz verde y empujamos las cajas. Lo siguiente que recuerdo es a Lord gritando: "¡Saltad! ¡Saltad! Por el amor de Dios, ¡saltad!". Se produjo una tremenda explosión y me sentí lanzado por el aire. No recuerdo haber tirado de la anilla, pero debí hacerlo instintivamente. Caí violentamente de espaldas en tierra. Recuerdo que miré mi reloj y vi que habían pasado sólo nueve minutos desde que recibimos el impacto. Tenía el uniforme chamuscado y no pude encontrar mis zapatos».

Casi una hora después, King se encontró a una compañía del 10.º Batallón. Alguien le dio té y una barra de chocolate. «Es todo lo que tenemos», le dijo el soldado. King se le quedó mirando: «¿Qué quieres decir con eso de que es todo lo que tenéis? Acabamos de echar provisiones». El soldado meneó la cabeza: «Habéis echado nuestras latas de sardinas, cierto, pero las han cogido los *boches*. Nosotros no tenemos nada». King se quedó sin habla. Pensó en el teniente Lord, y en los tripulantes y los hombres que se habían quitado los paracaídas en un desesperado esfuerzo por conseguir que las preciosas cajas de munición llegaran a las ansiosas tropas que esperaban abajo. De todos aquellos hombres, sólo King estaba vivo. Y ahora acababa de enterarse de que el sacrificio de sus compañeros había sido inútil.*

---

* El teniente de aviación David Lord, titular de la Cruz de servicios Aéreos Distinguidos, fue recompensado a título póstumo con la Cruz Victoria. Fueron identificados los cadáveres de los tres oficiales de la RAF y los cuatro despachadores del Ejército —oficial piloto R. E. H. Medhurst, oficial de vuelo A. Ballantyne, cabo Nixon, conductores James Ricketts, Leonard Sidney Harper y Arthur Rowbotham—, y se hallan enterrados actualmente en el cementerio militar británico de Arnhem.

Numerosos aviones realizaron aterrizajes forzosos por toda la zona, principalmente en los alrededores de Wageningen y Renkum. Algunos terminaron en la orilla meridional del Rin. El sargento Walter Simpson recuerda haber oído a su piloto gritar por el teléfono interior: «¡Dios mío, nos han dado!». Al mirar hacia fuera, Simpson vio que estaba incendiado el motor de babor. Oyó que disminuía el latido de los motores y entonces el avión entró en barrena. El aterrado Simpson recuerda que el avión «arrastró la cola por la orilla norte del río, se elevó ligeramente, luego, saltó por encima de las aguas y se posó en la orilla meridional».

A consecuencia del impacto, Simpson fue impulsado hacia delante y arrojado contra un lado del fuselaje. El radiotelegrafista, sargento Runsdale, cayó contra él y quedó tendido sobre el cuerpo de Simpson. El interior del aparato era un revoltijo, estaba ardiendo el combustible y Simpson pudo oír el crepitar de las llamas. Mientras trataba de librar sus piernas de la presión que sobre ellas ejercía el radiotelegrafista, Runsdale gritó y se desmayó. Tenía la espalda rota. Simpson se puso en pie tambaleándose y sacó al sargento por la salida de emergencia. Cuatro miembros de la tripulación, aturdidos y conmocionados, estaban ya allí. Simpson regresó para buscar a los que quedaban en el interior. Encontró inconsciente al bombardero. «Su zapato se había volatilizado, le faltaba parte del talón y tenía rotos los dos brazos», recuerda. Simpson cogió también a este hombre y lo sacó. Aunque el avión ardía ya vorazmente, Simpson regresó por tercera vez en busca del ingeniero, que tenía la pierna fracturada. También él fue puesto a salvo.

En el pueblo de Driel, la joven Cora Baltussen, su hermana Reat y su hermano Albert vieron descender el avión de Simpson. Los tres se dirigieron inmediatamente hacia el lugar en el que había aterrizado. «Era horrible —recuerda Cora—. Había ocho hombres y algunos de ellos estaban terriblemente heridos. Los arrastramos lejos del avión en llamas, en el momento mismo en que explotaba. Yo sabía que los alemanes estarían buscando a la tripulación. Le dije al piloto, el oficial de vuelo Jeffrey Liggens, que se encontraba ileso, que tendríamos que esconderles mientras llevábamos a los heridos al pequeño puesto de socorro del pueblo. Les escondimos a él y otros dos en un cercano edificio de ladrillos y les dijimos que volveríamos al anochecer.» Aquella noche, Cora ayudó al único médico del pueblo, una mujer, la doctora Sanderbobrorg, a amputar el pie del bombardero. La guerra había alcanzado finalmente a Cora y al pequeño Driel.

En total, de los cien bombarderos y 63 *Dakotas*, 97 sufrieron daños y 13 fueron derribados y, pese al heroísmo de los pilotos y las tripulaciones, la diezmada división de Urquhart no recibió la ayuda que necesitaba. De las 390 toneladas de provisiones y munición arrojadas, casi la totalidad cayeron en manos alemanas. Solamente se recuperaron unas veintiuna toneladas.

A peores problemas tendría que enfrentarse la expedición polaca de transportes y artillería. Antes de salir de Inglaterra en la expedición polaca, el sargento de Kenneth Travis-Davison, copiloto de un planeador *Horsa*, se sintió sorprendido por la casi completa ausencia de información con respecto a las condiciones imperantes en su punto de destino. Las rutas estaban trazadas en los mapas, y las zonas de lanzamiento para la artillería y los transportes de los polacos se hallaban marcadas; pero, señaló Travis-Davison, «se nos dijo que se desconocía cuál era la situación». La única instrucción fue que «los planeadores debían aterrizar en la zona señalada con humo color púrpura». En opinión de Travis-Davison, «la instrucción era ridícula».

Sin embargo, pese a la insuficiente información, los aviones de la RAF localizaron correctamente la zona de lanzamiento próxima a la granja Johannohoeve, y llegaron a ella 31 de los 46 planeadores. Cuando se acercaban, estalló en el aire un huracán de fuego. Una escuadrilla de *Messerschmitt* alcanzó a muchos de los aparatos, acribillando los delgados cascos de lona y madera chapeada, perforando los depósitos de gasolina de los jeeps e incendiando algunos de ellos. Las baterías antiaéreas alcanzaron a otros. Los que lograron aterrizar lo hicieron en medio de un campo de batalla. Los soldados de la 4.ª Brigada de Hackett, pugnando por separarse de un enemigo que amenazaba con desbordarlos, fueron incapaces de llegar a las tierras altas y a la zona de lanzamiento situada más allá a tiempo para protegerla. Mientras británicos y alemanes combatían con ferocidad, los polacos aterrizaron directamente en medio de la feroz batalla. En el terror y la confusión imperantes, los polacos eran tiroteados desde ambos lados. Varios planeadores, muchos de ellos incendiados, aterrizaron accidentalmente en el campo o se estrellaron contra los árboles próximos. Los artilleros polacos, cogidos entre dos fuegos y sin poder distinguir el amigo del enemigo, disparaban por igual contra alemanes y británicos. Luego, descargando apresuradamente los jeeps y las piezas de artillería que se encontraban en buenas condiciones, los aturdidos hombres corrieron por un pasillo de fuego hasta abandonar la zona de aterrizaje. Sorprendentemente, fueron escasas las bajas producidas en tierra, pero muchos de los hombres, desconcertados y aturdidos, fueron hechos prisioneros. La mayoría de los jeeps y de las provisiones resultaron destruidos, y de los ocho cañones anticarro que se necesitaban desesperadamente, sólo tres llegaron indemnes. Los temores del general Stanislaw Sosabowski se hallaban más que justificados. Y la prueba a la que iba a ser sometida la 1.ª Brigada Paracaidista Polaca no había hecho más que empezar.

A unos sesenta kilómetros hacia el sur a lo largo de la carretera, las fuerzas aerotransportadas de la 101.ª del general Maxwell Taylor estaban ahora combatiendo duramente para mantener abierto el corredor. Pero la encarnizada defensa del Decimoquinto Ejército alemán en Best empezaba a causar mella en las fuerzas de Taylor. Cada vez se veían empeñados más y más hombres en el enconado combate que un oficial de los servicios de información de la división calificó de pasada como «un pequeño error de cálculo». Crecía la presión a todo lo largo del sector de 22 kilómetros que las *Águilas Aullantes* acababan de bautizar con el nombre de «Carretera del Infierno». No cabía la menor duda de que el enemigo se proponía impedir el paso a la vanguardia de tanques de Horrocks utilizando Best como base.

Las detenidas columnas de vehículos que abarrotaban la carretera constituían blancos fáciles para el fuego de artillería. Tanques y *bulldozers* iban continuamente de un lado a otro, apartando los vehículos destruidos para mantener en movimiento a las columnas. Desde el domingo, Best, un objetivo secundario menor, había adquirido tales proporciones que amenazaba con destacar por encima de toda otra acción a lo largo del trozo de carretera de Taylor. En ese momento, el comandante de la 101.ª estaba decidido a aplastar completamente al enemigo en Best.

En las primeras horas de la tarde del martes, con el apoyo de carros de combate británicos, Taylor lanzó casi todo el 502.º Regimiento contra los hombres de Von Zangen en Best. El gigantesco ataque cogió por sorpresa al enemigo. Reforzados por el recientemente llegado 327.º Regimiento de Infantería de Planeadores y por los blindados británicos en la carretera, los Batallones 2.º y 3.º barrieron implacablemente las zonas boscosas existentes al este de Best. Encerrados en un gigantesco anillo y obligados a retroceder hacia el

Canal Wilhelmina, los alemanes se derrumbaron súbitamente. Con la entrada en combate de nuevas fuerzas, la batalla que se había prolongado sin descanso durante casi 46 horas se terminó en sólo dos. Los hombres de Taylor habían conseguido la primera victoria importante de *Market-Garden*. Murieron más de trescientos enemigos y fueron capturados más de mil, juntamente con quince piezas de artillería de 88 milímetros. «A la caída de la tarde —dice la historia oficial—, mientras se entregaban centenares de alemanes, se cursó un mensaje solicitando el envío de toda la Policía Militar disponible.» El teniente Edward Wierzbowski, el jefe del pelotón que más cerca había estado de tomar el puente de Best antes de su voladura, condujo a sus propios prisioneros después de haber sido él mismo capturado. Sin granadas ni municiones, rodeado de bajas por todas partes —sólo tres hombres de su valeroso pelotón habían resultado ilesos—, Wierzbowski se había rendido finalmente. Ahora, mortalmente cansados y tiznados por el humo de la batalla, Wierzbowski y sus hombres, entre ellos varios de los heridos, desarmaron a los médicos y enfermeros del hospital de campaña alemán al que habían sido conducidos los hombres y regresaron a la División, llevándose consigo sus prisioneros.

Pese a la victoria obtenida, las dificultades del general Taylor distaban mucho de haber terminado. En el mismo momento en que concluía la batalla de Best, los blindados alemanes se lanzaron al asalto del recién instalado puente de Son en un nuevo intento de cortar el corredor. El propio Taylor, al frente de los hombres de su Cuartel General —únicos refuerzos disponibles— se precipitó a la escena. Con fuego de bazooka y un solo cañón anticarro, pusieron fuera de combate a un tanque Panther alemán casi en el mismo instante en que llegaba al puente. Del mismo modo, varios tanques más fueron inutilizados con rapidez. El ataque alemán se derrumbó, y el tráfico continuó moviéndose. Pero las *Águilas Aullantes* no podían relajar la vigilancia. «Nuestra situación —observó más tarde Taylor— me recordaba la del antiguo oeste americano, donde pequeñas guarniciones tenían que hacer frente a súbitos ataques indios en cualquier punto a lo largo de grandes trechos de vital vía férrea.»

La táctica de ataques súbitos, breves y violentos de los alemanes se estaba cobrando su tributo. Casi trescientos hombres de la 101.ª habían resultado muertos, heridos o habían desaparecido en acciones terrestres. Los hombres de las trincheras que ocupaban posiciones a ambos lados de la carretera o en los campos en torno a Best se hallaban en constante peligro de ser rebasados por los flancos, y cada noche traía sus propios temores. En la oscuridad, con los alemanes infiltrándose en el perímetro de la 101.ª, nadie sabía si el hombre del pozo de tirador contiguo estaría vivo a la mañana siguiente. En la confusión y sorpresa de estas violentas acciones enemigas, muchos hombres desaparecían súbitamente, y cuando los disparos habían terminado sus amigos los buscaban entre los muertos y heridos en el terreno de batalla y en los puestos de socorro y hospitales de campaña.

Cuando terminó la batalla de Best y las largas líneas de prisioneros fueron conducidas a la División, el sargento jefe Charles Dohun, de treinta y un años, salió a buscar a su oficial, el capitán LeGrand Johnson. En Inglaterra, antes del salto, Dohun se había sentido casi «paralizado de preocupación». Johnson, de veintidós años, había tenido una sensación muy parecida. Estaba «resignado a no regresar jamás». En la mañana del día 19, Johnson había lanzado a su compañía a un ataque en las proximidades de Best. «Era eso o ser masacrado», recuerda. En la feroz batalla, que Johnson recuerda como «la peor que yo haya visto u oído jamás», fue herido en el hombro izquierdo. Reducidos los efectivos de su compañía de 180 a 38 y rodeado en un campo de almiares ardiendo, Johnson contuvo a los alemanes hasta que las compañías de socorro, rechazando al enemigo, pudieran llegar hasta él y evacuar a los supervivientes. Mientras Johnson era conducido a un puesto de socorro, fue herido de nuevo, esta vez en la cabeza. En el puesto de socorro del batallón su cuerpo fue colocado entre otros hombres mortalmente heridos, en lo que los médicos llamaban el «montón de los muertos». Allí, tras una larga búsqueda, le encontró el sargento Dohun. Arrodillándose, Dohun tuvo la convicción de que le quedaba una chispa de vida.

Recogiendo al inerte oficial, Dohun instaló en un jeep a Johnson y a otros cuatro heridos de su compañía y emprendió la marcha hacia el hospital de campaña de Son. Los alemanes habían cortado el paso, así que Dohun condujo el jeep a los bosques y se ocultó. Una vez había pasado la patrulla alemana, emprendió de nuevo la marcha. Al llegar al hospital, encontró largas colas de heridos esperando tratamiento. Dohun, convencido de que Johnson podía morir en cualquier momento, caminó a lo largo de las filas de heridos hasta encontrar un cirujano que estaba examinando a los hombres para determinar quién necesitaba asistencia inmediata. «Comandante —dijo Dohun al médico—, mi capitán necesita atención urgentemente.» El comandante meneó la cabeza. «Lo siento, sargento —dijo a Dohun—. Ya llegaremos a él. Tendrá que esperar su turno.» Dohun probó de nuevo. «Comandante, se morirá si no le ve usted enseguida.» El médico se mantuvo firme. «Tenemos aquí muchos heridos —dijo—. Su capitán será asistido tan pronto como podamos llegar a él.» Dohun sacó su revólver del 45 y lo amartilló. «Eso no es lo bastante pronto —dijo en tono sosegado—. Comandante, le mataré aquí mismo si no va usted a mirarle en el acto.» Atónito, el médico clavó la vista en Dohun. «Tráigale», dijo.

En el quirófano, Dohun permaneció con su revólver en la mano mientras el médico y sus ayudantes trabajaban sobre Johnson. A la vista del sargento, se le administró a Johnson una transfusión de sangre, le fueron limpiadas sus heridas y se le extrajeron una bala del cráneo y otra del hombro izquierdo. Cuando la operación terminó y Johnson fue vendado, Dohun se fue. Acercándose al médico, le entregó su 45. «Muy bien —dijo—, gracias. Ahora ya pueden encerrarme.»

Dohun fue enviado al 2.º Batallón del 502.º. Allí fue conducido a presencia del oficial que lo mandaba. Dohun se cuadró. Se le preguntó si sabía exactamente lo que había hecho y que esta acción constituía un delito merecedor de un consejo de guerra. Dohun respondió: «Sí, señor, lo sé.» Paseando de un lado a otro, el comandante se detuvo bruscamente. «Sargento —dijo—, queda usted arrestado...» Hizo una pausa y miró su reloj, «exactamente durante un minuto». Los dos hombres esperaron en silencio. Luego, el oficial miró a Dohun. «Cumplido —dijo—. Ahora vuelva a su unidad.» Dohun saludó con gesto vivo. «Sí, señor», dijo, y se marchó.*

En ese momento, en el sector del corredor del general Gavin, mientras los tanques de Horrocks avanzaban hacia Nimega, la rápida captura de los puentes de la ciudad adquiría una importancia crítica. El día 17 sólo había unos cuantos soldados alemanes protegien-

* Esto me lo contó la propia señora Johnson. Ella lo supo de labios del ayudante del 502.º, capitán Hugh Roberts. Aunque el capitán Roberts no mencionó el nombre del oficial, debo suponer que era el teniente coronel Steve Chappuis, del 2.º Batallón. El capitán Johnson sólo recuerda que «desperté seis semanas después en Inglaterra, ciego, sordo, mudo, con 16 kilos menos y una gran placa en la cabeza». A excepción de su ceguera parcial, se recobró. El sargento Dohun, en su correspondencia y en la entrevista sostenida con él para este libro, apenas si mencionó el papel que desempeñó para salvar la vida del capitán Johnson. Pero reconoce que sucedió. «Todavía no sé —escribió—, si le habría pegado o no un tiro a aquel médico.»

do los accesos al puente sobre el río Waal. Para la tarde del día 19, Gavin estimó que se enfrentaba a más de quinientos Granaderos de las SS, bien situados y apoyados por artillería y blindados. El grueso de la División Blindada de Guardias estaba todavía en camino hacia la ciudad. Solamente se podía recurrir para un ataque a la vanguardia de la columna británica —elementos del 1.er Batallón de los Guardias de Granaderos, bajo el mando del teniente coronel Edward H. Goulburn—, y los soldados de la 82.ª de Gavin se hallaban dispersos en sus esfuerzos por combatir a un enemigo que no cesaba de atacar. Como el Regimiento de Infantería en Planeadores de Gavin, con base en las neblinosas Midlands de Inglaterra, no había podido despegar, sólo podía desprenderse de un batallón para que participara en un ataque combinado con los tanques británicos. Gavin eligió el 2.º Batallón del 505.º, al mando del teniente coronel Ben Vandervoort. Todavía había posibilidades de un ataque basado en la rapidez y en la sorpresa tuviera éxito. Y Gavin creía que si alguien podía ayudar a conseguirlo, era el reservado y mesurado Vandervoort.* Sin embargo, la operación implicaba grandes riesgos. Gavin pensaba que los británicos parecían subestimar la potencia alemana, como así era. El informe de los Guardias de Granaderos posterior a la acción observó que «se pensaba que la sola presencia de blindados bastaría para hacer que el enemigo se retirase».

A las 15.30 horas, comenzó el ataque combinado. La fuerza penetró rápidamente en el centro de la ciudad, sin encontrar seria resistencia. Allí, aproximadamente cuarenta tanques y vehículos blindados británicos se dividieron en dos columnas, con tropas estadounidenses tanto montadas en los carros como siguiéndoles. Sobre los tanques que abrían la marcha y en los vehículos de reconocimiento había doce guías de la Resistencia holandesa especialmente elegidos mostrando el camino. Entre ellos, un estudiante universitario de veintidós años llamado Jan van Hoof, cuyas acciones posteriores serían objeto de vivas discusiones. «Yo me sentía reacio a utilizar sus servicios —recuerda el oficial de enlace holandés de la 82.ª, capitán Arie D. Bestebreurtje—. Parecía muy nervioso, pero otro miembro de la Resistencia respondió por él. Emprendió la marcha en un vehículo británico y ésa fue la última vez que le vi.» Al dividirse la fuerza, una columna se dirigió hacia el puente del ferrocarril y la

---

* En Normandía, Vandervoort había combatido durante cuarenta días con un tobillo roto. Véase *El día más largo*.

otra, con Goulburn y Vandervoort, se acercó al principal puente de carreteras sobre el Waal.

En ambos objetivos estaban esperando los alemanes. El sargento mayor Paul Nunan recuerda que cuando su pelotón se acercaba a un paso subterráneo cerca del puente del ferrocarril, «empezamos a ser tiroteados. Con un millar de sitios para que se ocultaran francotiradores, era difícil decir de dónde procedían los disparos». Los hombres se pusieron a cubierto y, lentamente, empezaron a retroceder. No les fue mejor a los blindados británicos. Cuando los tanques empezaban a rodar hacia el puente, cañones de 88 milímetros disparando a bocajarro por la calle, los pusieron fuera de combate. Una calle ancha, la Kraijenhoff Laan, conducía a un parque triangular situado al oeste del puente. Allí, en edificios que bordeaban al parque, las fuerzas aerotransportadas se reagruparon para otro ataque. Pero de nuevo fueron contenidas por los alemanes. Francotiradores en los tejados y ametralladoras disparando desde un paso elevado del ferrocarril mantenían a los hombres inmovilizados.

Algunos paracaidistas recuerdan al teniente Russ Parker, con un cigarro entre los dientes, saliendo a campo abierto y rociando los tejados para obligar a los francotiradores a permanecer ocultos. Se llamó a los blindados, y Nunan recuerda que «en aquel instante, el parque entero pareció llenarse de balas trazadoras que procedían de un arma automática emplazada al otro lado de la calle, a nuestra izquierda». Nunan se volvió hacia Herbert Buffalo Boy, indio sioux y veterano soldado de la 82.ª. «Creo que los alemanes van a enviar un blindado», dijo. Buffalo Boy sonrió. «Bueno, si tienen a la infantería con ellos, podría resultar un día muy negro», dijo a Nunan. El tanque alemán no se materializó, pero abrió fuego un cañón antiaéreo de 20 milímetros. Los soldados combatieron con granadas, ametralladoras y bazookas hasta que se ordenó que los pelotones avanzados retrocedieran y se consolidaran para pasar la noche. Mientras los hombres avanzaban, los alemanes incendiaron los edificios situados a lo largo de la orilla del río, haciendo imposible que las tropas de Vandervoort se infiltraran, rebasaran las posiciones artilleras y eliminaran bolsas de resistencia. El ataque contra el puente del ferrocarril había quedado detenido.

La segunda columna se había dirigido cubierta por el fuego de la artillería pesada estadounidense hacia el parque Huner, los ornamentales jardines que conducían a los accesos al puente de carretera. Allí, en una rotonda de tráfico, convergían todas las carreteras que llevaban al puente, dominando la zona unas antiguas ruinas con una capilla de dieciséis lados —el Valkhof—, que en otro tiempo había sido palacio de Carlomagno, reconstruido más tarde por Barbarroja. El enemigo estaba concentrado en esta ciudadela. Al coronel Goulburn le pareció casi como si «los *boches* tuvieran alguna especie de idea de lo que estábamos intentando hacer». Y, en efecto, la tenían.

El batallón de Granaderos Panzer de las SS del capitán Heinz Euling fue una de las primeras unidades que cruzó el Rin, en Pannerden. En cumplimiento de las órdenes dictadas por el general Harmel de proteger el puente a toda costa, Euling había rodeado la zona del parque Hunner con cañones autopropulsados y emplazado hombres en la capilla del viejo palacio. Cuando los blindados británicos doblaron con estruendo las esquinas de las calles que desembocaban en el parque, se encontraron bajo el fuego de los cañones de Euling. Los carros retrocedieron ante la intensa barrera artillera. El coronel Vandervoort salió inmediatamente a la calle y haciendo entrar en acción un grupo de morteros con fuego de cobertura, lanzó una compañía hacia delante. Cuando el primer pelotón de la compañía, mandado por el teniente James J. Coyle, echó a correr hacia una fila de casas situadas frente al parque, cayó sobre él un diluvio de fuego de armas ligeras y mortero. El teniente William J. Meddaugh, segundo en el mando, comprendió que «el fuego de los cañones y los francotiradores estaba siendo dirigido por un observador con una radio. Los tanques británicos cubrían nuestro frente mientras el teniente Coyle se introducía en un bloque de edificios que dominaban toda la posición enemiga. Otros pelotones quedaron detenidos, sin poder moverse, y la situación parecía estancada».

Meddaugh consiguió hacer avanzar al resto de su compañía cubierto por bombas de humo británicas y el comandante, teniente J. J. Smith, consolidó a sus hombres alrededor de Coyle. Como recuerda Meddaugh, «el pelotón de Coyle disponía entonces de una perfecta vista del enemigo, pero, cuando empezamos a adelantar los tanques, abrieron fuego varios cañones de tiro rápido que aún no habían disparado. Pusieron fuera de combate a dos tanques y los demás se retiraron». Mientras replicaban con ametralladoras, los hombres de Coyle abrieron fuego con cañones anticarro desde las calles. Cuando se hizo de noche, los SS de Euling trataron de infiltrarse en las posiciones estadounidenses. Un grupo llegó a pocos metros del pelotón de Coyle antes de que los hombres de éste advirtieran su presencia, momento en el que estalló un furioso tiroteo. Los hombres de Coyle sufrieron bajas, y tres de los alemanes cayeron muertos antes de que fuera rechazado el ataque. Más tarde, Euling envió camilleros para recoger a sus heridos y los soldados de Coyle esperaron a que fueran evacuados los alemanes antes de reanudar el combate. En medio de la acción, el soldado John Keller oyó unos suaves golpes. Asomándose a la ventana, quedó asombrado al ver a un holandés que, subido en una escalera de mano, estaba cambiando tranquilamente las planchas del tejado de la casa contigua como si no sucediera nada.

Avanzada la noche y continuando el fuego de armas ligeras, se aplazó hasta el amanecer todo intento de reanudar la marcha. El asalto angloamericano había quedado bruscamente detenido apenas a cuatrocientos metros del puente sobre el Waal, el último obstáculo acuático que se interponía en la carretera a Arnhem.

Para los comandantes aliados ya estaba claro que los alemanes dominaban por completo los puentes. Browning, preocupado por la posibilidad de que los destruyeran en cualquier momento, convocó otra conferencia en las últimas horas del día 19. Era preciso encontrar un medio para cruzar los 400 metros de anchura del río Waal. El general había concebido un plan, que había mencionado a Browning en el momento en que sus fuerzas establecieron contacto. Entonces, el comandante del Cuerpo había rechazado el proyecto. En esta segunda conferencia, Gavin lo volvió a proponer. «Sólo hay una forma de tomar este puente —dijo a los oficiales reunidos—. Tenemos que capturarlo simultáneamente desde ambos extremos.» Gavin recomendaba que «se enviaran hacia delante inmediatamente algunos botes de las columnas de ingeniería de Horrocks, porque los vamos a necesitar». Los británicos se quedaron mirándole desconcertados. Lo que el comandante de la 82.ª tenía en mente era un asalto a través del río de las fuerzas aerotransportadas.

Gavin continuó explicando. En los casi tres días de combate, sus bajas habían sido muy elevadas, más de doscientos muertos y cerca de setecientos heridos. Varios centenares más de hombres estaban incomunicados o dispersos, y se les había dado por desaparecidos. Sus pérdidas, razonó Gavin, se irían agravando progresivamente si continuaban los ataques frontales. Lo que se necesitaba era un medio de capturar el puente con rapidez y economía. El plan de Gavin era lanzar una unidad a bordo de embarcaciones a través del río, kilómetro y medio aguas abajo mientras continuaba el ataque por la posesión de los accesos meridionales. Bajo la cobertura de fuego de tanques, los soldados asaltarían las defensas enemigas de la orilla norte antes de que los alemanes se dieran cuenta de lo que estaba sucediendo.

Pero quedaba descartada una sorpresa total. El río era demasiado ancho para que no fueran vistas las embarcaciones cargadas de hombres, y la orilla del otro lado estaba tan descubierta que, una vez cruzado el río, los soldados tendrían que franquear doscientos metros de tierra llana. Más allá, había un terraplén desde el que los artilleros alemanes podrían hacer fuego sobre los invasores. Sería preciso ocupar también esa posición defensiva. Aunque eran de esperar grandes bajas inicialmente, en opinión de Gavin serían menores que si se continuaba el asalto solamente contra los accesos meridionales. «Hay que intentarlo —dijo a Browning— para que *Market-Garden* tenga éxito.»

El coronel George S. Chatterton, comandante del Regimiento de Pilotos de Planeadores británico, recuerda que, además de Browning y Horrocks, se hallaban presentes en la conferencia comandantes de los Guardias Irlandeses, Escoceses y Granaderos. Estaba también, con su eterno cigarro puro entre los dientes, el coronel Reuben Tucker, comandante del 504.º Regimiento de la 82.ª, a cuyos hombres había elegido Gavin para llevar a cabo el asalto a través del río si era aprobado su plan. Aunque atento a las palabras de Gavin, Chatterton no pudo evitar advertir las diferencias entre los hombres allí reunidos. «Un general de brigada llevaba zapatos de ante y se apoyaba en uno de esos bastones que sirven de asiento. Tres comandantes de Guardias vestían pantalones de pana un tanto gastados, botas de polo y pañuelos al cuello.» Chatterton pensó que «parecían tranquilos y relajados, como si estuvieran hablando de unas maniobras, y no pude por menos de compararlos con los estadounidenses presentes, especialmente el coronel Tucker, que llevaba un casco que le cubría casi toda la cara. Tenía su pistola en una funda sobaquera bajo el brazo izquierdo y llevaba un cuchillo sujeto al muslo». Con gran regocijo por parte de Chatterton, «Tucker se sacaba de vez en cuando el cigarro de la boca para escupir, y, cada vez que lo hacía, aleteaban expresiones de sorpresa en los rostros de los oficiales de los Guardias».

Pero el audaz plan de Gavin constituyó la verdadera sorpresa. «Sabía que sonaba extravagante —recuerda Gavin—, pero la rapidez era esencial. No había tiempo ni siquiera para practicar un reconocimiento. Mientras continuaba hablando, Tucker era el único de los presentes que parecía imperturbable. Había hecho el desembarco en Anzio y sabía lo que se podía esperar. Para él, el paso del río era como la clase de maniobras que el 504 había practicado en Fort Bragg.» Para las fuerzas aerotransportadas, sin embargo, resultaba heterodoxo, y el jefe del Estado Mayor de Browning, general de brigada Gordon Walch, recuerda que el comandante del Cuerpo se hallaba «lleno de admiración por la audacia de la idea». Esta vez, Browning dio su aprobación.

El problema inmediato era encontrar embarcaciones. Consultando con sus ingenieros, Horrocks supo que llevaban unas 28 pequeñas barcas de lona y chapa de madera. Las trasladarían a Nimega durante la noche. Si se podían ultimar los planes a tiempo, el asalto anfibio tipo Normandía en miniatura de Gavin tendría lugar a las 13.00 horas del día siguiente, 20 de septiembre. Las fuerzas aerotransportadas jamás habían intentado una operación de combate semejante. Pero el plan de Gavin parecía ofrecer la mejor oportunidad de capturar intacto el puente de Nimega; y, luego, como creía todo el mundo, un rápido avance por el corredor les uniría con los hombres que se encontraban en Arnhem.

En la extensión de césped del Eusebius Buiten Singel, el general Heinz Harmel estaba dirigiendo personalmente la iniciación del bombardeo contra los hombres de Frost en el puente. Su intento de convencer a Frost para que se rindiera había fracasado, así que sus instrucciones a los comandantes de artillería y blindados fueron concretas: debían arrasar todo edificio ocupado por enemigos. «Como los británicos no quieren salir de sus agujeros —dijo Harmel—, los volaremos.» Ordenó a los artilleros que apuntasen «justo bajo los aleros, y disparad metro por metro, piso por piso, hasta que se derrumbe cada casa». Harmel estaba decidido a poner fin al asedio y, puesto que todo lo demás había fracasado, aquélla era la única solución. «Cuando hayamos terminado —añadió Harmel—, no quedará nada más que un montón de ladrillos.» Tendido de bruces en el suelo entre dos piezas de artillería, Harmel apuntó sus prismáticos hacia los puntos ocupados por los británicos y dirigió el fuego. Al dispararse las primeras salvas, se incorporó, satisfecho, y pasó el mando a sus oficiales. «Me hubiera gustado quedarme —recuerda—. Era una nueva experiencia de combate para mí. Pero, con los angloamericanos atacando los puentes de Nimega, tenía que apresurarme a ir allá.» Mientras Harmel se marchaba, sus artilleros, con metódica y demoledora precisión, comenzaron la tarea de reducir a escombros las restantes posiciones de Frost.

De los 18 edificios que el 2.º Batallón había ocupado inicialmente, los hombres de Frost solamente conservaban ahora unos diez. Mientras los tanques cañoneaban las posiciones desde el este y el oeste, la artillería lanzaba sus bombas contra los que daban al norte. El bombardeo era implacable. «Era el mejor y más efectivo fuego que he visto jamás —recuerda el granadero de las SS, soldado Horst Weber—. Empezando por los tejados, los edificios se derrumbaban como casas de muñecas. No me imaginaba que nadie pudiera salir vivo de aquel infierno. Lo sentí de veras por los británicos.»

Weber vio tres carros de combate Tiger bajar lentamente por el Groote Markt y mientras las ametralladoras rociaban de balas todas las ventanas de un bloque de edificios situado frente a los accesos septentrionales del puente, los carros «lanzaban granada tras granada sobre cada casa, una tras otra». Recuerda un edificio que hacía esquina, cuyo «tejado se hundió, los dos pisos superiores empezaron a desmoronarse y luego, como la piel separándose de un esqueleto, toda la fachada se derrumbó sobre la calle, dejando al descubierto los pisos, en los que los británicos trataban de escabullirse como locos». El polvo y los escombros, recuerda Weber, «hicieron que pronto fuera imposible ver nada. El estruendo era terrible, pero, aun así podíamos oír por encima de él los gritos de los heridos».

Los tanques fueron destruyendo por turno las casas situadas en la orilla del Rin y bajo el puente mismo. A menudo, mientras los británicos escapaban, los blindados embestían las ruinas como *bulldozers*, explanando completamente los solares. En el Cuartel General del capitán Mackay, en la casi destruida escuela bajo la rampa, el teniente Peter Stainforth calculó que «una granada de gran potencia penetraba a través de la fachada sur del edificio exactamente cada diez segundos». Las cosas «empezaron a ponerse mal y todo el mundo tenía una herida u otra». Sin embargo, los soldados resistían obstinadamente, evacuando sistemáticamente cada habitación «a medida que se desplomaban los techos, aparecían grietas en las paredes y las habitaciones se tornaban indefendibles». Entre los escombros, aprovechando al máximo cada disparo, los *Diablos Rojos*, recuerda orgullosamente Stainforth, «sobrevivían como diques. Los *boches*, simplemente, no podían echarnos». Pero en otros puntos, a los hombres les empezaba a resultar imposible sostener sus posiciones. «Los alemanes habían decidido aniquilarnos —explica el soldado James W. Sims—. Parecía imposible que el bombardeo y los cañonazos se intensificaran aún más, pero así fue. Una ráfaga tras otra, una granada tras otra, las distintas explosiones se fundían en una continua y reverberante detonación.» A cada salva, Sims repetía una desesperada letanía: «¡Resistid! ¡Resistid! Ya no puede durar mucho.» Mientras permanecía agazapado solo en su zanja, a Sims le asaltó la idea de que estaba «tendido en una tumba recién abierta, esperando ser enterrado vivo». Recuerda haber pensado que «como no se dé prisa el XXX Cuerpo, estamos listos».

El coronel Frost comprendió que el desastre se había apoderado finalmente del 2.º Batallón. Los batallones de refresco no habían llegado, y Frost estaba seguro de que ya no podrían enviar su ayuda. El lanzamiento polaco no se había materializado. Se les había terminado casi por completo la munición. Las bajas eran ya tan elevadas, que todos los sótanos disponibles estaban llenos, y los hombres llevaban cincuenta horas luchando sin descanso. Frost sabía que no podrían soportar ese suplicio por mucho más tiempo. En todo el contorno de su perímetro defensivo, las casas estaban en llamas, los edificios se habían derrumbado y las posiciones estaban siendo conquistadas. No sabía cuánto tiempo podría seguir resistiendo. Su amado 2.º Batallón estaba siendo sepultado en las ruinas de los edificios que le rodeaban. Pero Frost no estaba dispuesto a complacer a su enemigo. Más allá de toda esperanza, estaba firmemente decidido a impedir hasta el fin que los alemanes se apropiaran del puente de Arnhem.

No era el único. Sus hombres parecían tan afectados como Frost por aquella prueba. Los soldados compartían sus municiones y cogían a los heridos lo poco que podían encontrar, preparándose para la catástrofe que les estaba envolviendo. Nadie demostraba miedo. En su agotamiento, hambre y dolor, los hombres parecían desarrollar una capacidad para bromear sobre ellos mismos y sobre su situación, que iba creciendo al tiempo que su sacrificio se iba haciendo cada vez más ostensible.

El padre Egan recuerda haberse encontrado a Frost saliendo de un retrete. «El rostro del coronel, fatigado, tiznado y sin afeitar, se iluminó con una sonrisa», recuerda Egan. «Padre —me dijo—, la ventana está destrozada, hay un agujero en la pared y el techo ha desaparecido. Pero tiene cadena, y funciona.»

Más tarde, Egan trataba de cruzar una calle para visitar a los heridos en los sótanos. La zona estaba sometida a un intenso fuego de mortero y el capellán se refugiaba donde podía. «Afuera, paseando despreocupadamente por la calle, estaba el comandante Digby Tatham-Warter, cuya compañía había tomado inicialmente el puente. El comandante me vio caminar agachado y se acercó. Llevaba en la mano un paraguas.» Según recuerda Egan, Tatham-Warter «abrió el paraguas y lo sostuvo sobre mi cabeza. Mientras llovían por todas partes granadas de mortero, dijo: "Vamos, padre"». Como Egan se mostrara reacio, Tatham-Warter le tranquilizó. «No se preocupe, tengo paraguas.» El teniente Patrick Barnett encontró al valeroso comandante poco después. Barnett cruzaba a toda velocidad la calle en dirección a una nueva zona defensiva que Frost le había ordenado mantener. Tatham-Warter, que volvía de escoltar al padre Egan, estaba visitando a sus hombres en el cada vez más reducido perímetro defensivo sosteniendo el paraguas sobre su cabeza. Barnett quedó tan sorprendido que se paró en seco. «Eso no le va a servir de gran cosa», dijo al comandante. Tatham-Warter se lo quedó mirando burlonamente. «Oh, ya lo creo que sí, Pat. ¿Y si llueve?»

Durante la tarde, mientras continuaba el bombardeo, el comandante Freddie Gough vio a Tatham-Warter al frente de su compañía con el paraguas en la mano. Por las calles tronaban los tanques disparando contra todo. «Me faltó poco para desmayarme cuando vi aquellos enormes Mark IV disparando contra nosotros casi a bocajarro», recuerda Gough. Luego, la tensión cedió súbitamente. «Allí, en la calle, al frente de sus hombres en un ataque a la bayoneta contra varios alemanes que habían logrado infiltrarse, estaba Tatham-Warter —recuerda Gough—. Había encontrado en alguna parte un viejo sombrero hongo y corría a toda velocidad, haciendo girar aquel destartalado paraguas, con idéntico aspecto al de Charlie Chaplin.»

Hubo otros momentos de humor igualmente memorables. En el transcurso de la tarde, el cuartel general del batallón fue intensamente bombardeado y se incendió. El padre Egan bajó al sótano para ver a los heridos. «Bueno, Padre —dijo el sargento Jack Spratt, que estaba considerado como el gracioso del batallón—, nos están tirando de todo menos el fogón de la cocina.» Apenas había pronunciado estas palabras, cuando el edificio recibió otro impacto directo. «El techo se derrumbó, derramando sobre nosotros una lluvia de polvo y yeso. Cuando nos rehicimos, vimos que allí, delante de nosotros, había un fogón de cocina.» Spratt se lo quedó mirando y meneó la cabeza. «Sabía que los bastardos estaban cerca —dijo—, pero no creía que pudieran oírnos hablar.»

Al anochecer, empezó a llover, y el ataque alemán pareció intensificarse. El capitán Mackay, al otro lado del puente, se puso en contacto con Frost. «Le dije al coronel que no podría resistir otra noche si el ataque continuaba a la misma escala —escribió Mackay—. Él dijo que no podía ayudarme, pero que debía resistir a toda costa.»

Mackay se dio cuenta de que los alemanes estaban comprimiendo lentamente las fuerzas de Frost. Vio soldados británicos escabulléndose de casas incendiadas a lo largo de la orilla y dirigiéndose hacia un par de ellas situadas casi enfrente de él y que todavía se mantenían en pie. «Estaban empezando a acorralarnos, y era evidente que si no recibíamos ayuda pronto, nos aplastarían. Subí al ático y sintonicé las noticias de las seis de la BBC. Con gran asombro por mi parte, el locutor dijo que los blindados británicos habían enlazado con las tropas aerotransportadas.»*

Casi inmediatamente, Mackay oyó un grito procedente del piso de abajo: «Carros *Tiger* se dirigen hacia el puente». (Eran exactamente las 19.00 horas, hora alemana; las 18.00, hora británica.) Dos de los enormes tanques de sesenta toneladas avanzaban desde el norte. Frost los vio también desde su lado del puente. «Ofrecían un aspecto increíblemente siniestro a la media luz —observó—. Parecían monstruos prehistóricos, con sus grandes cañones oscilando de un lado a otro escupiendo llamaradas. Sus granadas horadaban las paredes. El polvo y los cascotes que se depositaban lentamente en tierra después de las explosiones llenaban los pasillos y las habitaciones.»

Resultó alcanzado todo un lado del edificio de Mackay. «Algunas de las granadas debían de ser anticarro —explicó el teniente Peter Stainforth—, porque atravesaron la escuela de lado a lado, abriendo un agujero de un metro en cada habitación.» Los techos se desmoronaban, se resquebrajaban las paredes y «se tambaleaba toda la estructura». Al ver los dos blindados que se encontraban en la rampa, Mackay pensó que había llegado el fin. «Un par de andanadas más como ésta, y estaremos listos», dijo. Sin embargo, con la obstinada y valerosa resistencia de la que habían hecho gala los combatientes en el puente desde su llegada, Mackay pensó que podría «salir al frente de un grupo y volarlos. Pero en aquel mismo instante, los dos carros de combate dieron media vuelta y se alejaron. Estábamos vivos todavía».

En el Cuartel General de Frost, el padre Egan había sido herido.

---

* Mackay creyó que la noticia se refería a Arnhem; en realidad, aludía al enlace de los tanques de Horrocks con la 82.ª Aerotransportada en Nimega.

Sorprendido en una escalera cuando empezaron a llegar las granadas, cayó dos tramos enteros hasta el primer piso. Cuando recuperó el conocimiento, el sacerdote se encontraba totalmente solo a excepción de un hombre. Arrastrándose hasta él, Egan vio que el soldado estaba a punto de morir. En aquel momento, otra andanada alcanzó al edificio, y Egan perdió de nuevo el conocimiento. Al despertar, se encontró que la habitación y sus propias ropas estaban ardiendo. Desesperadamente, rodó por el suelo golpeando las llamas con las manos. El herido que había visto antes estaba muerto. Ahora, Egan no podía utilizar sus piernas. Lentamente, presa de terrible dolor, se izó hacia una ventana. Alguien pronunció su nombre, y el oficial de información, el teniente Bucky Buchanan, le ayudó a cruzar la ventana y le dejó caer en los brazos del sargento Jack Spratt. El sacerdote fue depositado en el suelo del sótano en el que el doctor James Logan estaba trabajando, juntamente con otros heridos. Tenía la pierna derecha y la espalda rotas, y las manos acribilladas de metralla. «Me encontraba bastante bien después de todo —recuerda Egan—. No podía hacer nada más que permanecer tendido boca abajo.» Cerca, ligeramente herido, estaba el increíble Tatham-Warter, tratando todavía de levantar los ánimos de los hombres, y aferrado aún a su paraguas.

Ocasionalmente, se producía una pausa en el terrible bombardeo, y el capitán Mackay creía que los alemanes estaban haciendo acopio de más municiones. Al caer la oscuridad, aprovechando uno de estos intervalos, Mackay repartió tabletas de bencedrina a sus fatigados hombres, concretamente dos píldoras a cada uno. Su efecto sobre los exhaustos soldados fue inesperado y agudo. Unos se tornaron irritables y discutidores. Otros empezaron a bizquear y se vieron durante algún tiempo en la imposibilidad de apuntar sus armas. Los hombres conmocionados y heridos se sintieron eufóricos y algunos empezaron a sufrir alucinaciones. El cabo Arthur Hendy recuerda haber sido agarrado por un soldado que lo llevó hasta una ventana. «Mira —ordenó a Hendy en un susurro—. Es el Segundo Ejército. En la otra orilla. Mira. ¿Lo ves?» Tristemente, Hendy meneó la cabeza. El hombre se enfureció. «Están allá mismo —gritó—, se distingue claramente.»

Mackay se preguntaba si su pequeña fuerza lograría pasar aquella noche. La fatiga y las heridas se estaban cobrando su tributo. «Yo pensaba con claridad —recuerda Mackay—, pero no teníamos nada que comer y no podíamos dormir. Nos hallábamos limitados a una sola taza de agua al día, y todo el mundo estaba herido.» Se les habían terminado casi por completo las municiones, y Mackay ordenó a sus hombres que fabricaran bombas de confección casera con la pequeña cantidad de explosivos que aún quedaba. Pretendía estar preparado cuando regresaran los blindados alemanes. Tras hacer un recuento, Mackay informó a Frost que solamente le quedaban trece hombres en condiciones de luchar.

Desde su posición en el otro lado del puente, mientras caía la noche del martes 19 de septiembre, Frost vio que toda la ciudad parecía estar ardiendo. Las torres de dos grandes iglesias se hallaban envueltas en llamas y, mientras Frost miraba «la cruz que pendía entre dos bellas torres se recortaba contra las nubes que surcaban el firmamento». Observó que «el crepitar de la madera ardiendo y los extraños ecos de los edificios que se derrumbaban producían un efecto sobrenatural». Arriba, el soldado de transmisiones Stanley Copley, sentado ante su radioemisor, había dejado de emitir en morse. Ahora transmitía sin clave de ninguna clase. Repetía continuamente: *Aquí la 1.ª Brigada Paracaidista llamando al Segundo Ejército... Adelante, Segundo Ejército... Adelante, Segundo Ejército.*

En su Cuartel General del Hotel Hartenstein en Oosterbeek, el general Urquhart trataba desesperadamente de salvar lo que quedaba de su división. Frost se encontraba incomunicado. Todos los intentos de unirse a él en el puente habían sido implacablemente rechazados. Afluían sin cesar refuerzos alemanes. Desde el oeste, el norte y el este, las fuerzas de Bittrich estaban haciendo trizas a la valerosa 1.ª Aerotransportada británica. Transidos de frío, empapados, exhaustos, pero sin quejarse, los *Diablos Rojos* seguían tratando de resistir, disparando contra los blindados con fusiles y ametralladoras. La situación era angustiosa para Urquhart. Sólo una rápida acción podía salvar a sus heroicos hombres. Para el miércoles 20 de septiembre por la mañana, Urquhart había elaborado un plan encaminado a salvar los restos de sus fuerzas y, quizás, volver la corriente en su favor.

El 19 de septiembre, «un día negro y funesto» en palabras de Urquhart, había constituido el punto de inflexión. La cohesión y el empuje que había esperado infundir habían llegado demasiado tarde. Todo había fracasado: las fuerzas polacas no habían llegado; los lanzamientos de suministros habían sido desastrosos; y los batallones habían sido aniquilados en sus intentos de llegar hasta Frost. La división iba siendo empujada poco a poco a la destrucción. El recuento de los hombres que le quedaban a Urquhart era terriblemente elocuente. Durante toda la noche del día 19, las unidades de batallón que aún permanecían en contacto con el Cuartel General de la división fueron informando de sus efectivos. Aunque no concluyentes e inexactas, las cifras presentaban un cuadro sombrío: la división de Urquhart estaba a punto de desaparecer.

De la 1.ª Brigada Paracaidista de Lathbury, sólo la fuerza de Frost estaba combatiendo como unidad coordinada, pero Urquhart no tenía ni idea de cuántos hombres quedaban en el 2.º Batallón. El 3.er Batallón de Fitch conservaba unos cincuenta hombres y su comandante había muerto. El 1.º de Dobie totalizaba 116, y Dobie había sido herido y capturado. Los efectivos del 11.º Batallón eran inferiores a 150 hombres, y los del 2.º de *South Staffordshires* a 100. Los comandantes de ambas unidades, Lea y McCardie, estaban heridos. En el 10.º Batallón de Hackett había ahora 250 hombres, y su 156.º daba cuenta de 270. Aunque los efectivos totales de la división eran superiores —las cifras no incluían otras unidades, tales como un batallón del Regimiento Fronterizo, los ingenieros del 7.º de KOSB fuerzas auxiliares y de reconocimiento, pilotos de planeadores y otros—, sus batallones de ataque habían dejado casi de existir. Los hombres de estas orgullosas unidades se hallaban ahora desparramados en pequeños grupos, aturdidos, desorientados y, a menudo, sin jefes.

La lucha había sido tan sangrienta y encarnizada que incluso los endurecidos veteranos se habían derrumbado. Urquhart y su jefe de Estado Mayor habían percibido cómo el pánico se adueñaba del Cuartel General a medida que pequeños grupos de rezagados atravesaban el césped gritando: «¡Vienen los alemanes!». Con frecuencia, se trataba de soldados jóvenes «que habían perdido momentáneamente el dominio de sí mismos». Más tarde, Urquhart escribió: «Mackenzie y yo tuvimos que intervenir físicamente». Pero otros continuaban luchando contra fuerzas muy superiores. El capitán L. E. Queripel, herido en la cara y en los brazos, dirigió un ataque contra un nido de ametralladoras alemanas, dando muerte a sus servidores. Mientras otros alemanes empezaron a acercarse arrojando granadas a Queripel y su grupo, Queripel hizo retroceder a los «trituradores de patatas». Ordenando a sus hombres que le dejaran solo, el oficial cubrió su retirada arrojando granadas hasta que resultó muerto.*

Ahora, lo que quedaba de la maltrecha y ensangrentada división

---

* Queripel fue recompensado, a título póstumo, con la Cruz Victoria.

estaba siendo comprimida y aplastada. Todas las carreteras parecían terminar en la zona de Oosterbeek, con el grueso de las tropas centrado en torno al Hartenstein en unos cuantos kilómetros cuadrados que se extendían entre Heveadorp y Wolfheze, al oeste, y desde Oosterbeek hasta la granja Johannahoeve, al este. Urquhart planeó resistir en ese corredor que terminaba en el Rin, en Heveadorp. Reuniendo sus tropas, esperaba economizar efectivos y aguantar hasta que llegaran los blindados de Horrocks.

Durante toda la noche del día 19 se cursaron órdenes a las tropas para que retrocedieran al perímetro de Oosterbeek y en las primeras horas del día 20 se le ordenó a Hackett que desistiera de su proyectado ataque hacia el puente de Arnhem con sus Batallones 10.° y 156.°, y que los hiciera retroceder también. «Era una decisión muy difícil de tomar —dijo más tarde Urquhart—. «Significaba abandonar al 2.° Batallón en el puente, pero yo sabía que no tenía más probabilidades de llegar hasta él que de llegar a Berlín.» En su opinión, la única esperanza «era consolidar nuestras posiciones, formar un perímetro defensivo y tratar de mantener una pequeña cabeza de puente al norte del río para que el XXX Cuerpo pudiera cruzar hasta nosotros».

El descubrimiento del transbordador que funcionaba entre Heveadorp y Driel había sido un factor importante en la decisión de Urquhart. Era vital para su plan de luchar por la supervivencia porque, teóricamente, a través de él podría llegar ayuda desde la orilla meridional. Además, en los muelles del transbordador en ambas orillas había rampas que podían servir a los ingenieros para tender un puente Bailey a través del Rin. Desde luego, los riesgos eran grandes. Pero si se podía capturar rápidamente el puente de Nimega, y si Horrocks avanzaba velozmente, y si los hombres de Urquhart podían resistir en su perímetro el tiempo suficiente para que los ingenieros tendieran el puente sobre el río —muchos requisitos—, entonces quedaba aún una posibilidad de que Montgomery pudiera obtener su cabeza de puente sobre el Rin y avanzar hacia el Ruhr, aun cuando Frost fuera aniquilado en Arnhem.

Durante todo el día 19 se habían enviado desde el Cuartel General de Urquhart numerosos mensajes solicitando una nueva zona de lanzamiento para los polacos. Las comunicaciones, aunque todavía erráticas, habían mejorado ligeramente. El teniente Neville Hay, de la red *Phantom*, estaba transmitiendo algunos mensajes al Cuartel General del Segundo Ejército británico que, a su vez, los enviaba a

Browning. A las 3.00 horas del día 20, Urquhart recibió un mensaje del Cuerpo pidiendo que el general formulase sugerencias respecto a la zona de lanzamiento de los polacos. En opinión de Urquhart, sólo quedaba una zona posible. Habida cuenta de su nuevo plan, pidió que la brigada de 1.500 hombres tomara tierra cerca de la terminal sur del transbordador, en las proximidades del pequeño pueblo de Driel.

Abandonar a Frost y a sus hombres era la parte más dura del plan. A las 8.00 horas del miércoles, Urquhart tuvo una oportunidad de explicar la posición de Frost y Gough en el puente. Utilizando el enlace de radio Munford-Thompson, Gough llamó al Cuartel General de la división y estableció contacto con Urquhart. Era la primera comunicación que Gough establecía con el general desde el día 17, cuando se le ordenó regresar a la División sólo para descubrir que Urquhart se encontraba en algún punto a lo largo de la línea de marcha. «Dios mío —dijo Urquhart—, creía que estaba usted muerto.» Gough esbozó la situación imperante en el puente. «La moral es elevada todavía —recuerda que dijo—, pero andamos escasos de todo. A pesar de ello, continuaremos resistiendo.» Luego, según recuerda Urquhart, «Gough preguntó si podían esperar refuerzos».

Responder no iba a ser fácil. Le dije, recuerda Urquhart que no estaba seguro de si se trataba de que yo fuera a por ellos o vinieran ellos a por mí. «Me temo que sólo pueden esperar ayuda desde el sur.» Se puso entonces Frost. «Fue muy agradable oír al general —escribió Frost—, pero no pudo decirme nada realmente alentador..., evidentemente, también ellos estaban teniendo grandes dificultades.» Urquhart rogó que «se hiciera llegar su felicitación personal a todos los hombres por el esfuerzo realizado y les deseé la mejor de las suertes». No había nada más que decir.

Veinte minutos después, Urquhart recibió un mensaje de la red *Phantom* del teniente Neville Hay. Decía:

> 200820 (Del 2.º Ejército). Ataque en Nimega contenido por puesto fortificado al sur de la ciudad. 5 Brigada de Guardias en ciudad. Puente intacto, pero ocupado por enemigo. Intención de atacar a las 13.00 horas de hoy.

Urquhart ordenó inmediatamente a su Estado Mayor que informara a todas las unidades. Era la primera buena noticia que recibía ese día.

Trágicamente, Urquhart tenía a su disposición una extraordinaria fuerza cuya contribución, de haber sido aceptada, bien hubiera podido modificar la grave situación de la 1.ª División Aerotransportada británica. La Resistencia holandesa figuraba entre las más entregadas y disciplinadas unidades clandestinas de toda la Europa ocupada. En los sectores de la 101.ª y la 82.ª había holandeses luchando al lado de las fuerzas aerotransportadas estadounidenses. Una de las primeras órdenes que los generales Taylor y Gavin habían dado al aterrizar era que se repartiesen armas y explosivos a los grupos de la Resistencia. Pero en Arnhem los británicos ignoraron aparentemente la presencia de estos animosos y valientes civiles. A pesar de estar armados y dispuestos a prestar ayuda inmediata a Frost en el puente, los grupos de Arnhem fueron ignorados y su colaboración cortésmente rechazada. Por una extraña sucesión de acontecimientos, sólo un hombre había tenido el poder de coordinar e integrar la Resistencia con el asalto británico, y estaba muerto. El teniente coronel Hilary Barlow, el oficial que Urquhart había enviado para coordinar los titubeantes ataques de los batallones en los suburbios occidentales, fue muerto antes de que pudiera dar plena efectividad a su misión.

En el plan original, Barlow debía haber asumido las funciones de alcalde de Arnhem y gobernador militar de la ciudad una vez finalizada la batalla. Se había designado también a su ayudante y representante holandés de la provincia de Gelderland. Era éste el capitán de corbeta Arnoldus Wolters, de la Marina holandesa. Antes de *Market-Garden*, un comité angloholandés de información había entregado a Barlow listas secretas de personas de la Resistencia holandesa que se sabía eran plenamente dignas de confianza. «A partir de estas listas —recuerda Wolters—, Barlow y yo teníamos que formar los grupos y utilizarlos en sus distintas facetas: información, sabotaje, combate, etcétera. Aparte de mí, Barlow era el único hombre que sabía cuál era realmente nuestra misión. Cuando desapareció, el plan se frustró.» En el Cuartel General de la división se pensaba que Wolters era un oficial de asuntos civiles o del servicio de información. Cuando presentó las listas secretas y formuló recomendaciones, fue mirado con recelo. «Barlow confiaba por completo en mí —dice Wolters—. Lamento decir que no les ocurría lo mismo a otros del Cuartel General.»

Con la muerte de Barlow, Wolters se encontró con las manos atadas. «Los británicos se preguntaban por qué tenía que estar con ellos un tipo de la Marina holandesa», recuerda. Obtuvo gradualmente una limitada aceptación y aunque se utilizaron los servicios de algunos miembros de la Resistencia, eran demasiado pocos y su ayuda llegó demasiado tarde. «Ya no teníamos tiempo de examinar a todo el mundo a satisfacción del Cuartel General —explica Wolters—, y la postura imperante era: "¿En quién podemos confiar?". Se había perdido la oportunidad de organizar y cotejar eficazmente a las fuerzas de la Resistencia en la zona de Arnhem.»*

En Inglaterra, poco antes de las 7.00 horas del día 20 el general de división Stanislaw Sosabowski supo que había sido cambiada su zona de lanzamiento. La Brigada polaca debía ahora aterrizar en un lugar situado a pocos kilómetros al oeste del punto anteriormente señalado, cerca del pueblo de Driel. Sosabowski quedó asombrado cuando le comunicó la noticia su oficial de enlace, el teniente coronel George Stevens. La Brigada se encontraba ya en la pista y estaba previsto que

---

* Los británicos se mostraban cautelosos con la Resistencia holandesa desde hacía tiempo. En 1942, el comandante Herman Giskes, jefe del espionaje nazi en Holanda, consiguió infiltrarse en las redes de los servicios de información holandeses. Agentes enviados desde Inglaterra fueron capturados y obligados a trabajar para él. Durante veinte meses, en la operación de contraespionaje quizá más espectacular de la Segunda Guerra Mundial, casi todos los agentes lanzados en paracaídas sobre Holanda fueron interceptados por los alemanes. Como medida de seguridad, se ordenó a los escuchas de radio en Inglaterra que prestaran atención a errores deliberados en mensajes transmitidos por Morse. Sin embargo, los mensajes de estos «agentes dobles» eran aceptados plenamente por el espionaje británico. La Operación *Polo norte* de Giskes no llegó a su fin hasta que escaparon dos agentes. Habiendo engañado durante tanto tiempo a los Aliados, Giskes no pudo resistir la tentación de jactarse de su acción. En un mensaje a los británicos, el 23 de noviembre de 1943, cablegrafió: *A los señores Hunt, Bingham & Co., Successors Ltd., Londres. Tenemos entendido que llevan ustedes algún tiempo intentando negociar en Holanda sin nuestra ayuda. Lo lamentamos..., ya que hace mucho tiempo que venimos actuando como únicos representantes de ustedes en este país. Sin embargo..., deberían considerar la posibilidad de hacernos una visita al continente a gran escala, y prestaremos a sus emisarios la misma atención que les hemos dispensado hasta ahora...* Como consecuencia de ello, aunque las redes de los servicios de información fueron depuradas y sometidas a una reorganización completa y, aunque los grupos de la Resistencia holandesa fueron mantenidos al margen de estas actividades secretas, no dejó de advertirse a numerosos oficiales británicos antes de la Operación *Market-Garden* que no depositaran una excesiva confianza en la Resistencia.

despegara al cabo de tres horas rumbo a Holanda. En ese plazo de tiempo, Sosabowski tenía que rehacer por entero su plan de ataque para una zona que ni siquiera había sido estudiada. La elaboración de los planes para el lanzamiento cerca de Elden, en los accesos meridionales al puente de Arnhem, había llevado varios días. Ahora, recordaría más tarde, «se me daba apenas las líneas básicas de un proyecto, con sólo unas pocas horas para elaborar un plan».

Había todavía pocas noticias de Arnhem pero, mientras Stevens le informaba del nuevo plan para transportar sus tropas en transbordador a través del Rin, desde Driel hasta Heveadorp, a Sosabowski le resultó obvio que la situación de Urquhart había empeorado. Preveía innumerables problemas, pero advirtió que «nadie más parecía excesivamente alarmado. Todo lo que Stevens había averiguado era que el panorama resultaba notablemente confuso». Informando rápidamente a su Estado Mayor del nuevo giro que habían tomado los acontecimientos, Sosabowski aplazó hasta las 13.00 horas el despegue previsto hasta entonces para las 10.00. Necesitaría ese tiempo para reorientar a sus hombres y elaborar nuevos planes de ataque, y el aplazamiento de tres horas tal vez permitiera a Stevens obtener una información más actualizada sobre Arnhem. De todas maneras, Sosabowski dudaba que sus fuerzas hubieran podido emprender la marcha a las 10.00 horas en cualquier caso. La niebla cubría de nuevo las Midlands y las predicciones meteorológicas no eran nada tranquilizadoras. «Eso y la parquedad de las informaciones que recibíamos, me hacían sentirme muy inquieto —recordó Sosabowski—. No me parecía que la operación de Urquhart se estuviera desarrollando satisfactoriamente. Empezaba a creer que tal vez fuéramos a lanzarnos sobre Holanda para hacer mayor aún la derrota.»

En el puente de Arnhem, el tenaz desafío de los valientes y escasos defensores estaba tocando a su fin. Al amanecer, los alemanes habían reanudado su terrible bombardeo. A la luz del alba, los montones de escombros que en otro tiempo fueran edificios de oficinas se vieron sometidos de nuevo a un fuego demoledor. A cada lado del puente y a lo largo de las desordenadas y mutiladas ruinas del Eusebius Buiten Singel, los pocos puntos fortificados que todavía quedaban estaban siendo sistemáticamente destruidos. La semicircular línea defensiva que había protegido los accesos septentrionales casi había dejado de existir. Sin embargo, rodeados de llamas y resguardándose tras montones de escombros, pequeños grupos de hombres obstinados continuaban luchando, impidiendo a los alemanes el paso hasta el puente.

Sólo el valor había sostenido hasta ese momento a los hombres de Frost, pero había sido lo suficientemente feroz y lo suficientemente constante como para contener a los alemanes durante tres noches y dos días. El 2.º Batallón y los hombres de otras unidades que habían venido en grupos de dos y tres a unírsele (una fuerza que, de acuerdo con los cálculos más optimistas de Frost, nunca totalizó más de seiscientos o setecientos hombres) habían cerrado filas en su dura prueba. El orgullo y una tarea común los habían fundido. Ellos solos habían alcanzado el objetivo de toda una división aerotransportada y lo habían mantenido durante más tiempo del que se había previsto para la propia división. En las desesperadas y ansiosas horas, esperando una ayuda que nunca llegaba, su común estado de ánimo encontró quizá su mejor expresión en las palabras del cabo Gordon Spicer, que escribió: «¿Quién está incumpliendo su tarea? ¡Nosotros no!».

Pero el tiempo de su resistencia estaba ya próximo a expirar. Agazapados en ruinas y hoyos, pugnando por protegerse a sí mismos y a los sótanos llenos de heridos, aturdidos y conmocionados por el casi incesante fuego enemigo y llevando como emblema de honor sus vendas manchadas de sangre y sus indolentes modales, los *Diablos Rojos* comprendieron, finalmente, que ya no podían resistir más.

El descubrimiento produjo una curiosa calma, totalmente exenta de pánico. Fue como si los hombres decidieran en su fuero interno que lucharían hasta morir, aunque sólo fuese para provocar más a los alemanes. Pese a su percepción de que la lucha casi había terminado, los hombres seguían inventando nuevas formas de mantenerla. Hombres de los pelotones de morteros dispararon sus últimas granadas sin trípodes ni plataformas, levantando el cañón y sujetándolo con cuerdas. Otros, al descubrir que no quedaban detonadores para los lanzacohetes Piat, de carga por resorte, intentaban en su lugar detonar las bombas con fulminantes hechos con cajas de cerillas. A su alrededor, yacían muertos o agonizantes sus amigos y, no obstante, encontraban la voluntad para resistir y, al hacerlo, se divertían a menudo unos a otros. Los hombres recuerdan un soldado irlandés al que la explosión de una granada había dejado inconsciente que, abriendo por fin los ojos, dijo: «Estoy muerto. —Luego, pensándoselo mejor, exclamó—: No puede ser. Estoy hablando.»

Para el coronel John Frost, cuyo cuerno de caza los había llamado junto a él aquel soleado domingo que había de constituir el principio de su victoriosa marcha, permanecerían siempre imbatidos. Sin embargo, entonces, en este negro y trágico miércoles, sabía que «no existía prácticamente ninguna posibilidad de recibir ayuda».

El número de hombres capaces todavía de combatir era, como mucho, de entre 150 y 200, concentrados principalmente en torno a los semiderruidos edificios del Cuartel General en el lado occidental de la rampa. Más de trescientos heridos británicos y alemanes llenaban los sótanos. «Se amontonaban casi unos encima de otros —observó Frost—, haciendo imposible que los médicos y enfermeros pasaran entre ellos y los atendieran.» Pronto tendría que tomar una decisión sobre estos heridos. Si el edificio del Cuartel General recibía un nuevo impacto, y eso era casi seguro que iba a ocurrir, dijo Frost al comandante Freddie Gough, «no veo cómo puedo seguir luchando hasta el último minuto y luego, irme y dejar que se abrasen nuestros heridos». Se hacía necesario adoptar medidas para sacarlos antes de que el edificio fuera destruido o conquistado. Frost no sabía cuánto tiempo quedaba. Todavía creía que podría controlar los accesos durante algún tiempo, quizás incluso otras veinticuatro horas, pero sus defensas eran ahora tan débiles que sabía que «un decidido ataque del enemigo podía llevarle hasta nuestro mismo centro».

En el lado de la rampa del capitán Mackay, la pulverizada escuela parecía, pensó, «un colador». Como más tarde recordó Mackay, «estábamos solos. Todas las casas del lado este habían sido incendiadas excepto una, más al sur, que se hallaba ocupada por los alemanes». Y en la escuela, un horror había sucedido a otro horror. «Los hombres estaban exhaustos y mugrientos —escribió Mackay—, y sentía una punzada en el estómago cada vez que los miraba. Macilentos, con los ojos enrojecidos e inyectados en sangre, casi todos tenían alguna especie de sucia venda de campaña y había sangre por todas partes.» Mientras los heridos eran bajados por la escalera hasta el sótano, Mackay observó que «en cada rellano, la sangre había formado charcos y bajaba en pequeños arroyuelos por las escaleras». Los trece hombres que le quedaban estaban agazapados «en grupos de dos y de tres, guarneciendo posiciones que requerían el doble de hombres. Las únicas cosas que estaban limpias eran las armas». En los restos de la escuela, Mackay y sus hombres rechazaron tres ataques enemigos en dos horas, causando a los alemanes un número de muertos cuatro veces superior al de sus propios efectivos.

La lucha continuó durante la mañana. Luego, hacia el mediodía, el hombre que tan tenazmente había desafiado a los alemanes cayó herido. Cuando Frost fue a reunirse con el comandante Douglas Crawley para tratar sobre la posibilidad de enviar una patrulla de combate para despejar la zona, recuerda «una tremenda explosión» que lo levantó en el aire y lo arrojó boca abajo a varios metros de distancia. Una granada de mortero había hecho explosión prácticamente entre los dos hombres. Milagrosamente, ambos estaban vivos pero la metralla había penetrado en el tobillo izquierdo y la tibia derecha de Frost y Crawley estaba herido en las dos piernas y en el brazo derecho. Frost, casi inconsciente, se sintió avergonzado de no poder «contener los gemidos que parecían brotar por voluntad propia de mí, teniendo en cuenta, sobre todo, que Doug no emitía el menor sonido». Wicks, asistente de Frost, ayudó a arrastrar a los dos oficiales a lugar cubierto, y los camilleros los llevaron al sótano con los demás heridos.

El padre Egan trataba de orientarse en la abarrotada bodega. En uno de los oscuros recovecos de la helada estancia, el teniente Buc-

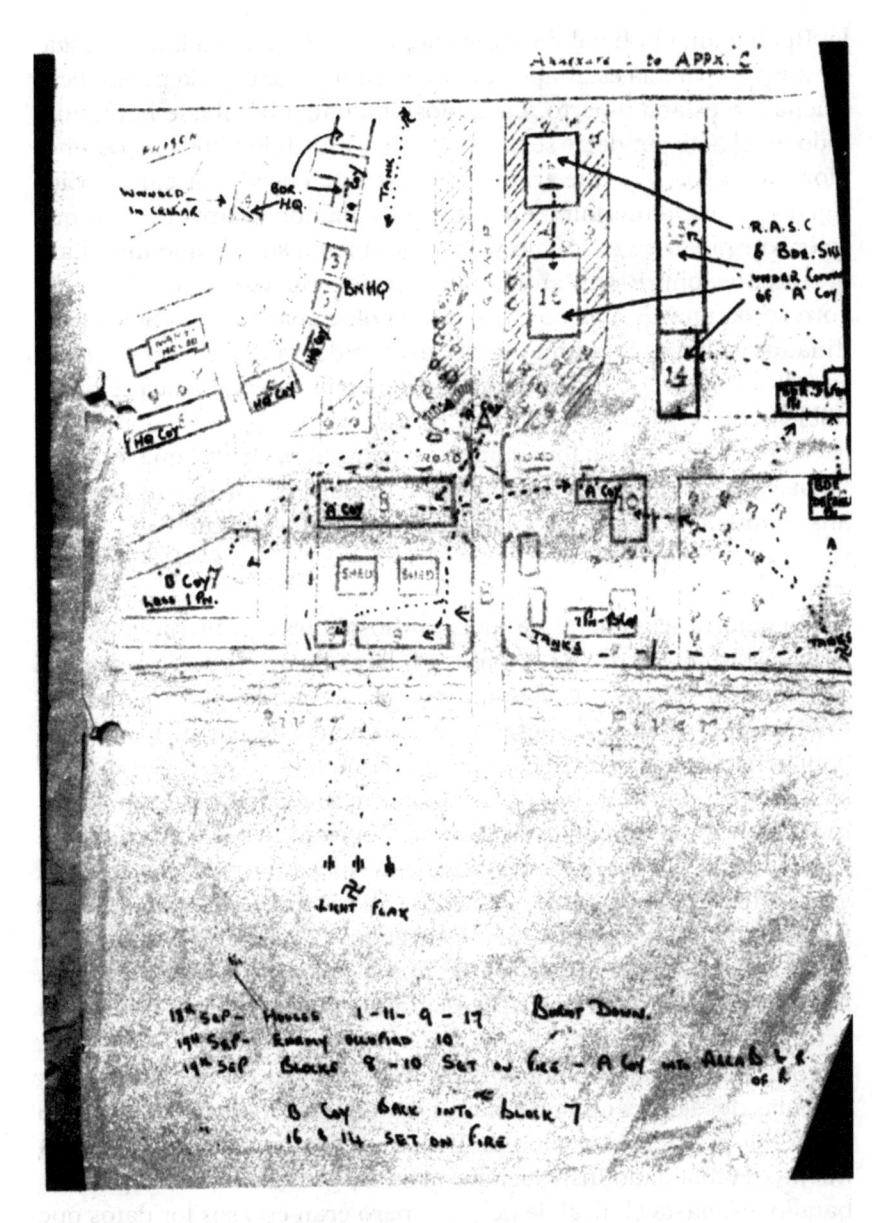

Posiciones del coronel Frost alrededor de los accesos septentrionales al puente de Arnhem, según su informe realizado después de la batalla.

ky Buchanan, el oficial de información que había ayudado a rescatar a Egan, parecía estar apoyado fatigosamente contra la pared. Pero Buchanan estaba muerto. La explosión de una bomba le había matado en el acto sin dejar señal. Entonces, aturdido y todavía conmocionado, Egan vio que traían a Frost. «Recuerdo su cara —dice Egan—. Parecía mortalmente cansado y abatido.» Otros heridos que se encontraban en el sótano vieron también a su comandante. Para el teniente John Blunt, amigo del fallecido Buchanan, la visión del coronel en una camilla constituyó un golpe abrumador. «Sus subordinados siempre le habíamos considerado indomable —escribió Blunt—. Dolía verle transportado de aquella manera. Nunca se había doblegado a nada.»

Al otro lado de la habitación, el soldado James Sims, que también había recibido una herida de metralla, recuerda que alguien preguntó ansiosamente a Frost: «¿Podemos resistir todavía, señor?».

En Inglaterra, el general de división Sosabowski contemplaba a su Brigada subir a bordo de las largas hileras de aviones de transporte de tropas *Dakota*. Desde el domingo, había sentido crecer la tensión mientras sus polacos esperaban el momento de partir. El martes, habían hecho el viaje desde sus acantonamientos hasta el aeródromo, sólo para encontrarse con que se había cancelado la Operación. Aquel miércoles por la mañana, el enterarse del cambio de su zona de lanzamiento, el propio Sosabowski había aplazado por tres horas el vuelo a fin de elaborar nuevos planes. Ahora, poco antes de las 13.00 horas, mientras los pesadamente cargados paracaidistas se dirigían hacia los aviones, la atmósfera de impaciencia había desaparecido. Los hombres estaban por fin en camino, y Sosabowski notó «una actitud casi alegre entre ellos».

Su estado de ánimo era muy diferente. En las pocas horas transcurridas desde el cambio de planes, había tratado de averiguar todo lo posible sobre la situación de Urquhart y la nueva zona de lanzamiento. Había dado instrucciones a su Brigada, compuesta por tres batallones, hasta el nivel de pelotón, pero eran escasos los datos que había podido proporcionarles. Sosabowski sentía que se encontraban mal preparados, disponiéndose casi a «saltar hacia lo desconocido».

Ahora, mientras giraban las hélices, sus batallones comenzaron a subir a bordo de los 114 *Dakota* que los llevarían a Holanda. Satisfecho de la operación de carga de los aparatos, Sosabowski subió al primer avión. Con los motores aumentando rápidamente sus revoluciones, el *Dakota* se movió, rodó lentamente por la pista, viró y se dispuso a despegar. Luego, se detuvo. Sosabowski observó con desaliento que los motores se iban parando. Transcurrieron unos minutos y su ansiedad creció. Se preguntó qué estaría demorando el despegue.

De pronto, se abrió la portezuela, y subió un oficial de la RAF. Avanzando por el pasillo del avión, informó a Sosabowski que la torre de control acababa de recibir aviso de que se suspendiera el despegue. La situación era repetición de la del martes: los campos meridionales estaban abiertos, e iban despegando los aviones de reaprovisionamiento, pero la zona de Grantham estaba envuelta en una densa niebla. Sosabowski le miró con incredulidad. Podía oír las maldiciones de sus hombres y sus oficiales conforme les iba siendo comunicada la información. El vuelo fue cancelado hasta 24 horas más tarde, hasta las 13.00 horas del jueves 21 de septiembre.

El Regimiento de Infantería de Planeadores del general Gavin también quedó inmovilizado una vez más. Ese día del vital asalto al río Waal en Nimega, los desesperadamente necesarios 3.400 hombres de Gavin con su armamento y equipo, no pudieron salir. El transbordador Driel-Heveadorp continuaba aún en funcionamiento. Aquel crucial miércoles, tres días después del Día D, en el que la Brigada polaca hubiera podido ser transportada en transbordador a través del Rin para reforzar a los debilitados soldados de Urquhart, el tiempo había golpeado de nuevo a *Market-Garden*.

El mariscal de campo Walter Model se encontraba finalmente listo para iniciar su contraofensiva contra los británicos y estadounidenses en Holanda. Aquel crítico miércoles 20 de septiembre, el corredor entero tembló bajo la violencia de un ataque alemán tras otro.

Model, que recibía refuerzos sin cesar, estaba seguro de que sus fuerzas eran ahora lo bastante poderosas como para frustrar el ataque de Montgomery. Se proponía lanzarse sobre el corredor aliado en Son, Veghel y Nimega. Sabía que el puente de Arnhem estaba en sus manos. Y el Decimoquinto Ejército de Von Zangen —el ejército que Montgomery había olvidado en Amberes— estaba renovando lentamente sus fuerzas. Se estaban reorganizando sus estados mayores y llegaban diariamente municiones y suministros. Al cabo de 48 horas, según consta en el Diario de guerra del Grupo de Ejércitos B anexo 2.342, Model informaría a Von Rundstedt de la situación de Von

Zangen en los siguientes términos: «El total de hombres y equipo transportado a través del Escalda por el Decimoquinto Ejército asciende a 82.000 hombres, 530 cañones, 4.600 vehículos, más de 4.000 caballos y una gran cantidad de valioso material...».*

Model confiaba en ese momento en la capacidad de Von Zangen hasta tal punto que decidió que reorganizaría por completo su propia estructura de mando en el plazo de 72 horas. Von Zangen mandaría todas las fuerzas del Grupo de Ejércitos B situadas al oeste del corredor aliado; al Primer Ejército Paracaidista del general Student, que estaba siendo sistemáticamente reforzado, se le asignaría el lado oriental. Había llegado el momento de que Model comenzara su ofensiva con violentos ataques de tanteo.

En la mañana del día 20, fuerzas acorazadas atacaron la zona de la 101.ª en el puente de Son y estuvieron a punto de conseguir tomar el puente. Sólo la rápida actuación de los hombres del general Taylor y los tanques británicos pudo contener el ataque. Simultáneamente, mientras las columnas de Horrocks avanzaban veloces hacia Nimega, el sector entero de Taylor se vio sometido a una fuerte presión.

A las 11.00 horas, en la zona del general Gavin, tropas alemanas, salieron del *Reichswald* precedidas por un intenso bombardeo y atacaron el flanco oriental de la 82.ª. A las pocas horas, se desarrollaba un ataque a gran escala en la zona de Mook, amenazando el puente de Heumen. Precipitándose al teatro de operaciones desde Nimega, donde sus hombres se preparaban para asaltar el Waal, Gavin vio que «el único puente que poseíamos capaz de soportar el paso de blindados» se hallaba en grave peligro. «Era esencial para la supervivencia de los británicos y americanos hacinados en Nimega», recuerda. Su problema era grave; todas las unidades disponibles de la 82.ª se hallaban ya empeñadas en combate. Apresuradamente, Gavin pidió ayuda a la Guardia *Coldstream*. Luego, en un contraataque dirigido personalmente por Gavin, comenzó una implacable y encarnizada

---

* Aunque éstas son las cifras exactas tomadas del Diario del Grupo de Ejércitos B, parecen excesivas, especialmente en lo que se refiere al número de cañones, vehículos y caballos. La evacuación del Decimoquinto Ejército a través del Escalda y alrededor de Amberes fue dirigida por el general Eugene Felix Schwalbe. En 1946 dio la siguiente estimación: 65.000 hombres, 225 cañones, 750 camiones y carros y 1.000 caballos (véase Milton Shulman, *Defeat in the West*). Yo no puedo explicar la discrepancia, pero las cifras dadas por Schwalbe parecen mucho más realistas.

batalla que habría de durar todo el día. Moviendo sus fuerzas de un lado a otro como peones de ajedrez, Gavin resistió y obligó finalmente a los alemanes a retirarse. Siempre había temido un ataque desde el *Reichswald*. Ahora, Gavin y el comandante de cuerpo Browning sabían que había comenzado una nueva y más terrible fase de la lucha. Entre los prisioneros tomados había hombres del endurecido II Cuerpo Paracaidista del general Mendl. La intención de Model era evidente: había que apoderarse de los puentes clave, estrangular el corredor y aplastar las columnas de Horrocks.

Por su parte, Model estaba convencido de que los Aliados jamás podrían cruzar el río en Nimega y avanzar los últimos 16 kilómetros hasta Arnhem. Comentó confidencialmente al general Bittrich que esperaba que en una semana hubiese terminado la batalla. Bittrich estaba menos seguro. Le dijo a Model que se sentiría más tranquilo si los puentes de Nimega fuesen destruidos. Model clavó en él sus ojos y exclamó airadamente: «¡No!».

El general de división Heinz Harmel se sentía enojado por la actitud de su superior, el general Wilhelm Bittrich. El comandante del II Cuerpo Panzer tenía una visión demasiado superficial y alejada de la batalla, consideraba Harmel. Bittrich «parecía haberse desentendido por completo de los problemas de transporte en Pannerden». Estos problemas habían preocupado a Harmel desde el principio, porque le parecía que Bittrich nunca había permanecido sobre el terreno el tiempo suficiente «para ver por sí mismo la imposible tarea de hacer cruzar el río a veinte carros de combate..., y tres de ellos eran *Tiger*. Los ingenieros de Harmel habían necesitado casi tres días para construir un transbordador capaz de transportar a través del Rin una carga estimada de cuarenta toneladas. Aunque Harmel creía que ahora la operación se aceleraría, sólo tres pelotones de tanques (doce Panther) habían llegado hasta el momento a las proximidades de Nimega. Los restantes, incluyendo sus carros *Tiger*, estaban combatiendo en el puente de Arnhem a las órdenes del veterano jefe del frente oriental, el comandante Hans Peter Knaust.

Knaust, de treinta y ocho años, había perdido una pierna en una batalla cerca de Moscú, en 1941. Según recuerda Harmel, «caminaba entonces con una de madera y, aunque siempre le dolía, ni una sola vez se quejaba». Sin embargo, Knaust también era blanco de las iras de Harmel.

Para reforzar a la División *Frundsberg* se había llevado apresuradamente a Holanda al «*Kampfgruppe* de Knaust» con 35 carros de combate, cinco transportes blindados y un cañón autopropulsado. Pero los veteranos de Knaust eran de poco valor. Casi todos ellos habían sido gravemente heridos en un momento u otro; en opinión de Harmel, eran «casi inválidos». En condiciones normales, aquellos hombres no habrían estado en el servicio activo. Además, los reemplazos de Knaust eran jóvenes y muchos solamente habían recibido instrucción durante ocho semanas. La batalla del puente de Arnhem estaba durando tanto tiempo que Harmel temía ahora por la situación en Nimega. Si los británicos lograban abrirse paso, necesitaría los blindados de Knaust para conservar el puente y las posiciones defensivas situadas entre Nimega y Arnhem. Estaban en camino más refuerzos blindados, incluyendo de quince a veinte carros *Tiger* y otros veinte Panther. Pero Harmel no tenía ni idea de cuándo llegarían ni de si el puente de Arnhem estaría abierto para dar paso a su avance hacia el sur. Harmel preveía que, aun después de su captura, sería necesario todo un día para despejarlo de escombros y permitir el tránsito de vehículos.

Para supervisar todas las operaciones, Harmel había instalado un puesto de mando avanzado cerca del pueblo de Doornenburg, a tres kilómetros al oeste de Pannerden y nueve kilómetros al nordeste de Nimega. Desde allí, se dirigió hacia el oeste, hasta aproximadamente el punto medio de la carretera Nimega-Arnhem, con el fin de estudiar el terreno, fijando automáticamente en su mente las posiciones defensivas que podrían utilizarse si el enemigo lograba romper las líneas. Su reconocimiento produjo una impresión clara: parecía imposible que ni los blindados británicos ni los alemanes pudieran abandonar la carretera principal. Sólo vehículos ligeros podían circular por las endebles carreteras secundarias pavimentadas de ladrillos. Sus propios tanques, avanzando hacia Nimega después de cruzar el río en Pannerden, se habían quedado empantanados en estas carreteras, ya que su peso destrozaba el pavimento. La carretera principal Nimega-Arnhem era, en algunos puntos, una carretera sobre un dique unos tres o cuatro metros por encima de los pólders que se extendían a ambos lados. Los carros que avanzasen por estos elevados tramos quedarían completamente expuestos, recortándose contra el cielo. Baterías de artilleros bien emplazadas podrían hacer blanco en ellos fácilmente. Por el momento, Harmel no tenía casi artillería para cubrir la carretera, por lo que resultaba imperativo que los blindados y cañones de Knaust cruzaran el Rin y ocuparan posiciones antes de que los británicos pudieran romper las líneas en Nimega.

Regresando a su Cuartel General en Doornenburg, Harmel escuchó los últimos informes de su jefe de Estado Mayor, coronel Paetsch. Había buenas noticias de Arnhem: se estaban haciendo más prisioneros y los combates en el puente estaban empezando a ceder. Knaust creía ahora que podría disponer del puente para la caída de la tarde. La lucha continuaba en Nimega, pero el capitán Karl Heinz Euling, a pesar de estar sufriendo grandes bajas, estaba conteniendo todos los esfuerzos enemigos por apoderarse de los puentes de ferrocarril y carretera allí existentes. Los americanos y británicos habían sido detenidos en ambos accesos. En el centro de la ciudad, se había contenido también a las fuerzas británicas, pero esa situación era más precaria.

El informe de Euling reflejaba un optimismo que Harmel no compartía. Finalmente, por su superioridad numérica, los blindados británicos desbordarían seguramente las líneas alemanas. Encendiendo un cigarro, Harmel dijo a Paetsch que «esperaba que, en el plazo de 48 horas, cayera sobre el puente todo el peso del ataque angloamericano». Si los blindados y artilleros de Knaust tomaban rápidamente el puente de Arnhem, tal vez pudieran detener el ataque blindado británico. Si los panzer veían frenada su marcha mientras desalojaban del puente de Arnhem al pequeño grupo de británicos y lo despejaban de escombros, Harmel sabía que, contra toda orden, debía volar el puente de Nimega.

Pese a su detenido examen del problema, no contempló la posibilidad de un absurdo proyecto: que las fuerzas aerotransportadas americanas intentaran vadear el río en un gran asalto anfibio.

10

Los soldados que esperaban abarrotaban la zona no lejos del punto de cruce, a kilómetro y medio del puente ferroviario de Nimega río abajo. Durante toda la noche del martes y bien entrada la mañana del miércoles, mientras las fuerzas angloamericanas mandadas por el teniente coronel Vandervoort y el teniente coronel Goulburn continuaban luchando por la posesión de los puentes de ferrocarril y de carretera al este, soldados británicos y estadounidenses se esforzaban por ensanchar la zona que conducía a la orilla del río, a fin de que los tanques y la artillería pesada de la División Blindada de Guardias ocuparan posiciones de tiro para apoyar el asalto. Aviones *Typhoon* debían volar a baja altura sobre la orilla norte treinta minutos antes de la Hora H, rociando toda la zona con cohetes y fuego de ametralladora. En tierra, tanques y piezas de artillería bombardearían durante otros quince minutos. Entonces, al amparo de una cortina de humo tendida por los blindados, la primera oleada de hombres, mandada por el comandante Julian Cook, de veintisiete años, se pondría en marcha en uno de los más audaces pasos de río jamás hechos.

El plan era tan complejo y detallado como les había sido posible hacerlo a los comandantes que habían estado trabajando en él durante toda la noche. Pero las barcazas en que los soldados de Cook atravesarían los cuatrocientos metros de anchura del río no habían llegado. La Hora H, originariamente fijada para las 13.00 horas, fue aplazada hasta las 15.00.

Los estadounidenses esperaban en pequeños grupos mientras Cook paseaba de un lado a otro. «¿Dónde están las malditas barcazas?», se preguntaba. Desde que el general Gavin y el comandante del 504.º, el coronel Tucker, habían decidido que su 3.er Batallón efectuaría el asalto a través del Waal, Cook se había sentido «horrorizado y estupefacto». Al joven oficial de West Point le parecía que «se nos estaba pidiendo que hiciéramos nosotros solos un desembarco como el de la playa Omaha». Muchos de sus hombres ni siquiera habían estado antes en una embarcación pequeña.

Cook no era el único que esperaba ansiosamente la llegada de las barcazas. Justo antes del mediodía, el general Frederick Browning había recibido la primera indicación clara de la gravedad de la situación en la que se encontraba Urquhart. Recibido a través de la sección de transmisiones del Segundo Ejército británico, el mensaje de *Phantom* decía en parte:

> (201105) ... formación todavía en proximidades extremo norte de puente principal, pero no en contacto y sin poder reaprovisionar... Arnhem enteramente en manos enemigas. Se solicitan todas las medidas posibles para acelerar ayuda. Lucha intensa y oposición extremadamente fuerte. Situación no demasiado buena.

Browning estaba profundamente inquieto. Cada hora que transcurría adquiría ahora la máxima importancia y era vital para la supervivencia de los hombres de Urquhart apoderarse rápidamente de los puentes de Nimega. La misión de ayudar a los defensores de Arnhem recaía en este momento casi exclusivamente en Cook y el 3.er Batallón, hecho que Cook ignoraba.

En cualquier caso, las embarcaciones no habían llegado aún, y nadie sabía siquiera cómo eran. Durante toda la noche, el general Horrocks y su Estado Mayor habían estado tratando de acelerar su llegada. En los convoyes de ingenieros, tres camiones que transportaban las lanchas habían estado abriéndose paso centímetro a centímetro por la abarrotada carretera. En Eindhoven, se habían visto detenidos por un violento bombardeo de la Luftwaffe. Todo el centro de la ciudad quedó devastado. Decenas de camiones de suministros habían sido destruidos y había ardido todo un convoy de municiones, aumentando con ello la matanza. Ahora, en el punto del cruce sobre el Waal, menos de una hora antes de la Hora H, seguía sin haber ni rastro de los camiones y las vitales barcazas.

El punto del asalto se hallaba situado al este de la gran central eléctrica PGEM, y en un principio se pensó que podría efectuarse el paso desde la propia central. Allí, una pequeña ensenada a la orilla del río proporcionaba protección para el embarque, ocultándolo a la vista de los alemanes. El coronel Tucker había rechazado ese lugar; estaba demasiado cerca del puente del ferrocarril, ocupado por el enemigo. Cuando los soldados salieran de la zona de embarque, los alemanes podrían barrer cada oleada de asalto con fuego de ametralladora. Además, en la boca de la ensenada, la corriente, cuya velocidad oscilaba entre doce y quince kilómetros por hora, se arremolinaba con más fuerza. Desplazándose más hacia el oeste, Tucker se proponía hacer que los hombres llevaran barcazas por la orilla del río a paso ligero, las botaran y cruzaran la corriente a fuerza de remos. También eso preocupaba a Cook. Por lo que sabía, cada embarcación pesaba cerca de cien kilos; cuando estuvieran cargadas con el equipo y la munición de los hombres, su peso se duplicaría, probablemente.

Una vez botadas, cada embarcación llevaría trece soldados y una tripulación de tres ingenieros para manejar los remos. La operación se desarrollaría sin solución de continuidad. En oleada tras oleada, las barcazas de asalto debían ir de una orilla a otra hasta que hubieran cruzado todo el batallón de Cook y parte de otro, mandado por el capitán John Harrison. El comandante Edward G. Tyler, de los Guardias Irlandeses, cuyos blindados habían de proporcionar el fuego de cobertura, quedó aterrado ante la idea. «Me hizo sentir el temor de Dios», recuerda Tyler. Preguntó al coronel Tucker, que conservaba entre los dientes su sempiterno cigarro puro, si sus hombres habían practicado alguna vez esta clase de operación. «No —respondió lacónicamente Tucker—. Están realizando instrucción sobre el terreno.»

Desde el noveno piso de la central eléctrica, Cook y el teniente coronel Giles Vandeleur, que mandaba el 2.º Batallón de los Guardias Irlandeses, escrutaban con prismáticos la orilla norte. Exactamente enfrente de donde ellos se encontraban, había una extensión de 200 a 800 metros de tierra llana desde la orilla del río. Los hombres de Cook tendrían que salvar esa desprotegida zona una vez que hubieran desembarcado. Más allá, el inclinado terraplén de un dique se elevaba a unos cinco o seis metros de altura, sobre el que una carretera de seis metros de ancho discurría de oeste a este. Unos 800 metros más allá de la carretera, se alzaba un achaparrado edificio llamado Fuerte Hof Van Holland. Cook y Vandeleur podían ver con claridad tropas enemigas apostadas en lo alto del terraplén, y tenían la casi absoluta seguridad de que había puestos de observación y artillería en el interior del fuerte. «Alguien —recuerda haber pensado Cook— ha tenido una verdadera pesadilla.» Sin embargo, un eficaz apoyo aéreo y artillero en la Hora H podría mitigar la resistencia alemana y permitir que los soldados ocuparan rápidamente la orilla norte. Cook contaba con ese apoyo.

Vandeleur pensaba que el cruce podría resultar «espantoso, con gran cantidad de bajas». Pero estaba decidido a que sus blindados prestaran la máxima ayuda a los americanos. Se proponía utilizar unos treinta carros Sherman, dos escuadrones bajo el mando del comandante Edward G. Tyler y el comandante Desmond FitzGerald. A las 14.30 horas, los blindados debían avanzar hacia el río y remontar el terraplén, uno tras otro, y con sus cañones de 75 milímetros enfilados hacia la otra orilla. El bombardeo británico estaría reforzado con fuego de artillería y mortero por parte de la 82.ª. En total, cien cañones batirían la orilla septentrional.

Los hombres de Cook, que no habían visto aún la zona desde la que debían realizar el asalto, habían recibido con satisfacción las instrucciones. Pero la anchura del río sorprendió a todos. «Cuando nos informaron en un principio, creímos que estaban bromeando —recuerda el segundo teniente John Holabird—. Parecía todo demasiado fantástico.» El sargento Theodore Finkbeiner, que debía partir en la primera oleada, estaba seguro de que «nuestras probabilidades eran bastante buenas gracias a la cortina de humo». Pero el capitán T. Moffatt Burriss, comandante de la Compañía I, creía que el plan no era más que un suicidio.

Lo mismo pensaba el capellán protestante de la 504.ª, el capitán Delbert Kuehl. Normalmente, Kuehl no habría ido con las tropas de asalto. Ahora, solicitó autorización para estar con los hombres de Cook. «Fue la decisión más difícil que había tomado nunca —recuerda—, porque iba a ir por mi propia voluntad. El plan parecía absolutamente irrealizable, y pensaba que si alguna vez me necesitaban los hombres, sería en aquella operación.»

El capitán Henry Baldwin Keep, conocido como el millonario del batallón porque era miembro de la familia Biddle de Filadelfia, consideraba que «las probabilidades estaban en contra nuestra. En dieciocho meses de combate casi ininterrumpido lo habíamos hecho todo, desde saltar en paracaídas hasta establecer cabezas de puente para actuar como tropas de montaña y como infantería regular. ¡Pero cruzar un río era algo completamente distinto! Parecía imposible».

Cook, según el teniente Virgil Carmichael, trató de descargar la atmósfera anunciando que imitaría a George Washington, «manteniéndose erguido en la lancha y con el puño derecho proyectado ante sí, gritaba: "¡Adelante, muchachos! ¡Adelante!"». El capitán Carl W. Kappel, comandante de la Compañía H, que había oído que el ataque de Arnhem tropezaba con dificultades, se sentía profundamente preocupado. Quería «subir a la maldita barcaza y cruzar a sangre y fuego». Tenía un buen amigo en la 1.ª Aerotransportada británica y abrigaba la certeza de que, si alguien estaba en el puente de Arnhem, era *Frosty*, el coronel John Frost.

A las 14.00 horas no había todavía ni rastro de las embarcaciones de asalto, y ya era demasiado tarde para detener a las escuadrillas de *Typhoon* que se aproximaban. En el lugar del embarque, ocultos tras el terraplén de la orilla, los hombres de Cook y los blindados de Vandeleur esperaban. Exactamente a las 14.30 horas comenzó el ataque de los *Typhoon*. Rugiendo sobre sus cabezas, los aviones pasaban uno tras otro, lanzando cohetes y fuego de ametralladora contra las posiciones enemigas. Diez minutos después, cuando los blindados de Vandeleur empezaban a tomar posiciones en el terraplén, llegaron los tres camiones que transportaban las barcas para el asalto. Faltando solamente veinte minutos para iniciar su acción, los hombres de Cook vieron por primera vez las endebles embarcaciones plegables de color verde.

Cada lancha tenía seis metros de longitud, con fondo plano reforzado con madera chapeada. Los costados de lona, sujetos con estaquillas de madera, medían 75 centímetros desde el fondo hasta la borda. Debían acompañar a cada bote ocho remos, de 1,25 metros de largo, pero en muchos de ellos había solamente dos. Los hombres tendrían que utilizar las culatas de sus fusiles para remar.

Rápidamente, los ingenieros empezaron a montar las embarcaciones. A medida que iban quedando listas, los hombres asignados a cada una cargaban el equipo y se preparaban para correr a la orilla. Con el telón de fondo del ensordecedor estruendo del bombardeo que caía sobre la otra orilla, las 26 lanchas quedaran finalmente montadas. «Alguien gritó: "Adelante" —recuerda el teniente Patrick Mulloy—, y todo el mundo agarró las bordas de las lanchas y empezó a arrastrarlas hacia el río.» Silbaban los proyectiles sobre las cabezas de los hombres; ladraban los cañones de los blindados desde el terraplén, frente a ellos, y una humareda blanca que a Mulloy le pareció «bastante espesa» cubrió toda la anchura del río. El asalto estaba en marcha.

En cuanto la primera oleada, de unos 260 hombres —dos compañías, H e I, además del personal del cuartel general y los ingenieros— llegó al agua, la operación empezó a adquirir las proporciones de un desastre. Las lanchas, depositadas en aguas poco profundas, se atascaron en el barro y no había manera de moverlas. Forcejeando y chapoteando, los hombres las llevaron a zonas más profundas, las empujaron y, luego, subieron a ellas. Algunas de las lanchas volcaron cuando trataban de izarse a bordo de ellas los soldados. Otras, excesivamente cargadas, quedaron atrapadas por la corriente y empezaron a girar incontroladamente. Algunas se hundieron bajo sus pesadas cargas. Se perdían remos; los hombres caían al agua. El capitán Carl Kappel calificó la escena como «de absoluta confusión». Su lancha empezó a zozobrar. «El soldado Legacie estaba en el agua y comenzaba a hundirse», recuerda Kappel. Zambulléndose tras él, Kappel se sintió sorprendido por la rapidez de la corriente. Pudo coger a Legacie y ponerle a salvo, «pero cuando conseguí depositarle en la orilla, yo era un hombre viejo y agotado». Saltando a otra lancha, Kappel se puso de nuevo en marcha. La embarcación del teniente Tom MacLeod se hallaba casi a flor de agua, y pensó que se estaban hundiendo. «Los remos se movían frenéticamente», recuerda, y todo lo que podía oír por encima del estruendo era la voz de Cook, gritando desde una lancha próxima: «¡Adelante! ¡Adelante!».

El comandante, devoto católico, estaba rezando también en voz alta. El teniente Virgil Carmichael observó que había desarrollado una especie de cadencia con cada frase. «Dios te Salve María-llena eres de gracia-Dios te salve María-llena eres de gracia», canturreaba Cook a cada golpe de remo.* Luego, en medio de la confusión, los alemanes abrieron fuego.

El fuego era tan intenso y concentrado que le recordó al teniente Mulloy «el peor que sufrimos jamás en Anzio. Disparaban con ametralladoras pesadas y morteros, la mayoría desde el terraplén y el puente del ferrocarril. Me sentía como un pato sentado». El capellán Kuehl estaba horrorizado. La cabeza del hombre que iba sentado a su lado había volado por los aires. Kuehl repetía sin cesar: «Señor, hágase tu voluntad».

---

* «El Señor es contigo» era demasiado largo —dice Cook—, así que repetía sin cesar: «Dos te salve María» (una remada), «llena eres de gracia» (otra remada). El capitán Keep trató de recordar sus tiempos de remero en Princeton, pero se encontró a sí mismo contando nerviosamente «7-6-7-7-7-8-9».

Desde su puesto de mando en el edificio de la PGEM, el teniente coronel Vandeleur, juntamente con el general Browning y el general Horrocks, contemplaba la escena en sombrío silencio. «Era un espectáculo horrible, horrible —recuerda Vandeleur—. Las lanchas eran literalmente levantadas del agua. Se alzaban géiseres enormes al caer las granadas, y el fuego de armas ligeras desde la orilla norte daba al río el aspecto de un caldero hirviente.» Instintivamente, los hombres empezaron a acurrucarse en las lanchas. El teniente Holabird, mirando los frágiles costados de lona, se sintió «totalmente expuesto e indefenso». Hasta su casco «parecía tan pequeño como un guisante».

La metralla acribillaba a la pequeña flota. La lancha que transportaba la mitad del pelotón del teniente James Megellas se hundió sin dejar rastro. No hubo supervivientes. El teniente Allen McLain vio dos embarcaciones saltar en pedazos y a los soldados que las ocupaban caer al agua. En torno a la lancha del capitán T. Moffatt Burriss llovían las balas «como granizo» y, para colmo, el ingeniero que patroneaba la lancha dijo: «Coja el timón. Estoy herido». Tenía la muñeca destrozada. Mientras Burriss se inclinaba para ayudarle, el ingeniero fue alcanzado de nuevo, esta vez en la cabeza. Fragmentos de metralla hirieron a Burriss en el costado. Al caer por la borda, el pie del ingeniero se enganchó en ella, haciendo que su cuerpo actuara a manera de timón y torciera el rumbo de la lancha. Burriss tuvo que arrojar el cadáver al agua. Para entonces, dos soldados más que iban en la parte delantera también habían muerto.

Una leve brisa había reducido la cortina de humo a jirones. Ahora, los artilleros alemanes ametrallaban una por una a las embarcaciones. El sargento Clark Fuller vio que, en su prisa por cruzar rápidamente y tratando desesperadamente de ponerse a salvo de las balas, algunos hombres «remaban en sentido contrario unos a otros, haciendo que sus lanchas se movieran en círculos». Los alemanes hacían fácilmente blanco en ellos. Fuller estaba «tan asustado que se sintió paralizado». En la mitad del río, el soldado Leonard G. Tremble se sintió súbitamente proyectado contra el fondo de la embarcación. Su lancha había recibido un impacto directo. Herido en la cara, el hombro, el brazo derecho y la pierna izquierda, Tremble tuvo la seguridad de estar desangrándose y de que iba a morir. Haciendo agua, la lancha giró alocadamente en círculos y luego, derivó lentamente de nuevo a la orilla meridional, con todos sus ocupantes muertos, menos Tremble.

En el puesto de mando, Vandeleur vio que «habían empezado a aparecer brechas enormes en la pantalla de humo». Sus tanquistas habían estado disparando granadas de humo durante más de diez minutos, pero los Guardias andaban ya escasos de toda clase de municiones. «Los alemanes habían cambiado de munición y estaban empezando ahora a utilizar material más pesado, y recuerdo haber intentado casi sugestionar a los americanos para que se dieran más prisa. Era evidente que aquellos jóvenes soldados carecían de experiencia en el manejo de lanchas de asalto, que no son las más fáciles de maniobrar, precisamente. Zigzagueaban por toda la superficie del agua.»

Entonces, la primera oleada llegó a la orilla norte. Los hombres saltaron de sus embarcaciones y echaron a correr por la tierra llana y descubierta, disparando sus armas. El sargento Clark Fuller, que unos minutos antes había quedado paralizado de miedo, se sintió tan contento de estar vivo que «exultaba de júbilo. Mi temor había sido sustituido por un arranque de temeridad. Me sentía capaz de vencer a todo el Ejército alemán». Contemplando el desembarco, Vandeleur vio «llegar a la orilla una o dos lanchas, seguidas inmediatamente por otras tres o cuatro. Nadie se detuvo. Los hombres salían y empezaban a correr hacia el terraplén. ¡Dios mío, qué espectáculo tan rebosante de valor! Avanzaban firmemente a través del descubierto terreno. No vi a un solo hombre tenderse en el suelo, salvo si había sido herido. No creo que hubiera pasado más de la mitad de la flota». Luego, para asombro de Vandeleur, «las lanchas dieron media vuelta y empezaron a regresar para la segunda oleada». Volviéndose hacia Horrocks, el general Browning dijo: «Jamás he visto una acción más valerosa».

Cuando su lancha de asalto llegó junto a la orilla, Julian Cook saltó fuera y empujó la embarcación, ansioso por llegar a tierra. De pronto, a su derecha, vio un remolino de burbujas en el agua gris. «Parecía como si una enorme burbuja de aire se acercara a la orilla. Creí estar viendo visiones cuando emergió la parte superior de un casco y continuó avanzando. Luego, apareció un rostro bajo el casco. Era el pequeño ametrallador Joseph Jedlicka. Llevaba en torno a los hombros bandoleras de balas de ametralladora de calibre 30 y una caja en cada mano.» Jedlicka había caído al agua en un punto en que ésta tenía poco más de dos metros de profundidad y, conteniendo el aliento, había caminado tranquilamente por el lecho del río hasta salir a la superficie.

Los enfermeros estaban trabajando ya en la playa, y, mientras se disponía a cruzar de nuevo el Waal en busca de más soldados, el teniente Tom MacLeod vio que se habían hincado fusiles en el suelo junto a los caídos.

Poco después de las 16.00 horas, el general Heinz Harmel recibió un alarmante mensaje de su Cuartel General en Doornenburg. Se informaba que «se ha tendido una cortina de humo blanco a través del río, frente al Fuerte Hof Van Holland». Harmel, acompañado de varios miembros de su Estado Mayor, se precipitó en automóvil al pueblo de Lent, en la orilla septentrional del Waal, a kilómetro y medio del puente de Nimega. El humo solamente podía significar una cosa: los angloamericanos estaban intentando cruzar el Waal en lancha. Sin embargo, Harmel no podía creer su propia conclusión. La anchura del río, las fuerzas que dominaban la orilla septentrional, el optimista informe emitido durante la mañana por Euling y su propia estimación de las fuerzas británicas y estadounidenses en Nimega, todo ello constituía un fuerte argumento en contra de la operación. Pero Harmel decidió verlo por sí mismo. Recuerda que «no tenía intención de ser arrestado y fusilado por Berlín por dejar caer los puentes en manos enemigas, cualesquiera que fueran las opiniones de Model respecto a ello».

El comandante Julian Cook sabía que sus bajas eran enormes, pero no tenía tiempo ahora de valorarlas. Sus compañías habían desembarcado en todas partes a lo largo de la descubierta extensión de playa. Las unidades estaban inextricablemente mezcladas y, por el momento, carentes de toda organización. Los alemanes barrían la playa con fuego de ametralladora, pero sus tenaces soldados se resistían a dejarse inmovilizar. Individualmente, y en grupos de dos y de tres, avanzaron hacia el terraplén. «Había que elegir entre quedarse y caer acribillado o avanzar», recuerda Cook. Avanzando penosamente, los hombres armados con ametralladoras, granadas y bayonetas caladas, cargaron sobre el terraplén y desalojaron a los alemanes. El sargento Finkbeiner cree que fue uno de los primeros en llegar a la carretera que corría sobre el dique. «Asomé la cabeza por la parte superior, y me encontré mirando la boca de una ametralladora», recuerda. Se agachó, pero «la boca vomitó una llamarada y me arrebató el casco». Finkbeiner lanzó una granada sobre la posición alemana, oyó la explosión y gritos de hombres. Luego, trepó rápidamente a la carretera y se dirigió hacia el siguiente nido de ametralladoras.

El capitán Moffatt Burriss no tuvo tiempo de pensar en la herida de metralla de su costado. Cuando desembarcó, estaba «tan contento de hallarme vivo que vomité». Echó a correr en línea recta hacia el dique, gritando a sus hombres que pusieran «una ametralladora disparando en el flanco izquierdo y otra en el derecho». Así lo hicieron. Burriss vio varias casas detrás del dique. Abriendo de una patada la puerta de una de ellas, sorprendió a «varios alemanes que habían estado durmiendo, ignorantes al parecer de lo que sucedía». Cogiendo rápidamente una granada de mano, Burriss tiró de la anilla, la arrojó en la habitación y cerró de golpe la puerta.

Entre el humo, el ruido y la confusión, algunos hombres de la primera oleada no recordaban cómo se alejaron de la orilla. El cabo Jack Bommer, perteneciente a la sección de transmisiones y cargado con su equipo, simplemente echó a correr hacia delante. «Sólo tenía una cosa en mente: sobrevivir si era posible.» Sabía que tenía que llegar al terraplén y esperar nuevas instrucciones. Al llegar a lo alto vio «cadáveres por todas partes, y alemanes, algunos de no más de quince años y otros sexagenarios, que unos minutos antes nos habían estado acribillando en las lanchas nos suplicaban ahora piedad, tratando de rendirse». Los hombres estaban demasiado conmocionados por la terrible prueba que acababan de sufrir y demasiado encolerizados por la muerte de sus amigos como para hacer muchos prisioneros. Bommer recuerda que a algunos alemanes «se les disparó inmediatamente a quemarropa».

Extenuados y exhaustos por el paso del río, con sus muertos y heridos tendidos en la playa, los hombres de la primera oleada redujeron a los defensores alemanes situados en la carretera del dique en menos de treinta minutos. No habían sido conquistadas todas las posiciones enemigas, pero los soldados se apostaron ahora en antiguos nidos de ametralladoras alemanes para proteger la llegada de las oleadas siguientes. Dos embarcaciones más se perdieron en el segundo cruce. Y todavía bajo un intenso cañoneo, los agotados ingenieros de las once lanchas restantes realizaron cinco viajes más para transportar a todos los americanos a través del ensangrentado Waal. La rapidez era lo único que importaba. Los hombres de Cook tenían que apoderarse de los extremos septentrionales de los puentes antes de que los alemanes se dieran cuenta de lo que estaba sucediendo y volaran los puentes.

Había sido tomada ya la línea defensiva del terraplén y los alemanes estaban retrocediendo a posiciones secundarias. Los soldados de Cook no les dieron cuartel. El capitán Henry Keep comentaría que «lo que quedaba del batallón pareció caer en un agudo estado febril, y, enloquecidos por el furor, los hombres olvidaron temporalmente el significado de la palabra miedo. Jamás he presenciado esta metamorfosis humana tan intensamente manifestada como aquel día. Era un espectáculo pavoroso, pero nada bello».

Individualmente y en pequeños grupos, hombres que habían permanecido sentados impotentes en las lanchas mientras sus amigos morían a su alrededor, mataron a un número de enemigos cuatro o cinco veces superior al suyo con granadas, subfusiles y bayonetas. Con brutal eficiencia, desalojaban a los alemanes y, sin detenerse para descansar o reagruparse, continuaban su impetuoso asalto. Combatían a través de los campos, los huertos y las casas situados más allá del terraplén bajo el fuego de las ametralladoras y de las baterías antiaéreas que les disparaban desde el Fuerte Hof Van Holland, situado directamente frente a ellos. Mientras algunos grupos se dirigían hacia el este, a lo largo de la hundida carretera del dique, en dirección a los puentes, otros se lanzaron hacia el fuerte, sin prestar casi atención a los cañones alemanes. Algunos soldados, cargados con granadas, atravesaron a nado el foso que rodeaba la fortaleza y empezaron a trepar por sus muros. El sargento Leroy Richmond cogió por sorpresa al soldado enemigo que custodiaba el puente tras cruzar buceando y luego, hizo señal a sus hombres de que pasaran. Según el teniente Virgil F. Carmichael, varios soldados «consiguieron trepar hasta lo alto del fuerte, los que se encontraban abajo les echaron granadas de mano y ellos las arrojaban una tras otra por las troneras de la torre». Los defensores alemanes no tardaron en rendirse.

Entretanto, unidades de dos compañías —la Compañía I del capitán Burriss y la Compañía H del capitán Kappel— avanzaban a toda velocidad en dirección a los puentes. En el puente del ferrocarril, la Compañía H tropezó con una resistencia alemana tan firme que parecía que el ataque americano podía llegar a frenarse.* En ese momento, la permanente presión de las fuerzas británicas y estadounidenses

---

* Según Charles B. MacDonald, en *The Siegmed Line Campaign*, p. 181, los alemanes que se encontraban en el puente tenían un armamento impresionante que incluía 34 ametralladoras, dos cañones antiaéreos de veinte milímetros y un cañón de 88 milímetros de doble uso.

en el extremo meridional y en la propia Nimega provocó el súbito derrumbamiento del enemigo. Para asombro de Kappel, los alemanes empezaron a retirarse a través del puente «en gran número», y precisamente sobre los cañones americanos. Desde su carro de combate, situado cerca de la factoría PGEM, el teniente John Gorman «pudo ver lo que parecían ser centenares de alemanes, confusos y dominados por el pánico, corriendo a través del puente en dirección a los estadounidenses». En la orilla norte, el teniente Richard La Riviere y el teniente E. J. Sims los vieron llegar también. Llenos de incredulidad, contemplaron cómo los alemanes abandonaban sus cañones y se precipitaban hacia la salida septentrional. «Estaban cruzando en masa —recuerda La Riviere—, y los dejamos avanzar..., dos terceras partes del camino.» Entonces, los americanos abrieron fuego.

Una lluvia de balas cayó sobre los defensores. Los alemanes caían por todas partes; algunos entre las vigas que había bajo el puente, otros, en el agua. Más de 260 yacían muertos. Muchos estaban heridos, y decenas más fueron hechos prisioneros antes de que cesara el fuego. A las dos horas del asalto al Waal, había caído el primero de los puentes. El comandante Edward G. Tyler, de los Guardias Irlandeses, vio «que alguien hacía señas con la mano. Me había dedicado durante tanto tiempo a aquel puente de ferrocarril que, para mí, era el único que existía. Así que me puse a la radio y transmití al batallón: «¡Están en el puente! ¡Han capturado el puente!»». Eran las 17.00 horas. El capitán Tony Heywood, de los Guardias Granaderos, recibió el mensaje del comandante Tyler y lo encontró «sumamente confuso». ¿A qué puente se refería el mensaje? Los granaderos, mandados por el teniente coronel Goulburn estaban luchando todavía juntamente con los hombres del coronel Vandervoort cerca de Valkhof, donde las fuerzas de las SS de Euling continuaban impidiéndoles el paso hasta el puente de carretera. Si el mensaje significaba que había sido tomado el puente de carretera, recuerda Heywood, «no podía imaginar cómo habían pasado».

El puente del ferrocarril se hallaba intacto y físicamente en manos angloamericanas, pero los alemanes, ya fuera porque estaban dispuestos a luchar hasta el final o porque estaban demasiado asustados para abandonar sus posiciones, continuaban todavía en él. Los estadounidenses habían realizado una rápida exploración en busca de cargas de demolición en el extremo septentrional. Aunque no habían encontrado nada, subsistía la posibilidad de que existieran conexiones eléctricas en el puente y éste se hallara a punto de ser destruido. El capitán Kappel se comunicó por radio con el comandante Cook urgiéndole a que hiciera pasar lo más rápidamente posible los carros británicos. Él y el capitán Burriss, de la Compañía I, creían que apoyados por los tanques podrían apoderarse del gran trofeo, el puente de carretera de Nimega, situado a poco menos de kilómetro y medio al este. Entonces, recuerda Kappel, llegó el coronel Tucker. La petición, dijo Tucker, «había sido transmitida, pero los alemanes podrían volar en cualquier momento ambos puentes». Sin vacilar, los soldados de Cook avanzaron en dirección al puente de carretera.

El general Harmel no conseguía saber lo que estaba sucediendo. Con los prismáticos ante los ojos, se hallaba en el tejado de un búnker situado cerca del pueblo de Lent. Desde esta posición en la orilla septentrional del Waal, apenas a kilómetro y medio del puente de carretera de Nimega, podía ver a su derecha humo y niebla y oír el fragor de la batalla. Pero nadie parecía saber exactamente qué estaba ocurriendo, excepto que se había realizado un intento de atravesar el río cerca del puente del ferrocarril. Podía ver con toda claridad el puente de carretera; no había nada en él. Luego, según recuerda Harmel, «empezaron a llegar los heridos, y comencé a recibir informes contradictorios». Se enteró de que los estadounidenses habían cruzado el río, «pero todo estaba exagerado. Me era imposible saber si habían cruzado en diez lanchas o en cien». «Tratando furiosamente de decidir qué debía hacer», Harmel consultó con sus ingenieros. «Se me informó que ambos puentes estaban listos para ser volados —recuerda—. Se cursaron instrucciones al comandante local para que destruyera el puente de ferrocarril. El detonador del puente de carretera se hallaba oculto en un jardín cercano al búnker, en Lent, y allí se encontraba situado un hombre esperando órdenes de oprimir el émbolo.» Luego, Harmel recibió su primer informe claro: sólo habían cruzado el río unas cuantas lanchas y la batalla continuaba. Volviendo a mirar por sus prismáticos vio que el puente de carretera continuaba despejado y sin que se advirtiera en él ningún movimiento. Aunque su «instinto le inducía a destruir aquel engorroso puente que pesaba sobre mis hombros no tenía intención de hacer nada hasta tener la completa seguridad de que estaba perdido». Si se veía obligado a volar el puente de carretera, decidió Harmel, se aseguraría de que «estaba abarrotado de blindados británicos y los haría saltar también por los aires».

En el parque Huner y en el Valkhof, cerca de los accesos meridionales al puente de carretera, los Granaderos Panzer de las SS del capitán Karl Euling estaban luchando para salvar sus vidas. El ataque angloamericano llevado a cabo por los Guardias Granaderos del teniente coronel Edward Goulburn y el 2.º Batallón del 501.º Regimiento de la 82.ª del teniente coronel Ben Vandervoort era metódico e implacable. Los morteros y artillería de Vandervoort machacaban las líneas defensivas alemanas mientras sus hombres corrían de casa en casa. Cerrando la brecha entre ellos y las menguantes defensas de Euling, los blindados de Goulburn avanzaban por las convergentes calles, empujando ante ellos a los alemanes, disparando sin cesar sus cañones y ametralladoras.

Los alemanes oponían una fuerte resistencia. «Era el fuego más intenso que jamás había conocido —recuerda el sargento Spencer Wurst, veterano de diecinueve años que estaba con la 82.ª desde el Norte de África—. Tenía la impresión de que podía estirar los brazos y coger balas con cada mano.» Desde su punto de observación en la cornisa de una casa situada a unos 25 metros del Valkhof, Wurst dominaba las posiciones alemanas. «Había pozos de tirador por todo el parque y la acción entera parecía provenir de ellos y de una torre medieval. Vi a nuestros hombres irrumpir a derecha e izquierda y cargar directamente sobre la rotonda. Estábamos tan ansiosos por capturar aquel puente que vi a varios hombres gatear sobre los pozos de tirador y sacar literalmente a rastras a los alemanes.» El propio cañón del fusil de Wurst estaba tan caliente que la culata empezó a rezumar humedad.

Mientras proseguía el mortal tiroteo, Wurst quedó asombrado al ver al coronel Vandervoort «cruzar la calle fumando un cigarrillo. Se detuvo ante la casa en que yo me encontraba, levantó la vista y dijo: «Sargento, creo que será mejor que vaya a ver si puede hacer que este carro se mueva»». Vandervoort señalaba hacia la entrada del parque, donde estaba detenido un blindado británico, con la torreta cerrada. Bajando del tejado, Wurst corrió hacia el tanque y golpeó en su costado con el casco. Se abrió la torreta. «El coronel quiere que os mováis —dijo Wurst—. Vamos. Yo os enseñaré dónde debéis disparar.» Avanzando junto al blindado, totalmente a la vista de los alemanes, Wurst iba señalando objetivos. Al incrementarse el intenso fuego que hacían los hombres de Vandervoort y los carros de Goulburn, el anillo defensivo enemigo comenzó a derrumbarse. La formidable línea de cañones antitanque que había detenido todos los ataques anteriores quedó destruida. Finalmente, sólo cuatro cañones autopropulsados instalados en el centro de la rotonda continuaban disparando. Luego, poco después de las 16.00 horas, en un furioso asalto de blindados e infantería, también éstos fueron reducidos al silencio. Mientras los hombres de Vandervoort cargaban con bayonetas y granadas, Goulburn formó sus carros de cuatro en fondo y los hizo avanzar sobre el parque. Los alemanes se dispersaron, llenos de pánico. En su retirada, algunos trataban de refugiarse en las vigas del puente; otros, más alejados, corrían entre el fuego de estadounidenses y británicos en dirección al fuerte medieval. Mientras los alemanes pasaban, decenas de soldados arrojaban granadas en medio de ellos. El asalto había terminado. «Nos las habían hecho pasar canutas —dice Wurst—. Nos quedamos viéndolos correr ante nosotros por la carretera que llevaba al puente. Algunos se dirigieron hacia el este. Nos sentíamos encantados.»

El general Allan Adair, comandante de la División Blindada de Guardias, dirigía las operaciones desde un edificio próximo y recuerda que «rechinaba los dientes, temiendo oír el sonido de la explosión que me haría saber que los alemanes habían volado el puente». No oyó nada. Los accesos al gran puente sobre el Waal estaban abiertos, y el puente mismo se hallaba aparentemente intacto.

El escuadrón de cuatro blindados del sargento Peter Robinson había estado esperando ese momento. Se pusieron en marcha hacia el puente.* El veterano de Dunkerque, de veintinueve años, había sido alertado unas horas antes por el jefe de su escuadrón, comandante John Trotter, para que se «preparase a avanzar hacia el puente». Los alemanes se encontraban todavía en él, y Trotter advirtió ahora a Robinson: «No sabemos qué les espera cuando ustedes crucen, pero es preciso tomar el puente. No se detengan por nada». Estrechándole la mano al sargento, Trotter añadió bromeando: «No se preocupe. Sé

---

* Se ha dicho que fue izada una bandera estadounidense en el extremo norte del puente del ferrocarril y que, entre el humo y la confusión, los tanquistas británicos creyeron que ondeaba en el otro extremo del puente de la carretera, indicando que los americanos se habían apoderado aquél. Tal vez sea cierto, pero en las decenas de entrevistas que he sostenido no he encontrado un solo participante que lo confirmara. He recorrido a pie toda la zona, y parece inconcebible que quien mire a lo largo del puente de la carretera pueda confundir una bandera ondeando más de un kilómetro al oeste con el final de ese puente.

dónde vive su mujer, y, si ocurre algo, yo se lo comunicaré». A Robinson no le hizo ninguna gracia aquello. «Está usted muy contento, ¿eh, señor?», dijo a Trotter. Subiendo a su carro, Robinson emprendió la marcha hacia el puente.

Los cuatro tanques entraron en el parque Huner por la derecha de la plaza. Le pareció a Robinson que «la ciudad entera estaba ardiendo. A derecha e izquierda, se veían edificios incendiados». Envuelto en humo, el puente parecía «condenadamente grande». Mientras sus blindados avanzaban, Robinson informaba constantemente por radio al Cuartel General de la división. «Se les había ordenado a todos los demás que no utilizaran la radio», recuerda. Al llegar a los accesos, según Robinson, «nos vimos sometidos a intenso fuego. Se produjo una explosión. Había sido alcanzada una de las ruedas que movían la oruga en un costado del blindado.» El carro continuaba avanzando, aunque «la radio estaba inutilizada, y yo había perdido el contacto con el Cuartel General». Gritando a su conductor que diera marcha atrás, Robinson arrimó su tanque a la cuneta. Rápidamente, el sargento saltó a tierra, corrió hacia el blindado que le seguía y dijo a su comandante, el sargento Billingham, que saliera. Billingham empezó a protestar. Robinson gritó que le estaba dando «una orden directa. Sal inmediatamente de ese maldito carro y sigue en el mío». El tercer blindado, mandado por el sargento Charles W. Pacey, se había adelantado y abría la marcha hacia el puente. Subiendo al carro de Billingham, Robinson ordenó a los demás que le siguieran. Mientras avanzaban, recuerda Robinson, hizo fuego sobre ellos «un gran cañón de 88 milímetros situado en la otra orilla del río, cerca de varias casas envueltas en llamas y de lo que, a lo lejos, parecía un cañón autopropulsado».

El teniente coronel Vandervoort, que observaba el avance de los blindados, vio cómo el cañón comenzaba a disparar. «Resultaba espectacular —recuerda—. El 88 estaba protegido por sacos de arena a un lado de la carretera, a unos cien metros del extremo norte del puente. Un tanque y el 88 intercambiaron unas cuatro salvas cada uno, con el tanque escupiendo balas trazadoras de calibre 30 todo el rato. En el crepúsculo que iba cayendo, constituía todo un espectáculo.» Luego, el artillero de Robinson, Leslie Johnson, logró silenciar al 88. Alemanes con granadas, fusiles y ametralladoras se aferraban a las vigas del puente, recuerda Robinson. Las ametralladoras del blindado empezaron a «derribarlos como si fueran bolos». Y Johnson, respondiendo al intenso fuego de la artillería enemiga, «lanzaba granadas con su cañón con tanta rapidez como su ayudante podía cargarlas». Entre un diluvio de balas, el pelotón de Robinson continuó avanzando, acercándose ya al mojón que señalaba el punto medio del puente de carretera.

En la media luz del crepúsculo, el ondulante humo ocultaba el lejano puente de carretera sobre el Waal. En su posición avanzada cerca de Lent, el general Heinz Harmel miraba a través de sus prismáticos. Retumbaban los cañones a su alrededor, y las tropas se retiraban a través del pueblo para situarse en nuevas posiciones. Los peores temores de Harmel se habían cumplido. Contra toda expectativa, los americanos habían conseguido realizar un audaz paso del Waal. En la misma Nimega, el optimismo del capitán Karl Euling se había revelado infundado. El último mensaje recibido de él había sido lacónico: Euling decía que estaba cercado y solamente le quedaban sesenta hombres. Ahora, Harmel tenía la absoluta seguridad de que los puentes estaban perdidos. No sabía si había sido destruido el puente del ferrocarril, pero, si había que demoler el puente de la carretera, había que hacerlo inmediatamente.

«Todo pareció pasar por mi mente en un instante —recordó—. ¿Qué debe hacerse primero? ¿Cuál es la acción más urgente, más importante? Todo se reducía a los puentes.» No se había puesto en contacto con Bittrich «previamente para avisarle de que tal vez destruyera el puente de la carretera. Daba por supuesto que era Bittrich quien había ordenado que se preparasen los puentes para la demolición». Así, pues, razonó Harmel, pese a la orden de Model, «si Bittrich hubiera estado en mi lugar, habría volado el puente principal. En mi opinión, la orden de Model quedaba, de todas maneras, automáticamente cancelada». Esperaba ver en cualquier momento aparecer blindados en el puente de la carretera.

En pie junto al ingeniero situado ante la caja detonadora, Harmel escrutó el puente. Al principio, no pudo distinguir ningún movimiento. Luego, vio de pronto «un blindado llegar al centro, después, detrás y a su derecha, otro más». «Preparados», dijo al ingeniero. Aparecieron dos carros más, y Harmel esperó a que la fila llegara al centro exacto antes de dar la orden. Gritó: «¡Vuélalo!». El ingeniero oprimió el émbolo. No sucedió nada. Los tanques británicos continuaron avanzando. Harmel aulló: «¡Otra vez!». El ingeniero accionó de nuevo el detonador, pero las enormes explosiones que Harmel había esperado no se produjeron. «Yo estaba esperando ver derrumbarse el puente y los tanques cayendo al río —recordó—. En lugar de ello, continuaron avanzando implacablemente, haciéndose cada vez más grandes, cada vez más próximos.» Gritó a sus ansiosos hombres: «¡Dios mío, estarán aquí dentro de dos minutos!».

Rugiendo órdenes a sus oficiales, Harmel les dijo que bloquearan «las carreteras entre Elst y Lent con todos los cañones antitanque y piezas de artillería disponibles, porque, si no lo hacemos, continuarán rectos hasta Arnhem». Luego, supo con desaliento que el puente del ferrocarril se mantenía también en pie. Dirigiéndose apresuradamente a una unidad de radio instalada en uno de los cercanos puestos de mando, estableció contacto con su cuartel general avanzado y habló con el oficial de operaciones. «Stolley —dijo Harmel—, díselo a Bittrich. Han cruzado el Waal.»*

Los cuatro tanques del sargento Peter Robinson continuaban cruzando el puente. Otro 88 había dejado de disparar, y Robinson pensó que «también lo habíamos inutilizado». Frente a ellos, se alzaba una barricada de pesados bloques de cemento, con un hueco en el centro de unos tres metros aproximadamente. Robinson vio al blindado del sargento Pacey pasar por el hueco y detenerse al otro lado. Luego, pasó Robinson, y, mientras Pacey cubría a los tres blindados, se situó de nuevo al frente. Robinson recuerda que «la visibilidad era terrible. Yo gritaba como un endemoniado, tratando de dirigir al

---

* Éste es el primer relato del intento alemán de destruir el puente de carretera de Nimega. El general Harmel jamás había concedido a nadie una entrevista sobre este tema. El fallo de la carga de demolición sigue constituyendo un misterio. Muchos holandeses creen que el puente fue salvado por un joven obrero de la Resistencia, Jan van Hoof, que había sido enviado a Nimega el día 19 por el oficial de enlace holandés de la 82.ª, capitán Arie Bestebreurtje, como guía de las fuerzas aerotransportadas. Se cree que Van Hoof logró atravesar las líneas alemanas y llegar al puente, donde cortó los cables conectados con los explosivos. Tal vez sea cierto. En 1949, una comisión holandesa que investigaba sobre el particular llegó a la conclusión de que Van Hoof había cortado algunos cables, pero no pudo confirmar que sólo eso salvara al puente. Las cargas y los cables de contacto estaban en el lado del Waal orientado hacia Lent, y los detractores de Van Hoof sostienen que le habría sido imposible llegar hasta ellas sin ser visto. La controversia se mantiene viva todavía. Aunque todas las pruebas están en contra de él, yo personalmente quisiera creer que el joven holandés, que fue fusilado por los alemanes a causa del papel que desempeñó en la batalla, fue realmente el autor del hecho que se le atribuye.

artillero, al conductor e informar al mismo tiempo al Cuartel General. El estruendo era increíble, mientras brotaban toda clase de disparos de entre las vigas del puente». Trescientos o cuatrocientos metros más adelante, a la derecha, junto a la carretera, Robinson vio otro 88. Le gritó al artillero «El alza a cuatrocientos metros y fuego». El soldado de Guardias Johnson hizo saltar por los aires el cañón. Mientras la infantería que le rodeaba echaba a correr, Johnson abrió fuego con su ametralladora. «Fue una matanza —recordó—. Ni siquiera tenía que molestarme en mirar. Había tantos, que, simplemente, me limitaba a apretar el gatillo.» Podía notar cómo el blindado «pasaba por encima de los cuerpos tendidos en la carretera».

Desde la torreta, Robinson vio que sus tres tanques continuaban avanzando ilesos. Les ordenó por radio que se acercaran y se diesen prisa. El grupo se estaba aproximando ahora al extremo septentrional del puente. A los pocos segundos empezó a disparar un cañón autopropulsado. «Se produjeron dos grandes explosiones delante de nosotros —recuerda Robinson—. Mi casco saltó por los aires, pero yo no fui herido.» Johnson disparó tres o cuatro granadas. El cañón y una casa próxima «se incendiaron, y toda la zona quedó iluminada como si fuese de día». Antes de que se dieran cuenta, los blindados de Robinson habían cruzado el puente.

Ordenó a los artilleros el cese de los disparos y, mientras se posaba el polvo, divisó varias figuras en la cuneta. Al principio pensó que eran alemanes. Luego, «por la forma de sus cascos, comprendí que eran yanquis. De pronto, había americanos hormigueando alrededor del carro, abrazándome y besándome, besando incluso al blindado». El capitán T. Moffatt Burriss, con las ropas todavía húmedas y empapadas de sangre por las heridas de metralla que había recibido durante el paso de Waal, dijo a Johnson con una sonrisa: «Vosotros sois el espectáculo más hermoso que he visto desde hace muchos años». El gran puente de Nimega, juntamente con sus accesos de casi un kilómetro de longitud había caído intacto. De los puentes de *Market-Garden*, el penúltimo estaba ahora en manos aliadas. Eran las 19.15 horas del 20 de septiembre. Arnhem se encontraba a sólo 17 kilómetros de distancia.

El teniente Tony Jones del Cuerpo de Ingenieros —hombre a quien el general Horrocks describiría más tarde como «el más bravo de los bravos»—, había seguido al pelotón de Robinson a través del puente. Buscando cuidadosamente posibles cargas de demolición, Jones trabajaba con tal ahínco que no se daba cuenta de que varios alemanes, todavía en las vigas, estaban disparando contra él. De hecho, dice, «ni siquiera recuerdo haber visto ninguno». Cerca de la barricada situada en el centro del puente, encontró «seis u ocho cables que pasaban por encima de la barandilla y reposaban en la carretera». Jones se apresuró a cortarlos. Cerca de allí encontró una docena de minas Teller cuidadosamente apiladas en una zanja. Razonó que «seguramente estaban allí para cerrar con ellas el hueco de tres metros de la barricada, pero los alemanes no habían tenido tiempo de hacerlo». Jones retiró los detonadores y los arrojó al río. En el extremo norte, encontró las principales cargas explosivas en uno de los pilares. Se sintió «sorprendido por los preparativos alemanes para la demolición». Las cajas de estaño, pintadas de verde para hacer juego con el color del puente, «estaban fabricadas de tal forma que encajaran perfectamente en las vigas a las que iban unidas. Cada una de ellas tenía un número de serie, y contenían en total unos 250 kilos de TNT». Los explosivos debían ser accionados eléctricamente, y los detonadores se hallaban todavía conectados a los cables que Jones acababa de cortar en el puente. No podía comprender por qué los alemanes no habían destruido el puente, a menos que no les hubiera dado tiempo por lo súbito del ataque angloamericano. Con los detonadores ya retirados y todos los cables cortados, el puente no ofrecía ningún riesgo para los vehículos y blindados.

Pero la fuerza que los americanos esperaban que se pusiera en marcha inmediatamente hacia Arnhem no aparecía.

El enlace con la 1.ª Aerotransportada británica en el otro extremo del corredor tenía una gran importancia para los estadounidenses. Las propias fuerzas aerotransportadas sentían una fuerte afinidad por los hombres que continuaban luchando al frente. El batallón de Cook había padecido brutalmente en su paso del Waal. Había perdido más de la mitad de sus dos compañías —134 hombres habían resultado muertos, heridos o desaparecidos—, pero la misión de capturar los puentes de Nimega por ambos extremos y abrir la carretera norte se había realizado. Ahora, los oficiales de Cook situaron sus unidades en un perímetro defensivo en torno al extremo septentrional del puente de la carretera y aguardaron, esperando ver pasar los blindados ante ellos para relevar a los británicos que se encontraban más adelante. Pero no se produjeron más movimientos sobre el puente. Cook no podía comprender qué estaba sucediendo. Había esperado que los carros «salieran zumbando» hacia Arnhem antes de que se hiciera de noche.

El capitán Carl Kappel, comandante de la Compañía H, cuyo amigo el coronel John Frost se encontraba «en alguna parte allá delante», estaba con los nervios de punta. Sus hombres también habían encontrado y cortado cables en el extremo septentrional. Tenía la seguridad de que el puente estaba a salvo. Mientras él y el teniente La Riviere continuaban contemplando el desierto puente, Kappel dijo con impaciencia: «Quizá debiéramos irnos allá con una patrulla y traerlos de la mano».

El alférez Ernest Murphy, del batallón de Cook, corrió hacia el sargento Peter Robinson, cuyas tropas habían cruzado el puente, y le informó que «hemos despejado la zona que se extiende al frente en cosa de un kilómetro. Ahora os corresponde a vosotros continuar el ataque hasta Arnhem». Robinson quería ir, pero se le había ordenado «conservar la carretera y el extremo del puente a toda costa». No tenía órdenes de partir.

El coronel Tucker, comandante del 504.º Regimiento, bufaba por el retraso de los británicos. Tucker había supuesto que una fuerza especial se lanzaría por la carretera en el momento en que el puente estuviera capturado y libre de cargas de demolición. El momento de hacerlo, creía, «era justamente entonces, antes de que los alemanes pudieran recobrarse». Como escribió más tarde «nos habíamos matado cruzando el Waal para capturar el extremo norte del puente. Y allí estábamos, hirviendo de impaciencia, mientras los británicos se disponían a pasar tranquilamente la noche, sin aprovecharse de la situación. No podíamos comprenderlo. Simplemente, no era ésa la manera en que nosotros hacíamos las cosas en el Ejército de Estados Unidos, especialmente si nuestros muchachos se hubieran encontrado en una situación apurada a 17 kilómetros de distancia. Habríamos avanzado sin detenernos. Eso es lo que habría hecho George Patton, fuera de día o de noche».

El teniente A. D. Demetras oyó a Tucker discutir con un comandante de la División Blindada de Guardias. «Creo que en aquel instante se estaba tomando una increíble decisión», recuerda. Desde el interior de un pequeño bungalow utilizado como puesto de mando, Demetras oyó decir a Tucker airadamente: «Sus muchachos están batiendo el cobre en Arnhem. Será mejor que vaya. Solamente son 17 kilómetros». El comandante «dijo al coronel que el Ejército británico no podía avanzar hasta que llegara la infantería», recuerda

Demetras. «Estaban haciendo la guerra como en los libros —dijo el coronel Tucker—. Habían «acampado» para pasar la noche. Como de costumbre, se detenían a tomar el té.»

Aunque sus hombres habían perdido más de la mitad de sus efectivos y se encontraban casi sin municiones, Tucker pensó en enviar por su propia cuenta a los soldados de la 82.ª en dirección a Arnhem, al norte. Sin embargo, sabía que el general Gavin nunca habría aprobado su acción. La 82.ª, extendida a lo largo de su sección del corredor, no podía suministrar los efectivos necesarios. Pero las simpatías de Gavin estaban con sus hombres: los británicos hubieran debido avanzar. Como dijo más tarde, «no había mejor soldado que el comandante del cuerpo, general Browning. Sin embargo, era un teórico. Si Ridgway hubiera ostentado el mando en aquel momento, se nos habría ordenado avanzar por la carretera, pese a todas nuestras dificultades, para salvar a los hombres de Arnhem».*

Pese a su aparente indiferencia, los oficiales británicos —Browning, Horrocks, Dempsey y Adair— tenían plena conciencia de la necesidad de avanzar. Pero los problemas eran inmensos. El Cuerpo de Horrocks padecía escasez de gasolina y de municiones. Veía indicios de que sus columnas podrían quedar inmovilizadas al sur de Nimega en cualquier momento. Los combates continuaban todavía en el centro de la ciudad, y la 43.ª División *Wessex*, del general de división G. I. Thomas, se encontraba muy atrás y no había llegado aún al puente de Grave, situado a doce kilómetros al sur. Cauto y metódico, Thomas no había podido avanzar a la misma velocidad que las columnas británicas. Los alemanes habían cortado la carretera en varios puntos, y los hombres de Thomas habían combatido ferozmente para reconquistarla y rechazar los ataques. Aunque preocupado por la intensidad de los ataques alemanes que presionaban ahora sobre ambos lados del estrecho corredor que llegaba hasta Nimega, el general Browning creía que Thomas podía haberse mo-

---

* Dice el general Gavin: «No puedo expresarle la cólera y la amargura de mis hombres. Al amanecer, encontré a Tucker tan furioso que casi no podía hablar. No hay soldado en el mundo al que yo admire más que al británico, pero los jefes de la infantería británica no comprendían la camaradería de las tropas aerotransportadas. Para nuestros hombres, allí solamente había un objetivo: salvar a sus hermanos de Arnhem. Era trágico. Yo sabía que Tucker quería ir, pero nunca hubiera podido permitírselo. Tenía las manos atadas. Además, Tucker y mis otros oficiales no captaban algunos de los problemas que los británicos tenían en aquel momento».

vido más aprisa. Horrocks no estaba tan seguro. Preocupado por los enormes embotellamientos que se producían a lo largo de la carretera, dijo al general Gavin: «Jim, nunca intentes aprovisionar un Cuerpo por una sola carretera».

El terreno —la dificultad que Montgomery había previsto y con la que Model había contado— ejercía una gran influencia en las consideraciones tácticas implicadas en el avance desde el puente de Nimega. Estaba claro para el general Adair, comandante de la División Blindada de Guardias, que los carros de combate habían llegado a la peor parte del corredor *Market-Garden*. La rectilínea carretera que corría por lo alto del dique entre Nimega y Arnhem parecía «una isla». «Cuando vi aquella isla, me sentí desfallecer —recordó más tarde Adair—. Es imposible imaginar nada menos adecuado para los tanques: escarpados ribazos con zanjas a ambos lados que podían ser fácilmente cubiertos por los cañones alemanes.» Pese a sus reservas, Adair sabía que «tendría que lanzarse por ella», pero carecía virtualmente de infantería y «recorrer aquella carretera era, evidentemente, misión de la infantería». Horrocks había llegado a la misma conclusión. Los blindados tendrían que esperar hasta que la infantería pudiera avanzar y cruzar por entre las columnas blindadas de Guardias. Pasarían casi 18 horas antes de que pudiera empezar un ataque de blindados hacia Arnhem.

Pero el comandante del Cuerpo, al igual que los estadounidenses, había abrigado esperanzas de un rápido avance por el corredor. Inmediatamente después de la captura del puente de Nimega, creyendo que el extremo septentrional del puente de Arnhem continuaba en manos británicas, el general Browning había informado a Urquhart de que los carros habían pasado. Dos minutos antes de la medianoche, todavía optimista respecto a un rápido comienzo de la marcha, Browning envió el siguiente mensaje:

> 202358 ... intención de la División Blindada de Guardias... al amanecer, ataque total a los puentes de Arnhem...

Unos cuarenta y cinco minutos después, al conocer el retraso de la infantería, Browning envió a Urquhart un tercer mensaje:

> 210045 ... ataque mañana 1.ª División Aerotransportada tendrá prioridad absoluta, pero no se espera otro avance posiblemente antes de las 12.00 horas.

En Arnhem, la «prioridad absoluta» era demasiado tarde. Los hombres del 2.º Batallón del coronel John Frost habían caído ya víctimas de su trágico destino. Tres horas antes de que el pelotón del sargento Robinson atravesara el gran puente de Nimega, los tres primeros blindados mandados por el comandante Hans Peter Knaust se habían abierto paso, por fin, hasta el puente de Arnhem.

11

Por la tarde, mientras la primera oleada de soldados del comandante Cook empezaba a cruzar el Waal, el capitán Eric Mackay dio la orden de evacuar la escuela de Arnhem que sus hombres habían mantenido durante más de sesenta horas, desde el anochecer del 17 de septiembre. A setenta metros de distancia, un carro *Tiger* disparaba granada tras granada contra la fachada meridional del edificio. «La casa estaba ardiendo ya —recuerda Mackay—, y oí estallar el pequeño depósito de explosivos que habíamos dejado arriba.» Quedaban trece hombres que todavía se encontraban en condiciones de moverse y cada uno de ellos se reservó un solo cargador. Renqueando por el sótano, Mackay decidió que sus hombres efectuarían una salida, combatiendo hasta el final.

No tenía intención de abandonar a sus heridos. Mientras el teniente Dennis Simpson abría la marcha, Mackay y dos hombres formaban la retaguardia en tanto que los soldados subían desde el sótano a sus compañeros heridos. Mientras Simpson los cubría, los heridos fueron llevados a un jardín lateral. «Luego, en el momento mismo en que Simpson se dirigía hacia la casa contigua, comenzó un bombardeo de morteros y le oí gritar: «Seis heridos más.» Comprendí —recuerda Mackay— que seríamos masacrados o, al menos, los heridos si tratábamos de escapar con ellos. Le grité a Simpson que se rindiera.»

Reuniendo a los cinco hombres restantes, armados cada uno de ellos con una Bren, Mackay se encaminó hacia el este, la única dirección, creía, que los alemanes no esperarían que siguiese. Su plan era «permanecer ocultos durante la noche y tratar de abrirnos paso hacia el oeste para reunirnos con el grueso de las fuerzas». Mackay condujo a sus hombres al otro lado de la carretera, atravesó las derruidas casas de la acera opuesta y pasó a la calle siguiente. Allí, se dieron de bruces con dos blindados acompañados de cincuenta o sesenta soldados. Desplegándose rápidamente, los seis hombres acribillaron a la masa de sorprendidos alemanes. «Sólo tuvimos tiempo para un cargador por barba —recuerda Mackay—. Todo terminó en dos o tres segundos. Los alemanes se derrumbaban como sacos de patatas.» Mientras Mackay gritaba a su grupo que se dirigiera a una casa próxima, otro hombre fue muerto y un segundo resultó herido. Tras ponerse temporalmente a cubierto, Mackay dijo a los tres hombres restantes: «Esta lucha ha terminado». Sugirió que cada uno de ellos actuara por su cuenta. «Con un poco de suerte —dijo—, tal vez nos reunamos de nuevo junto al puente esta noche.»

Los hombres salieron de uno en uno. Saltando a un jardín, Mackay se agazapó bajo un rosal. Allí, se quitó los emblemas de su graduación y los arrojó. «Pensé en dormir un poco —recuerda—. No había hecho más que cerrar los ojos y empezar a amodorrarme, cuando oí voces alemanas. Traté de respirar más suavemente y, con mis ropas chamuscadas y ensangrentadas, pensé que podría parecer convincentemente muerto.» De pronto, recibió «una terrible patada en las costillas». La soportó con flexibilidad, «como un cadáver reciente». Luego, sintió «una bayoneta hundirse en mis nalgas y golpear con una sacudida contra mi pelvis». Extrañamente, recuerda Mackay, «no dolió, sólo me conmocionó un poco al chocar contra la pelvis. Fue al salir la bayoneta cuando sentí el dolor». Esto encolerizó a Mackay. Se puso en pie y sacó su Colt. «¿Qué diablos os proponéis hundiendo una bayoneta en un oficial británico?», gritó. La reacción de Mackay les cogió desprevenidos y los alemanes retrocedieron. Mackay comprendió que habría podido «matar a varios de ellos si hubiera tenido balas. Ellos no podían disparar porque estaban en círculo a mi alrededor. Habrían herido a uno de los suyos. Su situación era tan divertida que me eché a reír». Mientras los alemanes le miraban, Mackay arrojó despreciativamente su Colt por encima de la tapia «para que no pudieran cogerlo como recuerdo».

Obligando a Mackay a apoyarse contra una pared, los alemanes empezaron a registrarle. Le quitaron su reloj y una petaca de plata vacía que había sido de su padre, pero no repararon en un mapa que llevaba en un bolsillo interior. Un oficial le devolvió la cantimplora. Cuando Mackay preguntó por su reloj, le respondieron: «No lo necesitará en el lugar al que va, y andamos un poco escasos de relojes». Con las manos sobre la cabeza, fue conducido a un edificio en que se hallaban otros prisioneros de guerra británicos. Yendo de grupo en grupo, Mackay recordó a los hombres que su obligación era evadirse. De pronto, Mackay, el único oficial presente, fue llevado a otra habitación para ser sometido a interrogatorio. «Decidí pasar a la ofensiva —recuerda—. Había un teniente alemán que hablaba inglés a la perfección, y le dije, firme pero cortésmente, que todo había terminado para los alemanes y que estaba dispuesto a aceptar su rendición.» El teniente se le quedó mirando estupefacto, pero, recuerda Mackay, «aquello fue el fin del interrogatorio».

Poco antes de anochecer, los prisioneros fueron amontonados en camiones que los llevaron en dirección este, hacia Alemania. «Pusieron un guardián en la parte trasera, lo que hacía más difícil tratar de escapar —dice Mackay—, pero les dije a los demás que le rodearan y se apretujaran contra él para que no pudiese utilizar su arma.» Cuando el camión en que iba redujo la marcha en un recodo de la carretera, Mackay saltó e intentó huir. «Desgraciadamente, había elegido el peor lugar posible. Caí a menos de un metro de un centinela. Me lancé sobre él y traté de partirle el cuello. En aquel momento llegaron otros y me golpearon hasta dejarme sin sentido.» Cuando recuperó el conocimiento, Mackay se encontró apretujado entre otros prisioneros en una habitación de una pequeña posada holandesa. Consiguió arrastrarse hasta situarse sentado contra una pared, y entonces, por primera vez en noventa horas, el joven oficial quedó profundamente dormido.*

Mientras caía el crepúsculo, casi un centenar de hombres repartidos en pequeños grupos continuaban resistiendo encarnizadamente a lo largo de la rampa y en torno al edificio del Cuartel General del coronel Frost. El tejado del Cuartel General estaba ardiendo y casi todos los hombres estaban disparando ya sus últimos cartuchos. Pero los soldados parecían tan animosos como siempre. El comandante Freddie Gough creía que «incluso entonces, sólo si podíamos resistir unas horas más, nos llegarían los refuerzos».

Hacia las 19.00 horas despertó el herido comandante del 2.º Ba-

* Al día siguiente, Mackay y otros tres huyeron de la ciudad alemana de Emmerich. Uno de los hombres que iban con él era el teniente Dennis Simpson, que había encabezado la salida del pequeño grupo desde la escuela. Los cuatro hombres se abrieron paso a través del campo y llegaron al Rin. En un bote robado, se dirigieron remando hasta las líneas aliadas en Nimega.

tallón, enojado al descubrir que se había dormido. En la oscuridad del sótano, Frost oyó las incoherencias farfulladas por varios hombres a quienes la tensión sufrida casi había hecho perder la razón. Los alemanes continuaban bombardeando el edificio y Frost se dio cuenta de que reinaba un intenso calor en el sótano, que abarrotaban más de doscientos heridos. Al intentar moverse, sintió una punzada de dolor que le recorrió las piernas. Mandó llamar a Gough. «Tendrá usted que asumir el mando —dijo Frost al comandante—, pero no tome ninguna decisión importante sin consultarme primero.» Para entonces Frost se estaba dando cuenta de que había empezado a suceder lo que más había temido: el edificio estaba ardiendo, y los heridos corrían el peligro de «asarse vivos». Por todo el oscuro recinto, los hombres tosían a consecuencia del acre humo que lo inundaba. El doctor James Logan, oficial médico jefe del batallón, se arrodilló junto a Frost. Había llegado el momento, dijo Logan, de sacar a los heridos. «Tenemos que concertar una tregua con los alemanes, señor —insistió Logan—. Ya no podemos esperar más.» Volviéndose hacia Gough, Frost le ordenó que tomara las medidas necesarias, «pero que llevara a los soldados en condiciones de luchar a otros edificios para continuar la batalla. Yo pensaba que, aunque el puente estaba perdido, todavía podíamos controlar durante algún tiempo el acceso, quizás el tiempo suficiente para que llegaran nuestros blindados».

Gough y Logan salieron para disponerse a concertar la tregua. Logan propuso abrir las pesadas puertas principales del edificio y salir bajo una bandera de la Cruz Roja. Gough se mostró escéptico ante la idea. No confiaba en las SS; era muy posible que abrieran fuego a pesar de la bandera. Acudiendo de nuevo a Frost, Logan recibió permiso para actuar. Mientras el doctor se dirigía hacia las puertas, Frost se arrancó los emblemas de su grado. Esperaba «confundirse entre la tropa y, posiblemente, fugarse más tarde». Wicks, su asistente, fue en busca de una camilla.

Cerca de ellos, el soldado James Sims, uno de los heridos, oyó sombríamente los planes de evacuación. Lógicamente, sabía que no había alternativa. «Nuestra situación era evidentemente desesperada —recuerda—, se había agotado casi por completo la munición, casi todos los oficiales estaban muertos o heridos y el edificio se hallaba en llamas; el humo nos asfixiaba.» Oyó a Frost decir que los ilesos y los heridos que pudiesen andar salieran y trataran de ponerse a salvo. Sims sabía que era «el único proceder sensato, pero la noticia de que se nos iba a dejar allí no fue bien recibida».

Arriba, el doctor Logan abrió la puerta principal. Acompañado de dos enfermeros y llevando una bandera de la Cruz Roja, salió para reunirse con los alemanes. Cesó el estruendo de la batalla. «Vi varios alemanes dirigirse corriendo hacia la parte posterior, donde teníamos aparcados nuestros jeeps y transportes —recuerda Gough—. Los necesitaban para trasladar a los heridos y, mentalmente, me despedí para siempre de nuestros restantes vehículos.»

En el sótano, los hombres oyeron voces alemanas por los pasillos y Sims notó «el pesado golpeteo de botas alemanas en la escalera». Se hizo un súbito silencio en el sótano. Levantando la vista, Sims vio aparecer en la puerta a un oficial alemán. Con gran horror por su parte, «un soldado gravemente herido levantó su subfusil, pero fue reducido rápidamente. El oficial —recuerda Sims— pasó revista a la situación y profirió varias órdenes. Entraron soldados alemanes que empezaron a llevar arriba a los heridos». Estuvieron a punto de llegar demasiado tarde. Mientras Sims era trasladado, «cayó encima de nosotros un enorme trozo de madera ardiendo». Se daba perfecta cuenta de que los alemanes estaban «nerviosos, deseosos de apretar los gatillos, y muchos de ellos iban armados con fusiles británicos y subfusiles Sten».

Con la ayuda de un soldado trastornado por la batalla, Frost fue llevado arriba y depositado sobre el terraplén, junto al puente que tan desesperadamente había tratado de mantener. A su alrededor vio por todas partes edificios que ardían vorazmente. Se quedó mirando cómo alemanes y británicos «trabajaban juntos a toda velocidad para sacarnos, mientras la escena entera quedaba brillantemente iluminada por las llamas». Sólo minutos después de que el último herido fuera sacado al exterior, se produjo un súbito estruendo y el edificio se derrumbó en un montón de ardientes escombros. Volviéndose hacia el comandante Douglas Crawley, que yacía a su lado en una camilla, Frost dijo cansadamente: «Bien, Doug, esta vez no nos hemos salido con la nuestra, ¿verdad?». Crawley meneó la cabeza. «No, señor, pero se lo hemos hecho pagar condenadamente caro.»

Mientras los heridos británicos los miraban con recelosa sorpresa, los alemanes se movían entre ellos con extraordinaria camaradería, repartiendo cigarrillos, chocolate y coñac. Los soldados observaron con amargura que la mayoría de las provisiones eran suyas, tomadas evidentemente de los lanzamientos que habían caído en manos alemanas. Mientras los hambrientos y sedientos hombres empezaban a comer, los soldados alemanes se arrodillaron junto a ellos, felicitándoles por la batalla. El soldado Sims se quedó mirando una fila de tanques Mark IV que se extendía a lo largo de la carretera. Al ver su expresión, un alemán hizo un gesto de asentimiento. «Sí, *Tommy* —dijo a Sims—, ésos estaban preparados para vosotros por la mañana si no os hubierais rendido.»

Pero los obstinados hombres de Frost que aún se encontraban en condiciones de luchar no habían renunciado. Cuando el último herido fue sacado del sótano, la batalla se reanudó con tanta intensidad como una hora antes. «Era una pesadilla —recuerda Gough—. Por todas partes a donde uno se volviese había alemanes: delante, detrás y por los lados. Habían conseguido infiltrar una gran fuerza en la zona durante la tregua. Ahora ocupaban prácticamente todas las casas. Estábamos literalmente desbordados.»

Gough ordenó a sus hombres que se dispersaran y se ocultasen para pasar la noche. Al amanecer, esperaba concentrar la fuerza en un grupo de semiderruidos edificios junto a la orilla del río. Aún ahora, esperaba recibir refuerzos por la mañana, y «pensé que podríamos resistir hasta entonces». Mientras los hombres se movían en la oscuridad, Gough se puso en cuclillas junto a su radio. Acercándose el micrófono a la boca, dijo: «Aquí la Primera Brigada Paracaidista. No podemos resistir mucho más tiempo. Nuestra posición es desesperada. De prisa, por favor. De prisa, por favor».

Los alemanes sabían que la lucha había terminado. Todo lo que quedaba ahora era una operación de limpieza. Irónicamente, aunque había blindados en el puente, no podían cruzar. Como había predicho el general Harmel, se necesitarían varias horas para retirar los escombros que lo obstruían. Hasta las primeras horas del jueves 21 de septiembre, no quedaría finalmente abierto un sendero y se reanudaría el movimiento a través del puente.

Al amanecer del jueves, Gough y los dispersos hombres que quedaban en el perímetro emergieron de sus escondites. No habían llegado los refuerzos. Sistemáticamente, los alemanes iban ocupando sus posiciones, obligando a los hombres, que se hallaban ya sin municiones, a rendirse. De uno en uno y de dos en dos, los supervivientes se dispersaron para intentar escapar. Lentamente, desafiantemente, la última resistencia británica tocaba a su fin.

El comandante Gough se había dirigido hacia el edificio de distribución de aguas, esperando ocultarse y descansar durante algún tiempo para luego, tratar de abrirse paso hacia el oeste en dirección al grueso de las tropas bajo el mando de Urquhart. Justo frente al edificio, oyó voces alemanas. Gough echó a correr hacia un montón de madera y trató de esconderse debajo. Asomaba el tacón de su bota, y un alemán lo cogió e hizo salir a Gough. «Estaba tan condenadamente cansado, que levanté la vista y me eché a reír», dice Gough. Con las manos sobre la cabeza, fue llevado fuera de allí.

En medio de un grupo de otros prisioneros, un comandante alemán mandó llamar a Gough. Recibió al oficial británico con el saludo nazi. «Tengo entendido que es usted quien ostenta el mando», dijo el alemán. Gough le miró recelosamente. "Sí", dijo. Deseo felicitarle a usted y a sus hombres —le dijo el alemán—. Son ustedes soldados valerosos. Yo luché en Stalingrado, y es evidente que ustedes, los británicos, tienen mucha experiencia en batallas callejeras.» Gough se quedó mirando al oficial enemigo. «No —dijo—. Ésta ha sido la primera. Lo haremos mucho mejor la próxima.»

En algún momento durante estas últimas horas fue radiado un mensaje final por alguien que se encontraba cerca del puente. No fue captado ni por el Cuartel General de Urquhart ni por el Segundo Ejército Británico, pero en el Cuartel General de la 9.ª *Hohenstaufen* de las SS, los escuchas del teniente general Harzer lo oyeron con toda claridad. Años después, Harzer no podía recordar el mensaje completo, pero se le quedaron grabadas las dos últimas frases: «Estamos sin municiones. Dios salve al rey».

Pocos kilómetros al norte, cerca de Apeldoorn, el soldado James Sims se hallaba tendido en la hierba frente a un hospital militar alemán, rodeado de otros heridos y esperando cuidados y tratamiento. Los hombres estaban silenciosos, inmersos en sus propias cavilaciones. «La idea de que habíamos combatido para nada era natural —escribió Sims—, pero yo no podía por menos de pensar en el ejército principal, tan fuerte, y sin embargo, incapaz de recorrer aquellos últimos kilómetros hasta nosotros. Lo más duro de soportar era la sensación de que habíamos sido exterminados.»

12

Exactamente a las 10.40 horas del jueves 21 de septiembre, el capitán Roland Langton de los Guardias Irlandeses recibió la orden de que su Escuadrón Número 1 saliera de la recién tomada cabeza de puente de Nimega y se dirigiera hacia Arnhem. La hora H, le informó el teniente coronel *Joe* Vandeleur, sería las 11.00 horas. Langton no se lo podía creer. Pensó que Vandeleur debía estar bromeando. Se le concedían solamente veinte minutos para impartir órdenes a su escuadrón y prepararle para un gran ataque. El propio Langton fue rápidamente instruido sobre un mapa capturado. «El otro que teníamos era un mapa de carreteras carente por completo de detalles», explica. La información sobre posiciones artilleras enemigas se hallaba contenida en una única foto de reconocimiento en la que se veía el emplazamiento de una batería antiaérea entre los pueblos de Lent y Elst y a «la suposición de que tal vez ya no estuviera allí».

En opinión de Langton, todo en el plan era equivocado, particularmente el hecho de que «realmente iban a poner en marcha eso en el plazo de veinte minutos». Su escuadrón debía atacar seguido de una segunda unidad. Dos blindados transportarían infantería y, eso se le dijo a Langton, detrás irían más tropas. Pero no podía esperar mucho apoyo artillero, además de que no se dispondría inmediatamente de la protección aérea de los *Typhoon*, empleada con tanto éxito en el ataque inicial: en Bélgica, el mal tiempo tenía clavados en el suelo a los *Typhoon*. Sin embargo, se le ordenaba a Langton «avanzar a toda velocidad y llegar a Arnhem».

Aunque no delató sus sentimientos a Langton, *Joe* Vandeleur se sentía pesimista respecto al resultado del ataque. Con anterioridad, él y otros, entre los que figuraba su primo, el teniente coronel Giles Vandeleur, habían cruzado el puente de Nimega para estudiar la elevada carretera «isla» que discurría en dirección norte hasta Arnhem. A estos oficiales la carretera les pareció siniestra. El lugarteniente de *Joe* Vandeleur, el comandante Desmond FitzGerald, fue el primero en hablar. «Señor —dijo—; no vamos a avanzar ni un metro por esta maldita carretera.» Giles Vandeleur asintió. «Es un lugar ridículo para tratar de conducir tanques.» Hasta llegar a ese punto, aunque los vehículos se habían movido en el corredor de avance en fila uno detrás de otro, siempre había sido posible maniobrar fuera de la carretera principal cuando se había planteado la necesidad. «Allí —recuerda Giles Vandeleur— no había posibilidad de salirse de la carretera. Un dique con una carretera por su parte superior es excelente para la defensa, pero no es el lugar más adecuado para los blindados.» Volviéndose hacia los demás, Giles dijo: «Me imagino a los alemanes ahí sentados, frotándose las manos de júbilo al vernos llegar». *Joe* Vandeleur contempló silenciosamente la escena. Luego, dijo: «Sin embargo, tenemos que intentarlo. Tenemos que probar esa maldita carretera». Según recuerda Giles, «nuestro avance se basaba en un programa de tiempo. Debíamos avanzar a una velocidad de 22 kilómetros en dos horas». El general de brigada Gwatkin, jefe del Estado Mayor de la Blindada de Guardias, les había dicho lacónicamente: «Hay que pasar».

Exactamente a las 11.00 horas, el capitán Langton cogió el micrófono en su coche de exploración y radió: «¡Adelante! ¡Adelante! ¡Adelante! ¡No os detengáis por nada!». Sus carros pasaron con estruendo ante la oficina de correos de Lent y enfilaron la carretera principal. Dejándose llevar por el fatalismo, Langton pensó: «Ahora o nunca». Al cabo de quince o veinte minutos, empezó a respirar mejor. No había acción enemiga, y Langton se sintió «un poco avergonzado por haberse alterado tanto antes. Empecé a preguntarme qué iba a hacer cuando llegase al puente de Arnhem. No había pensado realmente en ello hasta entonces».

Tras los tanques de vanguardia, iban los Vandeleur en su automóvil de reconocimiento, seguidos del teniente Donald Love en su furgoneta de la RAF de comunicaciones tierra-aire. Con él, una vez más, iba el jefe de escuadrón Max Sutherland, silencioso e inquieto. Al subir al blanco coche blindado de reconocimiento, Sutherland —que había dirigido el ataque de los *Typhoon* en la salida desde el Canal Mosa-Escalda— dijo a Love que «los chicos aerotransportados de

Arnhem están en una situación muy apurada y desesperadamente necesitados de ayuda». Love escrutaba los cielos en busca de *Typhoon*. Estaba seguro de que los iban a necesitar. Recordaba los horrores de los primeros momentos del avance y «no tenía el menor deseo de verse en una situación similar a la del domingo anterior, cuando los alemanes nos habían frenado en seco».

Los blindados de los Guardias Irlandeses avanzaban sin detenerse, dejando el pueblo de Oosterhout a la izquierda y las aldeas de Ressen y Bemmel a la derecha. Desde su coche de reconocimiento, el capitán Langton podía oír al teniente Tony Samuelson, comandante de los carros de vanguardia, anunciar las localidades. Samuelson exclamó que el primer blindado se estaba acercando a las afueras de Elst. Los irlandeses se hallaban aproximadamente a mitad de camino de Arnhem. Al oírle, Langton comprendió que «dependíamos ya de nosotros mismos». Pero la tensión estaba cediendo a todo lo largo de la columna. El teniente Love oyó un zumbido en el cielo y vio aparecer el primer *Typhoon*. Había despejado el tiempo en Bélgica, e hicieron ahora su aparición las escuadrillas, de una en una. Cuando comenzaron a volar en círculos sobre ellos, Love y Sutherland se sintieron aliviados.

En su coche de reconocimiento, el capitán Langton estaba examinando su mapa. La columna había pasado el recodo de Bemmel y había torcido hacia la derecha. En aquel momento, Langton oyó una violenta explosión. Al levantar la vista, vio «la rueda de un Sherman elevarse perezosamente en el aire, por encima de unos árboles que había delante». Comprendió al instante que había sido alcanzado uno de los carros de vanguardia. El teniente Samuelson, que se hallaba mucho más adelante en la carretera, lo confirmó inmediatamente.

Comenzaron a ladrar cañones a lo lejos, y se elevó en el cielo una columna de humo negro. Atrás, el teniente Rupert Mahaffey comprendió que algo marchaba mal. La columna se detuvo bruscamente. Reinaba una gran confusión respecto a lo que había sucedido, y, al generalizarse la batalla, las voces sonaban distorsionadas y confusas en la radio. «Parecía haber muchos gritos —recuerda Giles Vandeleur—, y le dije a *Joe* que sería mejor que me adelantara a ver qué infiernos estaba ocurriendo.» El comandante de los Guardias Irlandeses se mostró de acuerdo. «Comunícamelo tan pronto como puedas», dijo a Giles.

El capitán Langton se dirigía ya hacia delante. Pasando junto a los blindados detenidos, Langton llegó a un recodo de la carretera. Al frente, vio que los cuatro carros de vanguardia, incluyendo el de Samuelson, habían sido inutilizados y algunos estaban ardiendo. Los proyectiles procedían de un cañón autopropulsado situado en los bosques de la izquierda, cerca de Elst. Langton ordenó a su conductor que le acercara a una casa próxima al recodo. Pocos minutos después, Giles Vandeleur se reunió con él. Inmediatamente, varias ráfagas de ametralladora obligaron a los hombres a ponerse a cubierto. Vandeleur se encontró en la imposibilidad de regresar a su vehículo blindado e informar a su primo *Joe*. Cada vez que gritaba a su chófer, el cabo Goldman, que acercara el vehículo —un Humber con compuerta superior y portezuela al costado—, «Goldman levantaba la compuerta y los alemanes lanzaban una ráfaga de disparos sobre su cabeza, obligándole a cerrarla nuevamente de golpe». Finalmente, exasperado, Giles retrocedió arrastrándose por una zanja hasta el coche de mando de *Joe*.

Joe Vandeleur estaba ya repartiendo órdenes. Pidió por radio apoyo de artillería; luego, viendo los *Typhoon* en lo alto, ordenó a Love que los llamara. En el coche de la RAF, Sutherland cogió el micrófono. «Aquí *Winecup*..., *Winecup*... —dijo—. Venid pronto.» Los *Typhoon* continuaron describiendo círculos en lo alto. Desesperado, Sutherland llamó de nuevo. «Aquí *Winecup*... *Winecup*... Venid.» No hubo respuesta. Sutherland y Love se miraron. «La radio permanecía silenciosa —dice Love—. No recibíamos ninguna señal. Los *Typhoon* volaban en círculos sobre nosotros, y en tierra continuaba el cañoneo. Era la situación más desesperante y frustrante que he vivido jamás, viéndolos allá arriba y sin poder hacer nada.» Love sabía que los pilotos de los *Typhoon* «tenían instrucciones de no atacar nada por su propia cuenta». Para entonces, Giles Vandeleur se había reunido con su primo. «*Joe* —dijo—, si enviamos más blindados por esta carretera va a haber una terrible matanza.» Los dos hombres se dirigieron juntos hacia la posición del capitán Langton.

La infantería de los Guardias Irlandeses había salido en ese momento de sus blindados y avanzaba por los huertos situados a ambos lados de la carretera. Langton se había hecho cargo de uno de los carros. No pudiendo ponerse a cubierto ni salirse de la carretera, estaba maniobrando hacia atrás y hacia delante, tratando de disparar contra el cañón autopropulsado del bosque. Cada vez que disparaba una salva, «el cañón respondía con cinco suyas».

El capitán de infantería, cuyas tropas perseguían el mismo objetivo pero se hallaban acurrucadas en una zanja, estaba lívido de ira. «¿Qué demonios te crees que estás haciendo?», le gritó a Langton. El joven oficial conservó la calma. «Estoy tratando de reducir al silencio a un cañón para que podamos seguir hasta Arnhem», dijo.

Cuando aparecieron los Vandeleur, Langton, fracasados sus intentos de inutilizar el cañón, salió a su encuentro. «La confusión era terrible allí —recuerda *Joe* Vandeleur—. Lo intentamos todo. No había forma de sacar los blindados de la carretera y bajar los empinados costados de aquel maldito dique. El único apoyo artillero que pude obtener fue de una batería de campaña, y era demasiado lenta a la hora de enfilar sus objetivos.» Su única compañía de infantería estaba inmovilizada, y le era imposible llamar a los *Typhoon*. «Seguramente podremos obtener ayuda en alguna parte», dijo Langton. Vandeleur meneó lentamente la cabeza. «Me temo que no.» Langton insistió. «Podríamos llegar —dijo con tono suplicante—. Podemos ir si recibimos ayuda.» Vandeleur meneó de nuevo la cabeza. «Lo siento —dijo—. Quédese donde está hasta que reciba nuevas órdenes.»

Vandeleur tenía claro que no podía reanudarse el ataque hasta que la infantería de la 43.ª División *Wessex*, del general de división G. I. Thomas, alcanzara a los Guardias Irlandeses. Hasta entonces, los blindados de Vandeleur quedaban varados en la elevada y desguarnecida carretera. Un solo cañón autopropulsado apuntado contra ella había conseguido detener a la columna entera, casi exactamente a nueve kilómetros de Arnhem.

Más atrás en la fila de tanques, frente a un invernadero próximo a Elst cuyas ventanas se habían mantenido milagrosamente casi intactas, el teniente John Gorman contemplaba furioso la carretera. Desde que la columna se viera detenida en Valkenswaard, casi al principio del corredor, Gorman se había sentido impulsado a avanzar más aprisa. «Habíamos recorrido todo el camino desde Normandía, tomado Bruselas, luchado a través de media Holanda y cruzado el puente de Nimega —dijo—. Arnhem y aquellos paracaidistas estaban justamente delante de nosotros y, casi a la vista de aquel último y maldito puente, nos habíamos detenido. Nunca he sentido una desesperación más angustiosa.»

QUINTA PARTE

«DER HEXENKESSEL»

(El Caldero de las Brujas)

1

«¡Ya vienen los blindados de Monty!» A todo lo largo del reducido perímetro de Oosterbeek —desde zanjas, casas convertidas en fortines, posiciones en encrucijadas, y en los bosques y campos—, hombres de tiznadas ropas y rostros cenicientos prorrumpían en vítores y hacían circular la noticia. Les parecía que su prolongada y dura prueba estaba tocando a su fin. La cabeza de puente sobre el Rin del general Urquhart se había convertido en un punto en el mapa con la forma de la yema de un dedo. Ahora, en una zona de apenas tres kilómetros de longitud, dos kilómetros de anchura en su centro y kilómetro y medio en su base sobre el Rin, los *Diablos Rojos* se hallaban rodeados y estaban siendo atacados y lentamente aniquilados por tres lados. Se habían agotado o estaban disminuyendo rápidamente las provisiones de agua, medicinas, alimentos y municiones. La 1.ª Aerotransportada británica prácticamente había cesado de existir como división. La esperanza de que les llegaran refuerzos proporcionaba un nuevo aliento a los hombres. Por fin, una tormenta de fuego estallaba por encima de sus cabezas conforme los cañones medios y pesados británicos situados a dieciséis kilómetros al sur al otro lado del Rin fustigaban a los alemanes a sólo unos centenares de metros de las primeras líneas de Urquhart.

El general Browning había prometido a Urquhart que las baterías del 64.º Regimiento *Medium* del XXX Cuerpo entrarían en acción para el jueves, y los oficiales de artillería del regimiento habían solicitado objetivos por orden de prioridad. Con desprecio de su propia seguridad, los duros veteranos de Urquhart habían cumplimentado rápidamente la petición. Disponiendo por primera vez de un buen contacto por radio, a través de la red de comunicaciones del 64.°, los *Diablos Rojos* orientaron el fuego de artillería casi encima de sus propias posiciones. La precisión del fuego era tan alentadora para los británicos como desalentador su efecto para los alemanes. Una y otra vez, los cañones británicos desbarataron intensos ataques de blindados que amenazaban con aniquilar a los barbudos y harapientos soldados aerotransportados.

Aun con esta bien venida ayuda, Urquhart sabía que un masivo ataque alemán coordinado podría aniquilar a su minúscula fuerza. Pero ahora los hombres creían que existía una cierta esperanza, una probabilidad de arrebatar la victoria en el último momento. Aquel jueves, las perspectivas eran ligeramente mejores. Urquhart tenía limitadas comunicaciones y un enlace por medio del apoyo artillero del 64.°. El puente de Nimega estaba conquistado y abierto; los carros de combate de la Blindada de Guardias se hallaban en camino; y, si se mantenía el tiempo, 1.500 paracaidistas de la Primera Brigada polaca del general Sosabowski aterrizarían al final de la tarde. Si era posible trasladar rápidamente a los polacos a través del Rin entre Driel y Heveadorp, podría muy bien cambiar todo el panorama.

En cualquier caso, si querían que Urquhart resistiera, los suministros eran tan urgentes como la llegada de los hombres de Sosabowski. El día anterior, los bombarderos de la RAF habían entregado solamente 41 de un total de trescientas toneladas en la zona de Hartenstein. Hasta que llegasen cañones y artillería en grandes cantidades, era críticamente importante un eficaz apoyo aéreo. Careciendo de comunicaciones tierra-aire —el equipo especial estadounidense de alta frecuencia, apresuradamente entregado a los británicos horas antes del despegue el Día D, el 17, había sido sintonizado en una longitud de onda equivocada y era inservible—, los oficiales de la división se vieron obligados a reconocer que la RAF no parecía dispuesta a abandonar la cautela y a realizar la clase de audaces incursiones que los hombres aerotransportados sabían que eran esenciales y cuyo riesgo estaban dispuestos a aceptar. Urquhart había enviado a Browning una serie continua de mensajes, solicitando que cazas y cazabombarderos atacasen «objetivos de oportunidad» sin prestar atención a las propias posiciones de los *Diablos Rojos*. Era la forma de operar de los aerotransportados, pero no era la de la RAF. Aun en aquellos críticos momentos, los pilotos insistían en que los objetivos enemigos fueran señalados con precisión casi cartográfica, lo que resultaba absolutamente imposible para las sitiadas tropas inmovilizadas en su cada vez más reducida cabeza de puente. No se había realizado ni un solo ataque aéreo a baja altura, y, sin embargo, en todas las carreteras, campos y bosques situados en torno al perímetro y que se extendían en dirección este hacia Arnhem había vehículos o posiciones enemigas.

Careciendo de los ataques aéreos que tan desesperadamente solicitaban, sitiados en el perímetro, sufriendo un bombardeo casi constante de mortero y, en algunos lugares, combatiendo cuerpo a cuerpo, los *Diablos Rojos* depositaban sus esperanzas en las columnas de Guardias que creían estaban avanzando hacia ellos. Urquhart se sentía menos optimista. En una inferioridad numérica de por lo menos cuatro a uno, machacados por la artillería y los blindados y con un número de bajas cada vez mayor, Urquhart sabía que sólo un esfuerzo gigantesco y total podría salvar su fragmentada división. Perfectamente consciente de que los alemanes podían aplastar su patéticamente pequeña fuerza, el obstinado y valeroso escocés se reservó sus impresiones mientras decía a sus hombres: «Debemos conservar a toda costa la cabeza de puente.»

Las defensas del perímetro se hallaban ahora divididas en dos mandos. El general de brigada *Pip* Hicks ocupaba el lado occidental; el general de brigada *Shan* Hackett estaba al este. El ejército occidental de Hicks estaba compuesto por soldados del Regimiento de Pilotos de Planeadores, ingenieros, restos del Regimiento de Fronteras, varios polacos y una heterogénea colección de otros miembros de diversas unidades. Al este estaban los supervivientes de los Batallones 10.º y 156.º de Hackett, además de pilotos de planeadores y del 1.er Regimiento Ligero de Desembarco Aéreo. Formando un arco entre estas defensas fundamentales, los rebordes septentrionales (junto a la línea ferroviaria de Wolfheze) se hallaban ocupados por hombres de la 21.ª Compañía Paracaidista Independiente del comandante Boy Wilson —los exploradores que habían encabezado la marcha— y por el 7.º *King's Own Scottish Borderers* del teniente coronel R. Payton-Reid. A lo largo de la base meridional, extendiéndose aproximadamente desde el este de la iglesia medieval del bajo Oosterbeek hasta las alturas de Westerbouwing al oeste, Hackett mandaba elementos adicionales del Regimiento Fronterizo y un heterogéneo grupo compuesto por los restos de los *South Staffordshires*, los Batallones 1.º, 3.º y 11.º y una diversidad de tropas auxiliares bajo el mando del dos veces herido comandante Dickie Lonsdale, la «Fuerza Lonsdale». En el centro de esa zona estaba la fuerza principal del teniente coronel *Sheriff* Thompson, los apresuradamente reunidos artilleros cuyas baterías trataban continuamente de servir a la línea defensiva y cuya preciosa provisión de municiones disminuía a marchas forzadas.*

En los pulcros mapas del informe posterior a la acción, cada unidad tiene cuidadosamente señalado su lugar, pero, años después, los supervivientes recordarían que no existía realmente ningún perímetro, ninguna línea de frente, ninguna distinción entre unidades, ninguna lucha como grupos integrados. Había sólo hombres conmocionados, vendados, ensangrentados, corriendo apresuradamente para llenar huecos donde y cuando se producían. Mientras el general de brigada Hicks visitaba a sus hombres, que defendían tenazmente sus sectores de la cabeza de puente, comprendió que «era el principio del fin, y creo que todos lo sabíamos, aunque lo disimulábamos».

Ignorando que la valerosa defensa del puente por parte de Frost había terminado —aunque el teniente coronel *Sheriff* Thompson lo sospechó cuando su enlace de radio con el comandante Denis Munford cesó bruscamente—, Urquhart solamente podía depositar sus esperanzas en que los blindados de los Guardias alcanzaran a tiempo a los restos del 2.º Batallón.** Aquel único puente que salvaba el

---

* La consolidación del extremo sudoriental del perímetro debió mucho a la agilidad mental del coronel *Sheriff* Thompson quien, en la confusión de la batalla, cuando los hombres que se retiraban de Arnhem el 19 de septiembre se encontraron sin jefes, los organizó rápidamente en defensa del último trozo de tierra alta ante sus posiciones artilleras. Estas fuerzas juntamente con otras que se habían separado anteriormente de sus unidades —unos 150 pilotos de planeadores y sus propios artilleros, unos 800 en total— fueron conocidas por el nombre de «Fuerza Thompson». Incrementado con posterioridad su número, fueron situados bajo el mando del comandante Lonsdale. Se retiraron al final del 20 de septiembre y fueron desplegados por Thompson a lo largo de sus posiciones artilleras. A causa de los cambios de mando y de la situación general, ha continuado existiendo cierta confusión con respecto a estos acontecimientos, pero inmediatamente antes de que Thompson resultara herido el 21 de septiembre, toda la infantería de la zona artillera quedó agrupada en lo que más tarde se conocería con el nombre de «Fuerza Lonsdale». Los pilotos de planeadores continuaron bajo el mando de la 1.ª Brigada de Desembarco Aéreo.

** Munford destruyó su aparato de radio poco después del amanecer del jueves, cuando los alemanes empezaron a apresar a los pocos hombres que todavía intentaban aguantar. «Los blindados y la infantería enemigos estaban en el puente —recuerda Munford—. Ayudé a varios heridos a llegar a un punto de reunión y entonces destrocé a golpes la radio. El coronel Thompson no podía hacer nada más por nosotros, y todos los que podían querían regresar a la división, en Oosterbeek.» Munford fue capturado en las afueras de Arnhem cuando intentaba alcanzar las líneas británicas.

Rin —la última defensa natural del Reich— había sido desde el principio el objetivo principal, el trampolín de Montgomery para un rápido fin de la guerra. Sin él, la apurada situación de la 1.ª Aerotransportada y, en particular, los sufrimientos de los valerosos hombres de Frost no habrían servido para nada. Como les había dicho Urquhart a Frost y Gough, no podía hacer nada más por ellos. Su ayuda debía llegar de la rapidez y la fuerza blindada del XXX Cuerpo.

Para Urquhart, la prioridad inmediata consistía ahora en llevar a los polacos de Sosabowski al otro lado del río y dentro del perímetro tan pronto como aterrizasen. El transbordador de cable era particularmente indicado para la operación. Los ingenieros de Urquhart habían comunicado al Cuartel General del Cuerpo que era «del tipo de los de la clase 24 y capaz de llevar tres carros». Aunque Urquhart estaba preocupado por las alturas de Westerbouwing y por la posibilidad de que la artillería alemana controlase desde allí el paso del transbordador, todavía no habían llegado tropas enemigas a la zona. Disponiendo de tan pocos hombres para defender el perímetro, solamente había destacado un pelotón del 1.º de Fronterizos para defender la posición. De hecho, las alturas se hallaban desguarnecidas por ambos bandos. La Compañía D del Regimiento Fronterizo del comandante Charles Osborne había recibido la misión poco después de haber aterrizado el domingo, pero, según explicó Osborne, «nunca ocupamos Westerbouwing. Yo fui enviado en una patrulla de reconocimiento para disponer las posiciones del batallón. No obstante, cuando lo hice y regresé al Cuartel General, los planes habían sido modificados». El jueves, los hombres de Osborne «fueron trasladados a una posición próxima al Hotel Hartenstein». Ninguno estaba en las vitales alturas.

El miércoles, los ingenieros habían enviado patrullas de reconocimiento aguas abajo del Rin para que informasen sobre el transbordador, la profundidad, estado de las orillas y velocidad de la corriente. El zapador Tom Hicks pensó que el reconocimiento debería «ayudar al Segundo Ejército cuando tratara de salvar el río». Juntamente con otros tres zapadores y un guía holandés, Hicks había cruzado el Rin en el transbordador. Vio que Pieter «lo manejaba con un cable que el viejo enrollaba a mano y parecía que la corriente ayudaba a hacerlo cruzar». Atando una granada al extremo de una cuerda de paracaídas y haciendo en ésta un nudo cada treinta centímetros, Hicks practicó sondeos y midió la velocidad de la corriente. El miércoles por la noche, después de que se señalara Driel como la zona de lanzamiento de los polacos, fue enviada otra patrulla al transbordador. «Era una misión voluntaria —recuerda el soldado de los *South Staffordshires*, Robert Edwards—. Teníamos que descender al río en Heveadorp, encontrar el transbordador y quedarnos allí para protegerlo.»

En la oscuridad, emprendieron la marcha un sargento, un cabo, seis soldados y cuatro pilotos de planeadores. «Caía un intenso fuego de granadas y obuses de mortero cuando nos adentramos en el espeso bosque que se extendía entre nosotros y Heveadorp», dice Edwards. El grupo fue ametrallado varias veces, y un piloto de planeador resultó herido. Al llegar en la orilla del río al punto señalado en sus mapas, la patrulla no encontró ni rastro del transbordador. Había desaparecido por completo. Aunque subsistía la posibilidad de que la embarcación estuviera amarrada en la otra orilla, se le había ordenado a la patrulla que la buscase en la suya. Los hombres se desplegaron rápidamente, registrando la zona que se extendía a medio kilómetro a ambos lados del punto septentrional de embarque del transbordador. La búsqueda fue infructuosa. No se veía por ninguna parte el transbordador de Pieter. Según recuerda Edwards, el sargento que mandaba la patrulla llegó a la conclusión de que la embarcación, o había sido hundida o, simplemente, no había existido jamás. Al amanecer, los hombres desistieron de la búsqueda y emprendieron su peligroso viaje de regreso.

Sólo unos minutos después, un nutrido fuego de ametralladora pesada hirió a tres hombres más en la patrulla y el grupo se vio obligado a retroceder hasta el río. Allí, el sargento decidió que los hombres tendrían más probabilidades de regresar si se separaban. Edwards se marchó con el cabo y dos de los pilotos de planeadores. Tras «pequeños encuentros y escaramuzas con los alemanes», su grupo llegó a la iglesia del bajo Oosterbeek en el momento mismo en que caía un proyectil de mortero. Edwards se encontró tendido en el suelo, con las dos piernas acribilladas por «diminutos trozos de metralla y las botas llenas de sangre». En la casa contigua a la iglesia, un enfermero vendó sus heridas y le dijo que descansara. «Pero no dijo dónde —recuerda Edwards—, y cada palmo de terreno en la casa estaba lleno de heridos graves. El hedor de las heridas y de la muerte era algo espantoso.» Decidió marcharse y dirigirse al cuartel general de la compañía, emplazado en un lavadero, «a fin de encontrar alguien a quien presentar mi informe. Expliqué a un oficial lo del transbordador y luego, me refugié en el cráter de una bomba con un piloto de planeador. No sé si los demás lograron regresar ni qué fue de los hombres que llegaron conmigo a la iglesia».

Poco después, el general Urquhart, ignorante todavía de la suerte corrida por Frost, comunicó a Browning:

> Enemigo atacando intensamente puente principal. Situación crítica para la reducida fuerza. Enemigo atacando al este desde Heelsum y al oeste desde Arnhem. Situación grave, pero estoy formando un perímetro en torno a Hartenstein con el resto de división. Esencial recibir refuerzos en ambas zonas lo antes posible. Conservo control transbordador en Heveadorp.

Mientras se transmitía el mensaje por la red de comunicaciones del 64.º Regimiento *Medium*, el Cuartel General de la División supo que no había sido posible encontrar el transbordador. Los oficiales de Urquhart creían que los alemanes lo habían hundido. Pero el transbordador de Pieter todavía estaba a flote. Presumiblemente, el fuego de artillería había roto sus amarras. Demasiado tarde para poder utilizarlo, varios civiles holandeses lo hallaron finalmente cerca del demolido puente ferroviario, a kilómetro y medio de distancia, a la deriva, pero todavía intacto. «Si hubiéramos podido explorar unos cuantos centenares de metros más cerca de Oosterbeek, lo habríamos encontrado», dice Edwards.

Urquhart se enteró de la desoladora noticia a su regreso a su Cuartel General el jueves por la mañana, tras una inspección de las defensas del Hartenstein. Faltando sólo unas horas para el lanzamiento de los polacos, se había desvanecido su única posibilidad de reforzar el perímetro con los hombres de Sosabowski.*

Mirando por la ventanilla del *Dakota* que abría la marcha, mientras las largas columnas de aviones que transportaban a la 1.ª Brigada

---

* Ésta es la primera vez que se publica la verdadera historia del transbordador. Incluso la versión oficial dice que fue hundido. Otras versiones dan a entender que para impedir su uso, los alemanes o destruyeron el transbordador con fuego de artillería o lo llevaron a otro punto situado bajo su control. En ningún Diario de guerra alemán ni en ningún informe posterior a la acción existe la menor base para estas conjeturas. En entrevistas con oficiales alemanes —tales como Bittrich, Harzer, Harmel y Krafft—, descubrí que ninguno de ellos podía recordar haber ordenado tal acción. Suponiendo que los alemanes quisieran apoderarse del transbordador, yo creo que habrían encontrado las mismas dificultades que las citadas por Edwards para su localización. De todas formas, ningún oficial alemán recuerda haber ordenado cortar el cable para impedir que los británicos lo usaran.

Paracaidista polaca se dirigía a la zona de lanzamiento de Driel, el general de división Stanislaw Sosabowski supo «la auténtica verdad y lo que había sospechado desde el principio». Desde Eindhoven, donde las formaciones viraban hacia el norte, vio «centenares de vehículos atascados en caóticos embotellamientos a todo lo largo del corredor». Columnas de humo se elevaban de la carretera, en la que caían granadas enemigas, ardían camiones y otros vehículos y «por todas partes se veían restos amontonados a ambos lados». Sin embargo, los convoyes continuaban moviéndose. Luego, más allá de Nimega, el movimiento cesaba. A través de unas nubes bajas que había a su derecha, Sosabowski pudo ver la carretera «isla» y los atascados blindados que se hallaban detenidos en ella. El fuego enemigo estaba cayendo sobre la parte delantera de la columna. Momentos después, al virar los aviones hacia Driel, surgió ante su vista el puente de Arnhem. Lo estaban cruzando varios blindados, en dirección de norte a sur, y Sosabowski comprendió que eran alemanes. Estupefacto y sorprendido, se dio cuenta ahora de que los británicos habían perdido el puente.

El miércoles por la noche, inquieto por la falta de información sobre la situación de Urquhart, y «habiendo soñado que mi propio Gobierno me sometía a un consejo de guerra», Sosabowski había prescindido de toda cautela. Pidió ver al general Brereton, comandante del Primer Ejército Aerotransportado aliado. Sosabowski le había insistido emotivamente al coronel George Stevens, oficial de enlace con la Brigada polaca, que, «si no se le daba la situación exacta de Urquhart en Arnhem, la Brigada Paracaidista polaca no despegaría». Sobresaltado, Stevens se había apresurado a dirigirse al Cuartel General del Primer Ejército Aerotransportado Aliado con el ultimátum de Sosabowski. A las 7.00 horas del jueves, regresó con noticias de Brereton. Había bastante confusión, admitió Stevens, pero el ataque se estaba desarrollando de conformidad con lo planeado; no se había cambiado la zona de lanzamiento en Driel, y «el transbordador de Heveadorp estaba en manos británicas». Sosabowski se aplacó. Ahora, contemplando el panorama de la batalla, comprendió que «sabía más que Brereton». Enfurecido al ver lo que evidentemente eran blindados alemanes en las proximidades de Oosterbeek y, enfrente, una granizada de fuego de artillería antiaérea que se elevaba para recibir a sus hombres, Sosabowski creyó que su brigada estaba «siendo sacrificada en un completo desastre británico». Momentos después, saltaba por la portezuela y caía entre las cortinas de fuego antiaéreo. El meticuloso general de cincuenta años se fijó en la hora. Eran exactamente las 17.08.

Como había temido Sosabowski, los polacos saltaron a un holocausto. Al igual que las veces anteriores, los alemanes estaban esperando. Habían seguido la pista a las formaciones desde Dunkerque y cronometrado su marcha, y, ahora, con muchos más refuerzos que antes, la zona estaba erizada de cañones antiaéreos. Mientras se aproximaban los transportes, surgieron súbitamente 25 *Messerschmitt* que, lanzándose en picado desde las nubes, ametrallaron a los aviones que se acercaban.

Mientras caía por los aires, Sosabowski vio precipitarse al suelo un *Dakota* con los dos motores en llamas. El cabo Alexander Kachalski vio descender otro. Sólo una docena de paracaidistas escaparon de él antes de que se estrellara y quedara incendiado. El teniente Stefan Kaczmarek rezó mientras colgaba de su paracaídas. Veía tantas balas trazadoras que «todos los cañones que había en tierra parecían apuntarme a mí». El cabo Wladijslaw Korob, con el paracaídas lleno de agujeros, aterrizó junto a un camarada polaco que había sido decapitado.

En el perímetro de Oosterbeek, el lanzamiento polaco, apenas a tres kilómetros y medio de distancia, originó una momentánea pausa en la batalla. Todos los cañones alemanes parecieron concentrarse en los hombres que se balanceaban indefensos en el aire. «Fue como si todos los cañones enemigos se alzaran a la vez y disparasen simultáneamente», observó el artillero Robert Christie. La interrupción del constante bombardeo era demasiado preciosa como para desperdiciarla: los hombres aprovecharon rápidamente la oportunidad para mover jeeps y equipo, cavar nuevos pozos de tirador, acumular municiones, reacondicionar las redes de camuflaje y arrojar fuera de las abarrotadas zanjas las vainas vacías de los proyectiles.

A nueve kilómetros de distancia, en la elevada carretera «isla», el capitán Roland Langton, cuyo escuadrón de blindados de vanguardia se había visto detenido en ruta a Arnhem hacía unas seis horas, contemplaba angustiado el lanzamiento. Era el espectáculo más horrible que había visto jamás. Los aviones alemanes se lanzaban en picado sobre los indefensos transportes polacos, «haciéndolos estallar en el aire». Los paracaidistas intentaban salir de los incendiados aparatos, «algunos de los cuales habían picado y caían en barrena». Cuerpos humanos «descendían por el aire, inertes formas que se balanceaban lentamente, muertos antes de tocar el suelo». Langton estaba a punto de llorar. «¿Dónde demonios está el apoyo aéreo? —se preguntaba—. Nos dijeron por la tarde que nosotros no lo tendríamos para nuestro ataque hacia Arnhem porque todos los aparatos disponibles estaban destinados a los polacos. ¿Dónde estaba ahora? ¿El tiempo? Bobadas. Los alemanes volaban; ¿por qué no podíamos hacerlo nosotros?» Langton nunca se había sentido tan frustrado. Tenía la certeza de que, con apoyo aéreo, sus blindados «podrían haber llegado hasta aquellos pobres bastardos que estaban en Arnhem». Inquieto y desesperado, sintió de pronto unas violentas náuseas.

Aunque sorprendidos por la ferocidad del ataque combinado aéreo y antiaéreo, la mayoría de los componentes de la Brigada polaca consiguieron milagrosamente llegar a la zona de lanzamiento. Mientras aterrizaban, estallaban entre ellos granadas antiaéreas y proyectiles de mortero de alto poder explosivo —disparados desde carros de combate y cañones antiaéreos situados a lo largo de la carretera Nimega-Arnhem y por baterías emplazadas al norte de Driel—, y Sosabowski vio que parecía haber incluso ametralladoras por toda la zona. Machacados en el aire y cogidos en tierra en un mortal fuego cruzado, los hombres tenían ahora que abrirse paso luchando para salir de las zonas de lanzamiento. Sosabowski aterrizó cerca de un canal. Mientras corría para ponerse a cubierto, tropezó con el cadáver de un paracaidista. «Yacía tendido sobre la hierba, con los brazos abiertos como si estuviera en una cruz —escribió más tarde Sosabowski—. Una bala o un trozo de metralla le había rebanado limpiamente la parte superior de su cabeza. Me pregunté cuántos hombres más como éste vería antes de que terminara la batalla y si su sacrificio serviría para algo.»*

Horrorizada por el feroz recibimiento alemán, la población entera de Driel quedó envuelta en el lanzamiento de paracaidistas. Los polacos caían por toda la aldea, aterrizando en huertos, canales de riego, en lo alto de los diques, en el pólder y en el propio pueblo. Algunos hombres cayeron en el Rin, y, no pudiendo desprenderse de sus paracaídas, fueron arrastrados por la corriente y murieron ahogados. Haciendo caso omiso del fuego de cañón y ametralladoras que caía a su alrededor, los holandeses corrían para ayudar a los desventurados polacos. Entre ellos, como miembro de un grupo de la Cruz Roja, estaba Cora Baltussen.

* Stanislaw Sosabowski, *Freely I Served*, p. 124.

«DER HEXENKESSEL» (EL CALDERO DE LAS BRUJAS)

El aterrizaje, centrado en zonas de lanzamiento situadas a menos de tres kilómetros al sur de Driel, había constituido una completa sorpresa para los habitantes del pueblo. No se habían utilizado exploradores, y la Resistencia holandesa ignoraba el plan. Montada en una bicicleta con llantas de madera, Cora Baltussen se dirigió hacia el sur por una estrecha carretera que corría sobre un dique hacia un lugar conocido con el nombre de Honingsveld, donde parecía que habían aterrizado muchos de los paracaidistas. Sorprendida y aterrorizada, no veía cómo ninguno de ellos podía haber sobrevivido al fuego alemán. Esperaba encontrar cantidades enormes de heridos. Con gran sorpresa por su parte, Cora vio hombres que formaban y corrían en grupos hacia la seguridad de los terraplenes de los diques. Apenas si podía creer que estuvieran vivos tantos, pero «al fin —pensó—, los *Tommies* han llegado a Driel».

Hacía años que no había hablado inglés, pero Cora era el único habitante de Driel que estaba familiarizada con el idioma. No sólo podían ser necesarios sus servicios como enfermera de la Cruz Roja, sino que Cora esperaba también actuar como intérprete. Apresurándose, vio hombres que agitaban violentamente las manos en su dirección, evidentemente «advirtiéndome que me apartara de la carretera a causa del intenso fuego que se hacía sobre ella». Pero, en su «excitación y atolondramiento», Cora no reparaba en la lluvia de balas enemigas que caían a su alrededor. Gritando «hola, *Tommies*», al primer grupo que encontró, se sintió perpleja ante su respuesta. Aquellos hombres hablaban otro idioma, no inglés. Por un momento, escuchó. Varios años antes habían estado en Driel cierto número de polacos encuadrados en el Ejército alemán. Casi inmediatamente, reconoció el idioma como polaco. Esto la desconcertó todavía más.

Tras varios años de vivir bajo ocupación enemiga, Cora era cautelosa. En aquel momento, ocultos en la fábrica Baltussen había varios paracaidistas británicos y la tripulación de un avión derribado. Los polacos parecían igualmente recelosos mientras la examinaban detenidamente. No hablaban holandés, pero algunos hombres aventuraron precavidas preguntas en chapurreado inglés o alemán. ¿De dónde, le preguntaron, había venido ella? ¿Cuántas personas había en Driel? ¿Había alemanes en el pueblo? ¿Dónde estaba la granja Baarskamp? La mención de Baarskamp originó un torrente de palabras en alemán e inglés por parte de Cora. La granja se hallaba situada ligeramente al este del pueblo, y, aunque no pertenecía a la pequeña fuerza de la Resistencia de Driel, Cora había oído a su hermano, Josephus, que era miembro activo de ella, calificar de nazi holandés al dueño de la granja. Sabía que había tropas alemanas alrededor de Baarskamp, a lo largo de la carretera del dique del Rin y en baterías antiaéreas emplazadas junto a la orilla del río. «No vayan allí —suplicó—. Hay tropas alemanas por todas partes.» Los polacos no parecieron convencidos. «No estaban seguros de confiar o no en mí —recuerda Cora—. Yo no sabía qué hacer. Pero temía desesperadamente que aquellos hombres se dirigieran a Baarskamp y cayeran en alguna especie de trampa.» Entre el grupo que la rodeaba estaba el general Sosabowski. «Como no llevaba ningún emblema distintivo y parecía igual que los demás —recuerda Cora—, no supe hasta el día siguiente que el hombrecillo bajito y recio era el general.» Sosabowski, recuerda, estaba comiendo tranquilamente una manzana. Se interesó vivamente en su información sobre la granja Baarskamp; por pura casualidad había sido elegida corno punto de reunión para la Brigada. Aunque Cora pensaba que ninguno de los componentes del grupo la creía, los oficiales de Sosabowski enviaron inmediatamente mensajeros para informar a otros grupos sobre Baarskamp. El hombrecillo de la manzana preguntó ahora: «¿Dónde está el embarcadero del transbordador?».

Uno de los oficiales sacó un mapa, y Cora señaló el emplazamiento. «Pero —les dijo—, no funciona.» La gente de Driel no había visto la embarcación desde el miércoles. Se habían enterado por Pieter que el cable había sido cortado, y daban por supuesto que el transbordador había sido destruido.

Sosabowski la escuchó con desaliento. Al aterrizar, había enviado una patrulla de reconocimiento para localizar el embarcadero. Ahora, sus temores se veían confirmados. «Yo todavía estaba esperando el informe de la patrulla —recordó—, pero la información de aquella joven parecía exacta. Le di las gracias calurosamente.»* Se presentaba ahora ante él una tarea formidable. Para enviar rápidamente ayuda a los sitiados hombres de Urquhart en el perímetro, Sosabowski tendría que hacer cruzar a sus hombres los cuatrocientos metros de anchura del Rin en bote o en balsa... y en la oscuridad.

* Algunas versiones aseguran que Cora era miembro de la Resistencia y fue enviada para informar a Sosabowski de que el transbordador se encontraba en manos alemanas. «Nada podría estar más lejos de la verdad —dice Cora—. Yo no pertenecí jamás a la Resistencia, aunque mis hermanos trabajaban con ella. Los británicos no confiaban en la Resistencia, y, desde luego, no tuvimos en Driel la menor noticia del lanzamiento hasta ver a los polacos ante nosotros.»

No sabía si los ingenieros de Urquhart habían encontrado botes, ni dónde podría encontrarlos él en número suficiente. Sosabowski se enteró de que sus radiotelegrafistas no podían comunicar con el Cuartel General de la 1.ª División Aerotransportada británica. Ignoraba cualquier nuevo plan que hubieran podido formularse.

Ahora, mientras Cora y su grupo comenzaban a ayudar a los heridos, Sosabowski contempló cómo sus hombres avanzaban bajo la protección de bombas de humo, venciendo la escasa oposición que había en la zona. Hasta el momento, la única resistencia importante con la que había tropezado su Brigada procedía de proyectiles de artillería y de mortero. No había aparecido aún ningún vehículo blindado. El blando pólder parecía inadecuado para los carros de combate. Perplejo y sombrío, Sosabowski instaló el cuartel general de la Brigada en una granja y esperó noticias de Urquhart. Su humor no mejoró cuando supo que de los 1.500 hombres de su Brigada, quinientos no habían conseguido llegar. El mal tiempo había obligado a los aviones que transportaban casi un batallón entero a interrumpir la misión y regresar a sus bases en Inglaterra. El resto de sus fuerzas había pagado ya un cruel tributo en bajas: aunque no tenía las cifras exactas, para el anochecer sólo había conseguido reunir a unos 750 hombres, entre ellos decenas de heridos.

A las 21.00 horas, llegaron noticias de Urquhart, y de forma un tanto dramática. Al no poder establecer contacto por radio con Sosabowski, el oficial de enlace polaco en el Cuartel General de Urquhart, el capitán Zwolanski, cruzó a nado el Rin. «Yo estaba trabajando sobre un mapa —recordaba Sosabowski— y, de pronto, entró aquella increíble figura, chorreando agua y cubierto de barro, en calzoncillos y con red de camuflaje.»

Zwolanski dijo al general que Urquhart «quería que cruzásemos aquella noche y que tendría balsas preparadas para transportarnos». Sosabowski ordenó inmediatamente que varios de sus hombres fueran a la orilla del río para esperar. Permanecieron allí la mayor parte de la noche, pero las balsas no llegaron. «A las 3.00 horas —dice Sosabowski—, comprendí que, por alguna razón, había fracasado el proyecto. Hice retroceder a mis hombres a un perímetro defensivo.» Esperaba para el amanecer «ataques de la infantería alemana y un intenso fuego de artillería». Se había esfumado toda posibilidad de cruzar el Rin aquella noche al amparo de la oscuridad.

En el Hotel Hartenstein, al otro lado del río, Urquhart había enviado anteriormente un mensaje urgente a Browning. Decía:

(212144) Sin noticias de los elementos de la División en Arnhem durante 24 horas. Permanencia de la División en perímetro muy reducido. Intenso fuego de morteros y ametralladoras seguido por ataques locales. Lo peor cañones autopropulsados. Grandes bajas. Recursos estirados al máximo. Es vital recibir refuerzos en las próximas 24 horas.

En su pequeño puesto en Bruselas, cerca del Cuartel General del 21.º Grupo de Ejércitos de Montgomery, el príncipe Bernardo, comandante en jefe de las fuerzas holandesas, seguía angustiado los acontecimientos. Holanda, que podría haber sido liberada con facilidad en los primeros días de septiembre, se estaba convirtiendo en un vasto campo de batalla. Bernardo no culpaba a nadie. Combatientes estadounidenses y británicos estaban dando sus vidas para librar a Holanda de un cruel opresor. Sin embargo, Bernardo se había sentido rápidamente desilusionado con Montgomery y su Estado Mayor. El viernes 22 de septiembre, cuando Bernardo supo que los carros de la Blindada de Guardias habían sido detenidos en Elst y los polacos lanzados junto a Driel en vez de sobre el lado meridional del puente de Arnhem, el príncipe, de treinta y tres años, perdió los estribos.

«¿Por qué? —preguntó coléricamente a su jefe de Estado Mayor, general de división *Pete* Doorman—. ¿Por qué no nos escuchan los británicos? ¿Por qué?»

Los consejeros militares holandeses habían sido excluidos del planeamiento de *Market-Garden*, aunque su consejo podría haber sido de gran valor. «Por ejemplo —recuerda Bernardo—, si hubiéramos conocido con tiempo la elección de las zonas de lanzamiento y la distancia entre ellas y el puente de Arnhem, mis gentes habrían dicho algo, sin duda.» Debido a la «gran experiencia de Montgomery», Bernardo y su Estado Mayor «no habían preguntado nada y lo habían aceptado todo». Pero, desde el momento en que los generales holandeses tuvieron conocimiento de la ruta que se proponían seguir las columnas del XXX Cuerpo de Horrocks, habían tratado ansiosamente de disuadir de ello a todo el que quería escucharles, advirtiendo de los peligros de utilizar desguarnecidas carreteras de diques. «En nuestras academias militares —dice Bernardo—, habíamos realizado innumerables estudios sobre el problema. Sabíamos que los blindados, simplemente, no podían operar a lo largo de esas carreteras sin infantería.» Una y otra vez, los oficiales holandeses habían dicho al Estado Mayor de Montgomery que el Proyecto *Market-Garden* no podría cumplirse a menos que la infantería acompañase a los tanques. El general Doorman describió cómo él «personalmente había realizado ejercicios con blindados en aquella zona concreta antes de la guerra».

A los británicos, dice Bernardo, «no les afectaba nuestra actitud negativa». Aunque todo el mundo era «excepcionalmente cortés, los británicos preferían seguir sus propios planes y nuestras opiniones fueron rechazadas. La actitud predominante era: «No te preocupes, muchacho, sacaremos esto adelante»». Aun ahora, observó Bernardo, «se le echaba la culpa de todo al tiempo. La impresión general en mi Estado Mayor era que los británicos nos consideraban un puñado de idiotas por atrevernos a poner en tela de juicio sus tácticas militares». Bernardo sabía que, a excepción de unos cuantos oficiales, no se le «apreciaba mucho en el Cuartel General de Montgomery, porque yo decía cosas que, desgraciadamente, estaban resultando ciertas ahora, y al inglés medio no le gusta que un maldito extranjero le diga que está equivocado».*

Desde su Cuartel General en Bruselas, Bernardo había mantenido plenamente informada de los acontecimientos a la reina Guillermina, de sesenta y cuatro años, y al Gobierno holandés en el exilio, en Londres. «Tampoco habrían podido influir en las decisiones militares británicas —dice Bernardo—. De nada habría servido que la reina o nuestro Gobierno abordaran la cuestión con Churchill. Éste jamás habría intervenido en una operación militar en curso. La reputación de Monty era demasiado grande. No había nada que pudiéramos hacer.»

La reina Guillermina seguía ansiosamente el desarrollo de la batalla. Al igual que su yerno, había esperado una rápida liberación de Holanda. Ahora, si fracasaba la Operación *Market-Garden*, la familia real temía «las terribles represalias que los alemanes impon-

---

* El teniente Rupert Mahaffey, de los Guardias Irlandeses, recuerda que, poco después de que los blindados fueran detenidos en Elst, un oficial de la Brigada holandesa Princesa Irene fue a cenar al comedor de los Guardias. Paseando la vista por la mesa, el oficial holandés dijo: «Habéis suspendido el examen». Explicó que uno de los problemas del examen de la Escuela de Estado Mayor holandesa se refería exclusivamente a la forma correcta de atacar Arnhem desde Nimega. Había dos opciones: *a*) atacar por la carretera principal; *b*) avanzar por ella durante dos o tres kilómetros, torcer a la izquierda, atravesar el Rin y realizar un movimiento de flanqueo. «Los que eligieron avanzar directamente por la carretera suspendieron el examen —dijo el oficial—. Los que torcieron a la izquierda y, luego, remontaron el río, aprobaron.»

drían a nuestro pueblo. La reina no esperaba piedad de los alemanes, a los que odiaba con pasión».

En los primeros momentos de la Operación, Bernardo había informado a Guillermina que «pronto rebasaremos varios de los castillos y fincas reales». «Quémalos todos», replicó la reina. Sorprendido, Bernardo balbuceó: «¿Perdón?». Guillermina dijo: «Jamás volveré a poner los pies en un lugar en el que los alemanes han estado sentados en mis sillas, en mis habitaciones. ¡Jamás!». Bernardo trató de aplacarla. «Estás exagerando un poco las cosas, madre. Después de todo, son edificios muy útiles. Podemos fumigarlos, emplear «DDT».» La reina se mantuvo inflexible. «Quema los palacios —ordenó—. Jamás volveré a poner los pies en uno de ellos.» El príncipe se negó. «La reina se encolerizó porque yo ocupé el palacio con mi Estado Mayor (sin destruirlo), y no se consultó a ella antes. Se pasó semanas enteras sin hablarme, excepto sobre asuntos oficiales.»

Bernardo y su Estado Mayor no podían hacer ahora más que «esperar y desear lo mejor. Sentíamos amargura y frustración por el sesgo que estaban adquiriendo los acontecimientos. Nunca se nos había ocurrido que en las altas esferas pudieran cometerse tan tremendos errores». Bernardo se sentía más receloso aún respecto al destino de Holanda. «Yo sabía que, si los británicos eran rechazados en Arnhem, las repercusiones sobre el pueblo holandés serían terribles durante el invierno.»

2

Oosterbeek, la tranquila isla en medio de la guerra, constituía ahora el centro mismo de la lucha. En menos de 72 horas —desde el miércoles—, el intenso bombardeo había arrasado el pueblo. Fuego de artillería y morteros lo habían reducido a un inmenso montón de escombros. El sereno orden de la ciudad se había desvanecido. En su lugar, había un paisaje descarnado, lleno de agujeros de cráteres de bombas, surcado de trincheras, tapizado por trozos de madera y acero y cubierto de cenizas y el rojo polvo de los ladrillos. Fragmentos de ropas y cortinas se agitaban fantasmalmente al viento en los árboles ennegrecidos por los incendios. Los vacíos casquillos de las armas automáticas relucían sobre el polvo que cubría las calles hasta la altura del tobillo. Las calzadas se hallaban cortadas por barricadas compuestas de jeeps y vehículos incendiados, árboles, puertas, sacos de arena, muebles..., incluso bañeras y pianos. Tras las casas y cobertizos semiderruidos, en las cunetas de las calles y en los destrozados jardines, yacían los cadáveres de soldados y civiles. Hoteles de descanso, convertidos ahora en hospitales, se alzaban rodeados de césped cubierto de muebles, cuadros y lámparas aplastadas; y los toldos de alegres colores que en otro tiempo dieran sombra a las amplias verandas, colgaban en sucios y harapientos jirones. Casi todas las casas habían resultado alcanzadas por los proyectiles, algunas habían ardido y quedaban pocas ventanas en la ciudad. En este mar de devastación, que los alemanes llamaban ahora *Der Hexenkessel* (el caldero de las brujas), los holandeses —unos ocho o diez mil hombres, mujeres y niños— pugnaban por sobrevivir. Hacinados en sótanos, sin gas, agua ni electricidad, y, como los soldados de muchos sectores, casi sin alimentos, los civiles cuidaban a sus heridos, a los defensores británicos y, cuando se presentaba la ocasión, a sus conquistadores alemanes.

En el Hotel Schoonoord, uno de los principales puestos de socorro situado exactamente en primera línea, Hendrika van der Vlist, la hija del dueño, escribió en su Diario:

> Ya no tenemos miedo; estamos más allá de todo eso. Nos hallamos rodeados de heridos..., algunos de ellos están agonizando. ¿Por qué no hemos de morir nosotros también si así se nos pide? En este breve período de tiempo, hemos llegado a sentirnos ajenos a todo a lo que siempre nos hemos apegado. Nuestras propiedades han desaparecido. Nuestro hotel está dañado por todas partes. Ni siquiera pensamos en él. No tenemos tiempo para eso. Si esta lucha nos reclama a nosotros, además de a los británicos, nos entregaremos gustosos a ella.

A lo largo de los senderos, en los campos y los tejados, tras ventanas fortificadas en las ruinas de las casas, cerca de la iglesia en el bajo Oosterbeek, en el parque de ciervos que se extendía en torno al destrozado Hartenstein, tensos, ojerosos, los paracaidistas ocupaban sus posiciones. El fragor del bombardeo era casi continuo. Había ensordecido tanto a soldados como a civiles. En Oosterbeek, británicos y holandeses habían caído en una especie de estupor. El tiempo carecía de significado, y los acontecimientos se habían tornado borrosos. Sin embargo, soldados y civiles se alentaban unos a otros, esperando el rescate, casi demasiado exhaustos para preocuparse por la supervivencia. El teniente coronel R. Payton-Reid, comandante del 7.º KOSB, observó: «La falta de sueño es la más difícil de combatir de todas las penalidades. Los hombres llegaban a la fase en que lo único importante de la vida parecía ser dormir». Como dijo el capitán Benjamin Clegg, del 10.º Batallón Paracaidista: «Recuerdo más que nada el cansancio, que llegaba casi hasta el punto de que resultaba atractiva la idea de morir». Y el sargento Lawrence Goldthorpe, piloto de planeadores, estaba tan fatigado que «a veces deseaba resultar herido para echarme a descansar». Pero no había descanso para nadie.

Por todo el perímetro —desde el blanco Hotel Dreyerood (conocido por las tropas como la «Casa Blanca») en la extremidad norte del saliente con forma de dedo, hasta la iglesia del siglo X en el bajo

Oosterbeek—, los hombres libraban una especie de batalla ferozmente confusa, en la que se entremezclaban demencialmente las fuerzas y el material de defensores y atacantes. Los británicos se encontraron con frecuencia utilizando armas y municiones alemanas capturadas. Los blindados alemanes estaban siendo destruidos por sus propias minas. Los alemanes conducían jeeps británicos y disponían de los suministros capturados que originalmente estaban destinados para las fuerzas aerotransportadas. «Fue la batalla más barata que jamás hemos librado —recuerda el coronel Harzer, comandante de la *Hohenstaufen*—. Teníamos alimentos, cigarrillos y municiones gratis.» Ambos bandos conquistaron y reconquistaron sus recíprocas posiciones con tanta frecuencia que pocos hombres sabían con certeza de una hora para otra quién ocupaba la posición contigua. Para los holandeses refugiados en sótanos a lo largo del perímetro, ese constante cambio resultaba aterrador.

Jan Voskuil, el ingeniero químico, llevó a toda su familia —sus suegros, su mujer, Bertha, y su hijo de nueve años, Henri— a la casa del doctor Onderwater, porque el sótano del doctor, reforzado con sacos de arena, parecía más seguro. En el momento culminante de un período de incesante tiroteo, un grupo anticarro británico luchó desde el piso situado sobre ellos. Minutos después, se abrió de golpe la puerta del sótano, y un oficial de las SS, acompañado por varios de sus hombres, quiso saber si el grupo ocultaba a algún británico. El pequeño Henri estaba jugando con el casquillo de un proyectil disparado por el cañón de un caza británico. El oficial alemán lo cogió. «¡Esto es de un cañón inglés! —gritó—. ¡Suban todos las escaleras!» Voskuil estaba seguro de que iban a ser fusilados todos los ocupantes del sótano. Intervino rápidamente. «Escuche —dijo al oficial—, esto es una bala de un avión inglés. Mi hijo la encontró y, simplemente, ha estado jugando con ella.» Bruscamente, el alemán hizo un gesto a los hombres y el grupo subió al piso superior sin causar ningún daño a los holandeses. Poco después, volvió a abrirse la puerta del sótano. Para alivio de todos, entraron paracaidistas británicos que, pensó Voskuil, presentaban un aspecto «sobrenatural, con sus chaquetas y cascos de camuflaje cubiertos todavía de ramitas. Como san Nicolás, repartieron chocolates y cigarrillos que acababan de capturar de un camión de suministros alemán».

El soldado Alfred Jones, de los exploradores del comandante Boy Wilson, fue sorprendido también en la confusión de la batalla. Ocupando posiciones en una casa del cruce próximo al Hotel Schoonoord, Jones y otros miembros de un pelotón vieron acercarse un coche oficial alemán. Los aturdidos soldados se quedaron mirando cómo el coche se detenía en la casa contigua a la suya. «Nos quedamos con la boca abierta —recuerda Jones— cuando el chófer abrió la portezuela al oficial e hizo el saludo nazi y el oficial empezó a dirigirse hacia la casa.» Entonces, recuerda Jones, «despertamos todos, el pelotón abrió fuego y nos cargamos a los dos».

Algunas escaramuzas con el enemigo eran menos impersonales. Marchando al frente de una patrulla de combate por entre la densa maleza de la parte norte del perímetro próxima al cruce de Dennenkamp, el teniente Michael Long, del Regimiento de Pilotos de Planeadores, se vio frente a frente con un joven alemán. Éste llevaba un subfusil Schmeisser; Long tenía un revólver. Gritando a sus hombres que se dispersaran, el teniente abrió fuego, pero el alemán fue más rápido «por una fracción de segundo». Long fue herido en el muslo y cayó al suelo; el alemán recibió «sólo un rasguño en la oreja derecha». Para horror de Long, el alemán lanzó una granada «que cayó a medio metro de mí». Frenéticamente, Long apartó de una patada la «patata caliente». Estalló inofensivamente. «Me registró —recuerda Long—, sacó dos granadas de mis bolsillos y las arrojó contra el bosque detrás de mis hombres. Luego, se sentó tranquilamente sobre mi pecho y abrió fuego con la Schmeisser.» Mientras el alemán rociaba de balas la espesura, los ardientes casquillos le caían a Long dentro de la desabrochada guerrera. Encolerizado, Long dio un codazo al alemán y, señalando los casquillos, gritó: «*Sehr warm!*». Sin dejar de disparar, el alemán dijo: «Oh, *ja!*», y cambió de postura para que los casquillos cayeran al suelo. A los pocos momentos, el alemán dejó de disparar y registró de nuevo a Long. Se disponía a tirar el botiquín de primeros auxilios del teniente, cuando Long se señaló el muslo. El alemán se señaló la oreja, que la bala de Long había rozado. En la espesura, mientras proseguían a su alrededor los disparos, los dos hombres se vendaron mutuamente sus heridas. Luego, a Long se lo llevó prisionero.

Lenta pero inexorablemente el perímetro se iba reduciendo a medida que los hombres caían muertos, heridos o prisioneros. El sargento mayor George Baylis, el piloto de planeador que se había llevado a Holanda sus zapatos de baile porque creía que a las holandesas les gustaba bailar, fue «extraído» por soldados alemanes de una trinchera camuflada en un jardín. Colocado contra una pared, Baylis fue registrado e interrogado. Haciendo caso omiso de su inte-

«DER HEXENKESSEL» (EL CALDERO DE LAS BRUJAS)

rrogador, Baylis sacó tranquilamente un espejo de mano y examinando su rostro sucio y sin afeitar, preguntó al alemán: «No sabrá por casualidad si hay algún baile esta noche en la ciudad, ¿verdad?». Fue obligado a marchar delante del grupo.

Otros paracaidistas oyeron realmente música de baile. A través de altavoces alemanes llegaba una de las populares canciones de la Segunda Guerra Mundial, *In The Mood*, de Glenn Miller. En trincheras y posiciones fortificadas, los macilentos soldados escuchaban en silencio. Al terminar el disco, una voz les dijo en inglés: «Hombres de la Primera División Aerotransportada, estáis rodeados. ¡Rendíos o morid!». El sargento Leonard Overton, del Regimiento de Pilotos de Planeadores «no le quedaba ninguna esperanza de salir vivo de Holanda». Overton y todos los que se encontraban cerca de él respondieron con fuego de ametralladora. El sargento Lawrence Goldthorpe oyó también el altavoz. Pocas horas antes había arriesgado su vida para recuperar un cesto de aprovisionamiento..., solo para descubrir que contenía, no alimentos ni municiones, sino boinas rojas. Ahora, cuando oyó la invitación a «rendíos mientras estáis a tiempo», gritó: «¡Iros a hacer puñetas, malditos bastardos!». Al levantar su rifle, oyó que otros hombres en los bosques y trincheras coreaban su grito. Estalló un fragor de fuego de rifles y ametralladoras cuando los enfurecidos soldados apuntaron sus armas en dirección al altavoz. Éste cayó bruscamente.

A los alemanes, la rendición les parecía la única salida viable que les quedaba a los británicos, como descubrió el comandante Richard Stewart, de la 1.ª Brigada de Desembarco Aéreo. Stewart, tras ser capturado y descubrirse que hablaba con toda fluidez el alemán fue llevado a un gran Cuartel General. Recuerda vívidamente al oficial que se encontraba al mando. El general Bittrich «era un hombre alto y flexible, probablemente de poco más de cuarenta años, vestido con un largo capote de cuero negro y gorra», recuerda Stewart. Bittrich no le interrogó. «Simplemente, me dijo que quería que yo acudiese al comandante de mi división y le convenciera para rendirse a fin de salvar la división de ser aniquilada.» Stewart se negó cortésmente. El general se lanzó a «una larga disertación. Me dijo que estaba en mis manos "salvar la floreciente juventud de la nación"». De nuevo, Stewart respondió: «No puedo hacerlo». Bittrich le insistió una vez más. Stewart preguntó: «Señor, si estuviera usted en mi lugar, ¿cuál sería su respuesta?». El comandante alemán meneó lentamente la cabeza. «Mi respuesta sería que no.» «Ésa es también la mía», dijo Stewart.

Aunque Bittrich «nunca había visto a unos hombres luchar tan encarnizadamente como los británicos en Oosterbeek y Arnhem», continuaba subestimando la determinación de los soldados de Urquhart, e interpretó erróneamente el lanzamiento polaco en Driel. Si bien consideraba la llegada de los polacos como «una inyección de moral» para la asediada 1.ª Aerotransportada británica, Bittrich creía que la tarea principal de Sosabowski era atacar la retaguardia alemana e impedir que la División *Frundsberg* de Harmel, que utilizaba ahora el puente de Arnhem, llegara a la zona de Nimega. Consideraba tan grave la amenaza polaca que «intervino en las operaciones contra Oosterbeek» y ordenó al comandante Hans Peter Knaust que lanzara su batallón blindado hacia el sur. El poderoso *Kampfgruppe* de Knaust, reforzado ahora con 15 tanques *Tiger* de sesenta toneladas y 20 Panthers, debía defender Elst e impedir a los polacos llegar al extremo meridional del puente de Arnhem y a los blindados de Horrocks enlazar con ellos. Una vez reorganizada, se le ordenó a la División *Frundsberg* de Harmel «hacer retroceder a los angloamericanos en la zona de Nimega a través del Waal». Para Bittrich, el ataque británico desde Nimega revestía la máxima importancia. La División de Urquhart, creía Bittrich, estaba contenida y agotada. Nunca consideró que el objetivo de los polacos fuera reforzar la cabeza de puente de Urquhart. Sin embargo, la estrategia de Bittrich —desarrollada por razones equivocadas— sellaría el destino de la 1.ª División Aerotransportada.

En las primeras horas de la mañana del viernes 22 de septiembre, cuando el último de los blindados de Knaust llegó a Elst, el general Urquhart recibió noticias de Horrocks, comandante del XXX Cuerpo. En dos mensajes *Phantom* enviados durante la noche, Urquhart había informado al Cuartel General del Segundo Ejército británico que ya no controlaban el transbordador. Horrocks, al parecer, no había sido informado. El mensaje del comandante del Cuerpo decía: «Se ha ordenado a la 43.ª División correr todos los riesgos necesarios para realizar hoy el relevo y se dirige en transbordador. Si la situación lo justifica debe usted retirarse al transbordador o cruzar en él». Urquhart respondió: «Nos encantará verle».

En la bodega del maltrecho Hotel Hartenstein —«el único lugar relativamente seguro que quedaba», recuerda Urquhart— el general conferenció con su jefe de Estado Mayor, coronel Charles Mackenzie. «Lo último que queríamos era ser alarmistas —recuerda Urquhart—, pero yo sentía que tenía que hacer algo para efectuar el relevo, y efectuarlo inmediatamente.»

Afuera, había comenzado el «horror matutino», como llamaban los soldados al habitual bombardeo con morteros al amanecer. El destrozado Hartenstein temblaba y reverberaba por la conmoción de los impactos próximos, y el acosado Urquhart se preguntaba cuánto tiempo podrían resistir. De los 10.005 soldados aerotransportados —8.905 de la División y 1.100 pilotos y copilotos de planeadores— que habían aterrizado en las zonas de lanzamiento de Arnhem, Urquhart estimaba ahora que tenía menos de tres mil hombres. En poco menos de cinco días había perdido más de las dos terceras partes de su División. Aunque ahora tenía comunicaciones con Horrocks y Browning, Urquhart no creía que se daban cuenta de lo que estaba sucediendo. «Yo tenía la convicción —dice Urquhart— de que Horrocks no advertía plenamente lo apurado de nuestra situación, y tenía que hacer algo para que comprendieran la urgencia y el carácter desesperado de la situación.» Decidió enviar a Nimega, para entrevistarse con Browning y Horrocks, al coronel Mackenzie y al teniente coronel Eddie Myers, el ingeniero jefe, «que tomaría las disposiciones especiales necesarias para transportar a los hombres y los suministros». «Se me indicó —dice Mackenzie— que era absolutamente necesario hacer comprender a Horrocks y Browning que la División había cesado de existir como tal, que éramos simplemente un conjunto de individuos desorganizados.» Se había llegado al límite de resistencia, creía Urquhart, y Mackenzie debía hacerles comprender «que si no recibimos hombres y provisiones antes de esta noche, tal vez sea demasiado tarde».

Urquhart estaba junto a Mackenzie y Myers cuando éstos se disponían a marchar. Sabía que el viaje sería peligroso, quizás imposible, pero parecía razonable presumir —si había que dar crédito a los mensajes de Horrocks y el ataque del 43.º *Wessex* se desencadenaba conforme a lo previsto— que para cuando Mackenzie y Myers cruzaran el río habría alguna clase de ruta abierta hacia Nimega. Cuando los hombres emprendían la marcha, Urquhart dijo «unas últimas palabras a Charles. Le dije que tratara de hacerles comprender el apuro en que nos encontrábamos. Charles respondió que haría cuanto pudiera, y yo sabia que sería así». Llevándose un bote de goma, Myers y Mackenzie emprendieron la marcha en jeep en dirección al bajo Oosterbeek y el Rin.

A quince kilómetros de distancia, en la zona de Nimega, al norte del Waal, el capitán Lord Richard Wrottesley, de veintiséis años, que mandaba una sección de la 2.ª *Household Cavalry*, se hallaba en un vehículo blindado, listo para dar la orden de avanzar. Durante la noche se había ordenado a su unidad de reconocimiento que dirigiera el escuadrón de vanguardia en el ataque de la 43.º División *Wessex* y estableciera contacto con las fuerzas aerotransportadas. Desde el día anterior, en el que habían sido detenidos los Guardias Irlandeses, Wrottesley había sido «plenamente consciente del poderío alemán al norte de Nimega». No se había recibido ninguna noticia ni de los polacos en Driel ni de la 1.ª Aerotransportada, «de modo que alguien tenía que averiguar qué estaba sucediendo». La misión del escuadrón, recuerda el joven Wrottesley, era «encontrar una forma de atravesar las defensas enemigas arrollándolas». Evitando la carretera principal Nimega-Arnhem y siguiendo la red de carreteras secundarias hacia el oeste, creía Wrottesley que había una buena probabilidad de atravesar a toda velocidad las defensas enemigas al amparo de una niebla matutina «que podría decidir nuestra suerte». Al amanecer, Wrottesley dio la orden de partir. Rápidamente, sus dos vehículos blindados y sus dos coches de exploración desaparecieron entre la niebla. Les seguía una segunda sección mandada por el teniente Arthur Young. Avanzando con rapidez, la fuerza torció al oeste del pueblo de Oosterhout, siguiendo la orilla del Waal durante unos nueve kilómetros. Luego, describiendo un arco, avanzaron en dirección norte, hacia Driel. «En un momento dado vimos varios alemanes —recuerda Wrottesley—, pero parecieron más sorprendidos que nosotros.» Dos horas y media después, a las 8.00 horas del viernes 22 de septiembre, quedaba establecido el primer enlace entre las fuerzas terrestres de *Market-Garden* y la 1.ª Aerotransportada británica. Las 48 horas que Montgomery había previsto antes del enlace se habían alargado hasta cuatro días y 18 horas. Wrottesley y el teniente Young, superando la intentona de los tanques de la Blindada de Guardias del jueves, había llegado a Driel y al Rin sin disparar un solo tiro.

El tercer escuadrón del teniente H. S. Hopkinson, que los seguía, tropezó con dificultades. La niebla matutina se disipó súbitamente y al ser avistada la unidad, los blindados enemigos abrieron fuego. «El conductor del primer vehículo, Read, resultó muerto inmediatamente —dice Hopkinson—. Me adelanté para ayudarle, pero el coche de exploración estaba ardiendo y los blindados enemigos continuaban disparando sobre nosotros. Nos vimos obligados a retirarnos.» Por el momento, los alemanes habían vuelto a cerrar una ruta de refuerzos para la 1.ª División Aerotransportada de Urquhart.

La extraña parálisis que desde su mismo principio había ido invadiendo al Plan *Market-Garden* se estaba intensificando. La largo tiempo esperada 43.ª División *Wessex*, del general Thomas, debía partir de Nimega al amanecer del viernes 22 de septiembre para ayudar a la columna de la Blindada de Guardias, todavía atascada en Elst. El plan exigía que una brigada —la 129.ª— avanzara por ambos lados de la carretera elevada, cruzara Elst y siguiera hasta Arnhem. Simultáneamente, una segunda brigada, la 214.ª, debía atacar más al oeste a través de la ciudad de Oosterhout y ocupar Driel y el embarcadero del transbordador. Increíblemente, la División *Wessex* había tardado casi tres días en llegar desde el Canal del Escalda, una distancia de poco más de noventa kilómetros. Esto se debía en parte a los constantes ataques enemigos contra el corredor, aunque habría quien sugeriría más adelante que el retraso se debió también a la excesiva cautela del metódico Thomas. Su división podría haber cubierto esa distancia más rápidamente de ir a pie.*

La desgracia se cebó de nuevo en la 43.ª *Wessex*. Para disgusto del general Essame, comandante de la 214.ª Brigada, uno de sus batallones de vanguardia, el 7.° *Somerset*, se había extraviado y no había cruzado el Waal durante la noche del 21. «¿Dónde demonios han estado ustedes?», preguntó acaloradamente Essame al comandante del batallón cuando finalmente llegó la fuerza. El *Somerset* se había visto detenido en Nimega por las muchedumbres y las barricadas; en la confusión consiguiente varias compañías se separaron y se dirigieron a un puente equivocado. Se había frustrado el plan de Essame de aprovechar la niebla matutina y avanzar hacia Driel. El ataque en dos puntas no se inició hasta las 8.30 horas. A plena luz del día, el enemigo, alertado por la unidad de reconocimiento de la *Household Cavalry*, estaba preparado. Para las 9.30 horas, un ingenioso comandante alemán, utilizando hábilmente blindados y artillería, había conseguido inmovilizar en Oosterhout a la 214.ª Brigada; y la 129.ª, que se dirigía hacia Elst y trataba de apoyar a los Guardias Irlandeses del coronel Vandeleur, quedó sometida al fuego de los blindados de Knaust, al que el general Bittrich había ordenado dirigirse hacia el sur para aplastar el avance angloamericano. Aquel crítico viernes, cuando en opinión de Urquhart la suerte de la 1.ª Aerotransportada británica dependía de la inmediata llegada de refuerzos, la 43.ª *Wessex* no capturaría Oosterhout hasta casi entrada la noche, demasia-

---

* Chester Wilmot, *The Struggle for Europe*, p. 516.

do tarde para enviar grandes contingentes en ayuda de los hombres sitiados en Oosterbeek.

Al igual que Essame, también otros se sentían enfurecidos por la lentitud con la que se desarrollaba el ataque. El teniente coronel George Taylor, que mandaba el 5.º de Infantería Ligera *Duke of Cornwall*,* no podía comprender «qué los estaba deteniendo». Sabía que las fuerzas *Garden* llevaban ya tres días de retraso para alcanzar a la 1.ª Aerotransportada. Sabía que el alto mando estaba preocupado también. El jueves se había encontrado con el general Horrocks, el comandante del Cuerpo, que le había preguntado: «¿Qué harías tú, George?». Sin vacilar, Taylor había sugerido que el jueves por la noche enviaran al Rin una fuerza especial transportando vehículos anfibios de dos toneladas y media (DUKW) llenos de provisiones. «Mi idea fue un tiro a ciegas —recuerda Taylor—. Horrocks pareció ligeramente sorprendido y, como suele hacer la gente cuando considera poco práctica una sugerencia, cambió rápidamente de conversación.»

Taylor esperaba ahora con impaciencia la orden de atravesar con su batallón el río Waal. Hasta el mediodía del viernes no se le acercó un comandante, un oficial de Estado Mayor del XXX Cuerpo, para decirle que su batallón recibiría dos DUKW cargados de provisiones y munición que debían llevar a Driel. Además, Taylor tendría un escuadrón de tanques de los *Dragoon Guards*. «La situación en Arnhem es desesperada —dijo el comandante—. Hay que llevar los DUKW a través del río esta misma noche.» Mirando los DUKW, pesadamente cargados, cuando llegaron a la zona de reunión a las 15.00 horas del viernes, Taylor se preguntó si llevarían suministros suficientes. «Sin duda —dijo a su oficial de información, teniente David Wilcox—, vamos a tener que llevarles más que esto.»

Cuando la infantería estaba saliendo todavía de la cabeza de puente de Nimega, el coronel Mackenzie y el teniente coronel Myers ya habían alcanzado a Sosabowski y los polacos en Driel. Su paso del Rin había sido sorprendentemente tranquilo. «Sólo nos hicieron unos

---

* Los nombres de los famosos regimientos británicos originaban siempre confusiones a los americanos, en particular sus abreviaturas. Al Cuartel General del 1.ᵉʳ Ejército Aerotransportado Aliado llegó un mensaje referente al Regimiento de Infantería Ligera Duque de Cornualles *(5th Duke of Cornwall's Light Infantry)* que decía: «5DCLI va a establecer contacto con 1.ª División Aerotransportada...». El desconcertado oficial de servicio de desembarco descifró el mensaje. Informó: «Cinco patos transportando infantería ligera *(Five Duck Craft Landing Infantry)*» se dirigían hacia Urquhart.

cuantos disparos —dice Mackenzie—, y pasaron por encima de nuestras cabezas.» En la orilla sur se estaba desarrollando una batalla a gran escala, y los polacos se hallaban fuertemente hostigados, debiendo rechazar los ataques de la infantería enemiga procedentes de Elst y Arnhem. Mackenzie y Myers habían esperado durante algún tiempo a los polacos en la orilla meridional del Rin. «Se les había dicho por radio que se mantuvieran atentos a nuestra llegada —dice Mackenzie—. Pero se hallaba en curso una encarnizada batalla, y Sosabowski estaba demasiado ocupado.» Finalmente, montados en bicicletas, fueron escoltados hasta el Cuartel General de Sosabowski.

Mackenzie se sintió alentado al descubrir las unidades de la *Household Cavalry*. Pero sus esperanzas de llegar hasta el general Browning en Nimega se vieron rápidamente defraudadas. Para lord Wrottesley y el teniente Arthur Young, el hecho de que el tercer escuadrón de vehículos de reconocimiento de Hopkinson no llegara a Driel significaba que los alemanes habían cortado la ruta tras ellos; tampoco se había producido aún el ataque de la 43.ª *Wessex*. Mackenzie y Myers tendrían que esperar hasta que se abriera una ruta.

Wrottesley recuerda que «Mackenzie pidió inmediatamente utilizar mi radio para ponerse en contacto con el Cuartel General del Cuerpo». Empezó a transmitir un largo mensaje para Horrocks y Browning a través del comandante del escuadrón de Wrottesley. El jefe del Estado Mayor de Urquhart no hizo ningún esfuerzo por cifrar el mensaje. De pie a su lado, Wrottesley oyó a Mackenzie decir «en abierto»: «Estamos escasos de alimentos, municiones y medicinas. No podemos resistir más de 24 horas. Todo lo que podemos hacer es esperar y rezar». Por primera vez, Wrottesley comprendió «que la división de Urquhart debía estar en una situación muy apurada».

Mackenzie y Myers conferenciaron entonces con Sosabowski sobre la urgencia de hacer cruzar el río a los polacos. «Incluso unos pocos hombres pueden suponer una gran diferencia», le dijo Mackenzie. Sosabowski se mostró de acuerdo, pero preguntó de dónde iban a llegar los botes y balsas. Se esperaba que los DUKW solicitados llegaran para la noche. Mientras tanto, pensaba Myers, podrían utilizarse varios botes de goma biplazas que tenían las fuerzas aerotransportadas. Unidos con una guindaleza, podrían ser llevados de una orilla a otra del río. Sosabowski quedó «encantado con la idea». Sería terriblemente lento, dijo, pero «si no encontraban oposición, quizá pudieran cruzar doscientos hombres durante la noche». Myers comunicó rápidamente por radio con el Hartenstein para hicieran los preparativos necesarios para los botes. Se decidió que la desesperada operación comenzase al anochecer.

En la cabeza de puente del otro lado del río, los hombres de Urquhart continuaban luchando con extraordinario valor y decisión. Sin embargo, en numerosos puntos del perímetro, incluso los más resueltos manifestaban su preocupación por los refuerzos. Aquí y allá iba aumentando la sensación de aislamiento, contagiando también a los holandeses.

A Douw van der Krap, antiguo oficial de la Marina holandesa, le habían puesto en su momento al mando de una unidad de la Resistencia holandesa compuesta por 25 hombres que debía luchar junto a los británicos. El grupo había sido organizado a instancias del capitán general Arnoldus Wolters, oficial de enlace holandés en el Cuartel General de Urquhart. Se encomendó la misión de encontrar armas alemanas para el grupo a Jan Eijkelhoff, quien el lunes había ayudado a preparar el Hotel Schoonoord para atender a los heridos. Los británicos solamente podían dar a cada hombre cinco cargas de municiones..., si se encontraban armas. Fue hasta Wolfheze, pero Eijkelhoff encontró solo tres o cuatro fusiles. Al principio, el recién nombrado comandante de la unidad, Van der Krap, estaba encantado con la idea, pero su optimismo iba menguando. Sus hombres serían ejecutados en el acto si eran capturados mientras combatían al lado de los paracaidistas. «Sin disponer de refuerzos y provisiones, era evidente que los británicos no podían durar —recuerda Van der Krap—. No podían armarnos y no podían alimentarnos, y decidí disolver el grupo.» Van der Krap permaneció, sin embargo, con los paracaidistas. «Yo quería luchar —dice—, pero no creía que tuviéramos la menor probabilidad de éxito.»

La joven Anje van Maanen, que se había sentido tan excitada por la llegada de los paracaidistas y la diariamente expectante por ver «los blindados de Monty», se hallaba ahora aterrorizada por el continuo bombardeo y el constante cambio de las líneas de combate. «El fragor y la confusión continúan —escribió en su Diario—. Ya no puedo soportarlo más. Estoy tan asustada que no puedo pensar más que en obuses y muerte.» El padre de Anje, el doctor Gerritt van Maanen, que trabajaba con los médicos británicos en el Hotel Tafelberg, explicaba las novedades a su familia siempre que podía, pero para Anje la batalla había adquirido proporciones irreales. «No entiendo —escribió—. Un lado de una calle es británico, el otro alemán, y las personas se matan unas a otras desde ambos lados. Hay luchas casa por casa, piso por piso y habitación por habitación.» El viernes, Anje escribió: «Los británicos dicen que Monty estará aquí de un momento a otro. No lo creo. ¡Monty puede irse al infierno! No vendrá nunca».

En el Hotel Schoonoord, donde los heridos británicos y alemanes abarrotaban la amplia galería y yacían en las salas de recepción, pasillos y dormitorios, Hendrika van der Vlist apenas si podía creer que fuese viernes. El hospital estaba cambiando constantemente de manos. El miércoles, el hotel había sido tomado por los alemanes, el jueves, por los británicos, y el viernes por la mañana, había sido reconquistado por los alemanes. El control del Schoonoord era menos importante que la necesidad de impedir que dispararan sobre él. Una gran bandera de la Cruz Roja ondeaba en el tejado y por los jardines se veían otras muchas pequeñas, pero el polvo y los escombros que cruzaban el aire oscurecían a menudo las enseñas. Camilleros, enfermeras y médicos continuaban trabajando, indiferentes al parecer a todo lo que no fuese la constante afluencia de heridos.

Hendrika había dormido vestida sólo unas pocas horas cada noche, levantándose para ayudar a los médicos y camilleros cuando llegaban nuevos heridos. Hablando con fluidez el inglés y el alemán, había advertido al principio un cierto pesimismo entre los alemanes, en contraste con la paciente jovialidad de los británicos. Ahora, muchos de los *Diablos Rojos* heridos gravemente parecían estoicamente dispuestos a aceptar su suerte. Cuando llevó a un paracaidista la minúscula cantidad de sopa y la galleta que constituía la única comida que el hospital podía suministrar, el hombre señaló hacia un herido recién llegado. «Dáselo a él», le dijo a Hendrika. Al retirar la manta del hombre, la muchacha vio un uniforme alemán. «Es alemán, ¿eh?», preguntó el paracaidista. Hendrika asintió con la cabeza. «Dale la comida de todas maneras —dijo el británico—, yo comí ayer.» Hendrika se le quedó mirando. «¿Por qué estamos en guerra, realmente?», preguntó. El hombre meneó fatigosamente la cabeza. En su Diario, Hendrika plasmó sus temores más íntimos: «¿Se ha convertido nuestro pueblo en uno de los más sangrientos campos de batalla? ¿Qué es lo que detiene al grueso del ejército? Esto no puede seguir así mucho tiempo».

En el sótano del doctor Onderwater, donde la familia Voskuil se refugiaba junto con otras veinte personas, tanto holandesas como británicas, la señora Voskuil advirtió por primera vez que el suelo estaba resbaladizo de sangre. Durante la noche, dos oficiales heridos, el comandante Peter Warr y el teniente coronel Ken Smyth, habían sido introducidos allí por paracaidistas británicos. Ambos hombres se hallaban gravemente heridos, Warr en el muslo y Smyth en el estómago. Poco después de haber sido depositados en el suelo los heridos, irrumpieron los alemanes. Uno de ellos lanzó una granada. El cabo George Wyllie, del 10.º Batallón del coronel Smyth, recuerda «una llamarada y, luego, una ensordecedora explosión». La señora Voskuil, sentada detrás del comandante Warr, sintió «una dolorosa quemadura» en las piernas. En el oscuro sótano, oyó gritar a alguien: «¡Mátalos! ¡Mátalos!». Sintió caer sobre ella el pesado cuerpo de un hombre. Era el soldado Albert Willingham que, al parecer, había saltado ante la señora Voskuil para protegerla. El cabo Wyllie vio una ancha herida en la espalda de Willingham. Recuerda que la mujer estaba sentada en una silla con un niño a su lado, y el paracaidista muerto sobre su regazo. El niño parecía cubierto de sangre. «Dios mío —pensó Wyllie mientras perdía el conocimiento—, hemos matado a un niño.» De pronto, la feroz batalla terminó. Alguien encendió una linterna. «¿Estás vivo todavía?» preguntó la señora Voskuil a su marido. Luego, alargó la mano hacia su hijo, Henri. El niño no respondía a sus gritos. Tuvo la certeza de que estaba muerto. «De pronto ya no me preocupaba lo que sucediera —dice—. Ya no pasaba nada.»

Vio que tanto soldados como civiles estaban terriblemente heridos y gritaban. Delante de ella, la guerrera del comandante Warr estaba «ensangrentada y abierta en una gran brecha». Todo el mundo gritaba o sollozaba. «Silencio —exclamó en inglés la señora Voskuil—. ¡Silencio!» Entonces le quitaron de encima la pesada carga que la cubría y pudo ver de cerca a Wyllie. «El muchacho inglés se levantó, temblando visiblemente. Tenía la culata de su rifle en el suelo, y la bayoneta, casi a la altura de mis ojos, se movía de un lado a otro mientras él trataba de sostenerse. De su garganta brotaban sordos ruidos que parecían emitidos por un perro o un lobo.»

La cabeza del cabo Wyllie empezó a despejarse. Alguien había encendido una vela en el sótano y un oficial alemán le dio un trago de coñac. Wyllie observó que la botella llevaba una insignia de la Cruz Roja y debajo de las palabras: «Fuerzas de Su Majestad». Mientras era conducido fuera del sótano, Wyllie volvió la vista hacia la señora «cuyo hijo había muerto». Quiso decirle algo, «pero no pude encontrar palabras».*

El oficial alemán pidió a la señora Voskuil que dijera a los británicos que «han luchado valerosamente y se han portado como caballeros, pero ahora deben rendirse. Dígales que todo ha terminado». Mientras sacaban a los paracaidistas, un practicante alemán examinó a Henri. «Está en coma —dijo a la señora Voskuil—. Ha recibido un rasguño en el estómago y tiene los ojos descoloridos e hinchados, pero se pondrá bien.» Ella asintió con la cabeza, en silencio.

En el suelo, el comandante Warr, con los huesos del hombro abultando a través de la piel a consecuencia de la explosión, gritó, maldijo y luego, cayó de nuevo inconsciente. Inclinándose sobre él, la señora Voskuil humedeció su pañuelo y le secó la sangre de los labios. A poca distancia, el coronel Smyth murmuró algo. Un guardián alemán se volvió con aire interrogante hacia la señora Voskuil. «Quiere un médico», dijo ella suavemente. El soldado salió del sótano y regresó a los pocos minutos con un médico alemán. Examinando a Smyth, el doctor dijo: «Dígale al oficial que lamento tener que hacerle daño, pero debo echar un vistazo a su herida. Dígale que apriete los dientes». Cuando empezaba a quitarle las ropas, se desmayó.

Al amanecer, se ordenó a los civiles que se marcharan. Dos hombres de las SS llevaron a la calle a la señora Voskuil y a Henri, y un miembro holandés de la Cruz Roja les acompañó al sótano de un dentista, el doctor Phillip Clous. Los suegros de Voskuil no fueron. Prefirieron quedarse en casa y correr peligro. En la casa de Clous, el dentista acogió cordialmente a la familia. «No se preocupe —dijo a Voskuil—. Todo va a ir bien. Ganarán los británicos.» Voskuil, en pie junto a su mujer y su hijo herido, con la mente llena todavía de los horrores de la noche, clavó su vista en el hombre. «No —dijo en voz baja—, no ganarán.»

Aunque se negaban a admitir que su resistencia había llegado casi al límite, muchos paracaidistas sabían que no podrían aguantar mucho más tiempo. El sargento mayor Dudley Pearson estaba cansado «de verse empujado de un lado a otro por los alemanes». En el borde norte del perímetro, él y sus hombres habían sido perseguidos por blindados, inmovilizados en los bosques y obligados a combatir a

---

* Wyllie no volvió a ver nunca a los Voskuil ni supo tampoco sus nombres. Durante años, estuvo preocupado por la mujer del sótano y por el niño que creyó muerto. En la actualidad, el pequeño Henri Voskuil es médico.

los alemanes con bayonetas. Finalmente, el jueves por la noche, al irse reduciendo el perímetro, el grupo de Pearson recibió orden de replegarse. Se le dijo que cubriera la retirada con una granada de humo. Oyó cerca los disparos de una solitaria Bren. Arrastrándose por entre la maleza, descubrió a un cabo oculto en una profunda oquedad del bosque. «Vete —le dijo Pearson—. Sólo quedo yo.» El cabo meneó la cabeza. «No, sargento —dijo—. Yo me quedo. No dejaré pasar a esos bastardos.» Mientras se alejaba, Pearson oía los disparos de la ametralladora. Pensó que la situación era desesperada. Empezaba a preguntarse si no sería mejor rendirse.

En una zanja próxima a la pista de tenis del Hartenstein —donde la tierra estaba surcada de pozos de tirador que se les había permitido cavar a los prisioneros alemanes para su propia protección—, el piloto de planeadores Víctor Miller miró el cadáver de otro piloto que yacía tendido a pocos metros de distancia. El tiroteo había sido tan intenso que los hombres no habían podido retirar a los muertos. Miller vio que desde el último bombardeo de morteros el cadáver estaba medio sepultado bajo hojas y destrozadas ramas. Continuó mirando al cadáver, preguntándose si acudiría alguien a recogerlo. Le aterrorizaba la idea de que cambiaran las facciones de su amigo, y estaba seguro de que había «un fuerte olor a muerte». Sintió náuseas. Recuerda haber pensado que «si no se hace pronto algo, todos seremos cadáveres. Las granadas nos eliminarán uno a uno, hasta que esto no sea más que un cementerio».

Otros hombres pensaban que se les estaba exhortando a mantener el valor sin permitirles conocer los hechos. El soldado William O'Brien, situado cerca de la iglesia en el bajo Oosterbeek, recuerda que «todas las noches venía un oficial a decirnos que siguiéramos resistiendo, que el Segundo Ejército llegaría al día siguiente. Reinaba la apatía. Todo el mundo preguntaba para qué demonios estábamos allí y dónde demonios estaba el maldito ejército. Ya habíamos tenido bastante». El sargento Edward Mitchell, piloto de planeadores, que se hallaba en una posición frente a la iglesia, recuerda que un hombre se encerró en un cobertizo próximo. «No dejaba acercarse a nadie. De vez en cuando, gritaba: «Venid, bastardos», y vaciaba un cargador en torno al cobertizo.» Durante horas, el solitario paracaidista permaneció gritando y disparando alternativamente, luego cayó en un período de silencio. Mientras Mitchell y otros discutían cómo hacerle salir, se oyó otra andanada y, luego, se hizo el silencio. Al llegar al cobertizo, encontraron muerto al paracaidista.

Aquí y allá, hombres conmocionados, fatigados por el combate, enloquecidos por la tensión, vagaban por las proximidades del Hartenstein, indiferentes ya a la batalla. El médico Taffy Brace, que había cuidado el jueves el mutilado cuerpo de su amigo Andy Milbourne, se iba encontrando a estos trágicos, patéticos hombres mientras trataba a los heridos. Para entonces, Brace se había quedado ya sin morfina y estaba utilizando vendas de papel. No se permitía a sí mismo revelar que no quedaban medicamentos. «¿Para qué quieres morfina? —preguntó a un paracaidista gravemente herido—. La morfina es para los que tienen algo realmente grave. Tú estás de maravilla.»

Mientras vendaba al hombre, Brace oía un extraño silbido a sus espaldas. Al volverse, vio a un paracaidista completamente desnudo que subía y bajaba los brazos y «pitaba como una locomotora». Al verle, el soldado empezó a maldecir. «Matad a este fogonero —dijo—, siempre ha sido un inútil.» En una casa próxima al perímetro, Brace, que llegaba con un herido, oyó a un hombre cantar en voz baja *Las rocas blancas de Dover*. Creyendo que el soldado estaba consolando al otro herido, Brace le sonrió y le hizo un gesto de aliento. El hombre se abalanzó sobre Brace y trató de estrangularle. «¡Te voy a matar! —gritó—. ¿Qué sabes tú de Dover?» Brace aflojó los dedos que le oprimían la garganta. «Tranquilízate —dijo suavemente—, he estado allí.» El hombre dio un paso atrás. «Oh —dijo—, está bien, entonces.» Minutos después, empezó a cantar de nuevo. Otros recuerdan a un soldado enloquecido que caminaba de noche entre ellos. Inclinándose sobre las acurrucadas formas de los hombres que intentaban dormir, los despertaba con brusquedad, los miraba fijamente a los ojos y les hacía a todos la misma pregunta: «¿Tienes fe?».

A diferencia de aquellos hombres enloquecidos, desesperados y dignos de compasión cuya fe había desaparecido, muchos otros se sentían alentados por los actos de excéntricos e impávidos soldados que parecían no sentir el menor temor y se negaban a ceder ante las heridas o las penalidades. El comandante Dickie Lonsdale, comandante de la «Fuerza Lonsdale», que ocupaba posiciones en torno a la iglesia del bajo Oosterbeek, parecía estar en todas partes. «La suya era una figura que inspiraba terror —recuerda el sargento Dudley Pearson—. Tenía un brazo en un ensangrentado cabestrillo, una venda igualmente cubierta de sangre en torno a la cabeza y otra más en una pierna.» Cojeando para exhortar a sus hombres, Lonsdale encabezaba ataque tras ataque.

El sargento mayor Harry Callaghan, que había añadido ciertos retoques a su uniforme —había encontrado un sombrero de copa en una carroza fúnebre y lo llevaba por todas partes, explicando a los hombres que había sido nombrado «representante de la Aerotransportada en el funeral de Hitler»—, recuerda el vibrante y retador discurso que Lonsdale pronunció ante los hombres, en la iglesia. Los oficiales habían reunido a los soldados y los habían dirigido hasta el viejo edificio en ruinas. «Se había hundido el tejado —recuerda Callaghan—, y cada nueva explosión hacía que se derramara una cascada de yeso.» Mientras los soldados se apoyaban negligentemente contra las paredes y los destrozados bancos —fumando, paseando, medio dormidos—, Lonsdale subió al púlpito. Los hombres levantaron la vista hacia la ensangrentada figura de fiero aspecto. «Hemos luchado contra los alemanes en África del norte, Sicilia e Italia» recuerda Callaghan que dijo Lonsdale. «¡No fueron enemigos para nosotros entonces! ¡No lo están siendo tampoco ahora!» El capitán Michael Corrie, del Regimiento de Pilotos de Planeadores, se había sentido sorprendido al entrar en la iglesia «por el cansancio que observé. Pero el discurso de Lonsdale era edificante. Me sentí aturdido por sus palabras, y orgulloso. Los hombres habían entrado con aire derrotado, pero al salir tenían un nuevo espíritu. Podía verse con claridad en sus rostros».

Algunos hombres parecían haber vencido incluso el paralizante temor que infundía la fuerza bruta de los ataques blindados enemigos. Con pocos cañones anticarro, los soldados se hallaban impotentes contra los blindados y cañones autopropulsados que rugían en torno al perímetro, pulverizando posición tras posición. Sin embargo, los infantes resistían. Fueron destruidos incluso *Tiger* de sesenta toneladas, a menudo por hombres que jamás habían disparado un cañón antitanque. El cabo Sydney Nunn, que había estado deseando participar en la expedición a Arnhem como huida de la «pesadilla» de su campamento en Inglaterra y del topo que había invadido su colchón, se enfrentaba ahora a una pesadilla mucho más terrible con aparente calma. Él y otro paracaidista, el soldado Nobby Clarke, habían trabado amistad con un piloto de planeadores en una trinchera próxima. Durante una pausa en el bombardeo, el piloto le dijo a Nunn: «No sé si lo sabes, amigo, pero hay un blindado terriblemente grande delante, a nuestra derecha. Uno de la familia *Tiger*». Clarke miró a Nunn. «¿Qué se supone que debemos hacer? —preguntó—. ¿Ir a llenarlo de agujeros?»

Cautelosamente, Nunn miró por el borde de la trinchera. El blindado era «enorme». Cerca de allí, escondido entre los matorrales, había un cañón anticarro, pero sus servidores habían muerto, y en el grupo de Nunn nadie sabía cargar ni disparar el arma. Nunn y el piloto de planeadores decidieron arrastrarse hasta él. Al salir de la trinchera, los dos hombres fueron avistados, y el cañón del tanque empezó a disparar. «Avanzábamos aplastados de tal modo contra la tierra que trazábamos surcos en ella con la nariz —recuerda Nunn—. Nuestro bosquecillo empezó a parecer un campamento de leñadores al ir cayendo los árboles a nuestro alrededor.» Los dos hombres llegaron hasta el cañón en el preciso momento en que el *Tiger* «empezaba a prestarnos atención personal con su ametralladora». El piloto dirigió la vista a lo largo del cañón y lanzó un grito de alegría. «Nuestro cañón estaba apuntando directamente contra el carro. Si hubiéramos sabido hacerlo, no lo habríamos podido apuntar mejor.» Mirando a Nunn, el piloto dijo: «Espero que este cacharro funcione». Accionó el disparador. En la fuerte explosión que siguió, ambos hombres fueron arrojados de espaldas contra el suelo. «Cuando dejaron de zumbarnos los oídos, oí a otros hombres que empezaban a reír y dar gritos de alegría a nuestro alrededor», dice Nunn. Al dirigir la vista hacia el blindado, vio que el *Tiger* se hallaba envuelto en llamas y estaban estallando sus municiones. Volviéndose hacia Nunn, el piloto le estrechó la mano con solemnidad. «Obra nuestra, creo», dijo.

Muchos hombres recuerdan al comandante Robert Cain, del 2.º *South Staffordshires*, como el verdadero experto contra carros y cañones autopropulsados. Cain tenía la impresión de que él y sus hombres habían estado siendo perseguidos y amenazados por carros Tiger desde el mismo momento de su llegada. Ahora, con su pequeña fuerza apostada en la iglesia del bajo Oosterbeek, en casas y jardines del otro lado de la carretera y en una lavandería propiedad de una familia llamada Van Dolderen, Cain estaba decidido a inutilizar cada blindado que viera. Buscando el mejor punto desde el que operar, Cain eligió la casa de Van Dolderen. El propietario de la lavandería se mostró reacio a marcharse. Examinando el jardín trasero, Cain dijo: «Bueno, sea como quiera. Voy a instalarme ahí. Utilizaré su casa como depósito de municiones».

Cain estaba usando el cañón tipo bazooka que se conoce con el nombre de Piat para destruir los blindados. El viernes, al crecer la intensidad de los combates callejeros, los tímpanos de Cain estaban a punto de estallar a consecuencia de sus incesantes disparos. Taponándose los oídos con trozos de vendas de campaña, continuó lanzando granadas.

Alguien le gritó de pronto a Cain que se acercaban dos blindados por la carretera. En la esquina de un edificio, Cain cargó el Piat y apuntó. El sargento jefe Richard Long, piloto de planeadores, miraba espantado. «Era el hombre más valiente que jamás he visto —dice—. «Estaba sólo a unos cien metros de distancia cuando empezó a disparar.» El carro respondió al fuego antes de que Cain pudiera cargar de nuevo su arma, y la granada dio contra el edificio que tenía detrás. En el espeso torbellino de polvo y cascotes, Cain disparó otra vez y, luego, otra. Vio a los tripulantes del primer carro saltar a tierra, rociando la calle con balas de ametralladora. Inmediatamente, los paracaidistas que rodeaban a Cain abrieron fuego con ametralladoras Bren y, recuerda Cain, «los alemanes cayeron acribillados». Cargando de nuevo su arma, disparó, y el sargento Long vio «una tremenda llamarada». La granada había estallado en el interior del Piat. El comandante Cain levantó las manos en el aire y cayó hacia atrás. Cuando llegamos junto a él, tenía el rostro completamente negro. Sus primeras palabras fueron: «Creo que estoy ciego». El sargento jefe Walton Ashworth, uno de los que había disparado con su Bren contra los alemanes, se quedó mirando fijamente a Cain mientras se lo llevaban. «Todo lo que podía pensar era: "Pobre condenado bastardo".»

A la media hora, Cain había recobrado la vista, pero tenía la cara acribillada de pequeños trozos de metal. Se negó a aceptar morfina y, decidiendo que «no se hallaba lo bastante herido como para quedarse donde estaba», regresó a la batalla para, según lo describió el capitán W. A. Taylor, «aumentar su colección de blindados enemigos». Para el viernes por la tarde, Cain, de treinta y cinco años, tenía una buena marca. Desde el aterrizaje, el día 18, había inutilizado o destruido un total de seis blindados, así como buen número de cañones autopropulsados.

Por toda la zona había bravos hombres desarrollando una heroica resistencia, indiferentes a su propia seguridad. Al anochecer del viernes, el cabo Leonard Formoy, uno de los supervivientes del 3.er Batallón del coronel Fitch, que había realizado la desesperada marcha para llegar hasta los hombres de Frost en el puente de Arnhem, ocupó una posición en las afueras occidentales, no lejos del Cuartel General de la división en el Hartenstein. «Nos disparaban prácticamente por todas partes», recuerda Formoy. De pronto, un carro Tiger que venía de la dirección de Arnhem se lanzó hacia el grupo de hombres que rodeaban a Formoy. En la media luz del crepúsculo, Formoy vio girar la torreta. El sargento *Cab* Calloway cogió un Piat y se precipitó hacia delante. «¡Estás yendo adonde voy yo!», le oyó gritar Formoy. Aproximadamente a cincuenta metros del blindado, Calloway disparó. La bomba explotó contra las orugas, y el tanque se detuvo, pero sus cañones mataron a Calloway casi en ese mismo instante. «Fue un acto de desesperación —recuerda Formoy—. Quedó partido en dos, pero nos salvó la vida.»

El soldado James Jones recuerda un comandante desconocido que les pidió a él y a otros tres que le acompañaran fuera del perímetro en busca de armas y municiones. El pequeño grupo se encontró de pronto con varios alemanes en un nido de ametralladoras. Dando un salto hacia delante, el comandante disparó gritando: «¡Ahí hay más de esos bastardos que no vivirán!». Al abrir fuego los alemanes, el grupo se dispersó, y Jones se encontró atrapado tras un jeep inutilizado. «Recé una oración, esperé otra andanada de la ametralladora y regresé a nuestras líneas», recuerda Jones. No volvió a ver más al comandante.

Altos oficiales, ignorantes a menudo de la impresión que causaban, dieron ejemplos que sus hombres no olvidarían jamás. El general de brigada *Pip* Hicks se negó a llevar casco durante la batalla. El paracaidista William Chandler, uno de los componentes del escuadrón de reconocimiento del comandante Freddie Gough, cuyo grupo había quedado aislado el domingo en la ruta septentrional *Leopardo* y había sido enviado a un cruce de Oosterbeek, recuerda la boina roja de Hicks destacando entre grupos de hombres con casco. «Eh, general de brigada —exclamó alguien—, póngase su maldito casco.» Hicks sonrió e hizo un gesto con la mano. «No pretendía hacerme el desenfadado —explica Hicks—. Lo que pasa es que no podía soportar el condenado trasto saltándome en la cabeza.» Sus actividades tal vez tuvieran algo que ver con ello. Varios hombres recuerdan los frecuentes viajes diarios de Hicks al Cuartel General de Urquhart. Empezaba cada viaje con un trotecillo y terminaba corriendo a toda velocidad perseguido por los disparos alemanes. «Sentía plenamente el peso de mi edad cuando terminaba aquellas locas carreras», confiesa Hicks.

El general de brigada Shan Hackett, que había llevado de nuevo a la zona de Oosterbeek a sus maltrechos Batallones 10.º y 156.º tras su valeroso, pero inútil intento de romper las defensas alemanas al norte y el este y llegar a Arnhem, visitaba constantemente a sus hombres, dedicándoles serenas palabras de elogio. El comandante Geoffrey Powell estaba al mando de dos pelotones del 156.º en posiciones del perímetro situadas al norte. «Estábamos escasos de alimentos, municiones y agua —recuerda Powell—, y teníamos pocas medicinas.» El viernes, Hackett se presentó súbitamente en el puesto de mando de Powell, donde, dice Powell, «estábamos metidos literalmente en las líneas enemigas». Hackett explicó que no había tenido tiempo de visitar a Powell hasta entonces, «pero te has estado defendiendo tan bien, George, que no me preocupaba por ti». Powell se sintió complacido. «El único verdadero error que he cometido hasta el momento, señor —dijo—, es instalar el Cuartel General en un gallinero. Estamos todos plagados de pulgas.» Para el sargento jefe Dudley Pearson, administrativo jefe de la 4.ª Brigada, Hackett se ganaba el respeto porque «convivía con nosotros como si no tuviera la graduación que tenía. Si comíamos, comía, y si pasábamos hambre también la pasaba él. Parecía no tener cubiertos. El viernes, se sentó con nosotros y comió con los dedos». Pearson salió a buscar un tenedor y un cuchillo. A su regreso, resultó herido en el talón: pero, dice, «pensé que el general de brigada merecía algo mejor que la forma en que vivía entre nosotros».

Y el soldado Kenneth Pearce, agregado a la sección de Transmisiones del Mando de Artillería en el Cuartel General de la división, siempre recordará al hombre que acudió en su ayuda. Pearce tenía a su cargo los pesados acumuladores llamados Dag —cada uno de los cuales tenía un peso aproximado de doce kilos e iban colocados en cajas de madera provistas de asas de hierro colado— que suministraban energía a los aparatos de radio. Al atardecer, Pearce estaba forcejeando para sacar un Dag nuevo de la profunda trinchera en la que estaban almacenados. Encima de él, oyó a alguien decir: «Deja que te ayude». Pearce indicó al hombre que agarrara un asa y levantara el aparato. Entre los dos arrastraron la pesada caja a la trinchera del puesto de mando. «Hay una más —dijo Pearce—. Vamos por ella.» Los hombres hicieron el segundo viaje, y de vuelta en el puesto de mando, Pearce saltó a la trinchera mientras el otro hombre descendía las cajas hasta él. Cuando se alejaba, Pearce advirtió de pronto que el hombre llevaba emblemas rojos de oficial de Estado Mayor.

«DER HEXENKESSEL» (EL CALDERO DE LAS BRUJAS)

Deteniéndose en seco, balbuceó «Muchísimas gracias, señor». El general Urquhart movió la cabeza. «No es nada, hijo», contestó.

Paso a paso, iba ahondándose la crisis; nada salía bien aquel día que el general Horrocks denominaría «viernes negro». Las malas condiciones meteorológicas imperantes tanto en Inglaterra como en Holanda inmovilizaron de nuevo en tierra a los aviones aliados, impidiendo la realización de misiones de aprovisionamiento. En respuesta a la petición formulada por Urquhart de que se llevaran a cabo ataques de cazas, la RAF manifestó: «... Tras detenido examen lamentamos no poder acceder a causa del temporal...». Y, en aquel momento en el que Horrocks necesitaba hasta el último hombre, blindado y tonelada de suministros para conservar la cabeza de puente de Montgomery sobre el Rin y conseguir llegar hasta los *Diablos Rojos*, la contraofensiva del mariscal de campo Model logró finalmente cortar el corredor. Treinta minutos después de recibir el mensaje de Mackenzie comunicando que Urquhart podría verse desbordado en el plazo de 24 horas, el general Horrocks recibió otro mensaje: en el sector de la 101.ª Aerotransportada, poderosas fuerzas alemanas habían cortado el corredor al norte de Veghel.

Difícilmente podía haber elegido Model un punto más vital ni calculado mejor el momento. Fuerzas de infantería británica de los Cuerpos XII y VIII, avanzando a ambos lados de la carretera, acababan de llegar a Son, apenas a siete kilómetros en el interior de la zona de la 101.ª. Enfrentándose a una firme resistencia, habían ido avanzando con desesperante lentitud. El comandante de la 101.ª, el general Taylor, había esperado que los británicos llegaran mucho antes a su sector de la «Carretera del Infierno». Al cabo de más de cinco días de lucha continua sin recibir refuerzos, los hombres de Taylor se hallaban muy esparcidos y en situación altamente vulnerable. En algunos trechos la carretera se hallaba desguarnecida, a excepción de los blindados y la infantería británicos que avanzaban por ella en dirección norte. En todos los demás puntos, el «frente» era, literalmente, los lados de la carretera. El mariscal de campo Model había decidido contraatacar en Veghel por una razón concreta: la zona de Veghel contenía el mayor número de puentes de toda la longitud del corredor *Market-Garden*, no menos de cuatro, uno de los cuales era un importante paso de canal. De un solo golpe, Model esperaba estrangular las líneas de avance aliadas. Estuvo a punto de hacerlo.

Podría haberlo conseguido, de no haber sido por la Resistencia holandesa.

Durante la noche y primeras horas de la mañana, en pueblos y aldeas situados al este de Veghel, los holandeses advirtieron la iniciativa alemana; sin perder un momento, telefonearon a los oficiales de enlace con la 101.ª. El aviso llegó en el momento justo. Los concentrados blindados alemanes estuvieron a punto de vencer a los hombres de Taylor. Por dos veces en cuatro horas, en un feroz combate que se desarrolló a lo largo de una franja de siete kilómetros del corredor, los carros alemanes trataron de ocupar los puentes. Desesperadamente, los hombres de Taylor, ayudados por la artillería y los blindados británicos que se encontraban en la carretera, rechazaron los ataques. Pero, seis kilómetros más al norte, en Uden, los alemanes lograron cortar el corredor. Ahora, estando la batalla violentamente viva todavía y las fuerzas de retaguardia separadas del resto y aisladas, Horrocks se vio obligado a tomar una fatal decisión; tendría que enviar unidades blindadas —urgentemente necesarias en sus esfuerzos por llegar hasta Urquhart— en dirección sur por el corredor para ayudar al general Taylor, cuya necesidad era ahora más urgente todavía. La 32.ª Brigada de Guardias fue despachada apresuradamente hacia el sur para apoyar a la 101.ª en su esfuerzo de abrir nuevamente la carretera. La valerosa 101.ª permanecería en los puentes, pero, aun con la ayuda de los Guardias, ni un solo hombre, carro o vehículo de aprovisionamiento se desplazaría hacia el norte por el corredor durante las veinticuatro horas siguientes. La contraofensiva de Model, aunque frustrada por el momento, le había proporcionado, sin embargo, enormes dividendos. Al final, la batalla por el corredor decidiría el destino de Arnhem.

A las 16.00 horas del viernes 22 de septiembre, seis horas y media después de haber quedado inmovilizados por los carros y la artillería alemanes, los infantes británicos se abrieron paso finalmente a través de Oosterhout en la zona Nimega-Arnhem. El pueblo se hallaba en llamas y se estaban haciendo prisioneros de las SS. Se creía ahora que estaba despejada o, en el peor de los casos, sólo débilmente defendida por el enemigo la ruta de socorro situada al oeste de la carretera «isla», las carreteras secundarias que discurrían a baja altura utilizadas al amanecer por la audaz *Household Cavalry* en su carrera hasta Driel. El 5.º Regimiento de Infantería Ligera *Duque de*

Cornualles, apoyado por un escuadrón de tanques de los *Dragoon Guards* y llevando dos preciosos vehículos anfibios cargados de provisiones, estaba listo para embestir contra cualquier oposición que pudiera quedar y avanzar velozmente hacia el Rin. El teniente coronel George Taylor, que mandaba la fuerza, estaba tan ansioso por llegar hasta Urquhart que «sentía un loco deseo de empujar con mis propias manos a la infantería hacia los blindados y poner en marcha la columna».

Sus cargados vehículos esperaban el momento de iniciar la marcha en un pequeño bosque situado al norte de Oosterhout. De pronto, a lo lejos, Taylor divisó dos blindados *Tiger*. En voz baja, advirtió al teniente David Wilcox, su oficial de información: «No diga nada. No quiero que nadie sepa la existencia de esos blindados. No podemos detenernos ahora». Taylor dio la señal para que la columna saliera a la carretera. «Sabía —dice— que, si hubiéramos esperado cinco minutos más, la ruta habría vuelto a cerrarse.»

A toda velocidad —con la infantería montada en los tanques, transportes y camiones—, la columna de Taylor atravesó aldeas y poblados holandeses. Por todas partes, eran recibidos por sorprendidos aldeanos que los aclamaban, pero el avance no se detenía. La única preocupación de Taylor era llegar al Rin. «Experimentaba una sensación de gran urgencia —dice—. La menor pérdida de tiempo daría al enemigo una oportunidad para poner en movimiento una fuerza destinada a cortarnos el paso.» El convoy no encontró ninguna oposición, y Taylor experimentó «una sensación de júbilo cuando la luz fue desvaneciéndose rápidamente y la cabeza de la columna llegó a Driel». Habían cubierto los quince kilómetros en treinta minutos exactos. A las 17.30 horas, los primeros carros de los *Dragoon Guards* llegaban al Rin y, bordeando sus orillas en dirección nordeste, penetraron en las afueras del pueblo. Taylor oyó una explosión y supuso inmediatamente de qué se trataba: en el perímetro defensivo del cauteloso Sosabowski, uno de los blindados había chocado con una mina polaca.

Era de noche cuando Taylor llegó al Cuartel General de Sosabowski. La información que se tenía sobre la división de Urquhart era vaga. «No tenía ni idea de dónde estaban en Arnhem, ni si ocupaban todavía un extremo del puente.» Pero Taylor se proponía enviar inmediatamente su infantería y sus blindados hacia el extremo sur. Comprendía que los DUKW debían «cruzar lo antes posible y, si el puente aún continuaba ocupado, sería evidentemente más rápido llevarlos por él que flotando sobre el río». En el Cuartel General de Sosabowski, Taylor quedó estupefacto al encontrar al coronel Charles Mackenzie y al teniente coronel Myers. Rápidamente, éstos le disuadieron de la idea de dirigirse hacia el puente de Arnhem. Desde el miércoles por la noche, explicó Mackenzie, no se habían vuelto a tener noticias de Frost, y en el Cuartel General se presumía que «todo había terminado en el puente».

De mala gana, Taylor renunció a su plan y ordenó que un grupo de reconocimiento explorase la orilla del río en busca de un lugar adecuado para la botadura de los DUKW. Los ingenieros de Sosabowski no se sentían optimistas; los pesados vehículos anfibios resultarían difíciles de manejar a través de zanjas y taludes hasta el río, especialmente en la oscuridad. Poco después, el grupo de reconocimiento de Taylor confirmó la opinión de los polacos. Pensaban que solamente sería posible acercarse al río por un estrecho sendero flanqueado de zanjas. Pese a los serios obstáculos, los hombres de Taylor creían que podrían llevar los DUKW al Rin. El coronel Mackenzie, que seguía sin poder continuar hasta Nimega, supervisaría la botadura. Los DUKW cruzarían el río a las 2.00 horas del sábado día 23. Lo más importante, sin embargo, era introducir hombres en la cabeza de puente: los polacos de Sosabowski tendrían que ser transportados en una fila de botes de goma.

La Operación comenzó a las 21.00 horas del viernes. En silencio, agachados a lo largo de la orilla, los soldados polacos esperaban. En ambas orillas del río, los ingenieros, bajo la dirección del teniente coronel Myers, permanecían listos para impulsar de un lado a otro la guindaleza atada a las pequeñas embarcaciones. Con cuatro botes exactamente —dos de dos plazas y dos de una sola—, únicamente podían cruzar seis hombres de una vez los cuatrocientos metros de anchura del Rin. Complementando estas embarcaciones había varias balsas de madera que los ingenieros polacos habían construido para transportar provisiones. A una orden de Sosabowski, los seis primeros hombres subieron a los botes y emprendieron la marcha. A los pocos minutos, habían cruzado. Detrás de ellos, llegaba una hilera de balsas. En cuanto los hombres desembarcaban en la orilla norte, las balsas y botes eran recuperadas de nuevo. «Era un proceso lento y laborioso —observó Sosabowski—, pero hasta ese momento los alemanes parecían no sospechar nada.»

Entonces, desde un punto situado al oeste del lugar de desembarco al otro lado del río, ascendió una luz hacia el cielo y, casi inmediatamente, toda la zona quedó brillantemente iluminada por una bengala de magnesio. Al instante, ametralladoras Spandau empezaron a barrer el río, «levantando pequeñas olas y haciendo hervir el agua con el ardiente acero», recuerda Sosabowski. Simultáneamente, empezaron a caer proyectiles de mortero entre los polacos que aguardaban. A los pocos minutos, resultaban acribillados dos botes de goma y sus ocupantes caían al río. En la orilla sur, los hombres se dispersaron, disparando contra el paracaídas que sostenía la bengala. Sosabowski mandó interrumpir la operación. Los hombres se replegaron y tomaron nuevas posiciones, tratando de evitar las bombas que caían. En cuanto la bengala se apagó, corrieron a los botes y balsas, subieron a ellos y la operación se reanudó. Otra bengala relumbró en el cielo. En este cruel juego del escondite, los polacos, sufriendo terribles bajas, continuaron cruzando el río durante toda la noche en los botes que quedaban. En la escuela de Driel, que había sido convertida temporalmente en improvisado hospital, Cora Baltussen atendía a los heridos a medida que iban llegando. «No podemos cruzar —le dijo un polaco—. Aquello es un matadero..., y nosotros ni siquiera podemos responder al fuego.»

A las 2.00 horas los DUKW anfibios de Taylor empezaron a descender hacia el río. Debido a la intensa lluvia caída durante el día, el largo y estrecho sendero estaba cubierto por varios centímetros de barro y, cuando los DUKW, rodeados por sesenta hombres, se acercaban lentamente al río, se formó una densa niebla. Los hombres no podían ver ni el camino ni el río. Una y otra vez, los soldados se esforzaban trabajosamente por enderezar los vehículos cuando se deslizaban fuera del sendero. Se descargaron las provisiones para aligerar los DUKW, pero ni siquiera esto era suficiente. Por último, pese a los denodados esfuerzos por contenerlos, los pesados vehículos cayeron en la zanja a sólo unos metros del Rin. «Es inútil —le dijo a Taylor el desalentado Mackenzie—. No hay nada que hacer.» A las 3.00 horas quedó interrumpida la operación. Sólo cincuenta hombres y prácticamente ninguna provisión habían sido transportados a través del río a la cabeza de puente de Urquhart.

3

Cuando el coronel Charles Mackenzie llegó finalmente al Cuartel General de Browning en Nimega, en la mañana del sábado 23 de septiembre, estaba «mortalmente cansado, helado de frío y le castañeteaban los dientes», recuerda el general de brigada Gordon Walch, jefe del Estado Mayor. Pese a su insistencia en ver inmediatamente a Browning, Mackenzie fue llevado sin demora a «darse un baño para que entrara en calor».

Las fuerzas británicas que utilizaban las rutas de socorro situadas al oeste y en paralelo de la carretera «isla» estaban ahora avanzando firmemente hacia Driel, pero las carreteras distaban mucho de hallarse despejadas de enemigos. Sin embargo, lord Wrottesley había decidido llevar a Mackenzie y al teniente coronel Myers a Nimega. El breve viaje, en un pequeño convoy de vehículos de reconocimiento, resultó estremecedor. Al acercarse a un cruce, el grupo encontró un vehículo oruga alemán parcialmente destruido que obstaculizaba el paso. Wrottesley se apeó para guiar sus vehículos, y en ese momento, apareció un carro *Tiger* en la carretera. Para evitar un encuentro, el coche blindado que transportaba a Mackenzie empezó a retroceder cuando, de pronto, la carretera se derrumbó bajo él y el coche volcó. Mackenzie y los demás ocupantes se vieron obligados a ocultarse de la infantería alemana en un campo, mientras Wrottesley, gritándolo al conductor de su coche de exploración que avanzara a toda velocidad, se dirigía por la carretera hacia Nimega para encontrarse con las tropas británicas. Wrottesley organizó una fuerza de socorro y regresó en busca de Mackenzie. Cuando la pequeña fuerza llegó, el blindado alemán había desaparecido, y Mackenzie y los ocupantes del vehículo blindado salieron a su encuentro desde el campo en el que se habían puesto a cubierto. En la confusión, Myers, que iba detrás en otro coche blindado, quedó separado de los demás.

El general Browning recibió ansiosamente a Mackenzie. Según su Estado Mayor, «la semana había sido una serie de desesperantes y trágicos reveses». La carencia de plenas comunicaciones con Urquhart había contribuido más que ninguna otra cosa a la preocupación de Browning. Incluso en ese momento, en el que ya circulaban mensajes entre la 1.ª División Aerotransportada británica y el Cuerpo, la idea que Browning se hacía de la situación de Urquhart era al parecer muy vaga. En el Plan *Market-Garden* original, la 52.ª División *Lowland* debía haber legado a la zona de Arnhem en cuanto los hombres de Urquhart hubieran encontrado un lugar de aterrizaje adecuado, idealmente para el jueves 21 de septiembre. Cuando se tuvo conocimiento de la desesperada situación de Urquhart, el comandante de la 52.ª, el general de división Edmund Hakewill Smith, se ofreció al punto a ceder parte de su unidad a fin de que aterrizara en planeador lo más cerca posible de la sitiada 1.ª Aerotransportada. El viernes por la mañana, Browning había rechazado la propuesta radiando: «Gracias por su mensaje, pero la oferta no es necesaria, repito, no es necesaria, ya que la situación es mejor de lo que usted piensa... 2.º Ejército ciertamente... se propone llevarle al aeródromo de Deelen tan pronto como la situación lo permita». Más tarde, el general Brereton, comandante del 1.er Ejército Aerotransportado aliado, comentó, al anotar el mensaje en su Diario: «El general Browning hacía gala de un excesivo optimismo y, al parecer, no se daba plena cuenta entonces de la apurada situación en que se encontraban los *Diablos Rojos*». A la sazón, Brereton no parecía mejor informado que Browning. En un informe a Einsenhower que fue enviado al general Marshall a Washington el viernes por la noche, Brereton decía de la zona Nimega-Arnhem: «La situación está mejorando notablemente en este sector».

A las pocas horas se había desvanecido el optimismo de Brereton y Browning. Los vanos esfuerzos del viernes por llegar hasta Urquhart parecían haber constituido el punto de inflexión para el comandante del Cuerpo. Según sus hombres, «estaba disgustado con el general Thomas y la 43.ª División *Wessex*». Consideraba que no se habían movido con suficiente rapidez. Thomas, les dijo, había estado «demasiado preocupado por dejar las cosas bien arregladas mientras avanzaba». Además, la autoridad de Browning solamente llegaba hasta ahí: en el momento en que las tropas terrestres británicas penetraron en la zona de Nimega, el control administrativo pasó a manos del general Horrocks, comandante del XXX Cuerpo; las decisiones serían tomadas por Horrocks y por su jefe, el general del Segundo Ejército Británico, Miles C. Dempsey. Era poco lo que Browning podía hacer.

Sentado con el, en cierto modo, resucitado Mackenzie, Browning conoció ahora por primera vez los detalles de la terrible situación en la que se hallaba Urquhart. Mackenzie, sin pasar nada por alto, narró todo lo que había sucedido. El general de brigada Walch recuerda que Mackenzie le dijo a Browning que «la división se encuentra en el interior de un perímetro muy reducido y tiene escasez de todo, alimentos, municiones y medicinas». Aunque la situación era grave, dijo Mackenzie, «si existe alguna posibilidad de que el Segundo Ejército llegue hasta nosotros, podemos resistir..., pero no por mucho tiempo». Walch recuerda el sombrío resumen de Mackenzie. «No queda gran cosa», dijo. Browning le escuchaba en silencio. Luego, aseguró a Mackenzie que no había renunciado a la esperanza. Seguían en pie los planes para llevar hombres y suministros a la cabeza del puente durante la noche del sábado. Pero, explica el general de brigada Walch, «recuerdo que Browning dijo a Charles que no parecía haber muchos probabilidades de llevar allá un grupo muy numeroso».

Al emprender de nuevo la marcha hacia Driel, Mackenzie se sentía sorprendido por la ambivalencia de la forma de pensar en el Cuartel General del Cuerpo... y por el dilema que le creaba. Evidentemente, estaba todavía en el aire el destino de la 1.ª Aerotransportada británica. Nadie había tomado aún decisiones concretas. Pero ¿qué debía decir a Urquhart? «Tras ver la situación a ambos lados del río —dice— estaba convencido de que el intento de atravesarlo desde el sur no tendría éxito, y podía decirle eso. O bien podía informar, como se me había dicho, que todo el mundo estaba haciendo cuanto podía, que llegarían refuerzos a través del río y que debíamos resistir. ¿Qué era mejor? ¿Decirle que, en mi opinión, no había una maldita posibilidad de que alguien pasara? ¿O que se hallaban en camino refuerzos?» Mackenzie decidió hacer esto último, pues pensaba que ayudaría a Urquhart «a mantener el ánimo de la gente, por así decirlo».

Al igual que Browning, el Alto Mando aliado empezaba a enterarse ahora de los verdaderos detalles de la comprometida situación de la 1.ª Aerotransportada. A los corresponsales de prensa en los Cuarteles Generales de Eisenhower, Brereton y Montgomery, se les informó confidencialmente que «la situación es grave, pero se están tomando todas las medidas para enviar refuerzos a Urquhart». Esa pequeña nota de preocupación representaba un radical cambio de actitud. Desde su iniciación, *Market-Garden* había sido presentado públicamente como un éxito absoluto. El jueves 21 de septiembre, bajo un titular que anunciaba que *Se abre ante nosotros el paraíso de los tanques*, un artículo declaraba en la primera plana de un periódico británico: *El flanco norte de Hitler se está derrumbando. El mariscal de campo Montgomery, con la brillante ayuda del Primer Ejército Aerotransportado, ha abierto el camino hacia el Ruhr... y hacia el fin de la guerra.* Incluso el serio *Times*, de Londres, insertaba el viernes titulares tales como *Por la carretera de Arnhem los blindados han cruzado el Rin*, sólo los subtítulos insinuaban la posibilidad de contratiempos: *Inminente lucha por Arnhem; momentos difíciles de las fuerzas aerotransportadas*. No se les podía culpar a los corresponsales de guerra. La falta de comunicaciones, el desbordado entusiasmo por parte de los comandantes aliados y la estricta censura impedían dar una información exacta. Luego, de la noche a la mañana, la imagen cambió.

El sábado 23, el titular del *Times* decía: El *2.° Ejército tropieza con fuerte resistencia; encarnizada lucha de las fuerzas aerotransportadas*, y el *Daily Express*, de Londres, llamaba a Arnhem un *pedazo de infierno*.*

Las esperanzas se mantenían, sin embargo. Aquel sábado, el séptimo día de *Market-Garden*, el tiempo había despejado sobre Inglaterra, y nuevamente despegaron aviones aliados.** Los últimos planea-

---

* Algunos de los mejores reportajes de guerra salieron de Arnhem. El equipo de Prensa compuesto por diez hombres agregado a la 1.ª División Aerotransportada, se hallaba integrado por el comandante Rey Oliver, oficial de información pública, los censores, teniente de aviación Billy Williams y capitán Peter Brett los fotógrafos militares, sargentos Lewis y Walter, y los corresponsales Alan Wood, del *Daily Express* de Londres; Stanley Maxted y Guy Byam, de la BBC; Jack Smythe, de la agencia Reuter, y Marek Swiecicki, corresponsal polaco agregado a la Brigada de Sosabowski. Aunque limitados por las esporádicas comunicaciones a sólo unos centenares de palabras al día, estos hombres plasmaron los sufrimientos de los hombres de Urquhart dentro de la mejor tradición del periodismo de guerra. Me ha sido imposible localizar un solo corresponsal del grupo original. Presumiblemente, todos han muerto.

** Inexplicablemente, algunas versiones oficiales y semioficiales británicas sostienen que el mal tiempo impidió toda actividad aérea el sábado 23 de septiembre. Los informes meteorológicos posteriores a la acción del Cuerpo y de las Fuerzas Aéreas aliadas dan cuenta de que el tiempo fue bueno el sábado y se realizaron más misiones aéreas que ningún día desde el martes 19. En la semioficial *Struggle for Europe*, Chester Wilmot se equivocó al manifestar que el sábado «el aprovisionamiento aéreo se había visto frustrado por el mal tiempo». La frase alteró en lo sucesivo su cronología de la batalla. Otras versiones, siguiendo a Wilmot, han aumentado las inexactitudes.

dores de la gran flota reunida, inmovilizados en tierra en la zona de Grantham desde el martes, despegaron finalmente rumbo a la 82.ª de Gavin con 3.385 hombres —su largo tiempo esperado Regimiento de Infantería de Planeadores—, y la acosada 101.ª División de Taylor fue dotada con casi 3.000 hombres más. Pero Sosabowski, sometido a un intenso ataque en Driel, no pudo ser reforzado con el resto de su brigada. Browning se vio obligado a dirigir a los polacos restantes a las zonas de lanzamiento de la 82.ª. Debido a las condiciones meteorológicas, el plan de Brereton, que preveía expedir en tres días unos 35.000 hombres en la mayor operación aerotransportada jamás concebida, había invertido más del doble del tiempo calculado.

Una vez más, aunque las misiones de aprovisionamiento se estaban desarrollando felizmente en todos los demás puntos, los hombres de Urquhart, en su bolsa en torno a Oosterbeek que se iba reduciendo rápidamente, vieron cómo el cargamento caía en manos del enemigo. Incapaces de localizar la zona de lanzamiento del Hartenstein y volando a través de un intenso fuego antiaéreo, los aviones de aprovisionamiento se enfrentaban a constantes dificultades; seis de los 123 aviones fueron derribados, y 63 resultaron averiados. En un mensaje a Browning, Urquhart informó:

> 231605... Aprovisionamiento por aire; recogida cantidad muy pequeña. Francotiradores dificultando ahora gravemente el movimiento y, por lo tanto, la recogida. Carreteras tan obstruidas también por árboles caídos, ramas y casas derrumbadas que es prácticamente imposible el movimiento de los jeeps. En todo caso, los jeeps prácticamente inutilizados.

El apoyo de cazas también era insuficiente. En la zona de Arnhem, el tiempo había sido malo durante toda la mañana, despejando sólo a mediodía. A consecuencia de ello, sólo unas cuantas escuadrillas de *Spitfire* y *Typhoon* de la RAF atacaron objetivos en torno al perímetro. Urquhart estaba desconcertado. «Teniendo en cuenta nuestra absoluta superioridad aérea —recordó más tarde—, me decepcionó amargamente la falta de apoyo de cazas.» Pero para sus hombres, que no habían visto un solo caza desde el Día D, el domingo anterior, los ataques tuvieron un efecto alentador. Para entonces, la mayoría de ellos sabía ya que las tropas británicas habían llegado finalmente a la orilla meridional del Rin, en Driel. Creían que los refuerzos estaban cerca.

A pesar de todos los contratiempos, ahora que las tropas del general Thomas estaban avanzando por las carreteras secundarias que conducían a Driel, el general Horrocks creía que se podría aliviar la cada vez más apurada situación de Urquhart. Brillante, imaginativo y resuelto, Horrocks se oponía a la idea de abandonar todo lo que se había ganado. Sin embargo, debía encontrar alguna forma de introducir tropas y suministros en la cabeza de puente. «Estoy seguro —dijo más tarde— de que aquéllos fueron los momentos más negros de mi vida.» Se sentía tan turbado por «la imagen de las tropas aerotransportadas librando su desesperada batalla al otro lado del río» que no podía dormir; y la ruptura del corredor al norte de Veghel, cortado desde el viernes por la tarde, puso en peligro toda la Operación.

Cada hora que transcurría era ya vital. Igual que Horrocks, el general Thomas estaba decidido a que los hombres cruzaran el río. Su 43.ª *Wessex* se hallaba ahora plenamente empeñada en una operación de dos fases: ataque para apoderarse de Elst y avance hacia Driel. Aunque no se hacía ya ilusiones de que el puente de Arnhem pudiera ser capturado —por las fotografías aéreas de reconocimiento estaba claro que se hallaba ocupado por el enemigo—, el flanco derecho de Thomas, que terminaba en Elst, tenía que ser protegido si había de realizarse alguna operación a través del Rin desde Driel. Y Horrocks esperaba que, además de los polacos, algunas unidades de infantería británicas pudieran penetrar en la cabeza de puente el sábado por la noche.

Su optimismo era prematuro. En las carreteras secundarias situadas al oeste de la carretera Nimega-Arnhem se formó un gigantesco cuello de botella cuando dos brigadas de Thomas, cada una de las cuales totalizaba unos tres mil hombres —una brigada atacando en dirección nordeste hacia Elst, la otra al norte, hacia Driel— intentaron atravesar la misma encrucijada. El cañoneo enemigo aumentó el desorden y la confusión. Así pues, era ya de noche cuando el grueso de la 130.ª Brigada de Thomas empezó a llegar a Driel, demasiado tarde para unirse a los polacos en un intento organizado de atravesar el río.

Poco después de medianoche, los hombres de Sosabowski, fuertemente apoyados por artillería, empezaron a cruzar, esta vez en 16 lanchas que habían quedado del asalto de la 82.ª a través del Waal. Fueron sometidos a intenso fuego y sufrieron grandes pérdidas. Solamente 250 polacos consiguieron llegar a la orilla norte, y de éstos sólo 200 llegaron al perímetro del Hartenstein.

Aquel funesto día, Horrocks y Thomas recibieron sólo una buena noticia: a las 16.00 horas fue abierto de nuevo el corredor al norte de Veghel, y empezó a fluir otra vez el tráfico. En las columnas de ingenieros se transportaban más embarcaciones de asalto y el obstinado Horrocks esperaba que llegaran a tiempo para desplazar infantería a través del río el domingo por la noche.

Pero, ¿podría la división resistir otras 24 horas? La situación de Urquhart estaba empeorando rápidamente. En el informe cursado a Browning el sábado por la noche, Urquhart había dicho:

> 232015: Muchos ataques durante el día por pequeñas partidas de infantería, cañones SP, blindados incluyendo carros lanzallamas. Cada ataque acompañado de intenso fuego de mortero y cañones dentro de perímetro Div. Tras muchas alarmas e incursiones, éste permanece sustancialmente invariable, aunque muy débilmente defendido. No se ha establecido aún contacto físico con los de la orilla sur del río. El aprovisionamiento, un fracaso, con sólo pequeñas cantidades de munición recogidas. Todavía sin alimentos, y todos los hombres extremadamente sucios debido a la escasez de agua. Moral todavía alta, pero el intenso fuego de morteros y cañones está produciendo evidentes efectos. Resistiremos, pero al mismo tiempo, esperamos auxilios en las próximas 24 horas.

La gigantesca expedición aliada de planeadores realizada por la tarde había cogido por sorpresa al mariscal de campo Walter Model. En momento tan avanzado de la batalla, no había previsto ningún nuevo desembarco aerotransportado aliado. Aquellos nuevos refuerzos, llegando justo en el momento en que estaba adquiriendo impulsos su contraofensiva, podrían cambiar el curso de la batalla..., y existía la posibilidad de que estuvieran en camino más todavía. Por primera vez desde el principio del ataque aliado, empezó a sentir dudas sobre su resultado.

Se dirigió a Doetinchem, donde conferenció con el general Bittrich, exigiendo, según recuerda el comandante del II Cuerpo Panzer de las SS, «un rápido fin para los británicos en Oosterbeek». Model necesitaba cada hombre y cada blindado. Se hallaba comprometida una fuerza demasiado grande en una batalla que «hubiera debido terminar hace días». Model estaba «muy excitado —cuenta Bittrich—, y repetía sin cesar: «Cuándo terminarán por fin las cosas allí?"».

Bittrich insistió en que «estamos luchando como jamás hemos luchado». En Elst, el comandante Hans Peter Knaust estaba rechazando columnas británicas de blindados e infantería que intentaban avanzar por la carretera principal hasta Arnhem. Pero Knaust no podía resistir en Elst y atacar también al oeste contra los polacos y los británicos en Driel. Al penetrar en el pólder, sus pesados *Tiger* quedaron atascados. El asalto hacia Driel era tarea para infantería y vehículos más ligeros, explicó Bittrich. «Model nunca sentía el menor interés por las excusas —dice Bittrich—, pero me comprendió. Sin embargo, sólo me dio veinticuatro horas para rechazar a los británicos.»

Bittrich se dirigió a Elst para ver a Knaust. El comandante estaba preocupado. Durante todo el día, las fuerzas contra las que se enfrentaba parecían estar adquiriendo mayor potencia. Aunque sabía que los blindados británicos no podían abandonar la carretera principal, le inquietaba la posibilidad de que se produjesen ataques procedentes del oeste. «Es preciso impedir a toda costa que pasen los británicos —advirtió Bittrich—. ¿Puede resistir otras veinticuatro horas mientras limpiamos Oosterbeek?» Knaust le aseguró a Bittrich que podía hacerlo. Separándose de Knaust, el comandante del Cuerpo Panzer ordenó inmediatamente al coronel Harzer, de la División *Hohenstaufen*, «intensificar mañana todos los ataques contra las fuerzas aerotransportadas. Quiero que termine todo este asunto».

Los problemas de Harzer eran también difíciles. Aunque Oosterbeek estaba completamente rodeado, en sus estrechas calles las maniobras de los blindados resultaban prácticamente imposibles, especialmente para los *Tiger* de sesenta toneladas, «que arrancaban los cimientos de la carretera, haciéndoles parecer campos arados, y destrozaban el pavimento al virar». Además, le dijo Harzer a Bittrich, «cada vez que comprimimos la bolsa de las fuerzas aerotransportadas y la estrechamos más aún, los británicos parecen combatir con más vigor». Bittrich aconsejó que «se lanzaran intensos ataques desde el este y el oeste en la base del perímetro para impedir el paso de los británicos al Rin».

El comandante de la División *Frundsberg*, general Harmel, que tenía a su cargo la tarea de resistir y rechazar a las fuerzas aliadas en la zona Nimega-Arnhem, tuvo también noticias de Bittrich. Retrasada la reunión de toda su división por los restos y escombros que cubrían el puente de Arnhem, Harmel no había podido formar un frente a ambos lados de la elevada carretera «isla». El ataque británico en Oosterbeek había dividido sus fuerzas. Sólo parte de su división había estado apostada en el lado occidental cuando atacaron los británicos. Ahora, lo que quedaba de sus hombres y equipo se hallaba al este de la carretera. Conservarían Elst, le aseguró Harmel a Bittrich. Los británicos no podían avanzar por la carretera principal. Pero era impotente para detener el avance hasta Driel. «No puedo impedirles que avancen o retrocedan», dijo a Bittrich. El comandante del II Cuerpo Panzer de las SS se mostró firme. Las próximas veinticuatro horas serían críticas, advirtió a Harmel. «Los británicos lo intentarán todo para reforzar su cabeza de puente y avanzar también hacia Arnhem.» Los ataques de Harzer contra el perímetro de Oosterbeek tendrían éxito siempre que Harmel resistiera. Como dijo Bittrich: «Nosotros cogeremos la uña. Usted debe amputar el dedo».

Tronaban los cañones de la 43.ª y, en el rincón sudoeste del perímetro de Oosterbeek, ardía un gran gasómetro, proyectando sobre el Rin una fantasmal luz parpadeante y amarillenta. Al descender de un bote en la orilla norte, el coronel Charles Mackenzie comprendió por qué le habían aconsejado por radio que esperara un guía. La orilla era irreconocible; restos de embarcaciones, árboles caídos y cráteres de bombas habían enterrado la carretera que corría hacia la cabeza de puente. Si hubiera intentado ponerse en marcha solo, se habría extraviado con toda seguridad. Ahora, siguiendo a un ingeniero, fue guiado hasta el Hartenstein.

Mackenzie no había cambiado de opinión respecto al informe que presentaría a Urquhart. Mientras esperaba ser conducido en un bote de remos hasta el perímetro de la División, había pensado una vez más en sus opciones. Pese a todos los preparativos que había visto en Driel y en la orilla sur, continuaba sintiéndose escéptico respecto a la posibilidad de que la División recibiera ayuda a tiempo. Experimentaba un sentimiento de culpabilidad con relación al informe que había decidido presentar. Cabía, sin embargo, que su propia opinión fuera demasiado pesimista.

Urquhart le estaba esperando en el sótano del destrozado Hartenstein. Mackenzie expuso al comandante de la Aerotransportada el punto de vista oficial: «Están en camino los refuerzos. Debemos resistir». Urquhart, recuerda Mackenzie, «escuchó impasiblemente, ni desalentado ni jubiloso por la noticia». Para ambos hombres, la pregunta no formulada seguía siendo: ¿cuánto tiempo más debían resistir? En aquellos momentos, en las primeras horas del domingo 24 de septiembre, después de ocho días de batalla, se calculaban las fuerzas de Urquhart en menos de 2.500 hombres. Y para todos ellos solamente había una pregunta: ¿Cuándo llegarán las fuerzas de Monty? Habían pensado en ello en la soledad de las trincheras, pozos de tirador y avanzadillas, entre los escombros de casas y almacenes, y en los hospitales y puestos de socorro, donde hombres inquietos y silenciosos yacían sin quejarse en catres, colchones y suelos desnudos.

Con la infantería en la orilla sur del río, los paracaidistas no dudaban que el Segundo Ejército acabaría cruzándolo. Solamente se preguntaban si quedaría vivo alguno de ellos para ver los refuerzos que durante tanto tiempo habían esperado. En aquellas últimas y trágicas horas, la aniquilación era su temor constante y para vencerlo, los hombres trataban de elevarse mutuamente su moral por cualquier medio a su alcance. Circulaban chistes y bromas. Hombres heridos, manteniéndose todavía en sus puestos, hacían caso omiso de sus heridas y se estaban tornando habituales ejemplos de extraordinaria audacia. Por encima de todo, los hombres de Urquhart se sentían orgullosos. Compartían en aquellos días un espíritu que, dijeron más tarde, era más fuerte que el que jamás llegarían a conocer.

El artillero James Jones sacó de su mochila el único objeto no militar que había llevado consigo: la flauta que había utilizado siendo chico. «Sólo quería tocarla una vez más —recuerda—. Llovían granadas de mortero desde hacía tres o cuatro días y yo estaba mortalmente asustado. Saqué la flauta y empecé a tocar.» Cerca de él, el teniente James Woods, el oficial de la unidad, tuvo una idea. Precedidos por Jones, el teniente Woods y otros dos artilleros salieron de sus trincheras y empezaron a recorrer las posiciones. Mientras caminaban en fila india, el teniente Woods empezó a cantar. Detrás de él, los dos soldados se quitaron los cascos y los golpearon con unos palos, a manera de palillos de tambor. Los fatigados hombres oyeron los sones de *British Grenadiers* y *Scotland the Brave* difundiéndose suavemente por la zona. Débilmente al principio, otros hombres empezaron a cantar y luego, con Woods «cantando a voz en cuello», las posiciones artilleras estallaron en canciones.

En el Hotel Schoonoord, en la carretera Utrecht-Arnhem, aproximadamente hacia la mitad del lado oriental del perímetro, voluntarios holandeses y enfermeros británicos cuidaban a centenares de heridos bajo los atentos ojos de guardianes alemanes. Hendrika van der Vlist escribió en su Diario:

    Domingo 24 de septiembre. Hoy es el día del Señor. Afuera ruge la guerra. El edificio se estremece. Por eso es por lo que los médicos no pueden operar ni escayolar. No podemos lavar a los heridos porque nadie puede arriesgarse a buscar agua en estas condiciones. El capellán castrense garrapatea en su cuaderno de notas. Le pregunto a qué hora se celebrará el servicio religioso.

El padre G. A. Pare terminó sus notas. Acompañado por Hendrika, recorrió todas las habitaciones del hotel. «El bombardeo parecía particularmente estruendoso —recuerda—, y apenas si podía oír mi propia voz por encima del fragor de la batalla.» Sin embargo, «mirando las caras de los heridos tendidos por los suelos», el capellán Pare «se sintió inspirado a combatir el ruido exterior con la paz de Dios interior». Citando a san Mateo, Pare dijo: «No os preocupéis por el mañana. Qué comeréis, ni qué beberéis, ni qué os vestiréis». Entonces él, al igual que los hombres de las posiciones artilleras, empezó a cantar. Cuando comenzó *Abide With Me*, los hombres se limitaron a escuchar. Luego, empezaron a tararear y a cantar en voz baja para sí mismos. Sobreponiéndose al horrible fragor que rugía en torno al Schoonoord, centenares de heridos y moribundos entonaron las palabras: «Cuando otros auxilios fracasan y los consuelos huyen, Dios de los desvalidos, oh, mora conmigo».

Frente a la iglesia del bajo Oosterbeek, al otro lado de la calle, Kate ter Horst se separó de sus cinco hijos y los otros cinco civiles refugiados en el sótano de su casa, de 3 por 1,5 metros y, pasando ante los heridos, se dirigió al piso superior. La bicentenaria casa de catorce habitaciones, una antigua vicaría, se hallaba totalmente irreconocible. Habían desaparecido los cristales de las ventanas, y «cada palmo de suelo en el vestíbulo, comedor, estudio, dormitorios, corredores, cocina, cuarto de calderas y ático estaba abarrotado de heridos», recuerda la señora Ter Horst. Yacían tendidos también en el garaje e incluso bajo las escaleras. En total, más de trescientos heridos atestaban la casa y el jardín, y a cada minuto traían más. Afuera, en aquella mañana de domingo, Kate ter Horst vio que una densa bruma permanecía suspendida sobre el campo de batalla. «El cielo es amarillo —escribió—, y negras nubes cuelgan como húmedos andrajos. La tierra ha sido rasgada.» En los jardines, vio «los muertos, nuestros muertos, empapados por la lluvia y rígidos. Tendidos boca abajo, como estaban ayer y anteayer, el hombre de la barba desgreñada y el del rostro ennegrecido y muchos, muchos otros». Finalmente, serían enterrados en el jardín 57 hombres, «uno de ellos no era más que un chiquillo —escribió la señora Ter Horst—, que murió dentro de la casa por falta de espacio». El único doctor entre los servicios médicos de la casa, el capitán Randall Martin, le había dicho a la señora Ter Horst que el muchacho «simplemente, se había golpeado la cabeza contra un radiador hasta morir».

Abriéndose paso cuidadosamente por las habitaciones, Kate ter Horst pensó en su marido, Jan, que había salido el martes por la noche en bicicleta para explorar la zona y llevarle información sobre posiciones alemanas a un oficial de artillería. Mientras él estaba fuera se había formado el perímetro y en la intensidad de los combates, a Jan le había sido imposible volver a casa. Tardarían otras dos semanas en verse. Trabajando con el doctor Martin y los enfermeros desde el miércoles, la señora Ter Horst apenas si había dormido. Yendo de habitación en habitación, rezaba con los heridos y les leía el Salmo 91: «No temerás los terrores nocturnos, ni la saeta que vuela de día».

Ahora, durante toda aquella mañana, francotiradores que se habían infiltrado en el perímetro durante la noche, estaban disparando «desvergonzadamente contra una casa desde la que jamás se había hecho un solo disparo» escribió. «Silbaban las balas por habitaciones y pasillos abarrotados de personas desvalidas.» Dos enfermeros fueron tiroteados al pasar ante una ventana llevando una camilla. Luego, sucedió lo que más temían todos: el doctor Martin fue herido. «Es sólo el tobillo —dijo a la señora Ter Horst—. Por la tarde caminaré de nuevo perfectamente.»

Afuera, el fuego de francotiradores dejó paso al cañoneo. El fragor y los estampidos de las explosiones de morteros «desafía toda descripción», anotó Kate ter Horst. Para el soldado Michael Growe, «la señora parecía terriblemente tranquila y serena». Growe, que ya tenía una herida de metralla en el muslo, resultó ahora nuevamente herido por la explosión de una granada. Apresuradamente, los enfermeros alejaron a Growe y a los otros heridos de una hilera de balcones.

El cabo Daniel Morgans, herido en la cabeza y en la rodilla derecha mientras defendía una posición cercana a la iglesia de Oosterbeek, fue llevado a la casa de Ter Horst en el preciso momento en que aparecía un blindado alemán por la carretera. Mientras un enfermero explicaba a Morgans que «estaban prácticamente sin vendas y no tenían anestésicos ni alimentos, y sólo un poco de agua», el blindado disparó una granada contra la casa. En una habitación del piso alto, el soldado Walter Boldock, que presentaba heridas de bala en el costado y en la espalda, contempló horrorizado cómo el carro «se detenía y giraba. Oí un tableteo de ametralladoras y luego, una granada atravesó la pared por encima de mi espalda. Empezaron a caer yeso y cascotes por todas partes, y muchos de los heridos resultaron muertos». Abajo, el artillero E. C. Bolden, que actuaba de enfermero, estaba lívido de furor. Cogiendo una bandera de la Cruz Roja, se precipitó fuera de la casa y avanzó en línea recta hacia el blindado. El cabo Morgans le oyó con toda claridad. «¿Qué demonios estáis haciendo? —gritó Bolden al comandante del carro alemán—. Esta casa está claramente señalada con una bandera de la Cruz Roja. ¡Largo de aquí!» Mientras aguzaban el oído, los preocupados heridos oyeron el ruido del blindado al retroceder. Bolden regresó a la casa «casi tan enfurecido» recuerda Morgans «como cuando salió. Le preguntamos qué había sucedido». Bolden respondió lacónicamente: «El alemán se ha excusado, pero también se ha largado».

Aunque la casa no volvió a ser bombardeada, no cesaba el fuego en torno a ella. Kate ter Horst escribió: «Estos hombres están agonizando a nuestro alrededor. ¿Deben exhalar su último aliento en medio de semejante tempestad? ¡Oh, Dios! Danos un momento de silencio. Danos tranquilidad, aunque sólo sea por unos instantes, para que puedan al menos morir. Concédeles unos momentos de sagrado silencio mientras pasan a la Eternidad».

Por todo el perímetro, los blindados aplastaban las defensas, mientras los fatigados y aturdidos hombres llegaban al límite del agotamiento. Escenas de horror se producían por todas partes, especialmente a cargo de los que empuñaban lanzallamas. En una muestra de la brutalidad de las SS, un jeep que transportaba heridos bajo el amparo de una bandera de la Cruz Roja fue detenido por cuatro alemanes. Uno de los enfermeros trató de explicar que estaba conduciendo heridos a un puesto de socorro. Los alemanes le apuntaron con un lanzallamas y dispararon. Luego, se alejaron. No obstante, a todo lo largo de la batalla, tanto en el puente de Arnhem como en el perímetro, se dieron singulares ejemplos de caballerosidad.

En las defensas orientales del perímetro del general de brigada Hackett, un oficial alemán se acercó a las posiciones británicas enarbolando una bandera blanca y solicitó ver al comandante. Hackett salió a su encuentro y supo que los alemanes «se disponían a atacar, tras hacer fuego de mortero y artillería sobre mis posiciones avanzadas». Como los alemanes sabían que uno de los puestos de socorro a los heridos se hallaba en la línea de ataque, se le pedía a Hackett que retrasara 600 metros sus posiciones avanzadas. «No queremos tender una barrera artillera que alcanzará necesariamente a los heridos», explicó el alemán. Hackett sabía que no podía acceder. «Si se hubiera retrasado la línea en la distancia solicitada por los alemanes» escribió más tarde el general Urquhart, el Cuartel General de la División habría quedado 200 metros por detrás de las líneas alemanas.» Pese a resultarle imposible desplazarse, Hackett observó que, cuando finalmente se produjo el ataque, el fuego de artillería fue cuidadosamente dirigido al sur del puesto de socorro.

En el Hotel Tafelberg, otro médico, el comandante Guy Rugby-Jones, que había estado operando sobre una mesa de billar en la sala de juego del hotel, perdió todo su material cuando una granada de las SS atravesó el tejado del edificio. No había podido operar desde el jueves, aunque uno de los equipos de ambulancia de campaña había instalado un quirófano en el Hotel Petersburg. «Teníamos de 1.200 a 1.300 heridos, y no disponíamos de instalaciones ni de personal para tratarlos adecuadamente —recuerda—. Lo único que teníamos era morfina para calmar el dolor. Alimentos y agua constituían nuestro principal problema. Habíamos drenado ya el sistema de calefacción central para obtener agua, pero ahora, al haber dejado de operar, me convertí en una especie de oficial de Intendencia, tratando de alimentar a los heridos.» Uno de ellos, el comandante John Waddy, del 156.º Batallón, herido el martes en la ingle por un francotirador, había sido herido de nuevo. Una granada de mortero que cayó en el alféizar de un mirador hizo explosión, y un fragmento de metralla se incrustó en el pie izquierdo de Waddy. Además, la habitación recibió un impacto directo. El hombro derecho, la cara y el mentón de Waddy fueron lacerados por ladrillos y astillas que cayeron sobre él. El doctor Graeme Warrack, oficial médico jefe de la división, que tenía su Cuartel General en el Tafelberg, se precipitó al exterior. Waddy se incorporó y vio a Warrack, de pie en la calle, gritando a los alemanes: «¡Malditos bastardos! ¿Es que no puede reconocer alguien una Cruz Roja?».

La familia Van Maanen —Anje, su hermano Paul y su tía— estaban trabajando sin descanso en el Tafelberg bajo la dirección del doctor Van Maanen. Paul, que era estudiante de Medicina, recuerda que «el domingo fue terrible. Parecíamos estar sometidos a un fuego continuo. Recordé que no debíamos mostrar miedo delante de los pacientes, pero yo estaba a punto de salir gritando de la habitación. No lo hice porque los heridos se mantenían muy tranquilos». Mientras los heridos eran trasladados de una habitación a otra según iban siendo alcanzadas por los proyectiles, Paul recuerda que «empezamos a cantar. Cantábamos para los británicos, para los alemanes, para nosotros mismos. Luego, pareció estar haciéndolo todo el mundo, y dominados por la emoción, muchos callaban porque estaban llorando, para, luego, empezar de nuevo».

Para la joven Anje van Maanen, el romántico sueño de liberación a manos de los fornidos muchachos que habían descendido de los cielos estaba terminando en desesperación. Muchos civiles holandeses llevados al Tafelberg habían muerto a consecuencia de sus heridas; dos, anotó Anje en su Diario, eran «bellas muchachas y buenas patinadoras, de la misma edad que yo, solamente diecisiete años. Ya no las volveré a ver más». A Anje le daba la impresión que estaban cayendo continuamente bombas sobre el hotel. En el sótano, se echó a llorar. «Tengo miedo a morir —escribió—. Las explosiones son terribles, y todos los obuses matan. ¿Cómo puede permitir Dios este infierno?»

A las 9.30 horas del domingo, el doctor Warrack decidió hacer algo al respecto. Los nueve puestos de socorro y hospitales de la zona estaban tan abarrotados de heridos de ambos bandos que empezó a pensar que «la batalla no podía continuar por más tiempo de aquella manera». Los equipos médicos «estaban trabajando en condiciones insostenibles, algunos sin instrumentos quirúrgicos». Y, al intensificarse los ataques alemanes, el número de heridos iba aumentando rápidamente. Entre ellos se hallaba ahora el valeroso general de brigada Shan Hackett, que recibió graves heridas en la pierna y el estómago a causa de un proyectil de mortero, poco antes de las 8.00 horas.

Warrack había dispuesto un plan que necesitaba el consentimiento del general Urquhart, y se dirigió al Hartenstein. «Le dije al general —cuenta Warrack— que, pese a las banderas de la Cruz Roja, estaban siendo bombardeados todos los hospitales. Uno de ellos había recibido seis impactos y se había incendiado, obligándonos a evacuar rápidamente unos 150 heridos.» Los heridos, dijo, estaban siendo «objeto de un trato inadecuado, y había llegado el momento de llegar a alguna especie de acuerdo con los alemanes». Como era totalmente imposible evacuar a los heridos a través del Rin, el doctor Warrack creía que se salvarían muchas vidas «si los heridos eran entregados a los alemanes para recibir tratamiento en sus hospitales de Arnhem».

Urquhart, recuerda Warrack, «pareció resignado». Dio su conformidad al plan. Pero, en ninguna circunstancia, advirtió a Warrack, «se podía hacer pensar al enemigo que aquello era el principio de un derrumbamiento de las posiciones». Warrack debía dejar bien sentado ante los alemanes que se daba aquel paso exclusivamente por razones humanitarias. Podían celebrarse negociaciones, dijo Urquhart, «a condición de que los alemanes entiendan que es usted un médico que representa a sus pacientes, no un emisario oficial de la división». Se le permitió a Warrack que solicitara un período de tregua durante la tarde, a fin de que pudieran ser recogidos los heridos antes de que «ambos bandos continúen la lucha».

Warrack salió apresuradamente en busca del capitán de corbeta Arnoldus Wolters, el oficial de enlace holandés, y del doctor Gerritt van Waanen, a quienes pidió le ayudaran en las negociaciones. Como Wolters, que actuaría de intérprete, pertenecía al Ejército holandés y «podía correr un grave riesgo yendo al Cuartel General alemán», Warrack le puso el seudónimo de *Johnson*. Los tres hombres se dirigieron rápidamente al Hotel Schoonoord para ponerse en contacto con el oficial médico perteneciente a la división alemana.

Se da la circunstancia de que ese oficial, el comandante Egon Skalka, de veintinueve años, asegura que había llegado a la misma conclusión que Warrack. Según recuerda Skalka, aquel domingo por la mañana sentía que «había que hacer algo, no sólo por nuestros heridos, sino también por los británicos que se encontraban en *Der Hexenkessel*». En el Hotel Schoonoord, «los heridos yacían tendidos por todas partes, incluso en el suelo». Según Skalka, había ido a ver al «oficial médico jefe británico para sugerir una recogida de heridos» antes de que llegara Warrack. Cualquiera que fuese el primero en tener la idea, ambos coincidieron. La impresión que el joven doctor alemán causó en Warrack fue de que «tenía aspecto afeminado, pero era simpático y al parecer, estaba deseoso de congraciarse con los británicos... por si acaso». Frente al gallardo y apuesto oficial, elegante con su bien cortado uniforme, Warrack, con *Johnson* como intérprete, hizo su propuesta. Mientras hablaban, Skalka estudiaba a Warrack, «un tipo alto, delgaducho, de pelo oscuro, flemático como todos los ingleses. Parecía terriblemente cansado, pero en buena forma por lo demás». Skalka estaba dispuesto a acceder al plan de evacuación, pero, dijo a Warrack, «tendremos que ir primero a mi Cuartel General para cerciorarnos de que no hay ninguna objeción por parte de mi general». Skalka se negó a llevar con ellos al doctor Van Maanen. En un jeep británico capturado, Skalka, Warrack y *Johnson* emprendieron la marcha hacia Arnhem, con Skalka al volante. Skalka recuerda que «conduje muy de prisa, zigzagueando de un lado a otro. No quería que Warrack se orientase, y le habría costado mucho tal y como yo conducía. Fuimos a toda velocidad, parte del tiempo bajo el fuego, y torcimos y entramos en la ciudad».

Para Wolters, el corto viaje hasta Arnhem fue «triste y desdichado». Había restos y escombros por todas partes. Las casas humeaban todavía o se hallaban en ruinas. Algunas de las carreteras que siguieron, destrozadas por las orugas de los carros de combate y llenas de cráteres de bombas, «parecían campos arados». Cañones destruidos, jeeps volcados, vehículos blindados carbonizados y «los cuerpos encogidos de los muertos» yacían como un reguero por todo el camino hasta Arnhem. Skalka no les había vendado los ojos, y no le pareció tampoco a Wolters que hiciera ningún intento por ocultar la ruta que tomó. Le dio la impresión de que el elegante oficial médico de las SS estaba «deseoso de que viéramos el poderío alemán». Atravesando las calles de Arnhem, todavía humeantes y cubiertas de escombros, Skalka torció al nordeste y se detuvo ante el Cuartel General del teniente coronel Harzer, el Instituto de Enseñanza Media de Hezelbergherweg.

Aunque la llegada de Warrack y Wolters causó sorpresa entre los oficiales de Estado Mayor, Harzer, avisado por teléfono, los estaba esperando. Skalka, dejando a los dos oficiales en una antesala, informó a su comandante. Harzer estaba furioso. «Me asombraba —dice—, que Skalka no les hubiera vendado los ojos. Ahora conocían el emplazamiento exacto de mi Cuartel General.» Skalka se había echado a reír. «Por la forma en que he conducido, me sorprendería mucho que pudieran encontrar el camino a ninguna parte», aseguró a Harzer.

Los dos alemanes tomaron asiento con los emisarios británicos. «El oficial médico propuso que sus heridos británicos fuesen evacuados del perímetro, toda vez que ya no tenían sitio ni provisiones para ellos —explica Harzer—. Eso significaba concertar una tregua de un par de horas. Le dije que lamentaba que nuestros países estuvieran luchando. ¿Por qué teníamos que luchar, después de todo? Di mi conformidad a su propuesta.»

Wolters —«un soldado canadiense llamado *Johnson*», como le presentó Warrack— recuerda la conferencia en un contexto muy distinto. «Al principio, el coronel alemán de las SS se negó a considerar siquiera una tregua —dice—. Había en la sala algunos otros oficiales de estado mayor, entre ellos el jefe del Estado Mayor en funciones, capitán Schwarz, que se volvió hacia Harzer y dijo que sería necesario someter el asunto al general.» Los alemanes salieron de la estancia. «Mientras esperábamos —dice Wolters—, se nos ofrecieron bocadillos y coñac. Warrack me aconsejó que no bebiera con el estómago vacío. Fuera lo que fuese lo que había dentro de los bocadillos, estaba cubierto con rodajas de cebolla.»

Al regresar los alemanes, «todo el mundo se cuadró y hubo mucho *Heil Hitler*». Entró el general Bittrich, con la cabeza descubierta y vistiendo su largo capote de cuero negro. «Se quedó sólo unos momentos», recuerda Wolters. Observando a los dos hombres, Bittrich dijo: *Ich bedaure sehr diese Krieg zwischen unseren Vaterländern* (lamento esta guerra entre nuestras dos naciones). El general escuchó en silencio el plan de evacuación de Warrack y dio su consentimiento. «Accedí —dice Bittrich— porque un hombre no puede perder toda su humanidad, siempre, naturalmente, que posea tales sentimientos, ni aun durante la lucha más encarnizada.» Luego, Bittrich entregó a Warrack una botella de coñac. «Esto es para su general», dijo a Warrack, y salió.

A las 10.30 horas del domingo se llegó a un acuerdo sobre la tregua parcial, aunque Wolters recuerda que «los alemanes parecían preocupados. Tanto el Hotel Tafelberg como el Schoonoord se hallaban en las líneas del frente, y los alemanes no podían garantizar un cese del cañoneo». A Harzer le preocupaba especialmente el bombardeo a larga distancia de los británicos al sur del Rin y si podría ser controlado durante la evacuación de bajas. Skalka dice que, después de habérsele dado seguridades sobre este punto, recibió un mensaje radiado del Cuartel General del Segundo Ejército británico. «Iba dirigido, simplemente, al oficial médico, 9.ª División Panzer de las SS, dándome las gracias y preguntando si podría extenderse un alto el fuego durante el tiempo suficiente para que los británicos despacharan suministros médicos, medicamentos y vendas desde el otro lado del Rin.» Skalka contestó: «Nosotros no necesitamos su ayuda, pero pedimos solamente que sus fuerzas aéreas se abstengan de bombardear continuamente a nuestros camiones de la Cruz Roja». La respuesta llegó inmediatamente: «Por desgracia, tales ataques se producen en ambos bandos». Skalka consideró el mensaje «ridículo». Replicó airadamente: «Disculpe, pero yo no he visto nuestra Fuerza Aérea desde hace dos años». El mensaje británico respondió: «Limítese al acuerdo». Skalka se enfureció tanto que —asegura— respondió: «Chúpeme el...».*

El acuerdo, tal como se concertó finalmente, establecía una tregua de dos horas a partir de las 15.00 horas. Los heridos saldrían del perímetro por una ruta designada cerca del Hotel Tafelberg. Debían realizarse toda clase de esfuerzos «para reducir el fuego o cesarlo por completo». Se advirtió a las tropas de ambos bandos que ocupaban posiciones de primera línea que detuvieran el fuego. Cuando Skalka empezaba a ordenar que «todas las ambulancias y jeeps disponibles se reuniesen tras las primeras líneas», se les permitió a Warrack y Wolters, que se disponían a regresar a sus propias líneas, llenarse los bolsillos de morfina y medicinas. Wolters «estaba encantado de salir de allí, especialmente desde que Schwarz me había dicho: "Usted no habla alemán como un británico"».

En el viaje de regreso al perímetro, con una bandera de la Cruz Roja ondeando en su jeep y escoltados por otro oficial médico alemán, se permitió a Warrack y Wolters que se detuvieran en el hospital Santa Isabel para inspeccionar las condiciones existentes y visitar a los heridos británicos, entre los que se hallaba el general de brigada Lathbury, que, habiéndose quitado todas las insignias, era ahora el «cabo» Lathbury. Fueron recibidos por el oficial médico jefe británico, el capitán Lipmann Kessel; el jefe del equipo quirúrgico, comandante Cedric Longland; y el cirujano holandés doctor Van Hengel, todos los cuales, recuerda Warrack, «estaban desesperadamente ansiosos de noticias». Se habían producido intensas luchas en torno al hospital. En cierto momento, se había librado incluso una encarnizada batalla en el edificio, con los alemanes disparando por encima

* La versión de Skalka de que tuvo lugar algún intercambio de mensajes es probablemente exacta. Sin embargo, el contenido de los mensajes es, sin duda, discutible, especialmente su respuesta con respecto a la Luftwaffe, que se hallaba en acción durante la mañana, hostigando los lanzamientos británicos. Constituye además un desprecio a las fuerzas de su propio país. Tal despectiva valoración del propio bando ante un enemigo era poco frecuente en las SS.

de las cabezas de los pacientes que se encontraban en la sala, informó Kessel. Pero desde el jueves, la zona había estado tranquila, y Warrack descubrió que, en contraste con las terribles condiciones de los heridos en el perímetro, en el Hospital de Santa Isabel «los heridos británicos estaban en camas provistas de mantas y sábanas, y bien atendidos por monjas y médicos holandeses». Advirtiendo a Kessel que se preparase para una gran afluencia de pacientes, los dos hombres regresaron a Oosterbeek justo a tiempo, recuerda Warrack, «para tropezar con intenso fuego de mortero cerca del Tafelberg».

A las 15.00 horas empezó la tregua parcial. Los disparos disminuyeron súbitamente y luego, cesaron por completo. El artillero Percy Parkes, para quien el «ensordecedor ruido se había convertido en algo normal, encontró el silencio tan irreal que, por unos instantes, creyó estar muerto». Mientras oficiales médicos y enfermeros británicos y alemanes supervisaban los traslados, ambulancias y jeeps de ambos bandos empezaron a recoger heridos. El sargento Dudley R. Pearson, jefe administrativo de la 4.ª Brigada Paracaidista, fue colocado junto a la camilla de su general de brigada en un jeep. «De modo que usted también, Pearson», dijo Hackett. Pearson llevaba puestos solamente las botas y los pantalones. Tenía vendado el hombro derecho, «en el que la metralla había abierto un enorme agujero». Hackett tenía grisáceo el rostro y, evidentemente, su herida en el estómago le dolía mucho. Al emprender la marcha hacia Arnhem, Hackett dijo: «Espero que no crea que trato de hacer valer mi mayor graduación, Pearson, pero creo que estoy un poco peor que usted. ¿Le importa que me atiendan primero a mí en el hospital».*

---

* Tanto Lathbury como Hackett se convirtieron en «cabos» en el hospital. Se le advirtió al sargento Dave Morris, que donó sangre a Hackett antes de su operación, de que no debía revelar la identidad del general de brigada. Lathbury, que se encontraba en el hospital desde el día 19, recibió sus primeras noticias de la División cuando llegaron los heridos de Oosterbeek, incluyendo la información de que Urquhart había logrado reunirse con la División y de que los hombres de Frost habían ocupado el puente de Arnhem durante casi cuatro días. Ambos generales de brigada escaparon posteriormente del hospital con la ayuda de los holandeses y se ocultaron. Lathbury acabó reuniéndose con el incorregible comandante Digby Tatham-Warter, quien, vestido de paisano y trabajando con la Resistencia holandesa, «andaba por todas partes con entera tranquilidad y en una ocasión, ayudó a sacar un coche oficial alemán de la cuneta en la que había quedado atascado». Con un grupo de aproximadamente 120 soldados, médicos y pilotos que habían sido ocultados por los holandeses, y dirigido por un guía holandés, Lathbury llegó hasta las tropas estadounidenses que se encontraban al sur del Rin al anochecer del 22 de octubre. El increíble Tatham-Warter ayudó a

El teniente Pat Glover, que había saltado con *Myrtle*, «la gallina paracaidista», fue llevado con terribles dolores al «Hospital de Santa Isabel». Una bala le había seccionado dos venas de la mano derecha, y en el camino al puesto de socorro de Schoonoord, fue nuevamente herido por metralla en la pantorrilla derecha. Había tan poca morfina que se le dijo que no podía administrársele una inyección a menos que él lo considerara absolutamente necesario. Glover no lo pidió. En ese momento, dormitando agitadamente, se encontró pensando en *Myrtle*. No podía recordar qué día la habían matado. Durante la lucha, él y su asistente, el soldado Joe Scott, habían llevado de un lado a otro la bolsa de *Myrtle*. En un momento dado, agazapado en una trinchera bajo el fuego enemigo, Glover se dio cuenta de pronto que la bolsa de *Myrtle* no estaba allí. «¿Dónde está *Myrtle*?», le había gritado a Scott. «Allá arriba, señor», señaló Scott a la parte superior de la trinchera de Glover. Dentro de su bolsa, *Myrtle* yacía de espaldas, con las patas al aire. Durante la noche, Glover y Scott enterraron a la gallina en un bosquecillo, cerca de un seto. Mientras alisaba la tierra sobre el lugar, Scott miró a Glover y dijo: «Bueno, *Myrtle* ha tenido coraje hasta el final, señor». Glover recordó que no le había quitado a *Myrtle* las alas de paracaidista. Ahora, entre la bruma con que el dolor nublaba su cerebro, se alegraba de haberla enterrado con honor y adecuadamente —con los emblemas de su rango—, como convenía a los que morían en combate.

En el Schoonoord, Hendrika van der Vlist estaba mirando cómo los enfermeros alemanes empezaban a sacar a los heridos. De pronto, comenzó el tiroteo. Uno de los alemanes gritó: «Si no cesa el fuego, dispararemos nosotros y ni un herido, médico o enfermera saldrá vivo de aquí». Hendrika no le hizo caso. «Siempre son los soldados más jóvenes los que más gritan —escribió—, y estamos acostumbrados ya a las amenazas alemanas.» Cesaron los disparos y la operación continuó.

Los tiroteos se reanudaron varias veces mientras las largas líneas de heridos que se desplazaban a pie y los convoyes de jeeps y ambu-

---

escapar a unos 150 soldados británicos. Incidentalmente, el autor tardó siete años en descubrir su paradero, y acabó haciéndolo por casualidad. Mi editor británico se lo encontró en Kenya, donde ha estado viviendo desde el final de la guerra. Tatham-Warter dice «que llevaba el paraguas durante la batalla más con fines de identificación que por ninguna otra cosa, porque siempre me estaba olvidando el santo y seña».

lancias y camiones se dirigían hacia Arnhem. «Inevitablemente —recordó el general Urquhart— se produjeron malentendidos. No es fácil detener temporalmente una batalla.» Los médicos del Tafelberg tuvieron «algunos momentos difíciles cuando sacaban de las instalaciones a los combativos alemanes». Y casi todo el mundo recuerda que los recién llegados polacos no podían comprender la necesidad del alto el fuego parcial. «Tenían muchas viejas cuentas que saldar —dice Urquhart—, y no veían ninguna razón legítima para dejar de disparar.» Finalmente, fueron «inducidos a doblegarse hasta que quedara terminada la evacuación».

El comandante Skalka, juntamente con el doctor Warrack, mantuvo en movimiento los convoyes durante toda la tarde. Fueron conducidos unos 200 heridos que podían caminar y más de 250 hombres fueron transportados en los convoyes médicos. «Jamás he visto nada como las condiciones imperantes en Oosterbeek —dice Skalka—. Sólo había muerte y destrucción.»

En el Hospital de Santa Isabel, el teniente Peter Stainforth, que se recobraba de una herida recibida en el pecho en Arnhem, oyó llegar a los primeros heridos que venían a pie. «Sentí que un estremecimiento de excitación recorría mi espina dorsal —dice—. Nunca me he sentido tan orgulloso. Entraron, y nos quedamos horrorizados. Todos los hombres tenían barba de una semana. Sus uniformes estaban desgarrados y sucios, y de todos ellos emergían mugrientos vendajes empapados de sangre. Lo más terrible eran sus ojos..., enrojecidos, hundidos, mirando desde rostros tensos y cubiertos de barro, macilentos por la falta de sueño, y sin embargo, entraron con aire arrogante y altivo. Parecían lo bastante bravos como para apoderarse del lugar en aquel mismo instante.»

Cuando el último convoy salió de Oosterbeek, Warrack le dio las gracias por su ayuda al oficial médico de las SS. «Skalka me miró a los ojos y dijo: "¿Puede dármelo por escrito?".» Warrack hizo caso omiso de la pregunta. A las 17.00 horas, la batalla comenzó de nuevo como si nunca se hubiera detenido.

En la posición artillera del artillero Percy Parkes, cerca de la lavandería Dolderen, «se desató de nuevo el infierno. Los *boches* lanzaban de todo contra nosotros». Tras la relativa calma durante la evacuación de los heridos, Parkes experimentó una sensación de alivio. «Todo había vuelto a la normalidad y yo podía orientarme en ello. De nuevo estaba manos a la obra.» Los alemanes, aprovechándose de la tregua temporal, se habían infiltrado en muchas zonas. Los hombres oían gritos y disparos en todas las direcciones, mientras alemanes y británicos se perseguían mutuamente por calles y jardines. Desde su trinchera, Parkes vio un blindado que avanzaba a través de un terreno sembrado de coles en dirección al Cuartel General de la batería. Dos artilleros echaron a correr hacia un camión situado en la carretera. Cuando los soldados empezaron a disparar, Parkes levantó estupefacto los ojos al ver que las coles empezaban a volar sobre su trinchera. «La fuerza del cañón estaba succionando las coles, arrancándolas de la tierra y lanzándolas por el aire. Luego, se oyó una tremenda explosión y vimos que un proyectil había alcanzado al blindado.»

El comandante Robert Cain oyó que alguien gritaba: «*¡Tigers!*», y echó a correr hacia el pequeño cañón antitanque instalado junto a un edificio. Un artillero atravesó la calle para ayudarle. Juntos, los dos hombres hicieron girar el cañón. «¡Fuego!», gritó Cain. Vio que el proyectil había alcanzado el tanque, inutilizándolo. «¡Lancémosle otra para mayor seguridad!», gritó. El artillero miró a Cain y meneó la cabeza. «No puedo, señor —dijo—. Se acabó. Se ha roto el mecanismo de retroceso.»

En el interior de la casa de Ter Horst, el ruido era tan intenso que todos estaban aturdidos y ensordecidos. De pronto, Kate ter Horst sintió «una tremenda sacudida. Se oyó un estrépito de ladrillos. Se resquebrajaron los suelos y sonaron sofocados gritos por todas partes». La fuerza de la explosión había bloqueado la puerta del sótano. En el asfixiante polvo que flotaba en el pequeño recinto, oyó «hombres trabajando con azadas y herramientas..., el sonido de maderas al partirse..., pisadas desmenuzando los ladrillos... y cosas pesadas arrastradas de un lado a otro». La puerta del sótano se abrió, y penetró una bocanada de aire puro. Arriba, Kate vio que parte del corredor y de un cuarto se hallaban al aire libre y se había derrumbado un trozo de pared. Yacían hombres por todas partes, lanzados al suelo por la explosión. El doctor Martin había sido herido de nuevo, y no podía moverse. Un soldado que había sido llevado hacía unos días trastornado mentalmente a consecuencia de la batalla, vagaba por entre los destrozos. Mirando fijamente a Kate ter Horst, dijo: «Creo que le he visto a usted antes en alguna parte». Ella le condujo suavemente al sótano y le encontró sitio en el suelo de piedra. Casi inmediatamente, se quedó dormido. Cuando despertó poco más tarde, se acercó a la señora Ter Horst. «Podemos ser derrotados en cualquier momento», dijo en voz baja. Volvió a dormirse. Apoyada contra una pared, llena de fatiga, con sus cinco hijos a su lado, Kate esperaba «mientras las horribles horas discurrían lentamente».

En una trinchera situada no lejos de la posición del comandante Cain, el sargento Alf Roullier vio aparecer otro blindado en la calle. Él y un artillero se abalanzaron hacia el único cañón antitanque que parecía quedar en la unidad de artillería con la que estaban. Los dos hombres llegaron al cañón en el momento justo en que el blindado se volvía hacia ellos. Dispararon y vieron una llamarada al ser alcanzado el carro. En aquel instante, abrió fuego una ametralladora. El artillero que estaba con Roullier lanzó una exclamación y se desplomó contra él. Mientras trataba de retirar al hombre, una bala le hirió a Roullier en la mano izquierda. Empezó a temblarle incontrolablemente la mano, y Roullier supuso que la bala había alcanzado un nervio. Tendiendo de espaldas al artillero, Roullier se dirigió a su trinchera. «Voy a buscar ayuda» le dijo al ensangrentado hombre. En la casa de Ter Horst, Roullier se detuvo, sin resolverse a entrar. Oía a los hombres gritar y balbucear, pidiendo agua, pronunciando los nombres de sus parientes. «¡Oh, Dios! —exclamó Roullier—. ¿Para qué hemos venido aquí?» En aquel momento apareció el artillero E. C. Bolden. «Que me aspen, amigo —dijo Bolden, mirando la temblorosa mano de Roullier—, ¿has estado escribiendo a máquina?» Roullier explicó que había ido en busca de ayuda para el artillero herido. «Muy bien —dijo Bolden, vendando la mano de Roullier—, voy allá.» Al regresar a su posición, Roullier pasó ante el jardín de Ter Horst y se detuvo horrorizado. Jamás había visto tantos muertos juntos. Algunos tenían los blusones echados sobre la cara, pero otros yacían sin tapar, y «sus ojos miraban en todas direcciones». Había montones de muertos, tantos que un hombre no podía pasar entre ellos.

En la trinchera, Roullier esperó hasta que llegó Bolden con dos camilleros. «No te preocupes —le dijo Bolden a Roullier—. Todo saldrá bien.» Roullier no lo creía así. En Inglaterra, el soldado de treinta y un años había solicitado que se le permitiera participar en la misión. Su edad constituía un obstáculo, y, aunque Roullier era artillero, se había convertido en sargento de Intendencia en funciones. Pero se había salido con la suya y se le había permitido finalmente partir. Ahora, contemplando los soldados fatigados, hambrientos y sedientos que le rodeaban, recuerda que «algo restalló en mi mente. Me olvidé de la batalla. Me obsesionaba la idea de conseguir algo que comer». No sabe cuánto tiempo estuvo arrastrándose por los destrozados huertos y semiderruidas casas de la zona, saqueando estanterías y registrando sótanos en busca de alimentos. Encontró en alguna parte un balde de hierro galvanizado. Echó en él todo cuanto halló, unas cuantas zanahorias resecas, varias cebollas, un saco de patatas, sal y varios cubos de concentrados de sopa. Cerca de la casa encontró un gallinero. Solamente quedaba una gallina viva. Roullier se la llevó.

En el suelo de piedra de una casa en ruinas, construyó un círculo de ladrillos para sostener el balde. Arrancando el papel de las paredes y utilizando pedazos de madera, encendió una hoguera. No se acordaba de la batalla que continuaba rugiendo en las calles mientras realizaba un viaje para buscar agua..., pero regresó trastabillando con el balde medio lleno. Mató y desplumó a la gallina y la echó en el balde. Al anochecer, cuando decidió que el guiso estaba terminado, arrancó un par de cortinas de una ventana para envolver las candentes asas del recipiente y, con ayuda de otro soldado, emprendió la marcha hacia las trincheras. Por primera vez en varias horas, reparó en las granadas que caían. Los dos hombres se movían a intervalos, deteniéndose a cada explosión cercana y reanudando luego su marcha. En la posición artillera, Roullier gritó: «¡Venid a comer!». Asombrados, legañosos soldados aparecieron en cautelosos grupos con baqueteadas latas de ración y cubiertos de campaña. Murmurando aturdidamente su agradecimiento, cogieron su parte del caliente balde y desaparecieron en la creciente oscuridad. A los diez minutos, se había terminado el guisado. Escrutando el fondo del balde, Alf Roullier sólo pudo divisar unos cuantos pedazos de patata. Los cogió y, por primera vez aquel día, comió algo. Nunca se había sentido más feliz.

En los terrenos del Hotel Hartenstein, en una trinchera en la que cabían cinco hombres, el sargento Leonard Overton, piloto de planeadores, escrutaba la creciente oscuridad. Los cuatro hombres que compartían su trinchera habían desaparecido. De pronto, Overton vio unas sombras que se aproximaban. «Somos nosotros», dijo alguien en voz baja. Cuando los cuatro soldados saltaron a la trinchera, Overton vio que llevaban un capote atado por los extremos. Cuidadosamente, los hombres abrieron el capote y, sosteniendo una lata en un borde, vaciaron casi medio litro de agua de lluvia en el recipiente. Un hombre sacó un cubito de té y empezó a revolver el líquido. Overton les miraba asombrado. «Aquel día no habíamos comido ni bebido nada y el sábado sólo habíamos compartido dos galletas», dice. Luego, para sorpresa de Overton, los otros le ofrecieron la lata. Tomó un sorbo y la pasó a los demás. «Que cumplas muchos», le dijo suavemente cada uno de sus compañeros. Overton había olvidado que aquel domingo, 24 de septiembre, cumplía veintitrés años.

En el Schoonoord, los casos graves y los heridos que podían andar se habían ido, pero los hombres trastornados permanecían aún en el gran hotel. Cuando atravesaba una habitación semidesierta, el capellán Pare oyó en alguna parte del edificio una voz débil y temblorosa que entonaba *Just a song at twilight*. Subiendo a una habitación del piso superior, Pare se arrodilló junto a un joven soldado presa de grave conmoción. «Padre —dijo el muchacho—, ¿quiere arroparme? Me asusta mucho todo ese ruido.» Pare no tenía ninguna manta, pero simuló tapar al soldado. «Estupendo, padre. Me siento muy bien ahora. ¿Quiere hacerme otro favor?» Pare asintió con un gesto. «Rece conmigo el Padrenuestro.» Pare lo hizo. Acarició los cabellos del muchacho. «Ahora cierra los ojos —le dijo Pare—. Que descanses. Dios te bendiga.» El soldado sonrió. «Buenas noches, padre. Dios le bendiga». Dos horas después, se le acercó a Pare un enfermero. «¿Se acuerda de ese chico con el que ha estado rezando?» «¿Qué ocurre?», preguntó Pare. El enfermero meneó la cabeza. «Acaba de morir. Nos pidió que le dijéramos que no podía soportar el ruido de fuera.»

Al hacerse de noche, el coronel R. Payton-Reid, en la zona del perímetro que ocupaban los KOSB, se alegró de ver «llegar a su melancólico final al día 24. Las esperanzas de recibir un pronto socorro por parte de las fuerzas terrestres, constituían ahora, por acuerdo mutuo, un tema tabú».

Avanzada la noche del domingo, el teniente Neville Hay, operador de la red *Phantom*, fue llamado al despacho de Urquhart, en el sótano del Hartenstein. «Me entregó un largo mensaje —dice Hay— y me dijo que cuando terminara de cifrarlo se lo devolviera. Recuerdo que me dijo que puede que para entonces ya no tuviera que enviarlo.» Hay quedó estupefacto al leer el mensaje. «Venía a decir realmente que tenían que venir por nosotros o seríamos aniquilados.» Hay cifró el mensaje y se lo devolvió a Urquhart. «Yo también desearía que no tuviera que enviarlo», dijo Hay. Tal como fue transmitido, el mensaje decía:

> Urquhart a Browning. Debo advertirle que, si no se establece contacto físico con nosotros en las primeras horas de 25 set., considero improbable podamos resistir mucho tiempo. Todos los hom-

bres exhaustos. Falta de raciones, agua, municiones y armas, con grandes bajas entre oficiales. Incluso la menor acción ofensiva del enemigo puede ocasionar completa desintegración. Si esto sucede, se dará orden de desbandada hacia cabeza de puente antes que rendirse. En la actualidad, es imposible cualquier movimiento ante el enemigo. Hemos hecho cuanto ha estado a nuestro alcance y lo seguiremos haciendo.*

A lo largo de dos noches consecutivas, los intentos de suministrar hombres y provisiones a Urquhart habían fracasado. Pero el obstinado comandante del XXX Cuerpo, el general Horrocks, se negaba a renunciar. Si había que salvar la cabeza de puente y que conseguir llevar socorros a los hombres de Urquhart, era preciso hacerlo el domingo por la noche. Una vez más, el tiempo era desfavorable; no podía esperarse ninguna ayuda de los aviones con base en Inglaterra para la realización de misiones de apoyo o aprovisionamiento. Pero las tropas ocupaban ya la zona Driel-Nimega, y Horrocks —logrando casi lo imposible al llevar todo su Cuerpo por el estrecho corredor que sólo permitía el paso de los blindados de uno en uno, hasta su punta de lanza sobre el Rin— estaba obsesionado por los 400 metros de río que le separaban de las fuerzas aerotransportadas. El éxito estaba desesperantemente próximo. Ordenó que la 43.ª *Wessex* del general Thomas realizara una última ofensiva: con los polacos restantes, tropas del 4.º *Dorsets* del teniente coronel Gerald Tilly asaltarían el río y tratarían de cruzar a la cabeza de puente a partir de las 22.00 horas.

La acción de Tilly sería un primer paso de un plan más amplio. «Si las cosas iban bien —escribió más tarde Horrocks— yo esperaba deslizar la 43.ª División a través del Rin más al oeste y lanzarme contra la fuerza alemana que atacaba el perímetro de la aerotransportada.» La alternativa era la retirada. Aquel octavo día de *Market-Garden*, Horrocks se negaba obstinadamente a contemplar esa posibilidad. Otros, sin embargo, estaban planeando seriamente cómo podría realizarse.

Según su jefe de Estado Mayor, general de brigada Gordon Walch,

* En otros relatos de la batalla han aparecido varias versiones distintas de este mensaje. La que aquí se incluye es la original. El teniente Neville Hay conservó sus libros de mensajes *Phantom* y me permitió consultarlos. Le estoy sumamente agradecido por su cooperación.

«DER HEXENKESSEL» (EL CALDERO DE LAS BRUJAS)

```
                    PHANTOM BRITISH AIRBORNE DIV LOG            Sheet 6
```

51. From Phantom   Source G Ops 1330 hrs. Enemy continues to
    1 Airborne Div   attack in small parties with SP guns in support.
                        Small numbers of Pz Kw IV area 694788. Mortar
                        fire continues. Poles who crossed last night
                        now fighting area 698782.

    TOO 241330   THI 241945

52. From Phantom   Source G Ops 0845 hrs. Only 300 Polish over
    1 Airborne Div   last night. Water and food and ammunition short.
                        Shelling and mortaring continues and intense.

    TOO 241630   THI 241805

53. From Phantom   Perimeter very weak and casualties mounting.
    1 Airborne Div   Essential relieving troops make contact
                        immediately on crossing. Enemy attacks
                        made with SP guns or tanks and following
                        infantry were NOT formidable. Heavy shelling
                        and mortaring continues.

    TOO 242205   THI 242330

54. From Phantom   URQUHART TO BROWNING. MUST WARN YOU UNLESS
    1 Airborne Div   PHYSICAL CONTACT IS MADE WITH US EARLY 25
                        SEP CONSIDER IT UNLIKELY WE CAN HOLD OUT LONG
                        ENOUGH, ALL RANKS NOW EXHAUSTED. LACK OF
                        RATIONS, WATER, AMMUNITION AND WEAPONS WITH
                        HIGH OFFICER CASUALTY RATE. EVEN SLIGHT
                        ENEMY OFFENSIVE ACTION MAY CAUSE COMPLETE
                        DISINTEGRATION. IF THIS HAPPENS, ALL WILL
                        BE ORDERED TO BREAK TOWARD BRIDGEHEAD IF
                        ANYTHING RATHER THAN SURRENDER. ANY MOVEMENT
                        AT PRESENT IN FACE OF ENEMY IMPOSSIBLE.
                        HAVE ATTEMPTED OUR BEST AND WILL DO SO AS
                        LONG AS POSSIBLE.

    TOO 250830   THI 251040

55. From Phantom   Source G2 Ops 1330 hrs. Perimeter still
    1 Airborne Div   holding though situation so fluid impossible
                        state exact locations.

    TOO 251345   THI 252035

Extracto del Diario de la unidad Phantom *del teniente Hay en el que se incluye el honorable mensaje de Urquhart a Browning.*

el comandante del Primer Cuerpo Aerotransportado, general Browning, hablaba ahora «sin el menor rebozo de retirarse». Mientras la 43.ª *Wessex* avanzaba hacia Driel la decisión había estado en el aire, pero «tan pronto como se vieron detenidos, Browning tuvo la convicción de que tendríamos que evacuar a los hombres de Urquhart». El comandante del Segundo Ejército británico, general Miles C. Dempsey, había llegado a la misma conclusión. No se había entrevistado con Horrocks desde el comienzo del ataque. Ahora, mientras se acababa el tiempo, Dempsey ordenó a Horrocks que tuvieran un encuentro en St. Oendenrode, más atrás en el corredor. En la línea del mando, Dempsey, en representación de Montgomery, tendría la última palabra. La angustiosa decisión les sería impuesta por un solo hombre, el mariscal de campo Model.

Mientras Horrocks se dirigía hacia el sur, rumbo a St. Oendenrode, el teniente coronel Tilly, del 4.º *Dorsets*, se preparaba para el cruce nocturno del río. Su batallón acudía apresuradamente a la zona de reunión en Driel, y las embarcaciones de asalto, ahora que el corredor estaba de nuevo abierto, se hallaban en camino. Las instrucciones de Tilly eran claras. Había sido instruido personalmente por el comandante de su brigada, el general de brigada Ben Walton, que le dijo que «ensanchara la base del perímetro». El cruce debía realizarse en el embarcadero del viejo transbordador, a kilómetro y medio, aproximadamente, de Oosterbeek. Una vez en la otra orilla, los *Dorsets* debían «mantenerse hasta recibir refuerzos». Avanzarían con poco equipo, llevando tan sólo alimentos y municiones suficientes para tres o cuatro días. Tal como Tilly lo veía, sus hombres «eran una fuerza especial destinada a abrir el paso a todo el Segundo Ejército de Dempsey». Tenía plena consciencia de la urgente necesidad de llegar rápidamente hasta los hombres de Urquhart. Por lo que sabía, la División se estaba extinguiendo por momentos.

El domingo, Tilly había subido tres veces a la torre de una maltrecha iglesia de Driel para observar la zona en la que sus tropas desembarcarían en la orilla norte del Rin. Mientras transcurría la tarde, en su cuartel general situado al sur de Driel, esperaba impaciente que terminara de llegar todo su batallón desde el pueblo de Homoet, a unos cuantos kilómetros al sudoeste de Driel, y las lanchas de asalto que estaban siendo traídas desde el corredor.

Poco después de las 18.00 horas, el general de brigada Ben Walton mandó llamar a Tilly. En el Cuartel General de Walton, situado en una casa al sur de Driel, Tilly esperaba que el comandante de la

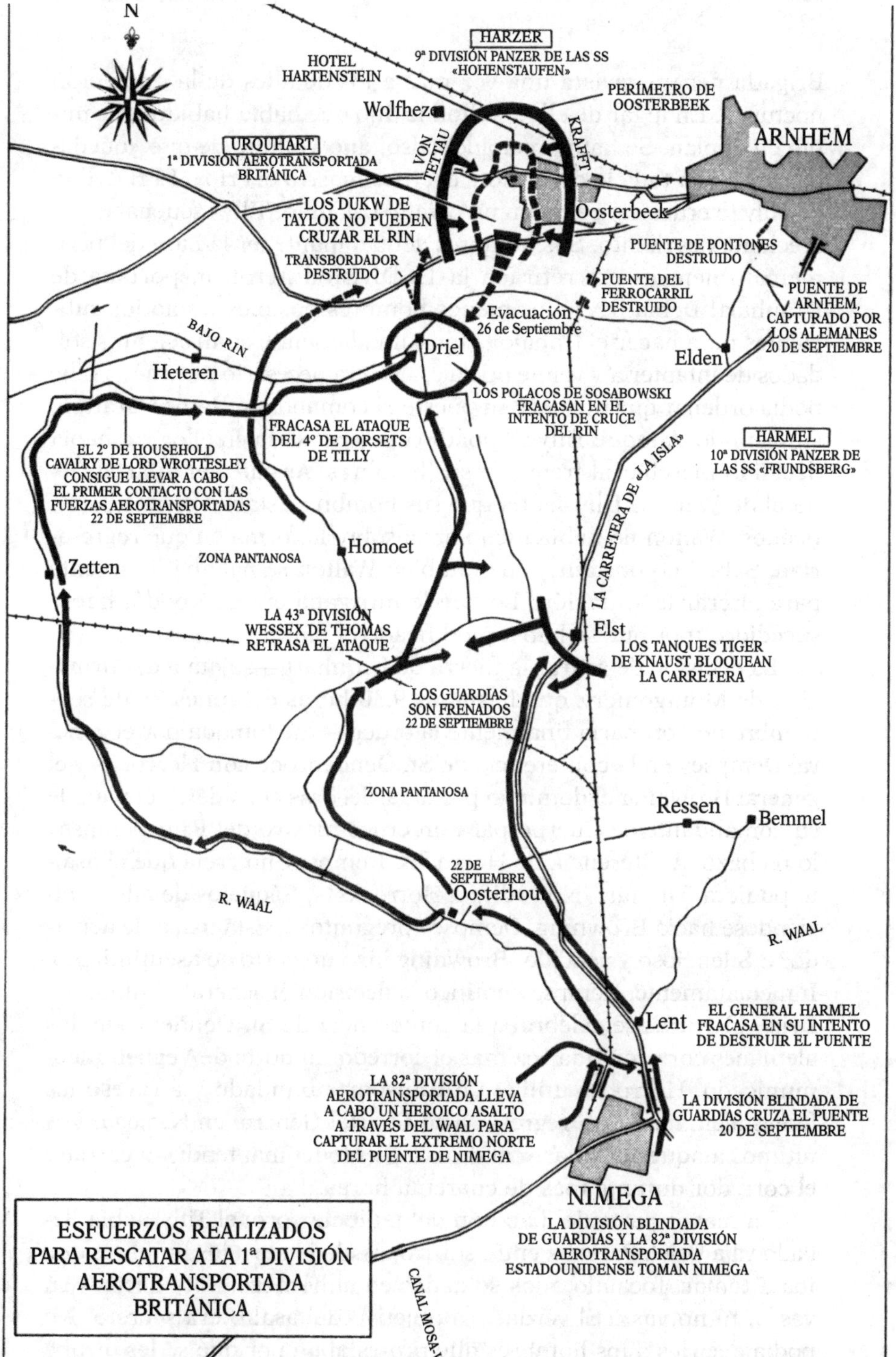

N
HARZER
9ª DIVISIÓN PANZER DE LAS SS «HOHENSTAUFEN»
HOTEL HARTENSTEIN
PERÍMETRO DE OOSTERBEEK
Wolfheze
ARNHEM
URQUHART
1ª DIVISIÓN AEROTRANSPORTADA BRITÁNICA
VON TETTAU
KRAFFT
LOS DUKW DE TAYLOR NO PUEDEN CRUZAR EL RIN
Oosterbeek
TRANSBORDADOR DESTRUIDO
PUENTE DE PONTONES DESTRUIDO
PUENTE DEL FERROCARRIL DESTRUIDO
PUENTE DE ARNHEM, CAPTURADO POR LOS ALEMANES 20 DE SEPTIEMBRE
Evacuación 26 de Septiembre
BAJO RIN
Driel
Heteren
Elden
LOS POLACOS DE SOSABOWSKI FRACASAN EN EL INTENTO DE CRUCE DEL RIN
FRACASA EL ATAQUE DEL 4º DE DORSETS DE TILLY
HARMEL
10ª DIVISIÓN PANZER DE LAS SS «FRUNDSBERG»
EL 2º DE HOUSEHOLD CAVALRY DE LORD WROTTESLEY CONSIGUE LLEVAR A CABO EL PRIMER CONTACTO CON LAS FUERZAS AEROTRANSPORTADAS 22 DE SEPTIEMBRE
LA CARRETERA DE «LA ISLA»
Homoet
Zetten
ZONA PANTANOSA
LA 43ª DIVISIÓN WESSEX DE THOMAS RETRASA EL ATAQUE
Elst
LOS TANQUES TIGER DE KNAUST BLOQUEAN LA CARRETERA
LOS GUARDIAS SON FRENADOS 22 DE SEPTIEMBRE
ZONA PANTANOSA
Ressen
Bemmel
22 DE SEPTIEMBRE
Oosterhout
R. WAAL
R. WAAL
EL GENERAL HARMEL FRACASA EN SU INTENTO DE DESTRUIR EL PUENTE
Lent
LA 82ª DIVISIÓN AEROTRANSPORTADA LLEVA A CABO UN HEROICO ASALTO A TRAVÉS DEL WAAL PARA CAPTURAR EL EXTREMO NORTE DEL PUENTE DE NIMEGA
LA DIVISIÓN BLINDADA DE GUARDIAS CRUZA EL PUENTE 20 DE SEPTIEMBRE
NIMEGA
LA DIVISIÓN BLINDADA DE GUARDIAS Y LA 82ª DIVISIÓN AEROTRANSPORTADA ESTADOUNIDENSE TOMAN NIMEGA
ESFUERZOS REALIZADOS PARA RESCATAR A LA 1ª DIVISIÓN AEROTRANSPORTADA BRITÁNICA
CANAL MOSA-WAAL
0 Millas 3
palacios

Brigada pasara revista una vez más a los detalles de la operación nocturna. En lugar de ello, Walton le dijo que había habido un cambio en el plan. Se había recibido aviso, dijo Walton, de que «quedaba cancelada toda la operación, el cruce masivo del río». El Batallón de Tilly lo cruzaría, pero con un objetivo distinto. Tilly escuchaba con creciente desaliento. Sus hombres debían mantener la base del perímetro ¡mientras era retirada la 1.ª División Aerotransportada de Urquhart! Debía llevar los menos hombres posibles, «sólo los suficientes para hacer el trabajo»; aproximadamente, cuatrocientos soldados de infantería y veinte oficiales. No era necesario que fuera Tilly; podía ordenar que ocupara su puesto el comandante James Grafton, su segundo. Aunque Tilly respondió que «pensaría en ello», ya había decidido marchar al frente de sus hombres. Al salir del Cuartel General de Walton, Tilly sentía que sus hombres estaban siendo sacrificados. Walton no había dicho nada sobre la forma en que regresarían. Sabía, no obstante, que también Walton se hallaba impotente para alterar la situación. Lo que le intrigaba era qué podía haber sucedido, ¿por qué se había modificado el plan?

La decisión de retirar la fuerza de Urquhart —sujeta a confirmación de Montgomery, que hasta las 9.30 horas del lunes 25 de septiembre no aprobaría finalmente la orden— fue tomada por el general Dempsey en la conferencia de St. Oendenrode con Horrocks y el general Browning el domingo por la tarde. Tras considerar el plan de su comandante de Cuerpo para un cruce masivo del Rin, Dempsey lo rechazó. A diferencia de Horrocks, Dempsey no creía que el asalto pudiera triunfar. «No —dijo a Horrocks—. Sáquelos de allí.» Volviéndose hacia Browning, Dempsey preguntó: «¿Está usted de acuerdo?». Silencioso y vencido, Browning hizo un gesto de asentimiento. Inmediatamente, Dempsey notificó la decisión al general Thomas, en Driel. Mientras se celebraba la conferencia de St. Oendenrode, los alemanes cortaron una vez más el corredor al norte de Veghel. Incomunicado, Horrocks utilizó un transporte blindado y atravesó las líneas alemanas para regresar a su Cuartel General en Nimega. Los últimos ataques del mariscal de campo Model mantendrían cerrado el corredor durante más de cuarenta horas.

La mayor parte del batallón del teniente coronel Tilly había llegado ya a Driel. Paseaba entre sus tropas eligiendo a los hombres que iba a tomar. Tocando a los soldados en el hombro, Tilly decía: «Tú vas..., tú no vas». El verdadero objetivo del asalto era secreto. No podía decirles a los hombres que protestaban por qué se les dejaba atrás. Tilly «elegía a los veteranos que eran absolutamente seguros, prescindiendo de los otros».

Era una amarga decisión. Mirando a los oficiales y hombres que creía «estaban marchando a una muerte segura», Tilly llamó al comandante Grafton. «Jimmy —recuerda Grafton que dijo Tilly—, tengo que decirte una cosa, porque alguien más, aparte de mí, tiene que conocer el verdadero objetivo de la operación de cruce.» Esbozando el cambio del plan, Tilly añadió en voz baja: «Me temo que estamos siendo enviados al matadero».

Sorprendido, Grafton se quedó mirando a Tilly. Era vital, añadió Tilly, que la información no llegara a conocimiento de nadie más. «Sería demasiado arriesgado», explicó.

Grafton comprendió lo que Tilly quería decir. Supondría un golpe terrible para la moral de las tropas el que llegara a saberse la verdad. Cuando Grafton se disponía a marcharse, Tilly dijo: «Espero que sepas nadar, Jimmy». Grafton sonrió: «Yo también lo espero», dijo.

A las 21.30 horas, mientras los hombres de Tilly descendían hacia el río, no había todavía el menor rastro de las lanchas de asalto. «¿Cómo demonios esperan que cruce sin embarcaciones?», preguntó Tilly a su oficial de ingenieros, el teniente coronel Charles Henniker. Tampoco habían llegado las raciones para sus hombres. Resentido y agobiado por su conocimiento de la verdadera razón de la misión, Tilly habló con el teniente coronel Aubrey Coad, comandante del 4.º *Dorsets*. «Nada va bien —le dijo Tilly—. Las lanchas no han llegado, y no se nos han repartido raciones. Si no se hace pronto algo, no estoy dispuesto a partir.» Coad ordenó que su batallón entregara raciones a los hombres de Tilly.

Durante tres largas horas, bajo una fría llovizna, la fuerza de Tilly esperó la llegada de las lanchas de asalto. A medianoche, se tuvo noticia de que los botes ya estaban en Driel. Pero sólo habían llegado nueve. En la oscuridad, algunos camiones se habían extraviado y habían ido a parar a las líneas enemigas; otros dos se habían salido de una carretera-dique al patinar en el barro que la cubría y se habían perdido. En el punto de concentración, los botes fueron llevados a hombros por los soldados a lo largo de seiscientos metros a través de un cenagoso marjal hasta el punto de partida. Tambaleándose y resbalando sobre el barro del pólder, los hombres tardaron más de una hora en conseguir llevar las embarcaciones hasta el río. Esta fase preliminar no quedó terminada hasta después de las 2.00 horas del lunes 25 de septiembre.

Cuando los hombres se disponían a zarpar, Tilly entregó al comandante Grafton dos mensajes para el general Urquhart: uno era una carta del general Browning; el otro, un mensaje cifrado del general Thomas exponiendo el plan de retirada. Había dos juegos de estas cartas. El teniente coronel Eddie Myers, oficial de ingenieros de Urquhart, había regresado de Nimega y de su entrevista con Browning. Ahora, Myers, portador de las mismas cartas, estaba esperando para cruzar. «Su misión —le dijo Tilly a Grafton— es llegar hasta Urquhart con estos mensajes, por si no lo hace el oficial de ingenieros.» El documento que contenía el plan de retirada era «absolutamente vital», recalcó Tilly.

En el río no había duda de que los alemanes estaban preparados para otro cruce. Solamente quedaban unas quince lanchas de asalto británicas, incluyendo tres DUKW y los restos de la pequeña flota utilizada la noche anterior. En el último minuto, a causa de la escasez de embarcaciones, se decidió suspender una operación de cruce destinada a distraer la atención de los alemanes y que iba a ser llevada a cabo por los polacos al este de la zona de los *Dorsets*, y enviar a los hombres de Tilly en cinco oleadas de tres lanchas. Mientras continuaban los preparativos, estallaron proyectiles de mortero en la orilla meridional, y ametralladoras pesadas, que al parecer se alineaban a lo largo de ambos bordes de la base del perímetro, barrieron el agua. El teniente coronel Tilly subió a un bote. Empezó a cruzar la primera oleada.

Aunque todos los cañones británicos disponibles en la orilla meridional abrieron fuego lanzando un dosel de granadas por encima de los *Dorsets*, la operación de cruce fue brutalmente atacada. Las embarcaciones de lona y madera chapeada fueron acribilladas, agujereadas y hundidas. Algunas, como la del comandante Grafton, se incendiaron antes de abandonar la orilla sur. Rápidamente, Grafton subió a otra. Cuando había recorrido la mitad del camino, descubrió que el suyo era el único bote que quedaba de su grupo. Al cabo de quince minutos, sintiéndose «afortunado por estar vivo», Grafton había cruzado.

En medio de la lluvia y la oscuridad, machacadas por el fuego de las bien emplazadas ametralladoras, cada una de las cinco oleadas sufrió grandes pérdidas. Pero el peor enemigo era la corriente. No acostumbrados a los botes y a la inesperada corriente, cuya velocidad aumentó después de medianoche, los impotentes *Dorsets* fueron arrastrados más allá de la base del perímetro, hasta caer en manos del enemigo. Dispersos a lo largo de varios kilómetros, los que sobrevivieron quedaron rápidamente incomunicados y cercados. De los cuatrocientos veinte oficiales y soldados que emprendieron la marcha hacia el perímetro, solamente 239 llegaron a la orilla norte. Al teniente coronel Tilly, que fue recibido al desembarcar por una avalancha de granadas que rodaban por la ladera de una colina como bolas de una bolera, se le oyó dirigir a sus hombres fuera de aquel infierno gritando: «¡Cargad sobre ellos a la bayoneta!».*

Los *Dorsets* no lograron enlazar, como unidad defensiva, con los hombres de Urquhart. Sólo unos cuantos llegaron al perímetro del Hartenstein, entre ellos el comandante Grafton que, con el plan de retirada intacto, se presentó en las posiciones del comandante Dickie Lonsdale, cerca de la iglesia del bajo Oosterbeek. El teniente coronel Myers había llegado ya al Cuartel General de Urquhart con los documentos que portaba. Ninguno de los dos hombres conocía el contenido del mensaje cifrado de Thomas, ni de su nombre cruelmente irónico. Cuando Montgomery presionó primeramente a Eisenhower por «un poderoso e impetuoso avance hacia Berlín... para poner fin así a la guerra», había sido rechazada su sugerencia de ataque único. Operación *Market-Garden* había sido el compromiso. Ahora, se había bautizado oficialmente al plan de retirada de los ensangrentados hombres de Urquhart. Los restos de la 1.ª División Aerotransportada británica debían ser evacuados bajo el nombre cifrado de Operación *Berlín*.

---

* Una de las granadas le golpeó a Tilly en la cabeza e hizo explosión. Increíblemente, sólo sufrió heridas leves y sobrevivió como prisionero de guerra hasta el fin de las hostilidades

4

Ahora, M*arket-Garden*, la Operación que Montgomery esperaba que pondría fin rápidamente a la guerra, avanzaba inexorablemente hacia el desastre. A lo largo de noventa terribles kilómetros, los hombres resistían en los puentes y combatían por el control de una sola carretera: el corredor. En el sector del general Maxwell Taylor, al norte de Eindhoven, las fuerzas aerotransportadas, reforzadas con infantería y blindados británicos, rechazaban uno tras otro los feroces ataques desencadenados contra ellas, al tiempo que intentaban abrir nuevamente el trozo de carretera cortado en Uden; en la zona de la 82.ª del general Gavin, el gran puente del Waal se hallaba sometido a un constante bombardeo y el enemigo continuaba presionando desde el Reichswald con potencia cada vez mayor. Se había esfumado la creencia de hacía una semana de que la guerra estaba casi terminada. Estaban surgiendo unidades enemigas a las que se había dado por desaparecidas hacía tiempo. La máquina de guerra nazi, a la que a primeros de septiembre se creía tambaleante y al borde del colapso, había producido milagrosamente sesenta carros de combate *Tiger* que fueron entregados a Model en la mañana del 24 de septiembre.* *Market-Garden* estaba muriendo por asfixia, y era preciso ahora abandonar el principal objetivo del plan, la toma de posicio-

---

* Los blindados llegaron en las primeras horas de la mañana», dice el general Harmel en el anexo número 6 de su Diario de guerra del 24 de septiembre, añadiendo que «el Cuartel General del II Cuerpo Panzer asignó el grueso de este destacamento, 45 carros de combate *Tiger*, a la 10.ª División *Frundsberg*, de las SS».

nes al otro lado del Rin, el trampolín hacia el Ruhr. A las 6.05 horas del lunes 25 de septiembre, el general Urquhart recibió la orden de retirarse.

En el planeamiento de la Operación de Arnhem se le había prometido a Urquhart la llegada de refuerzos en el plazo de 48 horas. El general Browning había esperado que la 1.ª División Aerotransportada resistiera sola durante un máximo de cuatro días. En un gesto sin precedentes para una división aerotransportada en inferioridad numérica, tanto de hombres como de armamento, los hombres de Urquhart habían resistido más del doble de ese tiempo. Para el valeroso Scot, que mandaba por primera vez una división aerotransportada, la retirada era amarga; pero Urquhart sabía que era la única solución. Sus fuerzas habían descendido ya por debajo de los 2.500 hombres y no podía exigir más de aquellos intrépidos soldados. Irritado como estaba al saber que las fuerzas de socorro británicas se hallaban apenas a kilómetro y medio de distancia, separadas de la división solamente por la anchura del Rin, Urquhart se doblegó de mala gana a la decisión de sus superiores. Había llegado el momento de sacar de Arnhem a los valerosos hombres.

En el Hartenstein, un fatigado teniente coronel Eddie Myers entregó a Urquhart las dos cartas, la de Browning y la orden de retirada del general Thomas. El mensaje de aliento y felicitación de Browning, escrito hacía más de 24 horas, se había quedado anticuado. Decía, en parte: «... el Ejército está acudiendo en su ayuda, pero... muy avanzada la noche» y «naturalmente, yo no me siento tan cansado y frustrado como usted, pero, probablemente, sufro más que usted por todo el asunto...».

La orden de retirada —especialmente viniendo de Thomas, cuya lentitud Urquhart, como Browning, no podía perdonar— era, con mucho, lo más deprimente. La 43.ª *Wessex* estaba empezando ahora a sentir el peso de la creciente presión alemana, decía el mensaje de Thomas. Debía abandonarse toda esperanza de establecer una amplia cabeza de puente al otro lado del Rin, y la retirada de la 1.ª Aerotransportada tendría lugar, por mutuo acuerdo entre Urquhart y Thomas, en una fecha y a una hora fijadas.

Urquhart reflexionó su decisión. Escuchando el continuo fragor del bombardeo de morteros y artillería, no sintió la menor duda sobre la fecha y la hora. Si había de sobrevivir alguno de sus hombres, la retirada tendría que realizarse pronto, y, evidentemente, al amparo de la oscuridad. A las 8.08 horas, Urquhart comunicó por ra-

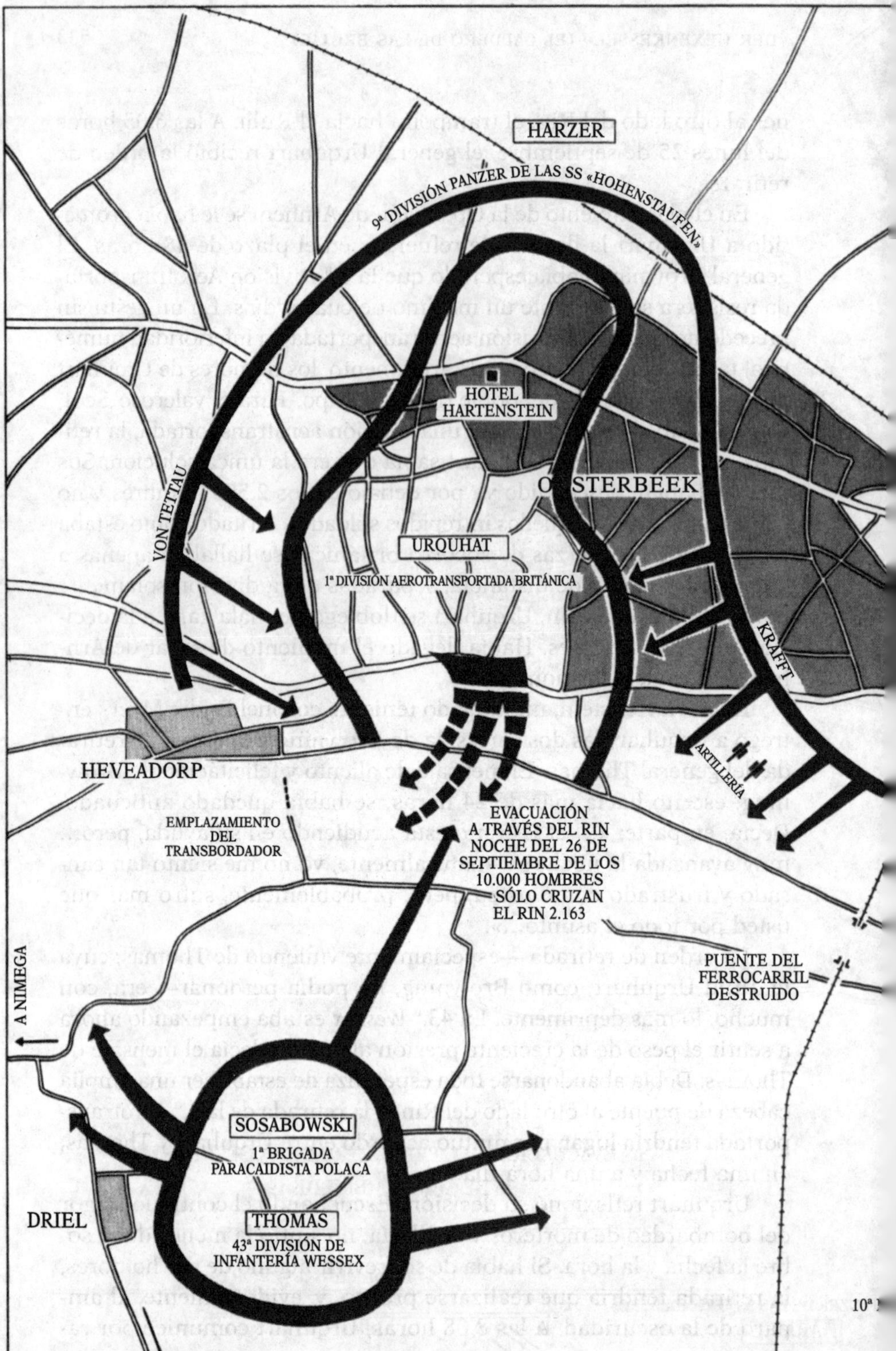
HARZER
9ª DIVISIÓN PANZER DE LAS SS «HOHENSTAUFEN»
HOTEL HARTENSTEIN
OOSTERBEEK
VON TETTAU
URQUHAT
1ª DIVISIÓN AEROTRANSPORTADA BRITÁNICA
KRAFFT
ARTILLERÍA
HEVEADORP
EMPLAZAMIENTO DEL TRANSBORDADOR
EVACUACIÓN A TRAVÉS DEL RIN NOCHE DEL 26 DE SEPTIEMBRE DE LOS 10.000 HOMBRES SÓLO CRUZAN EL RIN 2.163
PUENTE DEL FERROCARRIL DESTRUIDO
A NIMEGA
SOSABOWSKI
1ª BRIGADA PARACAIDISTA POLACA
THOMAS
43ª DIVISIÓN DE INFANTERÍA WESSEX
DRIEL
A NIMEGA

BITTRICH
II CUERPO PANZER DE LAS SS

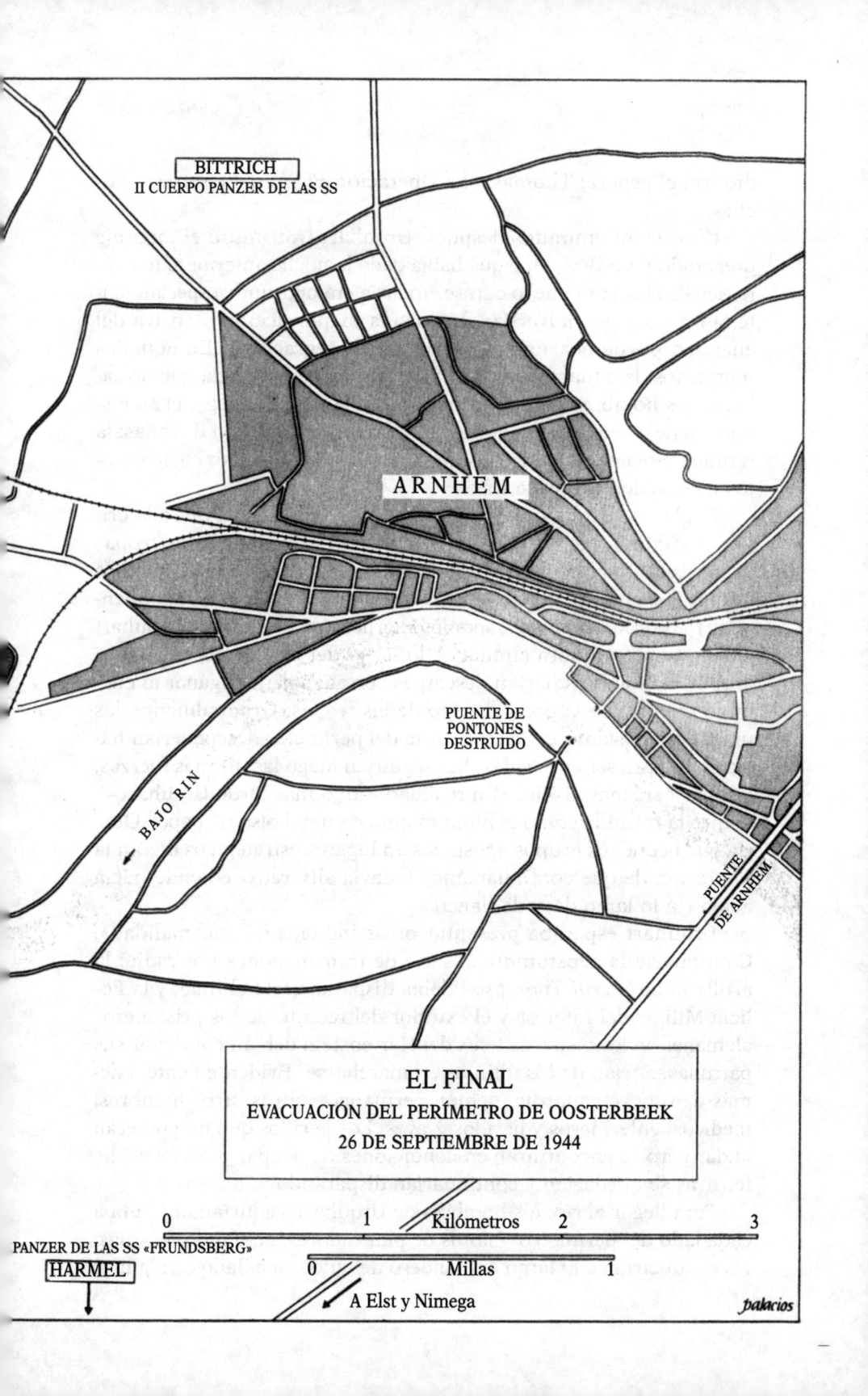

ARNHEM

PUENTE DE
PONTONES
DESTRUIDO

BAJO RIN

PUENTE DE ARNHEM

EL FINAL
EVACUACIÓN DEL PERÍMETRO DE OOSTERBEEK
26 DE SEPTIEMBRE DE 1944

0   1   Kilómetros   2   3

PANZER DE LAS SS «FRUNDSBERG»
HARMEL

0   Millas   1

A Elst y Nimega

palacios

dio con el general Thomas: «La Operación *Berlín* debe ser esta noche».

Unos veinte minutos después, Urquhart transmitió el mensaje preparado para Browning que había dado la noche anterior al teniente Neville Hay para que lo cifrase. Todavía era oportuno, especialmente la frase en que advertía: «Incluso la menor acción ofensiva del enemigo puede ocasionar completa desintegración». En aquellos momentos, la situación de Urquhart era tan desesperada que no sabía si sus hombres podrían resistir hasta la noche. Luego, el angustiado general empezó a planear la maniobra más difícil de todas: la retirada. Solamente había un camino: cruzar los terribles cuatrocientos metros del Rin hasta Driel.

El plan de Urquhart seguía las líneas de otra clásica retirada británica, Galípoli, en 1916. Allí, tras meses de combates, las tropas habían sido finalmente expulsadas de su ilusorio refugio. Pequeños grupos que cubrían la retirada habían continuado disparando mientras era retirado sin contratiempos el grueso de las fuerzas. Urquhart planeó una maniobra similar. A lo largo del perímetro, pequeños grupos de hombres harían descargas cerradas para engañar al enemigo mientras escapaba el resto de las tropas. Gradualmente, las unidades apostadas en la cara norte del perímetro descenderían hacia el río para ser evacuadas. Les seguirían luego las últimas fuerzas, las más cercanas al Rin. «En realidad —dijo más tarde Urquhart—, planeé la retirada como el hundimiento de una bolsa de papel. Quería que pequeños grupos apostados en lugares estratégicos dieran la impresión de que continuábamos todavía allí, retrocediendo hacia abajo y a lo largo de cada flanco.»

Urquhart esperaba presentar otros indicios de «normalidad». Continuaría la acostumbrada serie de transmisiones por radio; la artillería de *Sheriff* Thompson debía disparar hasta el final; y la Policía Militar del interior y el exterior del recinto de los prisioneros alemanes en las pistas de tenis del Hartenstein debían continuar sus patrullas. Serían de los últimos en marcharse. Evidentemente, además de una retaguardia, debían permanecer atrás otros hombres: médicos, enfermeros y heridos graves. Los heridos que no pudieran andar pero se encontraran en condiciones de ocupar posiciones defensivas se quedarían y continuarían disparando.

Para llegar al río, los hombres de Urquhart seguirían una ruta a cada lado del perímetro. Pilotos de planeadores, actuando de guías, los conducirían a lo largo del sendero de huida, señalado en algunas

«DER HEXENKESSEL» (EL CALDERO DE LAS BRUJAS)

zonas con cintas blancas. Los soldados, con las botas envueltas en trapos para ahogar el ruido de las pisadas, debían abrirse paso hasta la orilla del agua. Allí, oficiales supervisores los harían subir a bordo de una pequeña flota de evacuación: catorce lanchas motoras de asalto —tripuladas por dos compañías de ingenieros canadienses—, capaz cada una para catorce hombres, y una gran variedad de embarcaciones más pequeñas. Su número era indeterminado. Nadie, ni siquiera los encargados de supervisar la distribución, recordarían cuántas, pero había entre ellas varios DUKW y unas cuantas lanchas de asalto de lona y madera chapeada que quedaban de cruces previos.

Urquhart jugaba con la posibilidad de que los alemanes, al observar el movimiento de lanchas, supusieran que los hombres intentaban penetrar en el perímetro en vez de salir de él. Aparte de la terrible posibilidad de que sus tropas fueran avistadas, podrían presentarse otras peligrosas dificultades con más de dos mil hombres tratando de escapar. Urquhart podía prever que, si no se mantenía un horario rígido, se produciría un terrible embotellamiento en la angosta base del perímetro, de apenas 650 metros de anchura. Si el embotellamiento se producía en la zona de embarque, sus hombres podrían ser implacablemente aniquilados. Tras la vana experiencia de los polacos y los *Dorsets* al tratar de entrar en el perímetro, Urquhart no esperaba que la evacuación se realizase sin problemas. Aunque todos los cañones que el XXX Cuerpo pudiera aportar entrasen en acción para proteger a sus hombres, Urquhart esperaba, no obstante, que los alemanes infligieran grandes bajas. El tiempo era un enemigo, pues se necesitarían varias horas para completar la evacuación. Estaba también el problema de mantener en secreto el plan. Como existía la posibilidad de que algunos hombres fueran capturados e interrogados durante el día, nadie, aparte de los oficiales superiores y de aquellos que llevaban a cabo tareas específicas, debía ser informado de la evacuación hasta el último momento.

Tras conferenciar por radio con el general Thomas y llegar a un acuerdo sobre los puntos principales de su plan de retirada, Urquhart convocó una reunión de los pocos altos oficiales que quedaban: el general de brigada *Pip* Hicks; el teniente coronel Iain Murray, del Regimiento de Pilotos de Planeadores, que había asumido ahora el mando del herido Hackett; el teniente coronel R. G. Loder Symonds, jefe de la artillería de la División; coronel Mackenzie, jefe del Estado Mayor; y el teniente coronel Eddie Myers, oficial de ingenieros que estaría al cargo de la evacuación. Poco antes de comenzar la conferencia, llegó el coronel Graeme Warrack, oficial médico jefe, para ver a Urquhart, y fue el primero que tuvo conocimiento del Plan. Warrack se sintió «abatido y entristecido. No porque tuviera que quedarme —tenía una obligación para con los heridos—, sino porque, hasta aquel momento, había esperado que la División recibiría socorros en plazo breve».

En el sótano del Hartenstein, rodeado de sus oficiales, Urquhart comunicó la noticia. «Nos vamos esta noche», les dijo. Paso a paso, expuso su plan. El éxito de la retirada dependería de una meticulosa sincronización. Cualquier concentración de tropas o embotellamiento de tráfico originaría un desastre. Los hombres debían moverse sin dejar de luchar. «Únicamente deben adoptar acciones evasivas si se hace fuego sobre ellos, solamente deben responder al fuego cuando sea cuestión de vida o muerte.» Cuando sus desalentados oficiales se disponían a salir, Urquhart les advirtió que era preciso mantener en secreto la evacuación el mayor tiempo posible. Solamente debía comunicárseles a los que necesitaran conocerla.

La noticia causó poca sorpresa a los oficiales de Urquhart. Desde hacía horas era evidente que la situación era insostenible. Sin embargo, al igual que Warrack, estaban resentidos por el hecho de que no les hubieran llegado refuerzos. Albergaban también el temor de que tal vez se vieran obligados sus hombres a soportar durante la retirada una prueba más dura aún que en su lucha en el perímetro. El soldado de transmisiones James Cockrill, agregado al Cuartel General de la División, oyó por casualidad el lacónico mensaje: «La Operación *Berlín* es esta noche». Su significado le intrigaba. Ni siquiera se le ocurrió pensar en una retirada. Cockrill creía que la División «lucharía hasta el último hombre y el último cartucho». Pensó que Operación *Berlín* podría significar un intento desesperado de llegar al puente de Arnhem «en una especie de heroica «Carga de la Brigada Ligera» o algo parecido». Otro hombre comprendió con toda claridad lo que significaba. En el Cuartel General de la 1.ª Brigada de Desembarco Aéreo, el coronel Payton-Reid de los KOSB, que ayudaba a concretar los detalles de la evacuación del lado occidental del perímetro, oyó al general de brigada *Pip* Hicks murmurar algo sobre «otro Dunkerque».

Durante todo aquel día, los alemanes trataron de rebasar las posiciones en frenéticos ataques, pero los *Diablos Rojos* resistieron. Luego, los hombres no lo olvidarían, poco después de las 20.00 horas, empezó a filtrarse la noticia de la retirada. Para el comandante Geoffrey Powell, del 156.º Batallón de Hackett, que se encontraba en la parte superior del perímetro, la noticia constituyó «un golpe terrible. Pensé en todos los hombres que habían muerto y pensé luego en que todo el esfuerzo había sido en vano». Como sus hombres estaban entre los que debían partir desde más lejos, Powell empezó a despacharlos en fila india a las 20.15 horas.

Al soldado Robert Downing, del 10.º Batallón de Paracaidistas, se le ordenó que saliera de su trinchera y fuera al Hotel Hartenstein. Allí, fue recibido por un sargento. «Ahí tienes una vieja navaja de plástico —le dijo el sargento—. Aféitate en seco.» Downing se le quedó mirando. «Date prisa —le dijo el sargento—. Vamos a cruzar el río, y, por Dios que vamos a volver con aspecto de soldados británicos.»

En un sótano próximo a su posición, el comandante Robert Cain pidió prestada otra navaja. Alguien había encontrado agua, y Cain se pasó la navaja sobre su barba de una semana y luego, se secó cuidadosamente la cara con la parte interior de su guerrera, manchada de sangre y ennegrecida por el humo. Al salir se detuvo unos minutos bajo la lluvia, mirando la iglesia del bajo Oosterbeek. Había un gallo dorado en la veleta. Cain lo había mirado a intervalos durante la batalla. Para él, era un símbolo de buena suerte. Mientras el dorado gallo subsistiera, también subsistiría la División. Experimentó una sensación de invencible tristeza. Se preguntó si la veleta estaría aún allí al día siguiente.

Al igual que a otros hombres, el coronel Iain Murray le había dicho al comandante Thomas Toler, del Regimiento de Pilotos de Planeadores, que se aseara un poco. A Toler no podía haberle tenido más sin cuidado. Estaba tan cansado que sólo «pensar en asearme era un esfuerzo». Murray le dio su propia navaja. «Nos vamos a ir. No queremos que el Ejército crea que somos un hatajo de vagabundos.» Con un poco de espuma que Murray había dejado, Toler también se afeitó la barba. «Fue sorprendente cuánto mejor me sentía, mental y físicamente», recuerda. En el puesto de mando de Murray, estaba la bandera con la figura de Pegaso que los hombres de Hackett habían pensado desplegar cuando llegara el Segundo Ejército. Toler se la quedó mirando unos instantes. Luego, la enrolló cuidadosamente y la apartó.

En las posiciones artilleras en las que las tropas disparaban ahora a discreción para ayudar a encubrir la evacuación, el artillero Robert Christie oyó cómo el soldado de transmisiones de la unidad Willie Speedie, llamaba a la batería. Speedie dio una nueva estación como control y luego dijo simplemente: «Corto y fuera».

El sargento Stanley Sullivan, uno de los exploradores que había abierto la marcha nueve días antes, se puso furioso al enterarse de la noticia. «Había imaginado que ya lo teníamos y muy bien hubiéramos podido morir luchando.» La avanzadilla de Sullivan se hallaba en una escuela «en la que los chicos habían estado tratando de aprender. Sentía temor por todos aquellos niños si nos marchábamos. Tenía que hacerles saber, y también a los alemanes, lo que sentíamos». En la pizarra del aula que había estado defendiendo, Sullivan escribió grandes letras mayúsculas y las subrayó varias veces. El mensaje decía: «¡¡¡Volveremos!!!».*

Exactamente a las 21.00 horas el cielo nocturno fue rasgado por el resplandor de los cañones concentrados del XXX Cuerpo, y estallaron incendios a todo lo largo del borde del perímetro, mientras un torrente de bombas llovía sobre las posiciones alemanas. Cuarenta y cinco minutos más tarde, empezaron a marcharse los hombres de Urquhart. El mal tiempo que había impedido la rápida llegada de tropas y suministros durante la semana beneficiaba ahora a los *Diablos Rojos*; la retirada comenzó en medio de un fuerte temporal, lo que —con el estruendo del bombardeo— ayudó a cubrir la huida británica.

En medio del fuerte viento y de la lluvia, los supervivientes de la 1.ª Aerotransportada, con los rostros ennegrecidos, el equipo atado y las botas envueltas para ahogar el ruido, salieron de sus posiciones y formando en fila, iniciaron el peligroso viaje hasta el río. La oscuridad y el mal tiempo impedían que los hombres vieran más de unos cuantos metros ante sí. Los soldados formaron una cadena viviente, tomándose de las manos o agarrándose al uniforme de camuflaje del hombre que tenían delante.

El sargento William Thompson, piloto de planeadores, encorvó su cuerpo para hacer frente a la lluvia que caía. Encargado de ayudar a guiar a los soldados hasta la orilla del río, estaba dispuesto a pasar una larga noche a remojo. Mientras veía a sus compañeros pasar en fila india ante él, le asaltó la idea de que «pocos hombres aparte de nosotros habían sabido jamás lo que era vivir en un matadero de un kilómetro cuadrado».

* Los niños nunca lo verían. El 27 de septiembre, en una brutal represalia contra los holandeses, los alemanes ordenaron la evacuación de toda la zona de Arnhem. Arnhem y los pueblos próximos quedarían deshabitados hasta los últimos días de la guerra, cuando las tropas canadienses llegaron el 14 de abril de 1945.

Para el soldado de transmisiones James Cockrill, el significado de Operación *Berlín* estaba ahora perfectamente claro. Se le había ordenado que permaneciera en su puesto y manejara su aparato mientras las tropas se retiraban. Sus instrucciones eran «estar en el aire y mantener en funcionamiento la radio para que los alemanes crean que todo es normal». Cockrill permaneció sentado solo en la oscuridad en la veranda del Hartenstein, «accionando el pulsador. Podía oír abundantes movimientos a mi alrededor, pero no tenía más instrucciones que mantener en funcionamiento la radio». Cockrill tenía la certeza de que iba a ser hecho prisionero antes de la mañana. Tenía el fusil apoyado junto a él, pero no le servía de nada. Una bala era falsa y contenía la clave que utilizaba para establecer contacto con el Segundo Ejército. Era la única que le había quedado.

En la orilla meridional del Rin, médicos, enfermeros y personal de la Cruz Roja holandesa se hallaban preparados en las zonas de recepción y en el punto de reunión. En Driel, convoyes de ambulancias y vehículos esperaban para trasladar a Nimega a los supervivientes de Urquhart. Aunque los preparativos para la llegada de los hombres se estaban desarrollando a su alrededor, Cora Baltussen, después de tres días y tres noches cuidando a los heridos, se hallaba tan exhausta que creyó que el bombardeo y las actividades de la orilla sur señalaban el preludio de otro intento más de atravesar el río. En el concentrado bombardeo de Driel, Cora había resultado con heridas de metralla en la cabeza y en el hombro y costado izquierdos. Aunque las heridas eran dolorosas, Cora las consideraba superficiales. Le preocupaba más su vestido manchado de sangre. Se dirigió en bicicleta a su casa para cambiarse antes de volver para ayudar a atender al nuevo torrente de bajas que, estaba segura, no tardaría en llegar. Durante el camino, Cora fue sorprendida por el fuego enemigo. Arrojada de su bicicleta, permaneció tendida ilesa durante algún tiempo en una cenagosa zanja, luego reanudó la marcha. En casa, le dominó el agotamiento. Se acostó en el sótano con ánimo de dormir un poco. Se pasó durmiendo toda la noche, ignorante de que se estaba efectuando la Operación *Berlín*.

A lo largo del río, en la base del perímetro, estaba esperando la flota de evacuación, tripulada por ingenieros canadienses y británicos. Hasta el momento, no se habían despertado las sospechas del enemigo. De hecho, estaba claro que los alemanes no sabían qué estaba sucediendo. Sus cañones disparaban contra los restantes *Dorsets*, que habían iniciado un ataque de diversión al oeste del perímetro. Más al oeste aún, los alemanes disparaban mientras la artillería británica tendía una barrera para simular un asalto a través del río en aquella zona. El plan de engaño de Urquhart parecía estar dando resultado.

Bajo la incesante lluvia, filas de hombres serpenteaban lentamente por ambos lados del perímetro en dirección al río. Algunos estaban tan exhaustos que se extraviaron y cayeron en manos enemigas; otros, no pudiendo continuar por sí solos, tuvieron que ser ayudados. En la densa oscuridad, nadie se detenía. Detenerse invitaba al ruido, a la confusión... y a la muerte.

Al rojizo resplandor de los disparos y los edificios en llamas, el sargento Ron Kent, del grupo de reconocimiento del comandante Boy Wilson, dirigió a su pelotón hasta un campo de coles, señalado como punto de reunión de la compañía. Allí, esperaron hasta que llegó el resto de la compañía antes de emprender la marcha hacia el río. «Aunque sabíamos que el Rin estaba al sur —dice Kent—, no sabíamos desde qué punto nos iban a evacuar.» De pronto, los hombres distinguieron líneas de rojas trazadoras que llegaban desde el sur y, tomándolas como orientación, continuaron su marcha. No tardaron en encontrar la cinta blanca, y las borrosas figuras de pilotos de planeadores que los guiaron desde allí. El grupo de Kent oyó fuego de ametralladoras y explosiones de granada a su izquierda. El comandante Wilson y otro grupo de hombres había tropezado con los alemanes. En la feroz escaramuza que siguió, con la salvación a sólo kilómetro y medio de distancia, resultaron muertos dos soldados.

Los hombres recordarían la evacuación por pequeños detalles, estremecedores, terribles y, a veces, humorísticos. Mientras descendía hasta el río, el soldado Henry Blyton, del 1.er Batallón, oyó llorar a alguien. Delante, la fila se detuvo. Los soldados se dirigieron a un lado del sendero. Allí, tendido en el encharcado suelo, había un soldado herido que llamaba entre sollozos a su madre. Se ordenó a los hombres que continuaran la marcha. Nadie debía detenerse para ayudar a los heridos. Muchos lo hicieron, sin embargo. Antes de que los soldados de la fuerza del comandante Dickie Lonsdale abandonaran sus posiciones, fueron a la casa de Ter Horst y se llevaron a todos los heridos que pudieron de entre los que se hallaban en condiciones de andar.

El cabo Sydney Nunn, que, en compañía de un piloto de planeadores, había puesto fuera de combate a un *Tiger* hacía unos días, pensó que nunca conseguiría llegar al río. Junto a la iglesia, donde las posiciones artilleras habían sido desbordadas durante el día, Nunn y un grupo de KSOB sostuvieron una breve y encarnizada escaramuza con los alemanes. En la lluvia y la oscuridad, la mayoría de los hombres lograron escapar. Tendido en el suelo, Nunn recibió la primera herida que había tenido en nueve días de combate. La metralla golpeó contra varias piedras, y un trozo de una de éstas le astilló un diente.

El sargento Thomas Bantley, del 10.º Batallón, seguía al operador *Phantom*, el teniente Neville Hay. «Los francotiradores nos disparaban continuamente —recuerda—. Vi dos pilotos de planeadores salir de entre las sombras y atraer deliberadamente el fuego alemán, al parecer para que pudiéramos ver de dónde venía.» Los dos guías resultaron muertos.

En el Hartenstein, el general Urquhart y su Estado Mayor se disponía a partir. Fue cerrado el Diario de guerra, se quemaron documentos y, por último, Hancock, el asistente del general, envolvió las botas de Urquhart con pedazos de cortina. Todo el mundo se arrodilló cuando un capellán rezó el Padrenuestro. Urquhart se acordó de la botella de whisky que su asistente había metido en su mochila el Día D. «La hice pasar de mano en mano —dice Urquhart— y todos echaron un trago.» Finalmente, Urquhart bajó a los sótanos para visitar a los heridos «en sus ensangrentados vendajes y toscos entablillados» y se despidió de los que se daban cuenta de lo que estaba sucediendo. Otros, amodorrados por la morfina, se hallaban misericordiosamente inconscientes de la retirada. Un macilento soldado, incorporándose contra la pared del sótano, dijo a Urquhart: «Espero que lo consiga, señor».

El capitán de corbeta Arnoldus Wolters, oficial de enlace holandés en el Cuartel General de la División, que seguía al grupo del general, observaba un silencio absoluto. «Con mi acento, podrían haberme tomado por alemán si hubiera abierto la boca», dice. En un momento dado, se le soltó a Wolters la mano del hombre que le precedía. «No sabía qué hacer. Simplemente, continué andando, rogando por que estuviera avanzando en la dirección correcta.» Wolters se sentía particularmente deprimido. No dejaba de pensar en su mujer y en la hija que no había visto. No había podido telefonearles, aun cuando su familia vivía a sólo unos cuantos kilómetros del Hartenstein. Tenía todavía en su bolsillo el reloj que había comprado en Inglaterra para su mujer; el osito que había pensado regalar a su hija estaba en alguna parte, en un planeador destrozado. Si tenía la suerte suficiente como para llegar al río, Wolters probablemente iría a Inglaterra una vez más.

En el río habían comenzado las operaciones de cruce. El teniente coronel Myers y sus ayudantes introducían a los hombres en las embarcaciones tan pronto como llegaban. Pero ahora, los alemanes, aunque ignorantes todavía de que estaba teniendo lugar una retirada, podían ver las operaciones de transbordo a la luz de las bengalas. Empezaron a caer proyectiles de morteros y artillería. Las lanchas eran agujereadas y volcadas. Los hombres forcejeaban en el agua, pidiendo socorro. Otros, ya muertos, eran arrastrados por la corriente. Hombres heridos se aferraban a las lanchas naufragadas y trataban de alcanzar a nado la orilla sur. Al cabo de una hora, se hallaba destruida media flota de evacuación, pero la operación continuó.

Cuando los hombres del comandante Geoffrey Powell llegaron al río tras su largo trayecto por el lado oriental del perímetro, Powell creyó que la evacuación había terminado. Un bote se balanceaba de un lado a otro en el agua, hundiéndose poco a poco a medida que le golpeaban las olas. Powell vadeó hasta él. La embarcación estaba llena de agujeros, y los zapadores que la ocupaban estaban todos muertos. Cuando algunos de sus hombres se disponían a cruzar el río a nado, una lancha emergió súbitamente de la oscuridad. Powell organizó apresuradamente a sus hombres e hizo subir a bordo a varios de ellos. Él y los soldados restantes aguardaron hasta que regresó la lancha. En el elevado terraplén al sur del Rin, Powell se detuvo un instante y volvió la vista hacia el norte. «Me di cuenta de pronto de que había cruzado. Simplemente, no podía creer que hubiera salido vivo.» Volviéndose hacia sus quince empapados hombres, Powell dijo: «Formad de a tres». Los condujo al centro de recepción. Frente al edificio, Powell gritó: «156.º Batallón, ¡alto! ¡Derecha¡ ¡Rompan filas!». De pie bajo la lluvia, se quedó mirando cómo se ponían a cubierto. «Todo había terminado, pero, por Dios, que habíamos salido como habíamos entrado. Con orgullo.»

Cuando se disponía a zarpar, la abarrotada lancha del general Urquhart quedó atascada en el fango. Hancock, su asistente, saltó de ella y la empujó. «Nos sacó de allí —dice Urquhart—, pero, cuando trataba de volver a bordo, alguien gritó: "¡Lárgate! ¡Ya va sobrecargada!". Irritado por esta ingratitud, Hancock hizo caso omiso de la orden y, con sus últimas reservas, se izó a bordo de la embarcación.»

Bajo un intenso fuego de ametralladora, la embarcación de Urqu-

«DER HEXENKESSEL» (EL CALDERO DE LAS BRUJAS) 545

Shoot 14

Place	Date	Hour	Summary of Events and Information	References to Appendices
ARNHEM	25 Sep	0940	Maint Sitrep to Airtps Rear. No resup 24 Sep. Understand med stores, rations, some amn sent over river bu ducks, but unable distribute owing to enemy action and lack of transport. No sups now for 3 days. Water still scarce. Gun amn now very low. Div effective strength approx 2500 excl Poles 120. Resup required 25 Sep as for 23 Sep.	
		1030	Div Comd held conference of all Comds and gave out his orders for 'BERLIN'.	
		1800	A quieter day than yesterday, despite several local attacks, one of which drove in 156 Bn. Infiltration, however, went on steadily and by evening the enemy was firmly established in wood 795777 and at other points inside the perimeter. Most units were therefore to some extent encircled and cut off from their neighbours.	
		2145	First units to withdraw crossed starting line on rd between rd junc 792774 and CHURCH 796774.	
		2200	Crossing over river started, covered by very heavy pre-arranged arty concentration.	
		2230	Last tps of Div H.Q. moved out. Wounded under the care of Lt. RANDALL, RAMC, MO to H.Q., R.A., were left in the cellar of Div H.Q. A.D.M.S., other M.Os. and Senior Chaplain remained with wounded in the M.D.S.	
	26 Sep	0130	Guards of P.W. cage withdrew.	
		0550	Ferrying across river ends. Approx 300 personnel left on North bank. Arranged that boats should return the following evening for any survivors.	
NIJMEGEN		1200	Evacuation of Div H.Q. to NIJMEGEN completed from R.V. at DRIEL, where 130 Bde issued tea and rum, food and one blanket per man.	
		1430	G.O.C. held conference and issued orders re checking of personnel present, billetting, re-organizing and issue of clothing. Units ordered to make contact with seaborne lift, which had already arrived in NIJMEGEN.	

Como puede verse en la página 14 del Diario de operaciones, el general Urquhart ordenó la evacuación del perímetro de Oosterbeek a las 21.45 horas del 25 de septiembre.

hart había recorrido ya la mitad del trayecto cuando el motor tartajeó súbitamente y se paró. La lancha empezó a derivar impulsada por la corriente; a Urquhart le «pareció que transcurría una eternidad antes de que el motor volviera a funcionar». Minutos después, llegaban a la orilla sur. Mirando hacia atrás, Urquhart vio las llamaradas de los disparos con que los alemanes barrían el río. «No creo que supieran contra qué estaban disparando.»

A todo lo largo de la orilla del Rin y en los prados y bosques que se extendían más allá, aguardaban cientos de hombres. Pero ahora, con sólo la mitad de la flota todavía en funcionamiento y bajo un intenso fuego de ametralladoras, el embotellamiento que Urquhart había temido se produjo. Brotó la confusión en las atestadas líneas y aunque no hubo pánico, muchos hombres trataban de empujar hacia delante, al tiempo que sus oficiales y sargentos trataban de contenerlos. El cabo Thomas Harris, del 1.er Batallón, recuerda «cientos y cientos de hombres esperando pasar. Las embarcaciones zozobraban bajo el peso de cuantos intentaban subir a bordo». Y los morteros estaban ya descargando sus proyectiles sobre la zona de embarque, dado que los alemanes habían tenido tiempo de afinar su puntería. Harris, como muchos otros hombres, decidió nadar. Quitándose las botas y el uniforme de combate, se zambulló en el agua, y para su sorpresa, llegó a la otra orilla.

Otros no fueron tan afortunados. Para cuando el artillero Charles Pavey llegó al río, la zona de embarque se hallaba ya bajo el fuego de las ametralladoras. Mientras todos se acurrucaban en la orilla, un hombre llegó nadando hacia el lugar en que Pavey yacía agazapado. Haciendo caso omiso de las balas que acribillaban la ribera, se izó a tierra y, jadeando, dijo: «Gracias a Dios que he pasado». Pavey oyó a alguien decir: «Maldito imbécil. Estás todavía en el mismo lado».

El sargento Alf Roullier, que el domingo se las había ingeniado para preparar y servir un guisado, intentó ahora pasar a nado el río. Mientras se debatía en las aguas, una lancha pasó junto a él y alguien le agarró del cuello de la guerrera. Oyó a un hombre gritar: «Estupendo, amigo. Sigue. Sigue». Roullier estaba totalmente desorientado. Creyó que se estaba ahogando. Luego, oyó a la misma voz decir: «Magnífico, muchacho», y un ingeniero canadiense le alzó hasta la embarcación. «¿Dónde diablos estoy?», murmuró el aturdido Roullier. El canadiense sonrió: «Ya casi has llegado a casa», dijo.

Se acercaba el amanecer cuando el soldado de transmisiones

«DER HEXENKESSEL» (EL CALDERO DE LAS BRUJAS) 547

James Cockrill, todavía junto a su aparato de radio bajo el porche del Hartenstein, oyó un susurro. «Vamos, Chick —dijo una voz—, vámonos.» Mientras los hombres se dirigían hacia el río, resonó un seco estallido. Cockrill sintió un tirón en el cuello y los hombros. El subfusil que llevaba colgado a la espalda había sido partido en dos por la metralla. Al acercarse a la orilla, el grupo de Cockrill encontró varios pilotos de planeadores apostados junto a los matorrales. «No vayáis hasta que os lo digamos —advirtió uno de los pilotos—. Los alemanes tienen una ametralladora emplazada sobre esta zona, una Spandau disparando a la altura de la cintura.» Dirigidos por los pilotos, los hombres echaron a correr de uno en uno. Cuando le llegó el turno a Cockrill, se agachó y empezó a correr. Segundos después, cayó sobre un montón de cuerpos. «Debía haber veinte o treinta —recuerda—. Oí a varios llamar a gritos a sus madres y a otros rogarnos que no les dejáramos allí. No podíamos detenernos.» En la orilla del río se encendió una bengala y empezaron a tabletear las ametralladoras. Cockrill oyó que alguien llamaba a los que supieran nadar. Penetró en las heladas aguas, abriéndose paso por entre hombres dominados por el pánico que parecían debatirse penosamente a su alrededor.

De pronto, Cockrill oyó una voz decir: «Muy bien, muchacho, no te preocupes. Ya te tengo». Un canadiense le izó a una lancha, y, segundos después, Cockrill oyó cómo el bote tocaba tierra. «Casi me echo a llorar al descubrir que estaba en el mismo sitio que antes», dice. El bote había salido para recoger heridos. Mientras, a su alrededor, los hombres ayudaban a efectuar la labor de carga, la embarcación emprendió de nuevo la marcha, y Cockrill recuerda que se produjo un momento de confusión al precipitarse los hombres hacia él desde todas partes. Aunque su lancha se hallaba sobrecargada y sometida a un intenso fuego, los canadienses consiguieron llevarla a la otra orilla. Tras las horas pasadas bajo la veranda y su viaje de pesadilla a través del río, Cockrill estaba aturdido. «Lo siguiente que supe fue que estaba en un granero y alguien me dio un cigarrillo.» Luego, Cockrill se acordó de algo. Se registró frenéticamente los bolsillos y sacó la única munición que le quedaba: la falsa bala 303 con su clave en el interior.

Poco antes de las 2.00 horas fue volado lo que quedaba de las municiones de la 1.ª Aerotransportada. Los artilleros de *Sheriff* Thompson dispararon los últimos obuses y los soldados retiraron los obturadores. Se les ordenó al artillero Percy Parkes y a sus hombres que se replegaran. Parkes quedó sorprendido. No había creído en la retirada. Había pensado permanecer donde estaba hasta que su posición fuera desbordada por los alemanes. Se sintió más sorprendido aún cuando llegó al río. La zona estaba abarrotada de centenares de hombres, y alguien dijo que todas las embarcaciones se habían hundido. Un hombre que se encontraba junto a Parkes lanzó un suspiro. «Me parece que habrá que nadar», dijo. Parkes miró al río. «Era muy ancho. En plena crecida, la corriente parecía circular a unos nueve nudos. Pensé que no podría lograrlo. Vi cómo algunos hombres saltaban completamente vestidos y eran arrastrados corriente abajo. Otros conseguían pasar sólo para caer acribillados a balazos al salir del agua. Vi un fulano que remaba sobre una tabla, llevando todavía su mochila. Si él podía hacerlo, yo también.»

Parkes se quitó la ropa hasta quedarse en calzoncillos, tirándolo todo, incluido su reloj de oro de bolsillo. En la rápida corriente, se le bajaron los calzoncillos, y Parkes se los sacudió con los pies. Consiguió cruzar y, ocultándose en matorrales y zanjas, llegó finalmente a una pequeña granja abandonada. Parkes entró en ella para buscar alguna ropa. Al salir pocos minutos después, encontró un soldado de los *Dorsets*, que le guió a un punto de reunión, donde le dieron un vaso de té caliente y varios cigarrillos. El agotado Parkes tardó algún tiempo en comprender por qué le estaba mirando fijamente todo el mundo. Iba vestido con una llamativa camisa deportiva de hombre y llevaba un par de calzones femeninos de encaje ajustados por debajo de la rodilla.

El soldado Alfred Dullforce, del 10.º Batallón, cruzó a nado hasta la orilla sur, desnudo, pero llevando todavía un 38. Para su azoramiento, había dos mujeres esperando con los soldados en la orilla. A Dullforce le dieron «ganas de volverse a zambullir en el agua». Una de las mujeres le llamó y le alargó una falda. «Ni siquiera pestañeó ante mi desnudez —recuerda—. Me dijo que no me preocupara, porque estaban allí para ayudar a los hombres que llegaban.» Con una falda multicolor que le llegaba a las rodillas y calzando un par de zuecos, Dullforce fue llevado a un camión británico que transportaba a los supervivientes a Nimega.

Para entonces, los alemanes estaban acribillando la zona de embarque y silbaban los proyectiles de mortero. Cuando el capitán de fragata Arnoldus Wolters corría tras una fila de hombres en dirección a una lancha, hubo una explosión entre el grupo. «Yo resulté completamente ileso —recuerda Wolters—. Pero a mi alrededor yacían ocho hombres muertos y uno gravemente herido.» Aplicó a este último una inyección de morfina y le llevó a la lancha. En la ya sobrecargada embarcación no había sitio para Wolters. Se introdujo chapoteando en el agua y, agarrado al costado de la lancha, fue remolcado a través del río. Subió tambaleándose a la orilla sur y se desvaneció.

Al amanecer, la flota de evacuación había sido destruida casi por completo, pero los ingenieros canadienses y británicos, desafiando el fuego de morteros, artillería y ametralladoras pesadas, continuaban transportando a los hombres en los botes que quedaban. El soldado Arthur Shearwood, del 11.º Batallón, encontró a unos ingenieros canadienses que cargaban a varios heridos en un pequeño bote. Uno de los canadienses hizo a Shearwood un gesto para que subiera. El motor fueraborda no podía ser puesto en marcha, y los canadienses pidieron que todos los soldados que todavía llevaban fusiles empezaran a remar con ellos. Shearwood dio unos golpecitos en la espalda al hombre que tenía delante. «Vamos —dijo—. Empieza a remar.» El hombre miró inexpresivamente a Shearwood. «No puedo —dijo, señalándose su vendado hombro—. He perdido un brazo.»

Para el amanecer, el comandante Robert Cain había hecho cruzar el río a todos sus hombres. En compañía del sargento mayor *Robbo* Robinson, esperó en la orilla para poder seguirles, pero no parecía acercarse ninguna embarcación más. En un grupo de otros hombres, alguien señaló una lancha de asalto ligeramente agujereada que se balanceaba en el agua, y un soldado nadó hasta ella para traerla. Utilizando las culatas de sus fusiles, Cain y Robinson empezaron a remar, mientras los soldados que todavía tenían cascos achicaban el agua. En la orilla sur, un policía militar les condujo hasta un granero. En su interior, uno de los primeros hombres a quienes Cain reconoció fue el general de brigada Hicks. El general de brigada se acercó rápidamente. «Bien —dijo—, aquí hay un oficial por lo menos que está afeitado.» Cain sonrió fatigadamente. «Estoy bien educado, señor», dijo.

En el borde del perímetro, decenas de hombres se amontonaban todavía en medio de la lluvia bajo el fuego alemán. Aunque una o dos lanchas intentaron cruzar bajo la protección de una cortina de humo, ahora, a la luz del día, era imposible que la evacuación continuara. Algunos hombres que trataron de cruzar el río a nado fueron arrastrados por la rápida corriente o alcanzados por el fuego de ametralladora. Otros lo consiguieron. Otros más, tan gravemente heridos que no podían hacer nada, permanecieron sentados bajo la violenta lluvia o emprendieron la marcha hacia el norte, de regreso a los hospitales del perímetro. Muchos decidieron esconderse y esperar a que se hiciera de nuevo de noche antes de intentar llegar a la orilla opuesta. Efectivamente, fueron muchos los que consiguieron escapar así.

En la orilla sur y en Driel, hombres agotados y mugrientos buscaban sus unidades... o lo que quedaba de ellas. El sargento Stanley Sullivan, de los exploradores, que había escrito su desafiante mensaje en la pizarra de la escuela, recuerda que alguien preguntó: «¿Dónde está el 1.er Batallón?». Un cabo se puso inmediatamente en pie. «Aquí, señor», dijo. A su lado, un puñado de macilentos hombres se pusieron también trabajosamente en pie. El artillero Robert Christie vagaba por entre grupos de hombres buscando soldados de su batería. Nadie le resultaba conocido. Christie sintió de pronto llenársele de lágrimas los ojos. No tenía ni idea de si quedaba alguien más, aparte de él, de la Batería número 2.

El general Urquhart llegó al Cuartel General del general Thomas en la carretera de Driel. Negándose a entrar, esperó en el exterior, bajo la lluvia, mientras su ayudante disponía lo necesario para el transporte. No era necesario. Mientras Urquhart permanecía fuera, llegó un jeep del Cuartel General del general Browning y un oficial escoltó a Urquhart hasta el Cuerpo. Él y su grupo fueron llevados a una casa situada en las afueras del sur de Nimega. «El ayudante de Browning, comandante Harry Cator, nos hizo pasar a una habitación y sugirió que nos quitáramos nuestra empapada ropa», dice Urquhart. El orgulloso escocés rehusó. «Perversamente, yo quería que Browning nos viera tal como estábamos, tal como habíamos estado.» Tras una larga espera, apareció Browning «tan inmaculado como siempre». Parecía, pensó Urquhart, como si «acabara de llegar de un desfile y no de levantarse de la cama en medio de una batalla». Urquhart dijo simplemente al comandante del Cuerpo: «Siento que las cosas no hayan salido tan bien como hubiera deseado». Browning, ofreciéndole a Urquhart una copa, respondió: «Ha hecho usted todo lo que ha podido». Más tarde, en el dormitorio que se le había asignado, Urquhart se encontró con que el sueño que durante tanto tiempo había anhelado era imposible. «Había demasiadas cosas en mi mente y en mi conciencia.»

Había, en efecto, mucho en qué pensar. La 1.ª División Aerotransportada había sido sacrificada en una gran matanza. De la fuerza original de 10.005 hombres de Urquhart, solamente 2.163 soldados, juntamente con 160 polacos y 75 *Dorsets*, regresaron a través del Rin. Después de nueve días, la División tenía aproximadamente 1.200 muertos y 6.642 heridos, prisioneros o desaparecidos. Los alemanes, se supo más tarde, también habían sufrido brutalmente: 3.300 bajas, entre ellas 1.100 muertos.

La aventura de Arnhem había terminado y, con ella, *Market-Garden*. Poco quedaba ya por hacer, aparte de replegarse y consolidar fuerzas. La guerra duraría hasta mayo de 1945. «Así terminó en el fracaso la mayor operación aerotransportada de la guerra —escribió más tarde un historiador americano—. Aunque Montgomery aseguró que había tenido éxito en un 90 por ciento, su declaración no pasaba de ser una exageración consoladora. Se habían tomado todos los objetivos menos Arnhem, pero sin Arnhem el resto no valía nada. En compensación a tanto valor y sacrificio, los Aliados habían conquistado un saliente de cincuenta millas..., que no conducía a ninguna parte».*

Quizás porque se esperaba fueran pocos los que escaparan, no había transportes suficientes para los exhaustos supervivientes. Muchos hombres, después de haber soportado tantas penalidades, tuvieron ahora que regresar andando a Nimega. En la carretera, el capitán Roland Langton, de los Guardias Irlandeses, permanecía bajo la fina lluvia contemplando el paso de la 1.ª Aerotransportada. Cuando los hombres cansados y sucios cruzaron ante él, Langton retrocedió. Sabía que su escuadrón había hecho cuanto había podido para recorrer la carretera que conducía de Nimega a Arnhem, pero le resultaba difícil, «casi embarazoso hablar con ellos». Cuando uno de los hombres pasó ante otro Guardia que permanecía en silencio junto a la carretera, el paracaidista gritó: «¿Dónde diablos has estado, amigo?». El guardia respondió sosegadamente: «Llevamos luchando cinco meses». El cabo William Chennell, de los Guardias oyó decir a uno de los aerotransportados: «¡Oh! ¿Y habéis tenido un buen viaje?».

Un oficial, que llevaba horas bajo la lluvia, escrutaba los rostros de cuantos pasaban. El capitán Eric Mackay, cuyo pequeño grupo de rezagados había resistido tan valerosamente en la escuela cercana al puente de Arnhem, había logrado escapar y llegar a Nimega. Ahora buscaba a los miembros de su escuadrón. La mayoría de ellos no

---

* Doctor John C. Warren, *Airborne Operations in World War II, European Theater*, p. 146.

habían llegado al puente de Arnhem; pero Mackay, con obstinada esperanza, los buscaba en las filas de aerotransportados que llegaban de Oosterbeek. «Lo peor de todo eran sus caras —dice de los soldados—. Todos parecían increíblemente tensos y fatigados. Aquí y allá, podía encontrarse un veterano, un rostro con un inequívoco aire de no me importa un bledo, como si nunca pudiera ser derrotado.» Mackay permaneció junto a la carretera durante toda aquella noche hasta el amanecer. «No veía un solo rostro conocido. Mientras continuaba mirando, odié a todos. Odiaba a quien fuera responsable de aquello y odiaba al Ejército por su indecisión y pensé en la pérdida de vidas y en una excelente división abandonada bajo la lluvia. ¿Y para qué?» Era ya de día cuando Mackay regresó a Nimega. Allí, empezó a recorrer acantonamientos y puntos de reunión, resuelto a encontrar a sus hombres. De los doscientos ingenieros de su escuadrón, habían regresado cinco, incluyendo al propio Mackay.

Al otro lado del río, quedaban los soldados y civiles cuyas misiones y heridas exigían que permanecieran allí. Había también pequeños grupos de hombres que habían llegado demasiado tarde para efectuar el viaje y se mantenían agazapados en las trincheras y pozos de tirador, ahora desiertos. No había ya ninguna esperanza para estos supervivientes. En el ennegrecido perímetro, esperaban su destino.

El enfermero Taffy Brace había llevado hasta el río a sus últimos heridos que podían andar, sólo para encontrarse desiertas las orillas. Acurrucado con ellos, Brace vio acercarse a un capitán. «¿Qué vamos a hacer? —preguntó el oficial a Brace—. Ya no vendrán más lanchas.» Brace miró a los heridos. «Supongo que tendremos que quedarnos entonces. No puedo abandonarlos.» El capitán les estrechó la mano. «Buena suerte —les dijo a todos—. Voy a intentar pasar a nado.» Brace vio por última vez al oficial cuando se introducía en el agua. «Buena suerte —exclamó Brace—. Adiós.»

Para el comandante Guy Rugby-Jones, cirujano del Tafelberg, «la marcha de la división era una píldora muy dura de tragar», pero continuó con su trabajo. Con equipos de enfermeros, Rugby-Jones recorrió las casas de la zona en que se encontraba el hotel, recogiendo heridos. Transportando a menudo en brazos a los heridos hasta los puntos de reunión, los enfermeros los cargaron en camiones, ambulancias y jeeps alemanes y luego, subieron también ellos, emprendiendo la marcha hacia la cautividad.

El padre Pare se había pasado toda la noche durmiendo en el

«DER HEXENKESSEL» (EL CALDERO DE LAS BRUJAS)

Schoonoord. Despertó con un sobresalto, seguro de que algo marchaba terriblemente mal. Se dio cuenta luego de que había un extraño silencio. Precipitándose al interior de una habitación, vio a un enfermero de pie junto a una ventana, completamente a la vista de cualquiera que se encontrase fuera. Al entrar Pare, el hombre se volvió. «La división se ha ido», dijo. Pare, que no había sido informado de la evacuación, se le quedó mirando. «Estás loco, amigo.» El enfermero meneó la cabeza. «Mírelo usted mismo, señor. Realmente, somos ya prisioneros. Nuestros camaradas han tenido que retirarse.» Pare no podía creerlo. «Señor —dijo el enfermero—, tendrá usted que dar la noticia a los pacientes. Yo no tengo valor para decírselo.» Pare recorrió el hotel. «Todo el mundo trataba de aceptar animosamente la noticia, pero nos sentíamos todos profundamente deprimidos.» Luego, en una amplia sala en la que aún se cobijaba la mayoría de los heridos, un soldado se sentó al piano y empezó a tocar un popurrí de canciones populares. Los hombres empezaron a cantar y Pare se encontró a sí mismo uniéndose a los demás.

«Resultaba extraño después del infierno de los últimos días —dice Pare—. Los alemanes no podían entenderlo, pero era bastante fácil de explicar. La incertidumbre, la sensación de verse abandonado, produjo una tremenda reacción. No quedaba otra cosa que hacer, más que cantar.» Más tarde, cuando Hendrika van der Vlist y otros civiles holandeses se disponían a marcharse para atender a los heridos en hospitales alemanes, Pare se despidió de ellos con pena. «Habían sufrido con nosotros, pasado hambre y sed y en ningún momento habían pensado en sí mismos.» Al desaparecer las últimas ambulancias, Pare y los componentes de los servicios médicos cargaron sus exiguas pertenencias en un camión alemán. «Los alemanes nos ayudaron. Había una curiosa falta de animosidad. Ninguno de nosotros tenía nada que decir.» Cuando el camión arrancó, Pare contempló tristemente las ennegrecidas ruinas del Schoonoord, «donde se habían producido verdaderos milagros». Estaba «firmemente convencido de que era sólo cuestión de uno o dos días, posiblemente esa misma noche, el que el Segundo Ejército atravesara el Rin y ocupara de nuevo la zona».

Frente a la iglesia, al otro lado de la calle, Kate ter Horst se había despedido de los heridos, ahora prisioneros. Empujando una carretilla de mano y acompañada por sus cinco hijos, emprendió la marcha hacia Apeldoorn. A poca distancia, se detuvo y volvió la vista hacia la antigua vicaría que había sido su hogar. «Un rayo de sol se posa sobre un brillante paracaídas amarillo que cuelga del tejado —escribió—. Amarillo brillante... Un saludo de la Aerotransportada... Adiós, amigos... Dios os bendiga.»

La joven Anje van Maanen, también en la carretera de Apeldoorn, buscaba a su padre mientras pasaban los coches y ambulancias de la Cruz Roja transportando a los heridos del Tafelberg. Con su tía y su hermano, Anje miraba los familiares rostros que ella había llegado a conocer a lo largo de la semana. Luego, al pasar un camión, Anje vio en él a su padre. Le llamó con un grito y empezó a correr. El camión se detuvo, y el doctor Van Maanen se apeó para saludar a su familia. Abrazándoles a todos, dijo: «Nunca hemos sido tan pobres y nunca tampoco tan ricos. Hemos perdido nuestro pueblo, nuestra casa y nuestras posesiones. Pero nos tenemos unos a otros y estamos vivos». Mientras regresaba al camión para cuidar a los heridos, el doctor Van Maanen se puso de acuerdo con su familia para reunirse en Apeldoorn. Mientras caminaban entre otros centenares de refugiados, Anje volvió la vista hacia atrás. «El cielo presentaba una intensa tonalidad escarlata —escribió—, como la sangre de los soldados aerotransportados que dieron sus vidas por nosotros. Estamos vivos los cuatro, pero al final de esta desesperada semana de guerra, la batalla ha dejado una profunda impresión en mi alma. Gloria a todos nuestros queridos y valerosos *Tommies* y a todos cuantos dieron sus vidas para ayudar y salvar a otros.»

En Driel, Cora Baltussen despertó en medio de un extraño silencio. Mediaba la mañana del martes 26 de septiembre. Dolorosamente envarada a consecuencia de sus heridas y aturdida por el silencio, Cora salió cojeando al exterior. Nubes de humo se elevaban ondulantes del centro de la ciudad y desde Oosterbeek, al otro lado del río. Pero los sonidos de la batalla se habían desvanecido. Cogiendo su bicicleta, Cora pedaleó lentamente hacia la ciudad. Las calles estaban desiertas; las tropas se habían marchado. A lo lejos, vio los últimos vehículos de un convoy que, se dirigía al sur, hacia Nimega. Junto a una de las destruidas iglesias de Driel, sólo unos cuantos soldados permanecían al lado de varios jeeps. De pronto, Cora comprendió que los ingleses y los polacos se estaban retirando. La lucha había terminado; pronto volverían los alemanes. Al acercarse al pequeño grupo de soldados, empezó a repicar la campana de la torre de la maltrecha iglesia. Cora levantó la vista. Sentado en el campanario, había un

«DER HEXENKESSEL» (EL CALDERO DE LAS BRUJAS) 555

soldado con la cabeza vendada. «¿Qué ha ocurrido?» preguntó Cora. «Todo ha terminado» respondió el soldado. «Todo ha terminado. Nos vamos. Nosotros somos los últimos.» Cora se le quedó mirando. «¿Por qué estás tocando la campana?» El soldado le dio otra patada. El sonido reverberó sobre el bimilenario pueblo holandés de Driel y se extinguió. El soldado miró a Cora. «Parecía lo más adecuado», dijo.

En mi, parcial, opinión, si la Operación hubiera tenido desde su comienzo el apoyo adecuado y hubiera recibido los recursos aéreos, terrestres y administrativos necesarios para su ejecución, habría triunfado pese a mis errores, al tiempo adverso o a la presencia del 2.º Cuerpo de Panzer de las SS en la zona de Arnhem. Sigo siendo un impenitente defensor de **MARKET-GARDEN.**

Mariscal de campo sir Bernard Montgomery,
Memoirs: Montgomery of Alamein, p. 267

Mi país no puede permitirse el lujo de otro triunfo de Montgomery.

Bernardo, príncipe de Holanda, al autor

NOTA SOBRE LAS BAJAS

Las fuerzas aliadas sufrieron en *Market-Garden* más bajas que en la gigantesca invasión de Normandía. La mayoría de los historiadores coinciden en que, en el período de veinticuatro horas del Día D, el 6 de junio, las bajas totales aliadas ascendieron a una cifra estimada de 10.000 o 12.000. En los nueve días de *Market-Garden*, las bajas combinadas —fuerzas aerotransportadas y terrestres—, entre muertos, heridos y desaparecidos, se elevaron a más de 17.000.

Las bajas británicas fueron las más elevadas: 13.226. La División de Urquhart quedó destruida casi por completo. En los 10.005 hombres de la fuerza de Arnhem, que incluye a los polacos y pilotos de planeadores, las bajas ascendieron a 7.578. Además de esta cifra, las bajas de pilotos y tripulantes de la RAF se elevaron a 294 más, lo que hace un total de 7.872 entre muertos, heridos y desaparecidos. El XXX Cuerpo de Horrocks perdió 1.480 hombres, y los 8.º y 12.º Cuerpos británicos otros 3.874.

Las pérdidas estadounidenses, incluyendo pilotos de planeadores y el IX Mando de Transporte de Tropas, se cifran en 3.974. La 82.ª Aerotransportada, del general Gavin, sufrió 1.432 bajas; la 101.ª, del general Taylor, 2.118; y las tripulaciones aéreas, 424.

Las cifras completas alemanas siguen siendo desconocidas, pero, en Arnhem y Oosterbeek, las bajas admitidas ascendieron a 3.300, de ellas, 1.300 muertos. Sin embargo, las pérdidas de Model en toda la zona de batalla de *Market-Garden* fueron muy superiores. Aunque no se dispone del número total de enemigos muertos, heridos y desaparecidos desde el comienzo en Neerpelt y, luego, a lo largo del corredor en las batallas de Nimega, Grave, Veghel, Best y Eindhoven, después de entrevistarme con los comandantes alemanes, estimo, calculando por lo bajo, que el Grupo de Ejércitos B perdió, como mínimo, de 7.500 a 10.000 hombres, de los cuales la cuarta parte fueron, quizá, muertos.

¿Cuáles fueron las bajas holandesas? Nadie puede decirlo. Se asegura que murieron pocos en Arnhem y Oosterbeek, menos de 500, pero nadie lo sabe con certeza. He oído cifrar en 10.000 el número total de bajas —entre muertos, heridos y desaparecidos— en toda la campaña de la Operación *Market-Garden* y como resultado de la impuesta evacuación del sector de Arnhem y del hambre y las privaciones sobrevenidas en el terrible invierno que siguió al ataque.

AGRADECIMIENTOS

En el momento de escribir estas líneas han pasado casi treinta años desde la Segunda Guerra Mundial y, pese a los voluminosos archivos aliados y alemanes, se van borrando las pistas disponibles para el historiador contemporáneo en su búsqueda de supervivientes. Muchas destacadas personalidades han muerto, y con ellas se han ido las respuestas a muchas desconcertantes preguntas. De todos los grandes planes y campañas que siguieron a la invasión de Normandía, ninguno más importante que la Operación *Market-Garden*. Sin embargo —aparte de algunos recuerdos personales y unos cuantos capítulos en historias oficiales y semioficiales—, la trágica historia es prácticamente desconocida en Estados Unidos. La excelente actuación en la batalla de la 82.ª y la 101.ª Aerotransportada —en particular, el paso del Waal por las tropas de Gavin— rara vez merece más de uno o dos párrafos en los relatos británicos.

La resistencia de la 1.ª División Aerotransportada británica en Arnhem sigue siendo uno de los más grandes hechos de armas de la historia militar de la Segunda Guerra Mundial. Pero fue también una gran derrota, el segundo Dunkerque de Gran Bretaña. Por ello, dada la tendencia de las burocracias a ocultar sus fracasos, la documentación tanto en los archivos estadounidenses como en los británicos es con demasiada frecuencia escasa y difícil de encontrar. Desentrañar algunos de los enigmas y presentar lo que creo que es la primera versión completa de la invasión mediante un ataque combinado tierra-aire desde el punto de vista de todos los participantes —Aliados, alemanes, Resistencia holandesa y civiles— me ha llevado casi siete años. Hubo momentos durante ese período, especialmente cuando caí gravemente enfermo, en los que perdí la esperanza de que el libro llegara jamás a publicarse.

Al igual que en mis anteriores obras sobre la Segunda Guerra Mundial —*El día más largo* (1959) y *La última batalla* (1966)—, el núcleo de la información procedió de los participantes: los hombres de las fuerzas aliadas, los alemanes a quienes combatieron y los valerosos civiles holandeses. En total, han contribuido a crear *Un puente lejano* unas 1.200 personas. Generosamente y sin restricciones, estos militares, ex soldados y civiles, me concedieron ampliamente su tiempo en entrevistas, me acompañaron al campo de batalla y suministraron documentación y detalles de Diarios, cartas, monografías militares, registros telefónicos, informes posteriores a la acción cuidadosamente conservados, mapas y fotografías. Sin la ayuda de estos colaboradores (cuyos nombres se relacionan en las páginas anteriores bajo el epígrafe «Lo que hacen hoy») no podría haberse escrito este libro.

Por una gran variedad de razones —entre ellas la duplicidad, la falta de corroboración y la enorme cantidad de material—, no se han podido incluir todas las historias o experiencias personales. De los 1.200 colaboradores, fueron entrevistados más de la mitad, y se han utilizado unos 400 de estos relatos. Pero después de treinta años la memoria no es infalible. Era preciso seguir ciertas estrictas líneas directrices, similares a los procedimientos de investigación utilizados en mis anteriores libros. Todas las declaraciones o citas que figuran en el libro están reforzadas por pruebas documentales o por la corroboración de otros que oyeron o presenciaron el acontecimiento descrito. No se podían incluir habladurías, rumores o relatos de terceras personas. Mis archivos contienen centenares de historias que tal vez sean completamente exactas, pero que no pueden ser respaldadas por otros participantes. Por razones de verdad histórica, no fueron utilizadas. Espero que los numerosos colaboradores lo comprendan.

Fueron tantas las personas que me ayudaron a reconstruir los nueve terribles días de *Market-Garden* que resulta difícil saber por dónde empezar para citarlas. En primer lugar, no obstante, deseo especialmente manifestar mi agradecimiento a Su Alteza Real el príncipe Bernardo por el tiempo que me dedicó y por su ayuda para localizar y sugerir personas que sería interesante entrevistar y por facilitarme el acceso a archivos holandeses y británicos. Mi gratitud también a De Witt y Lila Wallace, de *The Reader's Digest*. No sólo fi-

AGRADECIMIENTOS   563

nanciaron gran parte del coste de esta historia, sino que pusieron también a mi disposición sus periodistas e investigadores tanto en América como en Europa. Entre ellos, deseo particularmente hacer público mi agradecimiento a los siguientes: Heather Chapman, de Nueva York; Julia Morgan, de Washington, D.C.; Michael Randolph, de Londres; John D. Panitza, John Flint, Ursula Naccache y Giselle Kayser, de París; el difunto Arao Alexi, de Stuttgart; Aad van Leeuwen, Jan Helnn, Liesbeth Stheeman y Jan van Os, de Amsterdam.

Mención especial merece el incansable y esmerado trabajo de Frederic Kelly, que, durante dos años, actuó como ayudante mío. Su investigación, sus entrevistas y su magnífica actuación periodística en Inglaterra, Holanda y Estados Unidos han sido de inestimable valor. Le estoy especialmente agradecido por las numerosas fotografías que tomó de los participantes tal como son en la actualidad.

Debo expresar también mi gratitud a la Oficina del jefe de Historia Militar del Departamento de Defensa de Estados Unidos, bajo el mando (en la época de la investigación) del general de brigada Hal C. Pattison, y a los ayudantes que me auxiliaron en la exposición de la estructura militar, especialmente, Ditmar M. Finke y Hannah Zeidlik. Otra persona cuya ayuda y aliento deben mencionarse es Charles B. MacDonald, de la O.C.M.H., cuya detallada *The Siegfried Line Campaign* contiene una excelente y exacta versión de *Market-Garden*. Dependí también en gran medida de *Breakout and Pursuit*, de Martin Blumenson, cuya obra aparece en la serie histórica oficial de la O.C.M.H. Y expreso nuevamente mi agradecimiento al doctor Forrest C. Pague por su detallada estructura del mando en *The Supreme Command*, de la O.C.M.H.

Por su ayuda para localizar veteranos y concertar entrevistas a todo lo largo de Estados Unidos y Europa, mi agradecimiento a los funcionarios de la sección de libros y revistas del Departamento de Defensa de Estados Unidos, coronel Grover G. Heiman, Jr., Fuerzas Aéreas (retirado), jefe de división; teniente coronel Charles W. Burtyk, Jr. (subjefe); teniente coronel Robert A. Webb, Fuerzas Aéreas; Miss Anna C. Urband; y, en la oficina del ayudante general, Seymour J. Pomrenze.

Por lo que se refiere a la investigación alemana, tengo una deuda de gratitud con las siguientes personas de la sección de archivos de la Segunda Guerra Mundial del Departamento de Defensa de Estados Unidos: doctor Robert W. Krauskopf, director, Herman G.

Goldbeck, Thomas E. Hohmann, Lois C. Aldridge, Joseph A. Avery, Hazel E. Ward, Caroline V. Moore y Hildred F. Livingston. Sin un conocimiento completo de los diarios de guerra alemanes y monografías que me suministraron, me habría sido casi imposible entrevistar atinadamente a los participantes alemanes, en particular a los comandantes de la SS —teniente general Wilhelm Bittrich, general de división Heinz Harmel y teniente coronel Walter Harzer—, que por primera vez han expuesto sus versiones de *Market-Garden* a un americano.

En Holanda, mis ayudantes y yo recibimos la más benévola cooperación por parte de las autoridades de los archivos holandeses. Les estoy especialmente agradecido al profesor doctor Jacob Zwaan, archivero; al señor B. G. I. de Vries, conservador del Museo de las Fuerzas Aerotransportadas de Arnhem; y al doctor Eduard y señora Emmie Groeneveld. En la sección de Historia Militar del Ejército Real de Holanda, numerosas personas pusieron a disposición de mis ayudantes valioso material, entre ellas el teniente coronel Gerrit van Oyen; el teniente coronel August Kneepkens; el capitán Gilbert Frackers; el capitán Hendrik Hielkema. Fue tan detallada la ayuda holandesa que incluso me suministraron mapas a escala, dibujos y fotografías de los diversos puentes de *Market-Garden*. De particular utilidad fue Louis Einthoven, jefe de inteligencia y seguridad de Holanda después de la guerra, por su ayuda para desentrañar la historia de Cornelius *King Kong* Lindemans, el espía holandés.

De vital importancia fueron los Archivos Municipales de Arnhem, Nimega, Veghel y Eindhoven, donde fue localizado y examinado una gran cantidad de material. Les estoy profundamente agradecido a las siguientes personas de estos centros: Klaas Schaap, Anton Stempher, doctor Pieter van Iddekinge (Arnhem); Albertus Uijen y Petrus Sliepenbeek (Nimega); Jan Jongencel (Veghel); Frans Kortie (Eindhoven).

Entre los numerosos colaboradores de Holanda que merecen especial mención figuran Jan y Kate ter Horst y Jan y Bertha Voskuil, de Oosterbeek, que pasaron conmigo largas horas repasando todos los detalles de los últimos días de la dura prueba sufrida en su pueblo por la 1.ª Aerotransportada. Jan Voskuil me acompañó a los campos de batalla, y los señores Ter Horst desvelaron por primera vez el misterio que envolvía al transbordador de Driel. En Driel, la familia Baltussen me dedicó muchas horas de detalladas entrevistas que resultaron de inestimable valor. Y, por la revisión y lectura de entrevistas holandesas, debo también expresar mi reconocimiento a un excelente periodista, A. Hugenot van der Linden, del *Telegraaf*, de Amsterdam. Sin su vigilante atención, yo habría cometido, sin duda, numerosos errores. Otro tanto debo decir también respecto al capitán de corbeta Arnoulds Wolters, en la actualidad comisario de Policía de Rotterdam, que me proporcionó un relato casi minuto a minuto de los acontecimientos en el Cuartel General del general Urquhart. En Oosterbeek, la familia Maanen me procuró extraordinarios Diarios y entrevistas, al igual que Hendrika van der Vlist, cuyas meticulosas notas, como las de los Maanens, presentaban una clara imagen de la situación en los puestos de socorro a heridos. Sus vívidos apuntes y su extraordinaria ayuda me permitieron recrear la atmósfera. Me siento profundamente agradecido a todos ellos.

Entre los numerosos cooperadores militares que merecen ser destacados para manifestar mi especial reconocimiento figuran el general James M. Gavin, el general Maxwell D. Taylor, el general *Roy* Urquhart y el coronel Charles Mackenzie, todos los cuales soportaron pacientemente innumerables entrevistas. Sumamente útiles fueron el general de división John D. Frost; el coronel Eric M. Mackay; el general de división Philip H. W. Hicks; el general John Hackett; el general de brigada George S. Chatterton; el general de brigada Gordon Walch, Mr. Brian Urquhart; el difunto general de división Stanislaw Sosabowski; y el capellán G. A. Pare, cuyas notas constituyen un documento inolvidable y estremecedor. Lady Browning (Daphne du Maurier), con su ingenio y su sentido común, resultó una deliciosa corresponsal y despejó algunos de los mitos de Arahem.

En Alemania, el doctor Bliesener, del Servicio de Prensa e Información de Bonn, me prestó una gran ayuda para la localización de supervivientes, monografías y Diarios de guerra, así como también el teniente coronel Siegel, del Ministerio de Defensa; el doctor Wolfgang von Groote y el comandante Forwick, del Departamento de Investigación de Historia Militar; y el teniente coronel doctor Stahl, de los Archivos Federales.

Existen muchísimas otras personas cuyo apoyo y asistencia hicieron posible este libro. Debo dar nuevamente las gracias a mi mujer, Kathryn, escritora también, que organizó y clasificó la investigación y vigiló mis titubeantes participios. Agradezco también de todo corazón los servicios de mi buen amigo el doctor Patrick Neligan, que, cuando estuve gravemente enfermo, en unión del doctor Willet Whitmore, me sacó del trance y me devolvió la salud. Mi agradecimiento también a Jerry Korn, Suzanne Gleaves y John Tower, que tan detenidamente leyeron el manuscrito, Anne Bardenhagen, valiosa amiga y ayudante; Judi Muse y Polly Jackson, que trabajaron como secretarias en varias ocasiones. Mi reconocimiento también a Paul Gitlin, mi agente; a Peter Schwed y Michael Korda, de «Simon and Schuster», por sus sugerencias y a Hobart Lewis, presidente de *The Reader's Digest*, que esperó pacientemente, durante todo el trabajo.

BIBLIOGRAFÍA

Airborne Assault on Holland. Washington: USAF, Oficina del subjefe del Estado Mayor del Aire, 1945.

Documentos aliados inéditos de fuentes estadounidenses británicas y holandesas: planos, órdenes operacionales, Diarios, mensajes de teléfono y teletipo, estimaciones de los servicios de información, Diarios de guerra, análisis e informes posteriores a la acción de los comandantes del Cuartel General del Primero Aerotransportada Aliada; Primer Cuerpo Aerotransportado británico; 1.ª División Aerotransportada británica; 101.ª División Aerotransportada de Estados Unidos, 82.ª División Aerotransportada de Estados Unidos; mensajes de la Resistencia holandesa, estudios, monografías y mapas sobre la Operación *Market-Garden*; entrevistas de combate de las Divisiones Aerotransportadas 82.ª y 101.ª.

AMBROSE, Stephen E., *The Supreme Commander. The War Years of General Dwight D. Eisenhower*, Doubleday, Nueva York, 1970.
BAUER, Cornelius, *The Battle of Arnhem* (sobre información suministrada por el teniente coronel Theodor A. Boerce). Hodder and Stoughton, Londres, 1966.
BEKKER, Cajus, *The Luftwaffe War Diaries*, Doubleday, Nueva York, 1968.
BIRD, Will R., *No Retreating Footsteps: The Story of the North Nova Scotia Highlanders*, Kentville Publishing, Nueva Escocia, 1947.
BLAKE, George, *Mountain and Flood: The History of the 52nd (Lowland) Division*, 1939-46, Jackson, Son, Glasgow, 1950.

BLUMENSON, Martin, U. S. *Army in World War II: Break Out & Pursuit*, Washington, D. C.; Oficina del jefe de Historia Militar, Departamento del Ejército, 1961.
BRADLEY, general Omar N., *A Soldier's Story*, Henry Holt, Nueva York, 1951.
BRAMMALL, R., *The Tenth*, Eastgate Publications, Ipswich, 1965.
BREDIN, teniente coronel A. E. C., *Three Assault Landings*, Gale & Polden, Londres, 1946.
BRERETON, teniente general Lewis H., *The Brereton Diaries*, William Morrow, Nueva York, 1946.
BRYANT, Sir Arthur, *Triumph in the West: The War Diaries of Field Marshal Viscount Alan Brooke*, Collins, Londres, 1959.
BULLOCK, Allan, *Hitler: A Study in Tyranny*, Odhams Press, Londres, 1952.
BUTCHER, capitán Harry C., *My Three Years with Eisenhower*, Simon and Schuster, Nueva York, 1946.
By Air to Battie: Official Account of the British Airborne Divisions, H. M. Stationery Office, Londres, 1945.
CARTER, Ross, *Those Devils in Baggy Pants*, Appleton-Century-Crofts, Nueva York, 1951.
CLAY, comandante Ewart W., M. B. E., *The Path of the 50th. The Story of the 50th. (Northumbrian) Division in the Second World War 1939-1945*, Gale & Polden, Aldershot, 1950.
COLE, teniente coronel Howard N., *On Wings of Healing*, William Blackwood & Sons, Londres, 1963.
COLLIS, Robert y Hogerziel, Hans, *Straight On*, Methuen, Londres, 1947.
COVINGTON, Henry L., A. *Fighting Heart: An Unofficial Story of the 82nd Airborne*. Editado por el autor, Fayetteville, Carolina del Norte, 1949.
CRAIG, Gordon A., *The Politics of the Prusian Army 1640-1945*, Oxford University Press, Londres, 1955.
CRITCHELL, Laurence, *Four Stars of Hell*, Macmillan, Nueva York, 1947.
CROSTHWAIT, comandante A. E. L., *Bridging Normandy to Berlin*. Ejército británico del Rin, Hannover, 1945.
CUMBERLEGE, G., director, *BBC War Report, 6th June 1944-5th May, 1945*, Oxford University Press, Oxford, 1946.
CHATTERTON, George S., *The Wings of Pegasus*, MacDonald, Londres, 1962.
CHURCHILL, Winston S., *The Second World War* (vols. 1-6), Cassell, Londres, 1955.

D'ARCY-DAWSON, John, *European Victory*, MacDonald, Londres, 1946.
DAVIS, Kenneth S., *Experience of War*, Doubleday, Nueva York, 1965.
BAWSON, W. Forrest, *Saga of the All-American* (82.ª División Aerotransportada). Editada por el autor.
DEANE-DRUMMOND, Anthony, *Return Ticket*, Collins, Londres, 1967.
DEMPSEY, general Sir Miles, *Operations of the 2nd Army in Europe*, War Office, Londres, 1947.
EHRMAN, John, *History of the Second World War: Grand Strategy* (vols. V y VI), H. M. Stationery Office, Londres, 1956.
EISENHOWER, Dwight D., *Crusade in Europe*, Doubleday, Nueva York, 1948.
EISENHOWER, John S. D., *The Bitter Woods*. G. P. Putnam's Sons, Nueva York, 1969.
ELLIS, comandante L. F., *Welsh Guards at War*, Gale and Polden, Aldershot, 1946.
ESSAME, general de división Hubert, *The Battle for Germany*, Charles Scribner's Sons, Nueva York, 1969.
—, *The 43rd Wessex Division at War*, William Clowes & Sons, Londres, 1962.
FALLS, Cyril, *The Second World War*, Methuen, Londres, 1948.
FARAGO, Ladislas, *Patton*, Ivan Obolensky, Nueva York, 1963.
First Infantry Division: Danger Forward, con introducción por Hanson Baldwin: H. R. Knickerbocker, Jack Thompson, Jack Belden, Don Whitehead, A. J. Liebling, Mark Watson, Cy Peterman, coronel R. Ernest Deputy, Drew Middleton y antiguos oficiales. Albert Love Enterprises, Atlanta, 1947.
FITZGERALD, comandante D. J. L., *History of the Irish Guards in the Second World War*, Gale & Polden, Aldershot, 1949.
FLOWER, Desmond y Reeves, James, directores, *The War, 1939-45*, Cassell, Londres, 1960.
FOOT, M. R. D., *Special Operations Executive*, H. M. Stationery Office, Londres, 1967.
FREIDEN y RICHARDSON, editores. *The Fatal Decisions*, Michael Joseph, Londres, 1956.
FULLER, general de división J. F. C., *The Second World War*, Duell, Sloan and Pearce, Nueva York, 1949.
—, *The Conduct of War, 1789-1961*, Eyre & Spottiswoode, Londres, 1961.
GAVIN, teniente general James M., *Airborne Warfare*, Infantry Journal Press, Washington, D. C., 1947.

—, *War and Peace in the Space Age*, Harper & Bros., Nueva York, 1958.
GIBSON, Ronald, *Nine Days*, Arthur H. Stockwell, Devon, 1956.
GILBERT, Felix, director, *Hitler Directs His War*, Oxford University Press, Nueva York, 1950.
GILL, R., y GROVES J., *Club Route in Europe*, Ejército británico del Rin, Hannover 1945.
GODFREY, comandante E. G., y Goldsmith, general de división R. F. K., *History of the Duke of Cornwall's Light Infantry, 1939-1945*, The Regimental History Comittee, Aldershot, 1966.
GOERLITZ, Walter, *History of the German General Staff*, Frederick A. Praeger, Nueva York, 1953.
GUINGAND, general de división Sir Francis de, *Generals at War*, Hoder & Stoughton, Londres, 1964.
—, *Operation Victory*, Hoder & Stoughton, Londres, 1947.
GUNNING, capitán Hugh, *Borderers in Battle*, Martin's Printing Works, Berwick-on-Tweed, Escocia, 1948.
HAGEN, Louis, *Arnhem Lift*. Pilot Press, Londres, 1945.
HAUSSER, Paul, *Waffen SS in Einsatz*, Plesse, Gotinga, 1953.
HEAPS, capitán Leo, *Escape from Arnhem*, Macmillan, Toronto, 1945.
HEIJBROEK, M., *The Battle Around the Bridge at Arnhem*. Oosterbeek. Colección del Museo de las Fuerzas Aerotransportadas en el castillo De Doorwerth, Oosterbeek, 1947.
HEYDTE, barón von der, *Daedalus Returned. Crete 1941*, Hutchinson, Londres, 1958.
HIBBERT, Christopher, *The Battle of Arnhem*, B. T. Batsford, Londres, 1962.
History of the 2nd Battalion, The Parachute Regiment, Gale & Polden, Aldershot, 1946.
HÖHNE, Heinz, *The Order of the Death's Head*, Coward-McCann, Nueva York, 1970.
HOLLISTER, Paul y Strunsku, Robert, directores, *D-Day Through Victory in Europe*, Columbia Broadcasting System, Nueva York, 1945.
HORROCKS, teniente general Sir Brian, *A Full Life*, Collins, Londres, 1960.
HORST, H. B. van der, *Paratroopers Jump*. Editado por el autor, sin fecha.
HORST, Kate A. ter, *Cloud Over Arnhem*, Alan Wingate, Londres, 1945.
HOWARD, Michael y SPARROW, John, *The Coldstream Guards 1920-1946*, Oxford University Press, Londres, 1951.

INGERSOLL, Ralph, *Top Secret*, Harcourt Brace, Nueva York, 1946.
ISMAY, general, Lord, *Memoirs*, Viking Press, Nueva York, 1960.
JACKSON, teniente coronel, G. S., *Operations of the VIII Corps*, St. Clements Press, Londres, 1948.
JOSLEN, teniente coronel, H. F., *Orders of Battle, Second World War, 1939-45*, H. M. Stationery Office, Londres, 1960.
KAHN, David, *The Code Breakers*, Macmillan, Nueva York, 1967.
KEITEL, Wilhelm, mariscal de campo, *The Memoirs of Field Marshal Keitel*; Walter Görlitz, director. Stein & Day, Nueva York, 1965.
LEDERREY, coronel Ernest, *Germany's Defeat in the East-1941-45*, Charles Lavauzelle, Francia, 1951.
LEWIN, Ronald, director, *The British Army in World War II: The War On Land*, William Morrow, Nueva York, 1970.
LIDDELL Hart, B. H., *History of the Second World War*, Putnam's Sons, Nueva York, 1971.
—, *The Other Side of the Hill*, Cassell, Londres, 1948.
Liberation of Eindhoven, The, Ayuntamiento de Eindhoven, Eindhoven, septiembre, 1964.
LIFE, editores de, *Life's Picture History of World War II*, Time, Inc., Nueva York, 1950.
LORD, W. G. II, *History of the 508th Parachute Infantry*. Editado por el autor, sin fecha.
MACDONALD, Charles B., *Command Decision*, Kent Greenfield ed. Methuen, Londres, 1960.
—, *The Mighty Endeavor*, Oxford University Press, Nueva York, 1969.
—, *U. S. Army in World War II: The Siegfried Line Campaign*,. Office of the Chief of Military History, Departamento del Ejército, Washington, D. C., 1963.
MACKENZIE, general de brigada C. D., *It Was Like This!*, Adremo C. V., Oosterbeek, 1956.
MARSHALL, S. L. A., *Mattalion & Small Unit Study No. 1: Kinnard's Operation in Holland*. Office of the Chief of Military History, Departamento del Ejército, Washington, D. C., 1945.
—, *Battle at Best*, William Morrow, Nueva York, 1963.
—, *Men Against Fire*, William Morrow, Nueva York, 1957.
—, Westover, John G., O'Sullivan, Jeremiah, Corcoran, George, *The American Divisions in Operation Market*; monografía inédita, Office of the Chief of Military History, Departamento del Ejército, Washington, D. C., 1945.
MARTENS, Allard, *The Silent War*, Hodderand Stoughton, Londres, 1961.

MATLOFF, Maurice, *Strategic Plan for Coalition Warfare*, 1941-42, 43-44, Office of the Chief of Military History, Departamento del Ejército, Washington, D. C., 1953-1959.
MILBOURNE, Andrew, *Lease of Life*, Museum Press, Londres, 1952.
MILLAR, Jan A. L., *The Story of the Royal Canadian Corps*. Editado por el autor.
MILLIS, Walter, *The Last Phase*, Houghton Miffin, Boston, 1946.
MONTGOMERY, mariscal de campo Sir Bernard, *Despatch of Field Marshaal The Viscount Montgomery of Alamein*, British Information Services, Nueva York, 1946.
—, *The Memoirs of Fietd Marshall The Viscount Montgomery of Alamein*, K. G. Collins, Londres, 1958.
—, *Normandy to the Battic*. Publicada privadamente por Printing & Stationery Service, Ejército británico del Rin, 1946.
MOOREHEAD, Alan, *Eclipse*, Coward-McCann, Nueva York, 1945.
—, *Montgomery*, Hamish Hamilton, Londres, 1946.
MORGAN, general Sir Frederick, *Peace and War: A Soldier's Life*, Hodder and Stoughton, Londres, 1961.
MORISON, Samuel Eliot, *The Invasion of France and Germany, 1944-45*, Little, Brown, Boston, 1959.
NALDER, general de división R. F. H., *The History of British Army Signals in the Second World War*, Royal Signals Institution, Aldershot, Inglaterra, 1953.
NEWNHAM, capitán de grupo, Maurice, *Prelude to Glory: The Story of the Creation of Britain's Parachute Army*, Sampson Low, Marston, Londres, 1947.
NICOLSON, capitán Nigel, y Forbes, Patrick, *The Grenadier Guards in the War of* 1939-1944 (vol. 1), Gale & Polden, Aldershot, 1949.
IX Troop Carrier Command in World War II. L. S. Air Force, Washington, D. C., Sección histórica, sin fecha.
NOBÉCOURT, Jacques, *Hitler's Last Gamble: The Battle of The Bulge*, Schocken Books, Nueva York, 1967.
NORTH, John, *North West Europe 1944-45. The Achievement of the 21st Army Group*. H. M. Stationery Office, Londres, 1953.
Not in Vain, compilación realizada por el pueblo de Oosterbeek. Van Lochum Staterns, Arnhem, Holanda, 1946.
ORDE, Roden, *The Household Cavalry at War: Second Household Cavalry Regiment*, Gale & Polden, Aldershot, 1953.
OTWAY, coronel Terence, *The Second World War* 1939-45. *Airborne Forces*, War Office, Londres, 1946.

PACKE, M., *First Airborne*, Secker & Warburg, Londres, 1948.
PAKENHAM-WALSH, general de división R. P., *History of the Corps of Royal Engineers, Volume IX, 1938-1948*, Institution of Royal Engineers, Chatham, Inglaterra, 1958.
PATTON, general George S., Jr., *War as I Knew It*, Houghton Mifflin, Boston, 1947.
PAUL, Daniel, con St. John, John, *Surgeon At Arms*, Londres, William Heinemann, 1958.
PHILLIPS, Norman C., *Holland and The Canadians*. Holanda, Contact Publishing, Co., 1946.
Pictorial Biography of the U. S. 101st Airborne Division, A, compilado por la unidad de relaciones públicas, Auxerre, Francia, 1945.
PINTO, teniente coronel Oreste, *Spy-Catcher*, Harper, Nueva York, 1952.
POGUE, Forrest C., *The Supreme Command*, Oficina del jefe de Historia militar, Departamento del Ejército, Washington, D. C., 1946.
RAPPORT, Leonard y Northwood, Arthur, Jr., *Rendez-vous with Destiny: A History of the 101st Airborne Division*, Washington Infantry Journal Press, Washington, D. C., 1948.
Reader's Digest, *Illustrated Story of World War II*, The Reader's Digest Association, Pleasantville, Nueva York, 1969.
RIDGWAY, Matthew B., *Soldier. The Memoirs of Matthew B. Ridgway*, Harper & Bros., Nueva York, 1956.
ROSSE, capitán, conde de, y HILL, coronel E. R., *The Story of the Guards Armoured Division*, Geoffrey Bles, Londres, 1956.
SAMPSON, Francis, *Paratrooper Padre*, Catholic University of America Press, Washington, 1948.
SAUNDERS, Hilary St. George, *The Fight Is Won: Official History Royal Air Force*, 1939-1945 (vol. III), H. M. Stationery Office, Londres, 1954.
—, *The Red Beret*, Michael Joseph, Ltd., Londres, 1950.
SETH, Ronald, *Lion With Blue Wings*, Victor Gollancz, Ltd., Londres, 1955.
SHIRER, William L., *The Rise and Fall of the Third Reich: A History of Nazi Germany*, Simond and Schuster, Nueva York, 1960.
SHULMAN, Milton, *Defeat in the West*, Secker and Warburg, Londres, 1947.
SMITH, general Walter Bedell (con Stewart Beach), *Eisenhower's Six Great Decisions*, Longmans Green, Nueva York, 1956.
SMYTHE, Jack, *Five Days in Hell*, William Kimber, Londres, 1956.
SNYDER, Louis L., *The War: A Concise History, 1939-1945*, Robert Hale, Londres, 1960.

SOSABOWSKI, general de división Stanislaw, *Freely I Served*, William Kimber, Londres, 1960.
STACEY, coronel C. P., *The Canadian Army. 1939-45*, King Printers, Ottawa, 1948.
STAINFORTH, Peter, *Wings of the Wind*, Falcon Press, Londres, 1952.
STEIN, George H., *The* Waffen SS *1939-45*, Cornell University Press, Ithaca, Nueva York, 1966.
SULZBERGER, C. L., *The American Heritage Picture History of World War II*, American Heritage Publishing, Nueva York, 1966.
SWIECICKI, Marek, *With the Red Devils at Arnhem*, Max Love Publishing, Londres, 1945.
TEDDER, Lord, *With Prejudice: The Memoirs of Marshall of the Royal Air Force Lord Tedder*, Cassell, Londres, 1966.
THOMPSON, R. W., *The 85 Days*, Ballantine Books, Nueva York, 1957.
TOLAND, John, *Battle*, Random House, Nueva York, 1959.
TOLAND, John, *The Last 100 Days*, Random House, Nueva York, 1965.
TREVOR-ROPER, H. R., director, *Hitler's War Directives 1939-1945*, Sidgwick and Jackson, Londres, 1964.
Trials of German Major War Criminals, The (vols. 1-26), H. M. Stationery Office, Londres, 1948.
URQUHART, general de división R. E., *Arnhem*. W. W. Norton, Nueva York, 1958.
VANDELEUR, general de brigada J. O. E., *A Soldier's Story*, Gale & Polden, Aldershot, 1967.
VERNEY, general de división G. L., *The Guards Armoured Division*, Hutchinson, Londres, 1955.
WARLIMONT, Walter, *Inside Hitler's Headquarters 1939-1945*, Weidenfeld & Nicolson, Londres, 1964.
WARRACK, Graeme, *Travel by Dark: After Arnhem*, Harvill Press, Londres, 1963.
WARREN, doctor John C., *Airborne Operations in World War II*, European Theatre, U. S. Air Force, Historical Division, Washington, D. C., 1956.
WATKINS, G. J. B., *From Normandy to the Weser. The War History of the Fourth Battalion, the Dorset Regiment*, The Dorset Press, Dorchester, 1952.
WEBSTERS, Sir Charles, y Frankland, Noble, *The Strategic Air Offensive Against Germany, 1939-45* (vols. 1-4), H. M. Stationery Office, Londres, 1961.

WELLER, George, *The Story of the Paratroops*, Random House, Nueva York, 1958.
WHEELER-BENNETT, John, *Nemesis of Power*, St. Martin's Press, Nueva York, 1954.
WILMOT, Chester, *The Struggle for Europe*, Harper & Bros, Nueva York, 1952.

ARTÍCULOS SELECCIONADOS

«Arnhem Diary», *Reconnaissance Journal*, vol. 4, n.º 1 (otoño, 1947).
«Arnhem Was Their Finest Hour», *Soldier*, vol. 13 (septiembre, 1957).
«Battle of Desperation, The», *Time Magazine*, 2 de octubre de 1944.
BEST, C. E., M. M., «The Mediums at Arnhem», *Gunner*, vol. 33, n.º 1 (enero, 1951).
BESTEBREURTJE, comandante A. D., «Las operaciones aerotransportadas en Holanda en el otoño de 1944», *Allegemeine Schweizerische Militärzeitchrift*, vol. 92 (1946), n.º 6.
BREESE, comandante C. F. O., «The Airborne Operations in Holland, set. 1944», *The Border Magazine*, septiembre, 1948; (1.ª parte) y marzo, 1949 (2.ª parte).
BURNE, Alfred H., «Arnhem», *The Fighting Forces*, 1944.
CHATTERTON, general de brigada G. J. S., «The Glider Pilot Regiment at Arnhem», *The Eagle*, verano de 1954.
COLMAN, D. E., «The Phantom Legion», *The Ormy Quarterly*, abril, 1962.
COURTNEY, W. B., «Army in the Sky», *Collier's*, noviembre de 1944.
COUSENS, comandante H. S., «Arnhem 17th-26th september, 1944», de *The Spring of Shillelagh*, vol. 28, n.º 322 (primavera-verano, 1948).
EXTON, Hugh M., «The Guards Armoured Division in Operation Market-Garden», *Armoured Cavalry Journal*, 1948.
FALLS, Cyril, «Arnhem-A Stage in Airborne Tactict», *Illustrated London New*, octubre de 1945.
FIJALSKI, Stanley, «Echoes of Arnhem», *Stand-to*, 1950.
GELLHORN, Martha, «Death of a Dutch Town», *Collier's*, diciembre, 1944.
GREELEN, Lothar van, «El enigma de Arnbem resuelto». *Deutsche Wochen Zeitung*, 1964.
HERFORD, M. E. M., «All in the Day's Work» (partes 1.ª y 2.ª), *The Journal of the Royal Army Medical Corps*, 1952.
«How the Supplies Reached Arnhem», *Journal of the Royal Army Service Corps.*, vol. 69, n.º 2, noviembre, 1944.

Intelligence Corps, «With the Airborne at Arnhem», *Notes of Interest*, vol. 8. (1945).

LISTER, Evelyn, «An Echo of Arnhem», *British Legion Journal*, septiembre, 1950.

MCCULLOCH, C. A., «The Epic of Arnhem», *Springbok*, septiembre, 1955.

MACKAY, comandante E. M., «The Battle of Arnhem Bridge», *Blackwood's Magazine*, octubre, 1945.

MONTGOMERY, mariscal de campo Sir Bernard L., «21st (British) Army Group in the Campaign in North-West Europe, 1944-45». *The Journal of the Royal United Service Institution*, vol. 90. n.° 560 (noviembre, 1945).

PACKE, Michael St. J., «The Royal Army Service Corps at Arnhem», *The Journal of the RASC*, noviembre, 1945.

ST. AUBYN, teniente, Honorable Piers, «Arnhem», *The King's Royal Rifle Corps Chronicle*, 1946.

SMITH, Robert, «With the RAMC at Arnhem», *Stand-to*, vol. 1.°, n.° 8 (octubre-noviembre, 1950).

STEVENSON, teniente J., «Arnhem Diary», *Reconnaissance Journal*, vol. 4, n.° 1 (otoño, 1947).

TATHAM-WALTER, comandante A. D., Orden de Servicios Distinguidos, «Escape from Arnhem», *The Oxfordshire and Buckinghashire Light Infantry Chronicle*, vol. 48 (1946).

TAYLOR, teniente coronel George, Orden de Servicios Distinguidos, «With 30 Corps to Arnhem», *Ca Ira, vol.* 8, n.° 2 (junio, 1949).

TOMPKINS, coronel Rathvon McC., «The Bridge», *Marine Corps Gazette*, abril, 1951 y mayo, 1951.

TOOLEY, teniente coronel I. P., «Artillery Support at Arnhem», *The Field Artillery Journal*, abril, 1945.

WATKINS, comandante Ernest, «Arnhem, The Landing and The Bridge», *British Army of Current Affairs*, n.° 83 (1944).

WILLIAMS, teniente de Aviación A. A., «I Was at Arnhem», *The Royal Air Force Journal*, diciembre, 1944.

WILMOT, Chester, «What Really Happened at Arnhem», *Stand-to* (1950), vol. 1, n.° 8.

WINDER, sargento 1.° F., «Postscript» in «Arnhem Diary», *Reconnaissance Journal*, vol. 4, n.° 1 (otoño, 1947).

WOOD, Alan, «How Arnhem was Reported», *Pegasus*, julio y octubre, 1946.

—, «News from Arnhem», *Pegasus*, octubre, 1949.

WOODING, F. B., «The Airborne Pioneers», *The Royal Pioneer*, vol. 7, n.º 30 (marzo, 1952).

MANUSCRITOS, ESTUDIOS MILITARES Y DOCUMENTOS ALEMANES CAPTURADOS

BITTRICH, general de las SS Wilhelm, P.M. del II Cuerpo de Panzer de las SS, órdenes de batalla del cuartel general; *Informe sobre las actividades del XI Cuerpo de Panzer de la SS, agosto-noviembre, 1944*, juntamente con mapas; versión de Bittrich de la batalla de Arnhem 17-26 de septiembre de 1944; informes recibidos por los comandantes de las 9.ª y 10.ª Divisiones Panzer de las SS; Documentos personales, Diarios y mapas, tal como fueron presentados al autor.

BLUMENTRITT, general Gunther, *OB West, A Study in Command, Atlantic Wall to Siegfried Line*, Oficina del jefe de Historia Militar (que se denominará en lo sucesivo OCMH). Ministerio del Ejército, Estados Unidos, MS. B-344; manuscritos, notas y mapas entregados al autor.

BUTTLAR, general de división Horst von, *OB West, A Study in Command, Atlantic Wall to Siegfried Line*, OCMH, MS. B-672.

190th Infantry Division, Report of, Commitment 17 September, 1944-16 April, 1945. OCMH, MS. B-195.

CHRISTIANSEN, general Friederich, P.M. de la Luftwaffe, Fuerzas Armadas alemanas en Holanda, interrogatorio de, Expediente n.º 67 de los Archivos de Nimega; testimonio y actuaciones judiciales, Ministerio de Justicia holandés, julio-agosto, 1948.

FELDT, general Kurt, *Corps. H. Q. Feldt and 406th Division from 17-21 September 1944*. OCMH, MS. C-085.

FULLRIEDE, coronel de la SS F. W. H., Brigada de reemplazo e instrucción de paracaidistas *Hermann Goering*, Utrecht. Diario personal, 1 de septiembre-5 de octubre de 1944. Traducido por Peter Ranger. Interrogatorio de 8 de abril de 1948. Archivos de Nimega, carpeta 83.

HARMEL, general de división de las SS Heinz, P.M. de la 10.ª División Panzer de las SS *Frundsberg*. Diario personal; mapas, órdenes de batalla; órdenes operacionales y secciones pertinentes del Diario de Guerra Oficial. Denominado todo ello «Documentos Harmel», tal como fueron entregados al autor.

HARZER, teniente coronel de las SS Walter, P.M. de la 9.ª División Panzer de las SS *Hohenstaufen*, Diarios de guerra del Cuartel General, informes de operaciones e interrogatorios, denominado todo ello «Documentos Harzer», Carpeta 74; Informes diarios del Cuartel General, documento 78013. Archivos estadounidenses, británicos y holandeses.

HEICHLER, Lucien, *The Germans Opposite 30th Corps*, informe del Primer Ejército de Paracaidistas en el canal Alberto. Monografía. OCMH, Ministerio del Ejército, Washington, D. C., 1962.

HEYDTE, teniente coronel Frederick von der, P.M. del 69 Regimiento Paracaidista; *6 FS Jaeger Regiment in Action Against U. S. Paratroopers in the Netherlands*, septiembre, 1944; mapas y bocetos. OCMH, MS. C-001.

KRAFFT, comandante de las SS Sepp, P.M. del 16.º Batallón de *Panzergrenadiere* en Holanda, correspondencia entre Krafft y Heinrich Himmler; *War Diary, The Battle of Arnhem*, tal como fueron presentados a Heinrich Himmler; British Intelligence Corps, traducción del Diario de Krafft, con comentarios.

MATTENKLOT, teniente general Frans, informe sobre la zona militar 6 y la Renania, 15 de septiembre de 1944-21 de marzo de 1945. OCMH, MS. B-044.

MEINDLE, general Eugen, P.M. del II Cuerpo de Paracaidistas. *The 11 Para, Corps, 15 September, 1944-21 March, 1945*. OCMH, MS. B-093.

MODEL, mariscal de campo Walter, OKW, Diario de Guerra, informes diarios de operaciones, 1 de septiembre-15 de octubre de 1944. Documento n.º III H 15452/2; Diario de Guerra; operaciones y órdenes, 1 de septiembre-30 de septiembre de 1944. Documento n.º III H 15453/2; Situación e informes semanales; Archivos de mensajes telefónicos y por teletipo, proclamas de septiembre de 1944. Documentos n.º III H 15450 y 75145/5.

POPPE, general de división Walter, P.M. de la 59.º División de Infantería. *2nd Commitment of the 59th Infantry Division in Holland, 18 September- 25 November, 1944*. OCMH, MS. B-149; Diario de guerra y órdenes operacionales tal como fueron entregadas al autor.

RAUTER, teniente general de las SS Hans Albin, actuaciones judiciales. Ministerio de Justicia holandés, 1952; Interrogatorios de y testimonio en Archivos Históricos holandeses y en *Natherlands in Wartime*, vol. 4, n.º 1, marzo de 1949. Proclamas de Rauter, Archivos de Nimega.

REINHARD, general Hans W., P.M. del 88 Cuerpo, *Report of the Commander 6 June-21 December 1944*. OCMH, MS. B-343 y MS. B-156.
REINHARDT, general de división Hellmuth, comandante en jefe de la Wehrmacht en Dinamarca. *Commitment of the 406th Division Against the Allied Airborne Assault at Nijmegen, September 17, 1944*. OCMH, MS. C-085; suplemento al informe, OCMH, MS. C-085A.
RUNDSTEDT, mariscal de campo Gerd von, *OB West, Daily Reports of Commander in Chief West, September 2-30, 1944*. Documento n.º 34002; OKW, *OB West War Diary, September-october, 1944*. Incluyendo anexos 2224-2476. Archivos británicos y holandeses; *OB West, A Study in Command, Atlantic Wall to Siegfried Line*, Vols. I, II, III, OCMH, MS. B-633.
SCHEIDT, Wilhelm, *Hitler's Conduct of the War*, OCMH, MS. ML-864.
SCHRAMM, comandante Percy E., *The West (1 April 1944-16 December 1944)*, MS. B-034, *Notes on the Execution of War Diaries*, OCMH, MS. A-860.
SKALKA, comandante de las SS Egon, médico de la 9.ª División Panzer de las SS *Hohenstaufen*, informes oficiales del Cuartel General; valoración médica de la batalla de Arnhem; informes de interrogatorios. Archivos británicos y holandeses. Diario, notas, según fueron dadas al autor.
SPEIDEL, teniente general doctor Hans, *OB West, A Study in Command, Atlantic Wall to Siegfried Line*, vols. I, II, III, OCMH, MS. B-718.
STUDENT, capitán general Kurt, P.M. del Primer Ejército de Paracaidistas, *Battles of the 1st Parachute Army on the Albert Canal; y Allied Airborne Operations on 17 September, 1944*, OCMH, MS. B-717. Manuscritos, notas y mapas tal como fueron entregados al autor. Declaración en Archivos de Nimega, Carpeta 35.
—, *Arnhem, The Last German Victory*, de *The Soldier Speaks*, n.º 5, 1952.
TETTAU, teniente general Hans von, *Informes de combate 17-26 de septiembre de 1944, de las unidades destacadas en Holanda*, Documento n.º 40649H. Archivos holandeses.
WARLIMONT, general Walter, *From the Invasion to the Siegfried Line*, Weidenfeld & Nicolson, Londres, 1962.
ZANGEN, general Gustav von, *Battles of the Fifteenth Army Between the Mouse-Scheldt Canal and the Lower Meuse, 15 September-10 November*, OCMH, MS. B-475.
ZIMMERMANN, teniente general Bodo, *OB West, A Study in Command, Atlantic Wall to Siegfried Line*, vols. I, II, III, OCMH, MS. B-308.

ÍNDICE ONOMÁSTICO

Aa, río, 116, 236
Aa, Rudolph van der, 27
Aalst, 317, 319, 320
Adair, general Allan, 151, 178, 373, 430, 437, 438
Afrika Korps, 34
Águilas Aullantes (Screaning Eagles), 199, 236, 318, 322, 370, 384, 385; *véase también* 101.ª División Aerotransportada estadounidense, 112
Albert, Canal, 41, 42, 48, 53-55, 57, 59, 65, 98, 130, 147
Albrecht, grupo, 126
Aldeburgh, 172, 177
Alemania, 24-27, 29, 31, 40, 42, 43, 45-47, 52, 53, 57, 58, 71, 74, 76, 90, 105, 106, 114, 123, 130-135, 140, 182, 212, 213, 215, 226, 227, 242, 248, 257, 270, 288, 289, 328, 339, 340, 365, 367, 442
Allardyce, soldado James, 156, 276
Allen, cabo John, 159
Allsop, capitán David, 211, 246, 249
Altomare, cabo John, 196
Amberes, 23, 36, 40-43, 47, 48, 52, 54, 55, 62, 64-66, 68, 72, 73, 76, 77, 79, 83, 87, 88, 90, 91, 98, 149, 411, 412
Ambrose, Stephen E., 91
Amiens, 83
Amsterdam, 28, 31, 122, 214
Apeldoorn, 22, 98, 367, 446, 554
Aquisgrán, 43, 58, 68, 76, 130, 270
Aremberg, 55, 57, 183
Arnhem, 17-22, 24-29, 31, 49, 51, 52, 87, 88, 91, 94, 96, 98, 99, 104, 105, 110, 112, 113, 115, 120-123, 125-128, 133, 135-138, 141, 142, 144-146, 150-152, 154, 160-163, 165, 166, 171, 172, 177, 179, 182-188, 190, 191, 198, 201, 203, 211-215, 217, 218, 228, 229, 239-243, 245-249, 251-254, 257, 259, 260, 262-265, 268, 270, 272, 273, 277, 278, 280, 283, 284, 286, 289, 290-292, 294-297, 300, 301, 303, 305-307, 310-313, 315-317, 320, 322, 325-327, 329, 331, 336-343, 345, 347, 350-352, 354, 356, 358, 359, 363-365, 371-373, 377, 391, 393, 395, 397, 401, 403, 405, 406, 413-415, 420, 433, 436-440, 447-449, 451, 458, 462, 464, 468-470, 476-481, 488, 490, 492, 494, 495, 499, 501-503, 506, 507, 510, 513, 514, 517, 519, 533, 540, 551, 559, 560
Arnhem, Museo Municipal de, 362
Arnold, general Henry H., 87
Ascot, 377
Ashworth, sargento jefe Walton, 490
Atwell, sargento Douglas, 380
Axel, 31

Baarskamp, granja 465, 466
Back, cabo Harold, 264, 284
Bad Saarnow, 215, 216
Ballantyne, oficial de vuelo, A., 381

Balturssen Cora, 19, 296, 297, 382, 464-467, 541, 554
Baltussen, Albert, 382
Baltussen, Josephus, 466
Baltussen, Reat, 382
Bantley, Thomas, 543
Barbarroja, 390
Barlow, coronel Hilary, 165, 369, 403
Barnett, teniente J. Patrick, 396
Barry, teniente Peter, 255
Batallón de Reserva e Instrucción de Granaderos Panzer de las SS, 125, 213, 242, 390, 429
Baylis, sargento George S., 165, 474, 475
BBC, 28, 30, 301, 352, 361, 397, 501
Beaudin, capitán Briand, 220
Bedell, comandante Edwin A., 160
Bedford, sargento Ronald, 331, 332
Beek, Dirk van, 344, 345
Beek, doctor Marius van der, 186
Beek, Riek, 345
Beekbergen, 98, 99, 128, 183
Bélgica, 13, 18, 20-22, 25, 31, 36, 41, 42, 46, 52-54, 57, 67, 74, 75, 84, 104, 109, 137, 138, 147, 148, 193, 268, 318, 326, 447, 449
Bemmel, 449
Bennett, soldado Frederick, 248, 249
Bennett, soldado Henry, 304
Benson, 115
Berlín, 40, 66, 68, 73, 77, 79, 80, 82, 83, 90, 130-133, 136, 160,

182, 212, 215, 268, 278, 339, 401, 424, 531
Bernardo, príncipe de Holanda, 23, 30, 66-68, 83-86, 184, 468-470, 557
Best, 116, 236, 237, 321, 322, 327, 329, 384-386, 560
Bestebreurtje, capitán Arie D., 170, 276, 295, 388, 433
Beveland del Norte, isla de, 179
Beveland del Sur, península de, 47, 55, 59, 62, 65, 98
Biddle, Anthony, 67
Bijltjesdag (Día del Hacha), 22
Billingham, 431
Bitsch, 53
Bittrich, doctor Gerhard, 131
Bittrich, Wilhelm, 49, 50, 98, 99, 130-134, 138, 182, 183, 202, 212, 213, 215, 216, 235, 239-241, 258, 268, 270-272, 278, 279, 338-342, 350, 356, 368, 373, 399, 413, 432, 433, 461, 475, 476, 479, 504-506, 515
Blaskowitz, general, 42, 46
Blitzkrieg, 35, 36
Blokland, comandante Jonhkeer San Beelaerts van, 150, 151
Blue, cabo James R., 276
Blumenson, Martin, 54
Blumentritt, teniente general Gunther, 35, 37, 48, 57-59, 63
Blunt, teniente John, 410
Blyton, soldado Henry, 542
Bocholt, 271
Bode, Nicolaas Tjalling de, 126, 145, 255, 356
Boeree, teniente coronel Theodor A., 349
Bolden, E. C., 510, 521
Boldock, soldado Walter, 249, 250, 363, 510
Bommer, cabo Jack, 159, 176, 425
Borrelli, 2.º teniente Anthony, 196, 197
Both, Dominee, 187, 188
Boulogne, 36, 48
Boyce, soldado Robert, 197
Brace, cabo Terry *Taffy*, 366, 487, 552
Bradley, general Omar N., 68, 69, 71, 72, 76, 77, 80, 87, 89, 95
Bradwell, bahía de, 172, 177
Brandt, sargento John Rudolph, 158
Breda, 30
Breebaart, doctor Leo C., 126
Breman, Johanna, 189
Brereton, teniente general Lewis Hyde, 86, 87, 95, 103-112,
115, 146, 164, 315, 377, 462, 499, 500, 502
Breskens, 62, 97
Brett, capitán Peter, 501
Brigada holandesa *Princesa Irene*, 84, 150, 151, 469
Bristol, Canal de, 171, 172
Brockley, soldado Harold, 180
Broekkamp, Elias, 52, 188
Brook, cabo Henry, 208
Brooke, mariscal de campo sir Alan, 70
Browning, lady (Daphne du Maurier), 227
Browning, teniente general Frederick, 88, 89, 94, 96, 103, 107-109, 111, 113-115, 118, 119, 121, 123, 124, 142, 143, 149, 162, 163, 172, 173, 219, 220, 225-229, 240, 275, 326, 349, 352, 370-373, 377, 391-393, 402, 413, 417, 422, 423, 437, 438, 455, 456, 461, 467, 477, 481, 498-500, 502, 504, 523, 526, 528, 530, 533, 536
Bruselas, 18, 23, 64, 66, 84, 84, 88, 138, 141, 151, 193, 451, 468, 469
Bryant, soldado Reginald, 334, 335
Buchanan, teniente Bucky, 398, 410
Buffalo Boy, Herbert, 389
Buiten Singel, 393, 406
Burgers, jardín zoológico, 292
Buriss, capitán T. Moffatt, 419, 422, 425, 426, 428, 434

Caen, 153, 185
Cain, comandante Robert, 489, 490, 520, 521, 539, 549
Calais, Paso de, 36, 43, 47, 48, 83, 97
Callaghan, sargento mayor Harry, 248, 488
Calloway, sargento *Cab*, 491
Cambridgeshire, 172
Canadá, 66
Canal, puertos del, 62, 68, 72, 76, 79, 331
Carlomagno, 390
Carmichael, teniente Virgil F., 181, 419, 421, 426
Cassidy, teniente coronel Patrick, 198
Cator, comandante Harry, 550
Cementerio militar británico, Arnhem, 381
Chandlet, paracaidista William, 249
Chaplin, Charles, 396
Chappuis, teniente coronel Steve, 387
Charteris, general John, 147
Chartres, 80
Chase, teniente coronel Charles, 197
Chatterton, coronel George S., 122, 173, 227, 392
Chennell, cabo William, 371, 373, 551
Cherburgo, 74, 79, 82
Chill, Kurt, teniente 54, 55
Christiansen, general Friedrich, 134, 135, 279
Christie, artillero Robert, 463, 539, 550
Churchill, Winston S., 70, 469
Cipolla, soldado John, 195
Clarke, soldado Nobby, 488, 489
Clegg, capitán Benjamin, 472
Cleminson, capitán James, 308, 338
Cléveris, 47, 146
Clous, Ida, 247
Clous, doctor Phillip, 485
Coad, teniente coronel Aubrey, 529
Coblenza, 40, 55, 132, 135, 183, 269
Cockrill, soldado de transmisiones James, 538, 541, 547
Cole, teniente coronel Robert G., 157, 320
Colonia, 68
Comité Combinado de Información Aliada, 73
Connelly, John, 226
Cook, comandante Julian A. 416-421, 423, 424, 425, 428, 435, 436, 440
Copas, sargento Marshall, 158
Copley, soldado Stanley G., 165, 399
Coppens, Wilhelmina, 21
Corrie, capitán Michael, 488
Cottesmore, 165
Cowan, sargento Bartie, 235
Cox, Alan Harvey, 176
Coyle, teniente James J., 172, 220, 221, 390, 391
Crawley, comandante Douglas, 261, 262, 408, 444
Creta, 41
Cronkite, Walter, 199
Crook, J. W., 208
Cuartel General Supremo de las Fuerzas expedicionarias aliadas, *véase* SHAEF
Cuerpo de Ingenieros, *Royal Enginers*, 154, 434

ÍNDICE ONOMÁSTICO 583

Daalen, Toon van, 32, 145, 294
Dachau, 27
Dauncey, teniente Michael, 207, 208
Davis, sargento George, 207
Deane-Drummond, comandante Anthony, 162, 163, 217, 218, 364, 365
Decimoquinto Ejército alemán, 43, 47, 48, 62, 64, 97, 98, 212, 235, 237, 239, 268, 339, 384, 411, 412
Deelen, aeródromo de, 121, 135
Demetras, teniente A. D., 436, 437
Dempsey, teniente general Miles C., 64, 65, 88, 96, 113, 115, 146, 153, 228, 372, 437, 500, 526
Derksen, Anna, 309
Derksen, Antoon, 309, 310, 337, 367
Derksen, Hermina, 309
Derksen, Jan, 309
Dessloch, coronel Otto, 135
Deuss, Albert, 145
Diablos Rojos (Red Devils), véase también 1.ª División Aerotransportada británica, 120, 123, 156, 161, 254, 298, 303, 313, 314, 322, 368, 394, 399, 407, 455-457, 483, 493, 499, 538, 540
Diest, 84
Dijk, Hermana Christine van, 28
Dijker, reverendo Reinhold, 25
División Blindada de Guardias, 64, 149, 150, 151, 153, 155, 317, 370, 373, 388, 416, 430, 436, 438, 448, 456, 479
Dobie, teniente coronel D., 243, 244, 249, 250, 251, 305, 349, 350, 358, 362-364, 400
Doetinchem, 98, 99, 183, 202, 215, 239, 241, 270, 504
Doggart, cabo James, 232-234
Dohun, sargento Charles, 158, 386, 387
Dolderen, familia Van, 489, 519
Dolle Dinsdag (Martes loco), 20, 297
Dommel, río, 236, 317, 319
Doorman, general de división Pete, 468, 469
Doornenburg, 414, 415, 424
Dordrecht, 41
Dorsetshire, 160
Douai, 83
Dover, comandante Victor, 255, 261, 487
Down Ampney, 377
Downing, soldado Robert, 539

Dragoon Guards, 480, 495
Dreyerood, Hotel, 472
Driebergen, 137
Driel, 17, 18, 19, 263, 296, 297, 332, 348, 382, 401, 402, 404, 405, 411, 456, 459, 462, 464-466, 468, 476, 478, 479, 480, 481, 494, 495, 498, 500, 502, 503, 505, 506, 524, 526, 528, 536, 541, 550, 554
Duc George, fábrica de cigarros, 190
Dullforce, soldado Alfred, 548
Dunkerly, coronel Vincent, 359
Dunkerque, 36, 48, 248, 311, 331, 430
Dunning, sargento John, 237

Ede, 27, 30, 214, 242, 245, 329
Edwards, soldado Robert C., 298, 350, 351, 364, 460, 461
Edwards, soldado Roy N., 173, 250, 358, 395-398, 408, 410
Eijkelhoff, Jan, 31, 345, 482
Eindhoven, 21, 22, 24, 52, 96, 105, 116, 138, 139, 150, 172, 182, 184, 189, 190, 191, 195, 200, 201, 230, 235-237, 268, 316-320, 327, 371, 417, 462, 560
Eisenhower, Dwight David, 13, 23, 36, 56, 58, 59, 66-72, 75-84, 86-91, 95, 96, 113, 134, 138, 140-142, 269, 499, 500, 531
Ejército Aerotransportado Aliado, Primer 190
Ejército Aerotransportado aliado, Primer, 72, 86-90, 94, 104, 108, 109, 115, 146, 156, 164, 170, 315, 355, 377, 462, 480, 499
Ejército alemán, Unidades del:
10.ª División Panzer de las SS *Frundsberg*, 49, 50, 98, 99, 132, 140, 146, 182, 212, 213, 215, 235, 241, 245, 278, 279, 280, 339, 340, 341, 350, 373, 414, 476, 505, 532
116.ª División Panzer, 49
176.ª División alemana, 42
2.ª División Panzer, 49
21.º Regimiento de Granaderos Panzer, 286
6.º Regimiento Paracaidista, 719.ª División Costera, 41, 51, 53, 55
85.ª División de Infantería, 54, 132, 133, 182
9.ª División Panzer de las SS

Hohenstaufen, 49, 50, 98, 99, 129, 140, 146, 183, 191, 212, 213, 235, 241, 245, 252, 257, 279, 305, 310, 341, 350, 446, 473, 505, 515
Afrika Korps, 34
Batallón de Reserva e Instrucción de Granaderos Panzer de las SS, 125, 213, 242, 390, 429
Decimoquinto Ejército alemán, 43, 47, 48, 62, 64, 97, 98, 212, 235, 237, 239, 268, 339, 384, 411, 412
Grupo de Ejércitos B, 34, 40, 42, 43, 46, 48, 49, 56, 97, 99, 130, 134, 269, 270, 339, 411, 412, 560
Grupo de Ejércitos G, 42, 46, 56
II Cuerpo Panzer de las SS, 49, 98, 130, 183, 212, 215, 239, 338, 356, 368, 413, 504-506, 532
II Cuerpo Paracaidista, 413
Primer Ejército Paracaidista, 41, 54, 55, 235, 240, 339, 412
Regimiento de Guardias Granaderos, 148, 392, 429
Séptimo Ejército, 43, 130
Ejército británico, Unidades del:
1.ª Brigada de Desembarco Aéreo, 122, 160, 161, 165, 171, 176, 207, 244, 245, 298, 329, 331, 458, 475, 538
1.ª División Aerotransportada, 88, 90, 99, 104, 105, 110, 113, 118, 119, 121, 123, 125, 141, 147, 156, 160, 162, 164, 172, 173, 178, 211, 217, 218, 228, 268, 290, 295, 305, 347, 352, 365, 370, 372, 376, 399, 402, 420, 435, 455, 459, 467, 468, 476, 478, 479, 480, 499, 500, 528, 531, 533, 540, 550, 551
1.ª Brigada Paracaidista, 119, 122, 160, 161, 163-165, 173, 209, 243, 244, 246, 285, 299, 305, 399, 400, 445
1.er Regimiento Ligero de Desembarco Aéreo británico, 208, 301, 457
11.ª División Blindada, 64, 65
129.ª Brigada Blindada de Guardias, 479
21.º Grupo de Ejércitos, 66, 68, 70, 72, 77, 84, 89, 95, 96, 112, 113, 141, 147, 468
214.ª Brigada Blindada de Guardias, 479

214.ª Brigada de Infantería, 148
32.ª Brigada de Guardias, 494
376.º Regimiento de Artillería de Campaña Paracaidista, 225
4.ª Brigada Paracaidista, 120, 122, 160, 165, 298, 300, 301, 329, 335, 349, 350, 368, 383, 492, 517
4.º Regimiento *Dorset*, 524, 526, 529-531, 537, 541, 548, 551
43.ª División de Infantería *Wessex*, 148, 150, 233, 437, 451, 476-479, 481, 499, 506, 524, 526, 533
5.º Regimiento de Infantería Ligera *Duke of Cornwall*, 480, 494
50.ª División de Infantería *Northumberland*, 150
52.ª División Aerotransportada *Lowland*, 110, 499
59.ª División de Infantería, 97, 237
6.ª División Aerotransportada, 108, 141
64.º Regimiento de Artillería *Médium*, 455, 456, 461
8.ª Brigada Blindada, 150
Cuerpo de Ingenieros, *Royal Enginers*, 154, 434
División Blindada de Guardias, 64, 149, 150, 151, 153, 155, 317, 370, 373, 388, 416, 430, 436, 438, 448, 456, 479
Dragoon Guards, 480, 495
Grupo Blindado de Guardias Irlandeses, 148, 149, 151, 152, 155, 230, 231, 235, 316, 317, 479
Guardias Granaderos, 108
I Cuerpo Aerotransportado, 88, 96, 107, 113, 142, 147, 162, 163, 219, 228, 526
Kings Own Scottish Borderers (KOSB), 351, 400, 457, 472, 523, 538, 543
Primer Ejército Aerotransportado, 162
Regimiento de Fronteras, 457, 459
Regimiento de Ingenieros Reales, 261
Regimiento de la Artillería Real, 148
Regimiento de la Guardia *Coldstream*, 148, 412
Regimiento de la Guardia Escocesa, 148, 392

Regimiento de la Guardia Galesa, 148
Regimiento de la Guardia Irlandesa, 148, 392, 447, 449-451, 478
Regimiento de la Real Guardia Montada, 148
Regimiento de Pilotos de Planeadores, 19, 122, 165, 173, 206, 227, 379, 392, 457, 474, 475, 488, 537, 539
Segundo Ejército, 13, 36, 55, 64, 69, 84, 88, 91, 96, 112, 113, 151, 153, 154, 182, 228, 239, 250, 272, 277, 349, 366, 372, 398, 399, 401, 417, 446, 459, 486, 499, 500, 507, 515, 526, 539, 541, 553
VIII Cuerpo de Ejército, 493, 559
XII Cuerpo de Ejército, 493, 559
XVIII Cuerpo Aerotransportado, 107
XXX Cuerpo de Ejército, 64, 66, 105, 111, 114, 147, 148, 150, 154, 161, 193, 229, 230, 247, 265, 273, 285, 311, 314, 316, 320, 358, 368, 371, 373, 395, 401, 455, 459, 468, 476, 480, 500, 524, 537, 540, 559
Ejército canadiense, Primer:
325.º Regimiento de Infantería de Planeadores, 379, 384, 388, 411
Primer Ejército canadiense, 69
Ejército de Estados Unidos:
101.ª División Aerotransportada, 90, 105, 110, 116, 117, 120, 150, 156-158, 171, 172, 178, 179, 191, 193, 195, 198, 199, 228, 229, 236, 237, 277, 316, 318, 320, 326-328, 359, 370, 371, 378, 384-386, 402, 412, 493, 494, 502, 559
12.º Grupo de Ejércitos, 68, 69, 77
501.º Regimiento Aerotransportado estadounidense, 116, 222, 429
502.º Regimiento Aerotransportado, 116, 156, 157, 198, 236, 384, 387
504.º Regimiento Aerotransportado, 117, 159, 222-225, 273, 322, 323, 392, 436
505.º Regimiento Aerotransportado, 117, 221, 222, 225, 273, 388
506.º Regimiento Aerotransportado, 116, 197, 237

508.º Regimiento Aerotransportado, 117, 156, 158, 221, 222, 225, 273, 275, 322
82.ª División Aerotransportada, 90, 105, 110, 116-118, 120, 121, 124, 156, 158, 159, 170, 172, 176, 179-181, 189, 191, 219, 220-224, 226, 228, 229, 273, 275, 276, 295, 322, 323, 324, 326-329, 371-373, 378, 379, 388, 389, 391, 392, 397, 402, 412, 419, 429, 433, 437, 502, 503, 532, 559
IX Cuerpo de Transporte de Tropas, 111, 172, 195, 198, 559
Primer Ejército, 36, 55, 69, 72, 75, 88, 130, 184, 339
Regimiento de Infantería de Planeadores, 502
Tercer Ejército, 36, 44, 57, 69, 71, 72, 73, 74, 76, 77, 158, 269, 339
Ejército holandés:
Brigada holandesa *Princesa Irene*, 84, 150, 151, 469
Ejército Rojo, 36
El Alamein, 34, 68
El Havre, 36
Elden, 123, 376, 405
Elst, 311, 314, 433, 447, 449, 451, 468, 476, 479, 481, 505
Ellis, Les, 210
Emery, zapador Ronald, 210, 312
Enschede, 363
Epse, 128
Escalda, Canal del, 48, 62, 66, 98, 153, 155, 412, 479
Escalda, estuario del, 47, 97, 147, 179, 212
Essame, general de brigada Hubert, 147, 148, 479
Estados Unidos, 67, 69, 70, 157
Eton, 81
Euling, capitán Kart Heinz, 390, 391, 415, 424, 427, 429, 432
Eusebius Buiten Singel, 288, 293, 313, 393, 406
Eusebiusplein, 292

Faulkner, soldado Maurice, 365
Ferguson, capitán Arthur, 181
Finkbeiner, sargento Theodore, 419, 424
Finlandia, 36
Fisher-Rowe, comandante E., 320
Fitch, teniente coronel J. A. C., 243, 244, 248, 249, 251, 260, 304, 305, 349, 350, 358, 362-364, 400, 490

ÍNDICE ONOMÁSTICO

FitzGerald, comandante Desmond, 419, 448
Fitzgerald, capitán Eamon, 234
Fitzpatrick, sargento Francis, 332, 333
Flandes, 147
Flesinga, 62
Flushing, 97
Formoy, cabo Leonard, 490, 491
Fort Bragg, 393
Francia, 18, 20, 22, 25, 26, 42, 44, 46, 57, 74, 104, 133
Frankfurt, 69, 77
Franklin, Benjamin, 104
Freyberg, Leodegard, 192, 202
Frombeck, 202
Frost, teniente coronel John, 166, 210, 211, 243, 244, 246, 250, 253-257, 259, 260-265, 273, 277, 283-285, 291, 300, 301, 307, 311-313, 316, 337, 338, 349-354, 357-359, 361, 362, 364, 369, 373, 374, 393-397, 399, 400, 402, 403, 406-408, 410, 420, 436, 439, 443-445, 457, 459, 461, 490, 496, 517
Fuerzas Aéreas de Estados Unidos (USAF), 87, 326
Fuller, sargento Clark, 422, 423

Gale, teniente general sir Humphrey, 89
Gale, general Richard, 108, 141
Galípoli, 536
Garzia, soldado John, 158
Gatland, George, 333
Gavin, general de brigada James M., 105, 108, 110, 117, 118, 124, 156, 219, 220, 222, 225, 226, 228, 273, 275, 324, 370-372, 379, 387, 388, 391-393, 403, 411-413, 417, 437, 438, 532
Geldermalsen, 26
Gensemer, teniente Harold, 323
Gerbrandy, Pieter S., 23, 29, 30, 67
Gerritsen, reverendo Johan, 187
Giebing, William, 346, 347
Ginkel, brezal de, 330, 335
Giskes, teniente coronel Herman, 137-139, 404
Gloucestershire, 169, 171
Glover, teniente *Pat*, 160, 329, 330, 335, 518
Goering, 249
Goerlitz, Walter, 26, 37
Goldthorpe, sargento Lawrence, 472, 475
Gorman, teniente John, 152, 153, 317, 427, 451

Gough, comandante C. F. H. *Freddie*, 122, 211, 217, 244-246, 249, 252, 253, 260, 263, 264, 359, 396, 402, 407, 442-446, 459, 491
Goulburn, teniente coronel Edward H., 388, 389, 390, 416, 427, 429, 430
Graaff, doctor Pieter de, 27
Grabmann, general de división Walter, 135
Gräbner, capitán Paul, 183, 191, 212, 213, 257, 277, 310-314, 316
Grafton, comandante James, 528-530
Graham, teniente general Miles, 89
Gran Bretaña, 82, 315, 341
Grantham, 156, 158, 160, 164, 165, 376, 379, 411, 502
Granville, 79
Grave, 105, 117, 159, 200, 201, 219, 223, 224, 273, 322, 371, 560
Grayburn, teniente John, 284
Greatorex, Wilfred, 254
Green, sargento *Ginger*, 165, 334, 335
Greenham Common, 172
Grieve, Gordon, 354
Griffith, teniente coronel Wilbur, 225, 226
Groesbeek, 25, 110, 117, 118, 220-222, 228, 273, 275, 323
Groesbeekseweg, 188
Groot, Johannes de, 22
Groote Markt, 394
Grote Kerk, *véase* San Eusebio, iglesia de
Growe, soldado Michael, 509
Grupo Blindado de Guardias Irlandeses, 148, 149, 151, 152, 155, 230, 231, 235, 316, 317, 479
Grupo de Ejércitos B, 34, 40, 42, 43, 46, 48, 49, 56, 97, 99, 130, 134, 269, 270, 339, 411, 412, 560
Grupo de Ejércitos G, 42, 46, 56
Guardias Granaderos, 108
Guillermina, reina de Holanda, 23, 27, 66, 469, 470
Guingand, Francis de, 69, 70
Güstrow, 53
Gwatkin, general de brigada Norman, 317, 448
Gysbers, Gerhardus, 51, 186, 187

Hackett, general de brigada John *Shan*, 122, 174, 298, 300, 301, 329, 335-338, 350, 351, 353-355, 368, 369, 383, 400, 401, 457, 492, 511, 517, 538, 539
Haig, 147
Hall, capitán Raymond S., 157
Halliwell, sargento Stanley, 374
Harmel, general de brigada Heinz, 132, 133, 182, 213, 215, 216, 241, 278-280, 291, 338, 339, 341, 342, 373-375, 390, 393, 394, 413-415, 424, 428, 432, 433, 445, 461, 476, 505, 506, 532
Harper, Leonard Sidney, 124, 381
Harris, cabo Thomas, 546
Harrison, capitán John, 418
Harrow, 81
Hart, comandante Augustin, 225
Hart, B. H. Liddell, 65
Hart, soldado Leo, 159, 180
Hartenstein, Hotel, 99, 202, 260, 346-348, 353, 367, 379, 399, 401, 459, 461, 467, 476, 477, 482, 491, 502, 503, 506, 512, 522, 523, 536, 538, 539, 543, 547
Harzer, Walter, 132, 133, 182, 183, 191, 212, 213, 241, 242, 252, 257, 271, 272, 279, 285, 290, 299, 314, 338, 340, 341, 446, 461, 473, 505, 514, 515
Hatch, sargento Roy Ernest, 119, 332
Hatfield, 172, 178
Hauptmann, señora, 363
Hawkings, Angela, 170
Hay, teniente Neville, 163, 178, 209, 228, 401, 402, 523, 524, 536, 543
Haysom, soldado de transmisiones James, 359
Heaps, teniente Leo, 306, 307
Heathcote, teniente Keith, 231
Heelsum, 247, 300
Heengel, doctor Van, 516
Helmond, 52
Helmont, señora Van, 190
Hendy, cabo Arthur, 359-361, 398
Henniker, teniente coronel Charles, 529
Hertogenbosch, 203, 326
Heumen, 273
Heveadorp, 263, 296, 348, 401, 405, 411, 456, 460
Heveardorp, 297
Hexenkessel, Der (El Caldero de las Brujas), 471, 513
Heyes, soldado de transmisiones Stanley, 251

Heywood, capitán Tony, 427
Hezelbergherweg, 514
Hibbert, Christopher, 218, 264, 355
Hibbert, comandante Tony, 263
Hicks, general de brigada Philip Pip, 122, 171, 174, 244, 298-302, 329, 331, 336-338, 349, 350, 353-355, 368, 369, 457, 458, 491, 537, 549
Hiddink, Dirk, 186
Higgins, general de brigada Gerald, 318
Himmler, Heinrich, 131, 249, 252
Hinterholzer, cabo Sepp, 216
Hitler, Adolf, 18, 20, 33, 34-37, 41, 44-48, 54, 56, 58, 63, 131, 134, 169, 184, 249, 339, 488, 501
Hobkirk, 178
Hoek, Herman, 25
Hoenderloo, 183, 191, 257
Hoepner, capitán general Eric, 131
Hof Van Holland, Fuerte, 418, 424, 426
Holabird, John, 419, 422
Holanda, 13, 14, 17, 19, 20, 22-24, 26, 28, 29, 31, 32, 36, 41, 42, 46-49, 51, 52, 54, 66-68, 85-88, 90, 91, 96, 98, 104-106, 113, 114, 125, 126, 130, 132-134, 136, 140, 147, 149, 151, 156-159, 165, 166, 170-172, 183, 202, 207, 212, 226, 229, 240, 241, 265, 268, 270, 278, 292, 299, 315, 318, 325, 326, 330, 338, 339, 352, 355, 378, 404, 405, 410, 411, 414, 451, 468, 470, 474, 493
Hollingsworth, sargento Tom, 206
Hoof, Jan van, 292, 388, 433
Hooff, Reinier van, 292
Hopkinson, teniente H. S., 478, 481
Horrocks, general Brian, 64, 66, 84, 105, 110, 111, 147-151, 153, 193, 229, 230, 234-236, 243, 247, 265, 273, 307, 316, 317, 320, 322, 328, 337, 348, 358, 359, 361, 368, 370, 372, 373, 384, 387, 391-393, 397, 401, 412, 413, 417, 422, 423, 434, 437, 438, 468, 476, 477, 480, 493, 494, 500, 503, 504, 524, 526, 528, 559
Horst, familia Ter, 521
Horst, Jan ter, 347, 348, 367, 509, 510, 542
Horst, Kate ter, 332, 509, 510, 520, 521

Household Cavalry, 317, 318, 371, 477, 479, 481, 494
Hulsen, Johannes, 22
Hulleman, Coenraad, 293, 313, 314
Hurkx, Joannes, 28
Huygen, Frans, 25

Ijssel, río, 128
Inglaterra, 66, 67, 85, 89, 94, 106, 108, 149, 155, 165, 169, 173, 197, 291, 301, 324, 326, 352, 376, 386, 388, 404, 410, 488, 493, 521
Inglis, sargento Walter, 160, 161
Irlanda, 29
Isenekev, soldado Melvin, 157, 177, 178
Isherwood, sargento Reginald, 250, 291
Isselmeer, 150
Italia, 117, 118, 298, 488

Jedlicka, soldado Joseph, 423
Jedrziewski, capitán Anthony, 226
Jenks, sargento Gordon, 208
Jodl, coronel general Alfred, 41, 42, 134
Johannahoeve, 351, 369, 401
Johnson, capitán LeGrand, 158, 386, 387
Johnson, guardia Leslie, 431, 434
Johnson, soldado Paul, 196
Johnson, soldado Ray, 276
Jones, teniente A. G. C. *Tony*, 154, 434, 435
Jones, soldado Alfred, 473, 474
Jones, sargento James, 222
Jones, soldado James, 491, 507
Jones, sargento Robert H., 357
Jorge VI, 70
Jukes, soldado G. W., 358
Juliana, princesa, 23, 66
Jullouville, 79, 83
Juttner, general de división Hans, 215

Kaczmarek, teniente Stefan, 377, 463
Kachalski, Alexander, 463
Kalkschoten, Johan van, 346
Kanust, 505
Kappel, capitán Carl W., 420, 421, 426-428, 436
Karel, Hendrik, 187
Keep, capitán Henry Baldwin, 419, 421, 426

Keevil, 160, 176, 177
Keitel, mariscal de campo Wilhelm, 34, 37
Keller, soldado John, 391
Kennedy, general de división John, 73
Kent, sargento Ron, 160, 165, 542
Kessel, capitán Lipmann, 516, 517
Kieswetter, comandante Friedrich, 137-139
King, capitán Frank D., 333, 334
King, oficial de vuelo Henry Arthur, 380, 381
Kirkenes, 33
Kitchener, sargento Joseph, 178
Kluge, mariscal de campo Gunther von, 40, 44-46, 48
Knap, Henri, 51, 52, 126-129, 144, 145, 294, 356
Knaust, comandante Hans Peter, 413-415, 439, 476, 479
Koch, coronel Oscar W., 73
Koning, Jaap, 344
Korob, cabo Wladijslaw, 377, 463
Kortie, Frans, 21, 52
Kos, Rudolph, 180
Kings Own Scottish Borderers (KOSB), 351, 400, 457, 472, 523, 538, 543
Kraats, Wouter van de, 128
Krafft, comandante de las SS Sepp, 125, 213-215, 242, 249, 251, 252, 461
Krap, Douw van der, 482
Krebs, teniente general Hans, 99, 132, 135, 136, 183, 192, 201, 202
Kruyff, Pieter, 30, 51, 126, 144, 145, 188, 294, 355-357
Kuehl, capitán Delbert, 419, 421
Kuijk, sargento de policía Johannes van, 262, 292, 293, 313
Kussin, general de división, 214, 215, 249, 251

La Chaude Fontaine, 48
La Haya, 22, 28, 29, 142
La Riviere, teniente Richard, 427, 437
Labouchère, Charles *Frenchie*, 31, 51, 306, 307
Laeken, Palacio Real de, 68
Landelyke Knokploegen (Los muchachos de los brazos fuertes), 32
Langton, capitán Roland S., 154, 233, 447-451, 463

ÍNDICE ONOMÁSTICO

La Prade, comandante James, 237
Laterveer, Anton, 25
Lathbury, general de brigada Gerald, 122, 171, 174, 209, 217, 243-246, 250, 253, 254, 260, 263, 299, 300, 302, 304-308, 336, 337, 349, 368, 369, 400, 516, 517
Lathouwers, Johanna, 236
Lea, G. H., 362, 369, 400
Lee, Cecil, 196
Legacie, 421
Legius, Gerardus, 24
Lent, 188, 428, 432, 433, 447, 448
Leopoldsburg, 148, 150, 317
Lieja, 41, 48, 49
Liera, 144
Liggens, oficial de vuelo Jeffrey, 382
Lincolnshire, 156, 166
Lindemans, Christiaan Antonius, 137-139, 240
Lindemans, Henk, 137
Lindquist, coronel Roy E., 275
Line, sargento Cyril, 178, 179
Lloyd George, David, 147
Loder-Symonds, teniente coronel R. G., 299
Logan, capitán James, 358, 443, 444
Londres, 31, 51, 79, 88, 103, 154, 156, 163, 165, 169, 172, 184, 203, 352, 501
Long, teniente Michael, 474
Long, sargento Richard, 490
Longland, comandante Cedric, 516
Lonsdale, comandante Dickie, 457, 458, 487, 488, 531, 542
Lord, teniente David, 380, 381
Lord, sargento John C., 162, 211, 304
Lorient, 36
Los, Cornelis, 319, 320
Lothringen, 53
Love, teniente de vuelo Donald, 154, 155, 233, 318, 448, 449
Luftwaffe, 21, 42, 51, 54, 57, 106, 131, 134, 135, 169, 212, 315, 323, 325, 327, 331, 338, 378, 417, 516
Lumb, cabo Don, 311
Luxemburgo, 25

Maanen, Anje van, 247, 345, 482, 483, 511, 512, 554
Maanen, doctor Gerrit van, 247, 345, 482, 554
Maanen, Paul van, 511, 512
Maastricht, 28, 41, 43, 55, 184

MacDonald, Charles B., 54, 65, 426
MacFadden, soldado Ginger, 332, 333
Mackay, capitán Eric, 162, 246, 248, 255, 259, 261, 262, 284, 285, 293, 311, 312, 314, 359, 360, 361, 375, 394, 397-399, 408, 440-442, 551, 552
Mackenzie, teniente coronel Charles, 174, 209, 244, 245, 252, 299-301, 307, 336, 337, 353-355, 368, 400, 476, 477, 480, 481, 493, 496-500, 506, 507, 537
MacLeod, teniente Tom, 421, 424
Mahaffey, teniente Rupert, 154, 317, 449, 469
Mancha, Canal de la, 177-179, 326, 378
Mann, soldado Joe E., 320, 321
Manston, 165
March, 172, 178
Margate, 177
Marinus, Adrianus, 25
Marples, soldado de transmisiones Graham, 207, 298
Marsella, 46
Marshall, general George C., 69, 70, 87
Marshall, general S. L. A., 142, 371, 499
Martes Loco, *véase* Dolle Dinsdag
Martin, doctor Randall, 509
Mason, sargento mayor Charles, 189
Maxted, Stanley, 501
McCardie, teniente coronel W. D. H., 362, 369, 400
McGraw, soldado Robert, 224
Mcklenburg, 53
McLain, Allen, 422
Meddaugh, teniente William, J., 390
Medhurst, R. E. H., 381
Megellas, teniente James, 181, 422
Memelink, Garrit, 25
Mendez, teniente coronel Louis, 158
Mendl, general, 413
Metz, 36, 57, 78
Midlands, 160, 377, 378, 388
Mijnhart, Sexton Jan, 26, 187
Milbourne, soldado Andrew, 250, 352, 366, 487
Miller, Claire, 227
Miller, Glenn, 475
Miller, Victor, 206, 209, 380, 486
Mitchell, sargento Charles A., 196
Mitchell, sargento Edward, 486

Model, mariscal de campo Walter 36, 40, 42-49, 53, 54, 56, 58, 62, 97, 99, 125, 129-137, 182, 183, 185, 192, 201, 202, 212, 213, 215, 239-241, 249, 269, 270-272, 278, 279, 315, 338-340, 411-413, 424, 432, 438, 493, 494, 504, 528, 532, 559
Moerdijk, 41
Moncur, sargento Francis, 164
Montfroy, Harry, 145
Montgomery, mariscal de campo Bernard Law, 13, 14, 34, 48, 52, 59, 62, 63, 65-91, 95, 96, 98, 103, 105, 107, 112-114, 136-138, 141, 142, 146, 147, 149, 153, 163, 229, 241, 250, 260, 269-271, 278, 295, 301, 322, 339, 340, 345, 350, 357, 371, 372, 401, 411, 438, 455, 459, 468, 469, 478, 482, 483, 493, 500, 501, 507, 526, 531, 532, 551, 557
Mook, zona de, 412
Moor Park, 301
Morgan, general Frederick, 79
Morgans, cabo Daniel, 161, 509, 510
Morris, sargento Dave, 517
Mortanges, teniente coronel Charles Pahud de, 151
Mosa, río, 94, 105, 110, 117, 203, 223
Mosa-Escalda, Canal, 130, 134, 149, 151, 182, 201, 230, 278, 316, 448
Mosa-Waal, Canal, 117, 219, 225, 273, 322
Moscú, 413
Mulloy, teniente Patrick, 420, 421
Mulvey, capitán Thomas, 197
Munford, comandante D. S., 181, 301, 313, 349, 458
Münster, 271
Muralla del Atlántico, 33, 34, 37
Muralla Occidental, 47, 58, 74; *véase también* Sigfrido, Línea
Murphy, teniente Ernest, 436
Murray, teniente coronel Iain, 537, 539
Muselaars, Joop, 25
Mussert, Anton, 22, 23
Myers, teniente coronel Eddie, 477, 480, 481, 496, 498, 499, 530, 533, 537, 544

Nadler, soldado 159
Neerpelt, 130, 135, 136, 138, 149, 560

Newmarket, 154
Nimega, 18, 21, 24, 25, 28, 32, 52, 105, 112, 117, 118, 121, 136, 137, 150, 172, 182, 184, 188, 190, 200, 201, 203, 212, 213, 228, 239, 257, 268, 271, 273, 275, 277, 279, 280, 301, 310, 311, 322, 323, 339, 340, 342, 358, 365, 370, 371, 373, 379, 393, 397, 411-417, 424, 427, 428, 432, 433, 435, 437-439, 442, 447, 448, 451, 456, 462, 464, 469, 476-481, 494, 498-500, 503, 524, 528, 530, 541, 550, 551, 554, 560
Nixon, cabo Philip, 381
Noninghutie, 322
Noordermeer, padre Tiburtius, 32
Nooy, Menno *Tony* de, 30, 31
Normandía, 33, 34, 49, 57, 58, 74-76, 120, 141, 151, 153, 157-159, 182, 185, 190, 197, 220, 344, 388, 393, 451
Norton, teniente John, 124
Nueva York, 178
Numan, Gijsbert Jan, 145, 187, 188, 294
Nunan, sargento Paul, 180, 389
Nunn, cabo Sydney, 160, 176, 488, 489, 542, 543

O'Brien, William, 366, 486
O'Cock, Mick, 153, 154, 231
O'Connell, Robert, 195, 196
O'Hagan, Pat, 323
O'Neal, Russell, 159, 222
Oakes, sargento Bill, 180, 181
OB West, 33, 35, 40, 46, 48, 49, 55, 183, 241, 269, 272
Oldfather, cabo Earl, 322, 323
Oliver, comandante Rey, 501
Onck, Willem, 294
Onderwater, doctor, 483
Oosterbeek Laag, 26, 30-32, 99, 125, 127, 130, 135, 137, 152, 183-186, 192, 201, 212-214, 241, 247, 255, 260, 272, 294, 296, 297, 301, 305, 313, 332, 333, 343-349, 351, 353, 356, 366, 367, 399, 401, 455, 457, 458, 460-463, 471-473, 476, 477, 480, 486, 487, 489, 491, 492, 502, 504, 505, 506, 508, 509, 517, 519, 526, 531, 539, 552, 554, 559, 560
Oosterhout, 449, 479, 494, 495
Operación *Berlín*, 531, 536, 538, 541
Operación *Comet*, 87, 88, 90, 104, 107, 114, 123

Operación *Garden* 13, 94, 95, 104, 105, 110, 147, 148, 152, 154, 193, 229, 230, 236, 370, 480
Operación *Linnet I*, 109
Operación *Linnet II*, 109
Operación *Market*, 13, 94, 95, 103-106, 109, 110, 111, 161-164, 166, 170, 172, 192, 227, 315, 368
Operación *Market-Garden*, 13, 14, 94, 96, 98, 105, 106, 107, 111, 112, 113, 114, 115, 118, 120, 138, 140, 141, 142, 146, 147, 149, 150, 151, 152, 153, 154, 156, 158, 160, 161, 164, 170, 171, 173, 189, 191, 198, 219, 223, 225, 227, 228, 229, 235, 238, 240, 241, 255, 263, 271, 272, 280, 295, 310, 315, 319, 320, 322, 325, 326, 331, 348, 352, 355, 370, 371, 372, 373, 376, 385, 392, 403, 404, 410, 411, 434, 438, 468, 469, 470, 478, 479, 493, 496, 499, 501, 526, 531, 532, 533, 551, 559, 560
Osborne, comandante Charles, 459
Oss, 32
Overasselt, 190, 191, 219, 222, 224
Overton, sargento Leonard, 475, 522, 523
Oxfordshire, 115, 169, 171

Pacey, sargento Charles W., 431, 433
Paetsch, teniente coronel, 280, 415
Países Bajos, 18, 135
Palmer, John, 318, 319
Pannerden, 279, 339, 390, 413, 414
Pare, capellán G. A., 173, 367, 368, 379, 508, 552, 553
París, 68
Parker, teniente Russ, 389
Parkes, soldado Percy, 161, 517, 519, 520, 547, 548
Parks, general de brigada Floyd L., 95
Partido Nazi holandés, 22
Passchendaele, 147
Patton, teniente general George S., 36, 44, 57, 59, 65, 69, 71-74, 76-78, 80, 87, 89, 91, 95, 158, 269, 436
Pavey, artillero Charles, 546
Payton-Reid, teniente coronel R., 457, 472, 523, 538

Pearce, soldado de transmisiones Kenneth John, 119, 492
Pearson, sargento Dudley, 485-487, 492, 517
Peelen, Jan, 191
Peijnenburg, Henri, 28, 29
Pennings, Jan, 190, 191
Penseel, Johannes, 31, 32, 294, 295
Perry, capitán Hugh H., 223
Petersburg, Hotel, 511
Peterse, reverendo Wilhelmus, 25
Petersen, sargento mayor Emil, 289, 290
PGEM, central eléctrica, 188, 228, 417, 422, 427
Phantom, unidad de enlace, 209
Philips, talleres eléctricos, 21, 52
Phillips, comandante, 351
Pieter, barquero, 296, 297, 332, 348, 459, 460
Pirineos, 33
Pogue, doctor Forrest C., 73
Polaca, 1.ª Brigada Paracaidista, 88, 90, 104, 105, 118, 122, 123, 156, 351, 358, 369, 376, 384, 411, 456, 461, 462, 466, 467
Polonia, 35, 36, 269
Poppe, general de división Walter, 97, 237
Powell, comandante Geoffrey S., 120, 380, 492, 538, 539, 544
Preston, teniente P. H., 299, 354
Primer Ejército Aerotransportado aliado, 72, 86-90, 94, 104, 108, 109, 115, 146, 156, 164, 170, 315, 355, 377, 462, 480, 499
Primer Ejército Aerotransportado, 162
Primer Ejército canadiense, 69
Primer Ejército, 36, 55, 69, 72, 75, 88, 130, 184, 339
Primer Ejército Paracaidista, 41, 54, 55, 235, 240, 339, 412
Princeton, 421
Pritchard, soldado Thomas, 366
Prusia Oriental, 33, 36

Queripel, capitán L. E., 400
Quinan, teniente Barry, 153, 154, 232

Radio Orange, 28, 30, 184
RAF, *véase Royal Air Force*
Ramsbury, 156

ÍNDICE ONOMÁSTICO 589

RASC, *véase* Real Cuerpo de Servicios británico
Rastenburg, 33, 35
Rate, sargento John, 119
Raub, soldado Edwin C., 221
Rauh, soldado Wilhelm, 215
Rauter, teniente general de las SS Hans Albin, 135, 136
Read, soldado de transmisiones Victor, 161
Real Cuerpo de Servicios británicos (RASC), 148, 381
Real Cuerpo de Transmisiones británico, 163, 228
Red Ball Express, 75
Regimiento de Fronteras, 457, 459
Regimiento de Guardias Granaderos, 148, 392, 429
Regimiento de Infantería de Planeadores, 502
Regimiento de Ingenieros Reales, 261
Regimiento de la Artillería Real, 148
Regimiento de la Guardia *Coldstream*, 148, 412
Regimiento de la Guardia Escocesa, 148, 392
Regimiento de la Guardia Galesa, 148
Regimiento de la Guardia Irlandesa, 148, 392, 447, 449-451, 478
Regimiento de la Real Guardia Montada, 148
Regimiento de Pilotos de Planeadores británico, 119, 392
Regimiento de Pilotos de Planeadores, 19, 122, 165, 173, 206, 227, 379, 392, 457, 474, 475, 488, 537, 539
Reichswald, 117, 220, 227, 273, 323, 412, 413, 532
Reinhard, coronel, 200, 201
Renfro, teniente coronel Curtis D., 150
Renkum, 27, 127, 190, 191, 209, 213, 214, 228, 247, 299, 382
Ressen, 449
Reyers-Camp, 330
Ribbentrop, 249
Ricketts, James, 381
Rickmansworth, 94
Richards, Gordon, 154
Richmond, Leroy, 426
Ridgway, teniente general Matthew B., 107-109, 437
Ringsdorf, jefe de escuadrón de las SS Alfred, 286-288
Roberts, general de división George Philips, 64, 65

Roberts, comandante Hugh, 387
Robertson, sargento mayor, 209, 210
Robinson, sargento Peter, 430, 431, 433, 434, 436, 439
Robinson, sargento mayor *Robbo*, 549
Roelofs, Theodorus, 191
Roermond, 28
Rommel, mariscal de campo Erwin, 34, 45, 46, 131
Rotterdam, 28, 31, 41
Roullier, sargento Alfred, 161, 521, 522, 546
Rowbotham, Arthur, 381
Royal Air Force (RAF), 79, 115, 121, 122, 142, 154, 155, 163, 165, 169, 177, 203, 206, 210, 233, 263, 269, 318, 341, 351, 372, 381, 383, 411, 448, 450, 456, 493, 493, 502, 559
Royal Restaurant, 186, 187
Rugby-Jones, comandante Guy, 511, 552
Ruhr, 47, 57, 58, 68, 69, 77, 78, 82, 83, 91, 96, 105, 134, 183, 239, 241, 271, 278, 279, 340, 401, 501, 533
Rumania, 36
Rundstedt, mariscal de campo Gerd von, 33-35, 36, 37, 40, 42, 44-46, 48, 56, 57-59, 62-64, 97, 134, 135, 183, 241, 269, 270, 272, 339, 411
Ruppe, cabo Frank, 323
Rusia, 35, 286, 288
Russell, teniente Cyril, 232
Ruurlo, 98, 99, 278
Ryan, Cornelius, 323

Sainforth, Peter, 519
Salisbury Plain, 148
Samuelson, teniente Tony, 449, 450
San Canisius, Hospital de, 28
San Eusebio, iglesia de (Grote Kerk), 26, 314
Sande, Truid van der, 293
Sanderboborg, doctora, 382
Sandfordon-on-Thames, 176
Santa Isabel, Hospital de, 28, 292, 294, 305, 308, 345, 350, 362, 363, 366, 367, 369, 517-519
Sarre, el, 36, 44, 57, 58, 59, 69, 72, 77, 78, 82, 89, 95, 269
Schaap, Lambert, 313
Schaapsdrift, 144
Schoonoord, Hotel, 345, 472, 473, 482, 483, 507, 508, 513, 515, 518, 523, 553

Schouwen, isla de, 179, 181, 326
Schulte, Agatha, 26
Schulte, Frans, 32
Schulte, Hendrina, 26
Schultz, soldado Arthur *Dutch*, 324
Schwalbe, general Eugene Felix, 412
Schwarz, capitán, 515, 516
Scott, Joe, 330, 518
Screaming Eagles, véase también *Águilas Aullantes*, 156
Seccombe, capitán Ernest, 363
Sedelhauser, teniente Gustav, 99, 192, 201, 202, 272
Segundo Ejército, 13, 36, 55, 64, 69, 84, 88, 91, 96, 112, 113, 151, 153, 154, 182, 228, 239, 250, 272, 277, 349, 366, 372, 398, 399, 401, 417, 446, 459, 486, 499, 500, 507, 515, 526, 539, 541, 553
Sena, río, 68
Séptimo Ejército, 43, 130
Seyss-Inquart, doctor Arthur, 22
SHAEF (Cuartel General Supremo de las Fuerzas Expedicionarias Aliadas), 30, 67, 72, 73, 79-81, 85, 95, 140, 142, 146, 147, 295
Shearwood, soldado Arthur, 549
Shulman, teniente Herbert E., 196
Shulman, Milton, 54, 412
Sicilia, 117, 118, 298, 488
Sicherheitsdients (Servicio de Información y Seguridad de las SS), 139
Siegen, 132
Siely, sargento mayor John, 161
Sievers, teniente general Karl, 53
Sigfrido, Línea (Muralla Occidental), 40, 44, 47, 56, 58, 74, 77, 82, 91, 105
Simpson, teniente Dennis, 211, 440, 442
Simpson, sargento de la RAF Walter, 177, 382
Sims, teniente E. J., 427
Sims, soldado James W., 119, 210, 211, 265, 395, 410, 443, 444, 445, 446
Sink, coronel Robert F., 197, 237, 238, 277, 320
Skalka, comandante Egon, 183, 513-516, 519
Smaczny, teniente Albert, 377
Smith, general de división Edmund Hakewill, 499
Smith, teniente J. J., 390
Smith, guardia Tim, 154

Smith, teniente general Walter Bedell, 67, 71, 82, 95, 142, 146
Smöckel, comandante Horst, 127
Smyth, teniente coronel Ken, 484, 485
Smythe, Jack, 501
Snoek, Johannes, 27
Snoek, Maria, 27
Son, 116, 198, 200, 236, 237, 238, 317, 319, 320, 322, 324, 325, 327, 370, 371, 386, 411, 412
Sonde, familia Van der, 314
Sosabowski, general de división Stanislaw, 105, 122, 123, 124, 156, 350, 351, 358, 376-378, 384, 404, 405, 410, 411, 456, 459, 462-464, 466, 467, 480, 481, 495-497, 501, 503
South Staffordshire, 489, 350, 362, 365, 367, 369, 400, 457, 460
Spanhoe, aeropuerto de 160
Speedie, Willie, 539
Spicer, cabo Gordon, 161, 406
Spivey, sargento Horace *Hocker*, 164
Spratt, sargento Jack, 396, 398
SS holandeses, 29, 51
SS, 132, 133, 135, 136, 159, 213, 249, 251, 285-287, 289, 290, 305, 322, 350, 373, 374, 388, 390, 394, 427, 443, 473, 485, 494, 510, 514-516
St. Ananstraat, 188
St. George Saunders, Hilary, 313
St. Nazaire, 36
St. Oedenrode, 21, 22, 28, 116, 236, 320, 526, 528
Stainforth, teniente Peter, 211, 394, 397
Stalingrado, 292, 446
Stanners, cabo Geoffrey, 161, 210
Stauffenberg, coronel Claus Graf von, 45
Ste. Mère Église, 220
Stefanich, capitán Anthony, 323
Steinfort, Johannes, 30
Stephenson, teniente coronel Tom, 163
Stevenick, coronel Albert *Steve* de Ruyter van, 151
Stevens, teniente coronel George, 378, 404, 405, 462
Stewart, comandante Richard, 475
Stoke Rochford, 166
Stolley, 433
Storey, sargento Charles, 311

Stranzky, hermana Antonia, 28
Strong, general de división Kenneth W., 140
Student, Kurt, 40-42, 53-55, 130, 138, 182, 200, 201, 212, 226, 235, 237, 240, 241, 269, 271, 339, 340, 412
Suiza, 46, 47, 202
Sullivan, sargento Stanley, 540
Sunley, jefe de escuadrón *Joe*, 165
Sutherland Max, 155, 233, 448, 450
Sweeney, capitán Neil, 171
Swiecicki, Marek, 501
Swift, sargento Norman, 210
Symonds, R. G. Loder, 537
Symons, hermana M. Dosithèe, 28

Tafelberg, Hotel, 99, 127-129, 135, 136, 183, 185, 192, 201, 202, 212, 345, 482, 511, 512, 515, 516, 552, 554
Tasker, teniente coronel Anthony, 146
Tatham-Warter, comandante Digby, 255, 259, 396, 398, 517, 518
Taylor, teniente coronel George, 495-497
Taylor, general de división Maxwell D., 105, 108, 110, 116, 118, 156, 198, 235, 236, 316, 320, 327, 329, 370, 378, 384, 385, 403, 412, 480, 493, 494, 502, 532
Taylor, capitán William A., 308, 310, 490
Tedder, mariscal sir Arthur, 79, 89
Tempelhof, coronel Hans George von, 192, 201, 269
Tender, 82
Tercer Ejército, 36, 44, 57, 69, 71, 72, 73, 74, 76, 77, 158, 269, 339
Tettau, teniente general Hans von, 279, 298, 299
Thomas, cabo D., 178
Thomas, general de división G. Ivor, 437, 451, 479, 499, 503, 504, 524, 530, 533, 536, 537, 550
Thompson, teniente John S., 223, 224
Thompson, teniente coronel W. F. K. *Sheriff*, 65, 299, 301, 313, 344, 349, 457, 458, 536, 547
Thompson, sargento William, 178, 540

Tiemans, Willem, 24
Tilburg, 52, 237
Tilly, teniente coronel Gerald, 524, 526, 528-531
Toler, comandante Thomas, 539
Tomblin, sargento Bryan, 206
Torrant Rushton, 377
Travis-Davison, sargento Kenneth, 383
Tremble, soldado Leonard G., 422
Tromp, familia, 247
Trotter, comandante John, 430, 431
Truax, Kenneth, 180
Tucker, sargento Bill, 180
Tucker, coronel Reuben H., 222, 224, 225, 392, 417, 418, 428, 436, 437
Turner, cabo Arthur, 364, 365
Tyler, comandante Edward G., 153, 235, 319, 320, 418, 419, 427

Uden, 22, 150, 494, 532
Uijen, Albertus, 188
Unck, Nicolaas, 187
Urquhart, comandante Brian, 113, 114, 115, 121, 142
Urquhart, general de división Robert *Roy* E., 105, 110, 112, 113, 118, 119, 120, 122, 123, 124, 143, 147, 156, 163, 165, 173, 174, 177, 179, 209, 211, 217, 228, 243-246, 252-254, 260, 264, 285, 299, 301, 302, 304-310, 327, 336-338, 341, 348, 349, 351, 354, 355, 367-370, 372, 376, 377, 379, 383, 399-403, 410, 417, 438, 445, 446, 455-457, 459, 461, 462, 466, 467, 476-482, 491, 493-495, 497, 499-502, 504, 506, 507, 511-513, 519, 523, 528, 530, 531, 533, 536-538, 541-544, 546, 550, 559
USAF, *véase* Fuerzas Aéreas de Estados Unidos
Utrecht, 28, 215, 242, 247, 249, 252, 253, 268, 269, 306, 507, 214

Valkenswaard, 21, 28, 137, 150, 235, 236, 269, 316, 317, 451
Valkhof, 390, 427, 429
Vandeleur, teniente coronel Giles, 151, 153, 231, 234, 418, 448-451
Vandeleur, teniente coronel J. O. E. *Joe*, 148, 149, 151, 153, 155,

ÍNDICE ONOMÁSTICO

231-234, 317-319, 420, 422, 423, 447, 448, 450, 451, 479
Vandervoort, teniente coronel Ben, 220, 388-390, 416, 427, 429-431
Varsovia, 35, 269
Veghel, 21, 105, 116, 150, 236, 320, 371, 411, 493, 494, 560
Velp, 365
Vest, Hansford, 156
VIII Cuerpo de Ejército, 493, 559
Vildhoven, 189
Visser, Cornelis de, 21
Vístula, río, 36
Vlasto, teniente Robin, 210, 246, 260, 262
Vlist, Hendrika van der, 472, 483, 508, 518, 553
Voskuil, Bertha, 26, 185, 473, 485
Voskuil, familia, 483
Voskuil, Henri, 473, 485
Voskuil, Jan, 26, 185, 247, 248, 344, 473
Vreewijk, Hotel, 345
Vroemen, Lucianus, 27
Vught, 138, 182, 200, 212, 226, 240
Vuletich, sargento Michael, 221

Waal, río 94, 105, 110, 117, 188, 189, 203, 271, 273, 310, 340, 341, 370, 388, 391, 411, 412, 417, 424, 425, 427, 428, 430, 432, 433, 435, 436, 440, 476-480, 503, 532
Waalbrug, 188
Waanen, Gerritt, van, 513
Waddy, comandante John L., 330, 511
Waddy, comandante Peter, 306
Waffen SS, 21, 131, 134, 215, 254, 289
Wageningen, 382
Walburg, 293
Walch, general de brigada Gordon, 107, 147, 227-229, 393, 498, 500, 524
Walcheren, isla de, 47, 62, 97, 98, 179

Walkenswaard, 230
Walton, general de brigada Ben, 526, 528
Wannsee, 40
Warlimont, general Walter, 36
Warr, comandante Peter, 484, 485
Warrack, doctor Graeme, 511-517, 519, 538
Warren, teniente coronel Shields, 275, 276
Warren, doctor John C., 326, 551
Warrender, A. G., 173
Washington, George, 87, 420
Watkins, Bert, 180
Weber, soldado Horst, 394
Weerd, Nicolaas van de, 24
Weert, 52
Wehrmacht, 21, 25, 26, 35, 52, 73, 125, 136, 137, 139
Weiss, capitán Edward, 350, 351
Welschap, 189
Wely, Paul van, 24
Wellems, comandante Edward, 159, 223
Weller, teniente Millford F., 237
Wellington, 78
Wesel, 87, 88
Westerbouwing, 296, 346-349, 457, 459
Westphal, general Siegfried, 57
White, Pinky, 361, 375
Wicks, 166, 408, 443
Wienecke, coronel Robert H., 117
Wierzbowski, teniente Edward L., 320, 322, 385
Wiessing, Frans, 24
Wijburg, Hendrik, 186
Wilcox, teniente David, 480
Wildeboer, 31
Wildeboer, Bill, 30
Wilhelmina, Canal, 116, 236, 237, 320, 385
Wilmot, Chester, 372, 479, 501
Wilson, comandante *Boy*, 457, 473, 542
Wiltshire, 177
Willems, Canal, 116, 236
Williams, teniente Billy, 501

Williams, general de división Paul L., 111
Williams, sargento jefe, 207
Willingham, Albert, 484
Wit, Adriana de, 190
Wit, Gerardus de, 189, 190
Wit, Johanna de, 32
Wit, Karel de, 32
Wolfheze, 31, 122, 125, 184, 185, 190, 201, 203, 213, 214, 246, 249, 250, 251, 264, 330, 351, 356, 369, 401, 457, 482
Wolfheze, Instituto Psiquiátrico de, 174, 209
Wolters, capitán de corbeta Arnoldus, 165, 166, 357, 403, 404, 482, 513, 514, 515, 516, 543, 544, 548, 549
Wolters, Hilversum, 166
Wolters, Maria, 166
Wood, Alan, 501
Woods, James, 507
Wright, soldado Harry, 209, 210
Wrottesley, capitán lord Richard, 477, 478, 498
Wurst, Spencer, 429, 430
Wyler, 226, 323
Wyllie, cabo George, 484

Young, sargento jefe Alec, 332
Young, teniente Arthur, 478, 481
Youppinger, 201
Yugoslavia, 36

Zangen, general Gustav von, 47, 48, 62, 97, 98, 147, 212, 235, 237, 268, 339, 384, 411, 412
Zapalski, sargento Daniel, 157
Zeelst, 189
Zetten, 24
Zevenaar, 31
Zimmermann, teniente general Bodo, 48, 56
Zuid Willemsvaart, Canal, 21
Zutphen, 31, 98, 129, 356
Zweden, Johan van, 27
Zweden, Robert van, 27
Zweden, Sonja van, 27
Zweden, Suze van, 27
Zwolanski, capitán, 467